LINGÜÍSTICA APLICADA DEL ESPAÑOL

MANEL LACORTE (coord.)

LINGÜÍSTICA APLICADA DEL ESPAÑOL

ARCO/LIBROS, S.L.

Colección: *Bibliotheca Philologica*
Dirección: LIDIO NIETO JIMÉNEZ

© by ARCO/LIBROS, S. L., 2007
Juan Bautista de Toledo, 28. 28002 Madrid
ISBN: 84-7635-663-3
Depósito Legal: M-151-2007
Printed in Spain. Impreso en España por LAVEL, S. A. (Madrid)

A Marta Lacorte,
hermana y colega.

AGRADECIMIENTOS

Al editor de este volumen se le podría reconocer, tal vez, la originalidad o la utilidad de este proyecto para el campo de la lingüística aplicada del español, y la insistencia (o tozudez, simplemente) para convertirlo en material impreso. No obstante, hay otras personas que merecen igual o mayor reconocimiento. Lidio Nieto, por su constante confianza y paciencia. Los autores, que tan generosamente decidieron compartir conmigo y el lector su extenso conocimiento acerca de las áreas de análisis en que se ha estructurado este volumen. Los otros muchos colegas y profesionales que también han contribuido al desarrollo del proyecto. Por un lado, los que, anónima y amablemente, se hicieron cargo de evaluar cada capítulo en los primeros pasos, y con ello ofrecernos a todos los autores excelentes reflexiones y sugerencias. Por el otro, los que colaboraron a la hora de pulir los pequeños detalles, siempre importantes: Monserrat Feu-López, Dolores Lima y Luciano Elizaincín. Y especial agradecimiento merecen Marilín Novas Vásquez, Pilar Peña, José Luis Lacorte e Isabel Hernández por la labor de ayudarme, animarme y aguantarme durante estos años de trabajo, que no ha sido poca.

ÍNDICE

Págs.

INTRODUCCIÓN: LINGÜÍSTICA APLICADA DEL ESPAÑOL. CONSIDERACIONES GENERALES 17
Manel Lacorte

1. Introducción 17
2. Evolución y definición de la lingüística aplicada 19
3. Estado actual de la lingüística aplicada del español 27
4. Consideraciones para el futuro 34
5. Estructura del volumen 40
6. Preguntas para la reflexión 41
Bibliografía 42

1. ADQUISICIÓN DEL ESPAÑOL COMO SEGUNDA LENGUA 47
Josep Alba-Salas y Rafael Salaberry

1.1. Introducción 47
1.2. La adquisición de segundas lenguas 48
1.3. Enfoques 51

    1.3.1. *Generativista* 51
    1.3.2. *Cognitivo-funcional* 54
    1.3.3. *Sociocultural* 56

1.4. Principales tendencias de investigación y hallazgos empíricos en la investigación sobre el español como L2 58

    1.4.1. *Pronunciación* 59
    1.4.2. *Tiempo y aspecto* 61
    1.4.3. *El subjuntivo* 63
    1.4.4. *Sujetos nulos* 64
    1.4.5. *Pronombres clíticos* 65
    1.4.6. *El sintagma nominal* 67
    1.4.7. *Léxico* 68
    1.4.8. *Estructura argumental* 69
    1.4.9. *Pragmática* 70

1.5. Conclusiones   71
1.6. Preguntas para la reflexión   72
Bibliografía   74

2. LA ENSEÑANZA DEL ESPAÑOL COMO SEGUNDA LENGUA: PERSPECTI-
   VAS HISTÓRICAS Y METODOLÓGICAS   83
   Donna Long y Manel Lacorte

   2.1. Introducción   83
   2.2. El español como lengua internacional: Perspectiva histó-
        rica   85
        2.2.1. *La expansión del español por el mundo: Siglos XVI-XVIII*   87
        2.2.2. *Tradición y cambio en la enseñanza del español: Siglos*
               XIX y XX   93
   2.3. Metodología del español como lengua internacional 102
        2.3.1. *¿Quién enseña español en la actualidad?* 103
        2.3.2. *¿Hacia un futuro post-metodológico?* 105
   2.4. Conclusiones 108
   2.5. Preguntas para la reflexión 110
   Bibliografía 111

3. IDEOLOGÍAS Y PRÁCTICAS EN LA ENSEÑANZA DEL ESPAÑOL COMO LEN-
   GUA MAYORITARIA Y LENGUA MINORITARIA 117
   Jennifer Leeman y Pilar García

   3.1. Introducción 117
   3.2. La enseñanza de español como lengua mayoritaria: El
        caso de España 118
        3.2.1. *Perfil histórico y social* 118
        3.2.2. *La diversidad de los programas de enseñanza de espa-*
               ñol 120
        3.2.3. *Objetivos y métodos de enseñanza* 123
   3.3. El español como lengua minoritaria: El caso de los Esta-
        dos Unidos 129
        3.3.1. *Perfil histórico y social* 129
        3.3.2. *La enseñanza del español como segunda lengua* 131
        3.3.3. *La enseñanza del español a hablantes de herencia* 133
        3.3.4. *Los objetivos y métodos de la enseñanza del español a ha-*
               blantes de herencia 135
   3.4. Conclusiones 141
   3.5. Preguntas para la reflexión 143
   Bibliografía 145

4. La enseñanza del español con fines específicos 149
   Josefa Gómez de Enterría

   4.1. Introducción 149
   4.2. ¿Qué lengua enseñar? 152
   4.3. ¿Por qué el aprendizaje de una lengua extranjera con fines específicos? 156
   4.4. Importancia de los documentos auténticos en la enseñanza del español con fines específicos 160
   4.5. La necesidad de establecer un currículum en la lengua de especialidad 163
   4.6. Materiales de apoyo para llevar a cabo la enseñanza/aprendizaje del español con fines específicos 168
   4.7. Planteamientos metodológicos para la enseñanza de la comunicación oral y escrita en los diferentes ámbitos profesionales y científicos 171
   4.8. La formación del profesor de español con fines específicos 176
   4.9. Preguntas para la reflexión 178
   Bibliografía 178

5. Estudio, enseñanza y aprendizaje del español como segunda lengua en la era de Internet 183
   Mar Cruz Piñol

   5.1. Introducción 183
   5.2. Internet para la investigación y para la (auto)formación continua del lingüista especializado en EL2 186
        5.2.1. *Publicaciones electrónicas centradas en el EL2* 186
        5.2.2. *Foros y listas de distribución de noticias que se ocupan del EL2* 187
   5.3. Internet como centro de recursos para los profesores del EL2 190
        5.3.1. *Planes de clase, diccionarios y gramáticas* 191
        5.3.2. *Recursos en línea para el procesamiento automático de la lengua* 193
   5.4. Internet para el (auto)aprendizaje del EL2: Los ejercicios de corrección automática 197
   5.5. Otros usos de Internet aplicables a la enseñanza de EL2: Las Webquest y la CMO 199
   5.6. Conclusiones 201
   5.7. Preguntas para la reflexión 202
   Bibliografía 203
   Páginas web citadas 208

6. EVALUACIÓN 211
Teresa Bordón y Judith E. Liskin-Gasparro

　　6.1. Introducción 211
　　　　6.1.1. *Alcance del concepto de evaluación: Evaluar y examinar*　211
　　　　6.1.2. *Consideraciones previas* 213
　　6.2. Modelos de competencia lingüística 214
　　　　6.2.1. *Competencia lingüística comunicativa: ¿Fenómeno in-
　　　　　　　dividual o co-construido?* 215
　　　　6.2.2. *La competencia comunicativa (Canale y Swain, 1980;
　　　　　　　Bachman, 1990; Bachman y Palmer, 1996)* 216
　　　　6.2.3. *Modelos jerárquicos: Las* ACTFL Proficiency Guide-
　　　　　　　lines *y Marco Común Europeo de Referencia para las
　　　　　　　Lenguas (MCER)* 217
　　　　6.2.4. *Modelos de competencia interactiva* 226
　　6.3. Aplicación de modelos de competencia lingüística 228
　　　　6.3.1. *El contexto estadounidense* 228
　　　　6.3.2. *El contexto europeo* 232
　　6.4. Nuevos avances en la evaluación a nivel de aula 236
　　　　6.4.1. *Evaluación auténtica* 236
　　　　6.4.2. *Evaluación de Actuación Integrada* (Integrated Per-
　　　　　　　formance Assessment) *según los National Standards
　　　　　　　for Foreign Language Learning* 237
　　　　6.4.3. *Evaluación dinámica (ED)* 238
　　　　6.4.4. *La autoevaluación* 240
　　6.5. La dimensión social de la evaluación 241
　　　　6.5.1. *Validez y validación de exámenes: Perspectivas actuales* 241
　　　　6.5.2. *Evaluación lingüística ética* 243
　　　　6.5.3. *La evaluación lingüística crítica* 245
　　6.6. Conclusiones 246
　　6.7. Preguntas de reflexión 247
　　Bibliografía 247

7. PERFIL HISTÓRICO-GEOGRÁFICO DE LA LENGUA ESPAÑOLA 253
Francisco Moreno Fernández

　　7.1. Introducción 253
　　7.2. La lengua española en su historia 254
　　　　7.2.1. *El español como lengua milenaria* 255
　　　　7.2.2. *El español como resultado de sus contactos lingüísticos* . 257
　　　　7.2.3. *El español como lengua nacional* 259
　　　　7.2.4. *El español como lengua estandarizada* 263

7.3. La lengua española en su geografía 266
    7.3.1. *El español como lengua de un extenso dominio* 266
    7.3.2. *El español como lengua unida y diversa* 268
    7.3.3. *El español como lengua internacional* 271
7.4. El estudio de la variación lingüística 273
7.5. Síntesis 275
7.6. Preguntas para la reflexión 277
Bibliografía 278

8. EL ESPAÑOL EN CONTACTO CON OTRAS LENGUAS EN ESPAÑA 281
Miquel Siguan

    8.1. Introducción 281
    8.2. Perspectiva histórica 282
    8.3. El estatus legal de las lenguas. La Constitución y las leyes
        lingüísticas. 285
    8.4. El estatus sociolingüístico. Las distintas situaciones 287
        8.4.1. *Cataluña (6.813.000 hab.)* 288
        8.4.2. *Islas Baleares (955.000 hab.)* 289
        8.4.3. *Valencia (4.543.000 hab.)* 290
        8.4.4. *Galicia (2.750.000 hab.)* 290
        8.4.5. *País Vasco (2.115.000 hab.)* 291
        8.4.6. *Navarra (585.000 hab.)* 293
    8.5. El Estado español y la pluralidad lingüística 294
    8.6. Evaluación del conocimiento y de los usos de las lenguas 295
    8.7. Presencia de lenguas extranjeras 299
    8.8. La repercusión sobre el español 300
    8.9. Valoración de conjunto y perspectivas para el futuro 302
    8.10. Preguntas para la reflexión 303
    Bibliografía 304
    Censos, encuestas e informes oficiales 305

9. EL ESPAÑOL DE AMÉRICA EN CONTACTO CON OTRAS LENGUAS 309
John M. Lipski

    9.1. Introducción 309
    9.2. El español en contacto con lenguas indígenas de América. 310
        9.2.1. *El español y las lenguas mayas en Yucatán* 310
        9.2.2. *El español en la zona andina en contacto con quechua*
            y aymara 311
        9.2.3. *El español en contacto con el guaraní en el Paraguay* .. 314
    9.3. El español de América en contacto con otras lenguas euro-
        peas 315

    9.3.1. *Los dialectos italianos en México* 316
    9.3.2. *Las lenguas germánicas en el Paraguay* 317
    9.3.3. *La Argentina: Los alemanes "del Volga"* 317
    9.3.4. *El inglés norteamericano en Centroamérica* 318
  9.4. El español de América en contacto con lenguas criollas .. 319
    9.4.1. *El inglés criollo en Centroamérica* 320
    9.4.2. *El inglés antillano en las Antillas Españolas* 321
    9.4.3. *El francés criollo de las Antillas menores en Hispano-*
            américa 323
    9.4.4. *El criollo haitiano en Santo Domingo y Cuba* 323
  9.5. El inglés y el español en los Estados Unidos 325
    9.5.1. *Existencia y características del "spanglish"* 327
    9.5.2. *Los préstamos léxicos del inglés* 330
    9.5.3. *Los calcos sintácticos del inglés* 331
    9.5.4. *Los cambios de código y la alternancia de lenguas* 332
    9.5.5. *El español como lengua vestigial de los bilingües de tran-*
            sición 335
    9.5.6. *El español como segunda lengua en los Estados Unidos*   336
    9.5.7. *El español y el inglés en Puerto Rico* 338
  9.6. Conclusiones 339
  9.7. Preguntas para la reflexión 339
  Bibliografía 341

10. DERECHOS LINGÜÍSTICOS, POLÍTICA LINGÜÍSTICA Y PLANIFICACIÓN
     LINGÜÍSTICA EN EL MUNDO DE HABLA HISPANA 347
     Clare Mar-Molinero

  10.1. Introducción 347
  10.2. Los derechos lingüísticos 348
  10.3. Política, legislación y planificación lingüística 350
  10.4. España: De la Dictadura al Estado de las Autonomías 356
    10.4.1. *La Dictadura* 356
    10.4.2. *La Constitución de 1978* 358
    10.4.3. *La Transición* 361
    10.4.4. *La situación actual* 361
  10.5. La América Latina postcolonial 362
    10.5.1. *La situación de los derechos lingüísticos* 362
    10.5.2. *Planificación lingüística: Las lenguas indígenas* 365
    10.5.3. *El español americano* 368
  10.6. Política y planificación lingüística en la era de la globali-
         zación 369
  10.7. Preguntas para la reflexión 371
  Bibliografía 372

11. LENGUAS E IDENTIDADES EN MUNDOS HISPANOHABLANTES: DESDE
UNA POSICIÓN PLURILINGÜE Y MINORITARIA 377
Ofelia García

11.1. Introducción. Marco teórico 377

11.1.1. *Lengua e identidad: Visión monoglósica y modernista* .. 378

11.1.2. *Lenguas e identidades: Visión heteroglósica y post-estructuralista* 380

11.2. Lengua e identidad en el mundo hispanohablante 383

11.2.1. *Construcción inicial* 383

11.2.2. *Siglo XIX* 384

11.2.3. *Principios del siglo XX* 386

11.2.4. *Segunda mitad del siglo XX* 388

11.3. Lenguas, identidades y globalización. Siglo XXI 390

11.3.1. *Ideologías lingüísticas en el siglo XXI* 394

11.3.2. *Instrumentos y discursos de nuevas ideologías lingüísticas* 396

11.4. Conclusiones 399

11.5. Preguntas para la reflexión 400

Bibliografía 400

12. TRADUCCIÓN E INTERPRETACIÓN, Y ESPAÑOL 407
Javier Ortiz y Manuel Mata

12.1. Introducción 407

12.2. La traducción en el ámbito del español 408

12.3. Lengua y traducción 410

12.4. Lingüística, lingüística aplicada y traducción 412

12.5. Traducción y cultura 414

12.6. Modalidades de traducción 416

12.7. El proceso y los procedimientos de traducción 421

12.8. Formación y traducción 425

12.9. Tecnología y traducción 429

12.10. Traducción e investigación 434

12.11. Mercado y traducción 436

12.12. Sociedad y traducción 439

12.13. Preguntas para la reflexión 440

Bibliografía 441

13. EL ESPAÑOL EN CONTEXTOS LABORALES 449
Daniel Cassany, Cristina Gelpí y Carmen López Ferrero

13.1. Introducción 449

13.2. El español en las empresas 450

13.2.1. *La lengua en la empresa* 451
13.2.2. *El español de los medios de comunicación* 452
13.2.3. *Estudios generales* 453
13.3. Lenguaje, ciencia y técnica 453
13.3.1. *La lengua española de la ciencia y de la técnica* 454
13.3.2. *El español de la divulgación científica* 459
13.3.3. *La comunicación médico-paciente* 462
13.3.4. *Estudios clínicos sobre alteraciones del habla y de la escritura* 463
13.4. Lengua española y derecho 464
13.4.1. *¿Qué se entiende por lingüística forense?* 464
13.4.2. *Lingüística teórica y aplicada* 467
13.4.3. *Análisis del discurso* 468
13.4.4. *Traducción* 470
13.5. Conclusiones 471
13.6. Preguntas para la reflexión 472
Bibliografía 473

14. EL ESPAÑOL Y LAS NUEVAS TECNOLOGÍAS 483
Joaquim Llisterri

14.1. Introducción 483
14.2. Las tecnologías del habla 484
14.2.1. *La síntesis del habla* 485
14.2.2. *El reconocimiento del habla* 487
14.2.3. *Los sistemas de diálogo* 488
14.3. Las aplicaciones de las tecnologías del habla 489
14.3.1. *El dictado automático* 490
14.3.2. *Las interfaces conversacionales* 490
14.3.3. *La traducción automática del habla* 491
14.3.4. *La recuperación de información a partir de documentos sonoros* 492
14.3.5. *La identificación y verificación automáticas de la identidad del locutor y la identificación automática de la lengua* 492
14.4. Las tecnologías del texto 493
14.4.1. *Herramientas de análisis lingüístico* 494
14.4.2. *La generación del lenguaje* 496
14.4.3. *La comprensión del lenguaje* 497
14.5. Las aplicaciones de las tecnologías del texto 498
14.5.1. *Herramientas de ayuda a la escritura* 498
14.5.2. *La traducción automática* 499

14.5.3. *La recuperación y extracción de información y la respuesta a preguntas* 501

14.6. Los recursos lingüísticos 503

    14.6.1. *Los corpus* 503

    14.6.2. *Los recursos léxicos* 507

    14.6.3. *Las gramáticas computacionales* 508

14.7. Consideraciones finales 509

14.8. Preguntas de reflexión 511

Bibliografía 512

15. ESPAÑOL A LA VENTA: LA LENGUA EN EL MERCADO GLOBAL 521

María M. Carreira

    15.1. Introducción 521

    15.2. El marco teórico 523

    15.3. El español en el mundo 526

        15.3.1. *Europa* 526

        15.3.2. *Las Américas* 533

        15.3.3. *El español en Asia y África* 543

    15.4. Actitudes lingüísticas de parte de los hablantes del círculo interior 544

    15.5. Conclusiones 546

    15.6. Preguntas para la reflexión 549

Bibliografía 549

LINGÜÍSTICA APLICADA DEL ESPAÑOL. CONSIDERACIONES GENERALES

Manel Lacorte
University of Maryland

1. Introducción

En tiempos como los actuales, marcados por la intensidad con que se desarrolla toda clase de acontecimientos políticos, sociales y culturales, el análisis del lenguaje desde múltiples perspectivas se ha convertido en un espacio científico y profesional cada vez más diverso. A la enseñanza, la actividad laboral quizá más tradicionalmente relacionada con una lengua, le acompañan ahora otras áreas con vínculos similares a la práctica lingüística: la traducción y la interpretación, el trabajo editorial y publicitario, la planificación lingüística, el desarrollo y la evaluación de programas educativos, el tratamiento automatizado del lenguaje, etc. Con todo, el principal elemento en común entre estas disciplinas no reside en su aparente novedad, pues en algunos casos –como el de la traducción e interpretación–, subyace una tradición tanto o más extensa que la docente. Más bien, lo que parece unir a todas esas actividades es la mayor conciencia por parte de sus usuarios y beneficiarios acerca del contraste entre el estudio teórico de una lengua y los diferentes usos que de tal análisis pueden derivarse. En otras palabras, a medida que se van consolidando los rasgos esenciales del estudio del lenguaje –la *lingüística*– y los de su dimensión práctica –la *lingüística aplicada*–, nos resulta posible examinar los elementos primordiales de esta orientación sin tropezar con sentimientos de dependencia o incluso de deuda hacia las tradiciones lingüística o filológica.

Si repasáramos con un poco de atención cualquier texto sobre la definición e historia del estudio lingüístico y literario, no costaría mucho extraer referencias sobre sus propiedades "prácticas". Así, con

respecto al idioma español podríamos señalar la labor de estandarización y normativización, asociada con el nuevo panorama político europeo a partir del Renacimiento, que inspiró la *Gramática* de
Antonio de Nebrija en 1492, o la posterior difusión del español como
medio transmisor de conceptos sociales y religiosos básicos durante la colonización de las Américas en los siglos XVI-XVIII (Munteanu,
2005). Casi a principios del siglo XIX, el abate Lorenzo Hervás apli-
có su estudio previo sobre las lenguas del mundo al desarrollo de
una "escuela española de sordomudos" (1795, cf. en Alonso-Cortés,
2002). Con ella, Hervás se propuso demostrar que la relación entre
lenguas está marcada por la estructura gramatical y no por el simple
parecido entre palabras. De ahí que el lenguaje de signos de los sordos debía ser considerado como cualquier otro lenguaje humano,
porque ambos comparten las mismas categorías gramaticales –como
el verbo y el nombre– con sus adecuadas representaciones mentales.
Más allá del ámbito hispano, Lluis Payrató (2003) aporta una referencia hecha en 1925 por el lingüista alemán Hermann Collitz en la
revista *Language* acerca de la aplicada como una "tercera dimensión"
de la lingüística, junto con la general –o sincrónica, como se denominó más tarde– y la histórica o evolutiva. Por su parte, Howatt (2004)
sugiere que el primer apunte concreto sobre el término "lingüística
aplicada" aparece en 1948, como parte del título de la revista *Language Learning. A Quarterly Journal of Applied Linguistics*.

Como subraya Milagros Fernández Pérez (1999), a pesar de esta
continua muestra de "aplicaciones" en el estudio lingüístico, sólo en
los últimos 40-50 años se ha comenzado a reconocer explícitamente
la importancia de los hechos lingüísticos "reales", es decir, los relacionados con las dimensiones social, representacional y neuropsico-
lógica de la naturaleza del lenguaje. Como una posible primera razón para este paulatino cambio de actitudes hacia los fines aplicados,
la autora apunta el propio desarrollo interno de la lingüística general, ya que "después de una fase de crecimiento hacia la abstracción
y la conceptualización, viene la fase realista de atención a los fenómenos naturales" (243). A esta nueva perspectiva se añade una clara tendencia en la actualidad hacia lo material y práctico, que cada
vez más parece combinarse con una debida profesionalización no
sólo en áreas clásicas como la enseñanza, sino también en otras disciplinas hasta ahora más "artesanales", como la traducción e interpretación, la edición de textos, las terapias del lenguaje, etc. Como
veremos más adelante en este volumen, el interés por el análisis de
los hechos lingüísticos reales implica también una mayor conciencia

sobre el carácter "ecológico" de las lenguas humanas, ya sea con respecto a las que se hallan en proceso de desaparición (Bernárdez, 1999) o las inmersas en diversos procesos de "globalización", "internacionalización" o "mundialización", o sea, un aumento de "peso" no tanto a nivel cultural como político, científico y tecnológico (De Mora-Figueroa, 1995; Mignolo, 2000; Maurais y Morris, 2003; Mar-Molinero, 2004).

Las siguientes secciones versan sobre el desarrollo y la definición de la lingüística aplicada desde su "nacimiento científico", en palabras de Payrató (2003), hacia mediados del siglo XX. Este capítulo incluirá una primera referencia a la evolución de la disciplina en el mundo hispanohablante, organizado en este volumen en torno a tres espacios principales: España, Estados Unidos y Latinoamérica. Después, presentaremos una serie de datos acerca de la situación actual de la orientación aplicada en los países de habla hispana organizados en:

a)   una revisión de recursos,
b)   una descripción de programas académicos relacionados y
c)   una reseña de las diferentes asociaciones, congresos e instituciones que, de una manera u otra, colaboran en el avance de la lingüística aplicada en el mundo hispano.

A continuación, el capítulo reflexionará sobre los diversos aspectos del futuro de la disciplina que serán tratados en profundidad a lo largo de este libro, con énfasis de nuevo en lo concerniente a la lengua española. Precisamente, la última sección ofrece al lector una aproximación al contenido de los trabajos que constituyen nuestro volumen.

2. EVOLUCIÓN Y DEFINICIÓN DE LA LINGÜÍSTICA APLICADA

Como señalamos antes, no resulta muy difícil hallar descripciones sobre los primeros pasos de la lingüística aplicada como un campo científico independiente de la lingüística general, sobre todo en el ámbito anglohablante[1]. Aquí vamos a referirnos a los tres acontecimientos que suelen figurar en los principales textos de referen-

---

[1] Véase p. ej. Wardhaugh y Brown (1976), Kaplan y Grabe (1992), Strevens (1992), Davies (1999), Grabe (2002), Gass y Makoni (2004).

cia: la fundación en 1956 de la School of Applied Linguistics en la Universidad de Edimburgo; la creación en 1957 del Center for Applied Linguistics (CAL, por sus siglas en inglés) en Washington, DC, y los encuentros internacionales sobre la disciplina desde el primer simposio en 1964 realizado en Nancy (Francia). Strevens (1992) sostiene que la razón básica para el establecimiento de las primeras instituciones en Gran Bretaña y Estados Unidos reside en el interés oficial por promover la enseñanza y aprendizaje del inglés como parte de la "diplomacia cultural" impulsada después de la II Guerra Mundial (1939-1945). Por un lado, el British Council se propuso formar toda una nueva generación de profesores capaces de impartir clases de inglés como lengua segunda o extranjera, o incluso de otras materias académicas a través de ese idioma. Por el otro, el Center for Applied Linguistics emprendió la tarea de recoger y analizar datos sobre el uso del inglés a nivel local e internacional, como paso previo al diseño y producción de materiales para la enseñanza del idioma y el entrenamiento de personal docente. En ambos casos, los lingüistas asignados a estas labores tuvieron que generar relaciones válidas entre el conocimiento lingüístico teórico y las diversas –e inmediatas– necesidades de profesores y alumnos en diferentes medios geográficos y sociales. Y es de esta manera que, en el contexto del aprendizaje y enseñanza de una segunda lengua, parece originarse la primera característica de la lingüística aplicada, el compromiso de analizar y solventar *aspectos prácticos y reales* asociados al lenguaje. No obstante, convendría aclarar que tal compromiso no comporta desinterés hacia cuestiones teóricas, es decir, "dicha vertiente práctica no obsta para que la lingüística aplicada parta a su vez de unos presupuestos teóricos (procedentes tanto de la lingüística como de las demás disciplinas implicadas)" (Pastor Cesteros, 2004: 21).

El posterior éxito de la dimensión aplicada y el apoyo institucional recibido a partir de los años sesenta no nace sólo de la enseñanza y aprendizaje de lenguas, sino de una actitud general más positiva hacia estudios a nivel interdisciplinario que, entre otros avances, permitirán relativizar anteriores definiciones estructuralistas sobre el conocimiento lingüístico, así como ubicar las nuevas perspectivas en espacios más próximos a la comunicación humana. Así, Albert Valdman (2004) indica que en 1962, pocos años después de la creación de los primeros centros en Edimburgo y Washington, surge la primera asociación de lingüística aplicada en Francia. Tras unos cursos de verano en 1963, esta asociación se encarga de organizar en julio de 1964 el Primer Coloquio Internacional de la disciplina, ahora bajo los auspicios de l'Association Internationale de Linguistique Appliquée (AILA), fundada en noviembre del año anterior. Ya con una década de congresos internacionales en el continente europeo y de trabajo paralelo a ambos lados del océano, el encuentro de AILA en Montreal en 1978 constituyó el paso decisivo de la orientación aplicada a una fase que ha acabado convirtiéndose en otro de sus rasgos distintivos, la *multidisciplinariedad*. Confluyen en este congreso los trabajos realizados hasta entonces en Europa, Canadá y Estados Unidos sobre contacto entre lenguas, política lingüística y educación bilingüe. Y, como apunta Valdman, "lors de ce congrés que l'on instaura les commissions scientifiques, réseaux de chercheurs et de professionnels oeuvrant dans les diverses champs de la linguistique appliquée redéfinie non plus comme discipline tampon entre la linguistique descriptive et la didactique mais comme une discipline carrefour qui promouvait le tissage de liens entre les diverses sciences du langage" (2004: 3). Por lo que respecta al español, Francisco Marcos Marín (2004: 26) propone el 31 de mayo de 1982 como fecha precisa para la formalización del campo en España, pues ese día tuvo lugar la primera reunión entre docentes universitarios previa a la creación de AESLA, Asociación Española de Lingüística Aplicada.

Un breve repaso a las definiciones propuestas por algunos expertos parece corroborar la visión de Alan Davies (1999 y, con más matices, en Davies y Elder, 2004) sobre el desarrollo de la disciplina. En concreto, Davies propone un continuo desde una más de las posibles "aplicaciones de la lingüística" ('linguistics applied') al mismo nivel que la descriptiva, histórica, sistémica o comparativa, hasta la "lingüística aplicada" ('applied linguistics') como un campo autónomo cuyo objetivo es "explicar y resolver problemas institucionales relacionados con el lenguaje, no promover una teoría lingüística determinada" (Davies, 1999: 6, *traducción mía*). Dentro del primer grupo de definiciones, Brumfit (1996) y Davies (1999) recogen las siguientes:

- "The creation of applied linguistics as a discipline represents an attempt to find practical applications for 'modern scientific linguistics'" (Mackey, 1966: 197).
- "The application of linguistic knowledge to some object –or applied linguistics, as its name implies– is an activity. It is not a theoretical study. It makes use of the findings of theoretical studies" (Corder, 1973: 10).

- "A branch of linguistics where the primary concern is the application of linguistic theories, methods and findings to the elucidation of language problems which have arisen in other areas of expertise" (Crystal, 1980: 28-29).
- "Applied linguistics has been considered a subset of linguistics for several decades, and it has been interpreted to mean the applications of linguistics principles to certain more or less practical matters" (Brown, 1987: 147).

Por su parte, las definiciones del segundo grupo a menudo son más recientes y señalan una mayor diversidad de áreas profesionales:

- "Applied linguistics is a multidisciplinary approach to the solution of language-related problems" [in language education, language policy and planning, speech-communication research, specialized occupational languages, speech therapy, lexicography and dictionary-making, translation and interpreting, and language and the professions] (Strevens, 1992: 17-22)
- "[Applied linguistics is] the theoretical and empirical investigation of real-world problems in which language is a central issue" (Brumfit, 1997: 93)
- "A practic-driven discipline that addresses language-based problems in real-world contexts" (Grabe, 2002: 10)

De estas definiciones pueden extraerse varios puntos en común, que nosotros asumiremos como los siguientes rasgos distintivos para la lingüística aplicada. Primero, destacamos el valor de la *comunicación*, concepto inherente a todo colectivo humano, como dimensión necesaria para solventar temas derivados de la práctica e interacción lingüística (Pastor Cesteros, 2004)[2]. Segundo, se debe subrayar el proceso de *mediación* que, implícita o explícitamente, se establece entre cuestiones teóricas y prácticas a la hora de solventar uno u otro "reto" de tipo lingüístico. A su vez, esto supone un notable cambio de *conducta profesional* para las personas encargadas de analizar y resolver

---

[2] Este punto resulta aún más evidente si se tiene en cuenta el importante empuje que la sociolingüística, la pragmática y el análisis de discurso (terrenos eminentemente aplicados) han dado a la lingüística aplicada en los últimos treinta años (Payrató, comunicación personal). Véase p. ej., Almeida (2003); Areilza *et al.* (2004); Blas Arroyo (2005), Moreno Fernández (2005).

estos temas, ya que ellas –a diferencia del típico lingüista teórico– deberán tener muy en cuenta los elementos individuales, culturales, sociales y políticos que forman parte de la esencia de cualquier situación lingüística real.

En concreto, el "buen" lingüista aplicado necesitará mantener el equilibrio entre la reflexión a nivel intelectual y el conocimiento sobre el terreno del colectivo o comunidad que, de una manera u otra, se verá afectada por la "solución" lingüística que pueda adoptarse. Y como se refleja en la siguiente lista de áreas de trabajo esbozadas por Slama-Cazacu (1984, cf. en Payrató, 2003: 32-33)[3], parece que al lingüista aplicado no le van a faltar oportunidades para desarrollar tal equilibrio en la actualidad:

1. Elaboración y desarrollo teórico y metodológico de las bases de la lingüística aplicada. Medios de organización y de desarrollo del dominio y de la colaboración interdisciplinaria.
2. Enseñanza de lenguas extranjeras y educación de la lengua materna y de la comunicación en lengua materna.
3. Aspectos lingüísticos (codificación y estandarización gráfica, etc.) del aprendizaje y la enseñanza de la lectura y la escritura (transliteración, sistemas de escritura, ortografía, ortología, etc.).

---

[3] En su interesante libro, Lluís Payrató (2003: 28-36) también ofrece algunos comentarios sobre el progreso de las áreas temáticas de la lingüística aplicada. A fecha de 29 de abril de 2005, éstas eran las comisiones de trabajo en la página electrónica de AILA (*traducción mía*; de hecho, esta página no presenta materiales en español): (1) aprendizaje de lenguas por parte de adultos, (2) lenguaje infantil, (3) comunicación en ámbitos profesionales, (4) lingüística contrastiva y análisis de errores, (5) análisis del discurso, (6) tecnología educativa y aprendizaje de lenguas, (7) metodología de la enseñanza de lenguas extranjeras y formación del profesorado, (8) lingüística legal (lenguaje y administración), (9) sistemas de educación bilingüe, (10) interpretación y traducción, (11) ecología lingüística, (12) lenguaje y enseñanza en marcos multilingües, (13) lenguaje y género, (14) lenguaje y medios de comunicación, (15) lenguas para fines específicos, (16) planificación lingüística, (17) autonomía en el proceso de aprendizaje lingüístico, (18) lexicografía y lexicología, (19) alfabetización, (20) enseñanza de lengua materna, (21) psicolingüística, (22) retórica y estilística, (23) adquisición de una segunda lengua y (24) lenguaje y signos (incluido lenguaje de los sordos). Sin embargo, cabe mencionar que durante el congreso de AILA en Madison, Wisconsin (julio de 2005), estas comisiones fueron reemplazadas por Redes de Investigación (en inglés, Research Networks, o ReNs; *la traducción continúa siendo mía*) de duración determinada por el interés de los miembros de AILA participantes en cada una de ellas. Con ello, la asociación sostiene que podrá mantener al día los intereses de su membresía de modo más regular.

4. Aplicaciones de la investigación lingüística en materias de lexicografía, estilística y dialectología.
5. Resolución de problemas lingüísticos en relación con la actividad de la traducción.
6. Problemas lingüísticos a nivel de comunidad o Estado.
7. Aspectos lingüísticos de los medios de comunicación de masas.
8. Aspectos lingüísticos de la comunicación en las empresas y, en general, la actividad productiva.
9. Aspectos lingüísticos del diagnóstico y de la terapia de los trastornos del lenguaje.
10. Aspectos lingüísticos de la relación médico-paciente, o psicólogo-paciente, o psicólogo-sujeto experimental.
11. Aspectos lingüísticos de la transmisión mecánica de la comunicación.
12. Aplicación en diversos dominios de las técnicas de análisis mecánico del habla.
13. Desarrollo de medios matemáticos formalizados y técnicos destinados a resolver problemas de lingüística aplicada o que involucren a la lingüística aplicada.
14. La lingüística aplicada y el dominio jurídico.
15. Aspectos lingüísticos de taquimecanografía, imprenta, corrección, etc.

Por otra parte, los recursos académicos y profesionales de que puede disponer el lingüista aplicado en cualquiera de estas áreas de trabajo no van a ser los mismos según el país en que se encuentre, ni sobre todo según la lengua con que lleve a cabo su labor. Así, a punto de alcanzar sus primeros cincuenta años como campo científico autónomo, la lingüística aplicada sigue evolucionando bajo la influencia de recursos creados y, en su mayor parte, controlados por el sistema académico británico y norteamericano (BANA, por sus siglas en inglés)[4]. En este sentido se manifiestan, por ejemplo, algunos de los expertos participantes en el volumen editado *World Applied Linguistics* (Gass y Makoni, 2004), número 17

---

[4] Este término se comenzó a emplear a principios de los años noventa para referirse a los países donde se origina la filosofía académica y profesional que sustenta la enseñanza de inglés en todo el mundo (Holliday, 1994). En concreto, los países son Gran Bretaña, Estados Unidos, Canadá, Australia y Nueva Zelanda ('Britain, Australasia and North America' = BANA).

de la colección AILA Review[5], que sintetiza la situación actual del campo en Europa, Asia, África, Brasil y Oceanía (Australia/Nueva Zelanda):

- "Research in some European countries is more visible because it is very much oriented towards what is going on in the Anglo-Saxon world and part of the research is published in English and accordingly available to the outside world. AILA's long standing policy of keeping French as one of the working languages has not led to a steady flow of information between the French-speaking and English-speaking communities [...] in a world in which the role of French as an international language and a language of academic is clearly declining" (De Bot, 2004: 58).
- "Much of the applied linguistics work in Asia is linked to the English-knowing bilingualism that is prevalent in the world today because of the spread and diffusion of English as a world language" (Pakir, 2004: 71).
- "Although there is a growing interest in the development of local versions of applied linguistics in Africa, the 'prestigious' journals in applied linguistics and indeed in most disciplines are published in English and 'from western locations'" (Makoni y Meinhof, 2004: 96).

Una somera revisión de publicaciones, programas universitarios, asociaciones y congresos profesionales confirmaría sin mayores dudas la opinión de estos y otros expertos más críticos (Schieffelin *et al.*, 1998; Fairclough, 2001; Pennycook, 2001). En el período 1999-2005, las principales editoriales anglo-estadounidenses han comercializado un mínimo de diez títulos sobre aspectos generales de la lingüística aplicada, entre ellos tres manuales para uso docente

---

[5] Desde 2003, la publicación de *AILA Review* corre a cargo de John Benjamins Publishing Company, con sedes en Amsterdam y Filadelfia. Esto parece haber provocado un interesante cambio en la línea editorial, más abierta a la descripción del progreso de la disciplina aplicada en diversas partes del mundo, no sólo el anglohablante; por ejemplo, en el volumen de 2004 aparece un breve artículo de la profesora Marilda Cavalcanti sobre la lingüística aplicada en Brasil, mientras que el volumen de 2005 está dedicado al continente latinoamericano. En el ámbito del idioma español, las colaboraciones entre editoriales y revistas especializadas no siempre han resultado tan exitosas, y la mayoría de publicaciones continúan dependiendo de la buena voluntad de la administración universitaria correspondiente.

en cursos universitarios (McCarthy, 2001; Kaplan, 2002; Davis y Elder, 2004)[6]. Estas mismas editoriales llevan aún más tiempo publicando las revistas especializadas más importantes en el campo, como *International Review of Applied Linguistics* (Walter de Gruyter, desde 1962), *System* (Elsevier, desde 1979), *Applied Linguistics* (Oxford University Press, desde 1980) o *International Journal of Applied Linguistics* (Blackwell Publishers, desde 1990). Tal como se indica más adelante en nuestra introducción, la gran mayoría de trabajos en estas revistas procede de expertos en departamentos o programas universitarios en países de habla inglesa, entre ellos Hawai'i en Manoa, Georgetown, Lancaster, Penn State, Toronto, California en Los Ángeles o Auckland[7]. Asimismo, estos investigadores cuentan con el apoyo, por un lado, de asociaciones profesionales tan potentes como la ya mencionada AILA, la American Association for Applied Linguistics (AAAL), la British Association for Applied Linguistics (BAAL), la American Translators Association (ATA) y Teachers of English to Speakers of Other Languages (TESOL), y por el otro, de organismos con fondos públicos como el British Council (Gran Bretaña), el Center for Applied Linguistics y el National Foreign Language Center (Estados Unidos), y otros centros similares de recursos para la enseñanza y aprendizaje de diversas lenguas que se han extendido en los últimos años por diferentes universidades estadounidenses –sobre todo, a partir del progresivo, y para algunos un tanto preocupante, interés mostrado por la Administración hacia ciertas lenguas relacionadas con su seguridad nacional.

---

   [6] Otros títulos de interés en este período son *An Introduction to Applied Linguistics* (A. Davies. Edimburgo, Edinburgh University Press, 1999); *Encyclopedic Dictionary of Applied Linguistics* (K. Johnson y H. Johnson. Londres, Blackwell, 1999); *Introduction to Applied Linguistics* (N. Schmitt, ed. Londres, Arnold, 2002); *Applied Linguistics & Communities of Practice* (S. Sarangi y T. van Leeuwen, eds. Nueva York, Continuum, 2003); *Controversies in Applied Linguistics* (B. Seidlhofer, ed. Oxford, Oxford University Press, 2003); *Applied Linguistics. Principles and Practice* (G. Cook. Oxford, Oxford University Press, 2003); *Applied Linguistics as Social Science* (A. Sealey y B. Carter. Londres, Continuum, 2004).

   [7] Hay una serie de sitios en Internet donde el lector interesado podrá hallar abundante información sobre publicaciones, departamentos, asociaciones y encuentros académicos relacionados con la lingüística aplicada a nivel internacional. Entre ellos, se podría destacar The Linguist List (http://linguistlist.org/ pubs/journals/browse-journals. html), Linguistics Sources on the World-Wide Web (http://www.ualberta.ca/~slis/guides/linguist/ling2.htm), The Linguistics Periodical List (http://wally.rit.edu/pubs/guides/lingper. html) o The Birbeck College Library (http://www.bbk.ac.uk/lib/alsubject.html).

¿Qué se puede decir entonces sobre la situación de la lingüística aplicada en los países de habla hispana? En las secciones siguientes, vamos a exponer algunas de las pautas que definen esta disciplina en el caso del español, lengua oficial para más de cuatrocientos millones de personas en varios continentes, un número superior al de otros idiomas que, sin embargo, parecen disfrutar de un mayor reconocimiento diplomático, científico y político, como sería el caso del francés, el alemán o el japonés.

3. ESTADO ACTUAL DE LA LINGÜÍSTICA APLICADA DEL ESPAÑOL

En estos primeros años del tercer milenio, la lengua española se halla en pleno proceso de expansión demográfica –especialmente en Latinoamérica y Estados Unidos, pero también en una España ahora ya más receptora que emigrante–, sociopolítica –por el progresivo arraigo de mentalidades más abiertas a la diversidad cultural y lingüística– y sobre todo económica. El español se ha convertido en un importante activo para nuestras economías nacionales a través de las denominadas "industrias de la lengua" (p. ej., traducción e interpretación; libros de lectura general, de texto y diccionarios; edición automática y asistida, etc.), cuyo valor en el caso de España se ha calculado en torno a 12-15% del Producto Interior Bruto nacional (Martín Municio, 2003). Como indica el empresario Juan Serrat Viñas, "el español abre caminos a la exportación de bienes y servicios ligados genéricamente al idioma, lo que puede incluir desde la gastronomía hasta la moda; pero también tiene implicaciones comerciales tales como la materialización de contratos, la transferencia de tecnología o la realización de proyectos de consultoría" (2001). Y entre otras cuestiones "pendientes", la lengua española se enfrenta actualmente a la falta de representación equitativa en instituciones multinacionales como la Unión Europea o las Naciones Unidas, la competencia por obtener consideración oficial como lengua de enseñanza obligatoria en países como Brasil o Gran Bretaña, o la búsqueda de un mayor equilibrio entre naciones a la hora de establecer una política lingüística panhispánica. En definitiva, el español del siglo XXI ha llegado a un punto en que, una vez asumida su posición como lengua global, mundial o internacional, deberá enfrentarse a múltiples problemáticas en las esferas sociopolítica, educativa, científica y tecnológica que hasta hace poco carecían de especial relevancia.

Esta eclosión de fines aplicados ha comenzado recientemente a crear espacios en los canales académicos e institucionales más convenientes, como se encargarán de demostrarnos los autores de los próximos capítulos. No obstante, resultaría útil relatar aquí algunas de las razones por las que la lingüística aplicada del español apenas ha gozado de definición o presencia específicas en los países de habla hispana. En primer lugar, y en línea con el ya mencionado contraste entre "aplicaciones de la lingüística" y "lingüística aplicada" propuesto por Davies (1999) y otros expertos, se podría afirmar que nuestra comunidad académica se ha mostrado, por lo general y hasta fechas más cercanas, más atraída por la lingüística aplicada *al* español –con el conocimiento teórico sobre el lenguaje y las lenguas como referente–, que por la lingüística aplicada *del* español –la descripción, análisis y resolución de retos lingüísticos como referente–. Tal como indica Fernández Pérez (1999), esta actitud podría estar relacionada con la falta de hábitos prácticos y pragmáticos en nuestras enseñanzas e intereses, así como con el pobre y limitado entrenamiento en labores de carácter multidisciplinar y experimental, que constituyen en sí vías ineludibles en el análisis de hechos concretos y en las aplicaciones correspondientes (243). La poca tradición y definición de la disciplina se ha reflejado además en una tendencia por parte de la orientación aplicada del español a identificarse exclusivamente con su enseñanza y aprendizaje, o sea, según el modelo anglohablante inicial (véase p. ej., Moreno Fernández, 1988; Baralo, 1999; Lafford, 2000). No queremos con ello decir que la lingüística aplicada del inglés haya alcanzado un pleno equilibrio entre las diversas áreas de trabajo descritas en páginas anteriores, sobre todo tras el gran impulso experimentado en los últimos tiempos por el análisis de la adquisición de lenguas segundas ('Second Language Acquisition' o SLA, en inglés). Lo que sí podemos afirmar es que la orientación aplicada del español no ha desarrollado aún la misma perspectiva de conjunto que sí se observa en el ámbito británico y norteamericano, ni tampoco los niveles suficientes de *perspectiva práctica, multidisciplinariedad, dimensión comunicativa, mediación teórico-práctica* y *conducta profesional,* todos ellos rasgos distintivos de la orientación aplicada.

Los siguientes datos y comentarios –no exhaustivos, ciertamente– sobre publicaciones, programas académicos e instituciones oficiales sirven para apoyar nuestra anterior afirmación sobre el estado presente de la lingüística aplicada del español y, sobre todo, lanzar algunas propuestas de posible interés para el futuro de la disciplina.

Publicaciones

Libros:

- *Claves para la lingüística aplicada* (J. Vez. Málaga, Ágora, 1984)
- *Lingüística aplicada* (F. Marcos y J. Sánchez. Madrid, Síntesis, 1988)
- *Temas de lingüística aplicada* (L. López; I. Pozzi-Escot y M. Zúñiga. Lima, CONYCET, 1989)
- *Temas de lingüística aplicada* (J. Fernández Barrientos y C. Walhead, eds. Granada, Universidad de Granada, 1995)
- *Avances en lingüística aplicada* (M. Fernández Pérez, coord. Santiago, Universidad de Santiago, 1996)
- *Elementos de lingüística* (C. Martín Vide, ed. Barcelona, Octaedro, 1996)
- *De profesión, lingüista* (L. Payrató. Barcelona, Ariel, 1998 y 2003)
- *Lingüística aplicada a la enseñanza de lenguas extranjeras* (M.S. Salaberri, ed. Almería, Universidad de Almería, 1999)
- *La lingüística aplicada a finales del siglo XX. Ensayos y propuestas* (I. de la Cruz; C. Santamaría; C. Tejedor y C. Valero, eds. Madrid, Universidad de Alcalá, 2001)
- *Teoría lingüística y enseñanza de la lengua* (L. González Nieto. Madrid, Cátedra, 2001)
- *Trabajos en lingüística aplicada* (C. Muñoz, coord. Barcelona, Universidad de Barcelona, 2001)
- *Contribuciones a la lingüística aplicada en América Latina* (C. Curcó *et al.*, eds. México, UNAM, 2002)
- *Lingüística aplicada: Adquisición del español como segunda lengua* (D. Koike y C. Klee. Nueva York, John Wiley, 2003)
- *Spanish Second Language Acquisition. State of the Science* (B. Lafford y R. Salaberry, eds. Washington, Georgetown University Press, 2003)
- *Aprendizaje de segundas lenguas. Lingüística aplicada a la enseñanza de idiomas* (S. Pastor Cesteros. Alicante, Publicaciones de la Universidad de Alicante, 2004)
- *Applied Linguistics in Latin America* (K. Rajagopalan, ed. Amsterdam, John Benjamins, 2005)
- *Lingüística aplicada a la enseñanza del español como 2/L* (K. Griffin. Madrid, Arco/Libros, 2005)
- *Spanish Second Language Acquisition: From Research to Application* (B. Lafford y R. Salaberry, eds. Washington, Georgetown University Press, 2006)
- *Enseñanza del español como lengua extranjera en Argentina* (M. Pozzo. Buenos Aires, UNR, 2006)

*Publicaciones de periodicidad anual y vinculadas
a instituciones académicas:*

- Obras de Referencia del Instituto Cervantes (entre otras colecciones: El español en el mundo, Aproximaciones a la traducción, Actas de los Congresos Internacionales de la Lengua, etc.). Página de Internet: http://cvc.cervantes.es/obref/
- Publicaciones y actas de congresos de la Asociación Española de Lingüística Aplicada. Página de Internet: http://www.aesla.uji.es/Indice-actas/top.html
- Estudios de Lingüística del Español. Página de Internet: http://elies.rediris.es/index.html
- Estudios de Lingüística Española. Página de Internet: http://elies.rediris.es/elies16/

Revistas de periodicidad trimestral, cuatrimestral o semestral:

- Círculo de Lingüística Aplicada a la Comunicación (España, Universidad Complutense)
- Estudios de Lingüística Aplicada (México, UNAM)
- Revista Brasileña de Lingüística Aplicada (Brasil, Universidade Federal de Minas Gerais)
- Revista Española de Lingüística Aplicada (España, AESLA)
- Revista de Lingüística Iberoamericana (España, Vervuert)
- Revista de Lingüística Teórica y Aplicada (Chile, Universidad de Concepción)
- Revista Española de Lingüística (España, Editorial Gredos)
- Revista Nebrija de Lingüística Aplicada a la Enseñanza de Lenguas (España, Universidad Nebrija)
- Spanish in Context (Gran Bretaña, John Benjamins)
- Revista Signos (Chile, Pontificia Universidad Católica de Valparaíso)

Unidades y programas académicos:

- Centro de Enseñanza de Lenguas Extranjeras-CELE (UNAM, México). Página de Internet: http://ianua.cele.unam.mx/cele/index.html
- Centro de Investigaciones Lingüísticas Regionales "Ricardo L. J. Nardi" (Rosario, Argentina). Página de Internet: http://webs.satlink.com/usuarios/c/cilnardi/
- Instituto Caro y Cuervo (Bogotá, Colombia). Página de Internet: http://www.caroycuervo.gov.co/htdocs/
- Instituto de Literatura y Ciencias del Lenguaje (Valparaíso, Chile). Página de Internet: http://www.ilcl.ucv.cl/

- Departamento de Filología, Universidad de Alcalá (Madrid, España). Página de Internet: http://www.departamentofilologiauah.com/index.htm
- Departamento de Lenguas Aplicadas, Universidad Nebrija (Madrid, España). Página de Internet: http://www.nebrija.com/lenguas_aplicadas/index_la.htm
- Departamento de Traducción y Filología, Universitat Pompeu Fabra (Barcelona, España). Página de Internet: http://www.upf.es/dtf/
- Instituto Interuniversitario de Lenguas Modernas Aplicadas, Universitat d'Alacant/Universitat Jaume I. Página de Internet: http://www.iulma.es/
- Department of Spanish and Portuguese, Georgetown University (Washington, DC, Estados Unidos). Página de Internet: http://data.georgetown.edu/departments/spanport/
- Department of Spanish and Portuguese, Indiana University (Bloomington, IN, Estados Unidos). Página de Internet: http://www.indiana.edu/~spanport/faculty.shtml
- Department of Spanish, Italian, and Portuguese, Penn State (State College, PA, Estados Unidos). Página de Internet: http://sip.la.psu.edu/

Instituciones y congresos:

- Asociación de Lingüística y Filología de América Latina-ALFAL (desde 1964). Objetivos: "Fomentar el progreso tanto de la lingüística teórica y aplicada como de la filología en América Latina –especialmente la lingüística general, la lingüística indígena y la lingüística y filología hispánica y portuguesa– así como la teoría y crítica literarias." Página de Internet: http://www.alfal.org/indexe.htm
- Sociedad Española de Lingüística (desde 1970). Objetivos: "Fomentar los estudios lingüísticos en la esfera científica, sobre todo en sus aspectos teóricos y generales; contribuir a la defensa y a la difusión internacional del estudio de las lenguas peninsulares; colaborar con todas aquellas instituciones y entidades que se ocupan de estos mismos estudios." Página de Internet: http://www.uned.es/sel/castellano/presentacion.html
- Asociación Española de Lingüística Aplicada-AESLA (desde 1982). Objetivos: "Estudio e investigación de la lingüística aplicada en todas sus manifestaciones." Página de Internet: http://www.aesla.uji.es/paginf.html
- Asociación Mexicana de Lingüística Aplicada-AMLA (desde 1986). Objetivos: "Reunir a quienes se especializan en alguno de los múltiples campos que se pueden considerar lingüística aplicada." Página de Internet: http://comenius.cele.unam.mx/cele/amlaweb/index.html

- Asociación de Lingüística Aplicada de Brasil-ALAB (desde 1990). Objetivos: "Una sociedade cientíca que congrega docentes e pesquisadores do Brasil na área de Lingüística Aplicada, tanto em língua materna como em língua estrangeira." Página de Internet: http://www.alab.org.br/
- Instituto Cervantes/Centro Virtual Cervantes (desde 1991). Objetivos: "Promoción y enseñanza de la lengua española y difusión de la cultura española e hispanoamericana." Página de Internet: http://cvc.cervantes.es/portada.htm
- Congresos Internacionales de la Lengua Española (desde 1992, con un primer encuentro en Sevilla). Objetivos: "Estudios que analizan, desde las más diversas perspectivas y con rigor científico, el pasado, el presente y el futuro del español." I Congreso (Zacatecas, 1997), II Congreso (Valladolid, 2001) y III Congreso (Rosario, 2004). Página de Internet: http://cvc.cervantes.es/obref/congresos/

Junto con la ya descrita influencia de la lingüística aplicada anglohablante, esta selección de recursos existentes en español nos permite plantear varios puntos de posible análisis o discusión. Para empezar, se observa aún un desequilibrio entre la cantidad de recursos procedentes del Estado español y los de otros países de habla hispana, aunque esto, de cualquier modo, no significa que en España la disciplina nade en la abundancia. En parte, el desequilibrio deriva de las habituales limitaciones económicas que afectan el mundo académico, en especial en el ámbito de las humanidades. Asimismo, el estudio de la lengua española generalmente se ha llevado a cabo desde coordenadas más próximas a la tradición filológica –centrada en la información cultural transmitida por el texto– que a los más recientes parámetros científicos de la lingüística. A medida que la lingüística ha creado sus propios espacios académicos, su interés principal se ha dirigido hacia el estudio teórico del lenguaje, y solamente en fechas más próximas hacia la aplicación de ese estudio a la enseñanza y aprendizaje del español. A modo de ejemplo de este tipo de aplicación casi exclusiva, resultaría suficiente repasar los índices de contenidos de los títulos citados en la tabla anterior, con unas pocas excepciones en donde se puede apreciar una definición más amplia del campo (Martín Vide, 1996; Curcó *et al.*, 2002; Payrató, 2003). A ello cabría añadir que un buen número de títulos son en realidad actas de congresos en los que abundan los informes sobre investigación acerca del inglés como lengua segunda o extranjera (p.ej., Vez, 1984; Fernández Barrientos y Walhead, 1995; Salaberri, 1999). De hecho, el escaso apoyo a la lingüística aplicada del español desde el sector editorial abarca tanto libros como revistas. De ahí que, aparte de los últimos –y muy interesantes– proyectos como *Spanish in Context* (John Benjamins), *Revista de Lingüística Iberoamericana* (Vervuert/Iberoamericana) o *Signos* (Pontificia Universidad Católica-Valparaíso), las únicas publicaciones en español que parecen disfrutar de cierta raigambre son las pedagógicas: *Frecuencia-L, Mosaico, Tecla, Carabela, Cuadernos Cervantes de la Lengua Española, Materiales, Glosas Didácticas, Revista redELE, MarcoELE*, etc. Otras, en cambio, se quedaron en el camino: *Signos* y *Cable* (España), *Spanish Applied Linguistics* (EE.UU.), etc.

En los últimos 15-20 años, y sobre todo a partir del reconocimiento de la lengua española como un destacado motor de actividad económica, la lingüística aplicada del español parece haber comenzado una nueva fase en que la enseñanza representa sólo una parte –vital, eso sí– del conjunto de industrias de la lengua. En contraste con las limitaciones de otros tiempos, el idioma español cuenta con un apoyo más decidido del sector privado –p. ej., a través del Instituto Español de Comercio Exterior (ICEX)– y de diversas instituciones públicas. Dentro de este segundo grupo, hay que destacar la labor hecha desde 1991 por el Instituto Cervantes, no sólo como organismo dedicado a promocionar y difundir la lengua y culturas española e hispanoamericanas, sino también como un importante centro de recursos para todo tipo de actividad profesional relacionada con el español –en el sitio "Obras de Referencia del Instituto Cervantes"–. Otra característica de esta nueva etapa es la voluntad, sobre todo a nivel institucional, de superar de manera definitiva obsoletas perspectivas con respecto a las variedades lingüísticas en el mundo hispanohablante, así como de establecer sólidos vínculos de colaboración académica y profesional para consolidar la posición del español como lengua de uso internacional. A modo de ejemplo de esta voluntad se podría citar, por un lado, la labor de las veintiuna academias de la lengua para plasmar su consenso en obras tan necesarias como la *Ortografía de la lengua española* (actualizada por todas las academias), la edición de 2001 del *Diccionario de la lengua española*, el *Diccionario panhispánico de dudas* (2005) y la esperada nueva edición de la *Gramática*, y por el otro el contacto más fluido entre centros académicos de diferentes países (CELE en México, DF, Caro y Cuervo en Bogotá, Pompeu Fabra en Barcelona, Alcalá en Madrid, etc.) por:

- el formato más tradicional del congreso académico (con mención especial a los Congresos Internacionales del Español celebrados hasta hoy día, así como su más reciente alternativa crítica, el Primer Congreso de laS LenguaS, paralelo en tiempo y lugar al III Congreso Internacional en Rosario, Argentina);

- el desarrollo de proyectos en equipo de investigación o publicación –este mismo volumen podría constituir un buen ejemplo de este punto–, o
- el contacto más novedoso aportado por algunos portales electrónicos institucionales como los del Centro Virtual Cervantes, la Real Academia Española y los Estudios de Lingüística Española, o los personales como el de Joaquim Llisterri y el de Francisco Javier Cubero[8].

La siguiente etapa en el progreso de la lingüística aplicada del español debería dar pie a nuevos espacios estables de colaboración entre expertos e investigadores en áreas de interés como las esbozadas en este libro u otras ligadas en general a la comunicación humana (p.ej., la pragmática y el análisis de discurso). Tales espacios –grupos o asociaciones de investigadores, simposios y congresos, publicaciones, etc.– deberían disfrutar de un apoyo aún más decidido por parte de instituciones públicas y privadas, y, a medida que el español mantiene su línea ascendente en el conjunto de lenguas de alcance internacional, limitar la dependencia con respecto a la lingüística aplicada del inglés que se observa en algunas publicaciones y programas académicos en la actualidad. La próxima sección profundiza un poco más en algunos de los aspectos que habrán de ser contemplados en este proceso de consolidación de la lingüística aplicada del español como disciplina con autonomía propia.

4. Consideraciones para el futuro

Hasta ahora, nuestra introducción ha ofrecido un breve cuadro histórico de la lingüística aplicada, una revisión de diversas definiciones para el campo –que ha dado pie a cinco rasgos esenciales: *perspectiva práctica, multidisciplinariedad, dimensión comunicativa, mediación teórico-práctica* y *conducta profesional*– y una panorámica de la discipli-

---

[8] Centro Virtual Cervantes (http://cvc.cervantes.es/), Real Academia Española (www.rae.es), Estudios de Lingüística Española (http://elies.rediris.es/), Joaquim Llisterri (http://liceu.uab.es/~joaquim/home.html) y Francisco Javier Cubero (http://www.eldigoras.com/).

na en los países de habla hispana. Esta sección incorpora una serie de elementos que, en mayor o menor medida, podrían desempeñar una significativa función en la lingüística aplicada del futuro. Los primeros párrafos sobre una potencial definición "dinámica" de la disciplina, la (limitada) resolución tangible de retos lingüísticos reales, la progresiva incorporación de diversos métodos de recogida y análisis y datos, la inclinación hacia el anglocentrismo y otras cuestiones críticas, atañen a la orientación aplicada en general. En la última parte de la sección, las notas acerca del español abarcarán varios aspectos sobre el futuro de la disciplina en nuestros países, como el (necesario) equilibrio entre aproximaciones más o menos materialistas a la lengua española, el desarrollo de perspectivas críticas a nivel general y local sobre la disciplina, y el impulso necesario para una auténtica visión de conjunto de la lingüística aplicada en el mundo hispanohablante.

Una vez revisados los distintos enfoques más o menos "lingüísticos" o "aplicados" acerca de nuestra disciplina y delimitados sus rasgos básicos, resultaría útil someter cualquier definición para la lingüística aplicada a una perspectiva *dinámica,* de tal modo que permitiese al investigador y otras personas involucradas acercarse al tema lingüístico desde múltiples planos teóricos y metodológicos. Al no ser la nuestra, como señalan Davies y Elder (2004), una profesión con reglamentaciones y controles estrictos al estilo de los fijados para médicos y abogados, deberemos adentrarnos en el análisis de cualquier cuestión lingüística a partir de un marco profesional y ético lo bastante consensuado[9] y abierto a posibles reevaluaciones críticas, como las que plantean un cierto escepticismo hacia la imposición de una ética global para toda la profesión (Pennycook, 2001). El espacio para discutir, discrepar y establecer uno u otro tipo de consenso se suele forjar en asociaciones profesionales a nivel local o más general, donde también se imparten cursos o talleres de formación, se celebran simposios o congresos, se elaboran publicaciones, etc.

Y tras el consenso, manos a la obra. Un lingüista aplicado puede participar o asesorar en el tratamiento clínico de personas con discapacidades lingüísticas, proponer un sistema de trabajo específico para educar a inmigrantes o refugiados hablantes de una cierta lengua nativa, o intervenir en procesos legales en calidad de traductor, intérprete o analista. Sin embargo, Rees-Miller (2000: 639) advierte

---

[9] El lector interesado podrá encontrar algunos ejemplos de códigos de conducta ética en TESOL Research Committee (1980), House (1990) y BAAL (1994).

que gran parte del trabajo llevado a cabo en la orientación aplicada sigue sin superar la fase de descripción del lenguaje usado en determinados contextos o por determinadas personas. O sea, no se trata sólo de poner las manos en la obra, sino también de "ensuciárselas" a partir de un marco ético sólido, una comprensión adecuada de los aspectos teóricos relacionados con el tema que se desea resolver y una buena dosis de responsabilidad con respecto al individuo o comunidad a quienes vamos a dar consejo o soluciones de perfil lingüístico.

El dinamismo e interdisciplinariedad característicos de la orientación aplicada influyen en una conceptualización especialmente amplia de la investigación en sus variadas áreas de trabajo. Por ello, junto a la tradicional y siempre útil distinción entre aproximaciones cuantitativa y cualitativa, se proponen términos como análisis "sistemático" –ordenado, metódico, preciso, organizado– o "basado en sólidos principios" –teóricos y prácticos–, que nos sirvan para diseñar y poner en marcha cualquiera de los métodos de investigación existentes: experimentos, cuestionarios, entrevistas, conversaciones, grupos de discusión, observaciones, diarios, autobiografías, historias orales, documentos, etc.[10] Duff (2002) sugiere contemplar los enfoques cuantitativo y cualitativo como recursos complementarios en lugar de incompatibles de acuerdo a los siguientes componentes:

a) una determinada base filosófica –más o menos objetiva– con respecto al objeto del análisis,

b) una postura con respecto al conocimiento desarrollado a partir del análisis –que origina una realidad simple o compleja– y

c) una metodología adecuada a las posiciones filosófica e ideológica adoptadas antes, con varias clases de diseño, técnicas e instrumentos para recoger y analizar datos (14-15).

En general, la investigación en la lingüística aplicada se beneficiará especialmente de la *triangulación* ('triangulation') –es decir, la combinación de técnicas y materiales de investigación–, la mayor pre-

---

[10] Algunos títulos introductorios en inglés sobre estos y otros métodos dentro de los paradigmas de investigación cuantitativa y cualitativa son Larsen-Freeman y Long (1991), Nunan (1992), Wray *et al.* (1998), Gass y Selinker (2001), McMillan (2004), Mackey y Gass (2005) y Perry (2005). En español, el lector encontrará útiles los trabajos de Alcaraz Varó (1990), Moreno Fernández (1990), Festinger y Katz (1993), López Morales (1994), Booth *et al.* (2001) y Hernández Campoy y Almeida (2005).

sencia activa de los participantes en la interpretación de datos, y las diversas aproximaciones al mismo objeto de estudio en lo individual, colectivo, histórico y sociocultural. Estas recomendaciones suponen la incorporación a nuestro vocabulario metodológico de nuevos términos tales como la *complejidad* en el análisis de cualquier reto lingüístico, la *pluralidad* de los resultados, a partir de la triangulación de sistemas de recogida y análisis de datos, y la *credibilidad* de cualquier conclusión en contraste con el entorno que ha generado los datos.

En la dimensión aplicada no sólo corremos el riesgo de aplicar métodos exclusivos de investigación en el análisis de cuestiones lingüísticas. También podemos dejarnos llevar, consciente o inconscientemente, por la visión anglocéntrica ya mencionada en secciones anteriores y que, según algunos autores, puede incluso incorporar restricciones a nivel de género en el área de la enseñanza de lenguas: "With the gradual consolidation of applied linguistics, there has been a constant move toward educational expertise being defined as in the hands of the predominantly male Western applied linguistics academy, rather than in the hands of the largely female teaching practitioners" (Pennycook, 1994: 303).

Tras revisar los artículos publicados durante un año en revistas especializadas en el aprendizaje y adquisición de segundas lenguas, Block (1996) descubre que de 78 artículos, 41 proceden de autores en los Estados Unidos y 12 en Canadá (69% del total). Otro 17% de los trabajos viene de Gran Bretaña y Japón, y el contenido del 14% restante (Holanda, Israel, Nueva Zelanda, Tailandia, Sudáfrica, Sri Lanka, Australia, Alemania, Suecia y Hong Kong) denota una cierta colaboración o influencia de centros académicos en el sistema BANA. Diez años después de esta revisión, el principal avance frente a la perspectiva anglocéntrica parece residir en una mayor conciencia acerca de la falta de diversidad y autonomía en los estudios de lingüística aplicada (véase p. ej., Block, 2003; Norton y Toohey, 2004; Canagarajah, 2005). No obstante, aún parece quedar un largo camino para poder superar –o relativizar– conceptualizaciones anglo-occidentales tan arraigadas como la perspectiva monolingüe en el análisis del aprendizaje y enseñanza de lenguas; la división entre "lo extranjero", "lo segundo" y "lo natural" a la hora de fijar contextos en el estudio de la adquisición de lenguas; el contraste entre diversas clases de competencia lingüística, comunicativa y social como parte de la definición de lenguaje, y un punto de vista más bien utilitario sobre el desarrollo y ejecución de tareas lingüísticas dentro y fuera del aula.

A todo lo anterior se podría unir otra limitación no necesariamente derivada del sistema académico BANA, ni tampoco restringida sólo a nuestra disciplina científica, que tiene que ver con la escasa –o *nula*– relación que se suele establecer entre la mayoría de trabajo empírico que se presenta en publicaciones o congresos, y las cuestiones de cariz ideológico que este trabajo puede suscitar. Casi cincuenta años después de su nacimiento, seguramente la lingüística aplicada comienza ya a disponer de suficiente información sobre estos temas como para adentrarse en ellos sin temor a perder una neutralidad, de todos modos, más bien nominal que real.

A grandes rasgos, el concepto de aproximación crítica a la lingüística aplicada aparece bajo dos versiones, una "débil" y otra "fuerte". La primera, más común en la profesión, constituye principalmente un juicio de valor o alternativa al trabajo llevado a cabo por la lingüística aplicada "normativa", sobre todo en lo concerniente al área pedagógica (en inglés, 'critical pedagogy'). Por su parte, la segunda versión desea ubicar la aproximación crítica no bajo la tutela de una ideología política determinada, sino en un espacio más indefinido y dinámico desde el cual se pueda generar preguntas y discusiones sobre asuntos de "identidad, sexualidad, acceso, disparidad, diferencia, deseo o la reproducción del Otro que hasta ahora no han sido considerados como parte de la lingüística aplicada" (Pennycook, 2004: 803-804, *traducción mía*). Entre una y otra versión surgen múltiples maneras de incorporar un elemento crítico a la lingüística aplicada que, como el resto de elementos metodológicos ya descritos para nuestra disciplina, deberá combinar el dinamismo con la precisión, los principios teóricos con la praxis adecuada, y la pluralidad en el proceso de investigación con la credibilidad de los resultados.

En el contexto académico de EE.UU., algunos trabajos críticos exponen una serie de aspectos relevantes como:

> [...] la cantidad de tiempo real dedicado a la enseñanza y el aprendizaje de lenguas extranjeras (LE), la falta de apoyo institucional para las actividades extracurriculares relacionadas con LE, los prejuicios individuales e institucionales con respecto a qué lenguas se deberían impartir y quién las podría cursar, las justificaciones oficiales para una educación de LE abierta a todos los ciudadanos, la articulación coherente de los objetivos de esa educación y, por último, lo que podría denominarse como una expectativa pública de fracaso colectivo respecto al aprendizaje en EE.UU. de cualquier lengua que no sea el inglés (Reagan y Osborn, 2002: 3, *traducción mía*).

No obstante, resulta aún difícil hallar estudios o ensayos críticos sobre la situación de otras lenguas que no sean el inglés. Para el español, encontramos algunos trabajos sobre la presión política y comercial realizada por agentes externos sobre el hablante o "usuario" de español a un nivel más global (Osborn, 2003; Del Valle y Gabriel-Stheeman, 2004), la asunción y transmisión de determinadas actitudes y creencias sobre el español en departamentos universitarios de español (Valdés *et al.*, 2003) y una serie de estudios sobre la situación del español en Estados Unidos, en que se analizan temas como la pérdida de la lengua entre diversos grupos hispanohablantes y su efecto en la oferta educativa (García *et al.*, 2001); las actitudes hacia el español desde la mayoría anglohablante y la propia comunidad hispana (Bills, 2005); la tendencia a escoger y promover una determinada variedad estándar para la enseñanza del español (Martínez, 2003; Villa, 2005), y más recientemente, la revisión crítica de pautas tradicionales para la enseñanza del español como lengua de herencia (Leeman, 2005).

En el futuro, la lingüística aplicada del español tendrá que seguir ocupándose de todos estos temas de la manera que más parece habernos costado hasta el momento, o sea, con el lingüista bien "arremangado" por unos sólidos principios teóricos y prácticos, y dispuesto a impregnarse de datos reales que puedan a su vez derivar en soluciones tangibles. Como nos recuerda Fernández Pérez (1999), no se trata tanto de "hacer prácticas" –a partir de técnicas funcionales, generativistas, etc.–, sino de "*poner en práctica* procedimientos variados, hacer 'aplicaciones' en sentido estricto, para resolver problemas reales, inconvenientes concretos (no problemas teóricos o descriptivos) [...] Las aplicaciones han de ser, pues, sobre situaciones problemáticas reales y con miras a resolverlas o a paliarlas" (244). Sin duda, el éxito de esta empresa también dependerá en gran medida de un mayor reconocimiento por parte de instituciones académicas que, en algunos países hispanohablantes, todavía hoy día mantienen una peculiar distinción entre, por ejemplo, "lengua española" y "lingüística aplicada" hasta tal extremo que la asignatura de español como L2 no se considera parte integrante del área de "lengua española".

Por último, la lingüística aplicada del español debe alentar el análisis de la diversidad lingüística, el relativismo cultural y la relación entre lengua y poder con el mismo denuedo que ha mostrado últimamente para extender su influencia económica, comunicativa, industrial o empresarial. No hace mucho, el recordado Juan Ramón Lodares se refería a la lengua española como "nuestro petróleo particular [...] una fuente de riqueza que cada vez contará más en la sociedad del futuro" (2004). Quizá sí, pero como nos ha mostrado repetidas veces la historia mundial hasta fechas tristemente recientes, disponer sin más de petróleo u otros recursos por el estilo no tiene por qué hacernos ricos, ni tampoco felices. Y lo mismo cabría decir de nuestra lengua española. De ahí que la orientación aplicada que se describe en este libro se sustenta en el equilibrio –o la mediación– entre lo teórico y lo práctico, lo normativo y lo crítico, lo global y lo local, la reflexión y la resolución, para alcanzar una visión de conjunto social y profesionalmente responsable sobre la lingüística aplicada en el mundo hispanohablante.

5. ESTRUCTURA DEL VOLUMEN

Los trabajos de este volumen se reparten en tres secciones, que procuran reflejar nuestra visión global sobre la lingüística aplicada del español:

- "Aprendizaje y enseñanza del español" (6 capítulos),
- "Entornos sociales, culturales y políticos" (5 capítulos) y
- "El español, una lengua profesional" (4 capítulos).

Este orden de temas deriva en parte del nivel de consideración paulatina que han recibido como subdisciplinas de la lingüística aplicada del español o, como sugieren Marcos Marín y Sánchez Lobato (1988, cf. en Pastor Cesteros, 2004: 159), "los caminos viejos y nuevos de la lingüística aplicada". Por este motivo, comenzamos con temas relacionados con el aprendizaje y la enseñanza del español como L2, para seguir entonces con líneas de aplicación lingüística que, a pesar de disfrutar de la misma o incluso más prolongada tradición, no se suelen considerar parte del concepto más abierto y dinámico de la lingüística aplicada que sugiere la presente colección. Por otro lado, el orden de los temas también se apoya en tres áreas de conocimiento generales, la primera más orientada hacia cuestiones pedagógicas, la segunda cercana al estudio lingüístico bajo un prisma social y político, y la tercera vinculada al análisis del discurso y la comunicación en diversos contextos profesionales.

Con esta perspectiva de la lingüística aplicada como una dimensión dirigida, desde una base teórica interdisciplinaria, a la resolución de cuestiones derivadas del empleo del lenguaje en el mundo real, quisiéramos que esta obra respondiera a la curiosidad y necesidades de estudiantes a un nivel de maestría o doctorado, docentes universitarios y especialistas en el campo de la lingüística aplicada –o la general– del español, una de las cinco lenguas más habladas e influyentes en el mundo. Asimismo, la originalidad de este volumen reside en su interés por aportar información procedente de distintos contextos geográficos –Europa, América Latina y Estados Unidos–, gracias a la participación de reconocidos expertos en cada uno de los temas bajo estudio.

Aunque la estructura básica de todos los capítulos presenta una serie de puntos en común –definición de conceptos, descripción de recursos y materiales y presentación de posibles tareas prácticas–, hemos decidido respetar el enfoque –y, en lo posible, el estilo personal– que los autores han querido ofrecer a su propia contribución. Con ello creemos, en primer lugar, que el lector tendrá la oportunidad de adentrarse en cada campo de trabajo no tanto por la mediación del editor, como por el propio prisma del experto responsable del análisis de espacios de investigación amplios y complejos a la vez. Lógicamente, nadie mejor que el autor de cada capítulo conoce el significado y las particularidades técnicas –e ideológicas– de cuestiones tan diversas como el aprendizaje, la enseñanza o la evaluación de lenguas, el contacto lingüístico y político entre lenguas, o la producción de discurso en condiciones personales y profesionales heterogéneas. Por último, esperamos que nuestro volumen ofrezca al lector un buen número de conceptos e ideas útiles para su propia labor en el ámbito de la docencia, la investigación, la traducción, la política, la escritura o el trabajo social, entre otros muchos.

6. Preguntas para la reflexión

1. Relea las diversas definiciones que se ofrecen sobre la orientación aplicada y decida cuál de ellas le parece más adecuada a su propio contexto académico o profesional.
2. Este capítulo propone cinco rasgos esenciales para la lingüística aplicada: perspectiva práctica, multidisciplinariedad, dimensión comunicativa, mediación teórico-práctica y conducta profesional. ¿Está de acuerdo en que los cinco son imprescindibles para una definición suficientemente precisa de la disciplina? ¿Se podría ordenar estos rasgos (u otros, en su opinión) bajo un orden de mayor a menor importancia?

¿Qué otros elementos considera que podrían incluirse dentro de la noción de lingüística aplicada?

3. Repase la lista de áreas de investigación para la lingüística aplicada sugeridas por Slama-Cazacu (1984) y la que presenta AILA en su página de Internet (nota 3) y proponga posibles temas de estudio asociados con cada una de ellas. ¿Le parece que hay otras posibles áreas de investigación en el campo que no se mencionan?

4. Revise las páginas de Internet de algunas de las asociaciones de lingüística aplicada internacionales que se presentan en el capítulo. En su opinión, ¿cuáles son las diferencias y las similitudes más relevantes entre las tradiciones anglohablante e hispanohablante con respecto a la lingüística aplicada?

5. Subraye las referencias que aparecen a lo largo del capítulo sobre una cierta tendencia hacia el anglocentrismo en la orientación aplicada de la lingüística. ¿Qué posibles –y factibles– iniciativas se podrían llevar a cabo para superar tal tendencia?

6. Realice una búsqueda entre las páginas de Internet para instituciones, publicaciones y unidades académicas relacionadas con la lingüística aplicada del español. ¿Qué temas o cuestiones sobre la disciplina parecen recibir mayor atención?

7. A partir de su propia experiencia como lingüista profesional o aficionado, ¿qué otras consideraciones para el futuro de la lingüística aplicada del español podrían resultar especialmente valiosas?

BIBLIOGRAFÍA

ALCARAZ VARÓ, E. (1990): *Tres paradigmas de la investigación lingüística*. Alcoy, Marfil.

ALMEIDA, M. (2003): *Sociolingüística* (2ª ed.). La Laguna, Universidad de la Laguna.

ALONSO-CORTÉS, A. (2002): *Lingüística*. Madrid, Cátedra.

AREILZA, R.; CISNEROS, M. y TABARES, L. (2004): *Hacia una nueva visión sociolingüística*. Bogotá, ECOE Ediciones.

BAAL (1994): *Draft Recomendations on Good Practice in Applied Linguistics*. Lancaster, British Association of Applied Linguistics.

BARALO, M. (1999): *La adquisición del español como lengua extranjera*. Madrid, Arco/Libros.

BERNÁRDEZ, E. (1999): *¿Qué son las lenguas?* Madrid, Alianza.

BILLS, G. (2005): "Las comunidades lingüísticas y el mantenimiento del español en Estados Unidos." En L. Ortiz y M. Lacorte (eds.). *Contactos y contextos lingüísticos: El español en los Estados Unidos y en contacto con otras lenguas* (pp. 55-83). Madrid, Iberoamericana.

BLAS ARROYO, J. (2005): *Sociolingüística del español. Desarrollos y perspectivas en el estudio de la lengua española en contexto social.* Madrid, Cátedra.

BLOCK, D. (1996): Not So Fast: Some Thoughts on Theory Culling, Relativism, Accepted Findings and the Heart and Soul of SLA. *Applied Linguistics* 17: 63-83.

BLOCK, D. (2003): *The Social Turn in Second Language Acquisition.* Edimburgo, Edinburgh University Press.

BOOTH, W.; COLOMB, G. y WILLIAMS, J. (2001): *Cómo convertirse en un hábil investigador.* Barcelona, Gedisa.

BROWN, H. (1987): *Principles of Language Learning and Teaching.* Englewood Cliffs, NJ, Prentice Hall.

BRUMFIT, C. (1996): "Educational Linguistics, Applied Linguistics and the Study of Language Practices." En G. Blue y R. Mitchell (eds.). *Language and Education* (pp. 1-15). Clevedon, Multilingual Matters.

BRUMFIT, C. (1997): How Applied Linguistics Is the Same as Any Other Science. *International Journal of Applied Linguistics* 7: 86-94.

CANAGARAJAH, A. (ed.) (2005): *Reclaiming the Local in Language Policy and Practice.* Mahwah, NJ, Lawrence Erlbaum.

CAVALCANTI, M. (2004): Applied linguistics: Brazilian Perspectives. En S. Gass y S. Makoni (eds.). *World Applied Linguistics* (pp. 23-30). Amsterdam, John Benjamins.

COOK, G. (2003): *Applied Linguistics.* Oxford, Oxford University Press.

CORDER, S. (1973): *Introducing Applied Linguistics.* Hardmondsworth, Penguin.

CRYSTAL, D. (1980): *A First Dictionary of Linguistics and Phonetics.* Londres, Deutsch.

CURCÓ, C.; COLÍN, M.; GROULT, N. y HERRERA, L. (eds.) (2002): *Contribuciones a la lingüística aplicada en América Latina.* México, UNAM.

DAVIES, A. (1999): *An Introduction to Applied Linguistics.* Edimburgo, Edinburgh University Press.

DAVIES, A. y ELDER, C. (eds.) (2004): *The Handbook of Applied Linguistics.* Londres, Blackwell.

DE BOT, K. (2004): "Applied Linguistics in Europe." En S. Gass y S. Makoni (eds.). *World Applied Linguistics* (pp. 57-68). Amsterdam, John Benjamins.

DE MORA-FIGUEROA, S. (ed.) (1995): *El peso de la lengua española en el mundo.* Valladolid, Universidad de Valladolid/Fundación Duques de Soria/INCIPE.

DEL VALLE, J. y GABRIEL-STHEEMAN, L. (eds.) (2004): *La batalla del idioma. La intelectualidad hispánica ante la lengua.* Madrid, Iberoamericana.

DUFF, P. (2002): "Research Approaches in Applied Linguistics." En R. Kaplan (ed.). *The Oxford Handbook of Applied Linguistics* (pp. 13-23). Oxford, Oxford University Press.

FAIRCLOUGH, N. (2001): *Language and Power* (2ª ed.). Londres, Logman.

FERNÁNDEZ BARRIENTOS, J. y WALHEAD, C. (eds.) (1995): *Temas de lingüística aplicada*. Granada, Universidad de Granada.

FERNÁNDEZ PÉREZ, M. (1999): *Introducción a la lingüística*. Barcelona, Ariel.

FESTINGER, L. y KATZ, D. (1993): *Los métodos de investigación en las ciencias sociales*. México, Paidós.

GARCÍA, O.; MORÍN, J. y RIVERA, K. (2001): "How Threatened is the Spanish of New York Puerto Ricans?" En J. Fishman (ed.). *Can Threatened Languages Be Saved?* (pp. 44-73). Clevedon, Multilingual Matters.

GASS, S. y MAKONI, S. (eds.) (2004): *World Applied Linguistics*. Amsterdam, John Benjamins.

GASS, S. y SELINKER, L. (2001): *An Introduction to Second Language Acquisition* (2ª ed.). Mahwah, NJ, Lawrence Erlbaum.

GRABE, W. (2002): "Applied Linguistics: An Emerging Discipline for the Twenty-First Century." En R. Kaplan (ed.). *The Oxford Handbook of Applied Linguistics* (pp. 3-12). Oxford, Oxford University Press.

HERNÁNDEZ CAMPOY, J. y ALMEIDA, M. (2005): *Metodología de la investigación sociolingüística*. Málaga, Comares.

HOLLIDAY, A. (1994): *Appropriate Methodology and Social Context*. Cambridge, Cambridge University Press.

HOUSE, E. (1990): "Ethics in Evaluation Studies." En H. Walburg y G. Haerte (eds.). *The International Encyclopedia of Educational Evaluation* (pp. 91-94). Oxford, Pergamon.

HOWATT, A. (2004): *A History of English Language Teaching* (2ª ed.). Oxford, Oxford University Press.

KAPLAN, R. (ed.) (2002): *The Oxford Handbook of Applied Linguistics*. Oxford, Oxford University Press.

KAPLAN, R. y GRABE, W. (1992): "Introduction." En W. Grabe y R. Kaplan (eds.). *Introduction to Applied Linguistics* (pp. 1-9). Nueva York, Addison-Wesley.

LAFFORD, B. (2000): Spanish Applied Linguistics in the Twentieth Century: A Retrospective and Bibliography (1900-99). *Hispania* 83: 711-732.

LARSEN-FREEMAN, D. y LONG, M. (1991): *An Introduction to Second Language Acquisition Research*. Londres, Logman. [Trad. esp.: *Introducción al estudio de la adquisición de segundas lenguas*. Madrid, Gredos, 1994.]

LEEMAN, J. (2005): Engaging Critical Pedagogy: Spanish for Native Speakers. *Foreign Language Annals* 38 (1): 35-45.

LODARES, J. (2004): Las cifras de las letras. *El País* (28 de febrero, 2004).

LÓPEZ MORALES, H. (1994): *Métodos de investigación lingüística*. Salamanca, Colegio de España.

MACKEY, A. y GASS, S. (2005): *Second Language Research. Methodology and Design*. Mahwah, NJ, Lawrence Erlbaum.

MACKEY, W. (1966): Applied Linguistics: Its Meaning and Use. *English Language Teaching* 20: 197-206.

MAKONI, S. y MEINHOF, U. (2004): "Western Perspectives in Applied Linguistics in Africa." En S. Gass y S. Makoni (eds.). *World Applied Linguistics* (pp. 77-104). Amsterdam, John Benjamins.

MAR-MOLINERO, C. (2004): Spanish as a World Language. Language and Identity in a Global Era. *Spanish in Context* 1: 3-20.

MARCOS MARÍN, F. (2004): "Aportaciones de la lingüística aplicada." En J. Sánchez Lobatos e I. Santos Gargallo (dirs.). *Vademécum para la formación de profesores* (pp. 25-42). Madrid, SGEL.

MARCOS MARÍN, F. y SÁNCHEZ, J. (1988): *Lingüística aplicada.* Madrid, Síntesis.

MARTÍN MUNICIO, A. (ed.) (2003): *El valor económico de la lengua española.* Madrid, Espasa Calpe.

MARTÍN VIDE, C. (ed.) (1996): *Elementos de lingüística.* Barcelona, Octaedro.

MARTÍNEZ, G. (2003): Classroom Based Dialect Awareness in Heritage Language Instruction: A Critical Applied Linguistics Approach. *Heritage Language Journal.* http://www.international.ucla.edu/lrc/hlj/article.asp?parentid=3621

MAURAIS, J. y MORRIS, M. (eds.) (2003): *Languages in a Globalizing World.* Cambridge, Cambridge University Press.

McCARTHY, M. (2001): *Issues in Applied Linguistics.* Cambridge, Cambridge University Press.

McMILLAN, J. (2004): *Educational Research. Fundamentals for the Consumer* (4ª ed.). Boston, Pearson.

MIGNOLO, W. (2000): *Local Histories, Global Designs.* Princeton, NJ, Princeton University Press.

MORENO FERNÁNDEZ, F. (1988): "Los fines de la lingüística aplicada en España." En M. Romero, F. Lautre y C. Saralegui (eds.). *Actas del Quinto Congreso Nacional de Lingüística Aplicada* (pp. 389-394). Madrid, AESLA.

MORENO FERNÁNDEZ, F. (1990): *Metodología sociolingüística.* Madrid, Editorial Gredos.

MORENO FERNÁNDEZ, F. (2005): *Principios de sociolingüística y sociología del lenguaje* (2ª ed.). Barcelona, Ariel.

MUNTEANU, D. (2005): *Breve historia de la lingüística románica.* Madrid, Arco/Libros.

NORTON, B. y TOOHEY, K. (eds.) (2004): *Critical Pedagogies and Language Learning.* Cambridge, Cambridge University Press.

NUNAN, D. (1992): *Research Methods in Language Learning.* Cambridge, Cambridge University Press.

OSBORN, T. (2003): Market Ideology, Critical Educational Studies, and the Image of Foreign Language Education. *NECTFL Review* 52: 41-46.

PAKIR, A. (2004): "Applied Linguistics in Asia. Pathways, Patterns, and Prediction." En S. Gass y S. Makoni (eds.). *World Applied Linguistics* (pp. 69-76). Amsterdam, John Benjamins.

PASTOR CESTEROS, S. (2004): *Aprendizaje de segundas lenguas. Lingüística aplicada a la enseñanza de idiomas.* Alicante, Publicaciones de la Universidad de Alicante.

PAYRATÓ, L. (2003): *De profesión, lingüista* (2ª ed.). Barcelona, Ariel.

PENNYCOOK, A. (1994): *The Cultural Politics of English as an International Language.* Harlow, Longman.

PENNYCOOK, A. (2001): *Critical Applied Linguistics.* Mahwah, NJ, Lawrence Erlbaum.

PENNYCOOK, A. (2004): "Critical Applied Linguistics." En A. Davies y C. Elder (eds.). *The Handbook of Applied Linguistics* (pp. 784-807). Londres, Blackwell.

PERRY, F. (2005): *Research in Applied Linguistics. Becoming a Discerning Consumer.* Mahwah, NJ, Lawrence Erlbaum.

REAGAN, T. y OSBORN, T. (2002): *The Foreign Language Educator in Society. Toward a Critical Pedagogy.* Mahwah, NJ, Lawrence Erlbaum.

REES-MILLER, J. (2000): "Applied Linguistics." En M. Aronoff y J. Rees-Miller (eds.). *The Handbook of Linguistics* (pp. 637-646). Londres, Blackwell.

SALABERRI, M. (ed.) (1999): *Lingüística aplicada a la enseñanza de lenguas extranjeras.* Almería, Universidad de Almería.

SARANGI, S. y VAN LEEUWEN, T. (eds.) (2003): *Applied Linguistics and Communities of Practice.* Nueva York, Continuum.

SCHIEFFELIN, B.; WOOLARD, K. y KROSKRITY, P. (eds.) (1998): *Language Ideologies: Practice and Theory.* Nueva York, Oxford University Press.

SCHMITT, N. (ed.) (2002): *Introduction to Applied Linguistics.* Londres, Arnold.

SEIDLHOFER, B. (ed.) (2003): *Controversies in Applied Linguistics.* Oxford, Oxford University Press.

SERRAT VIÑAS, J. (2001): El idioma español en el mundo de los negocios. Ponencia en el II Congreso Internacional de la Lengua Española (Valladolid, 16-19 de octubre). (http://cvc.cervantes.es/obref/congresos/valladolid/mesas_redondas/serrat_j.htm).

SLAMA-CAZACU, T. (1984): *Linguistique appliquée: Une introduction.* Brescia, La Scuola.

STREVENS, P. (1992): "Applied Linguistics: An Overview." En W. Grabe y R. Kaplan (eds.). *Introduction to Applied Linguistics* (pp. 13-31). Nueva York, Addison-Wesley.

TESOL Research Committee (1980): Guidelines for Ethical Research in ESL. *TESOL Quarterly* 14: 383-388.

VALDÉS, G.; GONZÁLEZ, S.; LÓPEZ GARCÍA, D. y MÁRQUEZ, P. (2003): Language Ideology: The Case of Spanish in Departments of Foreign Languages. *Anthropology in Education Quarterly* 34: 3-26.

VALDMAN, A. (2004): "Réflexions sur l'histoire de l'AILA." En S. Gass y S. Makoni (eds.). *World Applied Linguistics* (pp. 2-5). Amsterdam, John Benjamins.

VEZ, J. (1984): *Claves para la lingüística aplicada.* Málaga, Ágora.

VILLA, D. (2005): "Aportaciones de la lingüística aplicada crítica al español de los EE.UU." En L. Ortiz López y M. Lacorte (eds.). *Contactos y contextos lingüísticos: El español en los Estados Unidos y en contacto con otras lenguas* (pp. 301-311). Madrid, Iberoamericana.

WARDHAUGH, R. y BROWN, H. (eds.) (1976): *A Survey of Applied Linguistics.* Ann Arbor, The University of Michigan Press.

WRAY, A.; TROTT, K. y BLOOMER, A. (1998): *Projects in Linguistics. A Practical Guide to Researching Language.* Londres, Arnold.

1

ADQUISICIÓN DEL ESPAÑOL COMO SEGUNDA LENGUA

JOSEP ALBA-SALAS, *College of the Holy Cross*
RAFAEL SALABERRY, *University of Texas-Austin*

1.1. INTRODUCCIÓN

Este capítulo presenta una panorámica del estudio de la adquisición del español como segunda lengua[1]. Primero ofrecemos una introducción general al campo de la adquisición de segundas lenguas. A continuación discutimos tres enfoques (generativo, cognitivo-funcional y sociocultural) que han guiado gran parte de la investigación en dicho campo, sobre todo en español. Después repasamos las áreas de investigación y los hallazgos empíricos más importantes en el estudio de la adquisición del español como segunda lengua, incluyendo la pronunciación, el tiempo y aspecto, el subjuntivo, los sujetos nulos, los pronombres clíticos, el sintagma nominal, el léxico, la estructura argumental y la pragmática. Como veremos a lo largo del capítulo, el estudio del aprendizaje del español como segunda lengua ha experimentado un auge espectacular en los últimos veinte años, con una expansión gradual de métodos, enfoques y áreas de investigación, pero todavía quedan bastantes preguntas por contestar[2].

---

[1] Este término abarca contextos en los que el español es una lengua nativa y aquéllos en que no lo es.

[2] Lejos de ser exhaustivos, nos concentramos en las principales tendencias de las dos últimas décadas, no sólo por la falta de espacio y el gran volumen de investigación publicada durante este período (especialmente en EE.UU.), sino también por las limitaciones de nuestros propios conocimientos. Remitimos al lector interesado a la bibliografía del final del capítulo.

1.2. LA ADQUISICIÓN DE SEGUNDAS LENGUAS

¿Cómo adquirimos una segunda lengua (L2)? ¿Qué principios, mecanismos, habilidades y conocimientos intervienen en este proceso? ¿Y qué diferencias hay con respecto a la adquisición de nuestra lengua materna (L1)? Éstas son algunas de las preguntas básicas que nos plantea el campo de la adquisición de una segunda lengua (ASL), constituido como rama de la lingüística, las ciencias cognitivas y las ciencias sociales hace tan sólo unas décadas. De momento, carecemos de respuestas aceptadas universalmente. La dificultad reside tanto en la complejidad intrínseca del fenómeno de la adquisición del lenguaje, y de una L2 en particular, como en la caracterización y delimitación del producto de dicho proceso. También existen diferencias conceptuales importantes dadas por el enfoque teórico y los métodos de investigación utilizados.

Hay acuerdo en que aprender una lengua implica adquirir no sólo ciertos conocimientos gramaticales (esto es, de su sintaxis, morfología, semántica, léxico, fonética y fonología), sino también conocimientos de pragmática y sociolingüística (cómo usar esa lengua en un contexto comunicativo o social determinado), así como discursivos (qué elementos contribuyen a la coherencia de un texto o acto de habla) (He y Young, 1998). Sin embargo, cada enfoque teórico tiende a enfatizar diferentes aspectos del proceso y el producto de la adquisición de una lengua, a veces a expensas de otros. Por ejemplo, como veremos más adelante, la perspectiva generativista se concentra fundamentalmente en la competencia gramatical (tal como se la define dentro de esta perspectiva teórica), mientras que ciertos enfoques cognitivos suelen preocuparse más por las estrategias de procesamiento, y el enfoque sociocultural se concentra en los efectos de la interacción social en el desarrollo cognitivo del individuo. Tampoco hay acuerdo sobre si la ASL implica la existencia de un módulo especializado para el lenguaje o si, por el contrario, se basa en el uso de mecanismos socio-cognitivos más generales. Además, no está claro si la ASL constituye un proceso guiado mayormente por mecanismos sensibles a ciertas tendencias estadísticas en el *input*, o bien por principios lingüísticos innatos que determinan a priori qué tipo de gramática construiremos para la L2. Por último, existen diferencias de índole conceptual y metodológica, a menudo relacionadas con el enfoque teórico del investigador. Por ejemplo, no hay consenso sobre:

a) qué técnicas, tareas y estudios proporcionan una muestra más representativa de nuestro conocimiento de la L2 (p. ej., entrevistas estructuradas, observaciones etnográficas, producción espontánea, experimentos controlados, juicios de gramaticalidad, estudios transversales de un número elevado de participantes, o estudios longitudinales de unos pocos sujetos);

b) cómo controlar la gran variedad de factores individuales que pueden afectar los resultados (nivel de competencia lingüística, acceso a *input* nativo, edad en que se empezó a aprender la L2, conocimiento de otras lenguas, etc.);

c) qué medidas cuantitativas y cualitativas caracterizan el estadio de desarrollo de un estudiante en un área y un momento determinados, así como la norma nativa que solemos usar como punto de referencia, y

d) cómo distinguir lo que el estudiante sabe de la L2 (tanto implícita como explícitamente) de lo que hace con ella en condiciones experimentales o de uso espontáneo.

A pesar de todas estas diferencias, existen algunas generalizaciones básicas aceptadas por buena parte de la comunidad de investigadores:

1. *En cuanto a la L2 como sistema lingüístico y su conceptualización teórica:* Una parte del conocimiento de la L2 que adquirimos es implícita e inconsciente, y otra parte es explícita y consciente, sobre todo entre quienes aprenden en una clase de lengua. Nuestras habilidades en la L2 se sitúan dentro de un continuo entre nuestra L1 y las habilidades de un hablante nativo de la L2 –lo que Selinker (1972) denomina interlengua (IL)–. La IL abarca no sólo conocimiento lingüístico, sino también factores pragmáticos, sociales y discursivos, así como mecanismos de producción y comprensión, y puede contener aspectos que no proceden de la L1 ni de la L2. Algunos datos empíricos (sobre todo determinados errores cometidos por los aprendices) sugieren que la IL muestra cierta sistematicidad. Al mismo tiempo, otros datos reflejan variabilidad e inestabilidad, incluso dentro del mismo individuo (Tarone, 1983; Torijano Pérez, 2004). Lo que todavía no está claro es (a) qué importancia tiene el conocimiento explícito en el desarrollo del sistema implícito y en su uso en la producción y

comprensión (Ellis, 1994); (b) la caracterización y el papel exacto de los conocimientos lingüísticos y pragmático-discursivos, así como los mecanismos de procesamiento que intervienen en la ASL, y (c) cómo reconciliar la variedad y sistematicidad que parecen coexistir en la IL.

2. *Respecto al tipo de factores relacionados con el aprendiz:* La ASL implica no sólo factores internos al estudiante (aspectos lingüísticos y cognitivos como, por ejemplo, el conocimiento de otras lenguas y ciertas estrategias de aprendizaje y procesamiento), sino también factores externos (aspectos del medio de adquisición, como la calidad y cantidad del *input* o la interacción con otros). Lo que todavía nos queda por saber es el papel exacto que tienen todos estos factores.

3. *En cuanto al papel de ciertos factores relacionados con la edad de quien aprende la L2:* La ASL por parte de adultos se diferencia de la adquisición de una lengua materna (ALM) en que raramente lleva a desarrollar la competencia lingüística de un hablante nativo en todas las áreas. En efecto, en la ASL encontramos grandes diferencias individuales en cuanto a los logros, y las dificultades en ciertas áreas (sobre todo pronunciación y morfología) persisten incluso hasta niveles avanzados, particularmente en la producción espontánea. A diferencia de la ALM, en la ASL también encontramos el fenómeno de la fosilización, por el que se detiene el proceso de adquisición antes de alcanzar la norma nativa (Long, 2003). Sin embargo, no está claro si estas diferencias sugieren una discontinuidad fundamental entre la ALM y la ASL, ni tampoco a qué se deben (Bialystok, 2001). Aunque muchos investigadores enfatizan que, a diferencia de los niños, los adultos que aprenden una L2 ya poseen un sistema lingüístico maduro (la L1) del que pueden transferir conocimiento lingüístico o mecanismos de procesamiento, no hay acuerdo sobre el papel de la L1 en la ASL. Tampoco lo hay respecto a si los adultos tienen la misma capacidad de adquirir una L2 que los niños, o si existe un período crítico o de sensibilidad especial a partir del cual es imposible adquirir una lengua (sobre todo su pronunciación) de forma nativa. Además, todavía se discute el papel de las diferencias en madurez cognitiva, contextos de adquisición y acceso a *input* nativo que encontramos entre niños y adultos (Bialystok, 2001), así como la importancia de factores afectivos y socioculturales tales como el tipo de mo-

tivación que uno tiene para aprender una lengua o el hecho de que un adulto ya tiene una identidad social y lingüística más o menos formada (Moreno Fernández, 2000).

4. *Respecto al papel del* input *(los datos de la L2 a que estamos expuestos), el* output *(lo que producimos) y el* intake *(lo que absorbemos o asimilamos del* input*):* Como en la ALM, en la ASL necesitamos estar expuestos a *input* nativo. Lo que todavía no queda claro es (a) cuánto *input* se necesita, y de qué tipo; (b) si es suficiente recibir datos positivos sobre la L2 (i.e. los que producen los hablantes nativos), o si también necesitamos datos negativos (información sobre lo que no produciría un hablante nativo porque es agramatical); (c) cómo podemos ayudar al aprendiz a procesar mejor el *input* que recibe; (d) qué papel tiene la interacción con otros, especialmente hablantes nativos; (e) cómo se transforma el *input* en *intake*, y (f) qué relación hay entre el *input*, el *intake* y el *output* (Gass, 1997; DeKeyser *et al.*, 2002; VanPatten, 2004).

5. *En cuanto al contexto de adquisición:* Técnicamente, cabe diferenciar entre la ASL en un contexto natural (la comunidad donde se habla esa L2 como lengua nativa) y la que ocurre en un contexto formal (una clase de lengua extranjera). Aunque ciertos factores internos parecen ser los mismos en ambos casos, existen claras diferencias en cuanto al acceso al *input* nativo y otros aspectos. La cuestión es cómo afectan estas diferencias al proceso de adquisición, y qué papel cumple la instrucción formal (Norris y Ortega, 2000).

En lo que sigue discutimos brevemente algunas de las respuestas que se han propuesto dentro de los principales enfoques sobre la ASL, con especial atención a los estudios sobre el español como L2.

1.3. Enfoques

1.3.1. *Generativista*

Dentro de la lingüística teórica, el enfoque generativista ha tenido una influencia clave en el estudio de la ALM y la ASL, tanto por su énfasis en los aspectos aparentemente innatos y universales del proceso de adquisición, como por el volumen de investigación que ha producido. El enfoque generativista utiliza la concepción chomskiana de la competencia lingüística para describir el conocimiento que un hablante tiene de la gramática de su lengua nativa. Ésta se entiende como un sistema lingüístico abstracto, autónomo, inconsciente e internalizado que subyace el uso del lenguaje (la actuación). Un postulado clave es que la ALM por parte de los niños está guiada por mecanismos innatos de dominio exclusivamente lingüístico, esto es, por una Gramática Universal (GU). La GU consta de dos elementos básicos:

a)   unos principios universales que se aplican a todas las lenguas (p. ej., el requisito de que todas las cláusulas tengan un sujeto subyacente) y

b)   unos parámetros cuyos valores difieren de lengua a lengua y que se fijan mediante la exposición al entorno lingüístico (p. ej., la posibilidad o no de tener sujetos fonológicamente nulos).

Aunque su formulación exacta ha cambiado bastante a medida que ha evolucionado la teoría, en la versión más reciente (el Minimalismo) las diferencias paramétricas están asociadas con rasgos abstractos de los elementos léxicos, especialmente de las categorías funcionales (flexión, determinante, etc.). Las diferencias interlingüísticas, pues, se reducen fundamentalmente al léxico de cada idioma, sobre todo en tres áreas: qué categorías funcionales tiene cada lengua (p. ej., el español tiene determinantes que encabezan ciertas proyecciones funcionales en la sintaxis, mientras que el japonés no); qué rasgos abstractos están asociados con esas categorías (p. ej., el sintagma nominal contiene un rasgo de género en español, pero no en inglés), y la fuerza de dichos rasgos (p. ej., los rasgos de número del sintagma nominal son fuertes en español, pero débiles en inglés) (Montrul, 2004).

La GU se propone como solución al *problema lógico* de la adquisición del lenguaje (también conocido como el problema de la aprendibilidad o de la pobreza de estímulos), formulado al principio para la ALM: el hecho de que los niños adquieren rápidamente y sin instrucción explícita conocimientos muy sutiles y complejos tanto de lo que se puede hacer en su L1, como de lo que es agramatical –conocimientos que aparentemente van mucho más allá del *input* que reciben (p.ej., el principio de dependencia estructural o ciertas restricciones sobre la interpretación de los pronombres)–. En el estadio inicial de la ALM, el niño tiene a su disposición todas las opciones de la GU. A medida que recibe *input* lingüístico, selecciona las opciones apropiadas para la L1, fijando los parámetros correspondientes. Al establecer uno de éstos, aprende automática y simultáneamente ciertas propiedades sintácticas asociadas con dicho parámetro. Por ejemplo, cuando un niño que aprende español como L1 fija el parámetro del sujeto nulo en esta lengua al descubrir que permite sujetos nulos, también aprende que el español carece de pronombres expletivos, entre otras propiedades asociadas con dicho parámetro (Liceras *et al.*, 2000; Sánchez y Toribio, 2003; Montrul, 2004).

En el campo de la ASL, el debate se ha centrado principalmente en el papel relativo de la L1 y la GU en el estado inicial y etapas posteriores; la posibilidad de volver a delimitar parámetros y de adquirir el conjunto de propiedades sintácticas asociadas con un parámetro dado; el resultado final del proceso de aprendizaje, y la naturaleza de las representaciones de la gramática de la IL, con especial atención a la posibilidad de adquirir categorías funcionales, rasgos o valores abstractos que no aparecen en la L1. No hay acuerdo sobre si el punto de partida de la ASL es la GU, la L1 o ciertas partes de la lengua nativa.

En cuanto a si los adultos tienen acceso a la GU, hay tres posturas diferentes. La primera es que, una vez cerrado el período crítico, la GU ya no está disponible para el aprendizaje de otras lenguas o, como máximo, sólo lo está a través de la L1 (p.ej., Bley-Vroman, 1990; Meisel, 1997). La segunda es que los adultos tienen acceso a los principios de la GU, pero no a los parámetros (acceso parcial). Al no fijar parámetros, los adultos no adquieren la misma competencia lingüística que los hablantes nativos, sino que llegan a una producción equivalente a partir de la reestructuración de las representaciones de la L1 en función del *input* de la L2 (p.ej., Liceras, 1996; Liceras *et al.*, 1998). La tercera (la del acceso total) es que la ASL está sujeta tanto a los principios como a los parámetros de la GU, y que cualquier divergencia respecto a la norma nativa se debe a factores de producción, no de competencia sintáctica en sí (p.ej., White, 2003; Montrul, 2004). Una de las propuestas más influyentes dentro de esta última postura es la Hipótesis de la Transferencia Total/Acceso Total, por la que el estado inicial es toda la gramática de la L1, con reestructuración posterior de la IL guiada por los principios y parámetros de la GU (Schwartz y Sprouse, 1996).

El enfoque generativista ha dedicado mucha atención a las cuestiones de representación, pero todavía no ha desarrollado sistemáticamente una teoría de desarrollo o transición, esto es, de cómo y por qué cambian las gramáticas con el tiempo (White, 2003). Además, este enfoque se enfrenta a retos metodológicos y conceptuales importantes, tales como la imposibilidad de acceder directamente a la competencia lingüística del hablante, las bien conocidas limitaciones de los juicios de gramaticalidad usados en muchos experimentos, y la dificultad de eliminar la L1 como fuente de conocimiento de los principios de la GU (Liceras, 1996; White, 2003)[3]. A esto se debe añadir la falta de consenso sobre el contenido exacto de la GU: ¿incluye solamente el componente computacional sintáctico, o también los mecanismos de correspondencia entre la sintaxis y el componente morfofonológico, a la que algunos atribuyen gran parte de la divergencia de la IL respecto a la norma nativa? (Lardiere, 2000)[4].

1.3.2. *Cognitivo-funcional*

El enfoque cognitivo-funcional incluye una amplia variedad de propuestas teóricas y conceptuales dentro de la psicolingüística y la lingüística funcional. Pese a dicha variedad, todas estas propuestas comparten dos elementos fundamentales que las diferencian claramente del enfoque generativista: el papel de factores cognitivos generales (en lugar de un módulo lingüístico especializado) en el proceso de adquisición, y un énfasis en la importancia de la interacción y el procesamiento del *input* en el desarrollo del sistema de la L2 del hablante. En general, la perspectiva cognitivo-funcional asume que aprender una L2 no se distingue mucho de otras actividades que requieren el uso de un aparato cognitivo central, como por ejemplo jugar al ajedrez o manejar una moto. Así, pues, se estudia la ASL dentro del marco de factores generales de desarrollo cognitivo (memoria, percepción, etc.), destacando también el papel de la frecuencia de uso de construcciones lingüísticas, de determinados fenómenos de percepción y de ciertos aspectos discursivos y contextuales (p. ej., la perceptibilidad relativa de palabras u otros elementos lingüísticos según dónde aparecen en la oración). Además, el enfoque cognitivo-

---

[3] Conviene señalar que en los estudios más recientes los juicios de gramaticalidad se complementan con otras medidas de producción y comprensión (traducciones, selección de imágenes, etc.).

[4] La cuestión se complica por el hecho de que, como señalan Liceras *et al.* (2000) y White (2003), algunos investigadores también identifican la GU con un dispositivo de adquisición del lenguaje que abarca no sólo la capacidad de representación del lenguaje, sino también la de procesarlo y producirlo.

funcional considera que la interacción con el interlocutor es fundamental en el procesamiento de los datos lingüísticos: el uso de estrategias de comunicación y las correcciones o modificaciones que
recibe del interlocutor ayudan a quien aprende una L2 a ajustar su
sistema lingüístico interno y aproximarse más a la norma nativa.

Entre las primeras contribuciones de la perspectiva cognitiva al
estudio de la ASL se destaca el trabajo de Selinker (1972), que identifica cinco procesos cognitivos básicos en la interlengua: transferencia, sobregeneralización, instrucción, estrategias de aprendizaje
y estrategias de comunicación. De forma similar, los estudios posteriores también han enfatizado la importancia de determinados principios de procesamiento cognitivo en la ASL, como por ejemplo los
Principios Operativos de Andersen (1989) y la Teoría de la Procesa-
bilidad de Pienemann (1998) (véase Dussias, 2003, para un resumen
de su aplicación al español como L2). Una de las bases teóricas más
importantes de varios modelos cognitivos sobre la ASL es el Cone-
xionismo, según el cual el aprendizaje ocurre a causa de procesos aso-
ciativos (se asume que la mente se compone de una serie de nódu-
los asociados), y no por medio de reglas abstractas. Quien adquiere
una L2 percibe regularidades en el *input* y extrae patrones probabi-
lísticos a partir de estas regularidades. La L2 se aprende al reforzar-
se dichos patrones de uso por medio de un constante proceso de activación que se repite a través del tiempo (Ellis, 1996).

Otra propuesta influyente es el Modelo de la Competición (Bates y MacWhinney, 1989), que adopta un enfoque funcionalista para
analizar la transferencia lingüística de la L1 a la L2. Este modelo parte de la idea de que la correspondencia entre forma y función lingüística no es unívoca. Por ejemplo, a la hora de interpretar una oración, una sola función tiende a estar representada por varias marcas
estructurales que a veces cooperan entre sí, y otras compiten entre
sí. Dichas marcas tienen una validez global determinada tanto por
su fiabilidad como su disponibilidad en el *input*. La validez de una
marca estructural dada varía de lengua a lengua, así que los hablantes nativos de diferentes lenguas difieren respecto al peso relativo que
le dan a cada marca en la L1. Un ejemplo típico es la interpretación
de las relaciones entre agente y paciente (o sujeto y objeto). En inglés la posición preverbal del sujeto es una marca muy común porque los sujetos casi siempre preceden a los verbos finitos, y es muy
fiable porque los sujetos preverbales normalmente son agentes. En
consecuencia, en inglés la posición preverbal es una marca de gran
validez global a la hora de señalar el rol de agente, mientras que las

marcas morfológicas tienen una importancia secundaria. Por el contrario, en el español y otras lenguas románicas el orden sintáctico es más flexible, y por tanto menos fiable y menos importante que otras marcas más robustas, como la concordancia verbal, el caso del sistema pronominal (p.ej., nominativo frente a acusativo), o si el sintagma nominal denomina un ente animado o no (p.ej., Bates y MacWhinney, 1989; McDonald y Heilenman, 1991).

Dentro del enfoque cognitivo-funcional también encontramos ciertas perspectivas lingüísticas no modulares que conciben la gramática como un fenómeno derivado directamente de diversos factores funcionales (en oposición a la generativista descrita en el apartado anterior). Estas perspectivas lingüísticas enfatizan la importancia de procesos inductivos enfocados en el procesamiento de construcciones gramaticales frecuentes y generalizables (Bowerman, 1996). Además, proponen que varios aspectos cognitivos generales son la génesis de las categorías gramaticales, o que al menos constituyen un componente semántico esencial que motiva una estructura sintáctica (Berman y Slobin, 1994). Por ejemplo, algunos modelos postulan que ciertas estructuras gramaticales son indisociables de los conceptos semánticos representados en las diferentes perspectivas relacionadas con el plano de fondo y el plano principal de una narración (Ungerer y Schmid, 1996; Langacker, 1999; Barlow y Kemmer, 2000). Dentro de la ASL, la influencia más explícita de estos modelos se ve mayormente en la investigación sobre el uso de la L2 más allá de la oración, esto es, en el plano discursivo. El análisis del discurso de la L2 incluye factores de actuación lingüística tan variados como la organización estructural del discurso escrito según el plano de fondo y el primer plano de una narración, los cambios de turnos en el habla oral, las determinantes discursivas y pragmáticas del uso de marcadores morfosintácticos (p.ej., tiempo y aspecto o pronombres), la alternancia de lenguas entre bilingües y el uso de información no verbal (gestos, expresiones faciales, proximidad física, etc.). Aplicado a la ASL, pues, el análisis del discurso permite un estudio bastante amplio del desarrollo y uso de la L2 (véase Pons Bordería, 2005, para más detalles).

1.3.3. *Sociocultural*

Al igual que la perspectiva cognitivo-funcional, el enfoque sociocultural considera la interacción social como una fuente de datos lingüísticos para la ASL. La mayor diferencia entre estos dos enfoques es que la perspectiva sociocultural asigna un papel clave a la interacción social en la creación del sistema de la L2 (Antón *et al.*, 2003). Según la propuesta sociocultural, quien aprende una L2 desarrolla diversas habilidades, incluyendo la competencia lingüística, por medio de tareas y actividades guiadas por un experto (el hablante nativo o un estudiante más avanzado). El proceso de apropiación del conocimiento se denomina regulación. Inicialmente, la regulación es externa, mediada por el lenguaje, pero, a la larga, el estudiante se apropia del nuevo conocimiento y llega a controlar su propia actuación. Cuando un proceso de aprendizaje deja de ser un fenómeno *inter*mental y se convierte en uno *intra*mental, se logra la autorregulación. Este proceso de internalización se denomina *microgénesis*. El primer paso hacia la autorregulación se da cuando un individuo usa el lenguaje para regular el pensamiento durante el fenómeno del *habla privada* (cuando el estudiante habla consigo mismo).

El educador brinda su apoyo al estudiante en este proceso de internalización a través de un diálogo pedagógico que se denomina *andamiaje*. El andamiaje pedagógico consiste en proporcionar al estudiante *evidencia negativa y positiva* que lo ayudarán a resolver problemas cognitivos de diversa índole (Aljaafreh y Lantolf, 1994). Además de la definición de los roles de expertos y estudiantes, el marco teórico sociocultural propone que el entorno psicológico más favorable para el aprendizaje se denomine *Zona del Desarrollo Próximo*. Éste es el espacio en el cual el estudiante todavía no es capaz de funcionar de manera independiente, aunque sí de lograr su objetivo con la ayuda del andamiaje provisto por un hablante nativo de la L2 (p. ej., Negueruela y Lantolf, en prensa). Según Vygotsky (1978, 1987), los límites de esta zona se definen como la diferencia entre el nivel de desarrollo actual del estudiante sin ayuda externa y el nivel de desarrollo potencial del estudiante cuando está guiado por un experto.

El concepto de Zona del Desarrollo Próximo, definido como espacio intermental e intramental a la vez, constituye una diferencia fundamental entre este modelo teórico y los enfoques generativista y cognitivo. Otro contraste es que, a diferencia de las hipótesis estrictamente lingüísticas y cognitivas, donde la competencia precede a la actuación, en la perspectiva sociocultural la actuación precede y acompaña al desarrollo de la competencia en la ASL. Una tercera diferencia importante a nivel metodológico tiene que ver con la manera de medir el progreso de la ASL. Efectivamente, como el objetivo del enfoque sociocultural es investigar el progreso del estudiante dentro de su propia Zona del Desarrollo Próximo, este marco teórico normalmente produce estudios cualitativos que investigan a fondo el proceso microgenético de la interlengua de unos cuantos estudiantes, en lugar de experimentos con muchos participantes. Los resultados obtenidos de una muestra de individuos se consideran fundamentales, pero no necesariamente concluyentes o generalizables a otros entornos de actuación lingüística, ya que los diversos efectos contextuales de la interacción tienen la misma importancia, o incluso más. Cabe señalar que la aplicación del enfoque sociocultural al estudio de la ASL es bastante reciente. Esto explica la escasez relativa de estudios empíricos dentro de dicho enfoque, sobre todo en español como L2.

1.4. Principales tendencias de investigación y hallazgos empíricos en la investigación sobre el español como L2

En esta sección discutimos algunas de las tendencias y hallazgos empíricos más importantes dentro de la investigación reciente sobre la adquisición del español como L2.

Por motivos de espacio, nos limitamos a ofrecer una perspectiva muy general de las siguientes áreas: pronunciación, tiempo y aspecto, subjuntivo, sujetos nulos, pronombres clíticos, estructura argumental, sintagma nominal, léxico y semántica, y pragmática[5]. Conviene recordar que las diferencias conceptuales y metodológicas mencionadas en la sección 2 dificultan una comparación directa de los estudios, así como la generalización de sus resultados[6].

---

[5] El lector interesado en la investigación sobre otros aspectos (p. ej., preguntas, topicalizaciones, cláusulas relativas, objetos nulos, sustantivos compuestos, orden relativo de sujeto y verbo, y movimiento verbal) puede remitirse a Liceras (1996), Muñoz (2000), Lafford *et al.* (2003), Montrul (2004), Pastor Cesteros (2004) y Griffin (2005), entre otros.

[6] Para un resumen reciente de estos y otros enfoques sobre la ASL en español, véase también Baralo (2004). Para una buena panorámica de lo que puede aportar al estudio de la ASL la sociolingüística (un área tradicionalmente olvidada en este tipo de investigación), véase Moreno Fernández (2000).

1.4.1. *Pronunciación*

Uno de los aspectos más discutidos en la investigación sobre el desarrollo fonético y fonológico en una L2 es el efecto de la edad a la que empezamos a aprender la L2. Algunos estudios sobre el español, haciéndose eco de trabajos en otras lenguas, sugieren que inicialmente los adultos tienen una ligera ventaja respecto a los niños en ciertas áreas, como la capacidad de repetir sonidos o palabras en la lengua extranjera (p. ej., Rosenmann, 1987; Reeder, 1997). Sin embargo, otros estudios con otras lenguas revelan que a la larga los niños suelen desarrollar una mejor pronunciación en la L2 (p.ej., Hyltenstam, 1992). Además, hay pocos casos documentados de adultos que hayan adquirido una pronunciación aparentemente nativa en la L2 (p. ej., Bongaerts *et al.*, 2000). El consenso casi universal es que quienes empiezan a aprender una L2 durante la niñez generalmente adquieren una pronunciación mejor que los que empiezan a aprenderla como adultos, sobre todo en un contexto de adquisición natural (p. ej., Piske *et al.*, 2001)[7]. Sin embargo, no hay acuerdo sobre si estos contrastes se deben a la existencia de un período crítico o de especial sensibilidad para la adquisición del lenguaje (p. ej., Scovel, 1988; Patkowski, 1990), o a otros factores relacionados directa o indirectamente con la edad, como por ejemplo la motivación, el acceso a *input* nativo, la actitud hacia la L2 y su cultura, la instrucción formal, un declive cognitivo general, el grado de uso de la L1 y/o la incapacidad de aislar totalmente el sistema fonético de la L1 y la L2 (p.ej., Bialystok y Hakuta, 1999; Guion *et al.*, 2000; para más detalles, véanse, entre otros, Birdsong, 1999; Scovel, 2000; Singleton, 2003).

Otro de los aspectos más investigados ha sido la influencia de la L1 en el desarrollo fonético y fonológico de la L2. Entre los modelos explicativos más influyentes se destacan:

1) la Hipótesis del Análisis Contrastivo, que intenta predecir la dificultad de aprendizaje a partir de las diferencias y semejanzas entre el sistema fonológico de la L1 y el de la L2;

---

[7] El declive en la capacidad de adquirir la fonología de la L2 parece continuo y lineal (Flege, 1999). No está del todo claro a qué edad exacta empieza a aparecer un acento extranjero. Por ejemplo, mientras Scovel (1988) sitúa dicha edad hacia el final de la pubertad, Long (1990) y otros investigadores la sitúan hacia los 6 años. Tampoco queda claro hasta qué edad exactamente se puede adquirir una L2 sin tener acento.

2) la Hipótesis del Diferencial de Marcadez, que basa sus predicciones no sólo en un análisis comparativo de la L1 y la L2, sino también en relaciones de marcadez lingüística (Eckman, 1987);

3) el Modelo de la Ontogenia, que intenta explicar la interacción entre la transferencia y ciertos procesos de desarrollo, enfatizando también la relación entre los errores de transferencia y la formalidad o estilo de habla (Major, 2001), y

4) el Modelo del Aprendizaje del Habla, que subraya la relación entre nuestra habilidad de aproximarnos a la norma nativa y nuestra capacidad de distinguir fonéticamente los sonidos de la L2 de otros sonidos similares, pero no idénticos, de la L1 (p. ej., Flege, 1999; Elliott, 2003; Leather, 2003).

Este último modelo es consistente con los resultados de varios estudios recientes sobre el español como L2 (Elliott, 1995 y 1997; Díaz-Campos, 2004), según los cuales parece más fácil aprender sonidos del español que no existen en la L1 (p.ej., la /r/ vibrante múltiple para un hablante nativo del inglés) que producir de forma nativa ciertos sonidos del español similares, pero no idénticos, a los de la L1 (p.ej., /b/, /d/ y /g/ intervocálicas, para un hablante nativo del inglés). Por otra parte, y también en la investigación del español, el Modelo de la Ontogenia es consistente con los resultados de Elliott (1997), que documenta más errores de transferencia en la producción espontánea que en la lectura o repetición de palabras o frases.

Como señala Elliott (2003), los estudios sobre el español como L2 son escasos, y en su mayor parte se centran en segmentos (sobre todo consonantes oclusivas), más que en el acento global o elementos fonotácticos y prosódicos como por ejemplo la sílaba, el ritmo y la entonación (p. ej., Nathan, 1987; Zampini, 1994; González-Bueno, 1997; Reeder, 1997; Díaz-Campos, 2004; cf. Bullock y Lord, 2003, una de las pocas excepciones). Otros estudios muestran una correlación positiva entre una mejor pronunciación de la L2 y factores afectivos y cognitivos del estudiante, como la independencia de campo (hasta qué punto se percibe de forma global o analítica) y, sobre todo, el interés por "sonar nativo" (Elliott, 1995). Aunque algunos investigadores sugieren que las mujeres tienen una ventaja en la adquisición de la pronunciación del español (p. ej. Díaz-Campos, 2004), otros no encuentran diferencias respecto a los hombres (p. ej. Elliott, 1995). Tampoco está clara la influencia de otras variables tales como los años de estudio del español, el conocimiento de otras lenguas y el rendimiento académico (Elliott, 1995; Reeder, 1997; Díaz-Campos, 2004). Estudiar en un país de habla hispana parece tener efectos positivos en la fluidez; pero todavía se discute su papel en la pronunciación de segmentos individuales y la interacción de este tipo de experiencia con la cantidad de exposición a la L2 y ciertos factores cognitivos (Díaz-Campos, 2004; Segalowitz y Freed, 2004). Por otra parte, algunos estudios recientes sugieren que escuchar español sin hablarlo durante la infancia tiene ventajas para la pronunciación de quienes luego lo aprenden como L2 como adultos (p. ej., Knightly *et al.*, 2003). También se ha documentado un efecto positivo de ciertas intervenciones pedagógicas, particularmente una instrucción multimodal que tenga en cuenta diferentes estilos cognitivos y de aprendizaje y que desarrolle la conciencia metalingüística del estudiante abordando explícitamente la relación entre sonidos y grafemas, así como los contrastes fonémicos y alofónicos de la L2 (Zampini, 1994 y 1998; Ganschow y Sparks, 1995; Elliott, 1995 y 1997).

1.4.2. *Tiempo y aspecto*

El desarrollo de marcadores de inflexión verbal de temporalidad tales como el tiempo y aspecto constituye un desafío importante para quien aprende una L2 (p. ej., Coppieters, 1987; Salaberry, 2000; Salaberry y Shirai, 2002). El tiempo y el aspecto son dos marcadores importantes de temporalidad en la morfología verbal del español. La marcación verbal de tiempo pasado en español es compleja, ya que está determinada en parte por varios factores discursivo-pragmáticos que el hablante determina como válidos a efectos de seleccionar una terminación verbal. Esto significa que, para cualquier predicado verbal, los hablantes nativos tienen la opción de usar un marcador morfológico que reafirme el valor del aspecto léxico inherente del predicado verbal (p. ej., marcación imperfectiva de un predicado estativo, como en *estaba* o *quería*) o uno que lo contradiga (p. ej., marcación perfectiva de ese mismo predicado estativo, como en *estuvo* o *quiso*). El primero se puede considerar el marcador prototípico, mientras que el último se puede ver como no-prototípico. Dada dicha complejidad, no es de extrañar que el proceso de adquisición de la morfología verbal de pasado se haya convertido en un área de investigación clave tanto en la ALM como en la ASL. Este interés también obedece a que las marcas verbales de tiempo y aspecto se pueden analizar desde diferentes puntos de vista complementarios (Montrul y Salaberry, 2003): como marcadores sintáctico-semánticos (véase el ejemplo anterior), como marcadores pragmáticos (p. ej., para realizar peticiones, y no necesariamente para indicar tiempo o aspecto), e inclusive como marcadores cognitivos (para establecer el fondo y el primer plano en una narración).

La investigación de la adquisición de las terminaciones verbales de pasado en español ha generado gran interés en los últimos 25 años. Varios estudios empíricos y análisis teóricos proponen que el desarrollo de la morfología verbal entre estudiantes adultos de una L2 está asociado con el aspecto léxico inherente de los predicados verbales, esto es, la hipótesis del aspecto léxico (Andersen y Shirai, 1994). Dicha hipótesis predice que los eventos puntuales (p.ej., *chocar, alcanzar la cima*) son los primeros que se marcan con el tiempo pasado. Los eventos que tienen un punto de terminación inherente (p. ej., *construir una casa, escalar una montaña*) se marcarán posteriormente, seguidos por los eventos que no tienen un punto de terminación inherente (p. ej., *caminar, nadar*). Los estados (p. ej., *vivir, amar*) serán el último tipo de evento marcado en contextos del tiempo pasado. Aunque la hipótesis del aspecto léxico ha sido confirmada por muchos estudios, la investigación más reciente ha puesto en duda una correlación estricta de marcadores inherentes y gramaticales de aspecto, al menos en las etapas iniciales de adquisición (p. ej., Buczowska y Weist, 1991; Salaberry, 1999, 2000 y 2003). Por ejemplo, aunque algunos estudios argumentan que las clases del aspecto léxico tienen un efecto significativo en el desarrollo de la morfología verbal de los estudiantes más que nada durante las primeras etapas de adquisición (p. ej., Robison, 1995), otros estudios muestran que las clases del aspecto léxico tienen un efecto más significativo en las etapas avanzadas (p. ej., Salaberry, 1999). Por otro lado, mientras quienes aprenden el español en un contexto formal avanzan relativamente rápido en su desarrollo de las terminaciones verbales, quienes aprenden fuera de una clase siguen un proceso de desarrollo más lento (p. ej., Dietrich *et al.*, 1995).

Otra línea de investigación reciente sobre el desarrollo del tiempo y el aspecto en una L2 es la del Minimalismo. Algunos estudios intentan acceder más directamente a la competencia del aprendiz concentrándose en la comprensión (en oposición a la producción en un discurso espontáneo o semiespontáneo). Por ejemplo, Montrul y Slabakova (2003) argumentan que los estudiantes de español como L2 son capaces de reestructurar la categoría funcional del Sintagma Aspectual en la L2 accediendo a la GU, pues saben interpretar correctamente ciertos aspectos sutiles del contraste entre el pretérito y el imperfecto (p.ej., la interpretación de *se* en *se comía bien en ese restaurante*, frente a la que tenemos en *se comió bien en ese restaurante*). Es importante recalcar que la mayoría de estudios basados en el enfoque minimalista (p.ej., Montrul y Slabakova, 2003) asumen que el aspecto léxico y el gramatical están "fundidos" conceptualmente (De Miguel, 1992). Es decir, el argumento léxico del verbo determina el valor aspectual de la frase. Los factores discursivos y pragmáticos que determinan opciones aspectuales no prototípicas (p.ej., cuando el marcador perfectivo se usa con verbos estativos) no figuran en el análisis minimalista, dado que no se consideran parte de la competencia lingüística del hablante, sino que se explican como un efecto de "coerción" aspectual pragmática. Aunque válida a nivel metodológico, esta definición restringida del aspecto delimita conceptualmente la representación de la expresión de tiempo y aspecto en español (Smith, 1997). En consecuencia, la investigación del desarrollo de la morfología verbal de tiempo pasado en español es un buen ejemplo de la complementariedad de los enfoques teóricos y metodológicos mencionados en la sección 2.

1.4.3. *El subjuntivo*

La adquisición del subjuntivo en español como L2 presenta retos importantes, no sólo por su morfología, sino también porque su uso depende de factores sintácticos, semánticos y pragmáticos sutiles y complejos. No en vano, el subjuntivo es una de las primeras estructuras gramaticales que se pierde (sustituido por el indicativo) en situaciones de contacto lingüístico (p.ej., Silva-Corvalán, 1994; Zentella, 1997). Varios estudios destacan que quienes aprenden español como L2 en un contexto formal, incluso a nivel intermedio y avanzado, tienen problemas a la hora de producir las formas del subjuntivo, sobre todo en el habla espontánea, y que suelen producir pocos contextos pragmáticos y sintácticos para su uso, favoreciendo la parataxis y la coordinación en detrimento de la subordinación (p.ej., Terrell *et al.*, 1987; Stokes y Krashen, 1990; Collentine, 2003). Además, los estudiantes no suelen advertir las formas del subjuntivo que se encuentran en el *input*, sobre todo en los niveles más bajos y en las actividades en que tienen que prestar más atención al contenido que a la forma (p.ej., Collentine, 1997). Algunos investigadores dentro de la perspectiva cognitiva creen que estos problemas se deben, entre otros factores, al escaso valor comunicativo del subjuntivo (a menudo no hace falta prestar atención a las formas para comprenderlo), a que este modo comparte las mismas terminaciones verbales que el indicativo (con inversión de conjugaciones) y, sobre todo, a la incapacidad del estudiante de procesar la sintaxis compleja de la L2 (p. ej., Collentine, 1995). Al parecer, el manejo del subjuntivo por parte del estudiante mejora en función de su nivel de español, el tiempo de residencia en un país de habla hispana y su capacidad de procesar dependencias sintácticas a larga distancia en la L2 (Stokes y Krashen, 1990; Collentine, 2003).

Una de las líneas de investigación más recientes dentro del enfoque cognitivo ha sido la eficacia de ciertas intervenciones pedagógicas. Algunos estudios han enfatizado los efectos positivos de complementar la práctica del subjuntivo con instrucción sobre la sintaxis asociada con la selección del modo (p. ej., Collentine *et al.*, 2002). Otros han investigado si la práctica comunicativa basada en el procesamiento de *input* estructurado (esto es, la Instrucción sobre el Procesamiento que propone VanPatten, 2004) puede ayudar al estudiante a notar más el subjuntivo en el *input* y establecer las conexiones apropiadas entre forma y significado. Sin embargo, este tipo de instrucción no parece tener mejores resultados que otras formas de práctica de producción del subjuntivo donde el énfasis es comunicar un contenido (Farley, 2001; Collentine, 2002). Dentro del enfoque generativista, los estudios sobre el subjuntivo se han centrado en la adquisición por parte de estudiantes muy avanzados o casi-nativos de ciertas propiedades del subjuntivo muy sutiles y que no se enseñan explícitamente (p. ej., el papel de las presuposiciones en la selección de modo o las posibilidades de correferencia entre el sujeto principal y el sujeto de una cláusula subordinada con un verbo en subjuntivo), para determinar si los adultos pueden desarrollar la misma representación mental de la morfología verbal que los hablantes nativos (Bruhn de Garavito, 1995; Borgonovo y Prévost, 2003; Montrul, 2004).

1.4.4. *Sujetos nulos*

Condicionado por restricciones morfosintácticas, pragmáticas y discursivas complejas, el uso de sujetos nulos en español también presenta un reto importante para quien aprende esta lengua como L2, sobre todo si la L1 (como es el caso del inglés) sólo permite sujetos explícitos. La adquisición de sujetos nulos en español como L2 ha suscitado un especial interés en el campo generativista. Esta perspectiva ha estudiado el denominado parámetro *pro-drop* o del sujeto nulo en el contexto del debate sobre el acceso a la GU, el papel de la L1 y la posibilidad de fijar parámetros en la L2. Originalmente, este parámetro relacionaba la posibilidad de sujetos nulos con la existencia de una morfología verbal rica, la falta de pronombres expletivos (p. ej., **eso llueve*), la posibilidad de sujetos posverbales y la opción de extraer el sujeto tras un complementante (p. ej., ¿**quién**$_i$ dijiste que Ø$_i$ llamó?) −posibilidades éstas que no existen en lenguas sin sujetos nulos−. En general, los estudios sobre español como L2 indican que los estudiantes usan sujetos nulos desde el principio y aprenden rápidamente que el español carece de pronombres expletivos; pero necesitan más tiempo para adquirir las restricciones pragmáticas y discursivas relevantes para su uso, y tienden a usar demasiados pronombres de sujeto en niveles iniciales (sobre todo si su L1 es el inglés).

Los estudios generativistas han subrayado la reestructuración gradual de la gramática de la IL al valor [+sujeto nulo] del español a medida que aumenta su conocimiento del idioma. Algunos investigadores remarcan que los estudiantes avanzados muestran conocimientos de ciertas restricciones sintácticas sobre la distribución de sujetos nulos y explícitos que aparentemente provienen de la GU (porque parecen no tener su origen en la L1 ni el *input* de la L2), como, por ejemplo, el contraste en las posibilidades de correferencia entre *nadie$_j$ cree que Ø$_{j/k}$ ganará el premio* y *nadie$_j$ cree que él$_{k/*j}$ ganará el premio* (Pérez-Leroux y Glass, 1997). El papel exacto de la L1 todavía no está claro. Algunos estudios sugieren que al principio el estudiante transfiere el valor del parámetro ([±sujeto nulo]) de la L1 y con el tiempo adopta el valor apropiado para la L2 (p. ej., Al-Kasey y Pérez-Leroux, 1998; Isabelli, 2004), mientras que otros documentan muy poca transferencia (p.ej., Liceras *et al.*, 1999). Por otra parte, varios estudios han cuestionado la asociación del parámetro del sujeto nulo con los sujetos posverbales y la extracción de sujetos tras un complementante (p. ej., Liceras, 1996; Sánchez y Toribio, 2003; Montrul, 2004).

1.4.5. *Pronombres clíticos*

Un aspecto muy estudiado es la adquisición de pronombres clíticos (p.ej., *lo vi*, **se** fue), elementos que dependen fonológicamente del verbo y cuya distribución difiere de la de otros tipos de pronombres, tanto en español como en otras lenguas. En general, los estudios muestran que los estudiantes de español como L2 suelen evitar los clíticos en la producción espontánea, a menudo repitiendo el sintagma nominal de objeto al que deberían sustituir. Además, cuando usan clíticos, suelen cometer errores de forma (esto es, en el género, número o caso), y suelen tener problemas en su colocación, sobre todo en los niveles iniciales y en contextos de monta (p.ej., *lo quiero ver*), reduplicación (*le di un libro a Eva*) y dislocación a la izquierda (p. ej., *a Paco lo vi ayer*), aunque con gran variación individual (Bruhn de Garavito y Montrul, 1996; Liceras *et al.*, 1997; Duffield y White, 1999; Montrul, 2004). Al parecer, los estudiantes tienen más problemas con los clíticos de tercera persona que con los de primera, tal vez porque entre estos últimos existe una relación más unívoca entre forma y función (Andersen, 1989; Klee, 1989; Torres, 2003). En el caso específico de los reflexivos, los primeros usos suelen corresponder a frases memorizadas (p.ej., *me llamo…*), y más tarde es frecuente la sobregeneralización del clítico (Andersen, 1989; Klee, 1989; Torres, 2003). Por otra parte, entre los hablantes de español como L2 en ciertas variedades de contacto, sobre todo del español andino, se ha documentado el uso del masculino *lo* como clítico por defecto (no sólo para objetos directos femeninos y plurales, sino también para objetos indirectos), así como la omisión frecuente del pronombre (p. ej., Ø *veo*, en lugar de *la veo*), por influencia del quechua (p. ej., Camacho *et al.*, 1997).

Tal vez uno de los hallazgos más significativos es que, cuando leen y escuchan, los estudiantes de español de primer y segundo año tienden a interpretar secuencias de tipo clítico-verbo-sujeto como sujeto-verbo-objeto, malinterpretando por ejemplo *lo vio Eva* como 'él vio a Eva'. Desde la perspectiva cognitiva, algunos investigadores han atribuido esta dificultad de procesar los clíticos a la Estrategia del Primer Nombre, que lleva al estudiante a asignar el rol de sujeto o agente al primer elemento de una secuencia del tipo X-verbo–Y, aunque X sea un clítico o un sintagma nominal de objeto (p.ej., VanPatten, 1984; Bates y MacWhinney, 1989; Houston, 1997). Aunque no está claro si es universal o se transfiere de la L1, esta estrategia se ve atenuada por factores semánticos (si X puede llevar a cabo la acción del verbo o no), discursivos (información contextual que favorezca cierta interpretación) y pragmáticos (lo que sabe el estudiante sobre la realidad descrita en la oración), entre otros (Houston, 1997; véase Lee, 2003, para un resumen).

Desde la perspectiva generativista, la investigación más reciente sobre los clíticos en el español como L2 se enmarca dentro del debate sobre el papel de la GU y de la L1 en el desarrollo de las categorías funcionales, bajo el supuesto teórico de que los clíticos encabezan sus propias proyecciones funcionales (Liceras *et al.*, 1997; Duffield y White, 1999; Montrul, 1999). El paradigma típico ha sido la comparación de hablantes nativos de lenguas sin clíticos (generalmente el inglés) con hablantes nativos de lenguas que sí tienen clíticos, pero con una distribución diferente (típicamente, el francés). Como en otras áreas, todavía se debaten los efectos de la L1. Algunos estudios sostienen que los estudiantes avanzados pueden adquirir estas proyecciones funcionales de la L2 porque todavía tienen acceso a la GU (p. ej., Duffield y White, 1999). Según estos estudios, las deficiencias observadas en la producción del estudiante típico no se deben necesariamente a que su representación mental de los clíticos sea incorrecta, sino a que no dominan el paradigma morfológico de los pronombres, o a que no todas las propiedades asociadas con un parámetro emergen inmediatamente después de fijar dicho parámetro en la L2, entre otros factores.

1.4.6. *El sintagma nominal*

La investigación sobre la adquisición del sintagma nominal en español como L2 ha examinado, entre otros aspectos, la posición del adjetivo respecto al sustantivo, la concordancia de género y número entre el nombre y otros elementos (artículos y adjetivos) y el fenómeno conocido en inglés como *N-drop*, donde el sustantivo no se realiza explícitamente (p. ej., me compró este Ø negro). Aunque los estudios más recientes abarcan varios enfoques diferentes (véase, por ejemplo, el estudio de Leeman, 2003, sobre el efecto relativo de varios tipos de *feedback* en la adquisición de la concordancia entre nombre y adjetivo), en los últimos años la morfosintaxis del sintagma nominal ha atraído un gran interés dentro de la perspectiva generativista como parte del debate sobre si los adultos pueden adquirir rasgos abstractos y proyecciones funcionales que no aparecen en la L1 (p. ej., Liceras *et al.*, 2000; Bruhn de Garavito y White, 2002; para un repaso, véanse White, 2003, y Montrul, 2004). En general, estos estudios muestran que quienes aprenden español como L2 como adultos presentan los siguientes rasgos:

– a diferencia de los niños que lo aprenden como L1, producen determinantes y concordancia de género y número des-

de el principio, y tienen problemas continuos en la producción correcta del género, incluso a nivel intermedio y avanzado;
– tienden a sobregeneralizar los artículos masculinos a los nombres femeninos;
– cometen más errores con la concordancia de género que con la de número;
– suelen tener más problemas con el género de los adjetivos que con el de los determinantes;
– se basan más en la terminación del sustantivo que en el sexo biológico a la hora de establecer la concordancia de género;
– suelen cometer pocos errores en la colocación del adjetivo, y
– tienden a transferir ciertas propiedades del sintagma nominal de su L1 (p.ej., el género de un sustantivo equivalente o la obligatoriedad o no de usar artículos), sobre todo a nivel elemental.

1.4.7. *Léxico*

Tres factores fundamentales determinan la importancia de la investigación del desarrollo léxico en la ASL: el predominio de los errores de vocabulario en el habla y la escritura del aprendiz, la importancia comunicativa de dichos errores y el hecho de que el vocabulario constituye la base del desarrollo lingüístico general. Uno de los retos clave del estudio sobre el vocabulario es cómo definir el conocimiento de una palabra o unidad léxica. Los estudios más recientes asumen que dicho conocimiento abarca no sólo la definición básica de una palabra (la tradicional entrada de diccionario), sino también factores estilísticos, pragmáticos, discursivos, colocativos y de frecuencia, entre otros (Meara, 1997). El desarrollo léxico, pues, es inseparable del desarrollo lingüístico general del aprendiz (Morante Vallejo, 2005). Aunque existen varias propuestas para el desarrollo léxico en general, no hay muchos estudios sobre el español como L2. Además, como señalan Lafford *et al.* (2003), los pocos estudios sobre el español que tenemos presentan diversas limitaciones metodológicas que hacen difícil llegar a conclusiones contundentes.

Dentro del enfoque cognitivo y de la lingüística funcional, algunos estudios recientes han enfatizado los efectos positivos, aunque no siempre unívocos, del uso de glosas, diccionarios, ciertas estrategias de aprendizaje y de aplicaciones multimedia en la adquisición del vocabulario (véase Lafford *et al.*, 2003 para un resumen). También se ha dedicado especial atención a la adquisición de contrastes léxicos como el de *por* y *para* (p. ej., Guntermann, 1992a; Lafford y Ryan, 1995) y *ser* y *estar* (p. ej., Guntermann, 1992b; Ryan y Lafford, 1992). Aunque estos estudios sugieren la existencia de ciertas etapas en la adquisición de cada contraste, con el uso inicial de una de las formas (específicamente, *ser* y *para*) al parecer como opción por defecto, no hay consenso sobre el orden y la naturaleza exacta de dichas etapas.

Desde la perspectiva generativista, el estudio de las propiedades léxicas ha adquirido últimamente un papel clave. Como vimos antes, el Minimalismo considera el léxico como núcleo de la variación interlingüística, hasta el punto de que la ASL, al igual que la ALM, podría reducirse a adquirir el léxico de la lengua meta (Sánchez y Toribio, 2003). A diferencia de otras perspectivas, en este enfoque el interés principal reside en la adquisición de ciertas propiedades o rasgos abstractos de las categorías funcionales (véase sección 1.3.1). Estas diferencias léxicas tienen consecuencias en la sintaxis. Por ejemplo, el hecho de que en español la categoría funcional que domina el sintagma adjetivo tiene rasgos de número fuertes determina el orden sustantivo + adjetivo (*el coche azul*), ya que el sustantivo 'sube' a esa categoría funcional atraído por dichos rasgos. Por el contrario, en inglés los rasgos de número son débiles y no hay movimiento del sustantivo en la sintaxis visible, determinándose así el orden inverso (*the blue car*). En consecuencia, un hablante nativo del inglés que aprenda el español como L2 tendrá que adquirir los rasgos de número fuertes de esta lengua (White, 2003; Montrul, 2004).

1.4.8. *Estructura argumental*

El enfoque generativista también ha prestado bastante atención a la estructura argumental de los verbos y a sus efectos en la sintaxis de la interlengua. Los fenómenos más estudiados son la inacusatividad, los verbos psicológicos tipo *gustar* y *asustar*, y el *se* en alternancias de transitividad y con verbos de cambio de estado. En general, esta investigación sugiere que los aprendices de español como L2 pueden adquirir conocimientos implícitos y sutiles de la influencia de *se* en alternancias sintácticas como *romper/romperse* y similares (p. ej., Montrul, 1999; Toth, 2000), así como del contraste en la estructura argumental de:

a)   inacusativos frente a inergativos (p. ej., Hertel, 2003),
b)   verbos tipo *gustar* o *asustar* frente a otros verbos (p. ej., Montrul, 2000), y
c)   verbos agentivos de manera de movimiento (p. ej., *caminar*) frente a otros verbos (Montrul, 2001), aun cuando estos contrastes no se marcan explícitamente en la L1.

En general, se documenta una influencia inicial de la L1, manifiesta tanto en la generalización de los patrones de la L1 a la L2, como en las diferencias que se observan entre aprendices según su L1, sobre todo a nivel elemental e intermedio. Los estudios también sugieren que la influencia inicial de la L1 disminuye paulatinamente y da paso a una reestructuración gradual de la gramática de la IL en función del *input* de la L2. Este proceso parece guiado por principios universales sobre estructura argumental, como la jerarquía temática y aspectual (véase Sánchez y Toribio, 2003, y Montrul, 2004).

1.4.9. *Pragmática*

La pragmática se define a grandes rasgos como el análisis de las intenciones del hablante, así como la expresión e interpretación de actos del habla (sugerencias, disculpas, peticiones, etc.). Aunque es una de las áreas de investigación de la adquisición del español como L2 que han recibido menos atención, los pocos estudios disponibles demuestran los problemas que presenta este componente para el aprendiz, así como su importancia en la interacción con hablantes nativos (p. ej., Koike, 1989; Fulcher y Márquez Reiter, 2003). Por ejemplo, el estudio de Koike (1989) documenta la expresión inadecuada de conceptos pragmáticos en español como L2 (específicamente, el uso de peticiones demasiado directas), causada por limitaciones de vocabulario o de fluidez comunicativa general.

Por definición, el estudio de la pragmática incluye factores funcionales del habla y va más allá del análisis de significado netamente léxico o morfosintáctico, incluyendo aspectos sociales, cognitivos y culturales. Los estudios sobre el español como L2 se han dedicado mayormente al análisis de actos del habla (p. ej., Koike, 1989; Márquez Reiter y Placencia, 2005). La escasez relativa de estudios sobre el desarrollo de la L2 como sistema pragmático socio-cultural probablemente obedece a (i) la relativa complejidad del tema de estudio, (ii) el énfasis que las tendencias pedagógicas en la enseñanza de una L2 ponen en el desarrollo léxico, fonológico y gramatical, y (iii) la limitación de nuestros conocimientos sobre las diferencias dialectales en las convenciones pragmáticas del español[8].

1.5. CONCLUSIONES

Como hemos visto, el campo de la ASL, constituido como una rama de la lingüística y las ciencias cognitivas y sociales hace tan sólo unas décadas, estudia los principios, habilidades, conocimientos y mecanismos involucrados en el aprendizaje de una L2. La adquisición de segundas lenguas se ha estudiado sobre todo desde tres perspectivas muy diferentes: la generativa (que enfatiza el desarrollo de conocimientos lingüísticos abstractos mediante un módulo especializado para el lenguaje y ciertos principios gramaticales innatos y universales), la cognitivo-funcional (que subraya la importancia de factores cognitivos generales y ciertas estrategias de procesamiento) y la sociocultural (que otorga un papel clave a la interacción social en la internalización de conocimientos y habilidades lingüísticas).

Durante las dos últimas décadas ha aparecido una gran variedad de estudios sobre la adquisición del español como L2, la mayoría desde el enfoque generativo y cognitivo-funcional. Aunque las importantes diferencias metodológicas y conceptuales que encontramos entre los investigadores pueden representar un obstáculo a la hora de sacar conclusiones firmes, estos estudios han producido ciertas generalizaciones importantes sobre el proceso de aprendizaje del español como L2 (véase sección 4). Sin embargo, esta investigación también presenta algunas limitaciones. Efectivamente, los estudios suelen destacar aspectos semánticos y morfosintácticos (p. ej. de la adquisición de sujetos nulos, pronombres clíticos, subjuntivo, tiempo y aspecto, sintagma nominal y estructura argumental), y prestan mucha menos atención a la pronunciación y, sobre todo, al léxico y la pragmática. Además, en muchos casos se trata de estudios transversales de adultos que hablan el inglés como L1, tienen un nivel de español bajo, y aprenden la lengua en un contexto formal, sobre todo en universidades norteamericanas. La investigación en el futuro debería subsanar estas limitaciones mediante el uso de otras L1 además del inglés, una mayor variedad de estudios y técnicas (p. ej., estudios lon-

---

[8] El lector interesado en más detalles puede consultar Cestero Mancera (1999) y el capítulo de Koike *et al.* (2003).

gitudinales, estudios cualitativos y experimentos que complementen la producción con la comprensión), más investigación sobre las áreas que han recibido menos atención (sobre todo léxico, pragmática y sociolingüística), un enfoque renovado en la comparación de contextos de aprendizaje y las diferencias entre niños y adultos, y más investigación sobre el *input* y la norma nativa (incluyendo variación dialectal e individual). Tampoco estaría de más replicar estudios anteriores con metodologías más sofisticadas, buscar un mayor consenso terminológico y metodológico y fomentar un mayor diálogo entre teorías y enfoques.

A pesar de los retos, hay razones para el optimismo. Siguiendo la tendencia general que observamos en el campo de la ASL, la investigación sobre el español como L2 está alcanzando su madurez a pasos agigantados, con un aumento sistemático del número de publicaciones y programas académicos, sobre todo de posgrado. Este auge generalizado afecta no sólo a los EE.UU. (locomotora tradicional de la investigación en este campo y cuna de un elevadísimo número de hablantes de español como L2), sino también a Latinoamérica (laboratorio privilegiado para el estudio de aprendizaje del español por parte de hablantes nativos de otras lenguas autóctonas) y a España, donde la inmigración de hablantes del árabe y otros idiomas en estos últimos años se suma a un mayor apoyo institucional a la enseñanza y el aprendizaje del español como L2 (sobre todo a raíz de la creación del Instituto Cervantes), un mayor interés del mercado editorial y la creación de numerosos programas universitarios de adquisición, pedagogía y lingüística aplicada. Es de esperar que esta situación estimule la investigación de estudios comparativos sobre el aprendizaje del español por parte de hablantes de una mayor variedad de lenguas maternas, enriquezca el debate teórico y metodológico en que se enmarcan dichos estudios, y fomente el tan necesario diálogo entre la investigación y su aplicación práctica, sobre todo en la enseñanza.

1.6. PREGUNTAS PARA LA REFLEXIÓN

1.   De los factores que contribuyen a la dificultad de sacar conclusiones firmes de los estudios de la ASL (sección 2), ¿cuáles le parecen más importantes, y por qué? ¿Se le ocurren otros factores adicionales? ¿Cómo podemos minimizar la influencia de todos estos factores?

2. ¿Hasta qué punto se complementan los enfoques sobre la ASL tratados en la sección 3, y hasta qué punto son incompatibles entre sí? ¿Qué aspectos de cada enfoque se podrían combinar en una "macroteoría" de la ASL?

3. ¿Qué aspectos de la adquisición del español como L2 (por ejemplo, en cuanto a competencia lingüística y discursiva o estrategias de procesamiento) se han estudiado menos y por tanto merecen mayor atención en el futuro? ¿Qué tipo de estudios o experimentos se podría llevar a cabo para investigarlos?

4. Como señalamos anteriormente, necesitamos más estudios sistemáticos sobre el *input* que recibe el aprendiz del español como L2. ¿Por qué es importante estudiar este aspecto, y qué repercusiones específicas tiene esta falta de estudios para cada enfoque mencionado en la sección 3?

5. Con ayuda de su profesor, seleccione un par de artículos sobre una de las áreas de investigación del español como L2 discutidas en el capítulo (usando nuestra bibliografía u otras fuentes), y compare brevemente las preguntas que intentan contestar, así como su enfoque, metodología y resultados. ¿Hasta qué punto depende la interpretación de los resultados de cada estudio de su enfoque y metodología?

6. Analice algún aspecto de la gramática, el vocabulario o el uso del español (p. ej., *ser/estar*, las fórmulas de cortesía o el contraste entre el pretérito y el imperfecto), consultando si es necesario una gramática descriptiva o un corpus electrónico. ¿Qué aspectos son potencialmente problemáticos para quien aprende el español como L2, y por qué? (Para profundizar, después puede analizar cómo se presentan estos aspectos en un par de libros de texto y/o en una clase de español como lengua extranjera.)

7. Reflexione sobre su propia experiencia como estudiante del español, o sobre la experiencia de otros. ¿Qué aspectos discutidos en el capítulo (p. ej., la Estrategia del Primer Nombre o las etapas de adquisición del pretérito y del imperfecto) ve usted reflejados en dicha experiencia, y cuáles no? ¿En qué áreas tiene/tuvo más problemas? ¿Hasta qué punto influye/influyó la L1 en estos problemas?

8. ¿Qué conclusiones generales para la enseñanza del español como L2 podemos sacar del capítulo?

BIBLIOGRAFÍA

AL-KASEY, T. y PÉREZ-LEROUX, A. (1998): "Second Language Acquisition of Spanish Null Subjects." En S. Flynn y G. Martohardjono (eds.). *The Generative Study of Second Language Acquisition* (pp. 62-185). Mahwah, NJ, Lawrence Erlbaum.

ANDERSEN, R. (1989): "The Theoretical Status of Variation in Interlanguage Development." En S. Gass y C. Madden (eds.). *Variation in Second Language Acquisition Volume II: Psycholinguistic Issues* (pp. 46-64). Clevedon, Multilingual Matters.

ALJAAFREH, A. y LANTOLF, J. (1994): Negative Feedback as Regulation and Second Language Learning in the Zone of Proximal Development. *Modern Language Journal* 78: 465-483.

ANDERSEN, R. y SHIRAI, Y. (1994): Discourse Motivations for Some Cognitive Acquisition Principles. *Studies in Second Language Acquisition* 16: 133-156.

ANTÓN, M.; DiCAMILLA, F. y LANTOLF, J. (2003): "Sociocultural Theory and the Acquisition of Spanish as a Second Language." En B. Lafford y R. Salaberry (eds.). *Studies in Spanish Second Language Acquisition: State of the Science* (pp. 262-284). Washington, DC, Georgetown University Press.

BARALO, M. (2004): *La adquisición del español como lengua extranjera* (2ª ed.). Madrid, Arco/Libros.

BARLOW, M. y KEMMER, S. (2000): *Usage-Based Models of Language*. Stanford, CA, CSLI Publications.

BATES, E. y MACWHINNEY, B. (1989): "Functionalism and the Competition Model." En B. MacWhinney y E. Bates (eds.). *The Crosslinguistic Study of Sentence Processing* (pp. 3-73). Nueva York, Cambridge University Press.

BERMAN, S. y SLOBIN, D. (eds.) (1994): *Relating Events in Narrative: A Crosslinguistic Developmental Study*. Hillsdale, NJ, Lawrence Erlbaum.

BIALYSTOK, E. (2001): *Bilingualism in Development*. Nueva York, Cambridge University Press.

BIALYSTOK, E. y HAKUTA, K. (1999): "Confounded Age: Linguistic and Cognitive Factors in Age Differences for Second Language Acquisition." En D. Birdsong (ed.). *Second Language Acquisition and the Critical Period Hypothesis* (pp. 162-181). Mahwah, NJ, Lawrence Erlbaum.

BIRDSONG, D. (ed.) (1999): *Second Language Acquisition and the Critical Period Hypothesis*. Mahwah, NJ, Lawrence Erlbaum.

BLEY-VROMAN, R. (1990): The Logical Problem of Foreign Language Learning. *Linguistic Analysis* 20: 3-49.

BONGAERTS, T.; MENNEN, S. y VAN DER SLIK, F. (2000): Authenticity of Pronunciation in Naturalistic Second Language Acquisition: The Case of Very Advanced Late Learners of Dutch as a Second Language. *Studia Linguistica* 54: 298-308.

BORGONOVO, C. y PRÉVOST, P. (2003): "Knowledge of Polarity Subjunctive in L2 Spanish." En B. Beachley, A. Brown y F. Conlin (eds.). *Proceedings of the 27th Boston University Conference on Language Development* (pp. 150-161). Somerville, MA, Cascadilla Press.

BOWERMAN, M. (1996): "The Origin of Children's Spatial Semantic Categories: Cognitive versus Linguistic Determinism." En J. Gumperz y S. Levinson (eds.). *Rethinking Linguistic Relativity* (pp. 145-176). Cambridge, Cambridge University Press.

BRUHN DE GARAVITO, J. (1995): "L2 Acquisition of Verb Complementation and Binding Principle B." En F. Eckman, D. Highland, P. Lee, J. Mileman y R. Rutkowski Weber (eds.). *Second Language Acquisition Theory and Pedagogy* (pp. 79-99). Hillsdale, NJ, Lawrence Erlbaum.

BRUHN DE GARAVITO, J. y MONTRUL, S. (1996): "Verb Movement and Clitic Placement in French and Spanish as a Second Language." En A. Stringfellow, D. Cahana-Amitay, E. Hughes y A. Zukowski (eds.). *Proceedings of the 20th Annual Boston University Conference on Language Development* (pp. 123-134). Somerville, MA, Cascadilla Press.

BRUHN DE GARAVITO, J. y WHITE, L. (2002): "The L2 Acquisition of Spanish DPs. The Status of Grammatical Features." En A. Pérez-Leroux y J. Liceras (eds.). *The Acquisition of Spanish Morphosyntax: The L1/L2 Connection* (pp. 151-176). Dordrecht, Kluwer.

BUCZOWSKA, E. y WEIST, R. (1991): "The Effects of Formal Instruction on the Second Language Acquisition of Temporal Location." *Language Learning* 41: 535-554.

BULLOCK, B. y LORD, G. (2003): "Analogy as a Learning Tool in L2 Acquisition: The Case of Spanish Stress." En A. Pérez-Leroux e Y. Roberge (eds.). *Romance Linguistics* (pp. 281-297). Amsterdam, John Benjamins.

CAMACHO, J.; PAREDES, L. y SÁNCHEZ, L. (1997): "Null Objects in Bilingual Andean Spanish." En E. Hughes, M. Hughes y A. Green. *Proceedings of the 21st Annual Boston University Conference on Language Development* (pp. 56-66). Somerville, MA, Cascadilla Press.

CESTERO MANCERA, A. (1999): *Comunicación no verbal y enseñanza de segundas lenguas.* Madrid, Arco/Libros.

COLLENTINE, J. (1995): The Development of Complex Syntax and Mood-Selection Abilities by Intermediate-Level Learners of Spanish. *Hispania* 78: 122-135.

COLLENTINE, J. (1997): Irregular Verbs and Noticing the Spanish Subjunctive. *Spanish Applied Linguistics* 1: 3-23.

COLLENTINE, J. (2002): On the Acquisition of the Subjunctive and Authentic Processing Instruction: A Response to Farley. *Hispania* 85: 879-888.

COLLENTINE, J. (2003): "The Development of Subjunctive and Complex-Syntactic Abilities among Foreign Language Learners of Spanish." En B. Lafford y R. Salaberry (eds.). *Spanish Second Language Acquisition: State of the Science* (pp. 74-97). Washington, DC, Georgetown University Press.

COLLENTINE, J.; COLLENTINE, K.; CLARK, V. y FRIGINAL, E. (2002): "Subjunctive Instruction with Syntactic Instruction." En J. Lee, K. Geeslin, y J. Clements (eds.). *Structure, Meaning, and Acquisition in Spanish: Proceedings of the 4th Hispanic Linguistics Symposium* (pp. 32-45). Somerville, MA, Cascadilla Press.

COPPIETERS, R. (1987): Competence Differences Between Native and Fluent Non-Native Speakers. *Language* 63: 544-573.

DEKEYSER, R.; SALABERRY, R.; ROBINSON, P. y HARRINGTON, M. (2002): What Gets Processed in Processing Instruction: A Response to Bill VanPatten's "Update." *Language Learning* 52: 805-823.

DE MIGUEL, E. (1992): *El aspecto en la sintaxis del español: Perfectividad e imperfectividad.* Madrid, Ediciones de la Universidad Autónoma de Madrid.

DÍAZ-CAMPOS, M. (2004): Context of Learning in the Acquisition of Spanish Second Language Phonology. *Studies in Second Language Acquisition* 26: 249-273.

DIETRICH, R.; KLEIN, W. y NOYAU, C. (1995): *The Acquisition of Temporality in a Second Language.* Amsterdam, John Benjamins.

DUFFIELD, N. y WHITE, L. (1999): Assessing L2 Knowledge of Spanish Clitic Placement: Convergent Methodologies. *Second Language Research* 15: 133-160.

DUSSIAS, P. (2003): "Cognitive Perspectives on the Acquisition of Spanish as a Second Language." En B. Lafford y R. Salaberry (eds.). *Studies in Spanish Second Language Acquisition: State of the Science* (pp. 233-261). Washington, DC, Georgetown University Press.

ECKMAN, F. (1987): "Markedness and the Contrastive Analysis Hypothesis." En G. Ioup y S. Weinberger (eds.). *Interlanguage Phonology: The Acquisition of a Second Language Sound System* (pp. 55-69). Cambridge, MA, Newbury House.

ELLIOTT, A. (1995): Foreign Language Phonology: Field Independence, Attitude, and Success of Formal Instruction in Spanish Pronunciation. *Modern Language Journal* 79: 530-542.

ELLIOTT, A. (1997): On the Teaching and Acquisition of Pronunciation within a Communicative Approach. *Hispania* 80: 96-108.

ELLIOTT, A. (2003): "Staking Out the Territory at the Turn of the Century: Integrating Phonological Theory, Research, and the Effect of Formal Instruction on Pronunciation in the Acquisition of Spanish as a Second Language." En B. Lafford y R. Salaberry (eds.). *Spanish Second Language Acquisition: State of the Science* (pp. 19-46). Washington, DC, Georgetown University Press.

ELLIS, N. (ed.) (1994): *Implicit and Explicit Learning of Languages.* Londres, Academic Press.

ELLIS, N. (1996): Phonological Memory, Chunking and Points of Order. *Studies in Second Language Acquisition* 18: 91-126.

FARLEY, A. (2001): Authentic Processing Instruction and the Spanish Subjunctive. *Hispania* 84: 289-299.

FLEGE, J. (1999): "Age of Learning and Second Language Speech." En D. Birdsong (ed.). *Second Language Acquisition and the Critical Period Hypothesis* (pp. 101-131). Mahwah, NJ, Lawrence Erlbaum.

FULCHER, G. y MÁRQUEZ REITER, R. (2003): Task Difficulty in Speaking Tests. *Language Testing* 20: 321-344.

GANSCHOW, L. y SPARKS, R. (1995): Effects of Direct Instruction in Spanish Phonology on the Native-Language Skills and Foreign-Language Aptitude of At-Risk Foreign-Language Learners. *Journal of Learning Disabilities* 28: 107-120.

GASS, S. (1997): *Input and Interaction and the Second Language Learner.* Mahwah, NJ, Lawrence Erlbaum.

GONZÁLEZ-BUENO, M. (1997): "The Effects of Formal Instruction on the Acquisition of Spanish Stop Consonants." En W. Glass y A. Pérez-Leroux (eds.). *Contemporary Perspectives on the Acquisition of Spanish.* Vol. 2. (pp. 57-75). Somerville, MA, Cascadilla Press.

GRIFFIN, K. (2005): *Lingüística aplicada a la enseñanza del español como 2/L.* Madrid, Arco/Libros.

GUION, S.; FLEGE, J. y LOFTIN, J. (2000): The Effect of L1 Use on Pronunciation in Quichua-Spanish Bilinguals. *Journal of Phonetics* 28: 27-42.

GUNTERMANN, G. (1992a): An Analysis of Interlanguage Development over Time, Part I: *Por* and *Para. Hispania* 75: 177-187.

GUNTERMANN, G. (1992b): An Analysis of Interlanguage Development over Time, Part II: *Ser* and *Estar. Hispania* 75: 1294-1303.

HE, A. y YOUNG, R. (1998): "Language Proficiency Interviews: A Discourse Approach." En R. Young y A. He (eds.). *Talking and Testing: Discourse Approaches to the Assessment of Oral Proficiency* (pp. 1-24). Amsterdam/Filadelfia, John Benjamins.

HERTEL, T. (2003): Lexical and Discourse Factors in the Second Language Acquisition of Spanish Word Order. *Second Language Research* 19: 273-304.

HOUSTON, T. (1997): "Sentence Processing in Spanish as a Second Language: A Study of Word Order and Background Knowledge." En W. Glass y A. Pérez-Leroux (eds.). *Contemporary Perspectives on the Acquisition of Spanish* (pp. 123-134). Somerville, MA, Cascadilla Press.

HYLTENSTAM, K. (1992): "Non-Native Features of Near-Native Speakers: On the Ultimate Attainment of Childhood L2 Learners." En R. Harris (ed.). *Cognitive Processing in Bilinguals* (pp. 351-368). Amsterdam, Elsevier.

ISABELLI, C. (2004): The Acquisition of the Null Subject Parameter Properties in SLA: Some Effects of Positive Evidence in a Naturalistic Learning Context. *Hispania* 87: 150-162.

KLEE, C. (1989): The Acquisition of Clitic Pronouns in the Spanish Interlanguage of Peruvian Quechua Speakers. *Hispania* 72: 402-408.

KNIGHTLY, L.; JUN, S.; OH, J. y KIT-FONG AU, T. (2003): Production Benefits of Childhood Overhearing. *Journal of the Acoustical Society of America* 114: 465-474.

KOIKE, D. (1989): Pragmatic Competence and Adult L2 Acquisition: Speech Acts and Interlanguage. *Modern Language Journal* 73: 279-89.

KOIKE, D.; PEARSON, L. y WITTEN, C. (2003): "Pragmatics and Discourse Analysis in Spanish Second Language Acquisition Research." En B. Lafford y R. Salaberry (eds.). *Spanish Second Language Acquisition: The State of the Science* (pp. 160-185). Washington, D.C., Georgetown University Press.

KRASHEN, S.; LONG, M. y SCARCELLA, R. (1979): Age, Rate and Eventual Attainment in Second Language Acquisition. *TESOL Quarterly* 13: 573-582.

LAFFORD, B.; COLLENTINE, J. y KARP, A. (2003): "The Acquisition of Lexical Meaning by Second Language Learners: An Analysis of General Research Trends with Evidence from Spanish." En B. Lafford y R. Salaberry (eds.). *Studies in Spanish Second Language Acquisition: State of the Science* (pp. 130-159). Washington, D.C., Georgetown University Press.

LAFFORD, B. y RYAN, J. (1995): The Acquisition of Lexical Meaning in a Study Abroad Context: The Spanish Prepositions *Por* and *Para*. *Hispania* 75: 528-547.

LANGACKER, R. (1999): *Grammar and Conceptualization*. Berlín, Walter De Gruyter.

LARDIERE, D. (2000): "Mapping Features to Forms in Second Language Acquisition." En J. Archibald (ed.). *Second Language Acquisition and Linguistic Theory* (pp. 102-129). Oxford, Blackwell.

LEATHER, J. (2003): "Phonological Acquisition in Multilingualism." En M. García Mayo y M. García Lecumberri (eds.). *Age and the Acquisition of English as a Foreign Language* (pp. 23-58). Clevedon, Multilingual Matters.

LEE, J. (2003): "Cognitive and Linguistic Perspectives on the Acquisition of Object Pronouns in Spanish as a Second Language." En B. Lafford y R. Salaberry (eds.). *Spanish Second Language Acquisition: State of the Science* (pp. 98-129). Washington, DC, Georgetown University Press.

LEEMAN, J. (2003): Recasts and Second Language Development: Beyond Negative Evidence. *Studies in Second Language Acquisition* 25: 37-63.

LICERAS, J. (1996): *La adquisición de las lenguas segundas y la gramática universal*. Madrid, Síntesis.

LICERAS, J.; DÍAZ, L. y MAXWELL, D. (1998): "Null Subjects in Non-native Grammars: The Spanish L2 of Chinese, English, French, German, Japanese, and Korean Speakers." En E. Klein y G. Martohardjono (eds.). *The Development of Second Language Grammars. A Generative Approach* (pp. 109-147). Amsterdam/ Filadelfia, John Benjamins.

LICERAS, J.; DÍAZ, L. y MONGEON, C. (2000): "N-drop and Determiners in Native and Non-Native Spanish: More on the Role of Morphology in the Acquisition of Syntactic Knowledge." En R. Leow y C. Sanz (eds.). *Spanish Applied Linguistics at the Turn of the Millennium* (pp. 67-96). Somerville, MA, Cascadilla Press.

LICERAS, J.; MAXWELL, D.; LAGUARDIA, B.; FERNÁNDEZ, Z.; FERNÁNDEZ, R. y DÍAZ, L. (1997): "A Longitudinal Study of Spanish Non-Native Grammars: Beyond Parameters." En A. Pérez-Leroux y W. Glass (eds.). *Contemporary Perspectives on the Acquisition of Spanish*. Vol. 1. (pp. 99-132). Somerville, MA, Cascadilla Press.

LICERAS, J.; VALENZUELA, E. y DÍAZ, L. (1999): L1 and L2 Spanish Developing Grammars and the 'Pragmatic Deficit Hypothesis.' *Second Language Research* 15: 161-190.

LONG, M. (1990): Maturational Constraints on Language Development. *Studies in Second Language Acquisition* 12: 251-285.

LONG, M. (2003): "Stabilization and Fossilization in Interlanguage Development." En C. Doughty y M. Long (eds.). *The Handbook of Second Language Acquisition* (pp. 487-536). Malden, MA, Blackwell.

MAJOR, R. (2001): *Foreign Accent: The Ontogeny and Phylogeny of Second Language Phonology.* Hillsdale, NJ, Lawrence Erlbaum.

MÁRQUEZ REITER, R. y PLACENCIA, M. (2005): *Spanish Pragmatics.* Nueva York, Palgrave.

McDONALD, J. y HEILENMAN, K. (1991): Determinants of Cue Strength in Adult First and Second Language Speakers of French. *Applied Psycholinguistics* 12: 313-348.

MEARA, P. (1997): "Towards a New Approach to Modeling Vocabulary Acquisition." En N. Schmitt y M. McCarthy (eds.). *Vocabulary: Description, Acquisition and Pedagogy* (pp. 109-121). Cambridge, Cambridge University Press.

MEISEL, J. (1997): The Acquisition of the Syntax of Negation in French and German Contrasting First and Second Language Acquisition. *Second Language Research* 13: 227-263.

MONTRUL, S. (1999): *Se o No Se*: A Look at Transitive and Intransitive Verbs. *Spanish Applied Linguistics* 3: 145-194.

MONTRUL, S. (2000): "Causative Psych Verbs in Spanish L2 Acquisition." En R. Leow y C. Sanz (eds.). *Spanish Applied Linguistics at the Turn of the Millennium* (pp. 97-118). Somerville, MA, Cascadilla Press.

MONTRUL, S. (2001): Agentive Verbs of Manner of Motion in Spanish and English. *Studies in Second Language Acquisition* 23: 171-207.

MONTRUL, S. (2004): *The Acquisition of Spanish: Morphosyntactic Development in Monolingual and Bilingual L1 Acquisition and Adult L2 Acquisition.* Amsterdam/Filadelfia, John Benjamins.

MONTRUL, S. y SALABERRY, R. (2003): "The Development of Tense-Aspect Morphology in L2 Spanish." En B. Lafford y R. Salaberry (eds.). *Studies in Spanish Second Language Acquisition: State of the Science* (pp. 47-73). Washington, DC, Georgetown University Press.

MONTRUL, S. y SLABAKOVA, R. (2003): Competence Similarities between Native and Near-Native Speakers: An Investigation of the Preterite/Imperfect Contrast in Spanish. *Studies in Second Language Acquisition* 25: 351-398.

MORANTE VALLEJO, R. (2005): *El desarrollo del conocimiento léxico en segundas lenguas.* Madrid, Arco/Libros.

MORENO FERNÁNDEZ, F. (ed.) (2000): *Adquisición de segundas lenguas: variación y contexto social.* Madrid, Arco/Libros.

MUÑOZ, C. (ed.) (2000): *Segundas lenguas. Adquisición en el aula.* Barcelona, Ariel.

NATHAN, G. (1987): On Second-Language Acquisition of Voiced Stops. *Journal of Phonetics* 15: 313-322.

NEGUERUELA, A. y LANTOLF, J. [En prensa.] "Concept-based Pedagogy and the Acquisition of L2 Spanish." En B. Lafford y R. Salaberry (eds.). *Spanish Second Language Acquisition: From Research to Application.* Washington, DC, Georgetown University Press.

NORRIS, J. y ORTEGA, L. (2000): Effectiveness of L2 Instruction: A Research Synthesis and Quantitative Meta-Analysis. *Language Learning* 50: 417-528.

PASTOR CESTEROS, S. (2004): *Aprendizaje de segundas lenguas. Lingüística aplicada a la enseñanza de idiomas.* Alicante, Publicaciones de la Universidad de Alicante.

PATKOWSKI, M. (1990): Age and Accent in a Second Language: A Reply to James Emil Flege. *Applied Linguistics* 11: 73-89.

PÉREZ-LEROUX, A. y GLASS, W. (1997): "OPC Effects in the L2 Acquisition of Spanish." En A. Pérez-Leroux y W. Glass (eds.). *Contemporary Perspectives on the Acquisition of Spanish.* Vol. 1. (pp. 149-165). Somerville, MA, Cascadilla Press.

PIENEMANN, M. (1998): *Language Processing and Second Language Development: Processability Theory.* Amsterdam/Filadelfia, John Benjamins.

PISKE, T.; MACKAY, I. y FLEGE, J. (2001): Factors Affecting Degree of Foreign Accent in an L2: A Review. *Journal of Phonetics* 29: 191-215.

PONS BORDERÍA, S. (2005): *La enseñanza de la pragmática en la clase de E/LE.* Madrid, Arco/Libros.

REEDER, J. (1997): "Mimephonic Ability and Phonological Performance in Adult Learners of Spanish." En W. Glass y A. Pérez-Leroux (eds.). *Contemporary Perspectives on the Acquisition of Spanish.* Vol. 2 (pp. 77-90). Somerville, MA, Cascadilla Press.

ROBISON, R. (1995): The Aspect Hypothesis Revisited: A Cross Sectional Study of Tense and Aspect Marking in Interlanguage. *Applied Linguistics* 16: 344-371.

ROSENMANN, A. (1987): The Relationship between Auditory Discrimination and Oral Production of Spanish Sounds in Children and Adults. *Journal of Psycholinguistic Research* 16: 517-534.

RYAN, J. y LAFFORD, B. (1992): Acquisition of Lexical Meaning in a Study Abroad Environment: *Ser* and *Estar* and the Granada Experience. *Hispania* 75: 714-722.

SALABERRY, R. (1999): The Development of Past Tense Verbal Morphology in Classroom L2 Spanish. *Applied Linguistics* 20: 151-178.

SALABERRY, R. (2000): *Spanish Past Tense Aspect: L2 Development in a Tutored Setting.* Amsterdam, John Benjamins.

SALABERRY, R. (2003): Tense-Aspect in Verbal Morphology. *Hispania* 86: 559-573.

SALABERRY, R. y SHIRAI, Y. (2002): *The L2 Acquisition of Tense-Aspect Morphology.* Amsterdam, John Benjamins.

SÁNCHEZ, L. y TORIBIO, J. (2003): "Current Issues in the Generative Study of Spanish Second Language Syntax." En B. Lafford y R. Salaberry (eds.). *Spanish Second Language Acquisition: State of the Science* (pp. 189-232). Washington, DC, Georgetown University Press.

SCHWARTZ, B. y SPROUSE, R. (1996): L2 Cognitive States and the Full Transfer/Full Access Model. *Second Language Research* 12: 40-72.

SCOVEL, T. (1988): *A Time to Speak: A Psycholinguistic Inquiry into the Critical Period for Human Speech.* Nueva York, Newbury House.

SCOVEL, T. (2000): A Critical Review of the Critical Period Hypothesis. *Annual Review of Applied Linguistics* 20: 213-223.

SEGALOWITZ, N. y FREED, B. (2004): Context, Contact and Cognition in Oral Fluency Acquisition: Learning Spanish in at Home and Study Abroad Contexts. *Studies in Second Language Acquisition* 26: 173-199.

SELINKER, L. (1972): Interlanguage. *International Review of Applied Linguistics* 10: 209-231.

SILVA-CORVALÁN, C. (1994): *Language Contact and Change: Spanish in Los Angeles.* Nueva York, Oxford University Press.

SINGLETON, D. (2003): "Critical Period or General Age Factor(s)?" En M. García Mayo y M. García Lecumberri (eds.). *Age and the Acquisition of English as a Foreign Language* (pp. 3-22). Clevedon, Multilingual Matters.

SMITH, C. (1997): *The Parameter of Aspect* (2ª ed.). Boston, Kluwer.

STOKES, J. y KRASHEN, S. (1990): Some Factors in the Acquisition of the Present Subjunctive in Spanish: A Reanalysis. *Hispania* 73: 705-710.

TARONE, E. (1983): On the Variability of Interlanguage Systems. *Applied Linguistics* 4: 142-164.

TERRELL, T.; BAYCROFT, B. y PERRONE, C. (1987): "The Subjunctive in Spanish Interlanguage: Accuracy and Comprehensibility." En B. VanPatten, T. Dvorak, y J. Lee (eds.). *Foreign Language Learning: A Research Perspective* (pp. 23-48). Cambridge, Cambridge University Press.

TORIJANO PÉREZ, A. (2004): *Errores de aprendizaje, aprendizaje de los errores.* Madrid, Arco/Libros.

TORRES, J. (2003): "The Acquisition of Clitics in L2 Spanish: A Discourse/Functional Perspective of Lexical NPs vs. Clitics." En S. Montrul y F. Ordóñez (eds.). *Linguistics Theory and Language Development in Hispanic Languages: Papers from the 5th Hispanic Linguistics Symposium and the 4th Conference on the Acquisition of Spanish and Portuguese* (pp. 447-467). Somerville, MA, Cascadilla Press.

TOTH, P. (2000): The Interaction of Instruction and Learner Internal Factors in the Acquisition of L2 Morphosyntax. *Studies in Second Language Acquisition* 22: 169-208.

UNGERER, F. y SCHMID, H. (1996): *An Introduction to Cognitive Linguistics.* Londres, Longman.

VANPATTEN, B. (1984): Learners' Comprehension of Clitic Pronouns: More Evidence for a Word Order Strategy. *Hispanic Linguistics* 1: 57-67.

VANPATTEN, B. (2004): *Processing Instruction: Theory, Research and Commentary.* Mahwah, NJ, Lawrence Erlbaum.

VYGOTSKY, L. (1978): *Mind in Society: The Development of Higher Psychological Processes.* Cambridge, MA, Harvard University Press.

VYGOTSKY, L. S. (1987): *Collected Works.* Nueva York, Plenum.

WHITE, L. (2003): *Second Language Acquisition and Universal Grammar.* Cambridge, Cambridge University Press.

ZAMPINI, M. (1994): The Role of Native Language Transfer and Task Formality in the Acquisition of Spanish Spirantization. *Hispania* 77: 470-481.

ZAMPINI, M. (1998): L2 Spanish Spirantization: A Prosodic Analysis and Pedagogical Implications. *Hispanic Linguistics* 10: 154-188.

ZENTELLA, A. (1997): *Growing Up Bilingual: Puerto Rican Children in New York.* Oxford, Blackwell.

2

LA ENSEÑANZA DEL ESPAÑOL
COMO SEGUNDA LENGUA:
PERSPECTIVAS HISTÓRICAS Y METODOLÓGICAS*

DONNA LONG, *The Ohio State University*
MANEL LACORTE, *University of Maryland*

2.1. INTRODUCCIÓN

La importancia del español como un idioma internacional o mundial resulta obvia. Tal como se planteará en los capítulos 7 y 15 de este volumen, el español abarca una de las mayores áreas lingüísticas en el mundo tanto en superficie física –tras el inglés, el francés y el ruso–, como en número de hablantes –cerca de 500 millones, 350 de ellos hablantes nativos–. En la actualidad, la lengua española constituye una lengua europea, con casi 45 millones de hablantes en España y algunas colonias de inmigrantes en el resto del continente, y sobre todo una lengua americana. De hecho, según el *World Almanac* (www. worldalmanac.com) los hablantes de español residentes en la península Ibérica solamente constituyen 9% del total, un porcentaje indudablemente inferior al de nativos en los países de la región latinoamericana, y superior por muy poco margen al de los hispanohablantes en los Estados Unidos (8%). En este país, la lengua española y las culturas asociadas hace tiempo que no se consideran totalmente "extranjeras".

> English and Spanish are the main languages of the Americas, and the United States is the frontier where they meet. There is no neat border between the English- and Spanish-speaking worlds. Instead, there is a blurring of boundaries, and Spanish is spoken with differing

---

* Los autores quieren expresar su agradecimiento a Mar Cruz por su experta colaboración en la preparación de este capítulo.

degrees of intensity from the southernmost part of the country to the
Canadian border (González, 1996: 475).

El rápido crecimiento del español en el mundo no se debe exclusivamente a cuestiones demográficas, sino también a una serie
de procesos económicos, políticos y sociales que han propulsado
el movimiento e intercambio de bienes económicos y culturales,
entre ellos los relacionados con la enseñanza y aprendizaje de lenguas segundas y extranjeras[1]. Este capítulo se propone, en primer
lugar, examinar la enseñanza del español como segunda lengua (L2)
desde sus orígenes hasta el presente. Por motivos de espacio, el capítulo se centrará en datos procedentes de las tres áreas geográficas donde el español tiene más presencia: España y el continente
europeo, Latinoamérica y Estados Unidos. Se incluirán breves definiciones para cada uno de los métodos más populares en la enseñanza del español[2]; sin embargo, no llegaremos a adentrarnos
en las características técnicas y pedagógicas específicas de tales métodos[3]. Tras esta trayectoria histórica por la enseñanza del español,
el capítulo analizará los elementos fundamentales en que se sustenta la metodología del español en esta primera década del siglo XXI,
así como algunas de las principales vías de análisis y discusión que

---

[1] Al igual que el resto de autores, hemos adoptado la denominación "L2" para describir aspectos históricos y metodológicos sobre la enseñanza del español en diversos
contextos geográficos. En el próximo capítulo, Jenny Leeman y Pilar García se encar-
gan de "problematizar" el contraste entre algunos de esos contextos desde una perspectiva socio-económica y política.

[2] En este capítulo seguimos la definición de Richards y Rodgers (2001) para "método" –combinación de determinadas teorías lingüísticas y psicológicas, estructuradas
bajo un formato con técnicas, prácticas y actividades específicas–. Por su parte, la noción de "enfoque" se centra en las teorías sobre el lenguaje y el aprendizaje que sirven
de base para uno u otro método. Así, un enfoque de carácter comunicativo puede generar diversos métodos, todos ellos regidos por los mismos principios básicos sobre la
interacción y comunicación entre personas. Esta distinción resulta menos estricta en la
práctica, como ocurre por ejemplo con el contraste entre el "enfoque comunicativo"
('Communicative Language Teaching', en inglés) y lo que debería considerarse como
"método por tareas" ('Task-Based Learning and Teaching'), a menudo denominado "enfoque por tareas". Para concluir, un "programa de curso" o "sílabo" es el documento
que refleja tanto enfoque como método, y que deberá servir como referencia para el
personal docente y no docente implicado en la enseñanza de una L2.

[3] Para mayor información sobre este punto, el lector puede revisar las siguientes
obras: (a) Hall (2001), Omaggio Hadley (2001), Lee y VanPatten (2003), Shrum y Glisan (2005) –en inglés–, y (b) Sánchez (1992 y 1997), Richards y Rodgers (2003), Pastor
Cesteros (2004) –en español.

pueden apreciarse con respecto al futuro. Entre estas posibles áreas, nos sentimos especialmente interesados por:

a) las teorías (y procedimientos) de enseñanza que parecen haberse filtrado de una época a otra hasta el presente, a pesar de lo que hoy día sabemos acerca de la adquisición de lenguas;
b) la tendencia hacia un nivel "post-metodológico" en la enseñanza de idiomas, con énfasis en la situación del español, y
c) la gradual profesionalización del docente de español como L2, un sector tradicionalmente sometido a un estatus secundario en relación con el de otras materias académicas, a escasas compensaciones económicas y, con demasiada frecuencia, a actitudes no muy positivas por parte de alumnos, padres, colegas, administradores escolares o universitarios y la opinión pública en general.

2.2. EL ESPAÑOL COMO LENGUA INTERNACIONAL: PERSPECTIVA HISTÓRICA

En su conocido texto sobre la evolución histórica de la enseñanza de lenguas extranjeras, Aquilino Sánchez (1997) relaciona los inicios de esta labor con la memorización de listas de palabras del sumario –en la actual zona del golfo Pérsico iraquí, hace unos cinco mil años– por parte de los acadios, el pueblo que ocupó la civilización sumeria y que, aun así, quiso preservar el sumerio "para la ciencia y lo sagrado o lo recóndito del saber" (31). Al igual que en culturas posteriores mucho más próximas a la de nuestra lengua, como la griega o la latina, los métodos de enseñanza se apoyaban fundamentalmente en la memorización de palabras y frases, y en la traducción de textos escritos. En cuanto al latín, lengua cotidiana en la administración pública, la política y el comercio de las colonias romanas, así como lengua de cultura y prestigio durante siglos tras la caída del Imperio, Sánchez subraya que su enseñanza se sustentó en tres elementos clave:

a) la gramática –partes de la oración, género y número, casos y conjugación verbal–;
b) los diálogos, previamente esbozados por el profesor y el alumno, y
c) la memorización de textos y listas de palabras en un orden específico –los glosarios– (1997: 34-35).

Con el establecimiento de las lenguas nacionales en el continente europeo, las pautas metodológicas para su enseñanza no variaron mucho con respecto a las empleadas para el latín. Aunque se tiene en cuenta la realidad comunicativa de los nuevos idiomas, al mismo tiempo "se acentúa la necesidad e importancia de la enseñanza de la gramática en las mismas condiciones en que se concebía la gramática del latín" (Sánchez, 1997: 36). Si bien por una parte este enfoque podría resultar insuficiente para desarrollar la capacidad de comunicarse en situaciones reales, la elaboración y difusión de tratados gramaticales permitió establecer los fundamentos adecuados para analizar, comprender y transmitir las "nuevas" lenguas mediante la docencia. A medida que se alcanza el final de la Edad Media, la metodología de L2 iría inclinándose hacia una pedagogía visiblemente gramatical, que consideraba el conocimiento de estructuras y reglas no como *medio* de alcanzar fluidez en una L2, sino como *objetivo* en sí del proceso de aprendizaje.

La trayectoria de la enseñanza del español como L2 adquiere una importante relevancia con la unificación de España por el casamiento de Fernando V de Aragón con Isabel I de Castilla en 1469, y la consiguiente ascendencia del castellano como el idioma unificador del país (Asensio, 1960). En 1492 apareció la *Gramática de la lengua castellana* de Nebrija, justo cuando el español se convertía en un idioma de referencia en toda Europa, sobre todo entre especialistas y autores. A los pocos años, se publicaron los primeros textos dedicados expresamente a la enseñanza de la gramática del español, como los de Lovaina (1555 y 1559), el de Miranda (1566) y el de Oudin (1559), que en general planteaban reglas y normas en un estilo sencillo e ilustrados con ejemplos. Cada uno de los métodos de enseñar las lenguas modernas, y el español en particular, tiene sus propias perspectivas psicológicas y lingüísticas. Como se mencionó antes acerca de la enseñanza del latín y las lenguas nacionales posteriores, lo interesante es que ninguna de las trayectorias pedagógicas, a pesar de sus orígenes históricos, fue suplantada por la próxima; al contrario, todas se usan, por lo menos de forma parcial, en las clases actuales de español. En las subsecciones siguientes, vamos a profundizar en la evolución histórica de la enseñanza de la lengua española en el continente europeo, Latinoamérica y Estados Unidos. La descripción de lo acontecido en los siglos XVI-XVIII propone una visión de carácter más bien geográfico y con énfasis en las colonias americanas, a fin de detallar los primeros contactos entre el español y los diversos idiomas indígenas. Por su parte, la descripción de los siglos XIX y XX se centra en dos áreas concretas, España –donde el español es una lengua nativa y mayoritaria, al igual que en la mayoría de países de América Latina– y Estados Unidos –donde el español no es lengua mayoritaria.

2.2.1. *La expansión del español por el mundo: Siglos XVI-XVIII*

Con el desembarco de Juan Ponce de León en la costa de Florida en 1513, el español se establece como el primer idioma europeo en el territorio que ocupa hoy Estados Unidos. Durante el siglo XVI, otras expediciones llevaron el idioma español por el sureste, el suroeste y California[4]. Al comienzo de su interesante trabajo sobre la enseñanza del español en los nuevos territorios americanos, López Guerra y Flores (2004) explican que

> la historia de la enseñanza de la lengua española en América se asoció indisolublemente a la imposición de la cultura occidental como modelo de la modernidad, mediante el tránsito de lo indígena pagano a lo ibérico-católico-romano. Las relaciones entre la economía y las políticas lingüísticas y educativas para la Nueva España estuvieron íntimamente entrelazadas: relacionadas fundamentalmente con la necesidad del control militar, económico, político e ideológico sobre los territorios conquistados, y de conformar en los pobladores su identidad como individuos del Estado colonial y súbditos de la corona española.

Florida

Tras la creación en 1565 de la primera colonia permanente en el país (San Agustín, Florida), el padre Francisco López de Mendoza Grajales construye en 1567 el altar de la primera misión católica, Nombre de Dios, en el pueblo timucua de Seloy. Con ello empezó el movimiento misionero y la instrucción del español como L2 para los indígenas, uno de los aspectos importantes de su conversión al

---

[4] Sureste (Francisco Gordillo, 1521; Lucas Vásquez de Ayllón, 1526; Pánfilo de Narváez, 1528; Hernando de Soto, 1539); suroeste (Álvar Núñez Cabeza de Vaca, 1528-1536; Fray Marcos de Niza, 1539?; Francisco Vázquez de Coronado, 1540); California (Juan Rodríguez Cabrillo, 1542).

catolicismo[5]. La metodología más característica en este contexto parte de la introducción de vocabulario para los primeros pasos mediante la asociación de gestos y objetos, el mimo, las demostraciones y las ilustraciones. A medida que se consolida un conocimiento léxico inicial, se presentan diversas estructuras gramaticales, al principio combinando palabras conocidas con modelos específicos, y después con traducciones y explicaciones en la primera lengua (Kelly, 1969). Por ejemplo, el padre Francisco Pareja, que convivió con los timucua por dieciséis años, concibió un sistema de escribir el timucua, tradujo los libros de lectura y los misales como ayudas pedagógicas, e incluso escribió un diccionario y un libro de gramática del timucua. Los conversos aprendieron de memoria las respuestas a las preguntas del catecismo en español y por las provincias de las misiones los indígenas aprendieron a cantar la misa y rezar en latín. Por este motivo, los sacramentos católicos solían incluir palabras timucuas, latinas y españolas (Milanich, 1999).

Junto con la doctrina católica, los misioneros enseñaron a los nativos a cultivar la tierra, criar animales, realizar diversas tareas domésticas y, en algunos casos, participar como músicos en coros religiosos. Los habitantes de las misiones también estudiaron los oficios prácticos como la costura, la carpintería y la herrería (Espinosa, 1988). Cabe recordar que, desde la época de San Agustín (siglo IV), la mímica y la demostración son técnicas pedagógicas populares (Kelly, 1969), y es probable que los maestros las utilizaran para facilitar la enseñanza de las artes prácticas en la lengua española.

México (Nueva España)

Poco después de establecerse en México, los franciscanos empezaron su programa de adoctrinamiento en náhuatl y otras lenguas nativas (López y Flores, 2004). Sin embargo, el rey de España, Carlos V, ordenó en 1550 que todos los indígenas "sean enseñados en

---

[5] Según Bolton (1976), "En Norteamérica brillaron los grandes establecimientos franciscanos de la Alta California, última de las conquistas españolas. No sólo ahí, sin embargo, tuvieron una influencia especial; también en el resto del antiguo norte: en Sinaloa, Sonora y Baja California; en Chihuahua, Coahuila, Nuevo León y Nuevo Santander; en Florida, Nuevo México, Texas y Arizona. Había 21 misiones en California pero había igual número en Texas, más en Florida y dos veces más en Nuevo México. En un momento dado, las misiones de California llegaron a tener más de treinta mil indios en instrucción; pero siglo y medio antes, las misiones de Florida y Nuevo México tenían cada una, cantidades similares" (36-37).

nuestra lengua castellana y que tomen nuestra policía [de] buenas costumbres, porque por esta vía con más facilidad podrán entender y ser doctrinados en las cosas de la religión cristiana" (Bravo Ahuja, 1977: 34). *La Cartilla* de Fray Pedro de Gante fue publicada en 1559 con el fin de enseñar a los nativos a leer en latín, castellano y su propia lengua. Los textos incorporados incluían el Padre Nuestro, el Ave María, el Credo, los artículos de la fe, los Mandamientos de la Ley de Dios y los Sacramentos de la Santa Madre Iglesia. En la instrucción en la fe católica se usó también *El Silabario Método de San Miguel,* un folleto de ocho páginas con 38 lecciones de puro contenido religioso. La primera lección enseñaba las vocales y en las siguientes seis aparecían listas de sílabas. Las lecciones 8-23 enseñaban el alfabeto en minúsculas y mayúsculas, y el resto presentaba palabras separadas por sílabas (Barbosa, 1983).

Aunque se establecieron cátedras en México para instruir a los misioneros en las lenguas nativas, la falta de términos en los idiomas indígenas para expresar la doctrina cristiana y la variedad dialectal en algunas áreas dificultaron la labor de los misioneros en esas lenguas (Weber, 1976). Por ello, la instrucción se impartía en español por medio de intérpretes hasta que los nativos podían trabajar con los frailes directamente. Entre los diversos métodos pedagógicos empleados en el proceso de cristianización, figuran la repetición o el canto a coro de las oraciones, el credo y el rosario. Asimismo, los misioneros usaron retablos religiosos sobre madera para ilustrar lecciones o para servir de accesorios para las celebraciones religiosas. Con los años, la instrucción del español deja de estar vinculada exclusivamente a la enseñanza de la doctrina cristiana, y hacia finales de la Colonia existían escuelas de primeras letras –infantiles– mantenidas por las comunidades y los padres de familia (Tanck de Estrada, 2000).

Centroamérica

Desde 1565, el general Francisco de Borja había planeado "instalar una residencia en Panamá que poco a poco se fuera convirtiendo en Colegio, ya que la ciudad resultaba paso obligado de viajeros y riquezas hacia y desde el Virreinato del Perú" (Sariego, 2005). Por ello, los jesuitas se concentraron en dos centros educativos, Panamá (desde 1575) y Antigua Guatemala (desde 1607), hasta su expulsión en 1767. Además, instalaron un Colegio de primeras letras y gramática en Nicaragua en 1619 (Sariego, 2005). En Panamá, que fue sucesivamente parte de las provincias de Perú, el Nuevo Reino de Granada y Quito, se procedió también a evangelizar a la población negra, que para fines del siglo XVI constaba de unas doce mil personas (De Egaña, 1954). Los domingos, los misioneros organizaban la catequesis y procesiones, que concluían con una celebración de la Eucaristía con cantos y actuaciones teatrales. Desde el centro urbano, las obras misioneras de los jesuitas se extendían a los pueblos indígenas gnobe, kuna y emberá. Guatemala formaba parte de la provincia jesuítica de Nueva España o México, y allí los jesuitas principalmente se dedicaban al cuidado de moribundos, prisioneros y otros necesitados. Desde este país, los misioneros llevaban a cabo incursiones por Honduras, Nicaragua, Costa Rica y Chiapas. Como parte de su labor, los religiosos en Panamá y Guatemala escribieron varias gramáticas, diccionarios y catecismos en lenguas indígenas, así como biografías, sermones y panegíricos, catecismos y relatos en la lengua castellana. Según Sariego (2005), los jesuitas de la época colonial en Panamá y Guatemala "fueron maestros y gramáticos primero y sobre todo maestros de primeras letras". Como reflejo de una innovadora pedagogía en que se combinaban el juego y el estudio, estas "primeras letras" no sólo contemplaban la enseñanza de gramática, composición y retórica en latín, sino que también constituían un paso más hacia una educación temática y crítica.

Perú

Como en México y el Caribe, la instrucción de español en Perú representaba principalmente un mecanismo de control y dominación de la población indígena:

> Si bien es cierto que a los nativos se les enseñaba la doctrina en el idioma quechua (como rezan las disposiciones de la época, dadas por la Corona y los Concilios, con ligeras variaciones de tiempo en tiempo), a los hijos de los curacas había que enseñarles en el idioma español, y además ellos debían aprender el latín. Por otro lado, la temprana edad de los alumnos que ingresaban al Colegio (diez años) y una larga permanencia en el mismo (siete años, según algunos autores), facilitaba a los mismos el aprendizaje del español y el latín. Esto se hacía esencialmente porque ellos iban a constituir el cordón umbilical entre la cultura dominada y la dominadora, y porque pertenecían a un estrato social diferenciado de la masa. Por ello debían leer y escribir en español, y saber además un poco de latín (Galdo Gutiérrez, 1970: 48).

Domingo de Santo Tomás destaca como uno de los principales intelectuales europeos de la colonia peruana del siglo XVI. Llegó a Perú en 1540 y enseguida cruzó el territorio de los incas aprendiendo su lengua, cultura e historia mientras establecía conventos y escuelas para los jóvenes indígenas. Conocido por sus investigaciones lingüísticas, fray Domingo fue uno de los fundadores de la Universidad de San Marcos. Entre sus obras se cuentan la primera gramática y el primer glosario de quechua, y fue el primer sacerdote que predicó a los incas en su propio idioma.

Las primeras escuelas de Perú, fundadas por los jesuitas, existían solamente para los niños. Los colegios seminarios fueron construidos por los hijos de los curacas, los líderes tradicionales de la sociedad andina. Según Martín y Geurin Pettus (1973), el método de instrucción más corriente hacia 1594 se apoyaba en recitación y aprendizaje de memoria. Al llegar a la escuela en la mañana, los niños rezaban en español las cuatro oraciones comunes, los mandamientos y el acto de contrición. Después, el maestro examinaba a los alumnos uno por uno sobre las lecciones del día anterior. Seguía la práctica de la lectura con folletos escritos a mano y con libros impresos, y después los alumnos practicaban la escritura de letra de imprenta y cursiva usando pluma y tinta. Al final de las lecciones, todos recitaban el catecismo, y sólo algunos pocos alumnos se quedaban para estudiar la aritmética.

Nuevo México

Con la entrada de Oñate a Nuevo México en abril de 1598, llegó asimismo el teatro didáctico con el propósito de reforzar la sumisión de los pueblos indígenas y hacer más homogéneas sus diversas identidades culturales (Gutiérrez, 1993). En concreto, los autos sacramentales, dramas religiosos didácticos sobre las tradiciones cristianas populares y algunos episodios de la conquista, sirvieron como poderosos instrumentos políticos y pedagógicos. Los dramas eran repetidos por los misioneros en los días festivos para que los indígenas internalizaran sus mensajes explícitos. Según Kozinska-Frybes (2000), "el espectáculo representaba el medio de comunicación total. Comprendía la palabra, la imagen, la música, pero sobre todo imponía a los nuevos adeptos del cristianismo una participación activa" (243).

Spell (1927) matiza que el éxito del movimiento misionero en las provincias varió según las condiciones. La vulnerabilidad de Florida a los ataques por los enemigos de España, por ejemplo, hizo difícil los esfuerzos educacionales de las misiones. En Texas, lo que frustró la instrucción fue la vida nómada tradicional de los indígenas. La situación en Nuevo México resultó más positiva por la estructura de los pueblos y el número de misiones que habían sido establecidas. Sin embargo, los abusos y los castigos severos sobre los nativos por parte de los soldados españoles fomentaron la rebelión de los pueblos en 1680 que acabó con la colonización hasta 1692, año en que Diego de Vargas reconquistó Santa Fe (Melchor y Gutiérrez, 2001). El movimiento misionero culminó en California. En su carta al fraile Rafael Verger, guardián de San Fernando, el padre Junípero Serra escribe acerca de los indígenas en esa parte del país:

> En sabiendo la lengua, o teniendo intérprete, parece que con el favor de Dios poco habrá que vencer. Y por hacer de todos modos la diligencia, supuesto que estos cristianitos nuevos se han aficionado tanto al barco, pienso el que uno haga un viaje, que en un año que se ha de pasar en ir, estar y volver, creo que venga bien castellano (Gómez Canedo, 1969: 133).

En general, el sistema misionero no sólo reclamó a los indígenas para la Iglesia y se esforzó por convertirlos en "buenos españoles", sino que también estableció las raíces de la enseñanza del español como L2 en Estados Unidos. Determinados a que todos sus súbditos hablaran español, los monarcas católicos proporcionaron amplios fondos para la instrucción de los indígenas y los hijos producto de la unión entre españoles y nativos. A través del tiempo, el traslado de colonos a los territorios de Nueva España creó un núcleo de hispanohablantes que consiguió extender la lengua y las costumbres de la patria.

Hacia el siglo XVIII, una amplia red de escuelas misioneras, privadas y públicas, se extendía por los territorios españoles. Por la preparación clásica de los maestros, es probable que emplearan el método tradicional –o de *gramática y traducción*– para la instrucción lingüística. Como se indicó anteriormente, este método fue generado en la Edad Media y se mantuvo a través de los siglos en todas las lenguas occidentales (Kelly, 1969). Con este método, las lenguas se imparten según la norma culta, o "correcta". Para ello, primero se explica en detalle una regla gramatical y se muestra una serie de oraciones que ilustran el uso de esta regla, todo ello en la lengua nativa de los estudiantes. También se leen y traducen textos clásicos en la L2 (p. ej., la *Odisea, Don Quijote*) desde el comienzo del curso; pero por lo menos al principio no se presta mucha atención al contenido de los textos (Koike y Klee, 2003). Otra técnica pedagógica de uso popular fue la del catequismo –aprendizaje por un estricto intercambio de preguntas y respuestas– (Kelly, 1969), derivada de los diálogos filosóficos de la época clásica y característica de la docencia en las escuelas jesuíticas[6].

2.2.2. *Tradición y cambio en la enseñanza del español: Siglos XIX y XX*

El siglo XIX

Sánchez (1997) sostiene que el siglo XIX constituyó un paso muy significativo para la consolidación de la enseñanza de L2 como materia académica obligatoria, tal como ocurría con el latín y el griego. Por ejemplo, en Francia un decreto de Carlos X en 1829 exige a las universidades que adopten "las medidas necesarias para que el estudio de las lenguas modernas forme parte de la enseñanza en los colegios reales" (1997: 97). La fecha de un decreto similar en Alemania para las escuelas de enseñanza secundaria fue 1859, y en Inglaterra se ofrecen los primeros exámenes para estudiantes extranjeros en 1860. El paradigma pedagógico más común seguirá siendo el método tradicional o gramatical debido a, por una parte, la continua influencia del modelo de las lenguas clásicas, y por la otra a cuestiones de carácter más bien práctico, como la conveniencia de elaborar y corregir exámenes sobre estructuras puramente gramaticales, o la escasez de docentes capaces en otras destrezas lingüísticas menos reglamentadas. No obstante, Sánchez también subraya el interés que, en países como Alemania y Francia, se siente por reformar la enseñanza de lenguas modernas, y que dará pie a una serie de propuestas metodológicas más próximas a un enfoque natural o conversacional. En este contexto, "natural" significa acercarse al proceso de aprendizaje de una lengua que mantiene el niño "con el fin de integrarse en una sociedad determinada y comunicarse con sus semejantes" (1997: 107). Precisamente en un período histórico de grandes movimientos migratorios, parecía aún más oportuno promover un aprendizaje de

---

[6] Véase p. ej., Suárez Roca (1992) y Zwartjes (2000). Asimismo, se puede obtener mayor información sobre las actividades y publicaciones en el campo de la lingüística misionera en: http://www.hf.uio.no/ilos/forsk ning/forskningsprosjekter/ospromil/.

lenguas no tan anclado en el dominio del sistema gramatical, sino más próximo a diversas e inmediatas necesidades comunicativas[7].

En la España del siglo XIX, el principal impulsor de la enseñanza de idiomas fue el rey Carlos III, como muestra de la voluntad institucional de fomentar la educación del pueblo llano. Al igual que en el resto de Europa, las lenguas que mayor atención reciben en la Península son el inglés y el francés. Sin embargo, en esos tiempos España dominaba todos los territorios al sur del Río Grande, y casi la mitad de lo que hoy día abarca los Estados Unidos. En contraste con la situación europea, el español se convirtió en una de las lenguas principales de Estados Unidos, especialmente tras la adquisición de Luisiana (1808), Florida (1819) y California, Arizona, Nuevo México, Texas y partes de Nevada, Utah y Colorado (1848). Asimismo, el español ya había entrado en los planes de estudios de prestigiosos colegios y universidades americanos como la Academia de Filadelfia (Universidad de Pensilvania) en 1766, William and Mary (1779), Harvard (1816), Yale (1826), Columbia (1830) y el Colegio de Nueva Jersey (Princeton) en 1830 (véase Doyle, 1926; Leavitt, 1961). Por su parte, las escuelas preparatorias privadas comenzaron a enseñar español en la década de 1830, y la primera secundaria pública ofreció su primer curso en este idioma en 1856 (Doyle, 1926: 225).

A pesar de las grandes oportunidades políticas y comerciales que resultaron de la emancipación de las colonias españolas, lo cierto es que el español no conservó su popularidad en las instituciones educativas en comparación con el alemán y el francés. Para 1885, sólo había diez catedráticos de español en las veinte universidades más grandes, y de los primeros tres profesores de nuestra lengua en Harvard, George Ticknor y Henry W. Longfellow pasaron apenas unos meses en España estudiando la literatura y conociendo la cultura, mientras que James R. Lowell estudió la literatura española con un tutor en Alemania (Leavitt, 1961). Si extrapolamos este ejemplo a otros colegios y universidades de la época, parece obvio que el profesorado estadounidense se caracterizaba por una falta de prepara-

---

[7] Algunos de los métodos bajo el enfoque natural que aparecieron a lo largo del siglo XIX son el "sistema auténtico" de Nicolás Gouin Dufief (1776-1834), el "Master System" de Thomas Prendengart (1806-1881), el método de las "series de oraciones" de François Gouin (1831-1896) y especialmente el método "directo" de Maximilian Berlitz (1852-1921). Resulta interesante indicar que la gran mayoría de estos autores residió en otros países durante largas temporadas, o emigró de manera permanente –sobre todo a los Estados Unidos–, antes de divulgar su aportación a la metodología de L2.

ción y fluidez en español. Enseñar una o dos obras literarias españolas significaba dar algunas conferencias y traducir pasajes de las obras al inglés. En ocasiones, los instructores eran españoles o individuos que habían residido en España o las colonias. Sin embargo, las nuevas metodologías europeas que emergieron en el siglo XIX fueron exportadas a Estados Unidos por profesores de alemán y francés, y afectaron principalmente la instrucción de esas lenguas.

Al iniciarse el siglo XIX la gramática seguía siendo el objetivo principal de la instrucción en español (véase Fernández, 1801; O'Conway, 1810; Dufief, 1811). La edición de Francis Sales de la obra de Josse (1825) tuvo mucho éxito, quizá porque fue el primer libro de gramática adaptado para el uso en la sala de clase, no para el estudio independiente. El texto ofrecía una serie de ejercicios cerrados –"rellenar espacios en blanco"–, una guía a la pronunciación, vocabulario categorizado y reglas de gramática. Mariano Velásquez de la Cadena, profesor de español en Columbia College, publicó varios libros de gramática, incluso una edición de *Ollendorff's New Method of Learning to Read, Write and Speak the Spanish Language* (1848), método regido por una secuencia de preguntas y respuestas. En concreto, al oír y entender una pregunta, los estudiantes podían construir una respuesta, producir los sonidos adecuados y contestar que sí o que no. Aparte de los textos sobre gramática y traducción, aparecieron algunas obras dedicadas a la lectura. Por ejemplo, Luis F. Mantilla, profesor de lengua y literatura españolas en la Universidad de Nueva York, publicó en 1866 su *Libro de lectura*, una selección de textos de autores en español de Hispanoamérica para su uso en colegios y universidades que incorporaba, como gran novedad, una sección sobre la metodología. En concreto, este manual exponía un sistema memorístico –para sonidos, sílabas y vocabulario– basado en grabados, diversos estilos tipográficos y textos.

En 1894, Marathon Montrose Ramsey, profesor de lenguas romances en Columbian University, publicó *A Textbook of Modern Spanish, as Now Written and Spoken in Castile and the Spanish-American Republics*, que combinó valiosas explicaciones de las reglas gramaticales con ejemplos de la literatura hispana. Este libro se usó en las universidades estadounidenses hasta bien entrado el siglo XX, y fue revisado en 1956 por Robert W. Spaulding.

Otro libro que también continuó vigente en el siglo XX fue *First Spanish Book After the Natural or Pestalozzian Method for Schools and Home Instruction*, publicado por el alemán James H. Worman en 1884 a partir del sistema de Pestalozzi, a su vez influido por los principios de Jan

Comenius (1592-1671), en cierto modo precursor del método natural y directo por su propuesta de enseñar una lengua vinculando puntos lingüísticos con dibujos de una manera sistemática[8]. En el libro de Worman, cada una de las lecciones comienza con la conjugación de un verbo clave seguida por una lectura acompañada de grabados, mientras que notas y glosas destacan conceptos relacionados de vocabulario y gramática. Con ello, Worman fue el primer pedagogo en Estados Unidos que escribió un libro de texto completamente en la lengua meta con ilustraciones para enseñar el significado.

El siglo XIX concluyó con un acontecimiento especialmente importante para la enseñanza de lenguas: la inauguración de la Modern Language Association (MLA) en 1883, una organización que ha influido mucho en la enseñanza y las investigaciones de idiomas modernos. Sin embargo, el *status quo* del español con respecto a otras lenguas en la nueva asociación no pareció cambiar demasiado. Así, el Comité de los Doce Expertos nombrado por la MLA en 1898 se dedicó a estudiar sólo la enseñanza de alemán y francés en Estados Unidos. Finalmente, el método más recomendado por el comité fue el de lectura (Reading Method), regido desde el principio de la instrucción por la lectura de textos literarios, diversas estrategias de comprensión del texto y, en un segundo plano, la traducción, la pronunciación, la lengua oral y la gramática (Newmark, 1948). En parte debido al mayor interés por el francés demostrado por el comité de expertos, no resulta sorprendente descubrir en los pocos artículos sobre el tema publicados en *PMLA* –el boletín de la MLA– que la gramática, seguida a cierta distancia de la literatura hispánica, continuó siendo el enfoque principal del campo de los estudios hispanos. Otros factores que influyeron en este desarrollo metodológico fueron los materiales de enseñanza disponibles y la preferencia por la instrucción de tipo individualizada.

El siglo XX

Si el siglo XIX representó un gran paso adelante en cuanto a la definición de diversos métodos de enseñanza, el siglo XX supuso la acep-

---

[8] Entre las obras más conocidas de Comenius se hallan *Ianua Linguarum reserata aurea* (1631), *Didactica Magna* (1648) y *Orbis sensualium pictus hoc est omnium fundamentalium in mundo rerum et in vita actionum pictura et nomenclatura* (1658). De esta última pueden consultarse algunas reproducciones electrónicas en el enlace <http://www.fh-augsburg.de/~harsch/corb_t.html>.

tación definitiva de nuestra área de estudio en el ámbito de las ciencias –especialmente a partir de los años cincuenta–, la consolidación de las lenguas modernas como parte del sistema oficial de enseñanza y la gradual profesionalización de los docentes, que con muy inmerecida frecuencia recibían apelativos como "advenedizos, aficionados o necesitados" (Sánchez, 1997: 153) por parte de colegas en otras disciplinas académicas o el público en general. A todo ello contribuyó toda una serie de factores sociales, económicos y culturales que convirtieron el último siglo del milenio en un período de grandes movimientos e intercambios de muy diversa naturaleza: migraciones de una parte a otra del globo, guerras mundiales y regionales, expansión de las grandes áreas urbanas, creación de nuevas tecnologías, incremento del comercio internacional, generalización de determinados modelos culturales, etc.

A inicios del siglo XX, la situación de la enseñanza del español en Europa no presentaba grandes novedades con respecto a lo descrito para el siglo anterior –es decir, predominio de las nuevas "lenguas cultas", como el inglés, el francés y el alemán, en detrimento de otras más "populares" y menos académicas como el español–. No obstante, la pérdida de las últimas colonias y el final de guerra de Cuba en 1898 significó, paradójicamente, un progreso del estatus de la enseñanza de español en Estados Unidos. En concreto, la nueva posición de este país como gran potencia política y comercial en las Américas convierte al español en una lengua mucho más vigente para sus ciudadanos. Entre 1898 y 1910 el español fue incorporado en escuelas secundarias de toda la nación, y hacia 1912, 124 universidades ya aceptaban el español para satisfacer los requisitos de inscripción (Spell, 1927: 155).

La entrada de Estados Unidos en la Primera Guerra Mundial influyó mucho en la enseñanza del español, ya que los sentimientos en contra de todo lo alemán provocaron la sustitución de cursos en esa lengua por clases de español en muchos distritos escolares, y con ello un gran crecimiento de estudiantes. Por otro lado, esta mayor presencia no acabó de reflejarse en esferas más académicas. En 1915, las varias asociaciones regionales de la MLA se fusionaron en una federación dedicada a la enseñanza de lenguas modernas en las escuelas secundarias. Un repaso a los primeros volúmenes del *Modern Language Journal*, la revista de la federación, muestra que la mayoría de artículos trataba sobre la pedagogía del alemán y el francés, así como innovaciones como el Método Directo. Este método, derivado de las "series de oraciones" de François Gouin (1880), se caracterizaba por los ejercicios fonéticos, la instrucción en la lengua meta, el énfasis en la lectura, la enseñanza inductiva de la gramática, el uso de objetos o *realien* y la redacción de textos basados en las lecturas u otros temas de interés para el alumno (Handschin, 1905 y 1913).

La American Association of Teachers of Spanish (AATS) fue fundada en 1917, con Lawrence Wilkins, inspector de lenguas modernas para las escuelas de Nueva York, como su primer presidente. En el primer número de *Hispania*, la revista oficial de la asociación, Wilkins afirmó que la profesión necesitaba adentrarse en una nueva época de oportunidad y recomendó que la AATS fomentara la preparación de maestros, el estudio en el extranjero y la publicidad en pro de los estudios hispanos (Wilkins, 1917: 4). En ese mismo primer ejemplar de *Hispania*, se publicó una bibliografía de materiales pedagógicos para escuelas secundarias que incluía dos libros de gramática, cuatro de lectura, un libro de composición, uno de español comercial, una nueva edición del texto de Worman, ediciones recientes de cuatro obras de literatura y otra de cuentos para la práctica oral (Bibliography II: 35-36). En uno de los primeros artículos metodológicos enfocados a la enseñanza del español, Dowling (1918) propuso que las escuelas secundarias impartieran una serie de breves cursos articulados en una secuencia de cuatro años de estudio. Los cursos recomendados se centraban en temas como: práctica oral, verbos (de forma oral), lectura lenta, composición elemental y avanzada, cultura hispanoamericana, aprendizaje de un segundo idioma y (para los alumnos del cuarto año) cómo presentar el inglés a los extranjeros. Las novedades metodológicas de Dowling fueron el énfasis en la práctica oral y el uso de "materiales auténticos", periódicos y otros materiales de lectura creados para hispanohablantes nativos (1918: 22-23).

1918 fue también el año en que apareció el primer libro sobre la metodología para la enseñanza del español. *Spanish in the High Schools: A Handbook of Methods*, de Lawrence Wilkins, obtuvo los elogios de la profesión por su minuciosidad y utilidad práctica (Hill, 1919: 103). Cabe subrayar que Wilkins no apoyó el polémico –en especial en el ámbito del español como L2– y popular –sobre todo para la enseñanza del francés– Método Directo, sino que recomendó un método ecléctico "appealing constantly to all the senses involved in learning a language, by variety of method of procedure in teaching" (1918: 66). Según Wilkins, el Método Ecléctico implica que:

- Cada paso de la instrucción tiene que ser planeado con esmero.

- La práctica oral es importante, en particular para los alumnos más jóvenes.
- Los maestros no deberían descuidar ninguno de los sentidos involucrados en la enseñanza y aprendizaje de una lengua.
- Tanto la deducción como la inducción son importantes en el proceso pedagógico.
- Los tres elementos metodológicos fundamentales son: (1) las tendencias nacionales y locales, (2) las características del maestro, y (3) el tipo de alumno (Willkins, 1918: 68-71).

Aunque el énfasis en el español como asignatura destacada continuó creciendo durante los veinte años siguientes (1920-1940) y la variedad de materiales de instrucción aumentó mucho, no se observaron grandes cambios en su pedagogía. En general, cabría decir que los maestros de las escuelas públicas ponían en práctica los consejos de Wilkins, mientras que los docentes universitarios se centraban en la lectura, la gramática y la composición. En los años cuarenta, el método de enseñanza de alemán y japonés utilizado en el programa de entrenamiento del ejército de Estados Unidos (*Army Specialized Training Program*, o ASTP) recibió mucha atención como medio de alcanzar un cierto dominio de lenguas críticas en momentos de verdadera urgencia histórica (véase U.S. Office of Education, 1943). Algunos de los estudios imprescindibles para comprender este modelo pedagógico –conocido como Método Audio-Oral o Audiolingüe– son *An Outline Guide for the Practical Study of Foreign Languages* de Leonard Bloomfield (1942), *Teaching and Learning English as a Foreign Language*, de Charles Fries (1945) y sobre todo *Language Teaching. A Scientific Approach* de Robert Lado (1964).

En un evidente ejercicio de aplicación de principios teóricos de la lingüística estructuralista, el Método Audio-Oral dejó atrás la enseñanza gramatical –que impedía una adquisición lo suficientemente rápida de las destrezas orales– y el Método Directo –por las dificultades de construir un currículo mínimamente estructurado– y estableció un proceso científico para determinar el orden de presentación de las estructuras lingüísticas y la creación de actividades pedagógicas a partir de este orden, basadas sobre todo en la memorización de vocabulario y diálogos, la repetición intensiva y la traducción. Uno de los productos del nuevo método para la enseñanza del español fue *Modern Spanish* (1960), un manual elaborado por un equipo de lingüistas dirigido por Bolinger. Este texto se divide en mini-unidades, cada una dedicada a un punto lingüístico determinado, que comienzan con ejemplos breves y siguen con actividades de repetición, traducción y sustitución para el desarrollo de la pronunciación, el vocabulario y la sintaxis[9].

También en la década de los sesenta se llevaron a cabo las primeras investigaciones de carácter comparativo y cuantitativo entre los métodos "tradicionales" de enseñanza y el audio-oral (véase p. ej., Smith y Baranyi, 1968; Smith, 1970), que finalmente no pudieron demostrar que el método más *científico* fuera superior a otros. Asimismo, las escuelas públicas que quisieron implantar el mismo sistema no alcanzaron a reproducir las condiciones del programa ASTP original, que disfrutaba de mucho más tiempo, menos distracciones y un nivel muy superior de motivación y perseverancia entre los militares participantes.

Entre tanto, en Europa, decidida a mantener su larga tradición metodológica, se consolidó la posición de Gran Bretaña como motor innovador en la enseñanza de lenguas, gracias en gran parte a la ingente labor del British Council y la investigación hecha en los primeros departamentos de lingüística aplicada (véase la Introducción y el capítulo 1 de este volumen). Como producto de este trabajo, en la Europa de los años setenta se promovió un método cimentado en el concepto de "situación", es decir, un contexto realístico de comunicación al que se incorporan estructuras lingüísticas cuidadosamente seleccionadas e introducidas en la secuencia de instrucción (p. ej., Frisby, 1957; Pittman, 1963). Al mismo tiempo, la gran apertura social, política y económica que España experimentó en esos años parece reflejarse también en la aparición de nuevos manuales de español en la línea del modelo británico, como por ejemplo *Español en Directo* (1974), publicado por un equipo de metodólogos dirigido por el profesor Aquilino Sánchez, de la Universidad de Murcia.

Europa superó definitivamente la época de postguerra y se sumergió en un proceso de cooperación política y económica entre naciones democráticas –Unión Europea, por su nombre actual–, al que la recién construida España de las autonomías se unió en 1985. De esta manera, el campo de la enseñanza del español como L2 en la Península se unía indefectiblemente al desarrollo metodológico marcado por instituciones continentales como el Consejo de Euro-

---

[9] Quizá como reflejo de la enorme popularidad que este método llegó a disfrutar entre académicos y docentes en los Estados Unidos, el mercado editorial de este país aún ofrece algunos títulos para la enseñanza del español con un formato bastante similar. A menudo, estos textos vienen aderezados con algunos elementos más innovadores –p. ej., lecturas o vídeos culturales, telenovelas, sitios de Internet, etc.–, a fin de acomodarse a las tendencias metodológicas y mercantiles más recientes.

pa que, durante los setenta y principios de los ochenta, impulsó un enfoque nocional-funcional en que la importancia ya no reside tanto en las estructuras gramaticales o en las listas de léxico descontextualizadas, como en las funciones comunicativas que se pretenden desarrollar (véase p. ej., Van Ek, 1975; Trim, 1978).

La evolución del método nocional-funcional a principios de los ochenta en la Enseñanza Comunicativa de Lenguas (*Communicative Language Teaching*, CLT, en inglés)[10] reforzó la colaboración tanto a nivel teórico como práctico entre metodólogos del inglés como L2 en el continente europeo y en Estados Unidos (Littlewood, 1981; Johnson, 1982). Sin embargo, esta misma evolución parece ahondar un poco más el contraste entre:

a) la metodología del español en Europa, que asume con entusiasmo los fundamentos comunicativos (p. ej., contextualización de las funciones lingüísticas, participación activa de los estudiantes en el proceso pedagógico, interacción como elemento destacado en el aprendizaje de una L2, etc.), incluso en ámbito institucionales –p. ej., la aplicación de la enseñanza por tareas en el currículo del Instituto Cervantes (Alba y Zanón, 1999; García Santa-Cecilia, 1999)–, y
b) la metodología del español en Estados Unidos, que parece mantener una mayor dependencia con respecto a parámetros más tradicionales como los descritos en párrafos anteriores de esta sección.

Como posibles razones para este contraste cabría señalar, primero, la mayor atención concedida por los lingüistas aplicados estadounidenses al análisis de la adquisición del español (véase p.ej., Van Patten, 1986; Lafford, 2000; Koike y Klee, 2003; Lafford y Salaberry, 2003 y 2006) en comparación con el limitado interés hacia la metodología[11]; segundo, la persistencia de modelos tradicionales ancla-

---

[10] En el paso del enfoque nocional-funcional al comunicativo, surge toda una serie de métodos más o menos alternativos que, por cuestiones de espacio, no describimos aquí. Entre ellos se hallan el Enfoque Léxico, la Programación Neurolingüística, el Enfoque Natural, el Aprendizaje Cooperativo de Lenguas, la Enseñanza de Idiomas Basada en Competencias, la Instrucción Basada en Contenidos, etc. El lector interesado debería remitirse a la bibliografía sugerida en la nota 3.

[11] Sin embargo, no se debería obviar la labor metodológica llevada a cabo por expertos como Kenneth Chastain, John Gutiérrez, Eileen Glisan, James Lee, Judith Liskin-Gasparro, Wilga Rivers, Judith Shrum, Tracy Terrell y Bill VanPatten, entre otros.

dos en la enseñanza de gramática a través de textos literarios o traducciones; tercero, la presión ejercida por las grandes editoriales para
conformar muchas innovaciones pedagógicas –incluso las corrobo-
radas por la investigación sobre el aprendizaje de L2– a las exigencias del mercado del libro de texto; cuarto, la poca consideración que
por la metodología de L2 ha demostrado hasta el presente la mayoría de departamentos de español en universidades orientadas hacia
la investigación (*Research I-Institutions*, en inglés), y quinto, el escaso interés concedido por las instituciones educativas a cualquier nivel al proceso de desarrollo profesional de los docentes de español
como L2.

Por otra parte, en la actualidad resultaría muy difícil no apreciar
el trabajo llevado a cabo por asociaciones como AATSP (American Association of Teachers of Spanish and Portuguese), ACTFL (American
Council on the Teaching of Foreign Languages) y ASELE (Asociación
para la Enseñanza del Español como Lengua Extranjera), así como
organismos públicos de países hispanohablantes con oficinas en los
Estados Unidos: Instituto Cultural de México, Instituto Cervantes y
Centro Virtual Cervantes, Consejería y Centros de Educación de la
Embajada de España, etc.[12] Entre otras aportaciones, la labor de estas instituciones se refleja en una serie de publicaciones pedagógicas
y profesionales como *Hispania, Foreign Language Annals, AATSP Professional Development Series Handbooks for Teachers K-16, The Language Educator, Materiales para la Enseñanza Multicultural, De Par en Par,* etc.[13]

2.3. Metodología del español como lengua internacional

En las secciones anteriores, hemos ofrecido una somera panorámica de la enseñanza del español desde sus orígenes hasta la actua-

---

[12] Se puede recoger más información sobre estas instituciones en las siguientes páginas de Internet: AATSP (www.aatsp.org), ACTFL (www.actfl.org), ASELE (www.asele-
red.org), Instituto de México (www.cona culta.gob.mx/index_content.html), Instituto
Cervantes (www.cervantes.es), Centro Virtual Cervantes (cvc. cervantes.es/portada.htm),
Consejería de Educación en Estados Unidos y Canadá (www.sgci.mec.es/usa/).

[13] Otras publicaciones profesionales accesibles por vía electrónica son: *Revista Materiales* (www.sgci.mec. es/usa/materiales), *Marco ELE* (www.marcoele.com), *TodoELEnet*
(www.todoele.net), *Glosas Didácticas* (www.um.es/glosasdidacticas), *Cuadernos Cervantes*
(www.cuadernoscervantes.com) *Mosaico* (www.sgci.mec.es/be/publicaciones/mosai-
co/mosaico1.htm), *E/LE Brasil* (elebrasil.ezdir.net) y *Porta Lingarum* (www.ugr.es/~por-
talin), entre otras.

lidad, y hemos procurado incluir las pertinentes referencias para aquellos lectores que deseen profundizar en alguna de las cuestiones aquí tratadas. El capítulo de Francisco Moreno, en la segunda parte de este volumen, se encargará de aportar datos sobre la disposición geográfica y demográfica del español en el mundo, mientras que el trabajo de María Carreira, en la tercera parte, ofrecerá datos sobre el potencial económico del español y el número de alumnos de la lengua en varios continentes. En esta última sección nos proponemos exponer los puntos más relevantes, en nuestra opinión, acerca de la situación actual de la metodología del español como L2. Para ello, comenzaremos con algunos comentarios sobre la formación profesional de los docentes, y seguiremos con una exploración respecto a los elementos que podrían resultar útiles para el desarrollo de la enseñanza del español en este siglo recién iniciado.

2.3.1. *¿Quién enseña español en la actualidad?*

En secciones anteriores nos hemos referido al poco reconocimiento y escasa preparación ofrecidos a los profesores de español como L2, en contraste con lo que sucede en otras áreas académicas o laborales. No obstante, cabe reconocer que en los últimos años se han dado pasos positivos hacia un proceso de capacitación profesional que proporcione al profesor de español los fundamentos teóricos y prácticos básicos para llevar a cabo su labor en diversas condiciones académicas e institucionales.

En primer lugar, y debido en gran parte a la incesante demanda de docentes de español como L2 en todo el mundo, un significativo número de instituciones académicas ha puesto en funcionamiento diversos programas de formación profesional a nivel de licenciatura, maestría e incluso doctorado. A mediados de los ochenta o principios de los noventa, el perfil más habitual para un profesor de español como L2 correspondía a un licenciado/a en filología –hispánica, inglesa, románica, etc.– u otras áreas en el ámbito de las humanidades que, en general, impartía clases de español sin más conocimiento que el adquirido mediante la práctica en el aula o, en el mejor de los casos, el aprendido en cursos de formación de profesores a menudo en centros privados. La fundación del Instituto Cervantes en 1991 simboliza no sólo el impulso definitivo para la industria de la enseñanza de idiomas –parte de lo que Lodares (2004) denomina "Español, SA", una gran empresa internacional que también comprende el negocio editorial y las tecnologías de información y telecomunicación–, sino también un impulso hacia la profesionalización del docente de español como L2. Hoy día, las posibilidades de capacitación pedagógica comprenden tres áreas no excluyentes entre sí:

- Cursos de formación o reciclaje en instituciones privadas o públicas de carácter intensivo (p. ej., 30-45 horas, 3-4 semanas) y con una marcada orientación práctica.
- Titulaciones universitarias en enseñanza de español, ya sea una licenciatura ('Bachelor in Arts', en inglés) o una segunda especialidad dentro de la carrera de enseñanza primaria o secundaria.
- Programas de maestría y doctorado en enseñanza o didáctica del español como L2, con diversas duraciones y programas de estudio[14].

Junto con estos espacios de formación académica, el profesor de español tiene a su alcance un abanico de opciones para ampliar o compartir su conocimiento sobre la enseñanza de idiomas. Por una parte, el progresivo acceso a los recursos tecnológicos permite una mayor comunicación entre profesores a través de foros electrónicos como el de FLTeach-Foreign Language Teaching Forum, creado en 1994 y que ahora cuenta con unos 4500 miembros; Profesores-ele, creado en el año 2000 y con una membresía cercana a los 300 miembros, y el más joven DILENGUAS, foro auspiciado desde 2003 por RedIris (departamento del Ministerio de Industria, Turismo y Comercio español)[15]. Por otra parte, el mercado editorial ofrece actualmente al profesor una variedad de títulos que pueden resultarle de utilidad tanto para enseñar español en diferentes contextos

---

[14] Para mayor información sobre algunos de estos programas, véase la lista de unidades académicas e instituciones que aparece en la Introducción a este volumen. También se puede consultar el listado, mucho más extenso, que aparece en el Foro Didáctico del Centro Virtual Cervantes (http://cvc.cervantes.es/foros/ leer.asp?vId=25335) o en la siguiente página de la Universidad de Alicante: http://cv1.cpd.ua.es/Estudios XXI/0ESTU0/SU2PPESII1EE1/ST8982/.

[15] Las direcciones para estos foros son www.cortland.edu/flteach/ (FLTeach), http://es.groups.yahoo.com/ group/profesores-ele/ (Profesores-Ele) y www.rediris.es/list/info/dilenguas.es.html (DILENGUAS). Véase el capítulo de Mar Cruz Piñol para más información sobre estos y otros recursos tecnológicos para la enseñanza de español como L2.

académicos, como para ponerse al corriente sobre cuestiones o innovaciones metodológicas[16]. Posiblemente, la mejor muestra de esta mayor actividad editorial sea la reciente publicación del *Vademécum para la formación de profesores* (Sánchez Lobato y Santos Gargallo, 2004), un tratado ni mucho menos breve cuyo primer objetivo reside en establecer vínculos más constructivos entre la comunidad de investigadores y la de profesionales de la enseñanza del español como segunda lengua o lengua extranjera. Asimismo, ACTFL y otras instituciones en Estados Unidos han puesto en marcha varias iniciativas a gran escala a fin de identificar y consolidar elementos clave para un futuro programa de formación de profesores de español y otras lenguas a nivel nacional, como el proyecto New Visions in Action (NWA) y los programas de estandarización de la labor docente desarrollados por el National Board for Professional Teaching (NBPT) y el National Council for Accreditation of Teacher Education (NCATE)[17].

La siguiente sección esboza un posible escenario para el futuro de la enseñanza de segundas lenguas más allá de la situación concreta del español, tema de las conclusiones para nuestro capítulo.

2.3.2. ¿Hacia un futuro post-metodológico?

Como se habrá podido apreciar a lo largo de este capítulo, la enseñanza del español, como la de cualquier otra L2, nunca ha cejado en su empeño de hallar el "método perfecto" para lograr el objetivo primordial, es decir, un aprendizaje completo de la lengua por parte de los alumnos. Sin embargo, cada vez surgen más voces en nuestro campo que apuntan a la imposibilidad de alcanzar semejante utopía (véase Prabhu, 1990; Kumaravadivelu, 2003 y 2006). Por un lado, nos topamos con descripciones o idealizaciones teóricas que difícil-

---

[16] El lector podría revisar los catálogos electrónicos de editoriales especializadas en el español como L2: Anaya, Difusión, Edelsa, Ediciones SM, Edinumen, SGEL en España; SBS (Special Book Services) en Brasil; Heinle and Heinle, Hougton Mifflin, John Wiley, McGraw-Hill y Prentice Hall, en Estados Unidos. El Instituto Cervantes ofrece una bibliografía bastante completa en: http://cvc.cervantes.es/obref/bele/.

[17] Las direcciones electrónicas para estos programas son http://nflrc.iastate.edu/nva/ (NWA), www. nbpts.org (NBPT), and www.ncate.org (NCATE). En gran parte, estas iniciativas derivan del trabajo previo con los estándares nacionales para la enseñanza de lenguas (en inglés, *Standards for Foreign Language Learning*), sobre los que se ofrecen datos más precisos en el capítulo 6 sobre evaluación.

mente podrían ejecutarse en un aula de L2; por el otro, hasta los docentes más inexpertos saben que un grupo de alumnos nunca se parece a otro lo suficiente para aplicar las mismas técnicas sin algún tipo de adaptación. Y lo mismo ocurre con otras muchas circunstancias personales, académicas, institucionales, etc. En definitiva, la instrucción de L2 debe ser considerada como un proceso dinámico que varía en función de cuestiones lingüísticas, pedagógicas, sociales y personales aportadas por cada uno de los participantes en el proceso de enseñanza y aprendizaje. Por todo ello, Susana Pastor Cesteros (2004) dice que "resulta no sólo conveniente para el docente, sino prácticamente imprescindible, discernir entre las opciones de la tradición metodológica de la enseñanza de idiomas, bien para optar por un modelo, bien para actuar con conocimiento de causa si se opta por el eclecticismo" (p. 168).

De una manera más específica, Bailey (1996, cf. en Richards y Rodgers, 2001) sugiere varias pautas a las que el profesor puede recurrir según las circunstancias (p. ej., clases con estudiantes adultos o niños, principiantes o avanzados, etc.):

- Hacer participar a todos los alumnos en la clase.
- Convertir a los alumnos y no al profesor en el centro de atención.
- Dar a los alumnos el máximo de oportunidades para participar.
- Desarrollar la responsabilidad de los alumnos.
- Ser tolerante con los errores de los alumnos.
- Desarrollar la confianza de los alumnos.
- Enseñar estrategias de aprendizaje.
- Responder a las dificultades de los alumnos y tomarlas como base.
- Utilizar el máximo posible de actividades para realizar entre alumnos.
- Fomentar la cooperación entre alumnos.
- Practicar la precisión y la fluidez.
- Ocuparse de las necesidades e intereses de los alumnos.

Asimismo, Kumaravadivelu (2003) propone que en la labor de discernimiento por parte del docente se aplique una serie de principios básicos derivados de lo que hasta hoy día se ha demostrado sobre el aprendizaje y enseñanza de L2. Estos principios son:

- Potenciar las oportunidades de aprendizaje de L2 tanto dentro como fuera del aula.
- Limitar los errores de percepción con respecto a lo que ocurre en la instrucción.
- Facilitar la interacción bajo pautas colaborativas.
- Promover la autonomía del estudiante de L2: 'aprender a aprender' –en la versión más pedagógica– y 'aprender para ser más libre' –en la versión más política.
- Fomentar la conciencia lingüística (*language awareness*) a un nivel (a) general, sobre los recursos de que disponemos como hablantes de una lengua, y (b) crítico, sobre las estructuras de poder que derivan del empleo de cualquier lengua.
- Activar la heurística ('descubrimiento individual') entre los estudiantes a través de la intuición y su propia experiencia como hablantes.
- Contextualizar el *input* lingüístico bajo diversas dimensiones: verbal y no verbal en el espacio del aula, situacional en cuanto a la realidad sociocultural externa, etc.
- Integrar las destrezas lingüísticas –auditiva, oral, lectora, escrita– a lo largo del proceso de instrucción.
- Asegurar la relevancia social de lo que se hace en el aula.
- Estimular la conciencia cultural para extender la capacidad del alumno más allá del simple conocimiento de artefactos o perspectivas comunes en la L2.

Sin duda, el lector podrá reconocer uno o varios de estos principios en los fundamentos teóricos de algún método ya descrito en nuestro capítulo. Por ejemplo, el desarrollo de la conciencia lingüística ha constituido uno de los principales objetivos para la enseñanza tradicional de la gramática, así como para la atención a la forma lingüística que propone la enseñanza de la lengua basada en tareas. De cualquier manera, el docente debería plantearse estos fundamentos en función de su conocimiento del contexto específico de enseñanza: estudiantes, colegas, materiales de texto y otros recursos pedagógicos, acceso a diversas fuentes de información y tecnología, etc. Asimismo, este enfoque debería venir acompañado por una reflexión de carácter crítico que, entre otras ventajas, permita al profesor desarrollar mecanismos de investigación individual –"en acción"– para analizar y divulgar su propia labor pedagógica dentro y fuera de la clase (Lacorte, 1998; Lacorte y Cabal Krastel, 2002).

2.4. Conclusiones

El objetivo principal de este capítulo ha sido ofrecer una perspectiva de la enseñanza del español como L2 desde sus orígenes hasta la actualidad, con atención específica –dentro de las limitaciones de espacio– a un futuro no tan definido por uno u otro método (Long, 1999), sino sobre todo por la continua actualización del conocimiento profesional del docente de L2 mediante los datos derivados de su propia experiencia en el aula y los facilitados por la investigación sobre la adquisición y aprendizaje de lenguas. En general, creemos que en los últimos años el campo ha enfrentado con valentía y bastante éxito varias de las limitaciones indicadas por Peter Jan Slagter en 1992:

> La lingüística aplicada y preparación pedagógico-didáctica no suelen ser tema de cursos o de investigación [en las universidades]. Esto hace que los profesores extranjeros que quieran dirigirse a instituciones españolas que les orienten en aspectos teóricos y prácticos, o bien se encuentren en congresos y cursillos con temas y preocupaciones más propios de las carreras tradicionales de filología hispánica, o bien disponen de centros de formación y reciclaje más experimentados en sus propios países. En las discusiones internacionales sobre adquisición y aprendizaje de segundas lenguas apenas hay voces españolas que se hagan oír. Esta limitada participación en este campo es la principal causa de que tampoco haya proyectos de envergadura e importancia ni para investigadores establecidos ni para las jóvenes generaciones, interesadas en este campo.

Asimismo, consideramos que los puntos de mayor interés para el futuro del español como lengua segunda e internacional residen, primero, en la continua colaboración entre docentes e investigadores para comprender aun mejor las complejas características del proceso de aprendizaje del español. Marta Baralo, coordinadora del panel "La enseñanza del español en el mundo: Hacia una acción coordinada" del III Congreso Internacional de la Lengua Española, argumenta además que las futuras mejoras en la enseñanza deberían insertarse "en las coordenadas que marcan la globalización y la internacionalización de las comunicaciones y mercados" (2005). Esto implica la creación de un marco global y común que facilitaría la coordinación a nivel internacional de acciones relacionadas con, al menos, tres espacios profesionales:

a) la formación de los profesores de español;
b) la investigación y el diseño de técnicas metodológicas y recursos didácticos más eficaces, y
c) el uso de las tecnologías de la comunicación al servicio de profesores y alumnos.

Como muestras de estas posibles acciones coordinadas, Baralo recoge las siguientes propuestas:

- Tomar como base de los diseños panhispánicos para la enseñanza de la lengua los documentos globales ya existentes, como el Marco Común de Referencia Europeo (véase el capítulo 6 en este volumen).
- Integrar los esfuerzos de los ministerios de educación de los diferentes países de habla hispana en las políticas de ayudas y de lectores de español, con el objetivo de reforzar la colaboración con los recursos de instituciones como el Instituto Cervantes, las Academias de la Lengua y las oficinas de educación de las Embajadas, entre otros.
- Incorporar en los diseños de acción didáctica para la enseñanza del español las investigaciones de diferentes universidades del mundo, previamente condensadas en una gran base de datos cuantitativos y cualitativos.

A estas valiosas iniciativas, nosotros quisiéramos cerrar este capítulo con otra que nos parece de igual importancia, especialmente por haberla observado en el estudio metodológico de otras lenguas de carácter internacional (véase p. ej., Norton y Toohey, 2004; Canagarajah, 2005; Kumaravadivelu, 2006). Nos referimos en concreto a la necesidad de desarrollar pautas de trabajo curricular y docente más conscientes del ámbito local donde se enseña el español como L2 –España, Francia, Estados Unidos, Corea, Argentina, Costa Rica, Yemen, etc.– de manera que cualquier profesor disponga de recursos para comprender e incorporar en su labor cotidiana temas como, por ejemplo, la integración de los elementos contextuales en el aprendizaje de una L2, las relaciones interpersonales en el proceso pedagógico, la relación entre conocimiento y práctica en la labor docente y la(s) realidad(es) sociopolítica(s) en la enseñanza de otras lenguas.

2.5. Preguntas para la reflexión

1. Subraye los comentarios a lo largo del capítulo sobre la evolución de la metodología para la enseñanza del español en diversas áreas geográficas, y comente los puntos de similitud y diferencia que le parezcan más destacados.

2. Haga una búsqueda en Internet de escuelas de español como L2 situadas en diversos países –de habla hispana y no hispana–, y tome nota de los aspectos metodológicos que se mencionen en cada página. ¿Qué relación podría establecer entre esos aspectos y lo que se ha descrito en el capítulo?

3. En comparación con otros países en Europa o Latinoamérica, el estudio de lenguas en Estados Unidos no parece recibir el mismo valor en muchos programas curriculares para la educación secundaria o superior. Busque ejemplos en la bibliografía del capítulo o en otras fuentes que puedan confirmar (o refutar) esta afirmación.

4. Reúna más datos acerca de programas de capacitación o formación de profesores de español en instituciones europeas, latinoamericanas y estadounidenses. ¿Qué comentarios podría hacer con respecto a las perspectivas metodológicas descritas?

5. Revise las actividades propuestas por la Consejería de Educación de la Embajada de España en Estados Unidos para la enseñanza de español bajo los estándares nacionales (www.sgci.mec.es/usa/apoyo/index.shtml) y describa de qué manera podrían adaptarse esas actividades al entorno docente de su preferencia (p. ej., la clase donde usted imparte español, el centro académico donde usted aprendió español u otras lenguas, el lugar donde usted va a enseñar español en un futuro próximo, etc.)

6. Repase los principios generales para el docente de L2 propuestos por Bailey (1996) y Kumaravadivelu (2003), y piense en cómo podría adaptarlos a una situación pedagógica concreta –en el ámbito del español como L2– que usted conozca bien. ¿Qué otras pautas podría sugerir para ese contexto específico?

7. Reflexione sobre fenómenos que le han resultado especialmente interesantes –por su dificultad, imprevisión, frecuencia, etc.– durante su participación como docente o alumno en una clase de español u otras lenguas. Prepare una lista y pien-

se de qué manera podría llevar a cabo una investigación de carácter informal sobre uno o más de esos fenómenos. Para ello puede recurrir a materiales como los descritos en Lacorte (1998) y Lacorte y Cabal Krastel (2002).

BIBLIOGRAFÍA

ALBA, J. y ZANÓN, J. (1999): "Unidades didácticas para la enseñanza del español/LE en los Institutos Cervantes." En J. Zanón (coord.). *La enseñanza del español mediante tareas* (pp. 151-174). Madrid, Edinumen.

ASENSIO, E. (1960): La lengua compañera del imperio. Historia de una idea de Nebrija en España y Portugal. *Revista de Filología Española* 43: 399-413.

BAILEY, K. (1996): "The Best-Laid Plans: Teachers' In-Class Decisions to Depart From Their Lesson Plans." En K. Bailey y D. Nunan (eds.). *Voices From the Classroom* (pp. 15-40). Cambridge, Cambridge University Press.

BARALO, M. (2005): Ecos del III Congreso Internacional de la Lengua Española. *Revista redELE* 3. http://www.sgci.mec.es/redele/revista3/baralo.shtml. Acceso 5 de febrero, 2006.

BARBOSA, A. (1983): "El Silabario Método de San Miguel." En G. Aguirre Beltrán (ed.). *Lenguas vernáculas. Su uso y desuso en la enseñanza: la experiencia de México* (pp. 27-30). México, Ediciones de la Casa Chata.

BIBLIOGRAPHY II: SCHOOL TEXTS. (1917): *Hispania* 1: 35-36.

BOLTON, H. (1976): "La misión como institución de frontera en el Septentrión de la Nueva España." En D. Weber (ed.). *El México Perdido: Ensayos sobre el antiguo norte de México, 154-1821*. México, Secretaría de Educación Pública.

BRAVO AHUJA, G. (1977): *La enseñanza del español a los indígenas mexicanos.* México, Colegio de México.

CANAGARAJAH, A. (ed.) (2005): *Reclaiming the Local in Language Policy and Practice.* Mahwah, NJ, Lawrence Erlbaum.

DE EGAÑA, A. (ed.) (1954): *Monumenta Peruana, III.* Roma, Monumenta Histórica Societatis Iesu.

DOWLING, M. (1918): The Organization of High School Work in Spanish. *Hispania* 1: 19-25.

DOYLE, H. (1926): Spanish Studies in the United States. *Bulletin of the Pan American Union* 50: 223-234.

DUFIEF, N. (1811): *Dufief's Nature Displayed in Her Mode of Teaching Language to Man: or, A New and Infallible Method of Acquiring a Language, in the Shortest Time Possible, Deduced from the Analysis of the Human Mind, and Consequently Suited to Every Capacity.* Adaptado al español por Don Manuel de Torres y L. Hargous. Filadelfia, T. y G. Palmer.

ESPINOSA, J. (1988): *The Pueblo Indian Revolt of 1696 and the Franciscan Missions of New Mexico: Letters of the Missionaries and Related Documents.* Norman, OK, University of Oklahoma Press.

FERNÁNDEZ, F. (1801): *A New Practical Grammar of the Spanish Language in Five Parts; the Whole in English and Spanish, and Calculated to Render the Study of the Spanish Language Easy, Comprehensive and Entertaining*. Filadelfia, T. and W. Bradford.

FRISBY, A. (1957): *Teaching English: Notes and Comments on Teaching English Overseas*. Londres, Longman.

GALDO GUTIÉRREZ, V. (1970): *Educación de los curacas*. Ayacucho, Ediciones Waman Puma.

GARCÍA SANTA-CECILIA, A. (1999): "El diseño curricular del Instituto Cervantes y la enseñanza mediante tareas." En J. Zanón (coord.). *La enseñanza del español mediante tareas* (pp. 121-150). Madrid, Edinumen.

GÓMEZ CANEDO, L. (1969): *De México a la alta California: una gran epopeya misional*. México, Jus.

GONZÁLEZ, C. (1996): Spanish Is Not a Foreign Language. *PMLA* 11: 475-476.

GOUIN, F. (1880): *Essai sur une réforme des méthodes d'enseignement. Exposé d'une nouvelle méthode linguistique. L'art d'enseigner et d'étudier les langues*. París, Sandoz et Fischbacher.

GUTIÉRREZ, R. (1993): "The Politics of Theater in Colonial New Mexico: Drama and the Rhetoric of Conquest." En N. Herrera-Sobek (ed.). *Reconstructing a Chicano Literary Heritage: Hispanic Colonial Literature of the Southwest* (pp. 49-67). Tucson, University of Arizona Press.

HALL, J. (2001): *Methods for Teaching Foreign Languages*. Upper Saddle River, NJ, Merrill Prentice Hall.

HANDSCHIN, C. (1905): *Modern-Language Teaching*. Yonkers-on-Hudson, NY, World Book.

HANDSCHIN, C. (1913): *The Teaching of Modern Languages in the United States*. United States Bureau of Education. Bulletin 1913, No. 3. Whole Number 510. Washington, Government Printing Office.

HILL, J. M. Rev. (1919): Spanish in the High Schools: A Handbook of Methods. *Hispania* 2: 103-106.

JOHNSON, K. (1982): *Communicative Syllabus Design and Methodology*. Oxford, Pergamon.

JOSSE, A. (1825): *A Grammar of the Spanish Language with Practical Exercises*. Adaptado por Francis Sales. Boston, Monroe and Francis.

KELLY, L. (1969): *25 Centuries of Language Teaching*. Rowley, MA, Newbury House.

KOIKE, D. y KLEE, C. (2003): *Lingüística aplicada: Adquisición del español como segunda lengua*. Nueva York, John Wiley.

KOZINSKA-FRYBES, J. (2000): "Plurilingüismo en el teatro religioso de Nueva España." En M. Sten (ed.). *El teatro franciscano en la Nueva España: Fuentes y ensayos para el estudio del teatro de evangelización en el siglo XVI* (pp. 241-251). México, Conaculta-Fonca.

KUMARAVADIVELU, B. (2003): *Beyond Methods: Macrostrategies for Language Teaching*. New Haven, Yale University Press.

KUMARAVADIVELU, B. (2006): *Understanding Language Teaching. From Method to Postmethod*. Mahwah, NJ, Lawrence Erlbaum.

LACORTE, M. (1998): La investigación en acción: Una guía práctica. *Cultura y Educación* 10-11: 3-15.

LACORTE, M. y CABAL KRASTEL, T. (2002): ¿Zapatero a tus Zapatos? Action Research in the Spanish Language Classroom. *Hispania* 85: 905-917.

LAFFORD, B. (2000): Spanish Applied Linguistics in the Twentieth Century: A Retrospective and Bibliography (1900-1999). *Hispania* 83: 711-732.

LAFFORD, B. y SALABERRY, R. (eds.) (2003): *Spanish Second Language Acquisition. State of the Science*. Washington, Georgetown University Press.

LAFFORD, B. y SALABERRY, R. (eds.) (2006): *Spanish Second Language Acquisition. From Research to Application*. Washington, Georgetown University Press.

LEAVITT, S. (1961): The Teaching of Spanish in the United States. *Hispania* 54: 591-625.

LEE, J. y VANPATTEN, B. (2003): *Making Communicative Language Teaching Happen* (2ª ed.). Nueva York, McGraw-Hill.

LITTLEWOOD, W. (1981): *Communicative Language Teaching*. Cambridge, Cambridge University Press. [Trad. esp.: *La enseñanza comunicativa de idiomas*. Madrid, Cambridge University Press, 1998.]

LODARES, J. (2004): "Español, SA." *El País* (19 de julio, 2004).

LONG, D. (1999): Methodology and the Teaching of Spanish in the Twentieth Century: Retrospective and Bibliography. *Hispania* 82: 384-396.

LÓPEZ GUERRA, S. y MARCELO FLORES, J. (2004): Colonialismo y modernidad: la enseñanza del español en la Nueva España. http://www.odiseo.com.mx/2004/07/03lopez flores_colonialismo.htm. Acceso 15 de marzo, 2005.

MANTILLA, L. (1866): *Mantilla's Classic Spanish Reader. Libro de Lectura nº 3, o sea, autores selectos españoles e hispanoamericanos*. Nueva York, Ivison Phinney, Blakeman.

MARTÍN, L. y GEURIN PETTUS, J. (1973): *Scholars and Schools in Colonial Peru*. Dallas, Southern Methodist University.

MELCHOR, J. y GUTIÉRREZ, A. (2001): Pueblo Revolt Brought Tiguas South. http://www. epcc.edu/ftp/Homes/monicaw/borderlands/17_pueblo_revolt.htm. Acceso 7 de febrero, 2005.

MILANICH, J. (1999): *Laboring in the Fields of the Lord: Spanish Missions and Southeastern Indians*. Washington, DC, Smithsonian.

NEWMARK, M. (1948): *Twentieth Century Modern Language Teaching*. Nueva York, Philosophical Library.

NORTON, B. y TOOHEY, K. (eds.) (2004): *Critical Pedagogies and Language Learning*. Cambridge, Cambridge University Press.

O'CONWAY, M. (1810): *Hispano-Anglo Grammar; Containing the Definitions, Structure, Inflections, Reference, Arrangement, Concord, Government and Combination of the Various Classes of Words in the Spanish Language*. Filadelfia, Frey and Kammerer.

OMAGGIO HADLEY, A. (2001): *Teaching Language in Context* (3ª ed.). Boston, Heinle & Heinle.

PASTOR CESTEROS, S. (2004): *Aprendizaje de segundas lenguas. Lingüística aplicada a la enseñanza de idiomas.* Alicante, Publicaciones de la Universidad de Alicante.

PITTMAN, G. (1963): *Teaching Structural English.* Brisbane, Jacaranda.

PRABHU, N. S. (1990): There Is No Best Method–Why? *TESOL Quarterly* 24: 161-176.

RAMSEY, M. (1894): *A Text-book of Modern Spanish, as Now Written and Spoken in Castile and the Spanish-American Republics.* Nueva York, H. Holt.

RICHARDS, J. y RODGERS, T. (2001): *Approaches and Methods in Language Teaching: A Description and Analysis* (2ª ed.). Cambridge, Cambridge University Press. [Trad. esp.: *Enfoques y métodos en la enseñanza de idiomas.* Madrid, Cambridge University Press, 2003.]

SÁNCHEZ, A. (1992): *Historia de la enseñanza del español como lengua extranjera.* Madrid, SGEL.

SÁNCHEZ, A. (1997): *Los métodos en la enseñanza de idiomas. Evolución histórica y análisis didáctico.* Madrid, SGEL.

SÁNCHEZ LOBATO, J. y SANTOS GARGALLO, I. (dirs.) (2004): *Vademécum para la formación de profesores. Enseñar español como segunda lengua (L2)/lengua extranjera (LE).* Madrid, SGEL.

SARIEGO, J. (2005): Evangelizar y educar: Los jesuitas de la Centroamérica colonial. http://www.cpalsj.org/documentos/Sariegojesuitcamcolon.htm. Acceso 15 de marzo, 2005.

SHRUM, J. y GLISAN, E. (2005): *Teacher's Handbook: Contextualized Language Instruction* (3ª ed.). Boston, Heinle & Heinle.

SLAGTER, P. (1992): La enseñanza de la gramática. Ponencia en el I Congreso de la Lengua Española (Sevilla, 7-10 de octubre). http://cvc.cervantes.es/obref/congresos/ sevilla/sociedad/ponenc_jslagter.htm. Acceso 5 de julio, 2006.

SMITH, P. (1970): *A Comparison of the Cognitive and Audiolingual Approaches to Foreign Language Instruction: The Pennsylvania Foreign Language Project.* Filadelfia, Center for Curriculum Development.

SMITH, P. y BARANYI, H. (1968): *A Comparison of the Effectiveness of the Traditional and Audiolingual Approaches to Foreign Language Instruction Utilizing Laboratory Equipment.* Washington, DC, U.S. Department of Health, Education and Welfare.

SPELL, J. (1927): Spanish Teaching in the United States. *Hispania* 10: 141-159.

SUÁREZ ROCA, J. (1992): *Lingüística misionera española.* Oviedo, Pentalfa.

TANCK DE ESTRADA, D. (2000): *Pueblos de indios y educación en el México colonial, 1750-1821.* México, Colmex-CEH.

TRIM, J. (1978): *Some Possible Lines of Development of an Overall Structure for a European Unit-Credit Scheme for Foreign Language Learning by Adults.* Estrasburgo, Consejo de Europa.

U.S. OFFICE OF EDUCATION, FEDERAL SECURITY AGENCY (1943): Adjustment of the College Curriculum to Wartime Conditions and Needs. *Hispania* 26: 430-438.

VAN EK, J. (1975): *The Threshold Level.* Estrasburgo, Consejo de Europa. [Trad. esp.: *Un nivel umbral.* Estrasburgo, Publicaciones del Consejo de Europa, 1979.]

VANPATTEN, B. (1986): Second Language Acquisition Research and the Learning/Teaching of Spanish: Some Research Findings and Implications. *Hispania* 69: 202-216.

VELÁSQUEZ DE LA CADENA, M. (1848): *Ollendorff's New Method of Learning to Read, Write and Speak the Spanish Language.* Nueva York, Appleton.

WEBER, D. (ed.) (1976): El *México Perdido: Ensayos escogidos sobre el antiguo norte de México (1540-1821).* México, Secretaría de Educación Pública.

WILKINS, L. (1917): On the Threshold. *Hispania* 1: 1-10.

WILKINS, L. (1918): *Spanish in the High Schools: A Handbook of Methods, with Special Reference to the Junior High School.* Boston, Benjamin H. Sanborn.

ZWARTJES, O. (ed.) (2000): *Las gramáticas misioneras de tradición hispánica (siglos XVI-XVII).* Amsterdam/Atlanta, Rodopi.

3

IDEOLOGÍAS Y PRÁCTICAS EN LA ENSEÑANZA DEL ESPAÑOL COMO LENGUA MAYORITARIA Y LENGUA MINORITARIA

JENNIFER LEEMAN, *George Mason University*
PILAR GARCÍA, CVC *(Instituto Cervantes)*

3.1. INTRODUCCIÓN

En las últimas décadas, el estudio de las ideologías lingüísticas se ha establecido como una parte integral tanto de la lingüística aplicada como de la sociolingüística. Al mismo tiempo ha aumentado el interés teórico en la relación entre lengua e identidad (veáse capítulo 11). Estas dos tendencias interrelacionadas han contribuido a que la lingüística aplicada preste mayor atención al entorno sociolingüístico en que se lleva a cabo la enseñanza de lenguas. Más allá de las cuestiones prácticas, el entorno tiene un fuerte impacto en las ideologías que pueden tener los alumnos sobre la lengua meta. En particular, puede influir en las identidades que se asocien con ese idioma, la estima que se le asigne y los motivos que tengan los estudiantes para su aprendizaje. Claramente, las ideologías interactúan con otros elementos como el papel de la lengua en la construcción de identidades nacionales, el capital cultural y social de las personas que hablan determinada lengua o variedad lingüística, y los objetivos de la educación.

Como se describe en los capítulos 2 y 15 de este volumen, el español es lengua mayoritaria en más de veinte países, lengua minoritaria en muchos otros y objeto de estudio en todo el mundo. Por razones de espacio, en el presente capítulo pretendemos poner de relieve las implicaciones del entorno sociopolítico en la enseñanza del español en dos países en concreto, uno donde es lengua mayoritaria (España) y otro en que es lengua minoritaria (Estados Unidos). En primer lugar, creemos particularmente relevante el caso de

España no sólo por ser el contexto más próximo para muchos de los lectores de este volumen, sino también por la llegada de un gran número de inmigrantes y la creación de nuevos programas de enseñanza del español en los últimos años. Por otro lado, la situación de Estados Unidos –país donde el inglés goza de estatus hegemónico pero no oficial[1]– nos interesa por su importante e histórica minoría hispanohablante.

Algo que tienen en común estos dos contextos es el efecto de la mundialización o globalización –entendida como la intensificación del movimiento, intercambio y control internacionales de bienes, información, capital y personas–. Además de fomentar la migración, y como consecuencia elevar tanto el número de personas que no hablan español en España como el número de hispanohablantes en Estados Unidos, la globalización también parece haber fortalecido el interés en estudiar el español. En una economía cada vez más globalizada, las lenguas se conciben como herramientas o recursos económicos con que conseguir el éxito profesional (Heller, 2003). Como se cree que el español puede agilizar el acceso a varios mercados latinoamericanos, cada vez hay más personas que lo estudian como segunda lengua (L2), especialmente en Brasil y Estados Unidos (véase capítulo 15 para más detalles).

Consideraremos los dos contextos bajo análisis –España y Estados Unidos– por separado. En cada sección empezamos proporcionando un perfil histórico y social del contexto y los estudiantes en cuestión. A continuación, comentamos los diferentes tipos de programas educativos en los dos países, y finalmente discutimos los objetivos y métodos de enseñanza.

3.2. La enseñanza de español como lengua mayoritaria: El caso de España

3.2.1. *Perfil histórico y social*

A la hora de hacer un correcto seguimiento del fenómeno migratorio, el primer problema con que se enfrentan los demógrafos es la propia diversidad y heterogeneidad de las fuentes estadísticas a

---

[1] En Estados Unidos el inglés no es lengua oficial del país, pero sí tiene estatus oficial en más de 25 estados. En algunos estados y territorios, como Arizona, Hawai y Puerto Rico, el inglés es co-oficial con otra lengua.

causa de, entre otras razones, la movilidad de las personas, las dificultades de comunicación, los estatutos jurídicos no siempre regulares y los propios intereses en cuanto a registros. Así, las cifras oficiales de extranjeros residentes en España se encuentran lejos de ser reales, ya que no recogen el volumen de extranjeros que se encuentran en situación irregular, sin los documentos que les permitirían residir y trabajar de modo legal. Muchos inmigrantes, por desconfianza, deciden no empadronarse, y otros aparecen inscritos anticipadamente por parte de los familiares antes de su llegada[2].

El perfil socio-demográfico migrante se encuentra en proceso de transición hacia otros estadios del ciclo migratorio. Algunos signos de cambio que avalan el grado de madurez del proceso migratorio en España, así como la vocación de asentamiento, son el evidente aumento de alumnos de origen inmigrante en las escuelas y la presencia de numerosas empresas étnicas abiertas por iniciativas propias. Con respecto a otros años, en que eran numerosos los casos de hombres solos que se establecían por períodos limitados, en la actualidad aparecen núcleos familiares que han elegido establecerse en España (López, 1993). La procedencia de la inmigración, las áreas de destino de los inmigrantes, el sexo, la edad, la diversidad de circunstancias personales y socio-económicas, el nivel cultural y los proyectos migratorios de las personas implican tal número de variables que se hace difícil establecer un perfil general. Entre los inmigrantes también se aprecia diversidad en cuanto a su procedencia geográfica y cultural, las extracciones familiares, el tiempo de estancia en España y el nivel de instrucción, entre otros rasgos.

La mayoría de las personas inmigradas procede de países con menor número de oportunidades laborales y remuneraciones escasas. En contra del argumento de que ocupan meramente puestos de trabajo vacantes, hay que apuntar que muchos de ellos crean los suyos propios y que, por la existencia de esta población inmigrante, se abren nuevos puestos en su área de residencia (Cereijo y Velázquez, 2004). Los sectores preferentes de actividad que ocupan los inmigrantes son la construcción, la hostelería, la agricultura y el servicio doméstico. No obstante, estos sectores laborales tienden a diversifi-

---

[2] Con fecha 31 de marzo de 2005 había en España 2.054.453 extranjeros con tarjeta o autorización de residencia en vigor. Según el continente, 25,49% de los extranjeros pertenece a la Europa comunitaria, 8,66% son europeos de países no comunitarios, 24,90% africanos, 32,93% iberoamericanos, 0,83% norteamericanos, 7,13% asiáticos y 0,06% nacionales de Oceanía.

carse, y resulta más frecuente encontrar trabajadores inmigrantes en mudanzas, paquetería, reparaciones a domicilio y cuidado de ancianos, por citar sólo algunos ejemplos. En el medio rural, la ocupación más frecuente es la agrícola, y suele depender de la estacionalidad de esas faenas. Algunos inmigrantes se asientan en determinadas zonas, y cuando escasean las labores del campo desarrollan otras actividades para completar sus ingresos.

Son muchos los cambios que viven las personas inmigradas al llegar a España: modificaciones en los roles de los distintos miembros del grupo familiar, incorporación de la mujer al mundo laboral, pérdida de autoridad del padre o cabeza de familia, mayor nivel cultural y lingüístico de los jóvenes, etc. Ya pertenezcan a una u otra comunidad, los espacios donde se han producido las primeras rupturas de un orden establecido son el acceso al empleo y la educación.

3.2.2. *La diversidad de los programas de enseñanza de español*

Lo que salta a la vista al comenzar a describir la enseñanza del español en España es la gran variedad de programas, cada uno con contenidos y objetivos que responden a las características particulares del alumnado y sus supuestas necesidades. En parte, eso es porque el estatus del español como lengua mayoritaria normalmente lleva a que haya un mayor porcentaje de estudiantes adultos que desean aprenderlo por motivos prácticos o motivos sociales[3]. En España, los cursos generales de español para inmigrantes adultos giran alrededor de temas cercanos a los diversos intereses de los alumnos tales como:

- Relaciones familiares y sociales: costumbres, celebraciones.
- Transportes: servicios públicos, carné de conducir, seguridad vial.
- Salud: asistencia médica, servicios hospitalarios.
- Comunicación: Correos, teléfono, prensa, radio, televisión.
- Vivienda: equipamientos, alquileres, contratos de arrendamiento, comunidad de vecinos.
- Trabajo: profesiones y ocupaciones, derechos y deberes, contratos de trabajo, convenios colectivos, seguridad e higiene, prestaciones de desempleo, iniciativas empresariales.

---

[3] Nos referimos al español como "lengua mayoritaria" debido a su estatus oficial y privilegiado (véase capítulos 10 y 11).

- Trámites: tarjetas de trabajo y residencia, visados, regulariza-
ciones, reagrupaciones, empadronamiento, obtención de servicios sociales, nacionalidad, matrimonio.
- Economía privada: ingresos y reintegros en cuentas bancarias,
contratos de arrendamiento de vivienda, facturas.

El aprendizaje de la lengua puede convertirse también en el elemento afectivo a través del cual se logre la comunicación entre las personas inmigradas y los diversos ámbitos sociales (Arnold y Fonseca,
2004). Es el caso de los cursos de integración para mujeres extranjeras en centros de orientación, habituales en algunos países europeos y más recientes en España. Este modelo nos permite identificar
la enseñanza del español como un medio de acercar a las madres a
las escuelas donde estudian sus hijos. Estos cursos, que pueden aco-
ger incluso a madres con hijos por debajo de la edad mínima escolar
–los dejan en la guardería del colegio durante las clases– incorporan
algunos temas escolares como parte de sus contenidos, para que las
madres puedan entender mejor el sistema escolar de los hijos y así
ayudarles en su integración desde el seno familiar (Melero, 2003).

Con respecto al contexto de la enseñanza reglada, del cada vez
más considerable número de jóvenes de procedencia migrante, la
mayoría son nacidos en el país de origen y llegan con muy corta edad
para reagruparse con sus familias, mientras que otros ya nacen en España. La realidad de los procedentes de otros países viene definida
a partir de la de sus padres y la situación socio-laboral de éstos (estatus migratorio, desempleo, movilidad geográfica, reagrupación familiar, prestaciones sociales, etc).

Los hijos de los inmigrantes forman la generación que representa el auténtico reto de integración, y la escuela constituye su primer
espacio de integración social (Pumares, 1993). A diferencia de los
padres que han vivido y asumido su propia cultura de origen, que
han conocido las condiciones de su país y que han decidido emigrar,
los hijos, que no necesariamente conocen esos países, son bicultu-
rales o de cultura híbrida. Se ha subrayado en estudios sobre el tema
cómo estos niños y jóvenes enfrentan las diferencias lingüísticas con
cierta armonización. Pongamos como ejemplo una posible situación
para un alumno de origen marroquí, que podría verse en contacto
con el dialecto marroquí (variedad que se habla en la familia), el árabe (lengua del país de origen), el español (lengua del país de acogida) y el catalán, gallego o vasco (lengua de la autonomía en que tal vez
reside) (García, 2003).

Los tres factores más importantes de socialización, familia, escuela y entorno social pueden entrar en desacuerdos profundos. Crean un universo propio y marcan diferencias significativas que les sitúan en un término difícil de conciliar con la sociedad de la que proceden y con la sociedad que les acoge. Muchas son las situaciones que afectan a su situación: la falta de ayuda de los padres (por desconocimiento); la carencia de espacio para estudiar en viviendas hacinadas; la ausencia de estímulo por parte de los padres a que continúen los estudios (antes al contrario, una cierta presión para que empiecen a ganar dinero lo más rápidamente posible), y por último la inexistencia de un apoyo escolar que solvente las otras carencias. Los diferentes grados y formas de adaptación e inadaptación (asimilación, biculturalidad, marginación) obedecen a la combinación de múltiples variables determinantes, unas de carácter estructural y otras coyuntural.

En el caso del aprendizaje de la L2 entre niños y jóvenes de procedencia migrante, son muchos los factores psicosociales y contextuales involucrados en el aprendizaje que han servido para describir algunas de las características de este alumnado; pero en fechas recientes encontramos estudios cuya atención recae en aspectos de carácter más bien cognitivo y lingüístico (García, 2004; Villalba y Hernández, 2004). Los estudiantes inmigrantes se incorporan a los grupos ordinarios de acuerdo a sus edades y formación escolar previa, siguiendo así el currículum fijado para cada nivel y etapa educativa, más un apoyo de la lengua externo a las aulas ordinarias. Este tipo de atención institucional hacia la capacitación lingüística como parte de la escolarización de los estudiantes inmigrantes se ha mantenido de un modo desigual en las diversas comunidades autónomas, e inclusive en los propios centros (Trujillo, 2004). En este contexto, la enseñanza del español se enmarca dentro de una serie de actuaciones encaminadas a la adaptación del alumnado al marco escolar, que faciliten su acogida a través de programas con planificaciones y actuaciones concretas.

Los jóvenes en grupos de formación profesional u ocupacional a menudo proceden de familias con mayores precariedades económicas, familiares y escolares, y han abandonado sus estudios durante períodos de tiempo más o menos extensos. Estos jóvenes se ven abocados a empleos de menos cualificación, en ocasiones no muy diferentes a los ocupados por el cabeza de familia. Estos jóvenes aprenden generalmente el español a través de talleres de garantía social.

3.2.3. *Objetivos y métodos de enseñanza*

La enseñanza de L2 a personas de origen migrante queda dentro del marco general de la didáctica de las lenguas, y por tanto comparte los campos de conocimiento en la enseñanza de idiomas. Como hemos visto en la sección anterior, se plantea como instrumento principal de socialización, en el caso de los hijos de inmigrantes en su proceso de escolarización, y como herramienta para la formación cultural y profesional de los adultos[4]. Las habilidades instrumentales adquiridas representan un vehículo para la interpretación de los códigos específicos que permiten la participación social, laboral y cultural en la sociedad receptora. Por ello, asistimos cada vez más a una mayor oferta de cursos dirigidos a alumnos de procedencia migrante, y también a cursos formativos para los docentes. Todo ella da muestra de una nueva realidad social humana y la necesidad de unas acciones educativas acordes.

Sin embargo, no se puede elaborar propuestas y definir modelos de intervención sin un análisis de la realidad social de los diversos ámbitos educativos de la sociedad receptora: estructuras legales, servicios sociales, acceso a la educación, mercado laboral y actitud de los ciudadanos ante el fenómeno migratorio. Resultan inevitables y necesarios diferentes tipos de ayuda, así como un esfuerzo para lograr educar, integrar y sacar a los inmigrantes de la marginalidad y de una malentendida interculturalidad, que los separa de la sociedad (Mijares, 1999). Los espacios formativos suponen un avance en esta dirección, pero detrás de ello tiene que haber una voluntad de personas, instituciones y toda la sociedad para alcanzar este objetivo. Son muchos los pasos para valorar a los inmigrantes desde otra perspectiva que no sea la de las carencias (en el discurso sociológico al respecto se han subrayado constantemente aspectos como la escasa escolarización, la alfabetización en la lengua materna, el desconocimiento de la cultura occidental, etc.) (Miquel, 1999, 2003). Se ha enfatizado el carácter marginal del alumno inmigrante en el contexto escolar y, por extensión, en otros ámbitos públicos; pero

---

[4] En los últimos años, desde diferentes instituciones (escuelas de adultos, ONGs, sindicatos, centros de profesores y recursos, centros académicos y editoriales) se vienen publicando gran número de estudios y recursos didácticos, acordes a unas necesidades específicas para el aprendizaje de la nueva lengua; obtener el carné de conducir, homologar títulos académicos, especializarse en determinados trabajos y facilitar el acceso a las materias curriculares, entre otros.

esta consideración de marginalidad parte en gran medida de las organizaciones institucionales y educativas. Este hecho sin duda acarrea implicaciones serias, que abarcan desde la formación del profesorado hasta los currículums específicos o materiales adaptados a estas nuevas realidades sociales.

Hoy día es cada vez más frecuente que los alumnos necesiten también la lengua para emplearla en conocimientos especializados, donde se toma en cuenta una serie de peculiaridades tales como la situación comunicativa, los interlocutores y sus intenciones, el medio en el que se produce la comunicación y, por supuesto, la temática y todo lo que gira a su alrededor: el vocabulario, la tipología de textos y documentos, los referentes simbólicos y el tratamiento de las destrezas en función de la especialidad de la que se trate (Hernández y Villalba, 2005). Los alumnos necesitan participar en los ámbitos laborales en una amplia gama de situaciones, desde pedir una aclaración o la repetición de una instrucción, hasta negociar sus salarios y condiciones laborales (contratos, permisos, horarios, etc.), sin olvidar que el aprendizaje del español les ayuda a mantener el empleo y una posible promoción. La duración de las jornadas laborales, los desplazamientos al lugar de trabajo o de residencia dificulta la asistencia a los cursos; de ahí que estén surgiendo en la actualidad iniciativas de las propias empresas para desarrollar cursos de español según las necesidades específicas del trabajo que ofrece la firma.

Además de oportunidades laborales, la enseñanza de idiomas ofrece innumerables opciones para la interacción y el desarrollo personal, lo que a su vez contribuye a ampliar nuestra visión del mundo, y hacerla más compleja, más diversa y más rica. El aula en sí estimula la curiosidad de los estudiantes, porque ahí pueden preguntar y establecer comparaciones con sus propias realidades personales. Asimismo, el aula ofrece a docentes y alumnos la experiencia de compartir, interactuar e intercambiar códigos culturales, apreciaciones y visiones sobre otras personas o colectivos (Areizaga, 2003). Y sobre todo, empezar a entender otros modelos culturales, a "entender lo ajeno" y estimular el interés del espacio social más inmediato –profesores, compañeros, personal escolar– hacia la diversidad lingüística y el conocimiento mutuo (García, 1995 y 1998).

En la enseñanza de una L2 con alumnos inmigrantes son objetivos prioritarios:

a)   conocer y practicar la lengua como lengua viva –lo que se escucha, habla, lee y escribe–;

b) mantener su uso efectivo y real sobre el estudio gramatical explícito del sistema lingüístico;
c) aplicar una metodología coherente y lógica a partir de actividades progresivas y adaptadas, y
d) no olvidar el derecho a desarrollar y profundizar en las diversas identidades culturales de los alumnos.

Conocer la lengua del país de acogida es un indicador del deseo de integración, un instrumento de uso y un derecho.

En el ámbito de la enseñanza de español a adultos, el primer objetivo es que el estudiante alcance una competencia comunicativa general de la L2 con objeto de poder emplearla en todos los ámbitos sociales en los que se desenvuelve (vivienda, vecindario, educación, sanidad, trabajo, alimentación, etc.). Al ser la finalidad profesional uno de los aspectos esenciales en su red de intercambios comunicativos, los alumnos precisan de un tipo de formación más especializada y acorde a sus necesidades profesionales, que les permita el acceso a una participación social gracias a las herramientas que favorezcan actuar en la sociedad con un uso efectivo del español, como aprendientes autónomos y apoyados en sus experiencias[5].

Los estudiantes adultos que asisten a las clases de español cuentan con un alto grado de contextualización de situaciones comunicativas, adquirido por su propia experiencia de vida y según el mayor o menor tiempo de estancia en España. Su motivación reside en la utilidad práctica de lo que aprenden y en la posibilidad de su aplicación inmediata. Esta motivación depende también de sus planes de futuro, y de su presencia en España como destino definitivo. Generalmente, los alumnos adultos manifiestan un gran interés ante realidades y problemáticas socioafectivas que influyen en su proceso de adaptación en España, tales como familia, trámites burocráticos, trabajo, búsqueda de casa y ayudas institucionales. Asimismo, presentan una gran necesidad de compartir con respecto a sus relaciones laborales, a los posibles conflictos en la tramitación de documentaciones, al rechazo ante la administración española y, en muchas ocasiones, a la clara decepción ante su acogida en España. Por todas estas razones, la clase de español no sólo sirve para atender los intereses y motivaciones más cercanos a la realidad del alumno inmi-

---

[5] Las estadísticas de junio de 2005 de la Secretaría de Estado de la Seguridad Social hablan de 1.495.476 extranjeros dados de alta en la Seguridad Social, lo que representa el 8,33% del total de los trabajadores cotizantes (17.942.395 personas).

grante, sino que éste también concibe el aula como un entorno afectivo que le proporciona un lugar de encuentro emocional compartido con otros alumnos que viven situaciones similares.

La alfabetización ocupa un lugar recurrente al hablar de la enseñanza de español con adultos. Para muchos alumnos no alfabetizados, aprender a leer y escribir supone un factor altamente positivo y satisfactorio dentro de su proceso de aprendizaje de la lengua y de adaptación en la nueva sociedad. Los recursos de la lectura y de la escritura sirven para integrarse en aquellas comunidades que requieran el uso de las destrezas escritas, pero, como señala García Parejo (2004), no se da detalle sobre la variedad de niveles en este sentido, ni la tipología de actividades que se requieren. Tampoco las diferencias y los conocimientos previos de las personas son tenidos en cuenta. Estas habilidades básicas de lectoescritura son especialmente demandadas en los trabajos del sector servicios, y tienen que ver con aspectos muy concretos: leer cartas, instrucciones y manuales; manejar diferentes fuentes de información (bibliotecas, bases de datos, mapas, planos, etc.); escribir cartas, notas y mensajes; completar documentos, etc.

Respecto a este tema, entendemos que la enseñanza oral de la L2 constituye el paso previo a todo proceso de alfabetización. También apoyamos el derecho a aprender una lengua desde la oralidad, y que la decisión de alfabetizarse sea sentida por los alumnos como un proceso voluntario, y no como una imposición. Es necesario incluir las destrezas lectoescritoras junto con otras prácticas y contenidos concretos, puesto que las posibles dificultades en la adquisición de estas habilidades son debidas a la falta de unos conocimientos culturales comunes que han de hacerse más explícitos, "lo que el individuo que vive en una sociedad ha de saber sobre ésta". Por último, desarrollar el proceso de aprendizaje del español como proceso de aprendizaje autónomo, y como medio de acceso al mercado laboral y de desenvolvimiento en la vida cotidiana, convierte la lengua en instrumento para hacer valer derechos fundamentales, base para la inserción en otros niveles del sistema educativo.

En cuanto a la enseñanza del español en contextos reglados, la práctica habitual es que los profesores que apoyan estos procesos ayuden a los estudiantes simultáneamente con sus necesidades en el orden lingüístico y con su adaptación a los temarios académicos[6]. Sin

---

[6] Véase el artículo de Isabel Galvín, "El alumnado inmigrante en el sistema educativo español", en *Educación de los inmigrantes*. Madrid: Trabajadores de la Enseñanza (2000).

embargo, los centros educativos no han de limitarse a enseñar materias académicas, sino también ocuparse de aquellos mecanismos que permiten acercarse al conocimiento en general (Monclús Estella, 2004) y atender a las actitudes, valores y normas. Son muchos los expertos que llaman la atención sobre los contenidos actitudinales en estos contextos de enseñanza (Muñoz Sedano, 1997) y proponen revisar los fundamentos académicos, proyectos curriculares y planes anuales de los centros escolares para favorecer una actuación docente coordinada, tanto en el tratamiento de las necesidades educativas específicas, como en las decisiones en materia de opcionalidad y diversificación curricular. Los criterios para el ejercicio de la función orientadora y la acción tutorial son piezas clave, al igual que el análisis de las situaciones de aprendizaje y las actividades didácticas que permitan atender al grupo.

Los alumnos españoles y los de familias migrantes comparten puntos de motivación, apoyo familiar, nivel de formación de los familiares e, incluso, elementos pedagógicos como los recursos dinámicos o las dinámicas de aula. Se da por hecho que la propia lengua de instrucción es conocida por los nativos y no nativos, cuando en realidad implica ciertas dificultades: seguir el discurso del profesor; mantener la concentración para poder tomar notas, subrayar, relacionar e identificar ideas; esperar turno para preguntar al profesor; evitar recriminaciones, y comprender las explicaciones de los libros de textos y los diversos procedimientos curriculares (Villalba y Hernández, 2004). Aunque el profesor utilice múltiples recursos para facilitar el procesamiento de información –activación de conocimientos previos, esquemas, aclaraciones, resúmenes, etc.–, hay que destacar que las limitaciones comunicativas en la L2 del nuevo estudiante en la "realidad específica de este contexto de aprendizaje" le impiden seguir, con normalidad y ciertas garantías de éxito, el currículum de la escuela.

Algunas de estas cuestiones pueden repercutir en la escolarización de los jóvenes inmigrantes y en el proyecto migratorio de la familia con respecto a la promoción social de sus hijos. En concreto, los estudios superiores son vistos como medio de promoción social y de búsqueda de un trabajo acomodado para las segundas generaciones. Los sectores juveniles se hallan inmersos en un proceso de formación marcado por numerosas instancias socializadoras como la familia de origen, el sistema escolar, los amigos, los medios de comunicación, el ámbito laboral o la constitución de un nuevo hogar (De Prada, 2005). Por ello se hace necesaria una valoración específica de este fenómeno específico.

La presencia de alumnos extranjeros en las aulas ha comportado también una malentendida educación intercultural, a partir de imágenes que los folclorizan y que de algún modo les sitúan en grupos culturales estancados y parcelados, a los que se acaba "guetizando" en lugar de construir puentes y establecer, en colaboración, elementos socioculturales acordes a las nuevas realidades sociales (Martín Rojo, 2003). Francesc Carbonell (1999) apunta que, con cierta frecuencia, parece que al extranjero se le enseña a ser "precisamente el estereotipo del extranjero". Apoyarse en las diferencias culturales y lingüísticas puede legitimizar desigualdades y, a corto plazo, provocar situaciones de exclusión social con pocas perspectivas de favorecer las relaciones intergrupales. Algunos estudios inciden en todos estos aspectos y en los peligros de homogeneizar a los alumnos de origen migrante como representantes de su grupo, lo que conlleva diversas valoraciones, algunas no exentas de ciertos riesgos ideológicos y graves repercusiones (Martín Rojo, 2003). La presencia de alumnos inmigrantes debería otorgar a las aulas una serie de valores para, por un lado, despertar la curiosidad y el interés de los jóvenes hacia otras culturas, y por el otro alejarse de sobreprotecciones, visiones etnocéntricas, paternalismos y asimilaciones culturales que provocan, en fin, exclusiones sociales. Con todo ello, el énfasis recae en las relaciones entre alumnos, extranjeros y autóctonos, más dinámicas, espontáneas y menos rígidas que el discurso que subyace en el discurso de algunos docentes, o en artículos sobre el tema (Martín Rojo, 2003).

El fenómeno migratorio constituye toda una transformación histórica y social, con implicaciones presentes y futuras en el conjunto de la sociedad. Gracias a esta diversidad humana, los métodos de enseñanza siempre van a variar también, de acuerdo a las características, intereses y necesidades del alumnado. Sin embargo, al desarrollar programas y actividades educativos tanto en contextos reglados como en la enseñanza a adultos, podríamos subrayar los siguientes propósitos:

- Capacitar al alumno para usos del español como vehículo de comunicación.
- Mejorar las destrezas sociales de relación, con énfasis en la autosuficiencia dentro de la sociedad receptora y en la capacidad de hacer uso de los servicios que ésta le ofrece.
- Ayudar a los alumnos a inducir normas a partir de sus propias experiencias o modelos observados y analizar esas normas de forma explícita.

- Garantizar el derecho a la cultura autóctona, y desarrollar así actitudes de respeto y solidaridad en situaciones de pluralismo cultural y lingüístico, a partir del descubrimiento e intercambio de códigos culturales que enmarcan la vida en las distintas sociedades.
- Potenciar un acercamiento entre culturas, a fin de posibilitar el análisis de los diversos comportamientos. Las culturas expresan la manera en que interpretamos el mundo y los hechos que en éste acontecen, condicionados por nuestras propias experiencias y por las expectativas de los miembros de nuestros grupos culturales.
- Apreciar la diversidad no como un elemento disgregador, sino como parte de un proyecto personal, desde la aceptación y valoración de la identidad cultural propia, la autoestima y la autoconciencia en relación a uno mismo y los demás.
- Apoyar e, inclusive, defender la difusión del conocimiento de las diversas culturas y la valoración del conjunto de conocimientos que las personas poseen como medio de canalizar posibles conflictos desde visiones más positivas.

3.3. EL ESPAÑOL COMO LENGUA MINORITARIA: EL CASO DE LOS ESTADOS UNIDOS

3.3.1. *Perfil histórico y social*

El español se ha hablado de forma continua, y ha sido idioma principal de un sector importante de la población, en el territorio que ahora constituye Estados Unidos desde antes de su establecimiento como país independiente. En el año 2000, según la Oficina del Censo de Estados Unidos, más del 11% de los habitantes mayores de 5 años (sobre los 28 de millones de personas) hablaba español en casa (el cuestionario del censo no recoge datos sobre el conocimiento de español ni la "preferencia lingüística" de la población), lo que da a esta lengua el estatus de lengua minoritaria más hablada en ese país.

A pesar de que en algunos lugares (y escuelas) los hispanohablantes constituyen mayoría, se puede considerar el español "lengua minoritaria" al definirse este término en base al estatus sociopolítico de una lengua (De Vries, 1987). En Estados Unidos el español se ha asociado históricamente con una identidad colonizada y/o racializada (Mignolo, 2000), y como mínimo desde la segunda mitad del siglo XIX, el inglés ha desempeñado un papel central en la definición ideológica de la identidad nacional estadounidense. Por ello, ha habido una fuerte presión sobre los hablantes de otras lenguas –inmigrantes, indígenas o habitantes de territorios anexados de otros países, como en el caso de México– primero para que aprendieran inglés y, más recientemente, para que dejaran de hablar sus lenguas nativas. De hecho, desde el periodo anterior a la Primera Guerra Mundial, algunos han considerado el uso de lenguas no inglesas como una conducta antiamericana (Pavlenko, 2002). La supremacía del inglés en la política lingüística a nivel mundial, la presión ideológica y práctica para asegurar la asimilación lingüística y cultural, y las campañas sociopolíticas nacionales para restringir el uso de otras lenguas –tales como los movimientos para hacer el inglés idioma oficial y limitar la educación bilingüe– hacen asimétrica la relación entre el español y el inglés, con éste en el lugar privilegiado (Cervantes-Rodríguez y Lutz, 2003). Debido a la falta de capital social y prestigio del español con respecto al inglés en Estados Unidos, consideramos el español lengua minoritaria en ese país.

Las ideologías lingüísticas dominantes en Estados Unidos –y en particular la asociación ideológica del español con una población racializada y la concepción del inglés como parte esencial de la identidad estadounidense– han repercutido en la enseñanza del español tanto para los estudiantes que aprenden la lengua como L2, como para los que la han aprendido en casa, a quienes suele llamarse "hablantes de herencia" (*heritage speakers*)[7]. Primero, al limitar el valor que se le asigna al español, estas ideologías moderan el interés que puede haber en mantenerlo o estudiarlo. Segundo, afectan la visión del español que se le ofrece a los estudiantes y pueden influir en el contenido lingüístico e ideológico de las clases. En el caso de la enseñanza del español en Estados Unidos, tal vez el reflejo más evidente del contexto ideológico sea el hecho de que se le llame lengua "extranjera", lo que niega la larga historia de los hispanohablantes en territorio nacional y reafirma el inglés como lengua nacional úni-

---

[7] También se emplean los términos "hablantes nativos" (*native speakers*), "hablantes bilingües" (*bilingual speakers*) y "hablantes con fluidez" (*fluent speakers*). Algunos investigadores y maestros utilizan estos términos de forma intercambiable, mientras otros hacen distinciones sutiles entre ellos. Cualquiera que sea el término que se decida usar, todos subrayan la gran diversidad (lingüística, cultural, socioeconómica, etc.) que hay entre dichos estudiantes.

ca (Train, 2002). También se percibe el efecto de estas ideologías en las metas contradictorias de las políticas educativas lingüísticas, las cuales han sido diseñadas para que los hispanohablantes –y los hablantes de otras lenguas no inglesas– dejen de utilizar la lengua materna, al mismo tiempo que se anima a los anglohablantes a que aprendan una L2.

3.3.2. *La enseñanza del español como segunda lengua*

Para entender la influencia de la ideología en la enseñanza de un idioma particular, hay que tener en cuenta no sólo la construcción de esa lengua, sino también la percepción del estudio de lenguas en general. A partir del modelo europeo, el conocimiento de lenguas extranjeras en Estados Unidos ofrecía al principio cierto capital cultural y social, y el aprendizaje de idiomas formaba parte de la educación de la élite. Desde la fundación de las primeras universidades norteamericanas, el objetivo explícito o implícito de la enseñanza de lenguas clásicas y modernas consistía en simplificar el acceso del alumnado a las grandes obras literarias en versión original. A causa de la exclusión de la literatura en español del canon, junto con el estatus no privilegiado de la lengua española en general, la élite anglohablante que estudiaba otros idiomas otorgó preferencia al latín, el francés y el alemán hasta por lo menos la primera parte del siglo XX.

Con el creciente interés hacia el español como herramienta para las relaciones comerciales con Latinoamérica, y la anexión de territorios mexicanos y de Puerto Rico en el siglo XIX, hubo un aumento en el interés en el aprendizaje del español. En el contexto del sentimiento anti-alemán de los años previos a la Primera Guerra Mundial (1914-1918), el español se estableció como el segundo idioma extranjero más estudiado después del francés (Leavitt, 1961). Ya que la pedagogía de la época se centraba en la literatura (Kramsch y Kramsch, 2000), y dada la poca estima que se le concedía a la literatura latinoamericana, en las aulas de español se enfatizaba la producción cultural peninsular. Además, se consideraba las variedades españolas como las más "correctas" y, por lo tanto, las más adecuadas y prioritarias para la enseñanza (García, 1993)[8].

---

[8] Entre personas que no dudaban de la supuesta superioridad del español peninsular hubo debate sobre qué variedad peninsular era "la mejor" (véase por ejemplo Espinosa, 1923).

Después de la Segunda Guerra Mundial (1939-1945), la importancia "estratégica" de las lenguas se ha enfatizado cada vez más. El temor a que los movimientos populares y revolucionarios latinoamericanos representaran una amenaza comunista para Estados Unidos facilitó la representación del español como lengua estratégicamente clave, y con ello un aumento de las matrículas en español en comparación con otros idiomas. Hacia 1970, el español se había convertido en la lengua extranjera con mayor número de estudiantes universitarios (Huber, 1996). Con el fin de la Guerra Fría, los intereses nacionales de Estados Unidos se definían cada vez más en torno a la competitividad económica en mercados globales, y la utilidad de los idiomas se concebía a partir de su potencial para facilitar la actividad económica tanto del país como de los individuos que las hablan. En este contexto, el discurso en torno al valor del español en Estados Unidos volvió a sus raíces, con un renovado énfasis en su utilidad comercial. Ahora el español se considera una lengua esencial no sólo para conquistar y mantener mercados externos, sino también para atraer al mercado interno constituido por la creciente población hispanohablante.

En cierta forma, el discurso dominante sobre el valor de las lenguas ha cambiado desde los ataques terroristas de septiembre de 2001 y las invasiones de Afganistán e Iraq. En particular, la falta de personal multilingüe en las fuerzas armadas y las agencias de inteligencia estadounidenses se entiende ahora como una deficiencia grave. Con el reconocimiento de la importancia de las lenguas para la seguridad nacional, y la mirada de Estados Unidos enfocada en los países islámicos, el interés en estudiar árabe ha aumentado de forma exponencial. Esto no significa que los criterios económicos hayan perdido peso en la decisión de estudiar (o enseñar) un idioma en lugar de otro; por ejemplo, son factores económicos además de militares los que hacen que el chino actualmente sea considerado como "lengua crítica" para los intereses nacionales. Queda por verse el efecto de las nuevas concepciones del valor de las lenguas en el número de estudiantes que estudian el español, aunque también es posible que las recientes victorias electorales de candidatos populistas o izquierdistas en varios países latinoamericanos (como Argentina, Bolivia, Chile, Uruguay y Venezuela) aumenten el "valor estratégico" del español.

La construcción del español como idioma global y recurso para el éxito comercial y laboral se refleja tanto en el discurso publicitario y político, como en el mercadeo de las clases de español en el mundo académico (véase el capítulo 15). Por ello, y dado que muchos alumnos norteamericanos piensan que el español es más fácil que otras lenguas no inglesas, hoy día hay más estudiantes de español que todas las otras lenguas juntas, tanto en las universidades como en los colegios (véase Welles, 2004, para las estadísticas). Sin embargo, la gran mayoría de estudiantes de español como L2 en Estados Unidos no continúa su estudio del español más allá de un requisito mínimo (que suele ser de uno o dos años), y por lo tanto no suele alcanzar un nivel de conocimiento que realmente les abra puertas profesionales.

Aunque algunos profesores y maestros siguen dando preferencia a las normas lingüísticas peninsulares, no cabe duda de que las variedades latinoamericanas han ganado muchísimo terreno en los salones de clase estadounidenses. Esto no significa que hayan desaparecido las jerarquías lingüísticas, o que haya una aceptación de todas las variedades del español. Todavía se percibe la influencia de la "ideología de lengua estándar" (Milroy y Milroy, 1999) que llega a atribuir una calidad moral e intelectual superior a las variedades codificadas en gramáticas normativas y/o habladas por grupos más poderosos. La asociación ideológica entre lengua y nación común en el mundo occidental desde el período romántico refuerza la autoridad de las variedades "estándares" (Joseph, 2004), restando así legitimidad a las habladas en Estados Unidos, que siguen siendo excluidas de las clases de español como L2. Esta exclusión no perjudica sólo a ciertas variedades lingüísticas: un análisis de libros de texto de español como L2 encontró una escasa representación de la población hispanohablante de Estados Unidos (Ramírez y Hall, 1990).

En esta sección nos hemos acercado al contexto ideológico de la enseñanza y el aprendizaje del español como L2, con alguna referencia a los objetivos implícitos de los programas pedagógicos. No hemos entrado a discutir detalles ni metas de los diversos métodos de enseñanza, ya que estas cuestiones se tratan a fondo en el capítulo 2.

3.3.3. *La enseñanza del español a hablantes de herencia*

Del mismo modo que no se ha incluido a la comunidad hispanohablante del país en el temario de las clases de español como L2, históricamente se ha ignorado a los hispanohablantes como parte de la población estudiantil, mientras que se han privilegiado las necesidades educativas de los anglohablantes. Todavía en la segunda mitad del siglo XX, por lo general las prácticas pedagógicas seguían sin tener en cuenta las habilidades lingüísticas ni las necesidades particulares que pudieran tener los hablantes de herencia. Esta situación empezó a cambiar en la década de los setenta, en respuesta a los movimientos estudiantiles que reclamaban los derechos civiles y educativos de las poblaciones marginadas, entre ellas los chicanos, los puertorriqueños, los afroamericanos y las mujeres. Esos movimientos insistían además en la necesidad no sólo de abrir las puertas de la universidad a un sector más representativo de la población norteamericana, sino también de crear un currículo más representativo basado en sus experiencias y conocimientos. En estos momentos, se establecieron las primeras clases de español diseñadas específicamente para hispanohablantes, y se publicaron los primeros textos para esta población. Antes de describir estas iniciativas pedagógicas, consideraremos el contexto ideológico y sus consecuencias para los conocimientos lingüísticos de los estudiantes en cuestión.

A pesar de su representación común en los medios de comunicación como individuos reacios a hablar inglés, los estudios demográficos demuestran que la gran mayoría de las personas que se identifican como *hispanos* o *latinos* sigue la tendencia histórica de desplazamiento hacia el inglés que han demostrado otras comunidades de inmigrantes procedentes de África, Asia y Europa. Aunque no todos los inmigrantes lleguen a dominar el inglés, la primera generación nacida en Estados Unidos sí lo consigue, y sus descendientes tienden a ser, si no monolingües en inglés, más competentes en inglés que en la lengua de los padres. De la misma manera, los descendientes de los habitantes de los territorios antes mexicanos han pasado por un proceso similar de pérdida lingüística, debido a las ideologías lingüísticas hegemónicas, y su reflejo en las políticas educativas que han limitado drásticamente la escolarización en español.

Como en la actualidad la mayoría de los latinos ha nacido en los Estados Unidos (US Census, 2000), muchos hablantes de herencia hablan variedades "de contacto" que muestran influencia del inglés, tienen conocimientos incompletos del español o han tenido poca oportunidad de desarrollar prácticas de lectura y escritura en español (véase el capítulo 9 para una descripción de las variedades y prácticas lingüísticas del español en Estados Unidos). Ya que el español ha sido generalmente excluido de dominios públicos relacionados con el prestigio o el poder, muchos estudiantes hispanohablantes sólo conocen los registros lingüísticos vinculados con ciertas actividades o contextos. Además, algunos hablan variedades asociadas con grupos de poco capital sociopolítico, lo cual, junto con la percepción negativa del español en Estados Unidos, los hace vulnerables a un doble estigma, por hablar una variedad desprestigiada de una lengua sin prestigio.

3.3.4. *Los objetivos y métodos de la enseñanza del español a hablantes de herencia*

Actualmente, casi 20% de las universidades estadounidenses ofrece clases especiales de español para hispanohablantes (Ingold *et al.*, 2002). También hay programas de español para hablantes de herencia en edad escolar. De manera muy general, se puede calificar los objetivos de este tipo de enseñanza como similares a los de la enseñanza del español a anglohablantes. Sin embargo, debido a que muchos hablantes de herencia llegan a clase ya sabiendo expresarse oralmente, pero sin experiencia académica en español, las clases diseñadas específicamente para esta población tienden a conceder más atención a la escritura que las clases de español como L2, donde se pone más énfasis a la comunicación e interacción oral. Otra cosa en común entre las clases de español como lengua de herencia y las de L2 es la preferencia que se da a las variedades "estándares". No obstante, las implicaciones pedagógicas de esta preferencia son diferentes según el tipo de estudiantes; para los estudiantes de L2 el rechazo del español 'no estándar' representa la subordinación de algo ajeno, mientras que para los hablantes de herencia, se trata de la subordinación de las variedades y prácticas propias, de sus familiares, y de los miembros de su comunidad.

Otra semejanza entre los dos ámbitos es la evolución del enfoque pedagógico desde un énfasis en la literatura hacia la representación del español como una lengua mundial que puede ser una herramienta profesional. Pero las ideologías y motivaciones que subyacen la atención a la literatura son un poco diferentes en los dos tipos de enseñanza. Como hemos mencionado, las primeras clases universitarias de español para hablantes de herencia surgieron en respuesta a los movimientos puertorriqueños y chicanos de los años sesenta y setenta que reclamaban mayor inclusión y representación en la universidad. Por este motivo, los primeros programas para hablantes de herencia concedieron un interés especial a la identidad cultural del alumnado. En otras palabras, la atención ofrecida a la literatura latinoamericana en las clases para hispanohablantes constituye un reflejo no sólo de la importancia que se asignaba a la literatura en la educación liberal, y de la percibida necesidad de enfatizar el lenguaje escrito, sino también del deseo de "reconectar" al alumno con la herencia cultural que supuestamente lo unía a Latinoamérica (Leeman y Martínez, en prensa). Asimismo, esa atención representa un intento de combatir el desprecio hacia el español, demostrando la validez y calidad de la producción cultural en este idioma.

El énfasis en la herencia cultural de los estudiantes hispanohablantes y el interés en fomentar su identificación con su propia comunidad no siempre iban acompañados de una valorización de sus variedades y prácticas lingüísticas. De hecho, éstas frecuentemente eran tildadas de "incorrectas", "informales", "subestándares" o "contaminadas por el inglés", lo cual refleja la ideología del estándar, que eleva el prestigio de las variedades habladas por las élites de países donde el español es lengua mayoritaria. Como resultado del estatus subordinado del español hablado en Estados Unidos, muchos de los primeros libros de texto y clases para hispanohablantes tenían como objetivo enseñar a los estudiantes una variedad más "elevada" del español y "erradicar" las variedades que ya sabían. Los libros de texto y las prácticas pedagógicas de los años setenta frecuentemente instigaban a los estudiantes a "corregir" o "mejorar" su español adoptando formas más estándares y aprendiendo las convenciones del español escrito (muchas veces con los textos literarios como modelo). Así, lo común era seguir un modelo "contrastivo", por el que se yuxtaponían las formas "incorrectas" usadas por los estudiantes y las formas "preferidas", las que deberían adoptar.

Desde los setenta, ha habido una evolución importante en el enfoque de la enseñanza del español a hispanohablantes, debido en parte al reconocimiento de las consecuencias dañinas de estas prácticas en cuanto a la motivación, autoestima y éxito académico de los estudiantes. La divulgación de principios tales como la legitimidad de todas las lenguas y variedades lingüísticas, además del movimiento educativo que reclama la importancia de valorar las experiencias vitales de todos los alumnos, llevaron a rechazar la erradicación de las variedades desprestigiadas como meta pedagógica, y sustituirla por la "expansión" del repertorio lingüístico de los estudiantes hispanohablantes. Este acercamiento pedagógico expansionista propone que los alumnos adquieran la variedad "estándar", además de registros adicionales, como por ejemplo el español académico, sin eliminar ni menospreciar las variedades y prácticas que ya conocen. Uno de los modelos más claramente articulados de este acercamiento pedagógico es el de Valdés (1997), que establece cuatro objetivos para la enseñanza del español a hispanohablantes:

- la transferencia de la alfabetización de una lengua a otra, normalmente del inglés (la lengua de escolarización de la mayoría de estos estudiantes) al español;
- la adquisición de una variedad de prestigio (o "estándar") del español;
- la expansión del repertorio bilingüe para incorporar registros académicos y profesionales en español, y
- el mantenimiento del español.

Hay varios objetivos adicionales, algunos hechos explícitos y otros implícitos. Un objetivo mencionado por varios autores, y relacionado con los cuatro anteriores es la promoción en los estudiantes de la "conciencia lingüística" (*language awareness*), que consiste en el entendimiento de los principios lingüísticos y sociolingüísticos que influyen en el cambio y la variación lingüísticos y en la relativa valorización de diferentes variedades. Según Carreira (2000), la comprensión por parte de los alumnos de que la variación y el cambio son inherentes a todas las lenguas, de que todas las variedades son lingüísticamente iguales, y de que el valor que se les asigna depende de factores sociales, tendrá un efecto positivo en su autoestima. Del mismo modo, esta autora afirma que el reconocimiento de la proximidad entre las variedades que hablan los estudiantes y la estándar motivará a los estudiantes a aprender ésta. Desde finales de los años ochenta, una de las metas explícitas de varios libros de texto y programas pedagógicos para estudiantes hispanohablantes es prepararlos para poder conseguir empleos en los que se pide conocimiento del español (Leeman y Martínez, en prensa). Esta atención al futuro laboral de los estudiantes converge con la justificación ideológica del estudio del español como L2, discutido anteriormente, y la tendencia cada vez más fuerte en Estados Unidos de concebir la universidad como un lugar de entrenamiento profesional. Asimismo, el énfasis en el uso comercial del español, y en su estatus como lengua mundial, favorecen las variedades lingüísticas consideradas más 'neutrales' o 'universales', en detrimento de las variedades locales, no 'estándares' o asociadas con grupos sociales menos privilegiados.

A pesar de la evolución en los objetivos pedagógicos de la enseñanza del español a hispanohablantes desde los setenta, algunos elementos se han mantenido constantes en la práctica pedagógica. En particular, se ha mantenido el peso de la lectura y la escritura, y el de la enseñanza de la gramática tradicional, aunque ahora con otros fines. Por otro lado, ha habido avances significativos en cómo se enseñan estas destrezas. Por ejemplo, muchos programas de español para hablantes de herencia incorporan actividades de pre- y post-lectura, además de algún entrenamiento sobre estrategias de aprendizaje, con lo cual estos programas se acercan cada vez más a los modelos pedagógicos que actualmente se emplean para clases de primera lengua (Potowski, 2005). Además, se han llevado a cabo estudios que, al definir "el español académico" en términos más concretos, han permitido el desarrollo de actividades pedagógicas en que los estudiantes analizan las características de diferentes géneros escritos, y los utilizan como modelos para su propia producción escrita (véase Acevedo, 2003; Colombi, 2003).

Para promover la conciencia lingüística sobre diferentes géneros y registros, así como algunos principios lingüísticos, Carreira (2000) plantea la inclusión en el currículo de ejemplos de variación y cambio en la historia del español, a fin de que los alumnos aprecien la naturalidad de estos procesos y entiendan que el prestigio de las diferentes variedades lingüísticas depende de factores sociales, y no de su legitimidad lingüística objetiva. En cuanto al desarrollo profesional de los estudiantes, algunos libros de texto incluyen tareas basadas en situaciones y actividades laborales que procuran, en primer lugar, promover la confianza entre los estudiantes en que su conocimiento del español puede representar una herramienta para conseguir trabajo, y en segundo, familiarizarlos y darles oportunidades de práctica con el "español profesional". Para allanar la profesionalización de los estudiantes hispanohablantes, Potowski (2005) también propone la inclusión de actividades de traducción e interpretación que incluyan lecciones sobre el uso de los diccionarios bilingües.

El modelo expansionista ha sido extensamente adoptado, pero también existe otra serie de propuestas pedagógicas, desarrolladas de modo paralelo, que asumen una posición más crítica hacia las jerarquías sociolingüísticas dominantes que otorgan prioridad a las variedades estándares del español. Nuestro uso de la palabra "crítica" en estas líneas se basa en la disciplina de la pedagogía crítica, que se ocupa del análisis de las influencias e implicaciones sociopolíticas de los sistemas educativos y que propone la inclusión de las experiencias de los estudiantes en el currículo, la reflexión crítica por parte de los estudiantes y la promoción de la participación activa de los estudiantes en el proceso educativo y en la creación de una sociedad más justa (Freire, 1970; Giroux, 1988; Fairclough, 1995; Reagan y Osborn, 2002). Con respecto al primer componente de la pedagogía crítica, el análisis sociopolítico de los paradigmas educativos dominantes, algunos investigadores han criticado los programas de español más tradicionales, que ideológicamente colocan las variedades asociadas con las élites monolingües españolas y latinoamericanas por encima de otras (p. ej., Train, 2002; Villa, 2002). Algunos autores también señalan que, a pesar de que los enfoques orientados hacia la adquisición de las variedades prestigiosas defienden la legitimidad de las habladas por los alumnos, los instructores involuntariamente pueden participar en la subordinación de las mismas al afirmar que las variedades prestigiosas son más "apropiadas" en ciertos contextos (Fairclough, 1995). En particular, intentar promover el "monitoreo" de las formas estigmatizadas en contextos asociados con el poder –p. ej., el mundo académico y el dominio profesional–, y afirmar que el español de los estudiantes hispanohablantes no es apropiado en esos contextos, podría enturbiar el hecho de que lo que se considere apropiado es negociado social y políticamente por los miembros de una comunidad, y negar la posibilidad de que los estudiantes se resistan a las normas dominantes. De esta manera, los acercamientos hacia la enseñanza del español a hispanohablantes que intentan inculcar una noción de lo lingüísticamente apropiado pueden tener el efecto de disfrazar la normatividad de descripción, de normalizar la desigualdad de estatus entre diferentes variedades y de deslegitimizar el español hablado por los estudiantes y sus familias (Leeman, 2005).

En lugar de intentar asimilar a los estudiantes hispanohablantes a las jerarquías lingüísticas dominantes, controlar el uso de las variedades desprestigiadas, o excluirlas del aula, los que adoptan una perspectiva crítica hacia la enseñanza del español a hispanohablantes procuran incorporar las variedades y experiencias lingüísticas de los estudiantes en la clase, validándolas y haciéndolas objeto de reflexión crítica. Esto no significa, sin embargo, que los pedagogos críticos no reconozcan las posibles ventajas para los estudiantes de aprender las variedades 'estándares', ni que no intenten familiarizar a los estudiantes con estas variedades. En lugar de imponer una manera unitaria de expresarse, sea una variedad prestigiosa o una estigmatizada, procuran ampliar el conocimiento lingüístico de los estudiantes y al mismo tiempo promover el desarrollo de su conciencia lingüística *crítica*. Con este objetivo, se analiza el papel del lenguaje en la constitución de categorías sociales, la relación bidireccional entre lengua y poder, y los mecanismos y consecuencias sociopolíticos de la subordinación lingüística. Asimismo, se aboga no sólo por el entendimiento de las jerarquías lingüísticas (en el caso de la enseñanza del español a hispanohablantes, entre las diferentes variedades del español, y entre el inglés y el español), sino también por la comprensión del poder afirmativo de las variedades y prácticas lingüísticas desprestigiadas, y sobre todo por el reconocimiento por parte de los estudiantes de su propio poder de decisión en sostener o subvertir el *status quo*.

La perspectiva crítica se refleja tanto en los métodos y actividades pedagógicas como en los objetivos de las clases de español para hablantes de herencia. Por ejemplo, Faltis (1990) rechaza la noción de que la educación implique la transmisión unidireccional del conocimiento, y sugiere que las aulas se conciban como espacios de diálogo donde se utilice la lengua para la reflexión crítica sobre temas sociales, históricos e individuales de interés para los estudiantes. En esta línea, ha habido varias propuestas de incorporar discusiones y análisis del significado social de variedades y actitudes lingüísticas. Por ejemplo, Aparicio (1997) pide a los alumnos que escriban una "autobiografía lingüística" detallando sus propias experiencias afectivas con las lenguas y variedades que hablen, mientras que MacGregor-Mendoza (1999) asigna una especie de diario en que los estudiantes anotan en qué contextos y con quiénes utilizan diferentes variedades y practicas lingüísticas (tales como la alternancia de códigos).

Para integrar las prácticas de la comunidad en el aula y destacar la relación entre lo lingüístico y lo social, Martínez (2003) propone actividades etnográficas, tales como la observación de patrones de uso asociados con el género de hablantes e interlocutores. Con el fin de que los estudiantes reflexionen sobre los aspectos políticos de la variación lingüística, Leeman (2005) incorpora en el currículo el análisis crítico de prácticas institucionales, artefactos burocráticos y representaciones populares –como por ejemplo rúbricas de evaluación académica, manuales de estilo, cuestionarios de censos, artículos de periódico y telenovelas– y pide a los estudiantes que consideren cómo estas representaciones reflejan y perpetúan (o subvierten) las jerarquías lingüísticas dominantes. A la vez, advierte que no se debe hablar solamente de la variación lingüística con referencia a la subordinación, y subraya el valor de reconocer y discutir la variación como un recurso en el manejo de la comunicación, la actuación de la identidad y la expresión creativa. Por eso, recomienda incluir el análisis de textos orales y escritos que reflejen estas funciones de las variedades y prácticas estigmatizadas.

En resumen, desde el establecimiento de clases de español específicamente para hispanohablantes, ha habido un intento de diseñar el currículo de acuerdo con las características concretas de esta población. Hemos visto que, además de influir en los perfiles lingüísticos de los alumnos hispanohablantes, las ideologías lingüísticas dominantes han tenido repercusiones tanto en los objetivos como en los métodos de estos programas. Hoy día, existen dos acercamientos pedagógicos generales –y en gran medida compatibles– a la enseñanza del español: el enfoque orientado hacia la expansión intenta combatir la subordinación de los hispanohablantes ampliando sus conocimientos lingüísticos, mientras que el enfoque más crítico insiste en la importancia de problematizar las jerarquías lingüísticas dominantes y de promover la conciencia crítica del alumnado.

3.4. Conclusiones

Empezamos este capítulo afirmando que el contexto no puede sino tener una influencia fundamental en la enseñanza de lenguas. Al examinar nuestros dos casos específicos –enseñanza del español como lengua mayoritaria en España y como lengua minoritaria en Estados Unidos–, vimos hasta qué punto el entorno sociopolítico influye en las presuposiciones sobre la importancia de saber una lengua en particular, la relación entre ésa y las identidades colectivas e individuales, los objetivos de maestros y estudiantes, y los contenidos y métodos de enseñanza. Como reflejo de los discursos dominantes sobre el valor de las lenguas en las sociedades globalizadas, tanto en España como en Estados Unidos, actualmente el español se presenta sobre todo como una herramienta para conseguir mejores trabajos. Sin embargo, existe una diferencia importante: donde el español es lengua mayoritaria, la lengua es concebida como un recurso no sólo para el éxito profesional, sino que también se espera que facilite la integración social y promueva el ejercicio de derechos laborales e individuales. Por contraste, en Estados Unidos, donde el español es lengua minoritaria y el discurso sobre el valor de las lenguas gira en torno a su 'utilidad' para los intereses nacionales (sean éstos económicos o de seguridad), las funciones integrativas del español son claramente secundarias a su posible valor instrumental.

Los movimientos migratorios han existido desde el comienzo y el desarrollo del ser humano; sin embargo, el proceso actual de mundialización o globalización añade nuevos rasgos socio-económicos al fenómeno. Tanto en la enseñanza a adultos como en los contextos reglados, las realidades y las necesidades de las personas inmigradas demandan una transformación en el panorama social y educativo que permite a las personas desarrollar un proyecto personal, desde la aceptación y valoración de su identidad cultural. Factores como la cercanía o la lejanía idiomática y el grado de conocimiento del español, la procedencia territorial y la cultura de origen, el nivel de formación reglada y la cualificación profesional, las experiencias y conocimiento del mundo y de otras lenguas, son ejemplos de la riqueza de variantes que rodean a las personas inmigradas. Estas y muchas otras características van definiendo nuevas líneas organizativas en el marco educativo y al mismo tiempo destapan necesidades formativas y una atención al fenómeno desde los recursos didácticos.

Los objetivos en la didáctica de la lengua evolucionan, al igual que lo hacen las sociedades. En la sociedad española el reto es desarrollar métodos de enseñanza que capaciten a estudiantes y docentes para llegar a ser competentes en la multiculturalidad, integrando contenidos desde posturas más comprometidas con las nuevas realidades sociales. Es un hecho que el fenómeno de la inmigración en España está desatando una amplia gama de iniciativas, como las que rodean al español con fines laborales, en el que las propias empresas desarrollan programas de enseñanza del español para formar a sus profesionales; o en los contextos reglados, donde las iniciativas de enseñanza incluyen a la propia comunidad autóctona, con cambios profundos que ponen de manifiesto el nuevo perfil social en las aulas. En un futuro próximo, estaremos más preparados para explicar la diversidad desde la confianza y no desde la amenaza, desde una visión positiva de la multiplicidad de variables y desde una mayor experiencia y cotidianidad, sin posturas de intolerancia o discursos ideológicos ambiguos.

No es nada fácil predecir lo que va a pasar con el estatus del español en Estados Unidos, ni cuáles serán las consecuencias para la enseñanza. Por una parte, la población latina sigue creciendo y todos se imaginan que representará un porcentaje cada vez mayor de la población nacional, lo cual no puede sino hacer el español más "visible" en Estados Unidos, dada la asociación de la identidad latina con el español. Esta asociación puede estimular el interés de los hablantes de herencia en ampliar sus conocimientos del español, sobre todo si se percibe como una ventaja en el mercado laboral. Por otra parte, un porcentaje cada vez mayor de la población latina nace en Estados Unidos, y por lo tanto demuestra mayor competencia en inglés que español, debido en parte a la definición ideológica de Estados Unidos como una nación monolingüe en inglés y la tendencia histórica a la pérdida lingüística. No sabemos todavía si la fuerza de los números y la promesa de un mejor futuro profesional serán suficientes para combatir las representaciones negativas de la población hispanohablante, y del español, en el discurso publico y así contribuir al mantenimiento de la lengua de herencia. Otra consecuencia de que sean cada vez más los latinos nacidos en Estados Unidos que prefieren el inglés sobre el español, es que los lazos ideológicos entre ser latino y hablar español se atenúen, facilitando la actuación de una identidad latina en inglés. Hay alguna evidencia que muestra esta posibilidad, como por ejemplo los nuevos programas de televisión y radio dirigidos a un público identificado como latino y transmitidos en inglés.

Incluso sin poder saber exactamente cuál será el estatus del español en Estados Unidos, ni cuál será su representación, lo que sí parece estar claro es que en el futuro inmediato, entre los alumnos de español en Estados Unidos habrá cada vez más hablantes de herencia. Para responder a las necesidades pedagógicas y sociales de estos alumnos, como las de los alumnos del español como L2 o los estudiantes de cualquier otro idioma, será fundamental considerar la situación sociopolítica de la lengua meta, y su importancia afectiva para el alumnado. Además de tener presente el contexto ideológico en el diseño de objetivos y métodos, el profesor debe intentar promover el análisis crítico por parte de los mismos alumnos, para que ellos no sólo entiendan el paisaje sociolingüístico y su relación con él, sino que jueguen un papel activo en moldearlo.

3.5. PREGUNTAS PARA LA REFLEXIÓN

1. ¿Cuáles son algunas posibles definiciones de los términos *lengua minoritaria* y *lengua mayoritaria*? ¿Hay situaciones en que una lengua podría ser considerada lengua minoritaria y lengua mayoritaria? ¿La clasificación es siempre objetiva?
2. ¿Cómo es diferente la enseñanza de una lengua mayoritaria a la de una lengua extranjera? En particular, ¿cómo son diferentes los estudiantes, los objetivos, los contextos de aprendizaje, las oportunidades de práctica, etc? ¿Qué implicaciones tienen estas diferencias para las prácticas pedagógicas?

3.   ¿Cuáles son algunos de los cambios que experimentan las personas al migrar a otro país? ¿Cuáles son las repercusiones de estos cambios para la enseñanza de una lengua?

4.   ¿Qué tipo de actividades pedagógicas se puede desarrollar para fomentar el aprecio del multilingüismo y la multiculturalidad? ¿Puede usted pensar en actividades tanto para hablantes de la lengua mayoritaria como de lengua minoritaria? ¿En qué otras maneras (dentro y fuera de los ámbitos educativos) los maestros y los profesores pueden apoyar el multilingüismo?

5.   ¿Cuáles son algunas repercusiones prácticas e ideológicas de la globalización para la enseñanza de la enseñanza del español en España y Estados Unidos? ¿Puede pensar en algunas consecuencias para la enseñanza de otras lenguas, tal vez en otros contextos?

6.   Históricamente, ¿cuáles han sido algunas diferencias entre los objetivos de la enseñanza del español como lengua de herencia y la del español como L2 en Estados Unidos? ¿Qué otros objetivos podría haber para estudiar o enseñar el español u otra lengua? ¿Cómo influyen los objetivos en los métodos y prácticas pedagógicas?

7.   Además de lo puramente lingüístico, ¿cuál debería ser el contenido y los objetivos de la enseñanza de un idioma? ¿Cuáles son las influencias de la ideología política en la enseñanza de una lengua? ¿Quién debe decidir cuáles son las necesidades no lingüísticas del alumnado y cómo se pueden determinar?

8.   ¿Cómo ha evolucionado el tratamiento de las variedades 'no estándares' y de la variación lingüística en la enseñanza del español? Busque un manual de español como lengua de herencia, como L2, o incluso como L1, y analice su acercamiento a este asunto. Por ejemplo, ¿se menciona la variación lingüística? ¿Cómo describe las formas desprestigiadas? ¿Se utiliza la noción de "lo apropiado" para justificar la preferencia de una forma lingüística en lugar de otra?

9.   Examine un libro de texto de español (o de otra lengua) para descubrir cómo se promociona el estudio de la lengua en cuestión. Por ejemplo, ¿se habla del aprendizaje de nuevas culturas? ¿Se enfatiza el estatus mundial de la lengua? ¿Hay referencia explícita a las oportunidades profesionales que provee el conocimiento de esta lengua? Haga un análisis también de los contenidos temáticos y de las lecturas, si las hay,

para descubrir los dominios semánticos que se tratan. ¿Qué nos dice de la ideología subyacente sobre el valor de la lengua en cuestión y los objetivos de la enseñanza?

BIBLIOGRAFÍA

ACEVEDO, R. (2003): "Navegando a través del registro formal." En A. Roca y M. Colombi (eds.). *Mi Lengua: Spanish as a Heritage Language in the United States* (pp. 257-268). Washington, DC, Georgetown University Press.

APARICIO, F. (1997): "La enseñanza del español y la pedagogía multicultural." En M. Colombi y F. Alarcón (eds.). *La enseñanza del español a hispanohablantes: Praxis y teoría* (pp. 222-231). Boston, Houghton Mifflin.

AREIZAGA, E. (2003): La interculturalidad en el aula de español como lengua extranjera. *Textos de Didáctica de la Lengua y de la Literatura* 34: 27-43.

ARNOLD, J. y FONSECA, C. (2004): "Reflexiones sobre aspectos del desarrollo de la competencia comunicativa oral en el aula de español como segunda lengua." En F. Molina y G. Luque (coords.). *El desarrollo de la competencia lingüística y comunicativa en el aprendizaje de español como L2* (pp. 45-60). Madrid, Edinumen.

CARBONELL, F. (1999): "Desigualdad social, diversidad cultural y educación." En E. Aja *et al.* (coords.). *La inmigración extranjera en España. Los retos educativos* (pp. 167-199). Barcelona, Fundación la Caixa.

CARREIRA, M. (2000): Validating and Promoting Spanish in the United States: Lessons from Linguistic Science. *Bilingual Research Journal* 24, http://brj.asu.edu/v244/articles/art7. html.

CEREIJO, E. y VELÁZQUEZ, F, (2004): Los determinantes de las migraciones en la Unión Europea. *Economistas* 99: 38-47.

CERVANTES-RODRÍGUEZ, A. y LUTZ, A. (2003): Coloniality of Power, Immigration, and the English-Spanish Asymmetry in the United States. *Neplanta* 4: 523-560.

COLOMBI, M. (2003): "Un enfoque funcional para la enseñanza del ensayo expositivo." En A. Roca y M. Colombi (eds.). *Mi Lengua: Spanish as a Heritage Language in the United States* (pp. 78-95). Washington, DC, Georgetown University Press.

DE PRADA, M. (Colectivo IOE) (2005): ¿'Invención' de la adolescencia migrante? *Ser Adolescente Hoy*: 185-196.

DE VRIES, J. (1987): Problems of Measurement in the Study of Linguistic Minorities. *Journal of Multilingual and Multicultural Development* 8: 23-31.

ESPINOSA, A. (1923): Where Is the Best Spanish Spoken? *Hispania* 6: 244-246.

FAIRCLOUGH, N. (1995): "Critical Language Awareness and Self-Identity in Education." En D. Corson (ed.). *Discourse and Power in Educational Organisations* (pp. 257-272). Cresskill, Hampton Press.

FALTIS, C. (1990): Spanish for Native Speakers: Freirian and Vygotskyan Perspectives. *Foreign Language Annals* 23: 117-126.

FREIRE, P. (1970): *A pedagogia do oprimido*. São Paolo, Paz e Terra. [Trad. esp.: *Pedagogía del oprimido*. Montevideo, Siglo XXI, 1995.]

GARCÍA, C. (2003): *Experiencias y propuestas para la enseñanza de L2 a personas inmigradas*. Madrid, Edinumen.

GARCÍA, O. (1993): From Goya Portraits to Goya Beans: Elite Traditions and Popular Streams in US Spanish Language Policy. *Southwest Journal of Linguistics* 12: 1-37.

GARCÍA, P. (1995): La creación de materiales: Producción de material didáctico dirigido a inmigrantes y refugiados en España. *Didáctica (Lengua y Literatura)* 7: 393-396.

GARCÍA, P. (1998): El enfoque intercultural en la enseñanza de español a inmigrantes. *Carabela* 45: 107-124.

GARCÍA, P. (2004): La inmersión de Bogdan: Reflexiones interculturales y afectivas. *Glosas Didácticas* 11: 47-59.

GARCÍA PAREJO, I. (2004): "La enseñanza del español a inmigrantes adultos." En J. Sánchez Lobato e I. Santos Gargallo (eds.). *Vademécum para la formación de profesores. Enseñar español como segunda lengua (L2)/ lengua extranjera (LE)* (pp. 1259-1277). Madrid, SGEL.

GIROUX, H. (1988): *Teachers as Intellectuals: Toward a Critical Pedagogy of Learning*. Granby, MA, Bergin y Garvey.

HELLER, M. (2003): Globalization, The New Economy, and the Commodification of Language and Identity. *Journal of Sociolinguistics* 7: 473-493.

HERNÁNDEZ, M. y VILLALBA, F. (2005): La enseñanza de español con fines laborales para inmigrantes. *Glosas Didácticas* 15: 74-83.

HUBER, B. (1996): Variation in Foreign Language Enrollments through Time (1970-90). *ADFL Bulletin* 27: 57-84.

INGOLD, C.; RIVERS, W.; TESSER, C. y ASHBY, E. (2002): Report on the NFLC/AATSP Survey of Spanish Language Programs for Native Speakers. *Hispania* 85: 324-329.

JOSEPH, J. (2004): *Language and Identity*. Hampshire, Palgrave.

KRAMSCH, C. y KRAMSCH, O. (2000): The Avatars of Literature in Language Study. *Modern Language Journal* 84: 553-573.

LEAVITT, S. (1961): The Teaching of Spanish in the United States. *Hispania* 54: 591-625

LEEMAN, J. (2005): Engaging Critical Pedagogy: Spanish for Native Speakers. *Foreign Language Annals*, 38: 35-45.

LEEMAN, J. y MARTÍNEZ, G. (en prensa): From Identity to Commodity: Discourses of Spanish in Heritage Language Textbooks. *Critical Inquiry in Language Studies*.

LÓPEZ, B. (1993): *La inmigración magrebí en España. El retorno de los moriscos*. Madrid, Colecciones Mapfre.

MACGREGOR-MENDOZA, P. (1999): "Looking at Life through Language." En R. Wheeler (ed.), *Language alive in the classroom* (pp. 81-87). Westport CT, Praeger.

MARTÍN ROJO, L. (2003): *Escuela y diversidad lingüística, ¿Asimilar o integrar? Dilemas ante el multilingüismo en las aulas.* Madrid, Ministerio de Educación, Cultura y Deporte.

MARTÍNEZ, G. (2003): Classroom Based Dialect Awareness in Heritage Language Instruction: A Critical Applied Linguistic Approach. *Heritage Language Journal* 1. http://www.heri tagelanguages.org/

MELERO, P. (2003): Mamá aprende español. *Notas. Educación de Personas Adultas* 15: 48-52.

MIGNOLO, W. (2000): *Local Histories/Global Designs.* Princeton, NJ, Princeton University Press.

MIJARES, L. (1999): Cuando inmigrantes y autóctonos comparten estereotipos: Niños, escuela e imágenes sobre la inmigración marroquí en España. *Anales de Historia Contemporánea* 15: 167-178.

MIQUEL, L. (1999): El choque intercultural: reflexiones y recursos para el trabajo en el aula. *Carabela* 45: 27-46.

MIQUEL, L. (2003): Consideraciones sobre la enseñanza de español lengua extranjera a inmigrantes. *Carabela* 53: 5-24.

MILROY, J. y MILROY, L. (1999): *Authority in Language* (3ª. ed.). Londres, Routledge.

MONCLÚS ESTELLA, A. (2004): *A qué llamamos enseñanza, escuela, currículum.* Granada, Grupo Editorial Universitario.

MUÑOZ SEDANO, A. (1997): *Educación intercultural.* Madrid, Escuela Española.

PAVLENKO, A. (2002): 'We Have Room But for One Language Here': Language and National Identity at the Turn of the 20th Century. *Multilingua* 21: 163-196.

POTOWSKI, K. (2005): *Fundamentos de la enseñanza del español a hispanohablantes en los EE.UU.* Madrid, Arco/Libros.

PUMARES, P. (1993): Problemática de la inmigración marroquí en España. *Política y Sociedad* 12: 139-147.

RAMÍREZ, A. y HALL, J. (1990): Language and Culture in Secondary Level Spanish Textbooks. *Modern Language Journal* 74: 48-65.

REAGAN, T. y OSBORN, T. (2002): *The Foreign Language Educator in Society: Toward a Critical Pedagogy.* Mahwah, NJ, Lawrence Erlbaum.

TRAIN, R. (2002): "The (Non)native Standard in Foreign Language Education." En C. Blyth (ed.). *The Sociolinguistics of Foreign-Language Classrooms* (pp. 3-39). Boston, Heinle and Heinle.

TRUJILLO, F. (2004): La actuación institucional en atención al alumnado inmigrante y la enseñanza de español como segunda lengua. *Glosas Didácticas* 11: 16-46.

US CENSUS (2000): http://www.census.gov/main/www/cen2000.html.

VALDÉS, G. (1997): "The Teaching of Spanish to Bilingual Spanish Speaking Students: Outstanding Issues and Unanswered Questions." En M. Colombi y F. Alarcón (eds.). *La enseñanza del español a hispanohablantes: Praxis y teoría* (pp. 8-44). Boston, Houghton Mifflin.

VILLA, D. (2002): The Sanitizing of US Spanish in Academia. *Foreign Language Annals* 35: 221-230.

VILLALBA, F. y HERNÁNDEZ, M. (2004): "La enseñanza del español a inmigrantes en contextos escolares." En J. Sánchez Lobato e I. Santos Gargallo (eds.). *Vademécum para la formación de profesores. Enseñar español como segunda lengua (L2)/ lengua extranjera (LE)* (pp. 1225-1258). Madrid, SGEL.

WELLES, E. (2004). Foreign Language Enrollments in United States Institutions of Higher Education, Fall 2002. *ADFL Bulletin* 35: 7-26.

4
LA ENSEÑANZA DEL ESPAÑOL CON FINES ESPECÍFICOS

Josefa Gómez de Enterría
Universidad de Alcalá

4.1. Introducción

En el marco de la enseñanza/aprendizaje de lenguas se denomina "Español con Fines Específicos" al conjunto de las llamadas lenguas de especialidad o lenguajes especializados, es decir, las lenguas de las ciencias, las técnicas y las profesiones, que en nuestros días evolucionan paralelamente al desarrollo científico y tecnológico y son el vehículo imprescindible para llevar a cabo la comunicación especializada (Gómez de Enterría, 2001 a b).

Al hacer una primera aproximación al proceso de enseñanza/aprendizaje del español con fines específicos, es imprescindible considerar como punto de partida la naturaleza de la(s) lengua(s) de especialidad, ya que este primer planteamiento y la descripción de la lengua objeto del proceso de aprendizaje se nos muestra a priori como factor indispensable para la formación del docente. Insistimos pues en que sólo mediante la inmersión previa del docente en las características estructurales, pragmáticas y funcionales de la(s) lengua(s) de especialidad meta, será posible que se logre el objetivo prioritario propuesto, o lo que es lo mismo, la adquisición por parte de los alumnos de la competencia cognitivo-lingüística de carácter específico.

Al mismo tiempo también será necesario determinar cuáles son las necesidades comunicativas especializadas que tienen mayor demanda para la didáctica del español con fines específicos, delimitando los ámbitos de especialidad con fines didácticos, entre otros, Español de los Negocios, Español del Turismo, Español Jurídico, Español de la Diplomacia, Español de las Ciencias de la Salud, Español del Medio

Ambiente, etc., ya se trate de la enseñanza de "Español con Fines Profesionales" (EFP) o de "Español con Fines Académicos" (EFA).

Hoy ya queda fuera de toda duda la importancia que los textos y documentos auténticos tienen en el proceso de enseñanza/aprendizaje de las lenguas de especialidad. Esto conlleva la realización de ordenamientos tipológicos de los textos especializados que responden a necesidades pragmáticas claras como, en nuestro caso, la enseñanza de la lengua. No podemos olvidar que el profesor debe valorar dichos textos como vehículos de comunicación especializada y, en definitiva, como instrumentos imprescindibles para la enseñanza de la lengua en cada una de las diferentes demandas que se le puedan plantear. Asimismo, el docente deberá considerar todos y cada uno de los factores de carácter sociológico que condicionan la comunicación especializada y tener en cuenta, al mismo tiempo, aspectos tales como el nivel científico del texto, la formación del emisor, los conocimientos del área de especialidad que poseen los receptores y el medio o canal mediante el cual se transmite la comunicación, etc.

Al realizar la valoración de la adquisición de la competencia lingüística, ésta deberá estar estrechamente relacionada con:

a) las destrezas y capacidades interculturales propias del ámbito de especialidad en que el alumno pondrá en práctica la comunicación profesional, y

b) la aplicación de una metodología que incluya tanto la perspectiva de la descripción lingüística, como los aspectos pragmáticos y funcionales.

Todo ello siempre dentro de un marco fundamentado en la comunicación y en la funcionalidad propia del sector profesional concreto, y con la consiguiente inmersión lingüística y pragmática en el ámbito de especialidad. Aquí cobra especial importancia la atención que requiere la competencia transcultural para el proceso de enseñanza/aprendizaje de una lengua funcional. Este diseño curricular prestará especial atención al desarrollo de las competencias (lingüística y profesional) destrezas, estrategias y evaluación, entendidas como conjunto de técnicas y mecanismos que contribuyen a facilitar el aprendizaje del alumno.

En cuanto a los materiales de apoyo –y sin ignorar la importancia que tienen los diccionarios especializados en el aula de EFP o EFA–, parece innegable que Internet es hoy por hoy el factor prioritario. La red ofrece al docente inmejorables aplicaciones como fuente documental y funcional para la enseñanza de español con fines profesionales o académicos, ya sea con la búsqueda de documentos auténticos, o bien con la facilidad que proporciona para la realización de recorridos funcionales y la inmersión en situaciones profesionales reales (véase el capítulo 5 para más detalles).

La metodología activa y funcional tiene capital importancia en los procesos de enseñanza/aprendizaje de la lengua de especialidad, ya que la variedad de situaciones y contextos en que se puede situar la comunicación especializada, así como los objetivos propuestos para esta enseñanza, condicionan el empleo de una metodología propia. Ésta debe situarse en confluencia con los objetivos de aprendizaje centrados en la comunicación especializada o profesional:

a)   contextualizando el aprendizaje y haciendo una inmersión en los discursos especializados concretos y en situaciones precisas;

b)   valorando ante todo la finalidad utilitaria propia de las situaciones comunicativas que genera cada contexto de especialidad, y

c)   desarrollando los contenidos gramaticales, discursivos, sociolingüísticos y socioculturales.

De esta manera se "vivirán en el aula" las experiencias lingüísticas del ámbito de especialidad meta, con la reproducción de contextos que sean, en la medida de lo posible, semejantes a las situaciones reales propias de cada profesión, especialidad, etc., delimitando claramente el punto de partida del aprendizaje lingüístico y la meta que deben alcanzar.

Es evidente que uno de los mejores soportes didácticos para llevar a cabo este proceso de enseñanza/aprendizaje es mediante simulaciones, en donde el soporte contextual de la realidad profesional permite una puesta en práctica de los discursos especializados insertos en el funcionamiento de la comunicación. Conviene recordar aquí que la simulación se desarrolla a partir de un proyecto creativo y motivador en el que se comprometen todos sus participantes, esto es, el grupo de alumnos junto con el profesor. Así la puesta en práctica de dicho proyecto contribuye a la creación de un universo profesional en que se interactúa conjuntamente para conseguir los objetivos propuestos.

En este contexto de enseñanza/aprendizaje de la(s) lengua(s) de especialidad, el perfil del profesor se aproxima al de un mediador lingüístico, un especialista en lingüística aplicada que posee un sólido conocimiento del español estándar, así como de su cultura. No obstante, dicho profesor también conoce las características de la(s) lengua(s) de especialidad que imparte, y es capaz de hacer alguna "incursión" en el ámbito de especialidad meta, en el que se sitúa el aprendizaje. Por último, no podemos olvidar que estamos ante un docente de procedimientos, sensibilizado con los procesos de aprendizaje y con la dimensión cognitiva del mismo, ya que siempre estará dispuesto a valorar cuál es el proceso de aprendizaje más conveniente para sus alumnos.

4.2. ¿QUÉ LENGUA ENSEÑAR?

Bajo la denominación genérica de "Español con Fines Específicos" (EFE), se incluyen los procesos de enseñanza/aprendizaje encaminados a la adquisición de la lengua propia de la comunicación especializada, sobre todo en los ámbitos socioeconómico, de la gestión sanitaria, la gestión cultural, el derecho, las relaciones internacionales y las tecnologías[1]. La denominación EFE, muy empleada desde comienzos de los años noventa, ha ido cediendo espacio para dejar paso a otras dos más recientes que han venido posteriormente a delimitarla. Se trata del "Español con fines profesionales" (EFP) y del "Español con fines académicos" (EFA)[2]. Ambas denominaciones son a su vez resultado de la evolución de estos procesos de enseñanza/aprendizaje que, desde principios de los noventa, ha tenido lugar en las instituciones educativas españolas públicas y privadas.

Esta división se ha visto potenciada por varias razones. De una parte, a causa del sólido afianzamiento que España y algunos países de la América de habla hispana han desarrollado en los mercados internacionales durante los últimos veinte años, con la consiguiente demanda para el aprendizaje de la lengua española propia de los ámbitos socioeconómicos y culturales en los que se enmarca el EFP. Asimismo, también se debe considerar que durante el mismo período de tiempo surge el EFA, que responde fundamentalmen-

---

[1] Estos son los ámbitos que constituyen, a grandes rasgos, las áreas con una demanda de mayor volumen para la enseñanza y el aprendizaje del español con fines específicos.

[2] Véanse Aguirre Beltrán (2004) y Vázquez (2004), respectivamente.

te a la demanda ejercida por las universidades españolas –al crear-se los programas Erasmus y Sócrates, desde el ingreso de España en la Comunidad Económica Europea–, hecha realidad con la movilidad de los estudiantes universitarios de la actual Unión Europea (UE). Así los programas que surgen en el seno del EFA deben dar respuesta a las necesidades que, por parte de estos alumnos, plantea el aprendizaje de la lengua española durante su estancia académica en España. Tampoco se puede olvidar aquí la demanda de la misma formación lingüística especializada por parte de otras universidades que no proceden de la UE –sobre todo americanas y asiáticas.

La primera cuestión con que se enfrenta el profesor de español o castellano con fines específicos (EFE), ya sean profesionales (EFP) o académicos (EFA), es qué lengua debe enseñar. Para responder a esta pregunta, lo primero que debe considerar este profesor es que sus alumnos son aprendices que demandan la adquisición de la competencia comunicativa en español, pero no en su variedad estándar, sino en la lengua mediante la cual se pone en práctica la comunicación real en ámbitos profesionales y académicos concretos. Es decir, la lengua de especialidad propia de cada ámbito especializado y la que se requiere para cada contexto específico de comunicación. Se trata de las llamadas lenguas de especialidad o lenguajes especializados que incluyen las ciencias, las técnicas y las profesiones; estos idiomas evolucionan en nuestros días paralelamente al desarrollo científico y tecnológico y son el vehículo imprescindible para llevar a cabo la comunicación especializada.

Según Kocourek (1991), estas lenguas constituyen sistemas semióticos de especialidad diferentes de los sistemas de símbolos y poseen recursos propios, además de aquéllos de la lengua común con los que estructuran su discurso. Los lenguajes especializados comparten la diversificación cognitiva con el ámbito de especialidad en el que se sitúan, tienen un vocabulario propio que les permite llevar a cabo la conceptualización de los aspectos más destacados del ámbito de especialidad, y además poseen una fraseología y un discurso que le son característicos y que, junto con el vocabulario, les sirven para designar el contenido especializado y poner en práctica la función comunicativa.

La función comunicativa constituye el principal objetivo de aprendizaje para llevar a cabo la enseñanza de las lenguas de especialidad; de ahí que el estudio de estas lenguas deba ser planteado a partir de los discursos –orales o escritos– específicos del ámbito de especialidad meta, porque es a través de esos discursos, y sólo con ellos, como se realiza la comunicación especializada. Nos hallamos, pues, en un contexto didáctico que acoge el mundo de las profesiones, inmerso en la realidad socioeconómica de la actividad cotidiana del hombre moderno y, dentro de tal contexto, la lengua vehicular está constituida necesariamente por las lenguas de especialidad.

Además, al hacer una primera aproximación a la naturaleza y características de estas lenguas no obtenemos *a priori* una delimitación clara y precisa, como pone de manifiesto la amplia variedad denominativa que las acoge y el desacuerdo que muestran los especialistas en cuanto a su naturaleza. De acuerdo con María Teresa Cabré, nos parece que la más adecuada de entre todas las denominaciones posibles es la de lenguas de especialidad, empleada para referirnos al conjunto de recursos lingüísticos que forman parte del acervo de la lengua común, que también comparten con ella fonología, sintaxis y morfología, y que presentan sólo parcialmente algunas divergencias en el léxico, cuando se emplean las mismas unidades léxicas con sentidos y valores pragmáticos diferentes según los contextos.

Hoy la enseñanza de las lenguas de especialidad –EFP o EFA– debe ser abordada desde una visión ecléctica que valore en primer lugar la naturaleza de dichas lenguas. Ya queda lejano el planteamiento metodológico para la enseñanza de las lenguas de especialidad desde una perspectiva estrictamente nomencladora, cuando el currículo se articulaba en torno a un conjunto, más o menos cerrado, de términos especializados que a su vez aparecían insertos en textos cerrados y muchas veces aislados de su contexto. Este planteamiento se situaba muy cerca de la clásica Teoría General de la Terminología (Wüster, 1968), por cuanto consideraba que la manera de dominar un ámbito científico o técnico sólo era posible a través del dominio de su vocabulario especializado. Evidentemente, en la actualidad los planteamientos wüsterianos pueden ser tenidos en cuenta con ciertas matizaciones cuando se trata de conseguir su propósito final. No obstante, resultan ineficaces para abordar la enseñanza/aprendizaje de una lengua de especialidad, por cuanto se prescinde de aspectos comunicativos tales como las características más destacadas de los discursos propios de cada ámbito, la fraseología especializada que necesariamente aparece junto a los términos, y las variaciones textuales y discursivas imprescindibles para poder enseñar a comunicar los conceptos del ámbito de especialidad en el que se sitúa el proceso de enseñanza/aprendizaje.

En el momento actual, el contexto de investigación y enseñanza de las lenguas de especialidad se sitúa en la más reciente Teoría Comunicativa de la Terminología, con la que Cabré (1999) ha demostrado que las lenguas de especialidad deben ser enseñadas *en* y *para* la comunicación, al abordar las unidades terminológicas desde un enfoque poliédrico, es decir, desde tres puntos de vista: cognitivo, lingüístico y comunicativo. Este enfoque representa todo un avance frente a la concepción de carácter semiótico expuesta por Kocourek[3].

La adquisición de los significados de las unidades terminológicas debe hacerse a través de un aprendizaje sistemático que se enmarque dentro de los contextos profesionales (Cabré, 2003), con especial atención a los vocabularios y a la fraseología especializada que gira en torno a esos vocabularios, ya que el aprendizaje de la fraseología será imprescindible para que el alumno pueda comunicar los conceptos de la especialidad propuesta (Vidal y Cabré, 2004). Al mismo tiempo, tampoco hay que olvidar la importancia que representa para el proceso de aprendizaje el llamado vocabulario o léxico subtécnico, presente también en los discursos de especialidad con su valor semántico preciso y con las posibilidades significativas que además ofrece el funcionamiento del léxico subtécnico en la lengua común.

En este mismo entorno de la comunicación especializada, se hace imprescindible el tratamiento descriptivo de los textos de la materia o ámbito de especialidad propuesto. No se trata de describir una lengua de especialidad, sino de acercar hasta el alumno cada uno de los discursos propios de cada situación comunicativa concreta, porque en cada ámbito de especialidad coexisten numerosos tipos de discursos especializados que se entrecruzan o bien permanecen independientes (Moirand, 1994).

Para llevar a cabo el proceso de enseñanza/aprendizaje de una lengua de especialidad, será necesaria la compilación de un corpus textual formado tanto por discursos orales como escritos (Rocamora Abellán, 1999), con un predominio de los primeros en el aprendizaje del EFP, frente al empleo de los discursos escritos en el del EFA. Conviene recordar aquí la importancia que ha adquirido la lengua oral en los recientes enfoques para el aprendizaje de las lenguas de

---

[3] Véase Cabré (2003) para mayor información sobre la Teoría Comunicativa de la Terminología y sus repercusiones en la enseñanza y aprendizaje de las lenguas de especialidad.

156 LINGÜÍSTICA APLICADA DEL ESPAÑOL

especialidad a partir de 1990. Antes de esas fechas, la oralidad estaba prácticamente sometida a la supremacía de los discursos escritos especializados que ocupaban el currículum de estas enseñanzas con un alto nivel de cientificidad, es decir, sin apenas permitir la presencia de los discursos de la divulgación científica.

Las particularidades lingüísticas y gramaticales serán abordadas desde dentro de cada uno de los discursos que constituyen el corpus textual compilado para la programación del curso, considerando como tales los articuladores lógicos, cronológicos y retóricos; las construcciones sintácticas; las organizaciones discursivas; la expresión de la comparación, la hipótesis, la consecuencia, etc.; la redacción de definiciones, deducciones, predicciones, etc.; la expresión de la opinión propia; la causa y la consecuencia, etc. En resumen, todas las virtualidades que ofrece la lengua de especialidad deben ser enseñadas y aprendidas desde los textos auténticos, es decir, desde las situaciones comunicativas funcionales insertas en la realidad del ámbito de especialidad propuesto (Kahn, 1993).

4.3. ¿POR QUÉ EL APRENDIZAJE DE UNA LENGUA EXTRANJERA CON FINES ESPECÍFICOS?

La enseñanza/aprendizaje de lenguas extranjeras con fines específicos surge a partir de la transformación que acusa el paradigma metodológico en los años setenta, con la revolución que supone la llegada del método comunicativo y la total transformación de la concepción previa acerca de la enseñanza de lenguas, ya que ésta se fundamentaba en los aspectos formales de la lengua y centraba los objetivos en el aprendizaje del vocabulario. Desde entonces hasta el presente, la demanda para la enseñanza del EFE ha alcanzado gran volumen y, al mismo tiempo, se ha diversificado en múltiples situaciones de enseñanza/aprendizaje.

Tomaremos como punto de partida la división que surge en el aprendizaje del EFE a partir de la década de 1990 con la división de estas enseñanzas en los dos grandes grupos antes citados –EFP y EFA–, y teniendo en cuenta que cada uno de estos dos grupos genera demandas diferentes según las necesidades comunicativas especializadas, también diferentes, que pueden plantear los alumnos. Esta división responde sobre todo a la naturaleza de la demanda de enseñanza/aprendizaje, ya sea privada o institucional. Sin embargo, conviene recordar que no nos hallamos ante una clasificación transparente, porque en cada una de ellas influirá el perfil profesional –de acuerdo con la formación especializada de los aprendices– y las expectativas o beneficios que los alumnos esperen conseguir con este aprendizaje.

La denominación EFP está dirigida a los estudiantes llegados de alguno de los sectores profesionales que ofrece hoy el mercado laboral, es decir, profesionales de diferentes áreas que demandan el aprendizaje de español como lengua de especialidad para el desempeño de su profesión. En la denominación EFA figuran los estudiantes universitarios que tienen que adquirir el español especializado propio de su currículum académico. La primera clasificación condiciona la demanda, porque los aprendices del EFP tienen como objetivo la adquisición o el perfeccionamiento de una competencia comunicativa estrechamente relacionada con su actividad profesional. Se proponen, pues, adquirir la lengua para que ésta les facilite la comunicación en su medio laboral, y con ello irá implícita una posible mejora o ascenso profesional. Se trata de alumnos que cursan este aprendizaje por su propia voluntad. Sin embargo, la demanda del EFA está constituida por alumnos que deben cursar obligatoriamente esta enseñanza lingüística, encaminada a la adquisición o al perfeccionamiento de una lengua de especialidad imprescindible para su formación académica, y en la que posiblemente lleguen a comunicarse cuando accedan al mundo laboral.

Sin duda, estamos ante dos grupos con características muy diferentes en cuanto a la demanda inicial, y esta diferencia va a condicionar la naturaleza del aprendizaje, tanto por lo que corresponde a la determinación de los objetivos y contenidos del programa, con la presencia de necesidades comunicativas muy diversas, como por la motivación de los alumnos, la disponibilidad horaria, etc. (Le Ninan y Miroudot, 2004). Si atendemos al punto de vista del contenido podemos considerar dos tipos de demanda: la estándar y la que presenta objetivos precisos. La primera es la demanda de formación más frecuente que, por lo general, se identifica con las expectativas de aprendizaje de los alumnos del EFP (Negocios, Turismo, Ciencias de la Salud, etc.). Sin embargo, junto a ésta también hay que considerar la demanda con objetivos precisos y necesidades puntuales. Se trata de la demanda de cursos diseñados "a la carta", que responden generalmente a las necesidades de formación planteadas por las empresas o grupos de aprendices con necesidades concretas de comunicación en la lengua de especialidad (p. ej., "curso para expertos en turismo del bienestar y de la salud", "curso para ejecutivos especializados en capital riesgo", etc.).

Tradicionalmente, una de las formas de delimitar la enseñanza/aprendizaje del español como lengua de especialidad ha sido la clasificación habitual entre ciencias sociales y humanas, de una parte, y ciencias experimentales, de otra. A partir de esta división, hay que destacar la importancia que representan los ámbitos dentro del grupo de las ciencias sociales para la enseñanza/aprendizaje del EFP, debido sobre todo a la acusada demanda de estas lenguas a lo largo de las últimas décadas. En primer lugar se halla el ámbito relacionado con la gestión empresarial y comercial, seguido de la gestión del turismo y del patrimonio cultural –Español de los Negocios y Español del Turismo–, sin olvidar al mismo tiempo el lugar que, junto a los anteriores, ocupa todo lo relacionado con los aspectos legales –Español Jurídico–. Cercana a los anteriores y dentro del mismo ámbito de especialidad, se encuentra la enseñanza de español para diplomáticos –Español de las Relaciones Internacionales o Español de la Diplomacia.

También en la enseñanza/aprendizaje del EFP se sitúa la demanda en las ciencias experimentales que, con un número bastante más reducido de alumnos, se ocupa de los programas de comunicación especializada en las ciencias de la salud –Español de la Medicina y de la Enfermería–, junto con todas las áreas que están estrechamente relacionadas con la Atención Sanitaria al Paciente. Además, dentro de los ámbitos que podemos denominar de carácter estándar se ubica el Español del Medio Ambiente, ocupado de la enseñanza de la comunicación especializada en contextos pluridisciplinares tales como la biología, geología, medicina, arquitectura y urbanismo, derecho, etc. La demanda del EFA, por su parte, apunta hacia las ciencias experimentales y las ciencias sociales pero además incluye, a diferencia del anterior, la enseñanza de la lengua de especialidad de los ámbitos tecnológicos propios de las especialidades cursadas en los institutos politécnicos.

El cuadro siguiente puede servir de ejemplo para mostrar algunas de las posibles situaciones de aprendizaje que se presentan dentro de los diferentes ámbitos de especialidad para la enseñanza de EFP y EFA.

TABLA 1. *Situaciones de aprendizaje más frecuentes*[4].

DEMANDA DE FORMACIÓN...	DIRIGIDO A...	IMPARTIDO POR...
Enseñanza/aprendizaje de la lengua de especialidad del Derecho Mercantil	Profesionales de la gestión comercial Alumnos universitarios del último curso de la licenciatura en ciencias empresariales, derecho, ciencias económicas procedentes de diversos países asiáticos, americanos, etc. Alumnos Sócrates/Erasmus	Profesores especializados en Español de los Negocios; Español Jurídico
Enseñanza/aprendizaje de la lengua de especialidad de la Tecnología Electrónica	Alumnos universitarios que cursan ingenierías (industrial, telecomunicaciones, etc.) procedentes de diversos países asiáticos, americanos, etc. Alumnos Sócrates/Erasmus	Profesores especializados en Español de la Electrónica
Enseñanza/aprendizaje de la lengua de especialidad de los Negocios Preparación para la obtención del Certificado Básico y del Certificado Superior de Español de los Negocios –CCIM/UA–	Profesionales de la gestión comercial Profesionales de la empresa y finanzas Alumnos universitarios de la licenciatura en ciencias económicas y comerciales procedentes de diversos países asiáticos, americanos, etc. Alumnos Sócrates/Erasmus	Profesores especializados en Español de los Negocios
Enseñanza/aprendizaje de la lengua de especialidad del Turismo Preparación para la obtención del Certificado Básico y del Certificado Superior de Español del Turismo –CCIM/UA–	Técnicos en gestión turística / Guías turísticos Expertos en gestión del patrimonio cultural Alumnos universitarios que cursan la diplomatura de turismo procedentes de diversos países asiáticos, americanos, etc. Alumnos Sócrates/Erasmus	Profesores especializados en Español del Turismo
Enseñanza/aprendizaje de la lengua de especialidad de la Asistencia Sanitaria Preparación para la obtención del Certificado Básico y del Certificado Superior de Español de las Ciencias de la Salud –CCIM/UA–	Profesionales médicos y sanitarios Alumnos universitarios que cursan medicina, odontología Alumnos universitarios de enfermería y fisioterapia procedentes de diversos países asiáticos, americanos, etc. Alumnos Sócrates/Erasmus	Profesores especializados en Español de las Ciencias de la Salud
Enseñanza/aprendizaje de la lengua de especialidad del Medio Ambiente	Profesionales de la gestión ambiental Alumnos universitarios que cursan la licenciatura de ciencias ambientales Alumnos Sócrates/Erasmus	Profesores especializados en Español de las Ciencias Ambientales
Enseñanza/aprendizaje de la lengua de las Relaciones Internacionales	Diplomáticos Alumnos de la Escuela Diplomática Alumnos universitarios que cursan la licenciatura de ciencias políticas Alumnos Sócrates/Erasmus	Profesores especializados en Español de las Relaciones Internacionales

---

[4] Bueno Lajusticia (2003) ofrece una abundante bibliografía correspondiente a las situaciones de aprendizaje de los diversos ámbitos.

Por otra parte, estos procesos de enseñanza/aprendizaje de la lengua de las ciencias sociales (economía, comercio, leyes, turismo, etc.) y de las ciencias experimentales (ciencias de la salud, ciencias ambientales, etc.), enfocados hacia la inmersión del aprendiz en el metalenguaje propio de cada una de las actividades interprofesionales, han favorecido el desarrollo de una acusada demanda de certificaciones oficiales de cara al mundo laboral y empresarial, como elemento de cualificación de los aspirantes a un puesto de trabajo. Una de las certificaciones[5] más prestigiosas y de mayor tradición por su antigüedad y solera –ya que se viene concediendo desde el año 1978 ininterrumpidamente– es la que otorgan conjuntamente la Cámara de Comercio e Industria de Madrid y la Universidad de Alcalá, con los certificados –Básico y Superior– con fines profesionales en diversos ámbitos: Español de los Negocios, Español del Turismo y Español de las Ciencias de la Salud, además del Diploma de Español de los Negocios. Los certificados Básico y Superior valoran el nivel de adquisición que el aspirante posee en cada una de las lenguas de especialidad, en las que debe demostrar su dominio en las diferentes destrezas y habilidades para poner en práctica la competencia comunicativa: lingüística, sociolingüística y pragmática. El diploma, sin embargo, profundiza en la competencia lingüística adquirida por el aspirante en la lengua especializada de la economía, y valora al mismo tiempo los conocimientos propios del ámbito con un alto nivel de especialización (Gómez de Enterría y Moreno, 1997).

4.4. IMPORTANCIA DE LOS DOCUMENTOS AUTÉNTICOS EN LA ENSEÑANZA DEL ESPAÑOL CON FINES ESPECÍFICOS

Los documentos auténticos son el medio con que el profesor puede acercar hasta el aula los textos de la lengua de especialidad propuesta, ya sean orales (documentos sonoros, grabaciones, etc.) o escritos. Los textos auténticos, además de informar, muestran al alumno la variedad de documentos característicos de cada actividad profesional: contratos, pólizas, cartas, actas, informes, etc. El empleo de los documentos auténticos como soporte didáctico para la enseñanza/aprendizaje de una lengua de especialidad favorece la funcionalidad, es decir, una inmersión en las situaciones comu-

---

[5] A partir de la década de 1990 han ido surgiendo otras certificaciones que también otorgan acreditaciones de estas lenguas de especialidad.

nicativas especializadas en las que se debe situar la comunicación (Lomas *et al.*, 1997). Sólo mediante la realidad que los textos o documentos auténticos acercan hasta el aula podremos lograr esa inmersión (Kahn, 1993).

La compilación de un corpus textual es un factor indispensable para la programación de un curso de español con fines específicos. Los textos propios del área de especialidad que constituyen dicho corpus pueden ir desde la superespecialización científica hasta la divulgación, según la mayor o menor especialización de los alumnos en el ámbito meta. Para programar cursos de aprendizaje lingüístico de EFP o EFA en los niveles superiores, serán muy útiles los textos con contenidos de alto nivel de especialización procedentes de la literatura científica, informes y documentos internos, manuales especializados, etc. Cuando los empleamos como material didáctico y llevamos a cabo su explotación en el aula, dichos textos se pueden alternar con otros más novedosos como los que proceden de publicaciones de semi-divulgación. En los cursos de nivel intermedio o inferior, resulta adecuada la selección de textos de prensa, ya procedan de diarios de gran tirada, de publicaciones periódicas de semi-divulgación o incluso de publicaciones plenamente divulgativas. Aquí el profesor debe valorar sobre todo los textos de temas económicos, salud y bienestar social, gestión del turismo, asuntos jurídicos, política internacional, etc. Sin olvidar el aporte pedagógico que constituyen algunos discursos de divulgación como, por ejemplo, las instrucciones e informaciones para el usuario cuando han sido emitidas por las empresas bancarias, aseguradoras, empresas e instituciones turísticas, instituciones sanitarias públicas y privadas, etc.

En los niveles más bajos del aprendizaje, también pueden resultar útiles algunos textos de carácter literario. Estamos aludiendo a lo que Arnz y Picht (1994) denominan "novela industrial", es decir, títulos de éxito reciente y calidad literaria demostrada que recrean el ambiente propio de un ámbito de especialidad, con rigor y criterio suficientes como para transportar al aprendiz hasta la realidad socioprofesional del ámbito de especialidad propuesto[6].

Es condición imprescindible para obtener un rendimiento óptimo de los textos auténticos con fines didácticos que éstos sean ade-

---

[6] Se incluyen aquí los relatos de ficción que transcurren en ambientes profesionales cuyo ambiente queda reproducido con gran fidelidad. Se trata generalmente de novelas que llegan a ser superventas.

cuados para el nivel de conocimiento de la lengua que poseen los alumnos, es decir, que hayan sido seleccionados de acuerdo con una clasificación tipológica. Esta clasificación adquiere sentido cuando se emplea como instrumento para alcanzar el conocimiento de los mismos, o bien cuandó responde a una necesidad como la enseñanza de la lengua (Ciapuscio y Kuguel, 2002; Ciapuscio, 2003). Todo ello nos lleva a plantear la necesidad de establecer unos criterios para clasificar los textos empleados en la programación de EFE (Gómez de Enterría, 2000). Para determinar la jerarquización de los textos, deberemos:

a) establecer criterios tales como la valoración de su naturaleza multidimensional y multifuncional;
b) aplicar las nociones de tema, género textual y tipo de texto, y
c) tener al mismo tiempo muy presentes los objetivos que persigue la comunicación.

Asimismo, es importante valorar la naturaleza del canal y la situación –más o menos formalizada–. Todos estos factores van a condicionar la selección de los textos y la valoración de los géneros textuales propios de cada ámbito de especialidad. Estamos, pues, ante un conjunto de esquemas de referencia imprescindibles para cada una de las posibles situaciones de comunicación que el profesor quiere enseñar (Cabré y Gómez de Enterría, 2006).

Algunos autores proponen la segmentación y modificación de los textos auténticos, cuando su nivel de comprensión sea excesivamente alto en relación con el nivel lingüístico de los alumnos; se basan para hacer esta propuesta en que los textos así modificados resultan más asequibles (Mangiante y Parpette, 2004). Sin embargo, si el aprendizaje se programa a partir del establecimiento de tipologías textuales, con las que se pueden seleccionar los discursos más adecuados para cada uno de los niveles de enseñanza, el resultado final del proceso de enseñanza/aprendizaje de una lengua de especialidad es mucho más eficaz y motivador. Una vez más debemos recordar aquí que los alumnos que demandan el aprendizaje de una lengua de especialidad son profesionales –o están en vías de serlo– que quieren aprender a comunicar en situaciones lo más semejantes posible a su realidad laboral, y eso sólo se puede lograr mediante el empleo de discursos auténticos.

Sin duda, una buena tipología textual permite ofrecer a los estudiantes los discursos auténticos en su integridad –p. ej., una noticia financiera de gran impacto, procedente de la prensa diaria–, frente a los textos fragmentados o mutilados que no se corresponden con los espacios profesionales reales en los que debe insertarse esta enseñanza. Únicamente en situaciones de aprendizaje muy concretas en cuanto a los objetivos propuestos y delimitadas por su contenido, será válido el empleo de textos fragmentados –p. ej., cuando se trata de afianzar un contenido lingüístico determinado con ejercicios de consolidación–. De no ser así, optaremos por ofrecer a los aprendices textos auténticos bien seleccionados y adaptados a cada nivel y situación.

4.5. LA NECESIDAD DE ESTABLECER UN CURRÍCULUM EN LA LENGUA DE ESPECIALIDAD

El objetivo del profesor de EFP o EFA es enseñar una lengua de especialidad en la que es preciso diferenciar cuáles son los usos lingüísticos y cuáles los usos de la comunicación propia del ámbito en que se sitúa el aprendizaje. Uno de los problemas que con mayor frecuencia suscita este aprendizaje es el que surge en torno a las relaciones entre lengua común y lengua de especialidad, debido fundamentalmente a las implicaciones didácticas entre ambas. Los alumnos que demandan la enseñanza/aprendizaje de una lengua de especialidad no van a adquirir sólo las destrezas que tradicionalmente han formado parte del aprendizaje lingüístico, como la expresión oral y escrita con las consabidas tareas de análisis, síntesis, descripción, etc. Junto con la adquisición de esos contenidos lingüísticos, los estudiantes también tienen que hacer una inmersión en la comunicación particular del ámbito propuesto, adquiriendo con ello la competencia en la lengua de un grupo –Español de las Finanzas–, de un oficio –Español de la Enfermería–, de una corporación con rasgos culturales propios –Español Empresarial–, etc. (Berchoud, 2004). Por ello, al diseñar el currículum se determinará cuál va a ser la competencia comunicativa que debe lograr el aprendiz, es decir, la capacidad que debe adquirir para comprender y expresarse de modo adecuado en un contexto comunicativo real. Esta competencia se resume en el dominio de un conjunto de habilidades y destrezas que pueden resumirse en las siguientes:

- competencia gramatical: fonética, morfología, sintaxis y vocabulario;

- competencia sociolingüística: capacidad de comprender y producir los enunciados, vocabulario especializado y fraseología propia de cada contexto, y
- competencia discursiva: capacidad de producir textos, ya sean orales o escritos, con coherencia y cohesión dentro del contexto especializado.

Es evidente que la enseñanza/aprendizaje de EFP y EFA debe contextualizarse en el marco de la "cultura científica" o en el de la "cultura profesional" al que pertenece la lengua propuesta, de tal manera que el aprendiz tenga siempre acceso a la información correspondiente del sector especializado en el que va a poner en práctica la competencia lingüística adquirida (Velázquez-Bellot, 2004). De este modo, valorará aspectos tales como el comportamiento y la actitud de los profesionales ante diversas situaciones de la actividad cotidiana –saludos, gestos, roles adoptados ante diferentes situaciones, invitaciones sociales, etc.–, y considerará también el análisis contrastivo de las interacciones y la forma en que cada contexto cultural puede condicionar comportamientos y actitudes diferentes según se trate de un grupo cultural u otro (Poyatos, 1994; Cestero, 2004). Las funciones comunicativas y retóricas propias del contexto profesional deben estar presentes en el currículum, ya que posibilitan la competencia pragmática del alumno con el desarrollo de situaciones interactivas en que los estudiantes aprenden a expresar y comprender instrucciones, ejemplificar, definir, generalizar, describir, argumentar, etc. Todas estas circunstancias –que giran en torno a la especificidad comunicativa de cada ámbito o área– condicionan el diseño del curso propuesto (Wessling, 1999).

Simultáneamente al desarrollo de las competencias y destrezas de los aspectos funcionales de carácter socio-profesional, el alumno tiene que adquirir las competencias gramaticales –estructuras sintácticas y morfológicas, vocabulario y fonética– derivadas del ámbito de especialización propuesto. Esto nos lleva a plantearnos cuál debe ser el nivel de iniciación de los alumnos al comenzar el aprendizaje de EFE. Nos hallamos pues ante el "viejo" debate acerca de si es necesario que el alumno haga una inmersión previa en la lengua común, que a día de hoy todavía sigue abierto. No podemos dejar de considerar que la inmersión previa en contextos de la lengua común, con la consiguiente adquisición del nivel –A1 en el *Marco común europeo de referencia para las lenguas,* o nivel inicial en otros contextos no europeos– favorece el progreso del aprendizaje en los cursos posteriores. No obstante, debería ser el profesor quien tuviera la última palabra acerca de cuál debe ser el currículum de partida en los niveles inferiores –considerando como tales los niveles de acceso a la enseñanza/aprendizaje del EFE–. Sólo la experiencia didáctica del docente le permitirá valorar cuál es el planteamiento de base más beneficioso para los aprendices, y cuál la mayor explotación de los textos auténticos cuando parten de un nivel inicial consolidado.

El dominio por parte del alumno del vocabulario de su especialidad es indispensable para la adquisición lingüística, porque la competencia comunicativa del aprendiz depende de la riqueza, el alcance y el control que éste posea de dicha terminología. En general, la selección léxica pasa forzosamente por el conjunto de términos propios del ámbito de especialidad, junto con las palabras no marcadas e incluso las palabras frecuentes de la lengua común (Vangehuchten, 2003). Además, cabe subrayar las metáforas lexicalizadas y las expresiones fijas propias de cada una de las lenguas de especialidad, ya que son indispensables para la comunicación científica y profesional (Vidal, 2004; Vidal y Cabré, 2004).

El currículum del EFE también se caracteriza por la presencia de otros factores que, como la naturaleza de la demanda, pueden condicionar el aprendizaje. Si toda situación educativa para el aprendizaje de una lengua es de por sí compleja, aún lo es mucho más cuando nos enfrentamos al proceso de enseñanza/aprendizaje de una lengua de especialidad (Eurin Balmet y Henao de Legge, 1992). La demanda puede variar según se trate de situaciones educativas en contextos institucionales con una formación previa –cursos para estudiantes universitarios extranjeros con algunos conocimientos de la lengua española o castellana– o bien, en contextos no institucionales, como un grupo de profesionales que quiere "reciclarse" con la adquisición de una nueva lengua profesional. Su objetivo consiste en ascender algunos peldaños en la escala de puestos laborales, y para conseguirlo harán un curso para perfeccionar su nivel de español y ampliar sus conocimientos lingüísticos y funcionales en la lengua de especialidad de su profesión.

Al desarrollar el currículum, el docente del EFE considerará tanto los factores lingüísticos como los extralingüísticos que intervienen en la comunicación especializada, y planteará el programa más eficaz de acuerdo con las necesidades de los alumnos, así como los objetivos y contenidos que lo conforman. Para ello es necesario que el profesor lleve a cabo un análisis de necesidades previo (Hutchinson y Waters, 1987), con la ayuda de cuestionarios, entrevistas, informes, observaciones, etc., a fin de determinar el objetivo de los alumnos y programar el curso y diseñar los materiales. Será preciso que el profesor pueda responder a la pregunta ¿para qué necesitan los aprendices el curso de EFE?, y así establecer cuáles van a ser las destrezas necesarias para delimitar el currículum (García Ferruelo, 1991).

A continuación se resumen las destrezas, junto con las capacidades que consecuentemente desarrollarán los alumnos mediante la realización de diferentes actividades comunicativas de comprensión, expresión, mediación, interacción, etc.:

- Desarrollo de destrezas de lectura comprensiva con textos especializados de diferentes niveles de especialización: textos de redacción formularia y textos de redacción libre.
  → El alumno será capaz de comprender de forma global un texto escrito de cada uno de los niveles de especialización y comunicación propuestos.
- Desarrollo de destrezas de expresión escrita que faculten al alumno para la elaboración de escritos profesionales en el ámbito de especialización requerido.
  → El alumno será capaz de redactar los escritos empleados en su campo de actuación profesional.
- Desarrollo de destrezas auditivas para lograr una perfecta comprensión de los mensajes orales en el ámbito profesional, y para el intercambio de información en los diferentes ámbitos de investigación.
  → El alumno será capaz de comprender los mensajes orales propuestos.
- Desarrollo de destrezas de comprensión audiovisual encaminadas a la recepción simultánea de información auditiva y visual –comprensión de textos especializados leídos en voz alta; comprensión de imágenes con texto incluido, esquemas, gráficos, etc.; comprensión de textos multimedia: CD-rom, páginas web, etc.
  → El alumno será capaz de comprender los mensajes audiovisuales propuestos.
- Desarrollo de destrezas encaminadas a la producción de mensajes orales –dar información e instrucciones, presentación de productos, diseños, exposición y presentación de proyectos, conferencias, charlas, etc.–, tanto en el ámbito empresarial como en el científico o en el tecnológico.

→ El alumno será capaz de producir los correspondientes mensajes orales: hablar apoyándose en notas o apuntes –esquemas, gráficos, imágenes, etc.–; describir un tema mediante el monólogo sostenido; argumentar en un debate; hacer declaraciones dirigiéndose a un auditorio.

- Desarrollo de destrezas para la adquisición de las estrategias de interacción oral cuando el alumno actúa simultáneamente como hablante y oyente con uno o varios interlocutores: estrategias cognitivas y de colaboración –tomar y ceder el turno de palabra; formular un tema y establecer un enfoque; proponer soluciones, recapitular, resumir y evaluar lo expuesto.

→ El alumno será capaz de mantener y desarrollar discusiones formales e informales, debates, negociaciones, y entrevistas.

- Desarrollo de destrezas de las acciones paralingüísticas: lenguaje gestual y corporal, uso de sonidos extralingüísticos en el habla, etc.

→ El alumno será capaz de emplear y adecuar al proceso comunicativo los principales efectos paralingüísticos.

- Desarrollo de destrezas de estrategias de interacción cultural propias del ámbito de especialidad propuesto.

→ El alumno será capaz de conocer y manejar con soltura las destrezas y habilidades interculturales propias de su ámbito de especialidad.

- Desarrollo de destrezas para la adquisición del vocabulario especializado con especial atención a la presencia de la fraseología propia de cada ámbito –colocaciones de términos que presentan cierta recurrencia en un vocabulario determinado.

→ El alumno será capaz de conocer y manejar con absoluta soltura la terminología y la fraseología propias de su ámbito de especialidad.

Al diseñar el currículum para la enseñanza de una lengua de especialidad, también es necesario considerar las estrategias de aprendizaje y la evaluación, entendidas ambas como un conjunto de mecanismos y técnicas que contribuyen a facilitar el proceso de aprendizaje del alumno (véase el capítulo 6 de este volumen). Será muy conveniente que los docentes elijan las opciones de evaluación –formativa y/o sumativa– más adecuadas para cada una de las situaciones de aprendizaje propuestas. Al mismo tiempo, el profesor considerará la importancia que, durante todo este proceso, adquiere la valoración del principio de autoevaluación, tanto por su parte –aplicándolo a la propia programación–, como por parte del alumno –cuando éste es consciente de cómo evoluciona su aprendizaje–[7] (Álvarez Méndez, 1987). La evaluación formativa resulta muy eficaz para hacer un buen seguimiento del proceso de enseñanza/aprendizaje del EFE, ya que es coherente con la progresión del curso y no impone cortes o interrupciones. Esta evaluación se aplica cuando el profesor, a partir de una observación sistemática, proporciona ayuda al alumno y lo sitúa en su propio recorrido. Gracias a este procedimiento se pueden valorar las intervenciones de los alumnos en el aula, por ejemplo tomando nota de las mismas en un registro diario. Simultáneamente se puede emplear también la evaluación sumativa, muy útil para comprobar, mediante la aplicación de diferentes pruebas a lo largo del proceso, si el alumno ha alcanzado los niveles requeridos del aprendizaje. En cuanto a la valoración de la producción escrita de los alumnos, conviene recordar aquí la conveniencia de evaluarla cuantitativa y cualitativamente, de tal manera que los aprendices puedan tener información sobre la complejidad léxica y sintáctica de sus escritos. Por último, queda indicar que todo el proceso de evaluación será continuo, completándose con algunas pruebas orales y escritas que proporciona la evaluación sumativa (Bordón Martínez, 2004).

4.6. Materiales de apoyo para llevar a cabo
        la enseñanza/aprendizaje del español con fines específicos

El profesor de lengua puede adoptar un método explícito, cuando emplea un manual, o bien uno implícito, cuando organiza y planifica las lecciones como conjunto de actitudes y conductas frente a sus alumnos (Bronckart, 1985). En la enseñanza del EFE cualquiera de estos dos procedimientos puede ser válido; aunque si bien el segundo resulta más motivador para el aprendizaje de la comunicación especializada en ámbitos reales, no se debe denostar el empleo del manual o libro de texto, porque en situaciones y momentos puntuales también puede reportar beneficios para el proceso de enseñanza/aprendizaje.

---

[7] Sólo así lograremos que el proceso de enseñanza/aprendizaje de la lengua de especialidad sea motivador, tanto para el profesor como para los alumnos.

Los libros de texto que ofrece el mercado editorial[8] resultan idóneos, sobre todo cuando se trata de los cursos que constituyen la demanda estándar, es decir, cuya oferta de formación se sitúa en alguno de los ámbitos previamente delimitados –Negocios, Turismo, Ciencias de la Salud, etc.–. Estos libros de texto se redactan generalmente con un criterio universalista, ya que van destinados a grupos de aprendices heterogéneos, en cuanto a la procedencia de su lengua materna[9], y además ofrecen una concepción excesivamente generalista, en cuanto a la descripción de la lengua de especialidad demandada. Con todo, el mercado editorial no puede satisfacer la demanda cuando se trata de cursos con un diseño que podríamos denominar "a la carta" (p. ej., "Una estancia de formación y descanso para ejecutivos en un balneario: inglés+spa"; "Negociación en innovación de marketing"; "Resolución de un problema concreto de política internacional"; "Servicio de atención pediátrica en un hospital: Urgencias"; etc.), ya que son cursos destinados a alumnos con necesidades muy específicas, tanto por el nivel lingüístico, como por las situaciones de comunicación específicas que plantean y requieren (Mangiante y Parpette, 2004). Cuando la demanda es "a la carta", el profesor tiene que diseñar los cursos de acuerdo con un currículum previamente establecido, y asimismo seleccionar los textos a partir de los documentos auténticos que antes habrá recogido en un corpus textual.

Hay que subrayar también el valor que tienen hoy las Tecnologías de la Información y de la Comunicación (TIC) en el proceso de aprendizaje de las lenguas de especialidad, ya que proporcionan un acceso inmediato a la información, y a la vez un espacio sin fronteras para los discursos de la divulgación científica y tecnológica. Es en este entorno donde situamos la valiosa aportación que representa Internet, convertido ya en un instrumento imprescindible de información y documentación para el profesor del EFE, porque le permite acceder a todo tipo de recursos lingüísticos, documentales, institucionales, empresariales, etc. (Llisterri, 1998; Ruipérez García, 2004; Cruz Piñol y Llisterri, en este volumen).

---

[8] Los títulos más recientes pueden verse en las páginas web de las editoriales, entre otras: Alhambra-Longman, Anaya, Arco/Libros, Difusión, Edelsa, Edinumen, Grijalbo Mondadori, Santillana, SGEL, etc. El lector podrá encontrar todas estas páginas en: [http://www.guia-editores.org/index.htm] y en [http://cvc.cervantes.es/oteador/default.asp?l=2&id_rama=101&ct= catalogo98].

[9] Podemos encontrar agrupados en un mismo curso de Español de los Negocios a alumnos con la lengua materna de procedencia muy diversa, ya que no es infrecuente que alumnos europeos y asiáticos compartan estas aulas.

El profesor dispone de la red como un inmenso caudal de información (Lavid, 2005), pero debe tener en cuenta que es él quien debe encauzar esa información (Wooldridge, 2005). Podrá realizar el tratamiento adecuado seleccionando la información y los tipos de texto más pertinentes para cada grupo, contexto, especialidad y nivel de alumnos. El docente, en su papel de facilitador del aprendizaje del EFE, también deberá orientar a los alumnos para que puedan encontrar en la red toda la información actualizada sobre los ámbitos de especialidad, porque la inabarcable información sólo será eficaz en el aula con un uso adecuado de la misma. En Internet el alumno va a encontrar gran cantidad de material que no siempre será el más adecuado, bien por la falta de fiabilidad de los textos –documentos no auténticos o no conformes a los objetivos propuestos–, o bien porque desde el punto de vista didáctico no conectan con los objetivos, contenidos y metodología del curso para el que se van a aplicar. Otras veces esos textos no se corresponden con el nivel de conocimiento lingüístico que posee el alumno en español. De ahí la necesidad de aplicar firmes criterios a la hora de hacer la selección de las fuentes.

Internet resulta muy útil porque nos proporciona información puntual sobre todos los ámbitos de especialidad en que se pueden programar los cursos de EFE, gracias a la consulta de los portales temáticos de las principales instituciones públicas y privadas. Por ejemplo, toda la información correspondiente a negocios, economía o finanzas, ya sea nacional o internacional, la encontramos al "visitar" las páginas de las instituciones bancarias o financieras de España o de América –Argentina, México, Chile, Venezuela, Colombia, Ecuador, etc.–. También los diarios de mayor tirada de España, ya sean de información general –*EL PAÍS, El Mundo*–, o especializada –*EXPANSIÓN, Cinco Días, Gaceta de los Negocios*–, y la prensa más destacada de América hispanohablante –*La Nación, Clarín* (Argentina), *Excelsior, Reforma* (México), *El Mercurio* (Chile), *La Nación* (Venezuela), *El Tiempo* (Colombia)– ponen a nuestro alcance desde sus portales electrónicos gran cantidad de textos motivadores y novedosos para utilizarlos en el aula[10].

---

[10] Todos estos enlaces se encuentran en la siguiente dirección: [http://periodicos.ws/]. Otros enlaces útiles para localizar las instituciones periodísticas y financieras citadas pueden ser:

http://www.prensaescrita.com/
http://www.elcastellano.org/prensa.html
http://es.geocities.com/smiti_es/bancos.html
http://www.bde.es/links/america.htm.

Otra de las ventajas del acceso a Internet desde el aula del EFE es la consulta que los alumnos pueden hacer en los diccionarios y glosarios en la red, teniendo en cuenta que se trata de repertorios actualizados periódicamente, o bien de bases de datos terminológicas de plena fiabilidad (Hernúñez, 2000). Internet representa una herramienta muy valiosa para resolver las dudas que los vocabularios de especialidad plantean en el aula, así como también para el aprendizaje de los mismos (Gómez de Enterría, 2000). Estas aplicaciones de Internet en el aula como fuente documental, tanto para la búsqueda de documentos auténticos (Cruz Piñol, 2002) como para la consulta en red de los diccionarios, deben ser consideradas por el docente como un material de apoyo. Además, la red constituye una aportación básica e imprescindible en la enseñanza/aprendizaje del EFE, dadas las ventajas que ofrece proporcionar al profesor las lenguas de especialidad, en sus variedades peninsulares y americanas.

Por último, el profesor también debe explotar en el aula el potencial que le ofrece Internet con los recorridos funcionales, ya que estos facilitan al alumno la inmersión en situaciones profesionales auténticas. El profesor puede trazar "recorridos" por los sitios de las instituciones oficiales o privadas más importantes en lengua española, diseñando itinerarios didácticos para acceder a los puntos de información más adecuados por los que "navegarán" los alumnos de acuerdo con las pautas y actividades que el profesor les indique[11].

4.7. Planteamientos metodológicos para la enseñanza de la comunicación oral y escrita en los diferentes ámbitos profesionales y científicos

La metodología que adopte el profesor para llevar hasta el aula el proceso de enseñanza/aprendizaje del EFE será un elemento decisivo. Además de situarse en el enfoque adecuado, deberá abordar la lengua de especialidad desde la descripción y la reflexión del ám-

---

[11] Como muestra de la explotación didáctica para el aprendizaje de EFE en diversos ámbitos de especialidad, véanse las actividades disponibles en el archivo Didactiteca de *DidactiRed,* sección del Centro Virtual Cervantes [http://cvc.cervantes.es/aula/didactired/didactiteca/resultados.asp]: "El vocabulario de la información financiera bursátil"; "De bancos y servicios"; "Cómo crear tu empresa"; "Información sobre conceptos financieros: Los bonos de suscripción"; "Servicios bancarios en español"; "La franquicia"; "Buscar documentación sobre el Museo del Prado"; "Gastronomía andaluza: el gazpacho", etc.

bito de especialización en el que la ciencia o la técnica propuestas han de estar forzosamente inmersas. La adquisición por parte del alumno de la competencia lingüística meta será vital para poder comunicarse tanto en el desenvolvimiento de su actividad profesional, como en el de la investigación científica. Así, la adquisición de la competencia lingüística irá necesariamente unida a las destrezas y capacidades interculturales propias del ámbito de especialidad en que se desea establecer la comunicación profesional (Balboni, 2000; Velázquez-Bellot, 2004).

La metodología más adecuada para la enseñanza/aprendizaje del EFE es aquella con que los aprendices emplean la lengua en situaciones profesionales meta, inmersas lo más posible en la realidad comunicativa del ámbito especializado. Nada mejor para conseguir este propósito que la adopción de métodos que toman los procedimientos de simulación como punto de partida. Se trata de ubicar al alumno en un contexto de aprendizaje activo, cuyo objetivo fundamental es la resolución de problemas reales que surgen en situaciones profesionales a través de una serie de actividades y tareas predeterminadas. En estas situaciones comunicativas, el alumno pone en práctica sus facultades lógico-cognitivas, gracias a las que resolverá el problema planteado y adquirirá las competencias lingüística, comunicativa y cultural.

El aprendizaje mediante técnicas de simulación coloca al alumno en diferentes situaciones funcionales que éste debe concretar mediante sus conocimientos del ámbito de especialidad propuesto. Aquí la lengua actúa como una herramienta que facilita el desarrollo de la comunicación profesional. De esta manera, los alumnos –al mismo tiempo que participan en el proceso– deben documentarse en la lengua meta redactando escritos, haciendo comentarios, intercambiando información mediante las interacciones conversacionales, etc., ya que en definitiva la lengua de especialidad constituye el vehículo de comunicación mediante el que se desarrolla el aprendizaje en el aula.

A lo largo de los últimos años, el enfoque por tareas ha sido uno de los instrumentos didácticos más eficaces para la enseñanza de lenguas extranjeras[12]. Este enfoque desplaza la atención de los contenidos al proceso de aprendizaje, de tal manera que las actividades

---

[12] Véase el capítulo 2 de este volumen para revisar el contraste entre los conceptos de "enfoque" y "método", y para obtener más información sobre las tareas y otros métodos dentro del enfoque comunicativo.

realizadas sirven de soporte para la adquisición de los contenidos lingüísticos y funcionales. La realización de cada una de las tareas por parte del alumno supone la actuación estratégica de competencias específicas mediante una serie de acciones en un ámbito y con un resultado concretos. Sin embargo, las tareas no se presentan aisladas, sino como parte de un proceso de aprendizaje basado en la negociación de una tarea final (Estaire, 2004). En otras palabras, este método se sitúa dentro de los planteamientos establecidos previamente por el enfoque comunicativo, y toma como punto de partida el diseño de un objetivo final (p. ej., "Lanzamiento al mercado de un nuevo producto"; "Atención al público en una agencia de viajes"; etc.) en torno al cual se organizan las actividades [=tareas] de carácter lingüístico y funcional –vocabulario, fraseología, sintaxis, aspectos discursivos, comprensión y expresión, autoevaluación, etc.– con las que se desarrollan todos los aspectos necesarios para llegar finalmente a la consecución del objetivo [= tarea final] (Zanón, 1999).

El enfoque por tareas ofrece aspectos novedosos y rentables desde el punto de vista metodológico. Quizá el más destacado sea que en el desarrollo de las tareas aparecen integrados los objetivos, los contenidos y la evaluación, lo que facilita la realización de currículos abiertos con una fuerte participación activa tanto de los aprendices como del profesor. Entre las ventajas que ofrece el enfoque por tareas, destaca la inmersión del alumno en el uso de la lengua funcional, porque la resolución de las tareas propuestas sólo se puede lograr mediante el empleo de la lengua de especialidad. También hay que señalar la inclusión de la auto-evaluación del alumno como parte del proceso de aprendizaje, en cada una de las tareas realizadas en el aula (Martín Peris, 1999).

Este método también se puede aplicar en el aula con el apoyo de material didáctico, en cuyo caso el profesor puede hacer que cada tarea coincida con las unidades de las que generalmente constan los libros de texto para la enseñanza de EFE. La única objeción que se le puede hacer al empleo de un manual para la aplicación en el aula de este enfoque es que no sólo no favorece la participación de los alumnos en la negociación del objetivo final, sino que incluso –y en el peor de los casos– puede llegar a fomentar el trabajo de los alumnos de forma individual y aislada –algo totalmente opuesto a los principios metodológicos que rigen el enfoque por tareas.

Es evidente que el enfoque por tareas, siempre a partir de situaciones que ofrezcan la mayor semejanza posible con la comunicación profesional real, se nos ofrece como un procedimiento eficaz para la enseñanza/aprendizaje del EFE. A la vez, no se debe olvidar que el desarrollo de las actividades que exigen la resolución de las sucesivas tareas deberá llevarse a cabo únicamente con materiales auténticos; de no ser así estaremos falseando el aprendizaje de la lengua de especialidad, ya que situamos al alumno en un contexto y en un soporte discursivo distinto al del ámbito profesional del grupo meta.

Las necesidades comunicativas de los aprendices están estrechamente relacionadas con las situaciones concretas del ámbito profesional meta (Velázquez-Bellot, 2004). Mediante el empleo de las técnicas de simulación les ofrecemos un aprendizaje de tipo activo, cuyo objetivo fundamental es la resolución de problemas que puedan surgir en situaciones profesionales reales. En estas situaciones comunicativas el aprendiz ejercita sus facultades lógico-cognitivas, gracias a las que llegará a adquirir la lengua de especialidad. Las técnicas de simulación pueden realizarse a partir de breves situaciones funcionales concretas y claramente delimitadas, ya procedan de la vida cotidiana o de la actividad profesional. Sin embargo, es la simulación global la que resulta más eficaz para el aprendizaje de las lenguas de especialidad (Jones, 1982; Crookall y Arai, 1995; Andreu Andrés *et al.*, 2005; Cabré y Gómez de Enterría, 2006).

El concepto de simulación global (SG) surge al aplicar la noción de globalidad al proceso de aprendizaje (Caré y Debyser, 1995), y el principio de que simular no es únicamente imitar una realidad más o menos factible, sino también inventar y hacer realidad un proyecto común que se integra en un verdadero proyecto profesional previamente delimitado. En la labor creativa que representa toda SG se involucra el grupo de alumnos-participantes que, junto con el profesor, desarrollan y recrean un universo profesional en el que interactúan para conseguir los objetivos comunicativos y funcionales propuestos en el marco de un ámbito científico, tecnológico y/o profesional (Yaiche, 1996).

La metodología de la SG se sitúa en torno a dos planos transversales (Gómez de Enterría, 1995): un eje lineal que discurre paralelamente al tema fijado de antemano por el profesor (p. ej., "La gestión del personal de una empresa"; "Urgencias pediátricas en un hospital"; "La organización de unas jornadas sobre contaminación ambiental"; "Un programa de turismo del silencio para un grupo de ejecutivos"; etc.), y a una infraestructura metodológica que se articula mediante el trabajo en equipo de los alumnos convenientemente organizados por el profesor. El segundo eje discurre transversalmente al tema inicial, en que se insertan las producciones lingüísticas surgidas durante el desarrollo del tema, y que tienen por objeto la resolución de las situaciones comunicativas y funcionales que se puedan plantear. Dicho tema es el proyecto común en torno al cual se organizan las actividades de comprensión y producción basadas en la información que proporcionan los documentos reales. Para llevar a cabo la tarea de búsqueda y recogida de información en materiales auténticos, resulta muy eficaz el empleo de Internet (García Carbonell y Watts, 1996), ya que permite combinar las destrezas comunicativas con la realidad social y profesional que proporciona la red. Al programar una simulación global es preciso considerar los pasos siguientes:

1) Seleccionar el tema y determinar el marco o contexto en el que se va a desarrollar.
2) Crear un corpus documental imprescindible para realizar las actividades lingüísticas y para documentar los contenidos funcionales.
3) Determinar la duración de la simulación.
4) Aplicar un análisis de necesidades.
5) Establecer los roles o identidades ficticias de los alumnos-participantes.
6) Valorar las interacciones que se van a producir entre los alumnos para favorecer los intercambios orales, la producción de textos escritos y el desarrollo de habilidades comunicativas lingüísticas y funcionales.
7) Considerar la evaluación como parte integrante de la simulación en su doble dimensión sumativa y formativa (Cabré y Gómez de Enterría, 2006).

Los alumnos-participantes se implican en la simulación manifestando la propia opinión e interviniendo en las actividades funcionales, ya que el modelo de simulación favorece las interacciones en el aula. La ejecución de los trabajos en equipo debe sustentarse en estrategias que refuercen la cohesión entre los miembros del grupo, de tal manera que llegue a producirse en el aula la transferencia de las habilidades adquiridas. Las tareas se organizarán desde las más simples hasta las más complejas, considerando el valor didáctico de las tareas comunicativas y funcionales.

El profesor adopta durante la simulación la actitud de "facilitador" del proceso de aprendizaje, y se sitúa en una actitud de constante observación para valorar el seguimiento de la misma. También debe velar por la aplicación de las técnicas de animación necesarias para el buen funcionamiento de la interacción conversacional, sobre todo cuando el desarrollo de las actividades o la continuidad de las interacciones así lo requieran. Asimismo, el profesor adoptará una actitud de mediador de la comunicación, situando sus intervenciones en el plano de la descripción lingüística y evitando las intervenciones de carácter normativo. El papel desempeñado por el alumno durante la SG será activo y negociador, siendo consciente de que forma parte de un proceso de aprendizaje social e interpersonal, en el que debe desarrollar su propia autonomía, pues sólo él es el responsable de su propio aprendizaje. De esta manera, valorará el carácter formativo de las tareas y actividades que constituyen el hilo conductor de la simulación y el poder socializador de las mismas. Por último, tanto el profesor como el alumno verifican el proceso de evaluación y autoevaluación respectivamente en el transcurso de la SG, a partir del comienzo de cada situación comunicativa en el aula. El profesor puede tomar notas constatando los aspectos fuertes o débiles que observa en el proceso de adquisición de la lengua de especialidad, al mismo tiempo que los alumnos podrán comprobar, mediante los errores detectados, que el aprendizaje se está llevando a cabo. Sin lugar a dudas, la SG va mucho más allá del concepto tradicional de la enseñanza de lenguas, al situar al alumno en situaciones comunicativas reales que son propias de cada ámbito de especialidad.

4.8. La formación del profesor de español con fines específicos (EFE)

Cuando el profesor lleva hasta el aula una lengua de especialidad basada en un conjunto de principios lingüísticos, pragmáticos, sociolingüísticos y didácticos, que llegan hasta el alumno mediante la representación de situaciones comunicativas concretas del ámbito profesional meta, dicho profesor tiene que olvidar el papel tradicional que ha desempeñado en la enseñanza de lenguas, y redefinir el concepto de aprendizaje. Así, su actividad en el aula estará enfocada hacia la organización y/o dirección de las situaciones comunicativas en el transcurso del aprendizaje, en donde actuará como conductor o guía, dejando totalmente de lado la concepción tradicional del profesor instructor (Littlewood, 1981). Aquí el profesor desempeña el papel fundamental de facilitador del aprendizaje (p. ej., organiza los grupos, distribuye las tareas, orienta las búsquedas, controla las situaciones comunicativas de carácter funcional, supervisa y corrige la producción lingüística, etc.), pero a la vez también actuará como un comunicador que motiva a los alumnos para que las interacciones conversacionales en el aula ofrezcan un rendimiento óptimo del aprendizaje lingüístico.

No podemos olvidar que el profesor del EFE debe compartir con el especialista[13] el conocimiento de la lengua del ámbito propuesto, pidiéndole asesoramiento y colaboración cuando sea necesario (Berchoud, 2004), incluso si el uso y el tratamiento de la lengua de especialidad son diferentes por parte de uno y otro. Además, cuando el aprendizaje se sitúa en contextos de EFP, es posible que el profesor deba hacer previamente un ejercicio de inmersión de carácter intercultural en el ámbito de especialidad propuesto. De este modo, será capaz de transmitir a sus alumnos no sólo los contenidos lingüísticos del programa, sino también la carga "cultural" que cada ámbito requiera –actitudes profesionales, rasgos propios de la cultura empresarial, etc.–, porque todos ellos conforman un estilo y un comportamiento profesional que debe tener su contenido propio en un programa de enseñanza/aprendizaje de EFE. Es decir, nuestro profesor debe ser también un buen conocedor de la teoría de la comunicación propia de cada especialidad, en la que estará formándose continuamente[14].

El perfil del docente del EFE se delimita pues como el de un especialista en lingüística aplicada con un sólido conocimiento del español estándar, así como de su cultura. Asimismo, tiene que conocer las características de la(s) lengua(s) de especialidad que imparte, y ser capaz de hacer alguna "incursión" en el ámbito de especialidad meta, en el que se sitúa el aprendizaje. Por otra parte, también será un buen docente de procedimientos, sensibilizado con los procesos de aprendizaje y con la dimensión cognitiva del mismo, y siempre dispuesto a valorar cuál es el proceso de aprendizaje más conveniente para sus alumnos. Para terminar, este profesor valorará la utilización de las nuevas tecnologías encaminadas a la búsqueda de materiales auténticos, ya que con ellas podrá preparar y documentar sus clases, o también encauzar el proceso de aprendizaje a través de la red (Balboni, 2000).

---

[13] El especialista puede ser un economista, financiero, jurista, gestor o diplomado en turismo, médico, sanitario, politólogo, sociólogo, etc., según se trate de un ámbito de especialidad u otro.

[14] La prensa diaria, ya sea general o especializada, es una de las fuentes de información más rica para la formación continua del profesor de EFE.

4.9. Preguntas para la reflexión

1. El futuro del EFE es realmente prometedor, aunque ¿es posible afirmar que hoy por hoy la reflexión didáctica está aún por hacer?
2. ¿Podríamos decir que estamos ante una nueva disciplina autónoma que debe dotarse de principios, hipótesis, métodos y resultados?
3. ¿Por qué deben ser redefinidas las funciones del profesor y del alumno cuando se aborda la enseñanza/aprendizaje del EFE?
4. ¿Existe una única lengua de especialidad o por el contrario son múltiples las que podemos delimitar en los entornos profesionales, científicos y tecnológicos?
5. ¿Es posible enseñar la lengua profesional de un ámbito tecnológico?
6. ¿Cuál es su opinión acerca de la frase siguiente? La metodología del EFE tiene que incluir necesariamente la perspectiva de la descripción lingüística junto con los aspectos pragmáticos y funcionales.
7. ¿Es Internet verdaderamente útil para el proceso de enseñanza/aprendizaje del EFE?

Bibliografía

Aguirre Beltrán, B. (2004): "La enseñanza del español con fines profesionales." En J. Sánchez Lobato e I. Santos Gargallo (dirs.). *Vademécum para la formación de profesores. Enseñar español como segunda lengua (L2)/lengua extranjera (LE)* (pp. 1109-1128). Madrid, SGEL.

Álvarez Méndez, M. (ed.) (1987): *Teoría lingüística y enseñanza de la lengua. Textos fundamentales de orientación interdisciplinar.* Madrid, Akal.

Andreu Andrés, M.; García Casas, M. y Mollar García, M. (2005): La simulación y juego en la enseñanza-aprendizaje de lengua extranjera. *Cuadernos Cervantes de la Lengua Española* 55: 34-38.

Arnz, R. y Picht, H. (1994): *Introducción a la terminología* [trad. de A. de Irazazábal]. Madrid, Fundación Germán Sánchez Ruipérez.

Balboni, P. (2000): *Le microlingue scientifico-professionali. Natura e insegnamento.* Torino, UTET Libreria Srl.

Berchoud, M. (2004): "Communication de spécialité, culture(s), mondialisation." En *Objectifs spécifiques: de la langue aux metiers. Le français dans le monde* (Janvier): 52-61.

BORDÓN MARTÍNEZ, T. (2004): "La evaluación de la expresión oral y de la comprensión auditiva." En J. Sánchez Lobato e I. Santos Gargallo (dirs.) *Vademécum para la formación de profesores. Enseñar español como segunda lengua (L2)/lengua extranjera (LE)* (pp. 983-1003). Madrid, SGEL.

BRONCKART, J. (1985): *Las ciencias del lenguaje: ¿Un desafío para la enseñanza?* París, UNESCO.

BUENO LAJUSTICIA, M. (2003): *Lenguas para fines específicos en España a través de sus publicaciones (1985-2002).* Madrid, Proyecto Córydon.

CABRÉ, M. (1999): *La terminología: Representación y comunicación. Elementos para una teoría de base comunicativa y otros artículos.* Barcelona, Institut Universitari de Lingüística Aplicada.

CABRÉ, M. (2003): Theories of Terminology. Their Description, Prescription and Explanation. *Terminology* 9: 163-200.

CABRÉ, M. y GÓMEZ DE ENTERRÍA, J. (2006): *Lenguajes de especialidad y enseñanza de lenguas. La simulación global.* Madrid, Gredos.

CARÉ, J. y DEBYSER, F. (1995): *Simulations globales.* Sèvres, Centre International d'études pedagogiques.

CESTERO MANCERA, A. (2004): "La comunicación no verbal." En J. Sánchez Lobato e I. Santos Gargallo (dirs.). *Vademécum para la formación de profesores. Enseñar español como segunda lengua (L2)/lengua extranjera (LE)* (pp. 593-616). Madrid, SGEL.

CIAPUSCIO, G. (2003): *Textos especializados y terminología.* Barcelona, Institut Universitari de Lingüística Aplicada.

CIAPUSCIO, G. y KUGUEL, I. (2002): "Hacia una tipología del discurso especializado: aspectos teóricos y aplicados." En J. García Palacios y M. Teresa Fuentes (eds). *Texto, terminología y traducción* (pp. 37-73). Salamanca, Ediciones Almar.

CROOKALL, D. y ARAI, K. (1995): "Interdisciplinarity and Interculturality." En D. Crookall y K. Arai (eds.). *Simulation and Gaming Across Disciplines and Cultures* (pp. 340-344). Londres, SAGE Publications.

CRUZ PIÑOL, M. (2002): *Enseñar español en la era de Internet. La WWW y la enseñanza del español como lengua extranjera.* Barcelona: Octaedro. Acceso a la base de datos: <http://www.octaedro.com/ele/>.

ESTAIRE, S. (2004): Programación de unidades didácticas a través de tareas. *Revista redELE 1.* http://www.sgci.mec.es/redele/revista1/estaire.shtml

EURIN BALMET, S. y HENAO DE LEGGE, M. (1992): *Pratiques du français scientifique.* París, Hachette.

GARCÍA CARBONELL, A. y WATTS, F. (1996): "Telematic simulation and language learning." En F. Watts y A. García Carbonell (eds.). *Simulation Now! Simulación ¡Ya! Learning Through Experience: The Challenge of Change. El aprendizaje a través de la experiencia: el reto del cambio.* Valencia, Diputació de València.

GARCÍA FERRUELO, M. (1991): "Una aproximación a las necesidades de los alumnos." En McGinity *et al.* (eds.). *Lenguas aplicadas a las ciencias y la tecnología* (pp. 82-86). Badajoz, Universidad de Extremadura y Universidad de Evora.

GÓMEZ DE ENTERRÍA, J. (1995): "Enseñanza interactiva del español para fines específicos: La simulación global." En S. Barrueco, L. Sierra y E. Hernández (eds.) *Lenguas para Fines Específicos (IV)* (pp. 483-489). Alcalá de Henares, Publicaciones de la Universidad de Alcalá.

GÓMEZ DE ENTERRÍA, J. (2000): "Los diccionarios especializados y la enseñanza de ELE." En M. Martín Zorraquino (dir.). *¿Qué español enseñar? Norma y variación lingüísticas en la enseñanza del español a extranjeros. Actas del XI Congreso Internacional de ASELE* (pp. 105-122). Zaragoza, Universidad de Zaragoza.

GÓMEZ DE ENTERRÍA, J. (coord.) (2001a): *La enseñanza/aprendizaje del español con fines específicos.* Madrid, Edinumen.

GÓMEZ DE ENTERRÍA, J. (2001b): "Las lenguas de especialidad. Su aplicación a la enseñanza del Español como lengua Extranjera." En J. Gómez de Enterría (coord.). *La enseñanza/aprendizaje del español con fines específicos* (pp. 7-18). Madrid, Edinumen.

GÓMEZ DE ENTERRÍA, J. y MORENO, J. (1997): El español de los negocios en la Universidad de Alcalá y en la Cámara de Comercio e Industria de Madrid. *Cuadernos Cervantes de la Lengua Española* 13: 47-51.

HERNÚÑEZ, P. (2000): "Las bases de datos terminológicos de la Comisión Europea. Eurodicauton." En C. Gonzalo García y V. García Yebra (eds.). *Documentación, terminología y traducción* (pp. 97-107). Madrid, Editorial Síntesis - Fundación Duques de Soria.

HUTCHINSON, T. y WATERS, A. (1987): *English for Specific Purposes. A Learning-Centred Approach.* Cambridge, Cambridge University Press.

JONES, K. (1982): *Simulations in Language Teaching.* Cambridge, Cambridge University Press.

KAHN, G. (1993): "Différentes approches pour l'enseignement du français sur objects spécifiques." En S. Barrueco, L. Sierra y E. Hernández (eds.). *Lenguas para fines específicos (II)* (pp. 23-30). Alcalá de Henares, Publicaciones de la Universidad de Alcalá.

KOCOUREK, R. (1991): *La langue française de la technique et de la science* (10ª ed.). Wiesbaden, Oscar Brandstetter Verlag.

LAVID, J. (ed.) (2005): *Lenguaje y nuevas tecnologías: Nuevas perspectivas, métodos y herramientas para el lingüista del siglo XXI.* Madrid, Cátedra.

LE NINAN, C. y MIROUDOT, B. (2004): "Apprentissage du FOS. Diversité des situations d'enseignement." En *Objectifs spécifiques: de la langue aux metiers. Le français dans le monde* (Janvier): 106-114.

LITTLEWOOD, W. (1981): *Communicative Language Teaching.* Cambridge, Cambridge University Press. [Trad. esp.: *La enseñanza comunicativa de idiomas.* Madrid, Cambridge University Press, 1998.]

LOMAS, C.; OSORO, A. y TUSÓN, A. (1997): *Ciencias del lenguaje, competencia comunicativa y enseñanza de lengua.* Barcelona, Paidós.

LLISTERRI, J. (1998): "Nuevas tecnologías y enseñanza de español como lengua extranjera." En F. Moreno, M. Gil y K. Alonso (eds.). *Actas del VIII Congreso Internacional de ASELE* (pp. 16-20). Alcalá de Henares, Universidad de Alcalá.

MANGIANTE, J. y PARPETTE, C. (2004): *Le Français sur Objectif Spécifique: de l'analyse des besoins à l'élaboration d'un cours*. París, Hachette.

MARTÍN PERIS, E. (1999): "Libros de texto y tareas." En J. Zanón (coord.). *La enseñanza del español mediante tareas* (pp. 26-52). Madrid, Edinumen.

MINISTERIO DE EDUCACIÓN, CULTURA Y DEPORTE (2002): *Marco común europeo de referencia para las lenguas: aprendizaje, enseñanza y evaluación* [trad. del Instituto Cervantes]. Madrid, Secretaría General Técnica del MECD y Grupo Anaya.

MOIRAND, S. (1994): "Décrire les discours de spécialité." En S. Barrueco, L. Sierra y E. Hernández (eds.). *Lenguas para fines específicos (III)* (pp. 79-91). Alcalá de Henares, Publicaciones de la Universidad de Alcalá.

POYATOS, F. (1994): *La comunicación no verbal*. Madrid, Itsmo.

ROCAMORA ABELLÁN, R. (1999): Pasos para la creación y el uso de un corpus de inglés turístico. *Cuadernos de Turismo* 3: 127-139.

RUIPÉREZ GARCÍA, G. (2004): "La enseñanza de lenguas asistida por ordenador (ELAO)." En J. Sánchez Lobato e I. Santos Gargallo (dirs.). *Vademécum para la formación de profesores. Enseñar español como segunda lengua (L2)/lengua extranjera (LE)* (pp. 1045-1059). Madrid, SGEL.

VANGEHUCHTEN, L. (2003): "El léxico general del discurso económico empresarial en ELE: elaboración de un método para su selección." En L. Ruiz Miyares *et al.* (eds.). *Actas del VIII Simposio Internacional de Comunicación Social* (pp. 152-156). Santiago de Cuba, Centro de Lingüística Aplicada.

VÁZQUEZ, G. (2004): "La enseñanza del español con fines académicos." En J. Sánchez Lobato e I. Santos Gargallo (dirs.). *Vademécum para la formación de profesores. Enseñar español como segunda lengua (L2)/lengua extranjera (LE)* (pp. 1129-1147). Madrid, SGEL.

VELÁZQUEZ-BELLOT, A. (2004): Metodología teórica del proceso de elaboración de un diseño curricular para la enseñanza de las lenguas con fines específicos. *Red ELE* 2.

VIDAL, V. (2004): *Aproximación al fenómeno de la combinatoria verbo-nominal en el discurso especializado en Genoma Humano*. Barcelona, Institut Universitari de Lingüística Aplicada. [trabajo de investigación no publicado].

VIDAL, V. y CABRÉ, M. (2004): La combinatoria léxica en la enseñanza y aprendizaje de lenguas para propósitos específicos. *Actas del XV Congreso Internacional de ASELE*. [en prensa].

WESSLING, G. (1999): "Didáctica intercultural en la enseñanza de idiomas: algunos ejemplos para el aula." En L. Miquel y N. Sans (coord.). *Didáctica del español como lengua extranjera* (pp. 267-281). Madrid, Fundación Actilibre.

WOOLDRIDGE, R. (2005): Le web comme corpus d'usages linguistiques. *Cahiers de Lexicologie* 85: 209-225.

WÜSTER, E. (1968): *The Machine Tool. An Interlingual Dictionnary of Basic Concepts*. Londres, Technical Press.

YAICHE, F. (1996): *Les simulations globales. Mode d'emploi*. Vanves, Hachette.

ZANÓN, J. (ed.) (1999): *La enseñanza del español mediante tareas*. Madrid, Edinumen.

5

ESTUDIO, ENSEÑANZA Y APRENDIZAJE DEL ESPAÑOL COMO SEGUNDA LENGUA EN LA ERA DE INTERNET

MAR CRUZ PIÑOL
Universitat de Barcelona

5.1. INTRODUCCIÓN

Al igual que todas las aplicaciones de la lingüística, la enseñanza de segundas lenguas se nutre hoy en día de los recursos que, a través de Internet, se encuentran a la disposición de los profesores y de los estudiantes. Nos referimos principalmente a recursos para el profesorado –formación continua, investigación e actividad profesional–, a materiales para que el aprendiz pueda repasar gramática y vocabulario, y a unos sistemas telemáticos de comunicación humana que están convirtiendo la red en una plataforma idónea para el uso en contextos comunicativos auténticos de las lenguas que se enseñan/aprenden. Todo ello configura una situación bastante diferente de la de los laboratorios de idiomas que se desarrollaron hace años en el marco de la ELAO ("Enseñanza de lenguas asistida por ordenadores"; en inglés, 'Computer Assisted Language Learning', o CALL). Como indica Trenchs (2001):

> parece ser que el fracaso relativo de otras tecnologías anteriores dentro del aula de idiomas no se repetirá con las tecnologías digitales. (...) Los ordenadores no quedarán relegados a una caja vieja o a un cuarto trastero como sucedió en los años setenta y ochenta con algunos laboratorios de idiomas porque, a diferencia de éstos, las nuevas tecnologías no son recursos que acaban en sí mismos sino que realmente conectan y comunican (...) con el mundo exterior (p. 23).

En el caso concreto del español como lengua segunda o extranjera (EL2)[1], los efectos de Internet se están constatando en numerosos trabajos. Por una parte, es significativo el número creciente de investigaciones de posgrado sobre el tema, tal como se puede ver en el listado de *Tesis, tesinas y memorias de máster sobre "Internet y ELE"* (1)[2], aunque muy pocas de estas investigaciones universitarias se han desarrollado en departamentos de filología o de lingüística. Por otra parte, las principales revistas dedicadas al EL2 cuentan con una sección fija dedicada a las aportaciones de las tecnologías: en *Cuadernos Cervantes* (Ed. Luis Revenga), se incluye la sección "Espacio multimedia" desde 1995; en *Carabela* (Ed. SGEL), la sección "Recursos en Internet para la elaboración de actividades", desde 1998, y en *Frecuencia-L* (Ed. Edinumen), la sección "Nuevas tecnologías", también desde 1998.

El interés que despierta el uso de Internet para la enseñanza del EL2 se ha manifestado también en la publicación de una veintena de libros sobre este tema en tan sólo ocho años[3]: Se trata de textos de distintos tipos: algunos recogen actas de congresos (Rojas Gordillo, 2001; Gimeno, 2002) y, como tales, incluyen trabajos breves sobre distintos usos de las tecnologías en el contexto de la enseñanza del EL2; otros tienen una finalidad didáctica y presentan sugerencias para utilizar unas determinadas páginas web en las clases de EL2 (Casanova, 1998; Higueras, 1998; Arrarte y Sánchez de Villapadierna, 2001; Juan Lázaro, 2001; Hita Barrenechea, 2001 y 2004; Romero Dueñas, 2001 y 2002; Rojas Gordillo, 2001; Fernández Pinto, 2002); algunos evalúan la calidad de las webs tras repasar los planteamientos fundamentales del uso de las Tecnologías de la Información y la Comunicación (TIC) para la enseñanza de lenguas (Monti, 2000; Juan Lázaro, 2001; Rojas Gordillo, 2001; Martín Mohedano, 2004); y otros

---

[1] Esta abreviatura, que aparece a lo largo del capítulo, se propone abarcar los dos contextos de enseñanza del español: la que se da en países donde el castellano es una lengua extranjera y la que se imparte en países donde no lo es (por ejemplo, en los Estados Unidos, o en el caso de la enseñanza a inmigrantes en España).

[2] Los números entre paréntesis remiten al listado final de direcciones de Internet.

[3] De acuerdo con el contenido del presente volumen, nos centraremos aquí en los libros que se ocupan específicamente del español. A estos, obviamente, se sumarían los volúmenes dedicados al uso de Internet para la enseñanza de segundas lenguas en general, que son muchos, en su mayoría escritos en inglés, y que constituyen una referencia fundamental. Entre ellos se podrían destacar los dos siguientes: Carol A. Chapelle (2001). *Computer Applications in Second Language Acquisition: Foundations for Teaching, Testing and Research.* Cambridge, Cambridge University Press, y Mark Warshauer y Richard Kern (eds.) (2000). *Network-Based Language Teaching: Concepts and Practice.* Cambridge, Cambridge University Press.

analizan desde una perspectiva académica cómo las TIC están influyendo en la enseñanza y el aprendizaje de las segundas lenguas en general y del EL2 en particular (Trenchs, 1998 y 2001; Cruz Piñol, 2002; Cassany, 2003). En definitiva, sea desde la perspectiva que sea, resulta evidente que existe la conciencia de que el EL2 se está enriqueciendo con los recursos que proporciona Internet.

A partir de este estado de la cuestión, en el presente capítulo se analizará el papel que está desempeñando Internet en los distintos ámbitos en los que se desarrolla el EL2: la investigación, la enseñanza y el aprendizaje. Con este fin, se revisarán los trabajos publicados sobre el tema y los recursos que actualmente existen para la formación de especialistas en esta rama de la lingüística aplicada, para apoyar la actividad profesional de los docentes y para el autoaprendizaje del EL2. En cada uno de los casos se indicará, desde la perspectiva de la lingüística del español, qué investigaciones se están desarrollando y qué líneas de análisis no han sido aún exploradas. Todo ello, como se verá, revela la necesidad de que la incidencia de las tecnologías en la enseñanza del EL2 reciba una mayor atención por parte de los especialistas en filología o lingüística española.

Esta revisión se limitará a los recursos gratuitos y se centrará en la vertiente lingüística del EL2. La primera de estas dos restricciones significa que aquí se analizarán exclusivamente los efectos del uso de unos recursos a los que pueden acceder libremente todos los profesores y estudiantes que dispongan de un ordenador conectado a la red, una gratuidad que, por cierto, corresponde a la esencia original de Internet. No se atenderá, pues, a los productos comerciales desarrollados por centros de ingeniería informática –de ello se ocupa el capítulo "El español y las nuevas tecnologías"–. Con todo, incluso al referirnos a recursos gratuitos, no se puede ignorar el hecho de que las telecomunicaciones no llegan por igual a todos los sectores de la sociedad ni a todos los países, lo que da lugar a las denominadas "desigualdades digitales"[4], que afectan también a la lingüística aplicada del español.

---

[4] Sobre las desigualdades digitales puede leerse Jacint Jordana (2002) «Desigualdades digitales y sociedad de la información: un debate pendiente», en *Papers de la fundació Rafael Campalans*, 130, <http://www.upf.es/dcpis/gipt/documentos/divdig-e.htm>; PNUD (2001) *Informe sobre desarrollo humano 2001. Poner el adelanto tecnológico al servicio del desarrollo humano*, Nueva York: <http://www.undp.org/hdr2001/spanish/>; *Fracturas sociales, fracturas digitales* (Grupo de Trabajo nº 12 del I Congreso Online del Observatorio para la Cibersociedad): <http://www.cibersociedad.net/congreso/foros/g12/g12_a.htm>; Economist Intelligence Unit (2005) «América Latina, rezagada en ca-

Por lo que se refiere a la segunda restricción, quiere decir que aquí la atención no se centrará en la pedagogía ni en la didáctica del EL2 –de ello ya se ocupan otros capítulos en este volumen–, sino en las cuestiones lingüísticas implicadas en la enseñanza/aprendizaje del EL2, para ver en qué medida se ven afectadas por el uso de Internet[5]. Tampoco se estudiarán aquí las aportaciones de Internet a los cursos a distancia, porque lo que las telecomunicaciones puedan aportar a esta modalidad de enseñanza/aprendizaje no se sitúa tanto en el terreno de la lingüística como en el de la organización de los centros educativos no presenciales; en cambio, el uso libre y abierto de las TIC está transformando no sólo las técnicas docentes, sino también –y eso es lo que aquí más nos interesa– la manera de acercarse a la lengua, de usarla y de analizarla. Como se podrá ver en las próximas páginas, son muchas las investigaciones que permanecen abiertas en esta perspectiva de análisis de la confluencia del EL2 y las TIC.

5.2. Internet para la investigación y para la (auto)formación continua del lingüista especializado en EL2

5.2.1. *Publicaciones electrónicas centradas en el EL2*

Las publicaciones electrónicas representan hoy en día una referencia fundamental para la investigación y la (auto)formación con-

---

pacidad electrónica», en *La Jornada*: <http://www.jornada. unam.mx/2005/may05/ 050517/024n1eiu.php>, y Mario Osava (2005) «América Latina: Un mundo virtual para la equidad real», en *IPS Inter Press Service - La otra historia*: <http://www. ipsnoticias.net/nota.asp?idnews=34151>. De la última referencia citada procede esta cita: «Todos quieren que la sociedad de la información sea un factor de equidad, pero las tecnologías que permiten su construcción acentúan los desequilibrios internacionales y las desigualdades sociales, como muestran las cifras de acceso a Internet en América Latina». La preocupación ante estas desigualdades y el compromiso de luchar por eliminarlas se recogió en la *Declaración final del 1er Congreso ONLINE del Observatorio para la Cibersociedad*, un documento suscrito por los casi setecientos participantes en dicho congreso: <http://cibersociedad.rediris.es/congreso/declaracion.htm>.

[5] Desde la perspectiva de la didáctica, los efectos de Internet en la enseñanza/aprendizaje del EL2 vienen siendo extensamente descritos. Se puede ver una reciente revisión de este tema en el apartado «Aplicaciones de las nuevas tecnologías» incluido en el *Vademécum para la formación de profesores. Enseñar español como segunda lengua (L2) / lengua extranjera (LE)* (Madrid, SGEL, 2004), compuesto por estos tres trabajos: «La enseñanza de lenguas asistida por ordenador (ELAO)» (Ruipérez García, 2004), «Internet en la enseñanza del español» (Higueras García, 2004) y «Aprender español a través de Internet: Un entorno de enseñanza y aprendizaje» (Juan Lázaro, 2004).

tinua del profesorado del EL2. La primera revista dedicada a la filología hispánica que se publicó en Internet fue *Espéculo* (2), cuyo primer número se editó en 1995 y que desde entonces ha ido publicando numerosos artículos sobre el hispanismo, incluido el EL2 (3). En el seno de esta revista se inició en el año 2000 un monográfico titulado *Cultura e intercultura en la enseñanza del español como lengua extranjera*, que creció tan deprisa que al año siguiente tuvo que continuar su andadura de forma independiente (4) y en 2005 lleva publicados más de cincuenta artículos. También en el año 2000 comenzó a publicarse la *Revista electrónica de los hispanistas de Brasil* (5), que en 2005 alcanzó el número 20. Otra revista que en poco tiempo se ha convertido en lugar de referencia para los profesores de español es *RedELE* (6), que se empezó a publicar en marzo de 2004; y el mismo camino parece que va a seguir la revista *MarcoELE* (7), nacida en diciembre de 2005. A estos repertorios de artículos especializados hay que sumar la edición en línea de monografías, como las que se publican desde 1999 en *Estudios de Lingüística del Español (ELiEs)* (8) y desde 2004 en la *Biblioteca Virtual de RedELE* (9); y a todo ello habría que añadir la *Enciclopedia virtual de tecnología educativa* (10), donde también tiene cabida, cómo no, el EL2.

5.2.2. *Foros y listas de distribución de noticias que se ocupan del EL2*

A principios de los años noventa se creó el primer foro telemático para profesores del EL2, como iniciativa personal de una profesora que impartía clases de español en una universidad alejada de los países hispanohablantes (véase Cruz Piñol, 1999; Sitman, 2000). Ese foro, ESPAN-L, se convirtió enseguida en un lugar de referencia para muchas personas interesadas en la enseñanza del EL2: en poco tiempo contó con más de cuatrocientos miembros, distribuidos en más de veinticinco países. Unos años más tarde, en 1997, el Centro Virtual Cervantes (CVC) abrió el *Foro didáctico*, también con la intención de convertirse en un lugar de encuentro para los profesionales de la enseñanza del español como segunda lengua (véase Higueras, 2000). El *Foro didáctico* cuenta con un sólido apoyo institucional, lo que ha hecho posible que se haya llegado a convertir en lo que hoy es: no sólo un punto de encuentro, sino también un potente archivo de "preguntas más frecuentes", un centro de recursos donde los profesores pueden encontrar respuesta a las dudas y a los problemas con los que se encuentran en su labor profesional e investigadora.

   Los dos centros de debate mencionados, ESPAN-L y el *Foro didáctico* del CVC, ejemplifican dos modelos técnicos diferentes: en el primero –que en rigor no se denominaría "foro", sino "lista"– existe la posibilidad de suscripción, de manera que todos los mensajes de los participantes llegan al buzón personal de correo electrónico, mientras que el segundo funciona exclusivamente en la web, es decir, que para ver los mensajes y responderlos hay que estar conectado a la página del foro. Los dos sistemas presentan ventajas e inconvenientes. Un foro como el del CVC no invade el buzón personal con decenas de mensajes a la semana, pero exige que el usuario entre en la página web del foro para ver si hay novedades. Además, considerando las mencionadas "desigualdades digitales", hay que tener en cuenta que obliga a mantener activa la conexión a Internet durante todo el tiempo que se consulte el foro, con el consiguiente gasto telefónico que esto representa para quienes deben pagar por minutos de conexión. En cambio, un foro que como ESPAN-L cuente con la posibilidad de enviar los mensajes a los buzones personales de correo, por una parte, reduce esas desigualdades digitales –pues basta con conectarse a la red unos pocos minutos, descargar los mensajes y después leerlos sin conexión– y, por otra, permite una actitud más "pasiva" del usuario, que no necesita hacer nada más que dar una vez su dirección y, a partir de ahí, empieza a recibir toda la información. Sea como sea, en ambos modelos de debate todos los mensajes quedan guardados y organizados en una web (tal como se puede ver si se accede a las direcciones de 11), de modo que estos archivo de conversaciones se convierten en una fuente de recursos muy fácil de consultar.

   Los foros y las listas son hoy en día recursos esenciales para la investigación y para la formación continua, que han venido a sumarse a las fuentes "tradicionales" –las bibliotecas, las hemerotecas, las librerías y los congresos continúan siendo una referencia obligada–[6]. Una prueba de la conciencia de los expertos en la enseñanza del EL2 sobre la utilidad de los debates electrónicos la encontramos en el hecho de que no dejan de crearse nuevos foros para atender a per-

---

   [6] Además, habría que mencionar también que la red representa en sí misma una herramienta para la (auto)formación, porque los mismos docentes –al igual que los alumnos–, ante una duda, pueden intentar resolverla en la red simplemente a través de un buscador como *Google*. Unas veces funcionará y otras no; pero al ser rápido y eficiente es un medio de investigación lingüística importantísimo. Es decir, el mismo caudal lingüístico que está en la red permite investigar sobre la lengua (Sala Caja, 2004).

files específicos de usuarios. Es, por ejemplo, el caso de ELEBRASIL (12), un activo foro que se inauguró en 2003, inicialmente pensado para los profesores de español que imparten clases en Brasil, aunque abierto a todos aquellos interesados en los temas que ahí se abordan, y que no deja de crecer en miembros y en calidad de contenidos. Otro caso destacable es el foro PROFESORES-ELE (13), creado en el año 2000 con el objetivo de tratar "temas laborales, con la intención de dignificar la profesión y buscar el reconocimiento social". Y como tercer ejemplo se podría citar el foro de LINGUANET (14), que también desde el año 2000 se ocupa de la enseñanza de lenguas en Europa, y en el que la comunicación se desarrolla en todas las lenguas europeas.

Además de acudir a estos foros especializados en el EL2, los profesionales de la enseñanza de la lengua española como L2 que desean mantenerse constantemente formados e informados están atentos también a otros foros que se ocupan de la lingüística hispánica. En relación con la lengua española destaca, por su veteranía, el foro APUNTES, de la Agencia EFE (15), que desde 1996 constituye un lugar de encuentro para traductores, periodistas y cualquier especialista interesado en las normas del español (véase Gómez Font, 2000). Además, el archivo de los debates desarrollados durante todos estos años en un foro como APUNTES sirve como fuente documental de las dudas que los hablantes nativos tienen sobre su propia lengua, con lo que contribuye al enriquecimiento del diccionario de dudas de la Agencia EFE (16).

Otro ejemplo de sistemas de distribución de información útiles para la investigación y la formación continua de los profesores de EL2 es la lista INFOLING (17), que nació en 1996 –desde 1998 se encuentra en el servidor de listas de RedIris (18)– y que al comenzar el año 2006 cuenta con más de dos mil cuatrocientos suscriptores. A través de esta lista se difunden novedades bibliográficas, proyectos y trabajos de investigación, congresos y cualquier actividad académica relacionada con la lingüística del español. En INFOLING no existe la posibilidad de debate y la publicación de noticias se somete a una rigurosa selección, lo que la convierte en una lista muy específica que constituye una referencia fundamental para los lingüistas especializados en la lengua española, sea en su vertiente teórica o aplicada. El EL2 tiene una presencia importante en INFOLING, un hecho que refleja el lugar destacado que esta aplicación de la lingüística ocupa actualmente en el contexto de la lingüística del español.

Por lo que se refiere a la investigación lingüística desarrollada en torno a los foros y las listas de distribución⁷, existe un proyecto que analiza cómo los hablantes nativos cuidan su propia lengua y que fundamenta el estudio en un corpus constituido por los mensajes que han ido circulando durante años por el foro APUNTES (véase Lebsanft, 1997, 2000 y 2001). En una línea semejante a la de esta investigación, hay que destacar también la importancia que los mensajes archivados en todos estos foros y estas listas tienen para la historiografía de la enseñanza del EL2. Y es que estos miles de mensajes proporcionan una información muy valiosa sobre la evolución que, en los últimos años, han vivido las tendencias académicas teóricas que sirven de base para la resolución de los problemas concretos surgidos de la enseñanza del español como lengua extranjera. Así, una posible línea de investigación sería la revisión de estos focos de interés en la enseñanza del EL2 –qué se enseña, cómo se explica, qué fuentes se citan, etc.–, tomando como fuente de documentación los archivos de los principales foros y listas a los que acuden los profesionales de esta rama de la lingüística aplicada⁸.

5.3. INTERNET COMO CENTRO DE RECURSOS PARA LOS PROFESORES DEL EL2

Los profesores del EL2 tienen en Internet una gran sala de profesores, un centro de recursos que viene a sumarse a las bibliotecas y a las librerías. En esta sala virtual se pueden encontrar planes de clase, diccionarios, explicaciones de gramática e incluso programas

---

⁷ De acuerdo con los objetivos de este capítulo, no nos detendremos aquí en la atención que se ha prestado desde la didáctica de segundas lenguas a las aplicaciones de los foros. Esta perspectiva de análisis es la que se adoptó en Cruz Piñol *et al.*, 2005, donde se hace referencia a la bibliografía publicada en dicha línea. Por otra parte, en el repertorio de *Artículos sobre Comunidades Virtuales de Usuarios* mantenido por RedIris se recogen estudios sobre el uso de las listas y los foros en otros ámbitos académicos alejados de la enseñanza de lenguas: <http://www.rediris.es/cvu/publ/>. Asimismo, también de acuerdo con los objetivos del capítulo, en este apartado se ha hecho referencia a foros en los que el español ocupa un lugar destacado, aunque los profesionales cuentan también con listas de noticias que se ocupan de la lingüística en general –como LinguisList: <http://www.linguistlist.org/>– y de la enseñanza de segundas lenguas en general –como FLTEACH: <http://www.cortland. edu/flteach/>.

⁸ Algo en esta línea se inició en *Espan-l. Un foro de debate en Internet sobre la lengua española* (Cruz Piñol, 1999), aunque aquel estudio, dadas sus características –las de una tesis de licenciatura–, se limitó a analizar veintitrés conversaciones de un solo foro.

que permiten el procesamiento automático de la lengua. A excepción de los planes de clase, el resto de los recursos que se mencionarán en este apartado resulta muy útil también para los aprendices del EL2, de manera que el profesor debería animar a sus alumnos a acudir a este *centro de recursos virtual* y, de este modo, potenciar la autonomía en el aprendizaje. Para ello, obviamente, el docente-lingüista antes deberá familiarizarse con los recursos que tiene a su alcance, una labor que requiere información y dedicación.

5.3.1. *Planes de clase, diccionarios y gramáticas*

Desde el año 1997 se publica en Internet la revista *Materiales* (19), editada por la Consejería de Educación de la Embajada de España en Estados Unidos y Canadá, en su sede de Washington. Esta revista, que también se publica en papel, ofrece en cada número todos los materiales necesarios para impartir unas clases descritas minuciosamente: se detalla el perfil de alumnado al que van dirigidas, los contenidos y las destrezas que se quiere trabajar, el tiempo que durará cada clase, etc. Esta rica y elaborada documentación se puede consultar en formato HTML, que es el mejor para verlo en pantalla, y en formato PDF, más adecuado para imprimir y tener tantas copias como se desee de la revista, a todo color. Además, una base de datos permite buscar planes de clase en función del nivel del aprendiz –elemental, intermedio, avanzado e hispanohablantes– en todos los números de *Materiales* publicados.

Por su parte, el Centro Virtual Cervantes promueve y mantiene, desde el año 2000, un catálogo de propuestas didácticas denominado *Didactiteca* (20). Los materiales son muy básicos –la ficha que identifica la clase a partir de los objetivos, de los contenidos, de los destinatarios, etc., y una descripción breve de la actividad–, pero el principal atractivo de este portal reside en la base de datos, que permite buscar clases a partir de criterios muy precisos: el autor de la actividad, la fecha en que fue publicada, el nivel de los aprendices –según establece el *Marco europeo de referencia*: A1, A2, B1, B2, C1 y C2–, el perfil de estos aprendices –alumnos de clases particulares, alumnos de cursos para fines específicos, alumnos de lengua materna específica, inmigrantes, adolescentes, niños, jóvenes y adultos, y profesores–, el tipo de recursos que se quiera emplear en la clase –imágenes, vídeo, prensa, diccionarios, etc.– y tres catálogos que se ramifican en decenas de criterios a partir de los cuales se puede buscar en *Didactiteca* un plan de clase: *Competencias generales, Competencias de la lengua* y *Actividades de la lengua, estrategias y procesos.*

Junto a *Materiales* y *Didactiteca*, habría que mencionar otros portales en los que se pueden encontrar clases preparadas, tales como *Aulanet* (21), una sección de la web *Elenet*, diseñada y mantenida por el profesor de español Francisco Olvera; *Comunicativo.net* (22), una iniciativa de la escuela International House de Madrid; *Elenza* (23), la web de la Consejería de Educación de Nueva Zelanda, y *Easyespañol* (24). En todas estas webs se pueden buscar guiones de clase a partir de los contenidos que se desee impartir y de los niveles de los aprendices.

Aparte de los planes de clase, en esta sala de profesores virtual también hay diccionarios en línea. Una revisión exhaustiva de las obras lexicográficas accesibles a través de Internet que incluyen la lengua española nos alejaría del objetivo de este capítulo, por lo que sólo mencionaremos, a modo de ejemplo, algunas recopilaciones, como el índice de diccionarios de la Universidad de Oviedo (25); la web *Diccionarios de variantes del español* (26), de José Ramón Morala; la *Página de los diccionarios* (27), de José Antonio Millán, o la sección sobre diccionarios de *La página del idioma español* (28), de Ricardo Soca. Las cuatro sirven como puerta de acceso a la gran cantidad de obras lexicográficas que se pueden consultar a través de Internet. Hay que decir que los diccionarios en soporte electrónico presentan como principal ventaja frente a los diccionarios en papel las búsquedas expertas, posibles gracias a que el contenido de las obras se encuentra organizado en bases de datos. De este modo, los diccionarios en soporte electrónico no sólo sirven para buscar las definiciones de las palabras, sino que en ellos es posible realizar búsquedas a partir de las marcas, obtener listados de palabras ordenados de forma inversa, buscar fragmentos de texto contenidos en los artículos de los diccionarios, utilizar comodines para buscar palabras aunque no se sepa exactamente cómo se escriben, y muchas otras opciones de búsqueda que presentan claras aplicaciones a la enseñanza de lenguas[9].

Y en tercer lugar, en este gran centro de recursos que es Internet también hay gramáticas de la lengua española. Por ejemplo, en la *Biblioteca virtual Miguel de Cervantes* se puede consultar la gramá-

---

[9] Sobre el uso de los diccionarios en el marco de la enseñanza del ELE se puede acceder a numerosas referencias bibliográficas en <http://www.octaedro.com/espanoleninternet/Bibliografia/4_WEBS. HTML#48>.

tica de Andrés Bello (29) y la transcripción de la primera gramática de la Real Academia (30); y en el Centro Virtual Cervantes se puede consultar el corpus que sirvió para la elaboración de la gramática de Salvador Fernández Ramírez (31). Desde una perspectiva más aplicada, muchos profesores de español como primera lengua (L1) han ido publicando resúmenes de gramática, como por ejemplo el del profesor Carlos Cabanillas (32), el de Pedro Felipe de la Iglesia Diéguez (33), el de Alberto Juan Ampuero (34), el que ofrece el CPR de Ciudad Real (35), el de *Escolar.com* (36), el del proyecto *Thales* (37) o el de la Biblioteca virtual del Banco de la República de Colombia (38). Y ya centrando la atención en los problemas específicos que presenta la explicación de la gramática del español a quien no tiene esta lengua como L1, convendría prestar atención a las fichas gramaticales de *El juego* (39), *Learn Spanish* (40), de *About* (41), Juan Manuel Soto Arriví (42), *Mr.Lee* (43), *Tiscali* (44) o Joseph Holder (45).

A la vista de esta cantidad y diversidad de webs que proponen explicaciones gramaticales –las clases preparadas, por una parte, y las gramáticas, por otra– se perfila otra línea de investigación en el ámbito de la lingüística aplicada del español: el análisis de la presentación de la gramática del EL2 en las webs. Un estudio de este tipo, siguiendo el camino iniciado por Grande y Grande (2002), se ocuparía de revisar los enfoques lingüísticos y didácticos que se siguen en estas webs: cuándo se recurre a la lingüística contrastiva, cuándo la explicación se basa en las funciones comunicativas, cuándo se basa en las estructuras, cuándo se recurre a la etimología, cuándo se aportan enfoques cognitivos o pragmáticos, etc. Sería interesante, además, relacionar los resultados de este estudio con el mismo análisis de la enseñanza de la gramática del EL2 en medios más convencionales, como los manuales impresos.

5.3.2. *Recursos en línea para el procesamiento automático de la lengua*

Este centro de recursos virtual cuenta también con unos programas que permiten el procesamiento informático del lenguaje y que tienen aplicaciones a la enseñanza de lenguas. Estos programas se desarrollan en el ámbito de otra de las áreas de la lingüística aplicada, la lingüística computacional, y se analizan en detalle en el capítulo de este volumen "El español y las nuevas tecnologías". Por eso aquí sólo haremos referencia a las aplicaciones para la enseñanza del EL2 de los programas para el tratamiento informático del lenguaje que cualquier profesor/alumno tiene a su disposición de forma gratuita, a través de Internet.

Es el caso, por ejemplo, de los corpus informatizados de la lengua castellana y de los programas que permiten obtener concordancias y recuentos estadísticos a partir de ellos. Citaremos a modo de ejemplo algunos corpus generales de la lengua castellana accesibles a través de Internet: el *Corpus de Referencia del Español Actual* (CREA) (46), de la Real Academia Española; el corpus *Spanish OnLine* (SOL) (47), del profesor David Mighetto, de la Universidad de Göteborg; el corpus *LexEsp* (48), del *Centre Llenguatge i Computació* (CLIC) de la Universidad de Barcelona y del Grupo de Procesamiento del Lenguaje Natural (NLP) de la Universidad Politécnica de Cataluña, y el *Spanish Framenet Project* (49), del Laboratorio de Lingüística Informática (LaLi) de la Universidad Autónoma de Barcelona. Desde una perspectiva más específica, habría que mencionar el corpus del proyecto *Variación léxica del español en el mundo* (Varilex) (50), coordinado por el profesor Hiroto Ueda, de la Universidad de Tokio y consultable a través del portal *Signum*, y el proyecto panhispánico de disponibilidad léxica *Dispolex* (51), coordinado por el profesor Humberto López Morales. Asimismo, hay que decir que actualmente existen programas gratuitos que permiten obtener concordancias y recuentos estadísticos a partir de cualquier muestra de textos en formato electrónico, de modo que toda persona que lo desee puede crear su propio corpus y conseguir unos resultados básicos a partir de él. Es el caso de programas como TACT (52), *Lexico* (53) y *Concorder* (54)[10].

A todo ello habría que sumar el uso de la propia red como un corpus, de demostrada utilidad para la enseñanza/aprendizaje de segundas lenguas (Marello *et al.*, 2003; Sala Caja, 2004). Esto es posible gracias a la utilización, por una parte, de los buscadores tipo *Google* como programas de concordancias y, por otra, de los programas específicamente diseñados para obtener listas de concordancias que permiten que se tome como corpus toda la red o una página web determinada, como *WebConc* (55) o *WebCorp* (56).

---

[10] Se puede acceder a las direcciones de más programas para el estudio lexicométrico de corpus desde la página del *Servei de Tecnologia Lingüística* de la Universidad de Barcelona: <http://www. ub.es/lexico/esp_programes.htm>; y desde la página *Using concordance programs in the Modern Foreign Languages classroom* del ICT4LT (Information and Communications Technology for Language Teachers): <http://www.ict4lt.org/en/en_mod2-4.htm>.

Por lo que se refiere a la investigación en este campo, el estudio de las aplicaciones de la lingüística de corpus a la enseñanza de segundas lenguas hace tiempo que despierta el interés de los lingüistas (Stevens, 1991 y 1995; McEnery y Wilson, 1993; Wichmann *et al.*, 1997; Battaner y López, 2000; Peters *et al.*, 2000; Ghadessy *et al.*, 2001; McCullough, 2001; Aston *et al.*, 2004; Sinclair, 2004). En el caso particular del EL2 también se han desarrollado interesantes estudios (p. ej., Faulhaber, 1995; Sánchez *et al.*, 1995; Arrarte y Llisterri, 1997; Llisterri, 1998; Morante y Martí, 1998 y 2002; Carcedo, 2000; García Platero, 2001; Jacobi, 2001; Morante y Díaz, 2001; San Vicente, 2001; Izquierdo Gil, 2002; Sala Caja, 2004; Vangehuchten, 2004; Alvar, 2005)[11]. Los resultados de estos trabajos no son nada desdeñables, pues muestran que al contar con grandes corpus representativos de la lengua se puede obtener listados de concordancias que informan sobre las colocaciones, acceder a índices de frecuencias de palabras que ayudan a escoger el léxico más rentable a la hora de enseñar el español como lengua extranjera, y obtener ejemplos reales de usos contextualizados del vocabulario o de las estructuras gramaticales que se van a enseñar, entre otras aplicaciones. Por todo ello, merece la pena que se siga el camino de los trabajos publicados hasta ahora y que se continúe desarrollando esta línea de investigación.

Otra herramienta lingüística que se encuentra en la red a la disposición de profesores y aprendices del EL2 son los traductores automáticos gratuitos. En relación con la traducción automática conviene recordar tres cuestiones básicas: primero, que hoy en día, en el ámbito de la lingüística computacional, ya nadie habla de "traductores automáticos" sino de "herramientas de ayuda para la traducción", es decir, que nadie espera que un autómata lingüístico haga el trabajo de un traductor humano, sino que lo que se le pide a la máquina es que contribuya a rentabilizar el tiempo de trabajo del traductor profesional; segundo, que estas herramientas se desarrollan, sobre todo, para ayudar en la traducción técnica, es decir, para un tipo de textos muy diferentes de los textos literarios; y, tercero, que

---

[11] En 1997, el monográfico de la revisa *Carabela* dedicado a las *Nuevas tecnologías aplicadas a la enseñanza del E/LE* incluyó un repertorio bibliográfico sobre "Corpus lingüísticos, lexicografía electrónica y enseñanza de lenguas" (*Carabela*, 42, pp. 140-143). Asimismo, si en la *Bibliografía de didáctica del español como lengua extranjera* mantenida por el Centro Virtual Cervantes <http://cvc.cervantes.es/obref/bele/> se busca a partir del descriptor "corpus", se accede a numerosas referencias.

los programas gratuitos que se encuentran en la red poco tienen que ver con el grado de precisión lingüística de los programas "profesionales" (véase también el capítulo 12 de este volumen).

Con estas premisas siempre presentes, cabe señalar que los traductores automáticos que se ofrecen de forma gratuita en Internet son aplicables a la enseñanza de segundas lenguas, en particular para el desarrollo de las destrezas relacionadas con la escritura. El texto resultante de la traducción automática puede llevarse al aula y emplearse para analizar algunos errores que también comenten los aprendices de español. En el marco de la lingüística contrastiva, resulta interesante "jugar" en clase con algunos de los traductores gratuitos y aprovechar los errores que seguro que en algún momento cometerá el programa para ejemplificar las consecuencias de las semejanzas y diferencias que existen entre la L1 de los alumnos y la lengua meta, especialmente si se trata de lenguas próximas. Desde una perspectiva semántica, pueden servir para mostrar algunas cuestiones de crucial importancia cuando se aprende una lengua, como las ambigüedades del lenguaje o la ironía. Hé aquí otra línea de investigación que relaciona las TIC y el EL2, apuntada en algunos trabajos (Sitman y Cruz Piñol, 2000) y desarrollada en profundidad a partir de estudios basados en experiencias docentes (Niño, 2004ab y 2006).

A continuación se mencionan algunos traductores automáticos gratuitos –o con una "demo" accesible a través de Internet– que pueden ser utilizados en el marco de la enseñanza del EL2: *Automatic-Trans* (57), *Systran* (58), *Free Translation* (59), NCSA (60), *Traduce-gratis.com* (61), la demo de *Comprendium* (62), y también, claro está, los conocidos traductores de *Altavista* (63) y de *Google* (64). A estos traductores habría que sumar los diccionarios bilingües, entre los que destacarían, por la originalidad de la interfaz, el traductor palabra por palabra de *Rikai* (65), que muestra la página web o el texto que el usuario desee y al ir deslizando el cursor sobre cada una de las palabras va mostrando su traducción. *Rikai* funciona entre estos cuatro pares de lenguas: inglés a español, inglés a japonés, japonés a inglés y chino a inglés.

Hay más tecnologías lingüísticas que se encuentran en la red y que son igualmente aplicables a la enseñanza del EL2. Es el caso de los silabeadores, que dividen las palabras en sílabas, como el diseñado por la empresa de tecnología lingüística *Signum* (66); de los flexionadores, que permiten consultar las formas derivadas y flexionadas de una palabra, como el del *Centre de Llenguatge i Computació* (CLIC)

(67), y de los conjugadores de verbos, como el del *Grupo de Sintaxe do Español* de la Universidad de Santiago de Compostela (68), el del Grupo de Estructuras de Datos y Lingüística Computacional del Departamento de Informática y Sistemas de la Universidad de Las Palmas de Gran Canaria (69), el de *Signum* (70), el que se incluye en el diccionario en línea de la Real Academia Española (71) y el de la Universidad de Oviedo (72). Todos estos productos gratuitos resultan muy útiles en el marco del EL2, especialmente para la consulta de dudas relacionadas con la morfología del español.

5.4. INTERNET PARA EL (AUTO)APRENDIZAJE DEL EL2: LOS EJERCICIOS DE CORRECCIÓN AUTOMÁTICA

La huella de la ELAO/CALL a la que nos referíamos en la introducción sigue presente en Internet en los ejercicios de corrección automática. Estos ejercicios –de respuesta cerrada y preestablecida–, tan habituales en los laboratorios de idiomas de los años setenta, se encuentran ahora a centenares en la red, pero con los beneficios que aportan dos de las características esenciales de Internet: la gratuidad y el enriquecimiento constante. En su mayoría se trata de ejercicios diseñados con los denominados "programas de autor", unos programas cuyo uso apenas requiere conocimientos de informática: el autor-profesor sólo tiene que ir introduciendo los datos que le solicita el programa, y enseguida y de forma automática obtiene un ejercicio ya listo para que el aprendiz lo utilice de forma autónoma. Sobre el diseño de estos ejercicios interactivos para la enseñanza de lenguas en general, puede verse el capítulo de Mike Fee incluido en Trenchs (2001); y centrados específicamente en el EL2, los trabajos de Díaz Orueta (1999), Sánchez de Villapadierna y Arrarte (2002), y Ruipérez García (2004).

Citamos a continuación algunos programas que sirven para diseñar ejercicios de corrección automática: *Hot Potatoes* (73), *Wida* (74), *Vokabel* (75), *Makers* (76) y el programa que utiliza el Centro Virtual Cervantes para diseñar los ejercicios de *Rayuela* (77). A estos se podrían sumar los programas que preparan crucigramas y sopas de letras para realizar ante el ordenador, como *Eclipsecrossword* (78), *Puzzlemaker* (79) o *100% Word Search* (80). Estos programas permiten construir ejercicios en los que el aprendiz rellena espacios en blanco en un texto, ejercicios en los que se escoge una respuesta entre varias posibles y ejercicios en los que se relacionan palabras de dos columnas; es decir, se trata del mismo patrón de los ejercicios estructurales tan criticados por los enfoques comunicativos, pero que continúan utilizándose para repasar gramática y vocabulario.

Por lo que se refiere al acceso a estos ejercicios una vez diseñados, lo cierto es que la red está llena de ellos. A modo de ejemplo citaremos sólo dos repertorios, que corresponden a tests hechos con programas que acabamos de mencionar: los pasatiempos de *Rayuela* (81), del Centro Virtual Cervantes, en que se guardan todos los ejercicios en una base de datos donde se pueden realizar búsquedas a partir de los contenidos gramaticales, léxicos, funcionales o socioculturales, y en función de cuatro niveles –inicial, intermedio, avanzado y superior–; y los diseñados con el programa *Vokabel* (82), agrupados por los contenidos gramaticales y léxicos que se repasan en cada uno. Se puede llegar a muchas más páginas llenas de ejercicios de corrección automática a partir del apartado "Enlaces" de la web de la Asociación para la enseñanza del español como lengua extranjera (ASELE) (83) y de la base de datos que publicó la Editorial Octaedro (84). Esta última dirección permite localizar los ejercicios presentes en más de doscientas webs en función de los niveles de análisis de la lengua que se quieran practicar –la fonética, el léxico, la morfosintaxis, el discurso, etc.–. No cabe duda de que este tipo de materiales, probablemente por el estímulo que supone contar con una corrección inmediata, constituye para el aprendiz un recurso utilísimo para repasar gramática y vocabulario.

Precisamente porque se trata de unos ejercicios de corte estructural, antes de diseñarlos el profesor debe reflexionar sobre qué estructuras lingüísticas desea que el alumno practique, cuáles son los paradigmas y qué relaciones sintagmáticas se establecen en esas estructuras. Asimismo, en cada caso el profesor-diseñador deberá tener en cuenta otras cuestiones que se encuentran a caballo entre la lingüística y la didáctica, como la gradación de dificultad de las estructuras gramaticales en función de la L1 del aprendiz. Todo ello abre otra línea de investigación, complementaria a la que se ha propuesto más arriba en relación con las gramáticas en línea: el análisis de estos ejercicios desde el punto de vista de los enfoques teóricos que han servido de base para diseñarlos y del modo como se presentan los contenidos lingüísticos[12].

---

[12] Una investigación en esta línea y en la que se ha mencionado al final del apartado 5.3.1. fue propuesta en <http://es.geocities.com/mar_cruz_pinol/PROYECTO/GramELENet.html>, pero aún no ha sido desarrollada.

5.5. OTROS USOS DE INTERNET APLICABLES A LA ENSEÑANZA DEL EL2: LAS *WEBQUEST* Y LA CMO

Además de los mencionados, existen en la red muchos otros materiales y recursos, igualmente gratuitos, utilizados por los profesores y por los estudiantes de EL2. Quizá el ejemplo más claro sean las webs que, sólo por el hecho de estar escritas en la lengua meta, constituyen un valioso material para la enseñanza de la lengua. Este uso de Internet está muy difundido y en los últimos años viene denominándose *Webquest*, incluso en español. Las *Webquest* son actividades didácticas en las que los alumnos deben realizar unas tareas tras la lectura de unas páginas web. A partir de esta idea tan simple se han desarrollado numerosos proyectos para la enseñanza de un sinfín de disciplinas, incluido el EL2. Todos los trabajos que describen experiencias de *Webquests* para la enseñanza/aprendizaje del EL2 (véase Cruz Piñol *et al.*, 1999; Cabot, 2001; Calderón, 2004; Vidal, 2004) llegan a las mismas conclusiones: los estudiantes aprenden más, se benefician del trabajo en equipo y utilizan más la lengua, sobre todo la lectura y la escritura; aunque, eso sí, la organización de estas tareas requiere una gran dedicación por parte del profesor.

Otro ejemplo de uso para la enseñanza del EL2 de recursos que no han sido inicialmente diseñados con este fin lo encontramos en las herramientas para la comunicación entre personas o CMO (siglas de "comunicación mediante ordenadores"; en inglés, 'Computer Mediated Comunication', CMC), sea asincrónica –correo electrónico, foros, etc.– o sincrónica –*chats*, mensajería instantánea, simulaciones, videoconferencia, pizarras virtuales, etc.–. Aunque se han desarrollado ya bastantes experiencias de uso de estos recursos para la enseñanza del EL2, pocas se han dado a conocer en los foros especializados. Y es que en la tradición académica española no es tan habitual como en la anglosajona la publicación de los resultados de la actividad docente. Esta poca tradición en los denominados "estudios de caso" (traducción de la denominación inglesa 'case studies'), en los que se presenta el análisis de los resultados de una experiencia docente real, podría interpretarse como una prueba más de la falta de conciencia del EL2 con respecto a "la lingüística aplicada a la práctica".

Los pocos autores que se han aventurado a presentar por escrito sus experiencias (González Bueno, 1998; Trenchs, 1998; Pastor Cesteros, 1999; Soler Espiauba, 2001 y 2002; Cruz Piñol *et al.*, 2005)

llegan a una misma conclusión: si se establece una comparación con las actividades tradicionales de escritura en una segunda lengua, al usar la comunicación electrónica los estudiantes se esfuerzan más por cuidar los textos que escriben, quizá porque esos textos van a constituir su propia imagen ante un interlocutor desconocido. En este sentido, se cumple una idea que comparten todos los estudios sobre CMO: en la comunicación mediante ordenadores, sobre todo en el marco de la asincronía, se da un alto nivel de intimidad y un minucioso cuidado de las palabras, facilitado por un medio que permite releer y pulir el texto antes de enviarlo.

Por lo que se refiere a la investigación sobre las repercusiones lingüísticas de estas actividades, hay que decir que el análisis de los textos producidos por aprendices del EL2 que han participado en proyectos que incorporan la CMO asincrónica abre una línea de investigación que aún no ha sido explorada: el estudio, desde la perspectiva del análisis del discurso[13] y de la interlengua, del creciente corpus que forman los mensajes escritos por estos aprendices y almacenados en los archivos de los foros[14]. Como punto de partida para estas investigaciones se dispone de los trabajos mencionados más arriba (González Bueno, 1998; Trenchs, 1998; Pastor Cesteros, 1999; Soler Espiauba, 2001 y 2002) que se centraron en el análisis de mensajes de correo electrónico. Al tomar como muestra de análisis los archivos de estos foros con tantos participantes, se dispondría de corpus de mayor volumen, lo que permitiría extraer unas conclusiones aún más representativas.

---

[13] El análisis del discurso electrónico, aunque centrado en los textos escritos por hablantes nativos, constituye ya una consolidada línea de investigación lingüística. Para el español puede verse Yus Ramos (2001), Crystal (2002), López Alonso y Séré (2003), y López Quero (2003). En general sobre la CMO se puede consultar el siguiente repertorio bibliográfico: <http://www.octaedro.com/espanoleninternet/Bibliografia/3_ES-CRIBIR.HTML#32>.

[14] En esta línea, existe un proyecto de investigación (anunciado por la autora, Weronika Gorska, en el foro del CVC: <http://cvc.cervantes.es/foros/leer_asunto1.asp?vCodigo=24493>) que se propone analizar el corpus constituido por los mensajes que aprendices de EL2 de las universidades de Aichi (Japón), Viena (Austria) y Tel Aviv (Israel) intercambiaron con hablantes nativos de español matriculados en la asignatura "Cuestiones del español como L2" de la Universidad de Barcelona (España). Todos los mensajes están archivados en el foro de *La ruta de la lengua española*: <http://www.larutadelalengua.com>. El desarrollo de esta actividad se describe en Cruz Piñol *et al.*, 2005.

5.6. CONCLUSIONES

En este capítulo se ha revisado el lugar que actualmente ocupa Internet en los distintos niveles que conforman la enseñanza/aprendizaje del EL2. Se ha visto que las publicaciones electrónicas y los foros de debate constituyen ya dos fuentes imprescindibles para la formación continua de los profesores de español como L2 y para la investigación relacionada con esta rama de la lingüística aplicada del español. Seguidamente, se ha constatado que Internet funciona como un centro de recursos donde los profesionales de la enseñanza del EL2 pueden encontrar clases preparadas, diccionarios, gramáticas y unas herramientas que permiten el tratamiento informático de la lengua. En tercer lugar, se ha visto que gracias a la existencia de unos programas de autor que permiten diseñar ejercicios de corrección automática de forma muy sencilla, la red se ha llenado de este tipo de ejercicios que parecen seguir siendo prácticos para repasar y memorizar estructuras de la lengua. Por último, se ha visto que las *Webquest* y la CMO también se emplean con éxito para la enseñanza del EL2. En cada uno de estos apartados, se han enumerado algunos de los recursos gratuitos disponibles en la red, indicado las conclusiones de los estudios en los que se analizan los efectos del uso de estos materiales aplicados a la enseñanza del EL2, y propuesto algunas líneas de investigación que, a nuestro parecer, convendría explorar.

Esta revisión ha puesto de manifiesto que, aunque en general la comunidad de profesores del EL2 parece convencida de la utilidad de Internet, convendría que la relación entre el EL2 y las TIC recibiera más atención por parte de los especialistas en filología o lingüística española. En este sentido, este capítulo corrobora la necesidad –ya remarcada desde la misma introducción al presente volumen– de que el EL2 sea tratado en el ámbito hispano como una de las diversas aplicaciones de la lingüística y de la filología, del mismo modo como se viene tratando en el mundo académico el estudio de la lengua inglesa vista como L2.

En estas conclusiones parece pertinente traer a colación los resultados de un reciente estudio todavía en curso (véase la dirección 85) que pone de manifiesto que un porcentaje elevado de profesores de EL2 dice utilizar Internet para su formación continua, sobre todo para leer artículos y monografías, y en menor medida dice valerse de las listas de distribución y de los foros. Por lo que se refiere al uso de Internet para la preparación de las clases, este mismo estudio muestra que la mayoría de los profesores acude a la red para buscar contenidos culturales, sobre todo textos que emplearán en clase con sus alumnos; en cambio, son pocos los que sacan partido de las explicaciones gramaticales que se ofrecen en las webs. Alrededor de la mitad de los profesores encuestados para el estudio afirma que invita a sus alumnos a utilizar Internet para aprender más español por su cuenta, y de ellos, la mayoría propone a los estudiantes que lean textos en línea. Sin embargo, son muy pocos los que recomiendan a los alumnos que utilicen los ejercicios de corrección automática o las herramientas para la comunicación entre personas. Respecto al uso de Internet en el aula, otra vez la atención se centra básicamente en la búsqueda de contenidos –actividades tipo *Webquest*–, y muy pocos diseñan sus propios ejercicios de corrección automática u organizan tareas basadas en la CMO. Por último, dicho estudio muestra que muchos profesores dicen no utilizar los recursos que brinda Internet porque no han recibido formación específica, porque no saben dónde encontrar la información o porque el centro donde imparten las clases no cuenta con instalaciones informáticas suficientes.

Todo ello parece mostrar que Internet ha entrado muy deprisa en el contexto hispano y, en particular, en la enseñanza del EL2. Así, los usuarios (en nuestro caso, los lingüistas especializados en la enseñanza del español) saben que Internet existe y están convencidos de que es muy útil, pero falta todavía formación e investigación, sobre todo desde la perspectiva de la lingüística. Confiamos en que este capítulo haya proporcionado algunas pautas que faciliten el uso de Internet en el marco del EL2 y que haya contribuido a fomentar el interés por nuevas investigaciones.

5.7. PREGUNTAS PARA LA REFLEXIÓN

1. El uso de Internet para la enseñanza/aprendizaje del EL2, ¿hay que identificarlo con la enseñanza a distancia?
2. El uso de Internet para la enseñanza/aprendizaje del EL2, ¿se limita a la interacción entre los alumnos y el ordenador?
3. ¿Qué relaciones existen o deberían existir entre el análisis de las estructuras lingüísticas del EL2 y los ejercicios de corrección automática?
4. ¿Qué relación se establece entre la lingüística computacional y el uso de las tecnologías para la enseñanza de lenguas?

5. ¿En qué medida podemos afirmar que hoy en día la enseñanza del EL2 aprovecha los recursos que ofrece Internet?
6. ¿Qué recursos de los que brinda Internet se suelen poner a disposición de los aprendices?
7. ¿Existe un conocimiento compartido de los materiales para la enseñanza del EL2 que se publican en línea y los materiales publicados en papel? ¿Qué beneficios aporta o aportaría esta comunicación?
8. ¿Qué líneas de investigación se están desarrollando y cuáles quedan por explorar en lo referente a los efectos que ejerce Internet en el EL2?

Bibliografía

ALVAR EZQUERRA, M. (2005): "La frecuencia léxica y su utilidad en la enseñanza del español como lengua extranjera." En M. Castillo, O. Cruz Moya, J. García Platero y J. P. Mora (coords.). *Las gramáticas y los diccionarios en la enseñanza del español como segunda lengua: deseo y realidad. Actas del XV congreso internacional de ASELE* (pp. 19-39). Sevilla, Universidad de Sevilla.

ARRARTE, G. y LLISTERRI, J. (1997): Industrias de la lengua y enseñanza del español. *Carabela* 42: 27-37.

ARRARTE, G. y SÁNCHEZ DE VILLAPADIERNA, J. (2001): *Internet y la enseñanza del español.* Madrid, Arco/Libros.

ASTON, G.; BERNARDINI, S. y STEWART, D. (eds.) (2004): *Corpora and Language Learners.* Amsterdam, John Benjamins.

BATTANER, M. y LÓPEZ, C. (2000): *VI Jornada de corpus lingüístics: Corpus lingüístics i ensenyament de llengües.* Barcelona, IULA.

CABOT, C. (2001): Los efectos de la Web en la adquisición de destrezas lectoras y escritas en un curso de cultura hispana. *Frecuencia-L* 16: 30-35. Y en *Cultura e intercultura en la enseñanza del ELE*: <http://www.ub.es/ filhis/culture-le/cabot.html>.

CALDERÓN, M. (2004): "Webquest de *Manolito Gafotas.*" En C. Rojas Gordillo (ed.). *Internet como herramienta para la clase de E/LE. Actas del XI Seminario de dificultades específicas de la enseñanza del español a lusohablantes.* São Paulo – Brasilia, Consejería de Educación del MEC: <http://www.sgci.mec. es/br/cv/mgafotas/index.html>.

CARCEDO, A. (2000): *Disponibilidad léxica en español como lengua extranjera: el caso finlandés (estudio del nivel preuniversitario y cotejo con tres fases de adquisición).* Turku, Turku Yliopisto.

CASANOVA, L. (1998): *Internet para profesores de español.* Madrid, Edelsa.

CASSANY, D. (ed.) (2003): *Géneros electrónicos y aprendizaje lingüístico,* monográfico de *Cultura y Educación.* Salamanca, Fundación Infancia y Aprendizaje.

CRUZ PIÑOL, M. (1999): *ESPAN-L, un foro de debate en Internet sobre la lengua española*. Barcelona-Madrid, Universidad Autónoma – Red Iris: <http://elies.rediris.es/elies1/>.

CRUZ PIÑOL, M. (2002): *Enseñar español en la era de Internet. La WWW y la enseñanza del español como lengua extranjera*. Barcelona, Octaedro. Acceso a la base de datos: <http://www.octaedro.com/ele/>.

CRUZ PIÑOL, M.; BERGER, V.; GARCÍA GARRIDO, J.; SALA CAJA, L. y SITMAN, R. (2005): "El foro de debate electrónico como recurso para aprender y enseñar español como lengua extranjera." En M. Casanova, Mª C. Jové y A. Tolmos (eds.). *Las TIC en la formación del profesorado. La perspectiva de las didácticas específicas* (pp. 23-40). Lleida, Publicacions de la Universitat de Lleida.

CRUZ PIÑOL, M.; GINÉS SURIÀ, I. y SITMAN, R. (1999): El valor de la experiencia. Pautas para la integración de la Internet en el aula de E/LE. *Frecuencia-L* 12: 46-52.

CRYSTAL, D. (2002): *El lenguaje e Internet*. Madrid, Cambridge University Press.

DÍAZ ORUETA, Mª (1999): Ejercicios interactivos de español para extranjeros en internet. En *Frecuencia-L* 11: 46-51.

FAULHABER, C. (1995): Las bases de datos electrónicas y su empleo en el estudio de la literatura y lengua españolas. *Cuadernos Cervantes de la Lengua Española* 3: 50-55.

FERNÁNDEZ PINTO, J. (2002): *Internet paso a paso para las clases de E/LE*. Madrid, Edinumen.

GARCÍA PLATERO, J. (2001): "El corpus periodístico en la enseñanza del español: ¿reflejo de la norma?" En M. Martín Zorraquino y C. Díez Pelegrín (ed.). *¿Qué español enseñar?: Norma y variación lingüísticas en la enseñanza del español a extranjeros: actas del XI Congreso Internacional de ASELE* (pp. 359-364). Zaragoza, Universidad de Zaragoza.

GHADESSY, M.; HENRY, A. y ROSEBERRY, R. (eds.) (2001): *Small Corpus Studies and ELT: Theory and Practice*. Amsterdam, John Benjamins.

GIMENO, A. (2002): *Tecnologías de la información y de las comunicaciones en la enseñanza del ELE. Actas del XII Congreso Internacional de ASELE*. Valencia, Universidad Politécnica de Valencia.

GÓMEZ FONT, A. (2000): APUNTES, una lista amable sobre el uso del español. *Cultura e intercultura en la enseñanza del español como lengua extranjera*. <http://www.ucm.es/info/especulo/ele/apuntes.html>

GONZÁLEZ BUENO, M. (1998): The Effects of Electronic Mail on Spanish L2 Discourse. *Language Learning & Technology* 1: 55-70. Y en <http://llt.msu.edu/vol1 num2/article3/default.html>.

GRANDE RODRÍGUEZ, V. y GRANDE ALIJA, F. (2002): "La gramática en la red: ¿qué pueden encontrar nuestros estudiantes?" En A. Gimeno (ed.). *Tecnologías de la información y de las comunicaciones en la enseñanza del ELE. Actas del XII Congreso Internacional de ASELE* (pp. 541-550). Valencia, Universidad Politécnica de Valencia.

HIGUERAS, M. (1998): *La Malla Multimedia (World Wide Web) como recurso para la enseñanza de ELE*. Madrid, Fundación Antonio de Nebrija.

HIGUERAS, M. (2000): Foros del Centro Virtual Cervantes. *Cultura e intercultura en la enseñanza del español como lengua extranjera.* <http://www.ucm.es/info/especulo/ele/foro_cvc.html>.

HIGUERAS, M. (2004): "Internet en la enseñanza del español." En A. Sánchez Lobato e I. Santos Gargallo (eds.). *Vademécum para la formación de profesores. Enseñar español como segunda lengua (L2)/lengua extranjera (LE)* (pp. 1061-1085). Madrid, SGEL.

HITA BARRENECHEA, G. (2001): *Uso de Internet en el aula. Recorrido cultural por España.* Madrid, Edelsa.

HITA BARRENECHEA, G. (2004): *Uso de Internet en el aula. Recorrido cultural por Latinoamérica.* Madrid, Edelsa.

IZQUIERDO GIL, Mª (2002): "Los córpora electrónicos en la enseñanza del vocabulario español LE: la utilidad pedagógica de las concordancias." En A. Gimeno (ed.). *Tecnologías de la información y de las comunicaciones en la enseñanza del ELE. Actas del XII Congreso Internacional de ASELE* (pp. 201-211). Valencia, Universidad Politécnica de Valencia.

JACOBI, C. Blaszkowski de (2001): "Lingüística de corpus e ensino de Espanhol a brasileiros: Descrição de Padrões e Preparação de Atividades Didáticas." En V. Leffa (com.). *TELA (Textos em Lingüística Aplicada)* <http://www.leffa.pro.br/tela.htm>.

JUAN LÁZARO, O. (2001): *La Red como material didáctico en la clase de E/LE.* Madrid, Edelsa.

JUAN LÁZARO, O. (2004): "Aprender español a través de Internet: un entorno de enseñanza y aprendizaje." En A. Sánchez Lobato e I. Santos Gargallo (eds.). *Vademécum para la formación de profesores. Enseñar español como segunda lengua (L2) / lengua extranjera (LE)* (pp. 1087-1106). Madrid, SGEL.

LEBSANFT, F. (1997): *"Spanische Sprachkultur. Studien zur Bewertung und Pflege des offentlichen Sprachgebrauchs im heutigen Spanien."* [*Cultura idiomática española. Estudios sobre la evaluación y el cultivo del uso lingüístico público en la España moderna*]. Tübingen, Max Niemeyer Verlag.

LEBSANFT, F. (2000): La Internet y los estudios de filología hispánica en Alemania. *Cultura e intercultura en la enseñanza del español como lengua extranjera.* <http://www.ucm.es/info/especulo/ele/lebsanft.html>.

LEBSANFT, F. (2001): 'Lingüística popular' y cultivo del idioma en Internet. Los resultados de una encuesta a participantes de la lista de correo APUNTES. *Español Actual* 72: 47-58.

LLISTERRI, J. (1998): "Nuevas tecnologías y enseñanza del español como lengua extranjera." En F. Moreno, M. Gil y K. Alonso (eds.). *La enseñanza del español como lengua extranjera: del pasado al futuro. Actas del VIII congreso internacional de ASELE* (pp. 45-77). Alcalá de Henares, Publicaciones de la Universidad de Alcalá.

LÓPEZ ALONSO, C. y SÉRÉ, A. (eds.) (2003): *Nuevos géneros discursivos: Los textos electrónicos.* Madrid, Biblioteca Nueva.

LÓPEZ QUERO, S. (2003): *El lenguaje de los 'chats'.* Granada, Port-Royal Ediciones.

MARELLO, C.; MARTÍNEZ DE CARNERO, F. y MOTTA, L. (2003): "Pescar palabras en la red o cómo entrenarse estudiando el léxico del español en el lago de *Artifara* antes de navegar por Internet." En M. Calvi y F. San Vicente (eds.). *Didáctica del léxico y nuevas tecnologías* (pp 143-164). Viareggio-Luca, Mauro Baroni.

MARTÍN MOHEDANO, M. (2004): *La enseñanza del léxico español a través de Internet.* Madrid, Edinumen.

MCCULLOUGH, J. (2001): "Los usos de los córpora de textos en la enseñanza de lenguas." En M. Trenchs (ed.). *Nuevas tecnologías para el autoaprendizaje y la enseñanza de lenguas* (pp. 125-140). Lleida, Milenio.

MCENERY, A. y WILSON, A. (1993): The Role of Corpora in Computer-Assisted Language Learning. *Computer Assisted Language Learning* 6: 233-248.

MONTI, S. (2000): *Internet per l'apprendimento delle lingue. Inglese, Tedesco, Spagnolo Francese.* Turín, UTET Libreria.

MORANTE, R. y DÍAZ, L. (2001): "Adaptación de EuroWordNet para la enseñanza del español como lengua extranjera." *La lingüística aplicada a finales del siglo XX. Ensayos y propuestas. Actas del XIX Congreso de AESLA* (pp. 427-433). Alcalá de Henares, Universidad de Alcalá.

MORANTE, R. y MARTÍ, M. (1998): "Learning Catalan and Spanish Verbs through EuroWordNet." *Proceedings of the Natural Language Processing and Industrial Applications Conference* (pp. 58-64). Canadá, Moncton.

MORANTE, R. y MARTÍ, M. (2002): EuroWordNet as a Resource for Learning Spanish Verbs. *Revista de profesores de EsEspasa.* <http://www.esespasa.com/default_ esp.htm>.

NIÑO, A. (2004a): "Recycling MT: A Course on Foreign Language Writing via MT Post-editing." Comunicación presentada en el *Computational Linguistics United Kingdom (CLUK) 7th Annual Research Colloquium,* en la Universidad de Birmingham.

NIÑO, A. (2004b): "MT Post-editing as a Challenge to Promote Grammar Accuracy and to Enhance Foreign Language Written Production." Comunicación presentada en el *Second Cambridge Posgraduate Conference in Language Research (CamLing),* en la Universidad de Cambridge.

NIÑO, A. (2006): La traducción automática en clase de lengua extranjera: un arma de doble filo. *Cultura e intercultura en la enseñanza del español como lengua extranjera.* En prensa. <http://www.ub.es/filhis/culturele/trad_cul.html>.

PASTOR CESTEROS, S. (1999): Nuevas perspectivas para el desarrollo de la expresión escrita: El intercambio de correo electrónico. *Carabela* 46: 119-136.

PETERS, C.; PICCHI, E. y BIAGINI, L. (2000): "Parallel and Comparable Bilingual Corpora in Language Teaching and Learning." En S. Philip Botley, A. Mark McEnery y A. Wilson (eds.). *Multilingual Corpora in Teaching and Research* (pp. 73-85). Amsterdam, Rodopi.

ROJAS GORDILLO, C. (2001): *Internet como recurso didáctico para la clase de E/LE.* Brasilia, Consejería de Educación y Ciencia. Y en <http://www.sgci.mec.es/br/cv/biblioteca/index.html>.

ROMERO DUEÑAS, C. (2001): *Uso de Internet en el aula. De viaje por España*. Madrid, Edelsa.

ROMERO DUEÑAS, C. (2002): *Uso de Internet en el aula. De viaje por América Latina*. Madrid, Edelsa.

RUIPÉREZ GARCÍA, G. (2004): "La enseñanza de lenguas asistida por ordenador (ELAO)." En A. Sánchez Lobato e I. Santos Gargallo (eds.). *Vademécum para la formación de profesores. Enseñar español como segunda lengua (L2)/lengua extranjera (LE)* (pp. 1045-1059). Madrid, SGEL.

SALA CAJA, L. (2004): Aliarse con Internet para aprender (sobre el) vocabulario. *Carabela* 56: 121-143.

SAN VICENTE, F. (2001): "DEBATE: Corpus de referencia del lenguaje político español." En A. Cancellier y R. Londero (eds.). *Atti del XIX Convegno dell'Associazione Ispanisti Italiani, Italiano e spagnolo a contatto* (pp. 219-232). Padova, Unipress.

SÁNCHEZ, A.; SARMIENTO, R.; CANTOS, P. y SANTOS, J. (ed.) (1995): *Cumbre: Corpus lingüístico del español contemporáneo: fundamentos, metodología y aplicaciones*. Madrid, SGEL.

SÁNCHEZ DE VILLAPADIERNA, J. y ARRARTE, G. (2002): "Diseño y elaboración de programas de autor para la creación de ejercicios interactivos." En A. Gimeno (ed.). *Tecnologías de la información y de las comunicaciones en la enseñanza del ELE. Actas del XII Congreso Internacional de ASELE* (pp. 403-409). Valencia, Editorial de la Universidad Politécnica de Valencia.

SINCLAIR, J. (ed.) (2004): *How to Use Corpora in Language Teaching*. Nº 12 de la colección *Studies in Corpus Linguistics*. Amsterdam, John Benjamins.

SITMAN, R. (2000): ESPAN-L, lista de distribución para profesores de español. *Cultura e intercultura en la enseñanza del español como lengua extranjera*: <http://www.ucm.es/info/especulo/ele/espan_l.html>

SITMAN, R. y CRUZ PIÑOL, M. (2000): "Who needs to learn Spanish anyway?: El profesor de ELE frente a la traducción automática." En M. Franco, C. Soler, J. de Cos, M. Rivas y F. Ruiz (eds.). *Nuevas perspectivas en la enseñanza del español como lengua extranjera. Actas del X Congreso Internacional de ASELE* (pp. 673-682). Cádiz, Servicio de publicaciones de la Universidad - Asele.

SOLER ESPIAUBA, D. (2001): El correo electrónico en el aula de ELE. *Mosaico* 7 (monográfico *Internet y las Nuevas tecnologías*): 27-32. <http://www.sgci.mec.es/be/publicaciones/mosaico/mosaico1.htm>.

SOLER ESPIAUBA, D. (2002): "Yo emilio, tú emilias, todos emiliamos. El correo electrónico en el aula de E/LE." En A. Gimeno (ed.). *Tecnologías de la información y de las comunicaciones en la enseñanza del ELE. Actas del XII Congreso Internacional de ASELE* (pp. 73-84). Valencia, Editorial de la Universidad Politécnica de Valencia.

STEVENS, V. (1991): Concordance-Based Vocabulary Exercises: A Viable Alternative to Gap Fillers. *ELR Journal 4 (Classroom concordancing)*: 47-61.

STEVENS, V. (1995): Concordancing with Language Learners: Why? When? What? *CAELL* 6(2): 2-10. Y en <http://cc.ibu.edu.tr/aaltun/courses/da/week12.html>.

TRENCHS, M. (1998): *E-mails a una mestra. Correu electrònic i aprenentatge de llengües.* Lleida, Pagès Editors.

TRENCHS, M. (2001): *Nuevas tecnologías para el autoaprendizaje y la enseñanza de lenguas.* Lleida, Milenio.

VANGEHUCHTEN, L. (2004): "El uso de las estadísticas en la didáctica de las lenguas extranjeras con fines específicos: descripción del proceso de selección del léxico típico del discurso económico empresarial en español." En G. Purnelle, C. Fairon y A. Dister (eds.). *Le poids des mots. Actes de les 7es Journées internationales d'Analyse statistique des Données Textuelles* (pp. 1128-1135). Louvain, Presses Universitaires.

VIDAL, J. (2004): "Webquest." En C. Rojas Gordillo (ed.). *Internet como herramienta para la clase de E/LE. Actas del XI Seminario de dificultades específicas de la enseñanza del español a lusohablantes.* São Paulo – Brasilia: Consejería de Educación del MEC. <http://www.sgci.mec.es/br/cv/ webquest/index.html>.

WICHMANN, A.; FLIGELSTONE, S.; MCENERY, T. y KNOWLES, G. (eds.). (1997): *Teaching and Language Corpora.* Londres, Longman.

YUS RAMOS, F. (2001): *Ciberpragmática: el uso del lenguaje en internet.* Barcelona, Ariel.

PÁGINAS WEB CITADAS

1. <http://www.ub.es/filhis/recopila.html>
2. <http://www.ucm.es/info/especulo/>
3. <http://www.ucm.es/info/especulo/tematico/e_le/index.html>
4. <http://www.ub.es/filhis/culturele/>
5. <http://www.hispanista.com.br/revista/numeros_anterioresesp.htm>
6. <http://www.sgci.mec.es/redele/revista.shtml>
7. <http://www.marcoele.com>
8. <http://elies.rediris.es>
9. <http://www.sgci.mec.es/redele/biblioteca.shtml>
10. <http://dewey.uab.es/pmarques/evte.htm>
11. <http://listserv.tau.ac.il/archives/espan-l.html> y <http://cvc.cervantes.es/foros/foro_did/>
12. <http://listserv.rediris.es/archives/elebrasil.html>
13. <http://es.groups.yahoo.com/group/profesores-ele/>
14. <http://www.linguanet-europa.org/y2/es/linguaforum.html>
15. <http://foros.agenciaefe.net/apuntes/>
16. <http://www.efe.es/esurgente/lenguaes/>
17. <http://listserv.rediris.es/archives/infoling.html>
18. <http://www.rediris.es/list/>
19. <http://www.sgci.mec.es/usa/materiales/>
20. <http://cvc.cervantes.es/aula/didactired/didactiteca/>

21. <http://www.elenet.org/aulanet/>
22. <http://www.comunicativo.net>
23. <http://redgeomatica.rediris.es/elenza/materiales/index.html>
24. <http://www.easyespanol.org/ejercicios.htm>
25. <http://www.etsimo.uniovi.es/links/idiomas.html>
26. <http://www3.unileon.es/dp/dfh/jmr/dicci/0000.htm>
27. <http://www.jamillan.com/dicciona.htm>
28. <http://www.elcastellano.org/diccio.html>
29. <http://www.cervantesvirtual.com/servlet/SirveObras/
    12145074229036051543435/index.htm>
30. <http://www.cervantesvirtual.com/FichaObra.html?Ref=1598>
31. <http://cvc.cervantes.es/obref/agle/>
32. <http://www.geocities.com/gramabrevis/>
33. <http://www.geocities.com/eseducativa/lenguaindice.html>
34. <http://mimosa.pntic.mec.es/%7Eajuan3/cuerpo.htm#lengua>
35. <http://centros5.pntic.mec.es/cpr.de.ciudad.real/lengua/esquemas.htm>
36. <http://www.escolar.com/menule.htm>
37. <http://thales.cica.es./rd/Recursos/rd99/ed99-0093-01/index.html>
38. <http://www.lablaa.org/ayudadetareas/espanol/espa14.htm>
39. <http://eljuego.free.fr/Fichas_gramatica/gramatica_index.htm>
40. <http://www.studyspanish.com/tutorial.htm>
41. <http://spanish.about.com/od/learnspanishgrammar/>
42. <http://www.indiana.edu/~call/reglas.html>
43. <http://www.bloomington.in.us/~rlee/website/tutor.html>
44. <http://www.tiscali.co.uk/reference/phrases/spanish/data/grammar.html>
45. <http://www.angelfire.com/sc/espanol/grammenu.html>
46. <http://corpus.rae.es/creanet.html>
47. <http://spraakbanken.gu.se/lb/konk/rom2/>
48. <http://nipadio.lsi.upc.es/cgi-bin/demo/lexesp.pl> y <http://clic.fil.ub.es/>
49. <http://gemini.uab.es/SFN/>
50. <http://www.lenguaje.com/glosario/glosario.php>
51. <http://www.dispolex.com/>
52. <http://www.chass.utoronto.ca/tact/TACT/tact0.html>
53. <http://www.cavi.univ-paris3.fr/ilpga/ilpga/tal/lexicoWWW/lexico3.htm>
54. <http://www.crm.umontreal.ca/~rand/CC_an.html>
55. <http://www.niederlandistik.fu-berlin.de/cgi-bin/web-conc.cgi?art=korp&
    sprache=en>
56. <http://www.webcorp.org.uk/wcadvanced.html>
57. <http://www.automatictrans.es>
58. <http://www.systransoft.com/>
59. <http://www.freetranslation.com/>
60. <http://www.ncsa.es/traductor/index.htm>
61. <http://traducegratis.com>

62. <http://www.comprendium.es/index_demo_text_ca.html>
63. <http://babelfish.altavista.digital.com/babelfish/tr>
64. <http://www.google.es/language_tools?hl=es>
65. <http://www.rikai.com/perl/HomePage.pl?Language=Sp>
66. <http://www.lenguaje.com/herramientas/silabeador.php>
67. <http://clic.fil.ub.es>
68. <http://www.sintx.usc.es/conjuga.html>
69. <http://www.gedlc.ulpgc.es/investigacion/scogeme02/flexver.htm>
70. <http://www.lenguaje.com/herramientas/conjugador.php>
71. <http://buscon.rae.es/diccionario/drae.htm>
72. <http://tradu.scig.uniovi.es/conjuga.html>
73. <http://www.halfbakedsoftware.com/>
74. <http://www.wida.co.uk/>
75. <http://www.vokabel.com/creteste.html>
76. <http://languagecenter.cla.umn.edu/index.php?page=makers>
77. <http://www.cervantes.es/rayuela.htm>
78. <http://www.eclipsecrossword.com>
79. <http://www.puzzlemaker.com>
80. <http://www.rt-software.co.uk/100ws/index.html>
81. <http://cvc.cervantes.es/aula/pasatiempos/>
82. <http://www.vokabel.com>
83. <http://www.aselered.org/>
84. <http://www.octaedro.com/ele/>
85. <http://es.geocities.com/mar_cruz_pinol/usoInternetELE.html>

6

EVALUACIÓN

TERESA BORDÓN, *Universidad Autónoma de Madrid*
JUDITH E. LISKIN-GASPARRO, *University of Iowa*

6.1. INTRODUCCIÓN

La evaluación de la lengua –y en este caso de una segunda lengua (L2)– es un asunto complejo que se puede llevar a cabo por medio de una variedad de procedimientos. Y es un asunto complejo por varias razones: primero, porque el objeto de la evaluación –la lengua– es ya en sí mismo difícil de precisar. Lo es también porque la definición, construcción y administración del instrumento evaluador no es tarea fácil, si se realiza con el rigor necesario para hacer de tal instrumento una herramienta útil y efectiva. Y, por si fuera poco, los efectos de la evaluación tienen repercusiones personales y sociales que no pueden dejarse de lado desde una perspectiva ética.

En esta introducción, vamos primero a precisar el alcance del término *evaluación* con respecto a la enseñanza de L2.

6.1.1. *Alcance del concepto de evaluación: Evaluar y examinar*

La evaluación, como procedimiento, es algo que con frecuencia realizamos en diversas situaciones de nuestra vida cotidiana. Antes de dar un paso respecto de algo –paso que puede revestir mayor o menor importancia, o tener consecuencias más o menos graves para nosotros–, solemos evaluar la situación o el asunto, es decir, examinamos las ventajas y los inconvenientes para así hacer lo que consideramos correcto. En eso consiste evaluar en el sentido más amplio del término: analizar una serie de datos a fin de adoptar la decisión adecuada. Este concepto general de evaluación no dista excesivamente, en el fondo, de lo que se entiende por evaluación en el marco de la instrucción formal de una L2. En ambos casos, la evaluación obedece a la necesidad de tomar una decisión basándose en unos valores o criterios.

En el contexto educativo, la evaluación consiste en la obtención de una serie de datos, realizada de manera sistemática y con vistas a un objetivo concreto. Al evaluar una destreza o conocimiento en una L2, el fin de la evaluación puede ser local (p. ej., calificar a estudiantes de manera individual en función de su dominio de los contenidos de un determinado curso), o tener una mayor proyección social (p. ej., determinar el nivel de dominio necesario para enseñar esa lengua). En cualquier caso, la característica fundamental de la evaluación en el ámbito educativo es su aproximación sistemática a la medición de un constructo de comportamientos lingüísticos previamente establecido.

Las evaluaciones en la vida cotidiana se llevan a cabo de manera algo diferente. La diferencia reside en que, en las evaluaciones que hacemos acerca de asuntos de nuestra vida cotidiana, analizamos los datos recabados por medio de valoraciones o apreciaciones de tipo cualitativo. Sin embargo, en los ambientes académicos no ocurre siempre así, ya que es habitual que la evaluación (y la consiguiente toma de decisiones) se realice por medio de exámenes. De ahí, también, que resulte frecuente utilizar los términos "evaluación" y "examen" prácticamente como sinónimos, aunque evaluar y examinar no sea exactamente lo mismo.

Tal como señalábamos, evaluar significa hacer averiguaciones en una determinada dirección para recabar datos relevantes acerca de algo, sopesar tales datos y, desde ese momento, tomar decisiones. Para conseguir las piezas de información pertinentes nos podemos servir de descripciones o informes, por ejemplo, y valorarlas en función de su adscripción o alejamiento de una serie de características establecidas o unas cualidades determinadas. Este procedimiento, el que adoptamos cuando se trata de tomar decisiones que afectan a nuestra vida cotidiana ("¿qué coche compro?, ¿qué ventajas e inconvenientes presenta el modelo X?", etc.), puede resultar excesivamente complejo y, a todas luces, inoperante cuando se quiere evaluar el nivel de destreza de un gran número de personas respecto a una actividad concreta. Por este motivo, se ha desarrollado el tipo de técnica de evaluación que conocemos como examen: una manera de recoger información suficiente y relevante en una cantidad de tiempo asequible, y que además proporciona unos datos que se pueden cuantificar y computar. En principio, este procedimiento agiliza y objetiva la toma de decisiones, pero requiere de una herramienta válida y fiable para que nos permita hacerlo de manera acertada. Los exámenes constituyen, en definitiva, mecanismos de evaluación para medir unos determinados conocimientos a través de las muestras que proporciona la actuación de los candidatos.

En resumen, podemos afirmar que evaluar representa un concepto más amplio que examinar, ya que una evaluación puede realizarse por medio de un examen (o exámenes), o utilizando otros procedimientos.

6.1.2. *Consideraciones previas*

La evaluación de L2 es un campo en que confluyen dos áreas de investigación y práctica distintas: la lingüística aplicada y la psicometría. Por su participación en la lingüística aplicada, la evaluación de L2 se esfuerza por definir modelos de habilidad de L2, así como por desarrollar instrumentos y procedimientos para determinar las habilidades de individuos o de grupos respecto a un modelo en particular (Bachman y Cohen, 1998: 2). De hecho, dentro de la lingüística aplicada, los estudios de adquisición de segundas lenguas (ASL) están estrechamente relacionados con la evaluación de L2. Vemos así que la ASL se ocupa sobre todo de los factores y procesos, tanto individuales como contextuales, involucrados en el aprendizaje de la lengua, mientras que la evaluación de L2 se preocupa por los elementos y estrategias que caracterizan la habilidad lingüística en un momento concreto del proceso de adquisición. En un nivel teórico, la ASL busca desarrollar y validar una teoría, o teorías, de la adquisición de la lengua capaz de describir cómo ocurre este proceso, así como de explicar por qué ocurre. La investigación en evaluación de L2, por su parte, tiene como objetivo el desarrollo y validación de una teoría de actuación lingüística que pueda describir y explicar variaciones en la actuación, así como demostrar la correspondencia adecuada entre la actuación en una situación de examen y el uso de la lengua en una situación de no examen (Bachman y Cohen, 1998: 2).

En la práctica, la mayoría de las actividades de evaluación tiene lugar en contextos que se alejan bastante de las consideraciones teóricas sobre los constructos del dominio de L2. Los aprendices son sometidos a evaluaciones de su conocimiento y habilidad de L2 en muchos niveles, desde simples pruebas en el aula a los exámenes a gran escala, tanto de índole nacional como internacional. Generalmente, cuanto más limitada e informal sea la evaluación, más probable es que el instrumento para efectuarla no haya experimentado un proceso cuidadosamente documentado de desarrollo, experimentación y validación. Asimismo, en estos contextos locales e informales, tanto los alumnos como los responsables de los exámenes determinan la validez y la equidad del instrumento evaluador en términos amplios y generales.

El objetivo de este capítulo es presentar cuestiones y tendencias sobre la evaluación en Norteamérica y Europa, así como describir el modo en que los proyectos actuales de cada continente responden a dichas cuestiones y tendencias en el nivel práctico. Para ello, empezaremos con un panorama de los modelos de habilidad de L2 más recientes y, a continuación, describiremos las aplicaciones de estos modelos a gran escala según las orientaciones actuales en Norteamérica y Europa. También, expondremos las prácticas de evaluación con base teórica adoptadas por profesores a un nivel limitado y, generalmente, como parte de una actividad de desarrollo profesional realizada por grupos de profesores de lengua. Por último, plantearemos el asunto de las repercusiones éticas de la evaluación de la lengua, el cual presenta implicaciones de carácter tanto teórico como institucional.

6.2. Modelos de competencia lingüística

En el apartado anterior se proporciona una introducción general al concepto de evaluación, tanto en lo que se refiere al modo de entenderlo y practicarlo en la vida cotidiana, como al significado más específico y especializado que posee en el campo de la evaluación y, más concretamente, en la evaluación del conocimiento y las destrezas en una L2. Aunque la noción de dominio lingüístico puede parecer clara al observador lego, no obstante, no existe consenso entre los investigadores especializados en este asunto acerca de en qué consiste exactamente el "dominio de la lengua". Es más, la definición del constructo sigue siendo uno de los asuntos fundamentales en la evaluación de la lengua. En el siguiente apartado se presentan, de manera cronológica, los modelos de habilidad lingüística más relevantes que se han adoptado en exámenes de lengua. Igualmente, se presta atención a los modelos de competencia lingüística más recientes en Europa y los Estados Unidos, así como a exámenes y propuestas de evaluación basadas en ellos.

6.2.1. *Competencia lingüística comunicativa: ¿Fenómeno individual o co-construido?*

Los exámenes de lengua se basan en modelos de habilidad lingüística, y por ello describir y validar tales modelos ha constituido una actividad fundamental para los investigadores en la evaluación de L2. Los investigadores han definido la habilidad en L2 de diferentes maneras y en diferentes momentos de acuerdo con las últimas tendencias en la investigación de ASL, las aproximaciones a la enseñanza de la lengua o las necesidades de las instituciones o agencias que usan los resultados de los exámenes.

Resulta muy interesante observar, desde la ventajosa posición de que disfrutamos a principios del siglo XXI, las implicaciones que ha tenido para la evaluación de la lengua lo que McNamara (2005) y otros (p. ej., Pennycook, 2001; Block, 2003) han denominado un "giro social" en la lingüística aplicada en general. Esta nueva dirección engloba tanto la elaboración de teorías como los usos institucionales de los exámenes. Así, frente a la postura teórica tradicional, que entiende la lengua como un constructo individual y cognitivo por naturaleza, el paradigma sociocultural de ASL concibe la competencia comunicativa como esencialmente social e interactiva. La consecuencia básica de este cambio de postura es que la lengua, el contexto social y la co-construcción del significado se perciben como inseparables (Chalhoub-Deville y Deville, 2005: 825). Esto supone un mayor desafío para los expertos en evaluación de la lengua, ya que deberán imaginar instrumentos y procedimientos de evaluación basados en un modelo interactivo de competencia comunicativa, en vez de una competencia comunicativa individual.

Cabe preguntarse cómo el campo de la evaluación de la lengua se ha desplazado de modelos de habilidad de L2 que definían el constructo de la competencia comunicativa como individual y cognitivo, hacia las nociones actuales que entienden la competencia lingüística como algo inseparable de la actuación. En el siguiente apartado, revisaremos algunos de los más importantes modelos de habilidad lingüística comunicativa adoptados en los últimos veinticinco años. En primer lugar, se explicará el cambio en la concepción de la lengua como una serie de rasgos, componentes y destrezas que se pueden identificar separadamente, y que los individuos despliegan en respuesta a las actividades de evaluación. En segundo lugar, trataremos de cómo se puede entender la habilidad lingüística como dinámica y construida localmente, y en la cual no hay habilidades estáticas independientes de la actuación particular que se esté evaluando.

6.2.2. *La competencia comunicativa (Canale y Swain, 1980; Bachman, 1990; Bachman y Palmer, 1996)*

Quizá los modelos más conocidos de competencia comunicativa son los descritos por Canale y Swain (1980) y Bachman (1990). Los primeros propusieron un modelo de tres componentes (luego modificado por Canale, 1983, para darle a la competencia discursiva el mismo estatus que a los otros tres) que incluye las competencias lingüística, sociolingüística y estratégica. Aunque esta descripción de competencia no incluye la habilidad para usar la lengua (Ellis, 1994: 158), sí tiene en cuenta el conocimiento sociolingüístico, discursivo y estratégico además del conocimiento de los elementos estrictamente lingüísticos de la lengua. Según Chalhoub-Deville y Deville (2005: 821), el modelo de Canale y Swain parte de una perspectiva cognitiva y psicolingüística. Si bien posteriores investigaciones (Swain, 1985; Harley *et al.*, 1990) no encontraron apoyo para sostener la existencia de una competencia discursiva que se pudiera desgajar de los otros componentes, el hecho de que la competencia discursiva –es decir, la habilidad de procesar lengua más allá de los límites de la oración– constituya una de las competencias en la propuesta de Canale y Swain ha proporcionado la base para la construcción de posteriores esfuerzos teóricos.

El marco de habilidad lingüística comunicativa (HLC) de Bachman (1990) va más allá que el de Canale y Swain al intentar integrar el conocimiento lingüístico con la habilidad lingüística, o sea, "intenta caracterizar los procesos por que los varios componentes interactúan unos con otros y con el contexto en el que ocurre el uso de la lengua" (Bachman, 1990: 81). Este marco consta de tres componentes principales: competencia lingüística, competencia estratégica y mecanismos psicofísicos. Cada uno de ellos, a su vez, engloba otros, de manera que la competencia lingüística incluye competencia organizativa (que comprende competencia gramatical y textual) y competencia pragmática (que contiene conocimiento ilocutivo y sociolingüístico). Los mecanismos psicofísicos, por su parte, se refieren a los procesos neurológicos y fisiológicos involucrados en la comprensión y producción de lengua.

La competencia estratégica, definida como valoración, planificación y ejecución, desempeña un papel fundamental en el marco de Bachman, porque regula la interacción entre los otros componentes y la tarea de examen. Según Bachman y Palmer (1996), la competencia estratégica representa "procesos ejecutivos del más alto nivel que proporcionan una función cognitiva de gestión en el uso de la lengua" (70). En otras palabras, su concepción de la competencia estratégica proporciona un mecanismo explicativo de las relaciones entre el conocimiento lingüístico y el uso de la lengua. A pesar del intento de relacionar de manera interactiva los diferentes constructos de su modelo, Chalhoub-Deville (2003) argumenta que las propuestas de Bachman (1990) y Bachman y Palmer (1996) aún proporcionan una visión de la habilidad lingüística comunicativa basada en una perspectiva cognitiva y enfocada, básicamente, en el individuo.

6.2.3. *Modelos jerárquicos: Las* ACTFL *Proficiency Guidelines y Marco Común Europeo de Referencia para las Lenguas (MCER)*

Los modelos de competencia comunicativa recogidos en los apartados anteriores describen la habilidad en L2 sin especificar grados de competencia ni una secuencia de desarrollo con referencia al estándar proporcionado por un hipotético hablante nativo. Los modelos jerárquicos son los que añaden una dimensión vertical a la descripción horizontal de los componentes que conforman la habilidad lingüística comunicativa. En esta parte vamos a tratar dos modelos: las Proficiency Guidelines del American Council on the Teaching of Foreign Languages (ACTFL) (1982, 1986, 1999) en el contexto norteamericano, y el Marco Común Europeo de Referencia para las Lenguas (MCER) (2002).

Las ACTFL Proficiency Guidelines[1]

Las ACTFL Proficiency Guidelines surgen a partir de un modelo de dominio de la lengua que desarrolló el Foreign Service Institute

---

[1] La versión actual se encuentra en http://www.actfl.org/files/public/Guidelinesspeak.pdf.

del Departamento de Estado del gobierno estadounidense. En el ámbito académico, la atención que recibió la noción de competencia comunicativa (Savignon, 1972) en los años setenta supuso una nueva perspectiva de los diferentes componentes de la habilidad lingüística, los cuales se debían desarrollar si se pretendía saber una lengua lo suficientemente bien como para usarla con éxito fuera del aula. Las primeras formulaciones de modelos de habilidad lingüística no especificaban niveles de competencia de un modo que permitiera a los profesores medir el progreso de sus alumnos o describir los objetivos del programa (Hadley, 2001: 9).

Durante los setenta, la convergencia de una serie de acontecimientos, tanto en el ámbito educativo como en el público, propiciaron las condiciones idóneas para el desarrollo de las Proficiency Guidelines de ACTFL. Por una parte, en el campo de la enseñanza de L2, los enfoques de corte comunicativo (Savignon, 1972) empezaron a sustituir a los métodos basados en el estructuralismo. Los nuevos estilos de enseñanza hicieron necesarios exámenes distintos que tuvieran un objetivo de macro nivel, orientado a proporcionar información de lo que los estudiantes podían hacer, en vez de limitarse al micro nivel centrado en averiguar el conocimiento de lo que habían aprendido (Hadley, 2001: 10). Igualmente, en la década de los setenta aumentó a nivel nacional la preocupación por la calidad de la enseñanza pública en general y, en particular, la competencia en L2 y estudios internacionales. Todo ello llevó a que el presidente Jimmy Carter creara una comisión sobre lenguas extranjeras y estudios internacionales. Una de las recomendaciones de esta comisión consistía en que "se animara a las agencias estatales a adoptar estándares de nivel de dominio o de actuación con reconocimiento nacional, y que dichos estándares se difundieran entre los profesores y los alumnos" (President's Commission on Foreign Language and International Studies, 1979: 15). La recomendación dio sus frutos: un proyecto conjunto, liderado por ACTFL con el apoyo técnico del Educational Testing Service y la Interagency Language Roundtable del gobierno desarrolló las Proficiency Guidelines para la expresión oral de ACTFL, así como materiales y técnicas para formar a profesionales en L2 en la entrevista de dominio oral conocida como OPI (*Oral Proficiency Interview*) (Liskin-Gasparro, 1984).

Estas guías han conocido una amplia difusión desde el principio de los años ochenta. Hoy día, se siguen adoptando tanto para fines académicos como profesionales, en una versión puesta al día en 1999. Si bien en su momento se definieron guías para todas las destrezas de la lengua, han sido las guías de la expresión oral las que han alcanzado un mayor reconocimiento y las que más se han usado. Como modelo de habilidad de la lengua hablada, proponen una jerarquía de niveles de destreza que engloban tres grandes áreas:

a) funciones de la lengua;
b) contextos de uso de la lengua, y
c) precisión en niveles lingüísticos relativos a la sintaxis, la morfología, el léxico o la fonética.

Existen cuatro niveles principales de nivel de dominio: novato, intermedio, avanzado y superior. Esta escala permite definir una amplia clasificación de perfiles de actuación lingüística: desde el de los aprendices principiantes (Novato) que se expresan básicamente con emisiones memorizadas, al de los que son capaces de participar con éxito en conversaciones formales e informales, tanto en situaciones sociales como cuando hablan de temas profesionales y abstractos (Superior).

Para evaluar el nivel de dominio oral, no sólo se tienen en cuenta las tareas globales y las funciones, sino que también se consideran el contexto y el contenido, la precisión lingüística y el tipo de texto. El "contexto" se refiere a las circunstancias –lingüísticas o situacionales– en las cuales se efectúan las tareas. El "contenido" alude a los diferentes temas que pueden aparecer en un contexto dado. La precisión con que se realizan las tareas lingüísticas constituye otro criterio para determinar el nivel de dominio de una muestra de lengua. El constructo de la "precisión lingüística" en las guías incluye factores que aparecen tradicionalmente en la evaluación de L2 como gramática, vocabulario y pronunciación. Además, las descripciones de los niveles de dominio también recogen la fluidez, así como la coherencia del mensaje, y, en los niveles más altos, la adecuación sociolingüística y el uso de estrategias discursivas apropiadas. Por "tipo de texto" se entiende en las guías la cantidad y complejidad del discurso producido por el hablante de L2; por ejemplo, palabras y frases sueltas en el nivel novato, oraciones o secuencias de oraciones en el nivel intermedio, párrafos en el nivel avanzado y un discurso extenso en el nivel superior.

Esta escala de calificación presupone que el nivel de dominio de una lengua aumenta exponencialmente respecto a todos los criterios en que se basa la evaluación de una actuación oral, en vez de crecer de una manera lineal. De este modo, el espectro total de la actuación lingüística se representa como una pirámide invertida en vez de como puntos equidistantes a lo largo de una línea, como se puede ver en la Figura 1.

FIGURA 1. *Niveles de competencia: ACTFL Proficiency Guidelines (ACTFL, 1999: 9).*

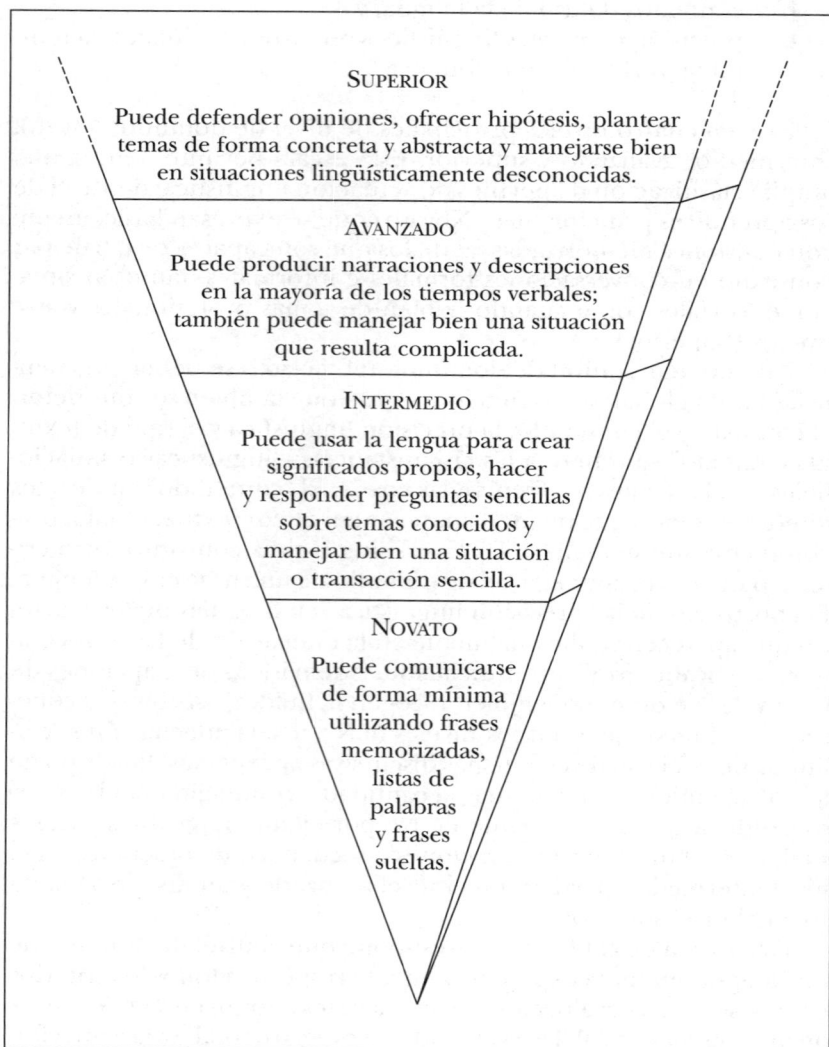

SUPERIOR

Puede defender opiniones, ofrecer hipótesis, plantear temas de forma concreta y abstracta y manejarse bien en situaciones lingüísticamente desconocidas.

AVANZADO

Puede producir narraciones y descripciones en la mayoría de los tiempos verbales; también puede manejar bien una situación que resulta complicada.

INTERMEDIO

Puede usar la lengua para crear significados propios, hacer y responder preguntas sencillas sobre temas conocidos y manejar bien una situación o transacción sencilla.

NOVATO

Puede comunicarse de forma mínima utilizando frases memorizadas, listas de palabras y frases sueltas.

Las ACTFL Guidelines no se han visto exentas de críticas (Lantolf y Frawley, 1985; Bachman y Savignon, 1986; Bachman, 1988; Barnwell, 1996; Johnson, 2001). La primera y quizás más duradera se refiere a la falta de validación empírica para la dimensión vertical de las guías. Esencialmente, se criticaba a las guías que se hubieran construido sobre una base intuitiva (Fulcher, 1996), en vez de sobre una evidencia empírica y un análisis documentado. Así, los rasgos de los niveles y la trayectoria para el desarrollo propuesta por ellas se podía basar en la intuición o en la evidencia anecdótica exclusivamente. Un segundo asunto destacado por los críticos era un problema lógico al usar la misma escala como base tanto para la construcción del propio examen, como para su evaluación (Lantolf y Frawley, 1985). Además, también se les reprochaba el hecho de usar la referencia "hablante nativo" como el criterio para medir el nivel de dominio de los hablantes no nativos. En las guías, el hipotético hablante nativo se menciona explícitamente en varias ocasiones; por ejemplo, los errores de los hablantes en el nivel Superior "no distraen al interlocutor nativo" (ACTFL, 1999). En opinión de los críticos, el criterio de aceptabilidad del hablante nativo no puede ser operativo y eso convierte los criterios en imprecisos e indefendibles (Barnwell, 1988; Salaberry, 2000). Finalmente, las guías también adolecen del mismo fallo que los modelos de competencia comunicativa antes descritos: no proponer un mecanismo que explique la conexión entre la habilidad y la actuación (Chaloub-Deville y Deville, 2005: 823).

Una segunda categoría de críticas sobre las ACTFL Guidelines se refiere a la naturaleza de la lengua que saca a la luz la OPI. En concreto, se le objeta la escasa variedad de tareas de la lengua y tipos de discurso que se incluyen, tanto en las descripciones de los niveles, como en el examen que se usa para obtener una muestra del habla del aprendiz. Savignon (1985) fue, quizá, la primera en notar la ausencia de contextos de uso de la lengua más allá de los intercambios formales controlados por el examinador, como informes, discusiones y entrevistas. Otros como van Lier (1989) y Johnson (2001) criticaban a la OPI que no incluyera la evaluación de rasgos significativos del discurso interactivo, como la topicalización, la obtención de información y las interrupciones.

A pesar de las evidentes limitaciones de las ACTFL Guidelines y de la OPI, ambas siguen usándose más de veinte años después de su introducción. Además, otros exámenes, tanto los más recientes como otros que llevan tiempo usándose en los EE.UU., utilizan las guías como punto de partida. Liskin-Gasparro (2003: 489) apunta que el constructo del nivel de dominio de una L2 tal y como se maneja en las ACTFL Guidelines se ha legitimado no con los examinadores de lengua, sino en las áreas de política educativa, desarrollo de programas y la instrucción en el aula.

El Marco Común Europeo de Referencia para las Lenguas: aprendizaje, enseñanza, evaluación (MCER) (2002)[2]

El MCER constituye, como su nombre indica, un marco a partir del cual se pueden elaborar programas de lengua, exámenes y diversos materiales en toda Europa sobre una base común. Su versión actual (2001)[3] es el resultado de más de treinta años de investigaciones sobre la enseñanza y el aprendizaje de L2 desde una perspectiva comunicativa. Se plantea la descripción de una serie de niveles de competencia (seis), realizada de una manera integradora –especificar una serie de conocimientos, destrezas y el uso de la lengua de la manera más amplia posible–, transparente –la información se formulará de manera explícita y clara– y coherente –la descripción no tendrá contradicciones internas.

Uno de los objetivos fundamentales del MCER es proporcionar modelos descriptivos capaces de reflejar la complejidad de la comunicación humana y eficaces para lograr que los aprendices de L2 alcancen un cierto nivel de competencia comunicativa, teniendo en cuenta, en ambos casos, el plurilingüismo y la pluriculturalidad. De este modo, se propone un enfoque centrado en la acción y el uso social de la lengua: los aprendices son agentes sociales que realizan tareas –y no sólo lingüísticas– en determinados contextos y circunstancias. El punto de vista adoptado por el MCER respecto del constructo que conforma la habilidad en L2 se plantea así en la introducción al documento:

> El uso de la lengua –que incluye el aprendizaje– comprende las acciones que realizan las personas que, como individuos y como agentes sociales, desarrollan una serie de competencias, tanto generales como competencias comunicativas lingüísticas, en particular. Las personas utilizan las competencias que se encuentran a su disposición en

---

[2] Año de publicación de la versión española. Versión española en .pdf en la dirección: http://cvc. cervantes.es/obref/marco/.

[3] Al hablar de primera versión, nos referimos a la publicada en inglés (Council of Europe 2001).

distintos contextos y bajo distintas condiciones y restricciones, con el
fin de realizar actividades de la lengua que conllevan procesos para
producir y recibir textos relacionados con temas en ámbitos específicos, poniendo en juego las estrategias que parecen más apropiadas
para llevar a cabo las tareas que han de realizar. El control que de estas acciones tienen los participantes produce el refuerzo o la modificación de sus competencias (2002: 9).

Se entiende por competencias la suma de conocimientos, destrezas y características individuales que permiten a una persona realizar una serie de acciones. Las competencias pueden ser generales –no
se relacionan directamente con la lengua, pero pueden requerir de
la lengua– o comunicativas –sí precisan de medios lingüísticos para
que la persona actúe–. Las competencias generales abarcan conocimientos (empíricos y académicos), destrezas (habilidades que dependen más de la capacidad de desarrollar procedimientos que de
los conocimientos declarativos), competencia existencial (la suma
de características individuales) y capacidad de aprender. Por su parte, las comunicativas incluyen una serie de componentes: el lingüístico, que comprende los distintos planos y dimensiones de la lengua
como sistema; el sociolingüístico, que alude a las condiciones socioculturales de uso de la lengua, y el pragmático, que se refiere al uso
funcional de los recursos lingüísticos. Y algo importante: en la concepción del MCER, cada uno de estos componentes supone conocimientos, destrezas y habilidades.

La competencia comunicativa se activa y se actualiza por medio
de la realización de las distintas tareas lingüísticas, que pueden involucrar comprensión, expresión, interacción o mediación a través
de textos orales o escritos. Las actividades de comprensión y expresión que, como ya se ha mencionado, pueden utilizar el canal oral o
escrito, corresponden en general a las denominadas tradicionalmente destrezas de la lengua (comprensión auditiva y comprensión
escrita, expresión oral y expresión escrita). El MCER destaca la interacción (que también puede ser oral o escrita) como una actividad
propia, que se caracteriza por englobar comprensión y expresión
para la elaboración y reelaboración de discursos que requieren de
trabajo colectivo. Por otro lado, las actividades de mediación (orales
o escritas, de comprensión o de expresión) se emplean para establecer comunicación entre quienes carecen de la capacidad de hacerlo entre sí directamente, como ocurre en casos que precisan traducción, interpretación, paráfrasis o un resumen.

A su vez, todas estas actividades de la lengua aparecen contextualizadas dentro de ámbitos que, aun consciente de su enorme variedad, el MCER ha reducido a cuatro: público (la persona como miembro de la sociedad), personal (vida privada: familia y amigos), educativo (participación organizada en el aprendizaje) y profesional (desarrollo del trabajo o profesión). Esta simplificación obedece a la necesidad de contar con una referencia práctica que resulte operativa para la enseñanza/aprendizaje y evaluación de la lengua. En lo que respecta al contexto, con él se hace referencia a todos aquellos acontecimientos y factores situacionales, internos y externos a la persona que constituyen el marco dentro del cual ocurren los actos de comunicación. Por supuesto, está sujeto a condiciones y restricciones tanto internas como externas.

Por último, las estrategias se conciben como "el hecho de adoptar una línea concreta de acción con el fin de maximizar la eficacia" (MCER, 2002: 61). En el caso de la lengua, representan un medio del que se vale el usuario (de la lengua) para emplear recursos propios, así como para poner en marcha destrezas y procedimientos que le permitan atender a las necesidades comunicativas del contexto, y acometer del mejor modo posible la tarea de uso de la lengua en la que se ha visto involucrado. Esta concepción dinámica de la lengua como acción implica que el usuario la utiliza para realizar tareas (aunque no toda tarea acarrea necesariamente el uso de la lengua), y que "mientras la realización de estas tareas suponga llevar a cabo actividades de lengua, necesitan el desarrollo (mediante la comprensión, la expresión, la interacción o la mediación) de textos orales o escritos" (MCER, 2002: 15).

Las descripciones del MCER se plantean en dos dimensiones. La dimensión horizontal se establece a partir de una serie de parámetros de uso de la lengua que incluyen actividades comunicativas, competencias generales y lingüísticas, estrategias, procesos, tareas, textos y contexto, según la concepción del uso y del aprendizaje de la lengua descrito en el propio MCER (2001: 9). Y, aunque el MCER defiende un enfoque centrado en la acción que, por lo tanto, "tiene en cuenta los recursos cognitivos, emocionales y volitivos, así como toda la serie de capacidades específicas que un individuo aplica como agente social" (2002: 9), el constructo de la competencia en L2 subyacente en el propio Marco está asociado, en el fondo, a una noción cognitiva e individualista, al igual que ocurre en el resto de modelos examinados.

La dimensión vertical, por su parte, se organiza en función de tres niveles básicos: A o *usuario básico*, B o *usuario independiente* y C o *usua-*

rio competente (equivalentes a los tradicionales niveles inicial, intermedio, superior), que, a su vez se subdividen en dos cada uno (A1
Acceso y A2 *Plataforma*; B1 *Umbral* y B2 *Avanzado*; C1 *Dominio operativo eficaz* y C2 *Maestría*) dando lugar a un total de seis.

FIGURA 2. *Niveles de competencia: MCER.*

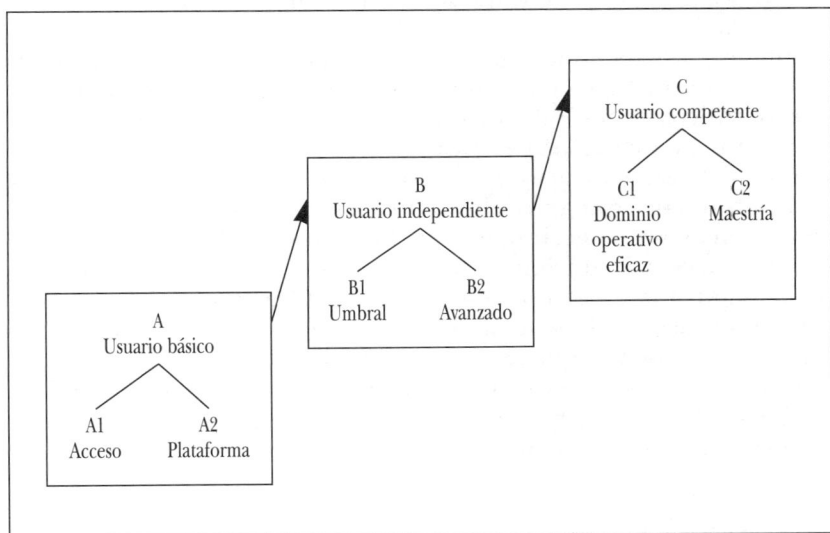

Esta jerarquización permite disponer de descriptores de grados
del dominio lingüístico para asignar niveles, así como para determinar la progresión del aprendizaje del alumno.

La rápida difusión del MCER y su aceptación prácticamente in-
condicional en todos los ámbitos europeos relacionados con la enseñanza y la evaluación de L2, ha hecho que este sistema de niveles
se haya adoptado de manera casi inmediata en la mayoría de instituciones europeas que confeccionan exámenes, y que se basen en
ellos para elaborar sus pruebas y otorgar los diplomas que certifican
el nivel al que se refiera el examen.

No obstante, en el campo de la evaluación surgen algunas voces
críticas ante si realmente existe un consenso general sobre el alcance de todos y cada uno de los niveles descritos; es decir, el aprendiz que ha recibido una acreditación de B2 Avanzado en mi institución, ¿también la recibiría en otra que acredita el mismo nivel?

¿Significa A2 lo mismo para todos? Con el fin de acallar estas obje-
ciones, el Consejo de Europa elaboró un Manual (Consejo de Europa, 2003) para facilitar la tarea de relacionar los niveles de los exámenes con los del MCER. No hay que llamarse a engaño: el Manual
no da directrices para la elaboración de exámenes de calidad, ni
prescribe un enfoque determinado para la elaboración de pruebas
(Figueras, 2005: 17). Se trata más bien de una guía práctica de recomendaciones.

Incluso si se reconoce que el Manual del Consejo de Europa puede constituir una guía para educar a los redactores de exámenes, algunos críticos como Fulcher (2004) destacan la dificultad de relacionar los exámenes con el MCER, ya que éste carece de una base
teórica y de especificaciones de contenido. Y añaden que muchos
de los exámenes que reivindican una relación con el MCER tampoco poseen una base teórica, sino más bien intuitiva. North (2004) con-
trarresta la crítica aduciendo que el MCER se basa en teorías del uso
de la lengua y de la competencia comunicativa, a fin de describir lo
que un usuario de la lengua tiene que hacer para comunicarse de
manera efectiva, y lo que se espera que un aprendiz pueda hacer en
determinados niveles de dominio de la lengua. Añade que el objetivo del MCER no es dar normas ni controlar, sino facilitar y proporcionar una herramienta útil.

6.2.4. *Modelos de competencia interactiva*

Los modelos propuestos en las dos últimas décadas reflejan una
concepción del conocimiento y la habilidad en L2 que se ha desplazado de manera progresiva hacia una integración del conocimiento lingüístico, el uso de la lengua y el contexto en el que se produce
el uso. Con el gradual desarrollo de las aproximaciones socioculturales y constructivistas a la ASL, la evaluación de L2 también se ha
sentido obligada a definir modelos de competencia que incorporen
nociones socioculturales de competencia interactiva. No obstante,
siendo éstos los primeros pasos en tal dirección, no resulta extraño
que hoy día exista cierto desacuerdo entre los evaluadores de lengua sobre la manera en que el constructo de la habilidad en L2 debe
incorporar el uso de la lengua y el contexto –la tarea, la situación,
etc.– en que se usa la lengua. Por un lado, se hallan quienes adoptan una postura cognitiva que entiende la interacción (uso de la lengua en contexto) como una representación de las habilidades de

cada individuo desplegadas en un contexto interactivo. Por el contrario, los defensores de modelos de competencia interactiva (Young, 2000, cf. en Chalhoub-Deville, 2003; Swain, 2001) argumentan que el uso de la lengua no significa una mera manifestación de rasgos que se pueden asignar de manera discreta a un individuo, sino que la habilidad de un individuo en L2 está socialmente mediatizada, de tal manera que no es posible separar las representaciones cognitivas de la habilidad en L2 del contexto en el cual se usa la lengua (Chalhoub-Deville, 2003).

La perspectiva social interactiva de la competencia en L2 supone un desafío, tanto teórico como práctico, para la evaluación de la lengua. Chalhoub-Deville (2003: 373) divide el desafío teórico en dos partes. Primero, señala que los investigadores en evaluación de la lengua deben rectificar el constructo de la habilidad individual, a fin de incorporar una concepción del uso de la lengua en un ámbito comunicativo como algo dinámico y co-construido, no como reflejo de una noción fija de habilidad. En segundo lugar, si la habilidad lingüística se entiende como local, situada en un acontecimiento comunicativo particular, los evaluadores tendrán que reconciliar esta nueva concepción con la finalidad tradicional de diseñar evaluaciones cuyos resultados se puedan generalizar a una serie de contextos.

El campo de la lengua para fines académicos podría constituir un espacio natural para la exploración de una perspectiva social interactiva de la habilidad lingüística. Por ejemplo, Douglas (2000) parece suscribir la noción de conocimiento situado cuando dice que "tomar en cuenta tanto los rasgos del usuario de la lengua como las características del contexto no es suficiente; al contrario, debemos considerar la interacción de los dos [y al hacerlo]... esto inevitablemente significa que la cualidad de cada uno de ellos cambia" (p. 24, cf. en Chalhoub-Deville, 2003: 375). Dicho de otro modo, los defensores de las teorías interactivas argumentan que la naturaleza del conocimiento de la lengua de un individuo podrá diferir de un dominio al otro y, por lo tanto, puede no ser posible sostener la noción de una sola competencia que se despliega de manera diferente según el contexto. Incluso los investigadores de evaluación de la lengua que, en principio, parecen inclinarse por una teoría de la habilidad en L2 mediatizada social y culturalmente (Douglas, 2000; Young, 2000; Swain, 2001; Chalhoub-Deville, 2003), siguen esforzándose en imaginar cómo se puede plasmar un constructo semejante en un procedimiento o instrumento de evaluación. Así, Swain (2001)

sugiere que los procesos cognitivos y estratégicos se pueden manifestar de diferentes maneras a partir del contexto, y tanto Young
(2000) como Swain (2001) proponen condiciones bajo las cuales las
habilidades estratégicas se reproduzcan y se estabilicen, con el propósito de incitar algún tipo de generalización de la habilidad en una
variedad de contextos.

6.3. APLICACIÓN DE MODELOS DE COMPETENCIA LINGÜÍSTICA

En los apartados anteriores hemos revisado los modelos de competencia de L2 más influyentes en los últimos años, tal como los han
propuesto varios investigadores europeos y norteamericanos. En
esta parte, presentaremos proyectos nacionales e internacionales que
se han planteado la puesta en práctica de modelos concretos de habilidad de L2.

6.3.1. *El contexto estadounidense*

La entrevista de dominio oral (OPI)

Aparte de las guías de dominio oral para uso académico elabora-
das a principios de los ochenta, el proyecto de colaboración entre
ACTFL, ETS y el gobierno estadounidense también adaptó el tipo de
entrevista utilizado por la Interagency Language Roundtable para
obtener una muestra relevante de lengua: un intercambio oral cara
a cara, conocido como OPI (*Oral Proficiency Interview*). La OPI se estructura en torno a las funciones de la lengua que corresponden a
cada nivel de habilidad, en vez de hacerlo a partir de una lista de temas o de preguntas. La muestra de habla obtenida se evalúa de acuerdo con las descripciones jerárquicas.

En la mayoría de contextos académicos, la OPI adopta la forma de
entrevista estructurada como una conversación. El examinador adopta el papel de entrevistador, controlando la selección de temas, la extensión de las respuestas del examinando y todos los cambios de turno y de tema. Un ejemplo de habla que se puede evaluar según los
criterios de evaluación antes expuestos se extrae del examinando por
medio de una serie de preguntas personalizadas que siguen un pro-
tocolo preestablecido con cuatro fases: precalentamiento, compro-
baciones de nivel, sondeos y conclusión.

A pesar del control del discurso ejercido por el entrevistador, las OPI generalmente presentan un tono de conversación amistosa. Y aunque existe una serie de tipos de preguntas estandarizados que corresponden a cada nivel de dominio, los temas específicos y las preguntas son únicos para cada entrevista, a partir de la información que introduce el entrevistado en el discurso. El entrevistador formula preguntas basadas en una evaluación continua del nivel de dominio del aprendiz y sobre temas que han ido apareciendo a lo largo de la OPI. La estructura fija de las entrevistas asegura que los examinadores adoptarán los mismos criterios (p. ej., funciones, contexto, contenido, precisión, tipo de texto) en cada OPI. Esta estandarización de los procedimientos garantiza que una OPI sea comparable a otra, aunque las preguntas específicas siempre variarán de una entrevista a otra.

Desde 1982, ACTFL cuenta con programas, en una amplia variedad de idiomas, para la formación de evaluadores de la OPI. Además, dispone de otro programa destinado a la certificación de evaluadores para la OPI. En colaboración con el Language Testing International (www.languagetesting.com), ACTFL contrata a evaluadores certificados para que lleven a cabo, bien cara a cara o por vía telefónica, entrevistas OPI encargadas por clientes del ámbito profesional, gubernamental o académico. Este tipo de prueba supone una enorme inversión de tiempo (y de dinero) por la propia mecánica de la entrevista, que requiere la presencia de una persona entrenada y cualificada para realizarla y, posteriormente, evaluarla. Para paliar estos costes, se han desarrollado algunas variantes de la OPI, entre ellas la entrevista oral simulada o SOPI (*Simulated Oral Proficiency Interview*), en la cual los aprendices graban sus respuestas a una serie de ítems pregrabados basados en tareas de uso de la lengua que corresponden a los objetivos del examen. Las tareas del examen están dirigidas a las funciones lingüísticas de los cuatro niveles de las Guías de ACTFL (Novato, Intermedio, Avanzado y Superior); el contexto y el contenido de los ítems del examen varían de acuerdo con el público para el que se haya diseñado la SOPI.

El Center for Applied Linguistics (CAL) ha creado una serie de SOPI académicas, destinadas para uso institucional. La SOPI de CAL incluye tareas con apoyo gráfico, temas y situaciones. Las tareas con apoyo gráfico permiten a los examinandos dar direcciones usando un plano, describir un lugar o narrar una secuencia de acontecimientos. Las tareas basadas en temas y en situaciones evalúan la habilidad para llevar a cabo funciones como pedir disculpas, describir un proceso o apoyar una opinión. Los contextos y el contenido de las tareas en las SOPI académicas incluyen actividades escolares, políticas y prácticas institucionales, así como actividades del tiempo libre (Malone, 2000).

El *Texas Oral Proficiency Test* (TOPT), la versión de la SOPI de lengua para fines específicos –también diseñada por CAL–, se ha venido do usando desde hace más de diez años en el estado de Texas como examen para la nueva certificación de futuros educadores en español y francés, así como para los maestros de las escuelas elementales que imparten la docencia en español a los alumnos inmigrantes. Dado el objetivo del examen –la evaluación de la competencia lingüística de profesores de L2– las tareas quedan insertadas en un contexto educativo[4].

National Standards for Foreign Language Learning
en los Estados Unidos[5]

El documento *Standards for Foreign Language Learning in the 21st Century* (1996, 1999) surge como resultado de la acción conjunta entre un consorcio de organizaciones dedicadas a la enseñanza y el aprendizaje de lenguas en los EE.UU. y una iniciativa a nivel nacional organizada por los gobernadores de los cincuenta estados, con el fin de mejorar la educación pública en todos los campos académicos. Concebidos como unos estándares de contenido –esto es, descripciones acerca de lo que los alumnos deben saber y poder hacer–, no se basan en modelos de competencia lingüística, sino en una manera de entender la enseñanza de L2 con una visión muy amplia: ésta se convierte en un espacio y un instrumento para diversas actividades como adquirir conocimientos en otros campos, desarrollar destrezas de pensamiento crítico y llevar a cabo conexiones interculturales realmente efectivas.

Los National Standards están organizados como una serie de cinco objetivos y los estándares que los definen. Son los siguientes: comunicación (interpersonal, interpretativa y expositiva); culturas (perspectivas, prácticas y productos culturales); conexiones (con otras disciplinas a través de la L2); comparaciones (lingüísti-

---

[4] Se puede encontrar información sobre el TOPT en National Evaluation Systems (2004). http://www.topt.nesinc.com/PDFs/TO_20042005regbulletin.pdf.

[5] Para un resumen, véase http://www.actfl.org/files/public/execsumm.pdf.

cas, culturales) y comunidades (lengua fuera del aula). Dado que los programas de estudio concretos, así como los estándares para la actuación, vienen definidos por cada estado, en vez de por un Ministerio de Educación a nivel nacional, los National Standards no imponen lo que se debe enseñar ni a qué nivel se espera la actuación de los alumnos. No obstante, sí se incluyen "indicadores muestra del progreso" para los grados 4, 8 y 12 que ofrezcan algún tipo de pauta a los profesores y responsables cuando actualizan los programas de L2 de acuerdo con las directrices de los National Standards. Además, la última versión del documento (1999) incluye partes concretas sobre la lengua que interpretan las muestras indicadoras del progreso y ofrecen situaciones ilustrativas del aprendizaje para los adaptadores de currículo a nivel estatal y local. Es más, prácticamente todos los cincuenta estados ya han realizado la adaptación de su currículo de L2 de acuerdo con las líneas propuestas por los National Standards, e incluso algunos de ellos han diseñado y puesto en práctica exámenes de L2 para todo su territorio[6].

El impacto de los National Standards se ha dejado sentir de manera especial en la planificación curricular, más que en la evaluación. El hecho de que el sistema educativo estadounidense sea muy descentralizado no fomenta la implantación de un tipo de evaluación de ámbito nacional, ni tan siquiera estatal. Tampoco contribuye a ello que las L2 no hayan disfrutado del rango de asignaturas fundamentales, como por ejemplo las matemáticas o las ciencias naturales. A pesar de estas limitaciones históricas, los National Standards han impulsado un nivel de colaboración profesional sin precedentes, tanto entre diversas lenguas como entre niveles de instrucción. La inclusión de L2 en esta iniciativa ha conseguido que los idiomas se hayan hecho más visibles a nivel nacional. Este aumento de visibilidad ha continuado desde la publicación de los National Standards, e incluso 2005 fue declarado Año de las Lenguas por el Congreso de los Estados Unidos.

En la sección 6.4, que aporta modelos y proyectos de evaluación destinados a profesores de lengua para su uso en el aula, se explicará una iniciativa basada en los National Standards con el nombre de *Integrated Performance Assessment*.

---

[6] Véase el ejemplo de Wisconsin, www.dpi.state.wi.us/dpi/standards/pdf/fl.pdf.

6.3.2. El contexto europeo

La propuesta de ALTE

La Association of Language Testers in Europe (ALTE) es una asociación que aglutina una serie de instituciones y organizaciones europeas que producen exámenes y dan certificados para aprendices de L2. Al mismo tiempo, uno de sus principales objetivos consiste en establecer niveles de dominio comunes, de manera que se pueda llegar a un reconocimiento transnacional de la certificación en Europa. En este sentido, destacan las especificaciones de capacidad lingüística "Puede Hacer", que constituyen parte de un ambicioso proyecto de investigación "cuyo fin es crear un marco de niveles clave de actuación lingüística dentro del cual se puedan describir exámenes de manera objetiva" (MCER, 2002: 235). Las escalas de "Puede Hacer" están dirigidas sobre todo a los usuarios de la lengua, y sus especificaciones contribuyen a que los no especialistas puedan interpretar los resultados de las pruebas. Esto es así porque, en primer lugar, las escalas proporcionan un instrumento conveniente para quienes intervienen en la enseñanza y la evaluación de aprendices de L2. Asimismo, establecen una base para diseñar pruebas de diagnóstico y desarrollar currículos, al tiempo que ofrecen un medio para efectuar una verificación lingüística basada en actividades útiles, tanto en el ámbito de la enseñanza de lenguas como en el profesional-laboral. Y, finalmente, constituyen un medio de comparar los objetivos de los cursos y los materiales en distintas lenguas, pero dentro del mismo contexto.

Un aspecto fundamental para la operatividad de "Puede Hacer" reside en su validación empírica, es decir, que las especificaciones constituyan no una serie de descripciones de nivel subjetivas, sino un instrumento de medición totalmente aquilatado. Para ello se han recogido y se siguen recogiendo datos, en el marco de un proceso a largo plazo que involucra a miles de personas en diferentes países. A la vez, otra parte de la labor que se ha venido desarrollando en el proyecto de ALTE ha sido integrar los sistemas de exámenes de sus miembros en este marco. La mayoría de lenguas europeas cuenta con exámenes estandarizados para certificar diversos niveles de lengua, que evalúan la interacción oral, la comprensión y expresión orales y escritas, así como la gramática y el vocabulario de los aprendices de L2 que se someten a ellos. En principio, se debería contar con exámenes acreditativos para cada nivel de los seis definidos por el MCER (acceso, plataforma, umbral, avanzado, dominio operativo eficaz, maestría). No obstante, ahora la estructura de ALTE ofrece un sistema de cinco niveles que se corresponden básicamente con los niveles del A2 al C2 del MCER, mientras que sigue en proceso de definición el más bajo de todos –el A1 (acceso)– a cuya caracterización contribuye el proyecto "Puede Hacer". Aunque en el momento presente tampoco todas las lenguas incluidas en ALTE disponen de pruebas certificadoras para cada uno de los niveles incluidos por la organización, el objetivo es que se llegue a equiparar la certificación en todas las lenguas miembro.

El proyecto DIALANG (Diagnostic Language Testing)

Con financiación de la Comisión Europea, el proyecto DIALANG (*Diagnostic Language Testing*) es un sistema de evaluación de la lengua que supone "una aplicación del MCER para fines de diagnóstico" (MCER, 2002: 217). Orientado a los estudiantes adultos de L2 que desean obtener información acerca de su nivel de dominio de la lengua que estén aprendiendo (si se trata de una de las catorce lenguas disponibles, español incluido), el sistema incluye autoevaluación, pruebas lingüísticas y retroalimentación, y se puede acceder a él de manera gratuita a través de Internet (www.dialang.org).

La evaluación del usuario se establece a través de varias fases: selección de idioma, una prueba preliminar de clasificación y pruebas de auto-evaluación en las destrezas de comprensión lectora y auditiva y expresión escrita. Tras ello, el propio sistema realiza una valoración previa de la capacidad del aprendiz, y ya con estos datos, se le ofrecerá una prueba con un nivel de dificultad apropiado a sus capacidades. Finalmente, en la fase de retroalimentación, se le formula al usuario una serie de preguntas que le hagan reflexionar acerca de su competencia, comparando su nivel en la autoevaluación y el que le asigna la prueba. En el caso de que existan desajustes, la reflexión permitirá indagar en las causas que los han ocasionado.

Existen escalas generales para la comprensión de lectura, la expresión escrita y la comprensión auditiva, así como para las estructuras gramaticales y el vocabulario, de todos los niveles establecidos por el MCER. Las escalas están organizadas jerárquicamente, pues se estructuran por niveles que van desde el más bajo (A1) hasta el más avanzado (C2) siguiendo la clasificación de niveles establecida por el MCER. Al tratarse de un sistema que el usuario utiliza de manera individual para su propia autoevaluación, carece de todo valor certificador y su finalidad principal es la de impulsar la autonomía del aprendiz y promover un mayor control de éste sobre su propio proceso de aprendizaje. No obstante, también puede resultar un instrumento útil para los profesores de L2.

El Portfolio Europeo de las Lenguas (European Language Portfolio)[7]

El Portfolio Europeo de las Lenguas (PEL) se nutre del banco de descriptores que se elaboró a partir de los resultados de un proyecto del Consejo Nacional Suizo de Investigación Científica entre 1993 y 1996. Constituye un interesante documento, diseñado para dar cuenta del alcance de las metas de cada etapa o nivel por parte de los aprendices de una L2. El PEL comprende tres componentes obligatorios y perfectamente definidos:

a)   un pasaporte lingüístico, en el que se debe hacer constar una visión general de la identidad lingüística de su dueño, de su experiencia de aprendizaje de la lengua y de su aprovechamiento, así como una autoevaluación de su habilidad lingüística en la L2;

b)   una biografía lingüística, con información acerca del aprendizaje del poseedor del pasaporte que le permita definir sus objetivos, revisar su progreso, registrar el aprendizaje significativo y las experiencias interculturales, y reflexionar sobre diversos aspectos del aprendizaje y el uso de la lengua, y

c)   un dossier, para reunir ejemplos del trabajo del aprendiz en la L2.

Según Little (2002), las diferentes versiones del PEL tienen dos cosas en común: todas siguen los principios y guías del Consejo de Europa, y todas tienen en cuenta para la evaluación los niveles de referencia del Marco Común Europeo. Asimismo, el PEL cumple una función pedagógica importante, que se deriva de la transparencia con que el proceso personal de aprendizaje aparece ante el alumno (Little, 2002). Esto le permite desarrollar su capacidad para la reflexión y la autoevaluación, recibir información sobre la experiencia de aprender y usar una lengua y, al mismo tiempo, obtener evidencia concreta de los logros en el aprendizaje de la lengua. Para Little, "la autoevaluación es fundamental tanto para el uso efectivo

---

[7] Información y documentación sobre el PEL en España en la dirección: www.mec.es/programas-europeos/jsp/plantilla.jsp?id=ce3.

del PEL, como para los procesos de planificación, monitorización y evaluación del aprendizaje" (2002: 5). Little señala además que la autoevaluación debe fundamentarse en la capacidad del aprendiz para reflexionar sobre su propio aprendizaje, sus habilidades y sus logros. La reflexión es imprescindible si se pretende que el aprendiz llegue a alcanzar una capacidad de autoevaluación fiable. Sin embargo, la autoevaluación no debe excluir la evaluación externa realizada por otros; de hecho, se deben apoyar la una a la otra, y uno de los propósitos del PEL es encontrar el equilibrio entre ambas.

Los exámenes para la obtención de los DELE

Los Diplomas de Español como Lengua Extranjera (DELE) se crearon en 1989 en el marco institucional del Ministerio de Educación de España, con el objetivo de dotar a un idioma tan extendido y con tanto peso cultural como el español de un instrumento de evaluación que garantizara un nivel de lengua a quien lo superase. En 1991, el Ministerio de Educación suscribió un convenio con la Universidad de Salamanca, en virtud del cual ésta se encargaría de la confección y calificación de los exámenes para la obtención de los diplomas. Más tarde, a finales de 2002, los DELE fueron transferidos al Instituto Cervantes, que confió a la Universidad de Salamanca la revisión de los actuales exámenes.

La puesta al día de los diplomas se ha realizado según los principios teóricos y metodológicos que subyacen al MCER, así como los trabajos de investigación de expertos en el campo de la evaluación de L2. La renovación ha incluido una redefinición de los niveles hasta ahora existentes para acomodarlos a los propuestos por el MCER y a la jerarquización de los descriptores "Puede Hacer" de ALTE. La adaptación ha supuesto, entre otras cuestiones, un incremento en la dificultad de las pruebas.

El proceso de actualización incluye modificaciones en el propio instrumento del examen, tanto en sus contenidos como en los aspectos formales; por ejemplo, la nueva prueba de expresión oral se plantea con la intervención de dos candidatos conjuntamente a fin de lograr una interacción más real y auténtica (Prieto *et al.*, 2004). También se han reelaborado las especificaciones para cada uno de los niveles, que servirán tanto para quienes se vean involucrados en la redacción de ítems y pruebas para el examen, como para los posibles usuarios del mismo. Igualmente, se han revisado los criterios de corrección para las pruebas que requieren evaluación subjetiva, y se han efectuado pruebas para experimentar las novedades incluidas[8].

6.4. Nuevos avances en la evaluación a nivel de aula

Gran parte de la actividad evaluadora en que se ven involucrados alumnos y profesores de L2 ocurre a un nivel local: los profesores diseñan procedimientos, bien con fines administrativos (dar una calificación) o bien didácticos (impulsar el aprendizaje). En este apartado, nos extenderemos acerca de algunas tendencias recientes en la evaluación destinada al aula, que intentan alejarse de los paradigmas tradicionales –más bien preocupados por la eficacia de la administración y la calificación, y en la primacía del conocimiento lingüístico sobre el uso de la lengua–, y acercarse en cambio hacia una postura que llegue a establecer una sólida conexión entre la instrucción y la evaluación.

6.4.1. *Evaluación auténtica*

El concepto de evaluación auténtica se usa para describir un tipo de actividad evaluadora que refleja las tareas y desafíos a los que se enfrentan los individuos fuera del aula (Wiggins, 1998). Este tipo de evaluación supone una variedad de tareas realizadas en diferentes situaciones, al tiempo que requiere de los alumnos la adopción de conocimientos y destrezas adquiridos en contextos más allá del proporcionado por el aula. Las tareas propias de la evaluación auténtica son, por naturaleza, complejas, ambiguas e, incluso, confusas; es decir, parecidas a las que se dan en los contextos en los que los adultos desarrollan su trabajo, su vida familiar o su vida social. Y se espera que, a través de ellas, los alumnos planifiquen, utilicen recursos, negocien, obtengan retroalimentación y practiquen. El producto de una evaluación auténtica es una actuación cuidadosa y de alta calidad, destinada a una audiencia más amplia que el simple profesor.

---

[8] En la dirección http//diplomas.cervantes.es se puede consultar la *Guía para la obtención de los Diplomas de Español*. En el portal www.cvc.cervantes.es también aparece un enlace sobre los diplomas que permite obtener ejemplos de las pruebas utilizadas en convocatorias pasadas.

En una evaluación auténtica destinada a alumnos de español de escuela secundaria (*high school*) en los Estados Unidos (Shrum y Glisan, 2005: 372), los estudiantes adoptan el papel de agentes de viaje españoles que quieren ofrecer sus servicios a grupos escolares norteamericanos. En la situación propuesta, tienen la oportunidad de ofrecer sus servicios a un profesor de español que está planificando llevar a sus alumnos a España. Se proporciona a los alumnos una correspondencia inicial entre el profesor y el agente, así como algunos criterios para el viaje, pero los alumnos tienen que resolver el resto. Se trata de una actividad evaluadora compleja, que incluye investigación, intercambio de correspondencia con el profesor (el "cliente" en el contexto de la evaluación) para obtener más información acerca de sus necesidades y preferencias, así como discusiones dentro del grupo de alumnos. Y también implica la preparación de una propuesta detallada, que implicará discusión, consultas con expertos y quizá retroalimentación por parte del profesor o nuevas fases para precisar la tarea. Cada estadio, desde la planificación hasta la entrega del producto final, conlleva tanto aprendizaje como actuación: el sello característico de la evaluación auténtica.

6.4.2. *Evaluación de Actuación Integrada* (Integrated Performance Assessment) *según los National Standards for Foreign Language Learning*

La incorporación de las cinco áreas de objetivos (comunicación, culturas, conexiones, comparaciones, comunidades) a todos los aspectos del currículo de L2 se extiende también a un modelo de evaluación, el *Integrated Performance Assessment* (IPA), para el uso de profesores. Este tipo de evaluación, diseñado por ACTFL, incluye actividades que requieren que los alumnos acometan diversas tareas comunicativas interpersonales, interpretativas y expositivas, reflejo de los tres modelos incluidos en el área de objetivos comunicativos. Por ejemplo, para prepararse antes de la visita de un conferenciante, los alumnos deben investigar sobre el tema del que hablará el invitado (tarea interpretativa), compartir su trabajo con los compañeros escribiendo breves informes (tarea de presentación) y trabajar en grupo para preparar preguntas para el conferenciante (tarea interpersonal).

El objetivo del IPA, al igual que el de la evaluación auténtica, reside en involucrar a los alumnos en contextos reales para que ellos recurran a destrezas y conocimientos previamente adquiridos. Ambas evaluaciones también tienen en común el elemento colaboración, o sea, la actuación de cada uno de los alumnos no se puede desgajar fácilmente de la del grupo. Es más, tanto en un IPA bien diseñado como en la evaluación auténtica –ésta última menos estructurada y algo más compleja– la colaboración es fundamental para poder concretar la tarea.

6.4.3. Evaluación dinámica (ED)

La evaluación dinámica (ED), asociada conceptualmente con los modelos interactivos de competencia lingüística expuestos con anterioridad (véase el apartado 6.2.4), intenta eliminar el desajuste entre instrucción y evaluación. Se sustenta en las aproximaciones socioculturales al aprendizaje de Vygotsky (1978, 1987), especialmente en su noción de zona de desarrollo próximo ('zone of proximal development', o ZPD). A la ED no le concierne lo que el alumno ha aprendido en el pasado, algo que se puede averiguar por medio de evaluaciones estáticas de su competencia individual en un momento concreto del tiempo. En cambio, le interesa el potencial del alumno para aprender, cuando éste tiene la oportunidad de involucrarse en una interacción social con un experto (Antón, 2003).

Lidz (1987) define la evaluación dinámica como "la interacción entre un examinador-entrevistador y un aprendiz-participante activo, que intenta establecer el grado y tipo de cambio posible del aprendiz y los medios por los que los que se pueden inducir y mantener cambios positivos en el funcionamiento cognitivo" (p. 4, cf. en Antón, 2003). Una evaluación dinámica se desarrolla en tres fases:

a) una medida inicial para establecer el nivel de la actuación independiente del aprendiz;
b) una intervención conducida por un experto (i.e. un profesor), diseñada para producir un cambio, y
c) un *retest* para evaluar el punto y la naturaleza del cambio (Antón, 2003).

El diseño de *test-retest* para medir la efectividad de una intervención pedagógica es práctica común de la investigación en ciencias sociales. Incluso sin intervención pedagógica, la actuación de individuos o de grupos en un examen puede variar si éste se realiza en dos oca-

siones diferentes. Son varios los factores que pueden incidir en que
produzca una mayor o menor correlación entre los resultados del *test*
y del *retest*, como:

a) condiciones medioambientales que pueden afectar las res-
    puestas;
b) características de los propios ítems del examen que conduz-
    can a resultados no fiables, y
c) diferencias individuales (p. ej., el aprendizaje que se lleve a
    cabo entre las dos administraciones del examen).

En el caso de la ED, es esencial limitar la causa de la variación en
la actuación del aprendiz a la intervención pedagógica, la cual debe
cumplirse de una manera consistente de un examinando a otro.

Una característica fundamental de la evaluación dinámica es la
naturaleza de la intervención: una "experiencia de aprendizaje" individualizada (Lidz, 1991: 14, cf. en Antón, 2003), en la cual el evaluador proporciona al aprendiz el andamiaje –o sea, la ayuda que
permita salvar el desajuste entre el nivel de conocimiento actual del
aprendiz y el nivel que pueda alcanzar con esa ayuda– que le permitirá construir una actuación mejor. La experiencia de aprendizaje mediatizada requiere que el examinador se adapte al tipo y dimensión de las modificaciones al alcance del alumno; el examinador
lo guiará en actividades tales como reconocer el contenido importante, hacer conexiones, plantificar y autorregulación.

Un estudio piloto realizado por Antón (2003) demuestra cómo
la evaluación alternativa se puede adoptar con estudiantes universitarios de nivel avanzado de español en los EE.UU. La primera
actividad consistía en redactar un texto, en el cual los alumnos tenían que hablar de experiencias presentes y pasadas relacionadas
con el español, así como exponer planes después de su graduación
como especialistas de esa lengua. Los alumnos completaron el escrito en veinte minutos sin recurrir al diccionario ni a ninguna otra
fuente. En una segunda fase, los alumnos se reunieron individual-
mente con el examinador. De acuerdo con un procedimiento adaptado de Aljaafreh y Lantolf (1994), el alumno primero leyó en
silencio su redacción e hizo las correcciones que consideró pertinentes. A continuación, se facilitó al alumno un diccionario y un
libro de gramática para que los consultara e hiciera más correcciones si le parecían necesarias. Finalmente, el examinador le for-
muló al alumno algunas preguntas acerca de su redacción y le pi-

dió que hiciera alguna otra corrección. Antón no incluyó una fase de *retest* en la evaluación de la expresión escrita. Sin embargo, destaca que al analizar –a la luz de la puntuación para el alumno en la versión de la redacción realizada de manera independiente–, los cambios efectuados por cada alumno durante la fase de aprendizaje mediatizado, el examinador/profesor obtenía una idea mucho mejor del desarrollo lingüístico potencial de cada estudiante. El conocimiento de lo que los alumnos pueden hacer o casi pueden hacer con la lengua resulta muy valioso para los profesores, y también lo es descubrir qué tipos de intervención resultan más efectivas con cada estudiante, en particular a lo largo de la fase de aprendizaje mediatizado.

6.4.4. *La autoevaluación*

En este capítulo, ya se ha mencionado el valor y la creciente disponibilidad de herramientas interactivas que permiten que cada uno evalúe su nivel de dominio en una L2. Lo más habitual es que alguien –un profesor o un evaluador profesional– examine o evalúe a un alumno o candidato. Sin embargo, cuando el objetivo no es tanto calificar al estudiante, sino que éste tome conciencia de su propio proceso de aprendizaje y de lo que puede o no puede hacer en y con la L2, él mismo puede optar por aplicar algún tipo de instrumento de evaluación a su propia actuación. El MCER hace hincapié en el aspecto formativo de la autoevaluación al afirmar que "su potencial más importante está en su uso como herramienta para la motivación y la toma de conciencia, pues ayuda a los alumnos a apreciar sus cualidades, a reconocer sus insuficiencias y a orientar su aprendizaje de una forma más eficaz" (2002: 192). Esta opción no excluye que el profesor compagine otros procedimientos paralelos (sean exámenes u otros) para evaluar o calificar a sus alumnos, ya que "la autoevaluación puede ser un complemento eficaz de las pruebas y de la evaluación que realiza el profesor" (192).

La autoevaluación se sirve de una variedad de procedimientos: el aprendiz puede contrastar su actuación a partir de descriptores que definan patrones de dominio lingüístico (como es el caso de las escalas DIALANG), o puede hacerlo a través de algún tipo de examen. Existen asimismo datos que corroboran, como señala el MCER, que cuando la autoevaluación está estructurada y los alumnos han recibido algún tipo de información específica, la autoevaluación "puede llegar a guardar correlación con las evaluaciones que realizan los profesores y con las pruebas, igualando a la correlación (nivel de validez concurrente) que suele existir entre los profesores mismos, entre las pruebas y entre la evaluación que realiza el profesor y las pruebas" (2002: 192).

6.5. La dimensión social de la evaluación

En un artículo acerca de nuevas direcciones en la evaluación de la lengua, Kunnan (1999) subrayaba que el final del siglo xx había conocido cambios importantes en esa área, tanto en la teoría como en la práctica. Entre las nuevas aportaciones en ambos aspectos, este autor menciona el desarrollo de nuevos modelos de habilidad lingüística comunicativa, nuevas perspectivas acerca de la validez y una renovada atención hacia asuntos relacionados con la equidad de los exámenes y la ética en relación con el desarrollo y el uso de los exámenes (1999: 235). En este apartado, trataremos acerca de algunos asuntos de gran importancia social que se están haciendo especialmente visibles hoy en día. Nos referimos a la visión de validez y de validación de exámenes surgida bajo el iluminador trabajo de Messick (1989), a la importancia de la ética en relación con la confección y uso de exámenes, y al movimiento de evaluación lingüística crítica (Shohamy, 1997 y 2001).

6.5.1. *Validez y validación de exámenes: Perspectivas actuales*

La clásica pregunta y respuesta que se supone engloban el concepto de validez –"¿Mide un examen lo que se supone que debe medir? Si lo hace, es válido" (Lado, 1961: 321)–, ha sido moneda corriente en el campo de la evaluación durante gran parte del siglo xx. Hasta la década de los ochenta, la validez, considerada una característica de un examen, se subdividía en tres categorías: validez de contenido, validez criterial y validez de constructo (Cronbach, 1971). Aunque los diferentes tipos de validez se consideraban conceptualmente relacionados, a menudo se analizaban como entidades diferentes. La fiabilidad y la validez se veían casi como conceptos opuestos (Weir, 2005: 7), forzando a los diseñadores de exámenes a sacrificar uno a favor del otro. En una comparación entre el *Cambridge Proficiency Examination* (CPE) de Gran Bretaña y el *Test of English as a Foreign Lan-*

guage (TOEFL) de Estados Unidos en la primera mitad del siglo XX, Weir (2003: 14, cf. en Weir, 2005) indica que los diseñadores de exámenes europeos persiguen la validez de constructo, incluso a expensas de las cualidades psicométricas. Los norteamericanos, por el contrario, colocan la fiabilidad del examen por delante de la búsqueda de actividades de examen que se considerarían más relevantes para las demandas de los estudios académicos.

Por su parte, la publicación del sobresaliente trabajo de Messick (1989) dio paso a nuevas maneras de entender la validez. Para él, ésta significa "un juicio evaluativo integrado de la extensión con que la evidencia empírica y los razonamientos teóricos apoyan la adecuación y lo apropiado de las inferencias y acciones basadas en los resultados de exámenes u otras formas de evaluación" (13). Dicho de otra manera, en la formulación de Messick la validez no es una característica de un examen, sino un concepto unificado de aceptabilidad del uso de un examen en un contexto concreto. La validación de una prueba no es una actividad aislada, sino un proceso continuo de recabar evidencias de diversos tipos sobre lo que mide un examen, lo que significa y las inferencias que se pueden derivar de los resultados de los exámenes o de las actuaciones en ellos.

Gracias al trabajo de Messick, la validez se contempla hoy día como un concepto unitario, aunque se pueden identificar seis aspectos o estándares relacionados con los asuntos fundamentales que se deben tener en cuenta cuando se trata de recabar evidencia. Estos seis estándares no se entienden como diferentes tipos de validez, sino como tipos de evidencias que contribuyen a la validación de las inferencias del resultado de un examen. De los seis estándares, el más relevante para lo que estamos tratando aquí es la validez respecto a las consecuencias posibles del uso de una prueba ('consequential validity'). Lo esencial en este tipo de validez es "si las consecuencias reales y potenciales de la interpretación y uso del examen no sólo apoyan los objetivos perseguidos por el examen, sino también … son consistentes con otros valores sociales" (Messick, 1989: 18). Las consecuencias sociales de la interpretación y uso de los resultados del examen pueden ser intencionadas o no intencionadas. Messick (1996) afirma que es responsabilidad de los diseñadores de exámenes recabar evidencia tanto de las consecuencias positivas como negativas de su interpretación y su uso, tratando de maximizar lo primero y minimizar lo último.

La difusión del concepto de validez de Messick es un ejemplo del giro social en la lingüística aplicada al cual se ha hecho referencia al principio de este capítulo. La tarea de validación de un examen de lengua no concluye cuando el examen se ha desarrollado, administrado y puntuado. El proceso continuo de acumular y evaluar evidencia para la validez continúa a lo largo de toda la vida del examen, e incluirá tanto su impacto a corto y largo plazo, como los cambios que resulten de su puesta en práctica. Las prácticas y la política (las actuaciones políticas) que surgen de la preocupación por las consecuencias sociales de los exámenes de lengua –o de muchos tipos de pruebas– originan muchas preguntas acerca de la responsabilidad social de los examinadores. Este colectivo se ve cada vez más involucrado en asuntos relacionados con la política para la inmigración, procedimientos civiles y legales, y educación (p. ej., confundir el conocimiento de la L2 con el conocimiento académico al clasificar alumnos en distintos grupos de acuerdo con su habilidad; relacionar pagas por méritos para profesores y encargados de administrar las pruebas con los resultados de los exámenes de sus estudiantes).

En situaciones tan destacadas como la creación y el uso de un examen de nivel de dominio con inmigrantes o candidatos para un puesto de trabajo, los diseñadores de exámenes se ven obligados a identificarse con las fuerzas sociales o políticas que subyacen al uso de la prueba y a entrar, inevitablemente, en cuestiones como determinar el contenido apropiado o decidir la puntuación de corte. McNamara (2000) distingue dos aspectos en las consideraciones éticas sobre los exámenes de lengua. Por un lado, la evaluación lingüística ética que hace hincapié en la responsabilidad individual de los evaluadores y asegura que las prácticas de la evaluación son éticas. Por el otro, encontramos la evaluación lingüística crítica, que entiende los exámenes como instrumentos de control y de poder que deberían ser sometidos a una crítica sociopolítica. De ambas perspectivas trataremos en los siguientes apartados.

6.5.2. *Evaluación lingüística ética*

En este espacio se sitúan quienes defienden que la evaluación de la lengua debe representar una actividad ética, y reclaman a los evaluadores de lenguas que asuman su responsabilidad en los efectos de los exámenes. En concreto, McNamara (2005) destaca tres aspectos fundamentales: responsabilidad –poder rendir cuentas ante quienes se someten al examen–, la repercusión –influencia de los exámenes en la enseñanza y el aprendizaje– y el impacto –efectos que el examen puede tener sobre una comunidad.

La responsabilidad implica demostrar que el contenido y el formato de una prueba son relevantes para las necesidades e intereses de quienes se someten a élla. McNamara proporciona un ejemplo muy ilustrativo extraído del TOEFL, usado para la selección de estudiantes internacionales que quieren cursar estudios en universidades de Estados Unidos, y en el que, en su opinión, no se halla convenientemente representada la diversidad del inglés hablado por los profesores universitarios, ya que el examen sólo recoge ejemplos de un modelo estándar de hablante nativo norteamericano (2005: 73).

La repercusión trata de la influencia de las pruebas sobre el currículo. Se asume que los exámenes integradores basados en la actuación tendrán repercusiones positivas en la enseñanza y el aprendizaje, porque los profesores diseñarán actividades preparatorias que fomenten la actuación de los alumnos en una variedad de contextos. Por otra parte, si los formatos de examen tienen como objetivo elementos aislados del conocimiento o de las destrezas, la enseñanza también se centrará en la información lingüística descontextualizada. Los expertos en educación han usado los exámenes para liderar reformas curriculares, con la idea de que un programa de evaluación obligatorio tendría una influencia –o una repercusión– positiva en la enseñanza y, con el tiempo, mejoraría el nivel general de aprovechamiento del alumno. Sin embargo, las investigaciones al respecto demuestran que la repercusión es impredecible. Los exámenes que se esperaba que tuvieran un efecto positivo en la enseñanza no siempre lo han hecho (Alderson, 2005: 2), por razones que todavía no han quedado claras. El evaluador socialmente responsable no temerá investigar el efecto de los exámenes y los programas de evaluación en la enseñanza y el aprendizaje, incluso si algunos hallazgos demuestran efectos negativos más que positivos.

El impacto de los exámenes a menudo se proyecta a una comunidad amplia, más allá de los límites del aula. Un caso destacado en los EE.UU. es el proyecto nacional No Child Left Behind ('Que Ningún Niño Se Quede Atrás', en español), diseñado para elevar los estándares educativos y reducir el desajuste entre diferentes grupos socioeconómicos, raciales y étnicos, que ha resultado en muchos programas de evaluación en todos los niveles de la educación pública, desde el preescolar hasta el bachillerato. Estas evaluaciones han tenido un enorme impacto social en asuntos como los presupuestos de las escuelas, el mercado inmobiliario (las comunidades con escuelas con alto provecho escolar están más solicitadas, de manera que el precio de la vivienda aumenta en esas zonas) y la política a nivel local. Las consideraciones éticas fuerzan a los especialistas en evaluación a saltar desde sus áreas de experiencia técnica a la compleja arena política y social, con el objetivo de ayudar a clarificar cuestiones y trabajar en el uso racional de los resultados de los exámenes.

6.5.3. *La evaluación lingüística crítica*

Como se ha expuesto anteriormente, la aceptación del marco extenso de validez de Messick (1989) ha contribuido en gran medida a incrementar la conciencia del significado político y social de la evaluación de la lengua. La evaluación ya no se puede contemplar como una empresa carente de valores, y los examinadores de lengua cada vez más tienen que mostrar abiertamente los valores que subyacen a la interpretación de los resultados de exámenes, así como poder responder de ellos.

La evaluación lingüística crítica (ELC) (Shohamy, 1997, 2001) va más allá de comprometerse con la evaluación como una actividad cargada de valores y asumir responsabilidades acerca de los usos de los exámenes, porque la ELC "implica la necesidad de desarrollar estrategias críticas que examinen los usos y consecuencias de los exámenes, monitoricen su poder, minimicen su fuerza perjudicial, revelen los usos desviados y den poder a los examinandos" (2001: 131). Shohamy argumenta que la evaluación lingüística siempre es política, nunca neutral, y que todos debemos ser conscientes de quién está imponiendo sus ideas a través de los exámenes, qué visión de la sociedad se asume y sobre el conocimiento de quién se basa el examen (131-132). Dicho de otra manera, las prácticas y los principios en exámenes de lengua, aparentemente fundamentados en conocimientos corrientes, en realidad contienen ideología que favorece a los que ostentan el poder (McNamara, 2000: 76).

Aunque esta idea de la evaluación no parece dejar lugar para ejercer principios éticos y responsabilidades sociales, al expresar asunciones tácitas y examinar el carácter intrínsecamente institucional de los exámenes de lengua, es cierto, por otra parte, que la evaluación lingüística crítica abre nuevas perspectivas para la discusión y la acción.

6.6. CONCLUSIONES

En este capítulo, por evidentes razones de espacio, no ha sido posible abarcar todas las cuestiones que en estos momentos preocupan en el campo de la evaluación ni profundizar exhaustivamente en los temas tratados. No obstante, creemos que de estas páginas se desprende que el campo de la evaluación de la lengua se halla en plena actividad y dispuesto a adentrarse por nuevos caminos y adoptar nuevas perspectivas, entre ellas una línea de compromiso que incluye la autocrítica y la reflexión interna.

Si hay que destacar un tema que sobresalga de entre los que se ocupan la teoría y la práctica de la evaluación de la lengua, éste es la creciente atención que se presta a la dimensión social de la evaluación. Hemos visto que, en lo que respecta a las teorías de habilidad en L2, los examinadores están poniendo en cuestión los modelos de habilidad lingüística comunicativa y dirigen su mirada más allá de las nociones cognitivas hacia teorías interactivas que contemplan la competencia y la actuación como co-construidas socialmente. No obstante, la parte dedicada a proyectos de exámenes revela que, tanto en Europa como en los Estados Unidos, la manera de evaluar todavía sigue firmemente arraigada en modelos de competencia estática. La única excepción parece ser la evaluación dinámica, que se esfuerza por comprobar no sólo el nivel actual de la competencia de un aprendiz, sino también el que éste es capaz de alcanzar cuando se le proporciona ayuda a medida por parte de un experto.

Quizá la dimensión política sea la que mejor refleje la proyección social de la evaluación de la lengua. Tanto las conceptualizaciones actuales de validez, como el movimiento de evaluación lingüística crítica, empujan a los examinadores a no ocuparse exclusivamente de las cualidades técnicas de las pruebas y a considerar asuntos de índole social, como el uso de los resultados de los exámenes y el impacto que las decisiones derivadas de ellos ejercen en los individuos y en capas más amplias de la sociedad. La evaluación de la lengua es una empresa "incierta y aproximada" (McNamara, 2000: 86), y lo es porque pretende entender, medir y describir el más complejo de los atributos y comportamientos humanos: la lengua y la comunicación. Y será con el trabajo continuo en las teorías lingüísticas y en la validación de exámenes elaborados a partir de esas teorías como el campo de la evaluación de la lengua seguirá avanzando.

6.7. Preguntas de reflexión

1. Considere los términos *evaluar* y *examinar*. ¿En qué difieren? Piense en algunos ejemplos de su propia experiencia que correspondan a cada término.
2. ¿Cuáles son los aportes importantes del modelo de competencia comunicativa de Canale y Swain (1980) y Canale (1983) para las teorías que surgen posteriormente sobre la habilidad en una L2?
3. Haga un resumen de los argumentos sobre el concepto de la habilidad lingüística comunicativa que proponen tanto los cognitivistas (p. ej., Bachman y Palmer) como los interactivistas (p. ej., Johnson, Swain). ¿Cuáles son las diferencias entre ambas perspectivas? ¿Hacia qué lado se inclina usted? ¿Por qué?
4. Haga una comparación entre dos escalas de dominio oral: la de ALTE (http://cvc.cervantes.es/obref/marco/cap_13.htm, pulsa el enlace "Documento D1") y la de ACTFL (http://www.actfl.org/files/public/Guidelinesspeak.pdf). Pensando en su dominio de su L2, seleccione el nivel en ambas escalas que mejor corresponda al nivel que piensa tener. ¿Hay mejor correspondencia usando una escala que la otra? ¿Qué aspectos del dominio lingüístico no abarcan los modelos?
5. Diseñe una evaluación de acuerdo con las pautas de la Evaluación de Actuación Integrada (*Integrated Performance Assessment*). Utilice las guías del centro CARLA en la Universidad de Minnesota, EE.UU. para orientarse: http://www.carla.umn.edu/assessment/vac/CreateUnit/e_1.html/.
6. Piense en un examen de L2 que conozca bien. ¿Es un examen de alta repercusión? ¿Quiénes son afectados por el examen? ¿De qué manera?

Bibliografía

Alderson, C. (2005): "The Shape of Things to Come: Will It Be the Normal Distribution?" En M. Milanovic y C. Weir (eds.). *European Language Testing in a Global Context. Studies in Language Testing 18* (pp. 1-26). Cambridge, Cambridge University Press.

Aljaafreh, A. y Lantolf, J. (1994): Negative Feedback as Regulation and Second Language Learning in the Zone of Proximal Development. *Modern Language Journal* 78: 465-483.

AMERICAN COUNCIL ON THE TEACHING OF FOREIGN LANGUAGES (1982): *ACTFL Provisional Proficiency Guidelines*. Yonkers, NY, ACTFL.

AMERICAN COUNCIL ON THE TEACHING OF FOREIGN LANGUAGES (1986): *ACTFL Proficiency Guidelines*. Yonkers, NY, ACTFL.

AMERICAN COUNCIL ON THE TEACHING OF FOREIGN LANGUAGES (1999): *ACTFL Proficiency Guidelines–Speaking Revised 1999.* Yonkers, NY, ACTFL.

ANTÓN, M. (2003): Dynamic Assessment of Advanced Foreign Language Learners. –Ponencia presentada en American Association for Applied Linguistics Annual Conference. (Arlington, marzo 2003).

BACHMAN, L. (1988): Problems in Examining the Validity of the ACTFL Oral Proficiency Interview. *Studies in Second Language Acquisition* 10: 149-164.

BACHMAN, L. (1990): *Fundamental Considerations in Language Testing*. Oxford, Oxford University Press.

BACHMAN, L. y COHEN, A. (1998): "Language Testing–SLA Interfaces: An Update." En L. Bachman y A. Cohen (eds.). *Interfaces Between Second Language Acquisition and Language Testing Research* (pp. 1-31). Cambridge, Cambridge University Press.

BACHMAN, L. y PALMER, A. (1996): *Language Testing in Practice*. Oxford, Oxford University Press.

BACHMAN, L. y SAVIGNON, S. (1986): The Evaluation of Communicative Language Proficiency: A Critique of the ACTFL Oral Interview. *Modern Language Journal* 70: 380-390.

BARNWELL, D. (1988): Proficiency and the Native Speaker. *ADFL Bulletin* 20: 42-46.

BARNWELL, D. (1996): *A History of Foreign Language Testing in the United States from Its Beginnings to the Present*. Tempe, AZ, Bilingual Press.

BLOCK, D. (2003): *The Social Turn in Second Language Acquisition*. Edinburgo, Escocia, Edinburgh University Press.

CANALE, M. (1983): "From Communicative Competence to Communicative Language Pedagogy." En J. Richards y R. Schmidt (eds.). *Language and Communication* (pp. 2-27). Londres, Longman.

CANALE, M. y SWAIN, M. (1980): Theoretical Bases of Communicative Approaches to Second Language Teaching and Testing. *Applied Linguistics* 1: 1-47.

CHALHOUB-DEVILLE, M. (2003): Second Language Interaction: Current Perspectives and Future Trends. *Language Testing* 20: 369-383.

CHALHOUB-DEVILLE, M. y DEVILLE, C. (2005): "What Language Testers Measure." En E. Hinkel (ed.). *Handbook of Research in Second Language Teaching and Learning* (pp. 815-831). Mahwah, NJ, Lawrence Erlbaum Associates.

CONSEJO DE EUROPA (2003): *Manual para relacionar exámenes de lengua al MCER*. Estrasburgo, Consejo de Europa.

COUNCIL OF EUROPE (2001): *Common European Framework of Reference for Languages: Learning, Teaching, Assessment*. Cambridge, Cambridge University Press.

CRONBACH, L. (1971): "Test Validation." En R. Thorndike (ed.). *Educational Measurement* (2ª ed.) (pp. 443-507). Washington, DC, American Council on Education.

DOUGLAS, D. (2000): *Assessing Languages for Specific Purposes.* Cambridge, Cambridge University Press.

ELLIS, R. (1994): *The Study of Second Language Acquisition.* Oxford, Oxford University Press.

FIGUERAS, N. (2005): El Marco común europeo de referencia para las lenguas: De la teoría a la práctica. *Carabela* 57: 5-23.

FULCHER, G. (1996): Invalidating Validity Claims for the ACTFL Oral Rating Scale. *System* 24: 163-172.

FULCHER, G. (2004): Are Europe's Tests Being Built on an "Unsafe" Framework? *The Guardian Weekly,* March 18. http://education.guardian.co.uk/tefl/story/0,5500,1170 569,00.html. Acceso 27 de enero, 2006.

HADLEY, A. Omaggio (2001): *Teaching Language in Context* (3ª ed.). Boston, MA, Heinle & Heinle.

HARLEY, B.; ALLEN, P.; CUMMINS, J. y SWAIN, M. (1990): "The Nature of Language Proficiency." En B. Harley, P. Allen, J. Cummins, y M. Swain (eds.). *The Development of Second Language Proficiency* (pp. 7-25). Cambridge, Cambridge University Press.

JOHNSON, M. (2001): *The Art of Non-Conversation: A Reexamination of the Validity of the Oral Proficiency Interview.* New Haven, CT, Yale University Press.

KUNNAN, A. (1999): "Recent Developments in Language Testing." En W. Grabe (ed.). *Annual Review of Applied Linguistics 19: Survey of Applied Linguistics* (pp. 235-253). Cambridge, Cambridge University Press.

LADO, R. (1961): *Language Testing: The Construction and Use of Foreign Language Tests.* Londres, Longman.

LANTOLF, J. y FRAWLEY, W. (1985): Oral Proficiency Testing: A Critical Analysis. *Modern Language Journal* 69: 337-345.

LIDZ, C. (1987): *Dynamic Assessment.* Nueva York, Guilford Press.

LIDZ, C. (1991): *Improving Assessment of Schoolchildren.* San Francisco, CA, Jossey-Bass Publishers.

LISKIN-GASPARRO, J. (1984): "The ACTFL Proficiency Guidelines: An Historical Perspective." En T. Higgs (ed.). *Teaching for Proficiency: The Organizing Principle* (pp. 13-31). Lincolnwood, IL, National Textbook Company.

LISKIN-GASPARRO, J. (2003): The ACTFL Proficiency Guidelines and the Oral Proficiency Interview: A Brief History and Analysis of Their Survival. *Foreign Language Annals* 36: 483-490.

LITTLE, D. (2002): The European Language Portfolio and Learner Autonomy. *Málfridur* 18: 4-7.

MALONE, M. (2000): Simulated Oral Proficiency Interviews: Recent Developments. Washington, DC, ERIC Clearinghouse on Language and Linguistics. http://www.ericdigests.org/2001-3/oral.htm. Acceso 27 de enero, 2006.

MCNAMARA, T. (2000): *Language Testing.* Oxford, Oxford University Press.

MCNAMARA, T. (2005): "Introduction." En E. Hinkel (ed.). *Handbook of Research in Second Language Teaching and Learning* (pp. 775-778). Mahwah, NJ, Lawrence Erlbaum Associates.

MESSICK, S. (1989): "Validity." En R. Linn (ed.). *Educational Measurement* (pp. 13-103). Nueva York, Macmillan.

MESSICK, S. (1996): Validity and Washback in Language Testing. *Language Testing* 13: 241-256.

NATIONAL EVALUATION SYSTEMS, Inc. (2004): "Preparing for the TOPT." En *Texas Oral Proficiency Test Bulletin 2004-2005* (pp. 41-52). Austin, TX: National Evaluation Systems, Inc. http://www.topt.nesinc.com/PDFs/TO_20042005reg-bulletin.pdf. Acceso 27 de enero, 2006.

NORTH, N. (2004): Europe's Framework Promotes Language Discusión, Not Directives. *The Guardian Weekly*, April 15. http://education.guardian.co.uk/tefl/story/0,5500,1191130,00.html. Acceso 27 de enero, 2006.

PENNYCOOK, A. (2001): *Critical Applied Linguistics*. Mahwah, NJ, Lawrence Erlbaum.

PRESIDENT'S COMMISSION ON FOREIGN LANGUAGE AND INTERNATIONAL STUDIES (1979): *Strength Through Wisdom: A Critique of U.S. Capability*. Washington, DC, United States Government Printing Office.

PRIETO, J. (coord.) (2004): La elaboración de una prueba de nivel: la reforma de los DELE. *Carabela* 55: 85-110.

SALABERRY, R. (2000): Revising the Revised Format of the ACTFL Oral Proficiency Interview. *Language Testing* 17: 289-310.

SAVIGNON, S. (1972): *Communicative Competence: An Experiment in Foreign Language Teaching*. Filadelfia, PA, Center for Curriculum Development, Inc.

SAVIGNON, S. (1985): Evaluation of Communicative Competence: The ACTFL Provisional Proficiency Guidelines. *Modern Language Journal* 69: 129-134.

SHOHAMY, E. (1997): Critical Language Testing. Ponencia presentada en el Congreso Anual de la Asociación Norteamericana de Lingüística Aplicada. (Orlando, marzo 1997).

SHOHAMY, E. (2001): *The Power of Tests: A Critical Assessment on the Uses of Language Tests*. Londres, Longman.

SHRUM, J. y GLISAN, E. (2005): *Teacher's Handbook: Contextualized Language Instruction* (3ª ed.). Boston, MA, Thomson Heinle.

STANDARDS FOR FOREIGN LANGUAGE LEARNING: PREPARING FOR THE 21st CENTURY (1996): Lawrence, KS, Allen Press.

STANDARDS FOR FOREIGN LANGUAGE LEARNING IN THE 21st CENTURY (1999): Lawrence, KS, Allen Press.

SWAIN, M. (1985): "Communicative Competence: Some Roles of Comprehensive Input and Comprehensible Output in Its Development." En S. Gass y C. Madden (eds.). *Input in Second Language Acquisition* (pp. 235-252). Cambridge, MA, Newbury House Publishers

SWAIN, M. (2001): Examining Dialogue: Another Approach to Content Specification and to Validating Inferences Drawn from Test Scores. *Language Testing* 18: 275-302.

VAN LIER, L. (1989): Reeling, Writhing, Drawling, Stretching, and Fainting in Coils: Oral Proficiency Interviews as Conversations. *TESOL Quarterly* 23: 489-508.

VYGOTSKY, L. (1978): *Mind in Society: The Development of Higher Psychological Processes*. Cambridge, MA, Harvard University Press.

VYGOTSKY, L. S. (1987): *Collected Works*. Nueva York, Plenum.

WEIR, C. (2003): "A Survey of the History of the Certificate of Proficiency in English (CPE) in the Twentieth Century." En C. Weir y M. Milanovic (eds.). *Continuity and Innovation: The History of the CPE 1913-2002* (pp. 1-56). Cambridge, Cambridge University Press.

WEIR, C. (2005): *Language Testing and Validation: An Evidence-Based Approach*. Nueva York, Palgrave Macmillan.

WIGGINS, G. (1998): *Educative Assessment*. San Francisco, CA, Jossey-Bass.

YOUNG, R. (2000): Interactional Competence: Challenges for Validity. Ponencia presentada en el coloquio anual de Language Testing Research, (Vancouver, marzo 2002).

7

PERFIL HISTÓRICO-GEOGRÁFICO
DE LA LENGUA ESPAÑOLA

Francisco Moreno Fernández
Universidad de Alcalá

7.1. Introducción

En términos relativos, puede decirse que los caracteres externos e internos de una lengua condicionan el modo en que se estudia y los temas de que se ocupan sus investigadores. No es casual, ni mucho menos, la atención prestada por los estudiosos a la propia historia del español o a su geografía, dados su devenir, ya milenario, y la amplitud y variedad de la geografía por la que se extiende. La lengua española ha existido en contextos muy diferentes y coexistido con variedades lingüísticas muy diversas: lenguas de la misma familia o de familias muy ajenas, lenguas exclusivamente orales o de poderosa cultura escrita, variedades locales o de extensa geografía. En contacto con todas ellas, el español ha ido construyendo una marcada personalidad y sus hablantes, unas identidades sociolingüísticas, que no son uniformes, pero que permiten reconocer claramente un aire de familia. Por otro lado, así como la lengua española dispone de una forma interior que se corresponde con la cultura de sus hablantes y su visión del mundo, también los hablantes han determinado algunos de sus rasgos formales y de sus patrones de uso, recurriendo a mecanismos políticos y de planificación.

Estas páginas no intentan presentar –ni siquiera resumir– la historia de la lengua española, como tampoco buscan explicar su dialectología. Su intención es distinta. Se trata de espigar las características esenciales del español, tanto en su historia como en su geografía, con un fin principal: ofrecer una información básica que permita entender mejor por qué la lingüística aplicada del español se ha ocupado de los temas que la han ocupado; esto es, qué aspectos de su historia y de su geografía la hacen más interesante para algunos de los campos adscritos a la lingüística aplicada. De los innumerables aspectos que podrían enumerarse acerca de la historia y la geografía de la lengua española, son muchos los que van a quedar en el tintero. Es inevitable. Han de recibir más atención, sin embargo, los que tienen que ver con la historia social de la lengua –con su historia externa–, los relativos a los contactos con otras lenguas y los que afectan al uso del español en las sociedades de su dominio. La historia social de la lengua nos lleva a comprender las situaciones sociolingüísticas que el español ha conocido en las distintas etapas de su existencia, desde su nacimiento a su consolidación como lengua internacional, y la incidencia que en él ha tenido la planificación y la política lingüísticas. Los contactos con las lenguas circunvecinas han sido, por su parte, factor esencial en la constitución del español y de sus variedades, mientras que el uso de la lengua se ha manifestado en modalidades geolingüísticas y sociolingüísticas que han dado diversidad a la lengua, sin quebrantar su fundamental unidad.

Una de las conclusiones que se derivarán de la presentación de este panorama histórico-geográfico del español es el interés de lo que afecta a varios campos de la lingüística aplicada: la sociolingüística, la sociología del lenguaje, los estudios del bilingüismo y la diglosia, el estudio de los contactos lingüísticos, la planificación y la política lingüísticas. Pero, al mismo tiempo, habrá lugar para dejar en evidencia la necesidad de los estudios de historia lingüística o de geografía lingüística. La tradición de este tipo de investigaciones es larga en el mundo hispánico, pero no por ello han perdido actualidad.

7.2. La lengua española en su historia

El nacimiento del castellano fue paralelo al de las demás variedades románicas de la Península, variedades que primero recibieron el nombre genérico de *romances* y posteriormente fueron particularizándose como gallego (gallego-portugués), leonés (astur-leonés), riojano, navarro, aragonés, catalán y, por supuesto, castellano, todas ellas surgidas desde el latín de la Hispania romana. Sabido es que las lenguas no emergen en fecha exacta ni con partida de nacimiento, por eso la dificultad de datar su antigüedad e incluso de determinar cuáles son sus primeros testimonios. Por otro lado, en el momento de su gestación, tan importantes como la configuración y el dina-

mismo de la propia lengua emergente, son las influencias que recibe de las modalidades lingüísticas con las que tiene contacto, factor
este que también afectará a la evolución subsiguiente. Poco a poco,
conforme las lenguas van ampliando sus mecanismos lingüísticos y
sus horizontes comunicativos, van cumpliendo funciones sociales de
distinto orden, pudiendo convertirse en vehículo de la más refinada
expresión literaria, así como en instrumento de la política y de las
instituciones sociales. Todos estos aspectos –gestación, contactos, dimensión política y desarrollos sociolingüísticos– son los que ahora
comentaremos a propósito de la historia de la lengua española.

7.2.1. *El español como lengua milenaria*

La condición de lengua milenaria es atribuible a muchas lenguas
del mundo, aparte de la española, pero no por ello deja de ser trascendente. Esa longevidad significa, por un lado, que la lengua ha sido
instrumento de comunicación útil para una comunidad de hablantes durante un tiempo considerable, con lo que ello supone para la
consolidación de su uso en ámbitos comunicativos muy diversos; por
otro lado, significa que la lengua ha tenido que adaptarse a muy diferentes circunstancias culturales, políticas y sociales, a partir de las
cuales ha podido enriquecer todos sus recursos lingüísticos, desde los
léxicos a los pragmáticos.

El origen del castellano se sitúa en la época en que los hablantes
de latín visigótico de la Península (siglos VI-X) dejan de reconocerse
como hablantes de latín y adquieren conciencia de la peculiaridad
de su lengua cotidiana. Esa conciencia tuvo que alcanzarse a propósito de la lengua hablada, pero la constancia nos ha llegado a través
de la lengua escrita[1]. En efecto, mientras el uso del latín –un latín

---

[1] Los estudios sobre los orígenes de la lengua española han conocido durante los
últimos años un interesante desarrollo, fruto no sólo de la mejora de los procedimientos filológicos o del descubrimiento de nueva documentación, sino también de la adopción de puntos de vista diferentes. Así, junto a la interpretación historicista dada a los
documentos de orígenes durante gran parte del siglo XX, se ha desarrollado su análisis
e interpretación desde la perspectiva de disciplinas como la pragmática (Bustos, 1995)
o la sociolingüística (Penny, 2000 y 2002; Gimeno, 2004). Especialmente interesante ha
resultado en los años noventa la polémica en torno al paso del latín al romance; es decir, la concatenación del latín tardío y el romance temprano. Simplificando las hipótesis de trabajo, podríamos decir que hay dos corrientes principales de pensamiento: la
que trabaja sobre la idea del monolingüismo o de la coincidencia de usos hablados y es-

arcaizante, formal, literario– era habitual en los escritos de contenido elevado, tanto de materia política como religiosa, en la comunicación con fines no literarios iban aflorando manifestaciones textuales que sus emisores ya no reconocían como latinas (Cano, 2004).
Las primeras manifestaciones escritas de las lenguas románicas –incluido el castellano– fueron, en gran parte, textos de naturaleza pública, como los fueros y las crónicas, ligados a la esfera del poder y
de carácter jurídico o político; pero también hubo textos de naturaleza privada, redactados con un fin utilitario e inmediato, sin la
idea de darles como destino la lectura pública y general. Aquí se en-
cuadran las glosas (emilianenses, silenses) que se anotaban en los
márgenes de los códices redactados en latín, los listados de objetos
o productos, como la "Nodicia de kesos" (relación de suministros
para la despensa de un monasterio), los borradores de textos, las cartas o los testamentos privados. Los autores de esos textos fueron generalmente monjes o notarios, dado que los lugares de escritura más
habituales fueron los monasterios, las cancillerías y los ambientes jurídicos. Los cenobios tuvieron una gran importancia en la conservación y difusión de la cultura durante la Alta Edad Media, puesto
que allí se encontraba un buen número de individuos capaces de
dominar la lengua escrita: primero en latín; finalmente en romance. El hecho es decisivo en una época de analfabetismo casi generalizado.

---

critos y la que trabaja sobre la idea de la existencia de dos normas diferenciadas. La
primera hipótesis es propuesta y defendida por Roger Wright (1989). La segunda es la
línea de Menéndez Pidal (1972). Este último autor es de la opinión de que en el período de gestación de las lenguas romances, esto es, del paso del latín al romance, se
produjo una situación de bilingüismo o de dualidad de normas, por la separación paulatina de las hablas vulgares o populares de la lengua latina, tanto escrita como hablada. Así, los textos en latín de esa época representan el modo de escribir y de hablar de
la élite conocedora de tal código culto. El latín tardío y los romances tempranos coexis-
tieron durante siglos como variedades diferenciadas: el primero utilizado por grupos
cultos y socialmente prestigiosos como vehículo exclusivo de la lengua escrita; el segundo
utilizado por los estratos populares. Frente a esta teoría de las dos normas (llamada también teoría del bilingüismo), los planteamientos de Wright defienden la existencia de
una norma única (monolingüismo). Roger Wright sostiene que latín tardío y romance
temprano son dos nombres de una misma manifestación lingüística, puesto que el latín medieval no apareció como realidad diferenciada hasta que no eclosionó el Renacimiento carolingio. Habría que hablar, pues, de dos etapas: la fase de una sola lengua, escrita de manera tradicional y hablada según las modalidades de cada región; y la fase de
una lengua escrita de manera tradicional, pero hablada de dos formas diferentes, según
la variedad romance correspondiente (en la fonética ordinaria) y según establecía la reforma del latín (en la lectura en voz alta en las iglesias).

Los documentos a los que se acaba de hacer referencia nos sitúan hacia el año 980, en el caso de la "Nodicia de kesos", y hacia 1050 para las glosas emilianenses. Han transcurrido, pues, mil años de historia de una lengua que en su origen ocupaba una porción del norte de la península Ibérica, flanqueada por las hablas astur-leonesas, al oeste, y navarro-aragonesas, al este. Naturalmente, el castellano, como toda lengua natural, ha evolucionado y cambiado de forma palmaria en el último milenio; sin embargo, llama la atención el alto grado de inteligibilidad de la lengua antigua por parte de los hablantes modernos, cuando son relativamente cultos. La distancia lingüística es evidente, pero para un hispanohablante de hoy es posible la lectura y comprensión del *Poema de Mío Cid* (siglo XII) o de la cuaderna vía de Gonzalo de Berceo (siglo XIII), cosa que no ocurre con otras lenguas, como es el caso del inglés. En el caso del vasco, los primeros testimonios escritos aparecieron igualmente entre las glosas emilianenses.

7.2.2. *El español como resultado de sus contactos lingüísticos*

El conde castellano Fernán González desgajó su condado del histórico Reino vecino de León en un proceso de independencia que culminó en 1037 con la creación del Reino de Castilla, ubicado al principio en la confluencia de Burgos, Cantabria y Guipúzcoa. Castilla fue tierra de fronteras cristianas y de fronteras musulmanas, tierra de contactos de gentes y de lenguas. Sus dominios fueron poblados por cántabros y vascones, y ello se tradujo en la formación de una variedad romance diferenciada del leonés y del navarro-aragonés, pero que compartía elementos con ambas. Al mismo tiempo, en esta variedad se dejó sentir la proximidad del vasco, en forma de transferencias lingüísticas. Así, el reducido número de vocales vascas –como el de otras lenguas prerromanas– contribuyó a la desfonologización de las oposiciones vocálicas del latín (vocales largas y breves, después abiertas y cerradas), influyendo en el hecho de que el castellano acabara contando con tan sólo cinco articulaciones vocálicas, frente a las siete del catalán, por ejemplo. Por otro lado, el vasco también pudo contribuir a que alcanzaran el rango de fonemas en castellano ciertos sonidos sibilantes que no existían en latín (Echenique, 1987: 72).

La suma de cruces e influencias lingüísticas confirió al castellano, en su gestación, un carácter de koiné, de variedad de compromiso.

Ángel López sostiene en su libro *El rumor de los desarraigados* (1985) que el castellano se originó como una koiné de intercambio entre el vasco y el latín, de modo que su aparición tuvo mucho que ver con la creación de una herramienta básica de relaciones sociales. Esa herramienta se difundió muy rápidamente, precisamente por su carácter koinético e instrumental. Por su parte, Emilio Alarcos (1982) también piensa que el dialecto rural de Cantabria fue en su origen una especie de lengua franca utilizada por los hablantes vasco-románicos. Esta forma de interpretar el nacimiento del castellano y su rápida difusión por el norte contrasta con la hipótesis que lo presenta como la lengua impuesta por un pueblo arrogante y dominador, que hizo valer su hegemonía política y militar a partir del siglo XI y al que se rodea de una mitología y una épica deslumbrantes para la época. Asimismo, contrasta con la hipótesis que interpreta la evolución del castellano como un proceso de desarrollo puramente interno (Gimeno, 1995: 123)[2].

Además de los importantes contactos con el vasco, el castellano de la época de orígenes recibió la influencia de las variedades del norte de los Pirineos, muy especialmente del provenzal, que tuvo una importante dimensión literaria, junto a la puramente lingüística. Pero no fue esta la única influencia externa, porque la prolongada presencia del árabe en la Península, desde el siglo VIII hasta el siglo XV, en distintos niveles e intensidad, también se hizo patente en los usos lingüísticos. En la Península dominada por los musulmanes, las fronteras lingüísticas eran más bien fronteras interiores, en las que los contactos lingüísticos (latín-romanceado o romance / árabe / hebreo / bereber) se producían en el seno de la misma sociedad musulmana, ya fuera rural ya fuera urbana. Estas fronteras interiores, estos contactos en el seno de las comunidades de al-Ándalus, con-

---

2 La línea de trabajo de Menéndez Pidal (1972), considerada clásica en la filología española y seguida por sus alumnos más destacados, como Rafael Lapesa (1980), hablaba de la extensión del castellano como un avance que fue tomando forma de cuña y arrinconando a otras variedades peninsulares. Lapesa (1980) lo explica así: "La Península quedó repartida en cinco fajas que se extendían de norte a Sur. La central, de dialecto castellano, se ensanchaba por Toledo, Plasencia, Cuenca, Andalucía y Murcia, rompiendo el primitivo nexo que unía antes los romances del Oeste con los del Oriente hispánico. La cuña castellana –según la certera expresión de Menéndez Pidal– quebró la originaria continuidad geográfica de las lenguas peninsulares. Pero después el castellano redujo las áreas de los dialectos leonés y aragonés, atrajo a su cultivo a gallegos, catalanes y valencianos, y de este modo se hizo instrumento de comunicación y cultura válido para todos los españoles" (194).

dujeron a la creación de variedades que acusaban intensamente la presencia de elementos de la otra lengua. Uno de los ejemplos más claros es el romance andalusí, también conocido como mozárabe. Federico Corriente (2004) explica con toda claridad que los mozárabes emigrados al norte tras las conquistas cristianas son los que introdujeron arabismos que denominaban conceptos inexistentes e innominados en romance y con los que ellos estaban familiarizados por su conocimiento de la cultura arábigo-islámica. Las lenguas romances del norte recibieron desde el sur algunos arabismos cultos (a través de las traducciones de obras científicas), muchos andalucismos (voces del árabe de al-Ándalus), bastantes romancismos mozárabes y voces híbridas arábigo-romances.

Por último, en un epígrafe dedicado a los contactos lingüísticos del castellano −en especial en sus primeros siglos de existencia− es imprescindible concederles la importancia que merecen a los contactos con las demás lenguas románicas de la Península: en un primer momento, gallego-portugués, leonés, navarro-aragonés y catalán; posteriormente, cuando leonés y aragonés fueron absorbidos por el entorno sociolingüístico castellano, el portugués, el gallego y el catalán. No hay error si se afirma que la configuración lingüística de estas lenguas, por muy independientes y diferenciadas que sean, no puede entenderse sin su coexistencia con el castellano, como tampoco se tendría una visión cabal del castellano si se prescindiera de la influencia (transferencias y convergencias) procedentes de las demás lenguas peninsulares (véase el capítulo 8 para más detalle).

7.2.3. *El español como lengua nacional*

El extraordinario crecimiento del prestigio del castellano desde la Baja Edad Media, y especialmente desde el siglo XVI, ha sido uno de los temas que más ha interesado a los historiadores de la lengua española. La interpretación que hace la mayoría de expertos acerca de ese crecimiento es clara: se debió a factores extralingüísticos y su resultado fue la formación de una lengua nacional. Uno de los factores extralingüísticos más relevantes fue la demografía: en 1348, época de la peste negra, Castilla tenía entre 3 y 4 millones de habitantes; la corona de Aragón, 1 millón y Navarra, 80.000 almas (Comellas y Suárez, 2003). También fue un factor destacado la economía: Castilla se asomaba a dos mares y alcanzó una fuerza humana y económica superior a la de los otros reinos; desde Sevilla se establecieron relaciones comerciales con el norte de África, que permitieron la entrada de oro y el desarrollo de una incipiente fuerza naval; además, los banqueros genoveses fueron aliados de Castilla desde mediados del siglo XIV. En términos militares, las tierras que iban incorporándose al Reino de Castilla aumentaron, desde el siglo XIII, a un ritmo mayor que su población, hecho que provocó un incremento de la actividad pastoril y, en consecuencia, del número de cabezas de ganado lanar, lo que obligó a trasladar los rebaños en trashumancia, en busca de los pastos disponibles, por cañadas adecuadas. Tan poderoso se hizo el sector que se creó una asociación de ganaderos con reconocimiento real: la Mesta[3].

Por otro lado, la formación de una flota castellana, con base en Sevilla, y los avances tecnológicos de la navegación durante el siglo XV, hicieron posible la exploración de la costa occidental africana y el arribo a las islas Canarias. Con ello se produjo, sobre todo desde 1478, la llegada a Canarias de la lengua castellana, que incorporó a su léxico algunos elementos de origen guanche antes de que esta lengua del tronco bereber desapareciera. La colonización de las islas se había iniciado antes, con el viaje de dos normandos (Juan de Bethencourt y Gadifer de la Salle), y en ella participaron marinos de otras procedencias europeas, aunque navegaran bajo el patronazgo de Castilla. Portugal renunció a sus posibles derechos sobre las islas por el tratado de Alcazobas, en 1479, lo que no significó la desaparición del elemento portugués en la futura historia lingüística de Canarias.

Estos factores extralingüísticos, junto a factores culturales, como el desarrollo de una literatura abundante y de calidad, hicieron del castellano una lengua de prestigio, lengua oficial de una administración fuerte, con capacidad, por tanto, para penetrar en los dominios geopolíticos de las lenguas vecinas. Dentro de Castilla, el peso del castellano fue reduciendo la lengua leonesa a los usos locales y orales de las regiones de Asturias, así como de la frontera con el portugués y de Galicia. La lengua escrita, la documentación oficial, se redactaba en castellano desde fecha muy temprana, en especial desde 1230, cuando Castilla y León se unieron de un modo definitivo. La repoblación, orientada de norte a sur, permitió que muchos pobla-

---

[3] Las obras de Juan Ramón Lodares (2000ab y 2001) llaman la atención no sólo sobre la importancia de la Mesta para el desarrollo de Castilla y sus componentes culturales, sino, en general, sobre el peso de los factores económicos y sociales en la implantación y difusión de la lengua española.

dores leoneses extendieran algunas de sus características lingüísticas hacia las tierras de la actual Extremadura y de la Andalucía occidental, de lo que han quedado muestras vivas y patentes en el español hablado de estas zonas, pero la lengua general de estas tierras no fue otra que el castellano (Morala, 2004).

En 1344, Alfonso XI consiguió la rendición de Algeciras. Desde ese momento, prácticamente toda la Península estuvo gobernada por coronas cristianas y Castilla se convirtió en su reino más extenso. La culminación de las campañas militares iniciadas en el siglo VIII se logró en enero de 1492, con la rendición del Reino Nazarí de Granada. También en esta ocasión fue Castilla la protagonista, dado que así lo habían previsto los acuerdos con la Corona de Aragón. Sin embargo, este hecho, definitivo en la vida política y cultural peninsular, no fue el único de naturaleza determinante que vendría a producirse entre 1469 y 1517, en el transcurso de apenas cincuenta años (Moreno Fernández, 2005a).

Isabel y Fernando se casaron en 1469. Fue este un enlace que, en definitiva, no supuso la unión efectiva de dos de los tres grandes reinos peninsulares (el tercero era Portugal), sino una simple unión dinástica, aparentemente más decisiva en términos de sucesión que en el plano cultural y político. Con Isabel ya en el trono castellano, el reino extendió sus dominios hasta las islas Canarias, incluyéndolas en el ámbito castellano-hablante. En 1492, ya se ha visto, se produce la rendición de Granada y también ese año tiene lugar la firma de otros importantes documentos, como las capitulaciones firmadas con Cristóbal Colón, que abrirían la puerta a la aventura transatlántica del español, y el decreto de expulsión de los judíos, que dispersó el habla sefardí por medio mundo conocido (Hernández González, 2001).

En el norte de África, Pedro de Estopiñán y Francisco Ramírez de Madrid conquistan para Castilla la plaza de Melilla en 1497 y, en 1505, el Cardenal Cisneros conquista Mazalquivir y Orán, en la actual Argelia, extendiendo el castellano por el norte del continente africano. Y se deben añadir dos hitos históricos:

a) la incorporación de Navarra a la corona de Castilla en 1512, bien que manteniendo su propio ordenamiento jurídico, sus instituciones y sus costumbres, y

b) la llegada en 1517, procedente de Flandes, de Carlos I, para someterse al reconocimiento como Rey de las cortes de los distintos reinos peninsulares.

El desembarco de Carlos I inicia el advenimiento de un periodo de expansión y poder imperial, simbolizado en la elección como emperador, en 1519, del que también recibió el nombre de Carlos V.

Los hechos geopolíticos que acaban de relacionarse hicieron posible la extensión geográfica y la ampliación de los dominios políticos de la lengua española durante los siglos XVI y XVII. El español se convirtió en la lengua del territorio nazarí, se instaló en enclaves del norte de África, puso las bases de su asentamiento en las islas Canarias, por no hablar de su traslado al continente americano; y la adhesión de Navarra a Castilla fue definitiva para la intensificación de su uso en el reino norteño. Pero, para la correcta comprensión de cómo fue el uso de las lenguas peninsulares durante los dos siglos de referencia, es imprescindible atender a las políticas sociales y económicas de los monarcas y de sus más allegados consejeros. Durante el reinado de los Reyes Católicos, por muy relevante que fuera su actitud de modernidad ante el concepto de Estado, por muy eficaz que fuera su gestión política –mediante la creación de unos ágiles sistemas de seguridad, de justicia y de hacienda pública– y por muy agudo que fuera el proceso de unificación de España, lo cierto es que se conservaron las instituciones, los usos y costumbres de cada uno de los grandes reinos integrados –Castilla y Aragón con Cataluña–, lo que incluía sus usos lingüísticos respectivos. Asimismo, cuando Granada y Navarra se incorporaron a Castilla, se hizo bajo unas condiciones de respeto hacia las particularidades, incluidas las lingüísticas, de cada uno de esos reinos. La pluralidad estaba bien presente a la hora de hacer política.

Ahora bien, la llegada de los Borbones al trono, a partir de 1700, supuso un importante cambio de orientación en la política interior de España. Ese cambio, que respondía a una apreciable influencia francesa, tuvo dos claros objetivos: unificación y centralización, fundamentadas en los principios del racionalismo y la modernidad. Y, en esa circunstancia, el Estado y sus instrumentos institucionales y personales, por ser únicos y centralizados, debían ejecutar sus acciones en una sola lengua, y esa lengua debía ser la común y general, el castellano. Por eso, en la época de Carlos III, en el último tramo del siglo XVIII, se dio inicio a una política lingüística cuyo principal instrumento fue una Real Cédula de 1768, que en su artículo VIII establecía la generalización de la lengua castellana en la enseñanza. De este modo, el uso del latín (en los niveles cultos) o de otras lenguas (en los niveles populares) quedaba excluido con fines educativos (Lodares, 2001: 94), aunque el objetivo principal de la ley, según se explica, no era otro que buscar la armonía y cohesión de la nación mediante el uso de un idioma general. La Real Cédula de 1768 tuvo su continuidad política en otra de 1770, que determinaba que, en la América española y en Filipinas, sólo se hablara la lengua castellana y que se extinguieran los otros idiomas de cada territorio. De este modo, por primera vez en la legislación de España, se hace explícita una política decididamente propugnadora del monolingüismo y contraria al espíritu del Concilio de Trento, que propiciaba el apoyo a las lenguas vernáculas para la evangelización (Triana y Antorveza, 1993). Carlos III tomó esta decisión en contra de la opinión del Consejo de Indias, que había rechazado la propuesta de obligatoriedad del castellano formulada por el arzobispo de México, aunque la implantación de la norma no fuera ni mucho menos efectiva a corto plazo. En la España europea, la legislación lingüística de la Corona no había llegado al extremo de apuntar a la extinción de las otras lenguas o la plena sustitución lingüística, aunque la legislación del XVIII proporcionó un respaldo suficiente como para favorecerla.

La independencia de los países hispanoamericanos supuso la consagración y la extensión definitiva del español como lengua nacional de las nuevas repúblicas, que con el tiempo se convirtieron en el motor demográfico de estas lenguas. El nombre más ampliamente utilizado en los textos constitucionales de la América hispana es el de "español", pero, en el uso general, "español" es la denominación más utilizada en el Caribe y en Centroamérica, mientras que en Sudamérica, sobre todo en el Cono Sur, es más frecuente el uso de "castellano" (Alvar, 1986).

7.2.4. *El español como lengua estandarizada*

Del paisaje lingüístico florecido durante la Edad Media peninsular, las únicas lenguas que cumplían sobradamente con los requisitos que, según la terminología de Stewart (1968), llevan al reconocimiento de una lengua como lengua "estándar" (historicidad, vitalidad, autonomía y estandarización) eran el castellano y el catalán, además del portugués; las demás podían ser calificadas como "vernáculas" o como "dialectos". Y de ellas, el castellano fue, sin duda, la lengua que disfrutó de un nivel de estandarización más avanzado gracias a la "planificación" llevada a cabo por Alfonso X, utilizando la lengua para la ciencia o la filosofía. Hay razones para pensar que el castellano forjado en el escritorio alfonsí es difícil de adscribir a un origen dialectal concreto porque refleja una especie de variedad koinética de Castilla (Fernández Ordóñez, 2004: 403).

El siglo XVI colocó al castellano en la vanguardia de la "estandarización" de las lenguas de Europa, gracias a las obras de un puñado de hombres de letras excepcionales: Elio Antonio de Nebrija, Sebastián de Covarrubias, Bernardo de Aldrete, Gonzalo Correas. La figura de Nebrija tuvo una enorme dimensión, tanto entre sus coetáneos como entre los hombres de letras de los dos siglos posteriores. A él le corresponde el mérito de haber publicado la primera gramática de una lengua románica (*Gramática de la Lengua Castellana*, Salamanca, 1492). La obra de Nebrija se agiganta al advertir que la primera gramática de la lengua portuguesa, la de Fernão de Oliveira, se publicó en 1536, que la primera del vasco apareció en 1587, si se acepta la afirmación de Hans Arens (1976: 94) o en 1729, si se acepta como tal el arte de la lengua vascongada de Manuel de Larramendi; que la primera *Gramática de lengua mallorquina*, de Juan José Amengual, es de 1835, y que la primera gramática del gallego, firmada por Francisco Mirás, se publicó en 1864, por no hacer referencia más que a obras relativas a lenguas de la Península. Además, en el caso de Nebrija, no fue solamente la gramática, porque en 1492 publicó en Salamanca su *Diccionario latino-español*, complementado hacia 1495 con el *Vocabulario español-latino*; en 1517 apareció, en Alcalá de Henares, su *Reglas de orthographia en la lengua castellana*. Y la labor de Nebrija respecto a las lenguas romances no terminó aquí, sino que se extendió al catalán, mediante la adaptación y traducción de Gabriel Busa (*Diccionario latín-catalán y catalán-latín*, Barcelona, 1507), y a otras muchas lenguas porque fueron legión los que siguieron su metodología o usaron como base sus diccionarios a la hora de codificar otras lenguas, en Europa y en la joven América española (Alvar, 1992; Moreno Fernández, 1994).

Con toda la importancia de Nebrija, la labor renacentista de elaboración de gramáticas y diccionarios tampoco acaba en su obra. En el campo de la lexicografía, nuestro periodo conoció dos obras fundamentales: el *Universal vocabulario de latín en romance*, de Alfonso de Palencia (Sevilla, 1490) y, muy singularmente, el *Tesoro de la lengua castellana o española*, de Sebastián de Covarrubias (Madrid, 1611), el primer diccionario monolingüe del español, el primero que puede recibir el calificativo de "moderno" entre los publicados en la Península. En el ámbito de la gramática, la relación de obras publicadas a caballo de los siglos XVI y XVII es larga. Basten estas pocas referencias (Ramajo, 1987): Cristóbal de Villalón, *Gramática castellana* (Amberes, 1558), *Útil y breve institución para aprender los principios y fundamentos de la lengua Hespañola* (Lovaina, 1555), *Gramática de la lengua vulgar de España* (Lovaina, 1559); Bartolomé Jiménez Patón, *Institutiones de la Gramática Española* (Baeza, 1614). Y, en lugar destacado, la obra de Gonzalo Correas, *Arte de la lengua española castellana* (Salamanca, 1626).

Ahora bien, desde el siglo XVIII ninguna intervención ha resultado tan trascendente y decisiva para la historia de la lengua como las practicadas por la Real Academia Española. La Academia se fundó en 1713 con los precedentes directos de la Academia della Crusca de Florencia, creada en 1582, y de la Academie Française, fundada en 1635 por el Cardenal Richelieu. No se trataba de una iniciativa absolutamente original, dado que ya desde el siglo XV proliferaron los más diversos tipos de academias en España, que si bien respondían a intereses tan diversos como la literatura, la arqueología o la historia, en su mayor parte funcionaban como cenáculos literarios (Zamora Vicente, 1999: 13-14). Sin embargo, es palmario el influjo de las academias francesa e italiana, por su espíritu y por sus obras, así como del modelo francés de mecenazgo por parte de la Corona.

La Real Academia Española nació con un claro propósito: el cuidado de la lengua castellana. Ese cuidado puede entenderse como un intento de contrarrestar la supuesta decadencia derivada del barroquismo y el culteranismo, o como una forma de plantar cara al empobrecimiento progresivo o a la influencia excesiva de otras lenguas, como podría ser el caso del francés (Fries, 1989). Por otra parte, se hizo imperiosa la necesidad de fijar una norma general, de crear un modelo de lengua nacional. El espíritu que impregnaba las ideas lingüísticas de los siglos XVII al XIX era el de la defensa a ultranza de lo correcto y la concepción de la lengua como un ser vivo, sujeto, por tanto, a todo tipo de deturpaciones internas y de agresiones externas, que había que evitar y paliar.

La labor de planificación del corpus realizada por la Real Academia Española comenzó a dar sus primeros frutos a lo largo del siglo XVIII, con la publicación, entre 1726 y 1739, del *Diccionario de la lengua castellana*, conocido como *Diccionario de autoridades*. El *Diccionario* se redujo "para su más fácil uso" en 1780, creando así la primera entrega del diccionario general de la lengua que en su 15ª edición, la de 1925, pasó a llamarse *Diccionario de la lengua española*. En 1741 se publica la *Orthographia española*, y en 1771 la *Gramática de la lengua castellana*. De este modo, la Academia sienta las bases de una importante labor de estandarización que se ha prolongado hasta la actualidad.

Desde su misma creación, la Real Academia disfrutó del respeto del mundo de la oficialidad, de la cultura y de la enseñanza. Todas sus obras incluían una dedicatoria a la figura del monarca: la primera ortografía se dedicó al "Rey N. Señor", y el *Diccionario de autoridades* incluyó un grabado alegórico en el que Mercurio, con sus pies alados y su caduceo, señala al retrato orlado del rey Felipe V. Desde esta mentalidad centralista, personificada en la figura del monarca, se puede comprender que la "Ley Moyano de Instrucción Pública" determinara que la *Gramática* y la *Ortografía* de la Real Academia fueran textos obligatorios y únicos para esas materias en la enseñanza pública, o que la "Ley del Notariado" de 1862 dijera que los instrumentos públicos se redactaran en lengua castellana (Marcet, 1987).

7.3. LA LENGUA ESPAÑOLA EN SU GEOGRAFÍA

El espacio es un factor esencial en la formación y evolución de las lenguas, como lo es para su articulación en modalidades o variedades. Aunque el reconocimiento de una lengua pasa por la existencia de una serie de elementos constantes, invariables o generales, identificables a lo largo y ancho de su dominio territorial, lo cierto es que todas las lenguas naturales ofrecen, junto a los generales, conjuntos de rasgos variables, en correspondencia con diversos factores extralingüísticos, entre los que se encuentra la geografía. Los componentes variables de cada lengua –sean fónicos, gramaticales o léxicos– se actualizan de modo distinto en cada área geográfica, dependiendo de circunstancias tales como la lejanía, la dificultad de las comunicaciones entre áreas, los contactos lingüísticos con otras lenguas o la personalidad histórica de cada territorio. Siendo así y dado que el español es una lengua cuyo dominio casi alcanza el 10% de la superficie de la Tierra, no es de extrañar que la geografía se correlacione con algunas de sus principales características.

7.3.1. *El español como lengua de un extenso dominio*

Frente a la dispersión geográfica de otras lenguas de cultura, como el inglés o el francés, el español es una lengua geográficamente compacta, dado que la mayor parte de los países hispanohablantes ocupa territorios contiguos, lo que concede a su uso una gran solidez. Además, el dominio del español es una de las áreas lingüísticas más extensas del mundo, como se observa en el siguiente cuadro.

CUADRO 1. *Superficie geográfica de las cinco lenguas más extendidas del mundo.*

	SUPERFICIE[4]	SUPERFICIE % MUNDO[5]
INGLÉS	39.466.937	29,4%
FRANCÉS	20.618.557	15,4%
RUSO	17.282.995	12,9%
ESPAÑOL	12.207.187	9,1%
CHINO	9.610.795	7,2%
TOTAL MUNDO	134.023.977	

Fuente: *El peso de la lengua española en el mundo.* Valladolid: Universidad de Valladolid, 1997.

Al hablar de solidez en el uso de la lengua, se piensa en situaciones en las que el español, lengua oficial, se utiliza en condiciones en las que otras lenguas occidentales, aun siendo oficiales, no lo son. En otras palabras, es más fácil encontrar a un hablante de español en la mayoría de los países en los que el español es oficial que a un hablante de francés en muchos países en los que el francés es lengua oficial. Es cierto que el mundo hispánico incluye importantes zonas bilingües o plurilingües, sin embargo siempre ofrece un índice de comunicatividad muy alto y un índice de diversidad bajo o mínimo. Se habla de comunicatividad alta cuando en un área plurilingüe existe una lengua concreta que sirve de medio de comunicación en toda la sociedad; se habla de diversidad para aludir a la probabilidad de encontrar dos hablantes, elegidos al azar, que hablen lenguas diferentes: en el caso de los países hispánicos, si "hablar" una lengua se entiende como "usar" una lengua, la diversidad sería muy baja (Moreno Fernández y Otero, 1998).

---

[4] Suma de las superficies de los países donde cada lengua es oficial en km^2.
[5] Proporción de la suma de las superficies de los países donde cada lengua es oficial respecto a la superficie emergida mundial.

En lo que se refiere a la relación entre el español y los idiomas indígenas americanos, es evidente que la lengua española, desde la colonización, ha tenido un protagonismo singular en América y que su presencia se ha hecho singularmente preponderante a partir de la independencia de los países hispanoamericanos, sobre todo desde principios del siglo XVIII. Como consecuencia de ello, en gran medida, las lenguas de los pueblos indígenas americanos más primitivos en organización y tecnología experimentaron un intenso proceso de reducción y sustitución, si bien las lenguas generales (náhuatl, quechua, guaraní) y las de los pueblos más desarrollados han sobrevivido, superando parcialmente el arrinconamiento al que fueron sometidas por los criollos de las nuevas repúblicas. En cualquier caso, el español es sentido generalizadamente en América no como una lengua ajena e impuesta, sino como parte de la esencia hispanoamericana, en su conjunto, y de cada una de sus áreas. El contacto con las lenguas indígenas ha propiciado la transferencia, desde éstas al español, de numerosas formas lingüísticas, especialmente léxicas.

Por último, hay que resaltar que el español es una lengua en expansión, no tanto de sus límites geográficos como de sus hablantes; el aumento del número de hispanohablantes ha sido continuo desde la época de la colonización americana, si bien el mayor crecimiento demolingüístico se ha producido a lo largo del siglo XX (Moreno Fernández y Otero, 1998).

7.3.2. *El español como lengua unida y diversa*

Una característica del español, no siempre bien ponderada, es que se trata de un idioma con un destacado nivel de homogeneidad lingüística. Este hecho es muy digno de tenerse en cuenta, pues no alcanza el mismo grado en otras grandes lenguas de cultura. Aunque es difícil cuantificar el nivel de homogeneidad de un idioma –a pesar de los esfuerzos de la lingüística cuantitativa– y partiendo del hecho de que cualquier lengua del mundo es en esencia variable y, por lo tanto, presenta variedades internas de naturaleza geolingüística y sociolingüística, se puede afirmar que el español es una lengua relativamente homogénea que ofrece un riesgo débil o moderado de fragmentación. Los fundamentos de esta homogeneidad relativa se encuentran en la simplicidad del sistema vocálico (5 elementos), la amplitud del sistema consonántico compartido por todo el mundo hispánico, la dimensión del léxico patrimonial compartido (léxico fundamental) y la comunidad de una sintaxis elemental.

Es evidente, sin embargo, que el mundo hispanohablante no es del todo homogéneo y, por tanto, debe hablarse de la existencia de áreas geolectales en su interior. A lo largo del último siglo se han hecho diversas propuestas de zonificación: unas se fundamentan en criterios fonéticos, otras en rasgos léxicos y algunas usan como referencia ciertos fenómenos gramaticales. A propósito de América, se ha hablado de la coincidencia de las principales áreas del español con las de las lenguas indígenas más difundidas: náhuatl (México), maya (Centroamérica), quechua (zona andina), mapuche (Chile) y guaraní (La Plata). Todas estas propuestas han tenido una parte de acierto, aunque en el caso de las lenguas indígenas, está cada día más clara su escasa incidencia en el desarrollo histórico y en la situación actual de la lengua española, fuera de la presencia de indigenismos específicos y de las características propias de los hablantes bilingües o semilingües (Moreno Fernández, 2000).

A grandes rasgos, la zonificación más diáfana y general del español en el mundo es la que separa las regiones lingüísticamente conservadoras de las innovadoras. Con ello no nos referimos a la existencia de un español atlántico frente a un español peninsular, sino a las zonas conservadoras e innovadoras que se encuentran tanto en España como en América. Desde este punto de vista, serían conservadoras áreas como Castilla (sobre todo la norteña), las zonas altas de México, las zonas altas de la región andina o el interior de Colombia; serían innovadoras áreas como Andalucía y Canarias, las Antillas o las costas de Sudamérica, en general. El conservadurismo consiste, esencialmente, en mantener o conservar elementos lingüísticos (sobre todo fonéticos) que en las zonas innovadoras evolucionan o se pierden.

Pero, en un deseo de llegar a zonas más concretamente delimitadas, podríamos dividir América en varias áreas generales, representadas por los usos lingüísticos de sus ciudades y territorios más influyentes (Moreno Fernández, 2000):

1) una mexicana y centroamericana (representada, por ejemplo, por los usos de la ciudad de México y de otras ciudades y territorios significativos);

2) una caribeña (representada, por ejemplo, por los usos de San Juan de Puerto Rico, La Habana o Santo Domingo);

3) una andina (representada, por ejemplo, por los usos de Bogotá, La Paz o Lima);

4)   una chilena (representada por los usos de Santiago), y
5)   una rioplatense y del Chaco (representada por los usos de
      Buenos Aires, de Montevideo o de Asunción).

A estas cinco áreas, se deben añadir tres más para el español de
España:

6)   una andaluza (representada por los usos de Sevilla, Málaga o
      Granada),
7)   una canaria (Las Palmas o Santa Cruz de Tenerife) y
8)   una castellana (representada por los usos de ciudades como
      Madrid o Burgos; el español de Guinea se adscribe a esta va-
      riedad castellana).

Estas ocho áreas comparten muchos elementos, sobre todo en sus
usos más cultos, pero también ofrecen rasgos diferenciadores, que
son una realidad lingüística y que forman parte de las creencias de
los hablantes.

Ahora bien, el establecimiento de unas zonas geolectales principales no niega una serie de hechos evidentes en la naturaleza del
español. El primero de ellos es que España y América comparten,
no solamente los rasgos de lo que podemos llamar un *español general*, sino también la inmensa mayoría de los rasgos lingüísticos que
se manifiestan como variables. Esto ocurre sobre todo en el terreno
de la variación fonético-fonológica y en el de la gramática: raro es el
fenómeno perteneciente a estos niveles que no se puede encontrar
a ambos lados del Atlántico, en alguna de sus regiones, en alguna
de sus ciudades, en alguna de sus comarcas o departamentos. Es natural que existan usos no coincidentes, pero los encontramos más
bien en el léxico y, dentro de esta área, mucho más en la parcela que
se denomina *léxico nomenclador*[6], aunque haya algún rasgo gramatical muy llamativo, como el voseo, que en la actualidad sólo se loca-
liza en América.

A propósito del "español general", es preciso matizar que con ello
no se alude a lo que en multitud de manuales y estudios se llama
español estándar (Moreno Fernández, en prensa). La denominación

---

[6] Se llama *léxico nomenclador* a aquel cuyas unidades designan, a modo de etique-
tas, objetos de la realidad, especialmente cuando atañen a una actividad determinada.
Se distingue del *léxico estructurado*, cuyas unidades establecen oposiciones entre sí y se
organizan en campos léxico-semánticos.

"estándar", procedente de la bibliografía anglosajona, se refiere a usos lingüísticos, desprovistos de marcas, que permiten particularizar la manifestación lingüística como típica o exclusiva de un periodo, un lugar, una región, un grupo social o un contexto comunicativo específicos. Se trata, pues, de una definición teórica en términos negativos, que hace imposible su identificación en la realidad del español, dado que toda manifestación de la lengua española es portadora de una o varias de las marcas que acaban de relacionarse. Ocurre, sin embargo, que, cuando se dice que tal o cual uso o discurso pertenece al español estándar, muy a menudo se está señalando a un español castellano, esto es, de Castilla o, al menos, coincidente con el español de Castilla en la mayor parte de sus componentes. Siempre que así se hace o se está adjudicando al castellano, como variedad, una generalidad que no le corresponde –más allá del prestigio que pueda tener (que lo tiene)–, o se están ignorando las diferencias entre lo que está marcado y lo que no está marcado en español.

Solución distinta es una que ha comenzado a hacerse expresa en la última década y que habla de la existencia de un "español estándar", pero no identificado entre las variedades de español existentes, sino creado "artificialmente" mediante recursos de planificación lingüística (Ávila, 2001; Demonte, 2001; López Morales, 2001). Entiéndase que el uso del último adverbio entrecomillado no supone que se incorporen elementos lingüísticos artificiales, sino que se aporten o propongan usos o soluciones que no son habituales o naturales en determinadas circunstancias temporales, geográficas, sociales o situacionales. Así, cuando la CNN en español, los estudios Walt Disney o las productoras de culebrones de televisión redactan textos o guiones en español lo hacen recurriendo a usos con el máximo grado de generalidad posible, para conseguir la aceptación de esos textos como propios, en cualquier ámbito socio-geográfico hispánico. El resultado sería, pues, un español (parcialmente) estandarizado, que podría distinguirse del "español general", entendido como el conjunto de elementos comunes a todas las variedades del español, que siempre aparecen acompañados de otros particulares de cada ámbito.

7.3.3. *El español como lengua internacional*

La estandarización de una lengua es un proceso que forma parte de una planificación lingüística y por el cual se la dota de una ortografía, una gramática y un diccionario. Cuando una comunidad idiomática constituida por varios países –como es el caso del español– decide dotar a su lengua de una "estandarización", puede hacerlo de dos maneras: mediante una *estandarización monocéntrica*, con la aceptación universal de unas mismas normas, o por medio de una *estandarización policéntrica*, que admitiría la convivencia simultánea de varios patrones de normas. Si nos atenemos a esta distinción, la "estandarización" practicada sobre la lengua española ha sido tradicionalmente monocéntrica, ya que el mundo hispanohablante, en términos generales, acepta de forma universal unas mismas normas, unas mismas reglas. Más allá de su diversidad geográfica y social, el español cuenta con un solo modelo ortográfico y con un modelo gramatical y léxico compartido, en su esencia, por millones de hablantes.

Por otra parte, una estandarización puede ser de dos tipos: *endonormativa*, si las reglas o normas están basadas en un modelo lingüístico del propio país, o *exonormativa*, si las normas están basadas en modelos de uso de otro u otros países. Durante mucho tiempo, la estandarización del español realizada por la Real Academia Española, desde la perspectiva de los países hispanohablantes americanos, ha sido exonormativa, puesto que ha estado basada en el modelo lingüístico del español de España, y más concretamente de la España septentrional. No hay que ignorar, sin embargo, que desde que se creó la Asociación de Academias de la Lengua Española, en la segunda mitad de nuestro siglo, las decisiones que afectan a las normas generales de aceptación y corrección se han tomado contando con la opinión de las academias de la lengua española. La "estandarización" del español ya no es tarea exclusiva de la Española, sino misión de todas las academias de la lengua, por más que la tradición, el prestigio y la capacidad de la Real Academia sean bien reconocidos y respetados por las academias hermanas. Una prueba de ello es la publicación en 1999 de la *Ortografía de la lengua española*, en "edición revisada por las Academias de la Lengua Española", así como la edición de 2001 del *Diccionario de la lengua española* y los trabajos ya realizados para una *Gramática* que releve a la publicada en 1931. Las peculiares características del mundo hispánico hacen que adquiera una especial relevancia la colaboración entre las academias de la lengua española porque la *norma culta* del español, la que ha de servir de modelo para la "estandarización monocéntrica" y para la enseñanza, no es única sino múltiple. Más arriba hemos hablado de los usos lingüísticos cultos característicos de las principales áreas de América y España; por lo tanto no existe una sola comunidad de habla cuyos hablantes más prestigiosos sirvan de referencia lingüística exclusiva para el resto del mundo hispánico. Estamos, pues, ante un caso de "estandarización monocéntrica" (norma académica única) construida sobre una realidad multinormativa (norma culta policéntrica). Por ese motivo, la política lingüística que en los últimos años vienen practicando las academias de la lengua recibe el calificativo de *panhispánica* (Asociación de Academias de la Lengua Española, 2004).

Esta internacionalización de la planificación política y de la planificación lingüística del español se complementa con otro proceso que también supone la superación de fronteras. Como se explica en la obra *El peso del español en el mundo,* coordinada por el Marqués de Tamarón (1997), el español se ha convertido en las últimas décadas en la segunda lengua de alcance internacional, tras el inglés. Ello se debe a factores objetivos generales, como la demografía o el creciente volumen económico de las comunidades hispanohablantes, y a otros más específicos, como el peso que esta lengua está adquiriendo paulatinamente en la poderosa e influyente sociedad estadounidense (véase el capítulo 15). Como consecuencia de todo ello y de factores más difícilmente cuantificables, como el gusto por todo lo que supone la cultura española e hispanoamericana, la demanda de estudio del español ha crecido espectacularmente en el último cuarto del siglo XX, así como su presencia en foros internacionales.

7.4. EL ESTUDIO DE LA VARIACIÓN LINGÜÍSTICA

La variación lingüística, entendida como el rasgo esencial por el que la lengua puede expresar significados equivalentes mediante formas diferentes, constituye un ámbito de estudio de una larga tradición, si bien es cierto que el tiempo ha ido renovando de modo progresivo tanto sus enfoques teóricos, como, sobre todo, sus procedimientos metodológicos y técnicos. Efectivamente, no es comparable la lingüística histórica practicada en la segunda mitad del siglo XIX, regida por unos patrones comparatistas y un concepto biológico de la vida de las lenguas, con la lingüística histórica que se ha practicado desde finales del siglo XX, con mecanismos de descripción formal acordes con la lingüística moderna y preocupada tanto por los cambios históricos como por los procesos de cambio en marcha. Del mismo modo, no tiene comparación la práctica de una dialectología orientada por las bases teóricas de los neogramáticos, con la de una dialectología preocupada por las relaciones entre lengua, cultura y sociedad o que aplica sofisticados análisis cuantitativos para prever la probabilidad de aparición de ciertos usos lingüísticos.

El panorama histórico y geográfico de la lengua española que aquí se ha presentado deja clara, más que el interés, la necesidad de dar cumplida cuenta de lo que le está ocurriendo al español en su devenir histórico, en su geografía y dentro de las sociedades que lo manejan. Para ello se han ido desarrollando y actualizando enfoques teóricos, con derivaciones metodológicas, que en muchas ocasiones se han vinculado al espacio de la lingüística aplicada. Las disciplinas implicadas y preocupadas por los aspectos que aquí se han tratado serían la lingüística histórica (historia de la lengua), la dialectología y la geolingüística, la lexicografía y la sociolingüística, en sentido amplio (Ruhstaller y Prado, 2000; Moreno Fernández, 2002, 2004 y 2005b). La lista no cierra el acceso de otras disciplinas a los asuntos aquí tratados. Hay que explicar, sin embargo, que, de esa relación, las disciplinas más específicamente preocupadas por lo histórico y por lo geográfico no se consideran parte de la lingüística aplicada, sino más bien de una lingüística básica o descriptiva del español. Téngase en cuenta que el tiempo y el espacio son los ejes fundamentales que determinan la forma concreta que una lengua adopta para su expresión y no hay, en principio, aplicación en ello, sino unas necesidades descriptivas y explicativas que cubren las especialidades correspondientes. Esto no significa que los conocimientos aportados por la lingüística histórica o por la geolingüística carezcan de la posibilidad de ser aplicados; ni mucho menos: pensemos, por ejemplo, en la trascendencia de atender a las variedades dialectales en campos tan concretos como el reconocimiento y la síntesis del habla con fines comerciales o en las implicaciones psicolingüísticas o sociolingüísticas de la adquisición de los dialectos, para cuestiones escolares o educativas.

Tradicionalmente sí se han incluido en la nómina de disciplinas aplicadas la lexicografía y la sociolingüística, muy ligadas ambas a los saberes sobre la lengua en su historia y su geografía. La lexicografía, como disciplina preocupada por el tratamiento de la información lingüística en la elaboración de diccionarios, constituye uno de los campos aplicados por antonomasia, dada la importancia de la función social de los diccionarios y dado que son un instrumento fundamental en los procesos de estandarización de una lengua y de su planificación lingüística propiamente dicha. Como es sabido, los diccionarios no son solamente repertorios de formas léxicas con sus correspondientes significados, sino que en ellos se maneja o valora mucha información relativa a la variación lingüística (variedades geolectales, información estilística, información sobre el uso social de la lengua) y a las condiciones concretas en que unos usuarios determinados van a hacer uso de este tipo de obras. En la historia de la lexicografía del español, han sido referencias singulares las obras mencionadas más arriba, pero podríamos añadir la batería de diccionarios publicados en el último cuarto del siglo XX, con productos inéditos en la lexicografía española, que la han colocado a la altura de otras lenguas occidentales: el *Diccionario del español actual* (1999) de Manuel Seco y sus colaboradores, el *Diccionario de voces de uso actual* (1994) de Manuel Alvar, el *Diccionario combinatorio del español contemporáneo* (2004) de Ignacio Bosque o el *Diccionario para la enseñanza de la lengua española* de la Universidad de Alcalá (1995).

La sociolingüística, en términos generales, ha centrado su interés tanto en el estudio del uso de la lengua en contexto social, sobre todo en el análisis de la variación lingüística correlacionada con factores sociales, como en el estudio de los aspectos sociales del uso de las lenguas en diferentes tipos de comunidades. En este último caso, se habla más propiamente de sociología del lenguaje. Este campo incluye tanto la investigación del bilingüismo y la diglosia (tan decisivos en la historia social de la lengua española), como de las actitudes lingüísticas o de la planificación en su dimensión social. Finalmente, la sociolingüística ha sido cultivada en campos estrictamente aplicados como el de la enseñanza y aprendizaje de lenguas, la adquisición lingüística y la traducción, aparte de la política lingüística.

7.5. SÍNTESIS

El español es una de las grandes lenguas occidentales de cultura, cuyas características generales, en lo que a su perfil histórico-geográfico se refiere podrían resumir del siguiente modo en cuanto a su historia:

– El español es una lengua milenaria, con una notable continuidad en cuanto a la inteligibilidad diacrónica.
– Las primeras muestras de castellano escrito son tanto documentos públicos (fueros, repartimentos), como documentos privados, de carácter utilitario e inmediato (glosas, listas, cartas, testamentos privados).

- En el origen y la evolución del español han sido decisivos los contactos con sus lenguas circunvecinas (vasco, lengua romances peninsulares, árabe, lenguas indígenas americanas).
- Tanto en España como en América, el español ha funcionado como koiné o variedad franca para el entendimiento entre pueblos de procedencia lingüística diversa.
- La conversión del español en lengua nacional de España respondió a las condiciones socioeconómicas y culturales favorables experimentadas por Castilla desde la Edad Media y, muy especialmente, desde el siglo XVI.
- El español ha disfrutado a lo largo de su historia de un nivel de estandarización, en general, más avanzado que el de las otras lenguas peninsulares. En el proceso de estandarización del castellano –luego español– destacan las obras del escritorio de Alfonso X, la publicación de la primera gramática de una lengua románica, la elaboración del primer diccionario monolingüe moderno y la labor de la Real Academia Española, y, en los últimos años, de la Asociación de Academias de la Lengua Española.

Con respecto a su geografía:

- El español es la lengua de un extenso dominio, geográficamente muy compacto.
- El español posee un notable nivel de homogeneidad lingüística, compatible con su diversidad geolectal.
- Las áreas principales del español son ocho: cinco en América y tres en España. La configuración geolectal del español es policéntrica.
- El español posee un índice de comunicatividad alto y un índice de diversidad bajo.
- Debe distinguirse el castellano como modelo de referencia, del español general y del español estándar. El español disfruta de una estandarización monocéntrica construida sobre una realidad policéntrica.
- El español es una lengua internacional en expansión. El crecimiento de la demografía y de la economía hispánicas se complementa con un aumento del atractivo de su cultura y tiene como consecuencia el incremento del interés de su aprendizaje como segunda lengua.

Como ha podido observarse, la dimensión histórica, geográfica y social de la lengua española es muy amplia y compleja; tanto, que han sido y seguirán siendo campos de estudio enormemente atractivos. La lingüística histórica y la geolingüística tienen ya un pasado meritorio como disciplinas de estudio e investigación, pero, a poco que mantengan la actualización de sus métodos y objetos de estudio, seguirán ofreciendo un futuro tan prometedor como interesante.

7.6. PREGUNTAS PARA LA REFLEXIÓN

1. Reflexione sobre las diferencias que puede haber entre las denominaciones *español* y *castellano* desde un punto de vista histórico y desde un punto de vista geográfico. Puede hacer sus comentarios a partir de la lectura del libro clásico de Amado Alonso, *Castellano, español, idioma nacional* (1943).
2. Elabore una lista de argumentos a favor de una visión de la lengua española como lengua impuesta desde una Castilla centralista y otra a favor de la lengua española como lengua koinética e instrumento de comunicación entre pueblos de distintos orígenes lingüísticos.
3. Prepare una relación de las lenguas con las que el español ha tenido un contacto más intenso a lo largo de su historia, en España y en América, y anote junto a cada una de ellas tres rasgos lingüísticos recibidos como transferencia. Investigue en la bibliografía de historia de la lengua y dialectología.
4. Imprima desde la dirección electrónica <http://www.rae.es> una página del *Diccionario de autoridades*, otra del *Diccionario de 1780* y otra del *Diccionario de la lengua española* de 2001. Analícelas y explique cuáles son las diferencias más destacadas.
5. Elabore una relación de todas las lenguas habladas en cada país de Centroamérica. Para preparar esta lista, compare las lenguas citadas por Yolanda Lastra (1992) y las que figuran en la página electrónica <http://www.ethnologue.org>
6. Consiga a través de Internet las Constituciones vigentes a lo largo de la historia de España y analice el tratamiento que en ellas se da a las cuestiones lingüísticas y culturales.
7. A partir de la información ofrecida en Moreno Fernández y Otero (1998), compare la situación actual del español con la del francés, como lenguas internacionales.

BIBLIOGRAFÍA

ALARCOS, E. (1982): *El español, lengua milenaria (y otros escritos castellanos)*. Valladolid, Ambito Ediciones.

ALONSO, A. (1943): *Castellano, español, idioma nacional*. Buenos Aires, Losada.

ALVAR, M. (1986): *Hombre, etnia, estado*. Madrid, Gredos.

ALVAR, M. (coord.) (1992): *Estudios Nebrisenses*, Madrid, Ediciones de Cultura Hispánica.

ARENS, H. (1976): *La lingüística. Sus textos y su evolución desde la Antigüedad hasta nuestros días*. Madrid, Gredos.

ASOCIACIÓN DE ACADEMIAS DE LA LENGUA ESPAÑOLA (2004): *La nueva política lingüística panhispánica*. Madrid, Real Academia Española.

ÁVILA, R. (2001): Los medios de comunicación masiva y el español internacional. *II Congreso de la Lengua Española*. <http://cvc.cervantes.es/obref/congresos/ valladolid/ponencias/unidad_diversidad_del_espanol/1_la_norma_hispanica/avila_r.htm>. Acceso 4 de marzo, 2005.

BUSTOS, J. (1995): "La presencia de la oralidad en los textos romances primitivos." En M. Echenique, M. Aleza y M. Martínez (eds.). *Historia de la lengua española en América y España* (pp. 219-235). Valencia, Universitat de València-Tirant lo Blanch.

CANO, R. (coord.) (2004): *Historia de la lengua española*, Barcelona, Ariel.

COMELLAS, J. y SUÁREZ, L. (2003): *Historia de los españoles*, Barcelona, Ariel.

CORRIENTE, F. (2004): "El elemento árabe en la historia lingüística peninsular: actuación directa e indirecta. Los arabismos en los romances peninsulares (en especial en castellano)." En R. Cano (coord.). *Historia de la lengua española* (pp. 185-206). Barcelona, Ariel.

DEMONTE, V. (2001): El español estándar (ab)suelto. Algunos ejemplos del léxico y la gramática. *II Congreso de la Lengua Española*. http://cvc.cervantes.es/obref/ congresos/valladolid/ponencias/unidad_diversidad_del_espanol/1_la_norma_hispanica/demonte_v.htm. Acceso, 4 de marzo, 2005.

ECHENIQUE, M. (1987): *Historia lingüística vasco-románica*, Madrid, Paraninfo.

FERNÁNDEZ ORDÓÑEZ, I. (2004): "Alfonso X el Sabio en la historia del español." En R. Cano (coord.). *Historia de la lengua española* (pp. 381-422). Barcelona, Ariel.

FRIES, D. (1989): *La Real Academia Española ante el uso de la lengua (1713-1973)*. Madrid, SGEL.

GIMENO MENÉNDEZ, F. (1995): *Sociolingüística histórica (siglos X-XI)*. Madrid, Visor.

GIMENO MENÉNDEZ, F. (2004): Situaciones sociolingüísticas dispares en el proceso de formación de las lenguas romances. *Aemilianense* I: 171-223.

HERNÁNDEZ GONZÁLEZ, C. (2001): Un viaje por Sefarad: la fortuna del judeoespañol. *Anuario del Instituto Cervantes. El español en el mundo*. <http://cvc. cervantes.es/obref/anuario/anuario_01/hernandez/>. Acceso 4 de marzo, 2005.

LAPESA, R. (1980): *Historia de la lengua española* (8ª. ed.). Madrid, Gredos.

LASTRA, Y. (1992): *Sociolingüística para hispanoamericanos. Una introducción.* México, El Colegio de México.

LODARES, J. (2000a): *El paraíso políglota.* Madrid, Taurus.

LODARES, J. (2000b): *Gente de Cervantes.* Madrid, Taurus.

LODARES, J. (2001): *Lengua y patria.* Madrid, Taurus.

LÓPEZ GARCÍA, Á. (1985): *El rumor de los desarraigados. Conflicto de lenguas en la península Ibérica.* Barcelona, Anagrama.

LÓPEZ MORALES, H. (2001): Tendencias del léxico hispanoamericano. *Revista de Occidente* 240: 5-24.

MARCET, P. (1987): *Història de la llengua catalana,* Barcelona, Teide.

MENÉNDEZ PIDAL, R. (1972): *Orígenes del español. Estado lingüístico de la península Ibérica hasta el siglo XI* (7ª. ed.). Madrid, Espasa-Calpe.

MORALA, J. (2004): "Del leonés al castellano." En R. Cano (coord.). *Historia de la lengua española* (pp. 555-565). Barcelona, Ariel.

MORENO FERNÁNDEZ, F. (1994): Antonio de Nebrija y la lexicografía del siglo XVI. A propósito del Lexicón de Fray Domingo de Santo Tomás. *Voz y Letra* V: 79-104.

MORENO FERNÁNDEZ, F. (2000): *Qué español enseñar,* Madrid, Arco/Libros.

MORENO FERNÁNDEZ, F. (2002): Manuel Alvar y la geografía lingüística hispánica. *Cuadernos Hispanoamericanos* 620: 115-120.

MORENO FERNÁNDEZ, F. (2004): Los estudios dialectales del español de España (1979-2004). *Lingüística Española Actual* XXVI: 65-100.

MORENO FERNÁNDEZ, F. (2005a): *Historia social de las lenguas de España,* Barcelona, Ariel.

MORENO FERNÁNDEZ, F. (2005b): *Principios de sociolingüística y sociología del lenguaje* (2ª ed.). Barcelona, Ariel.

MORENO FERNÁNDEZ, F. [En prensa.] "Los modelos de lengua. Del castellano al panhispanismo."

MORENO FERNÁNDEZ, F. y OTERO, J. (1998): Demografía de la lengua española. *Anuario del Instituto Cervantes. El español en el mundo* (pp. 59-86). Madrid, Arco/Libros.

PENNY, R. (2000): *Variation and Change in Spanish.* Cambridge, Cambridge University Press.

PENNY, R. (2002): *A History of Spanish Language* (2ª ed.). Cambridge, Cambridge University Press.

RAMAJO CAÑO, A. (1987): *Las gramáticas de la lengua castellana desde Nebrija a Correas.* Salamanca, Universidad de Salamanca.

RUHSTALLER, S. y PRADO ARAGONÉS, J. (2000): *Tendencias en la investigación lexicográfica del español.* Huelva, Universidad de Huelva.

STEWART, W. (1968): "A Sociolinguistic Typology for Describing National Multilingualism." En J. Fishman (ed.). *Readings in the Sociology of Language* (pp. 531-544). La Haya, Mouton.

TAMARÓN, Marqués de (1997): *El peso de la lengua española en el mundo.* Valladolid, Universidad de Valladolid.

TRIANA Y ANTORVEZA, H. (1993): *Las lenguas indígenas en el ocaso del imperio español.* Santafé de Bogotá, Instituto Colombiano de Antropología-Colcultura.

WRIGHT, R. (1989): *Latín tardío y romance temprano en España y la Francia carolingia,* Madrid, Gredos.

ZAMORA VICENTE, A. (1999): *La Real Academia Española.* Madrid, Espasa-Calpe.

8

EL ESPAÑOL EN CONTACTO
CON OTRAS LENGUAS DE ESPAÑA

Miquel Siguan
Universitat de Barcelona

8.1. Introducción

Como todas las lenguas, el español se formó a partir de otra
lengua –el latín, en este caso–, y se desarrolló en contacto con varias otras. En primer lugar, con las que se constituían al mismo
tiempo que el español en el resto de la península Ibérica; después
del descubrimiento y la conquista de América, en contacto con las
lenguas habladas en el continente americano, y en la actualidad,
y como resultado de la globalización, en contacto con diversas lenguas, sobre todo el inglés. Las consecuencias de estos contactos
pueden estudiarse desde un punto de vista estrictamente lingüístico, considerando las interferencias, los préstamos y los calcos en
el vocabulario y en la gramática que así se han producido. Tales consecuencias, a su vez, están influidas y condicionadas por la situación
sociolingüística en la que se produce el contacto. Siempre que dos
lenguas coinciden en un mismo espacio, ya sea un espacio geográfico o uno virtual, como cada vez es más frecuente en nuestros
días, las dos no disfrutan del mismo prestigio ni el mismo poder
político, no se utilizan en las mismas situaciones ni en las mismas
condiciones, y tampoco tienen el mismo número de hablantes ni
el mismo peso político. Y son estas diferencias las que determinan tanto la frecuencia y las características de los calcos y préstamos, como el desarrollo posterior de las lenguas y, por ello, su
progreso o su decadencia. Como las situaciones sociolingüísticas
varían a lo largo del tiempo, para considerar el español en contacto con otras lenguas en España en la actualidad, es necesario

empezar por conocer su trayectoria histórica (véase Cano, 2004, y también el capítulo 7 de este volumen)[1].

8.2. Perspectiva histórica

Cuando los romanos ocuparon la península Ibérica a principios del primer milenio después de Cristo, generalizaron el uso del latín de tal modo que las lenguas habladas por los antiguos habitantes desaparecieron con la única excepción del vasco, una lengua muy antigua, de origen desconocido y en todo caso anterior a la llegada de los indoeuropeos. Siglos más tarde, la desaparición del Imperio romano contribuyó, como en otras regiones de Europa, a la descomposición del latín y la aparición de núcleos lingüísticos neolatinos. Pero la invasión de la Península por los árabes a finales del siglo X interrumpió este proceso, de modo que fueron los núcleos lingüísticos formados en las zonas montañosas del norte de la Península, que no fueron ocupadas por los árabes, los que se desarrollaron con mayor empuje. Estos núcleos eran, de oeste a este: el galaico, el asturiano leonés, el castellano, el aragonés y el catalán.

Mientras avanzaba la Reconquista cristiana, estos núcleos lingüísticos se fueron extendiendo hacia el sur aunque, desde muy pronto, el castellano se extendió también horizontalmente por León, Navarra y Aragón. Con este movimiento, bloqueó la expansión hacia el sur tanto del asturiano como del aragonés, de manera que en definitiva fueron tres las lenguas neolatinas que se constituyeron y que tuvieron un desarrollo literario importante: el castellano, el catalán y el gallego. El castellano se constituyó como lengua del Reino de Castilla y de León, así como de Navarra y una parte del Reino de Aragón, mientras que el catalán se instauró como lengua de los condados catalanes y luego de Valencia y de las islas Baleares. Por su parte, la posible expansión del gallego hacia el sur coincidió con la independencia de Portugal; por ello, la lengua hablada al sur de Galicia adquirió un desarrollo y entidad propios, lo que representa el actual portugués. Las tres lenguas tuvieron un desarrollo literario importante, aunque en diferentes espacios: el gallego brilló exclusivamente en la poesía, mientras que tanto en el castellano como en el cata-

---

[1] El presente capítulo presenta algunos materiales revisados y actualizados de la conferencia "El español como lengua en contacto con otras lenguas", que el autor impartió en el II Congreso Internacional de la Lengua Española (Valladolid, 2001).

lán florecían todos los géneros. Por lo que respecta a la lengua vasca, se mantenía recluida en su territorio en el extremo occidental de los Pirineos.

A mediados del siglo XV, el matrimonio de los Reyes Católicos une el Reino de Castilla con el de Aragón, que incluía a su vez las tierras de lengua catalana: Cataluña, Valencia y las Baleares. Con la incorporación del Reino de Navarra y la conquista de Granada a los árabes a finales de siglo, se culmina la unidad española. Y aunque el Reino de Aragón mantiene una amplia autonomía, el descubrimiento de América y la progresiva pérdida de peso del Mediterráneo disminuye el papel del catalán mientras el castellano, que empieza a recibir el nombre de "español", se convierte en la lengua principal de la España unificada[2].

En el siglo XVIII ocupa el trono de España una dinastía borbónica y empieza una política de centralización administrativa y también lingüística imitada de la francesa que, con el paso del tiempo y la consolidación del Estado, se mantiene y se refuerza. Pero aunque el español se convierte en la lengua administrativa y en la lengua culta en todo el reino, el uso popular de las otras lenguas se mantiene.

En el siglo XIX, a partir de la ocupación napoleónica y la Guerra de Independencia, España conoce una época de inestabilidad y de crisis que culmina con la pérdida de las últimas colonias americanas. La conciencia de atraso respecto a la modernidad produce una reacción que lleva a formular una refundación del nacionalismo español a partir del llamado Regeneracionismo, que se concreta en el pensamiento de la Institución Libre de la Enseñanza y en los autores de la Generación del 98. Todos ellos comparten la voluntad de asumir la modernidad, de abrirse a Europa, olvidando fallidas ambiciones imperiales, y de concentrarse en los rasgos esenciales de la nacionalidad, lo que implica reivindicar sus orígenes populares y devolver a la lengua castellana la categoría que había alcanzado en siglos anteriores.

De modo paralelo a esos intentos, a lo largo del mismo siglo XIX se observa la aparición de los llamados nacionalismos periféricos, estrechamente vinculados a las singularidades lingüísticas. Al compás de las ideas del Romanticismo, que en toda Europa provocan la recuperación de lenguas y de culturas tradicionales "dejadas de la mano de la historia", se despierta el interés por las lenguas popula-

---

[2] Este texto considera las denominaciones "castellano" y "español" como sinónimas y las usa de modo indistinto.

res. En Cataluña, este proceso motiva un auténtico renacimiento literario, que coincide además con un período de industrialización que hace de esta región la más dinámica de España en contraste con el atraso de las estructuras del resto del Estado. Con ello, el catalanismo consigue un amplio consenso social que incluye a buena parte de la burguesía surgida de la industrialización. Antes de que acabe el siglo, el catalanismo formula un credo nacionalista catalán (Prat de la Riba, 1906) que a comienzos del siglo XX consigue sonados éxitos políticos. En las islas Baleares, donde se ha mantenido el uso del catalán, se produce también un renacimiento de la literatura en esta lengua, pero no se acompaña de un movimiento político reivindicativo similar al descrito para Cataluña. Y en la región valenciana, donde igualmente se conserva el uso popular del catalán, la repercusión es todavía menor.

A la vez que en Cataluña, en el País Vasco surge un movimiento nacionalista directamente relacionado, en este caso, con las posturas contrarias al Estado liberal, y que habían conducido a las guerras carlistas. Se planteaba la defensa de una sociedad tradicional con señas de identidad propias, entre ellas la lengua. Si bien esta lengua había sido conocida hasta entonces como "vasca", los nacionalistas comenzarán pronto a denominarla "euskera" o "euskara", una variedad hablada por una proporción muy pequeña de la población y casi exclusivamente rural. En el País Vasco, como en Cataluña, también tiene lugar una fuerte industrialización, pero en un primer momento el nacionalismo vasco aprecia en la industrialización una amenaza a la sociedad tradicional vasca. Por otro lado, una parte de la nueva burguesía y del proletariado industrial se muestra hostil al nacionalismo, que solamente de modo progresivo acaba asumiendo el proceso de modernización. Con todo, el nacionalismo vasco guarda un cierto carácter radical vinculado a sus planteamientos primitivos, distinto del consenso social que desde el principio ha caracterizado al catalanismo. Otro carácter distintivo del nacionalismo vasco es que desde el principio se ha presentado como un proyecto que implica a toda la nación vasca o "Euskalerria", el conjunto de los territorios donde se habla "euskera", aunque actualmente esté disgregado en tres entidades políticas dependientes de dos Estados: España y Francia.

Por último, en Galicia los planteamientos iniciales resultan similares a los de Cataluña, con un renacimiento literario que desemboca en un movimiento político. Sin embargo, Galicia no conoce un proceso de industrialización, de modo que continúa siendo una región extremadamente pobre. Esta circunstancia constituye uno de los principales motivos por los que el "galleguismo" y el movimiento nacionalista se mantienen reducidos a unos grupos de intelectuales.

La II República española (1931-1939) intenta responder a las demandas de estos territorios con la promulgación de Estatutos de Autonomía, primero para Cataluña (1932) y luego para el País Vasco y Galicia, ya en vísperas de la Guerra Civil (1936-1939). El gobierno del general Franco, vencedor de esa contienda, anula estos estatutos en nombre de la unidad de España y prohíbe el uso público de las lenguas distintas del español, aunque con el tiempo la prohibición se suavice. Este mandato, que de hecho representaba una auténtica persecución, tuvo como resultado no sólo exacerbar la postura defensiva de sus hablantes, sino que también, en la lucha contra la dictadura, la reivindicación de estas lenguas y de los Estatutos de Autonomía se convirtiesen en objetivos compartidos por todas las fuerzas de la oposición. De este modo, el esfuerzo más enérgico y sostenido a lo largo de cuarenta años por afirmar la uniformidad de España tiene un resultado inverso al originalmente propuesto, y la Transición política y el restablecimiento de la democracia desembocan en un texto constitucional que por primera vez reconoce y valora el plurilingüismo español.

8.3. EL ESTATUS LEGAL DE LAS LENGUAS. LA CONSTITUCIÓN Y LAS LEYES LINGÜÍSTICAS

Por primera vez en su historia, la Constitución de 1978 reconoce la pluralidad lingüística de España. En concreto, el Artículo 3 dice:

1. El castellano es la lengua española oficial del Estado. Todos los españoles tienen el deber de conocerla y el derecho de usarla.
2. Las demás lenguas españolas serán también oficiales en las respectivas Comunidades Autónomas de acuerdo con sus Estatutos.
3. La riqueza de las distintas modalidades lingüísticas de España es un patrimonio cultural que será objeto de especial respeto y protección.

De acuerdo con la misma Constitución, España se ha organizado territorialmente en diecisiete comunidades autónomas, cada una de ellas con un amplio autogobierno que incluye un Gobierno regional y un Parlamento con capacidades legislativas. En los Estatutos de Autonomía de seis de estas comunidades se reconoce a otra lengua como cooficial junto con el castellano o español: el catalán en Cataluña y en las islas Baleares; el valenciano, una variedad del catalán, en Valencia; el gallego en Galicia; el vasco o euskera en el País Vasco, y en Navarra también el vasco o euskera, aunque sólo en una parte de su territorio.

Para completar este panorama, hay que añadir que el Estatuto de Cataluña reconoce la existencia en el valle de Arán de una lengua propia, el aranés, una variedad de la lengua occitana. Asimismo, el Estatuto de Asturias reconoce la existencia del bable, forma actual del asturiano, aunque no le concede carácter de lengua oficial. Finalmente, el Estatuto de Aragón recomienda proteger el aragonés, que se ha mantenido en algunos valles pirenaicos, así como el catalán hablado en una franja fronteriza con Cataluña.

Mediante sus propias facultades legislativas, entre los años 1982 y 1986 todas estas comunidades autónomas aprobaron leyes que definen su política lingüística, la mayoría de las cuales bajo el título "leyes de normalización lingüística". En su introducción, estas leyes subrayan la necesidad de proteger la lengua propia de cada comunidad a fin de compensar la marginación sufrida durante mucho tiempo. En su parte dispositiva, las leyes presentan una estructura similar, con la única excepción de la de Navarra, que limita sus objetivos a la zona vascoparlante. Así, se comienza por afirmar la cooficialidad de ambas lenguas, la española y la propia de la comunidad autónoma, y por tanto la igualdad de valor jurídico de los documentos extendidos en cualquiera de ellas. Todas estas leyes disponen también su uso en la administración pública regional y local, y afirman que los ciudadanos podrán emplear indiferentemente cualquiera de las dos en sus relaciones con la administración regional y local. Todas igualmente regulan la presencia de ambas lenguas en el sistema educativo, prescribiendo su enseñanza de tal manera que al término del período de enseñanza obligatoria todos los alumnos han de ser capaces de utilizar las dos. Asimismo, las leyes lingüísticas afirman el derecho de los gobiernos autónomos a establecer medios de comunicación –periódicos, radio, televisión, etc.– en la lengua propia de la comunidad autónoma, y todas asumen la responsabilidad por promover actividades culturales –libros, teatro, cine, etc.– en ese idioma.

Todas estas leyes fueron aprobadas por unanimidad, o por casi unanimidad, por sus respectivos Parlamentos, y la mayoría se han

mantenido sin modificaciones hasta hoy. Sólo en Navarra se aprobó una nueva ley que extiende considerablemente la protección del
vasco, y en Cataluña una nueva ley ha ampliado también la protección del catalán. En todas las comunidades consideradas existen órganos administrativos responsables de la aplicación de estas leyes, que
en la mayoría de los casos reciben el nombre de Dirección de Política Lingüística. Para completar este cuadro legal, cabe añadir que
en casos de conflictos de competencia o interpretación en materia
lingüística, tanto las decisiones del Gobierno español como las de
las comunidades autónomas pueden ser recurridas ante el Tribunal
Constitucional.

8.4. El estatus sociolingüístico. Las distintas situaciones

Aunque la estructura, e incluso el contenido, de las leyes descritas en la sección anterior sean muy similares, los resultados obtenidos en la práctica parecen bastante distintos. Los primeros datos
para explicar estas diferencias proceden del análisis de la situación
sociolingüística de partida, el prestigio de la lengua propia –muy alto
en unos casos y muy bajo en otros–, el nivel de conocimiento de la
lengua por parte de la población y, por supuesto, los índices demográficos y la importancia de la inmigración, factores todos ellos que
condicionan o influyen en la aplicación de la política lingüística y en
sus resultados. Asimismo, hay que añadir a estos elementos la influencia de la distancia lingüística entre las lenguas en presencia: el
catalán, el gallego y el castellano son lenguas neolatinas muy próximas entre sí y con una adquisición de la una desde la otra relativamente fácil; por otra parte, la distancia entre el castellano y el vasco
es máxima, y la adquisición de la una desde la otra muy difícil. A las
diferencias en la situación inicial hay que añadir, por supuesto, la forma en que se han aplicado estas leyes según la voluntad política de
los respectivos gobiernos. El hecho de que, a diferencia de otras comunidades, desde el comienzo de la autonomía, en los gobiernos de
Cataluña y en el País Vasco hayan predominado los partidos nacionalistas, ha tenido una influencia decisiva en la aplicación. No podemos olvidar que estos gobiernos han sido elegidos por una vía democrática, lo cual significa que con sus decisiones responden a las
aspiraciones de sus votantes. Una cuidadosa consideración de todos
estos elementos obliga a describir en forma singularizada las distintas situaciones.

8.4.1. Cataluña (6.813.000 hab.)[3]

Entre todas las lenguas que en Europa no tienen la consideración de lenguas oficiales de un Estado, la lengua catalana es la que presenta una situación más favorable, tanto por el número de hablantes, como por la variedad de actividades en las que se utiliza. A su favor cuenta con un pasado medieval y renacentista brillante, y también con el hecho de que, aunque a partir de la unificación española dejó de tener un uso administrativo y literario, la mayoría de la población mantenía su uso como lengua habitual. En el siglo XIX, coincidiendo con el desarrollo económico de Cataluña, se produjo un renacimiento literario de la lengua y posteriormente un movimiento político de signo nacionalista estrechamente relacionado con la reivindicación de la lengua. Junto con estos factores favorables a la lengua catalana, hay que tener en cuenta uno en principio negativo: la industrialización y el desarrollo económico de Cataluña produjeron, desde comienzos del siglo XX, una emigración masiva desde el sur de España y por tanto la entrada de una numerosa comunidad castellanohablante.

La situación sociolingüística en el momento de la transición podía resumirse así: aproximadamente la mitad de la población de Cataluña tenía el catalán como lengua principal, aunque todos los hablantes eran capaces de hablar y de escribir en castellano y la mayoría no se consideraba capaz de escribir en catalán. La otra mitad de la población contaba con el castellano como lengua principal y habitual, aunque una parte de ellos entendía el catalán y algunos incluso eran capaces de hablarlo.

Desde la instauración del régimen autonómico y de la promulgación de la ley de normalización lingüística, el gobierno catalán ha mantenido una política lingüística fuertemente comprometida con la defensa y la promoción de la lengua. Con el tiempo, el consenso inicial ha dado paso a disentimientos cuyo ejemplo más representativo es que la segunda ley lingüística no fue aprobada por unanimidad, sino que contó con los votos contrarios de ERC (siglas correspondientes a Esquerra Republicana de Catalunya, partido político nacionalista de izquierdas), por considerarla insuficiente, y del PP (Partido Popular, conservadores de ámbito estatal), por considerarla excesiva. No obstante, cabe señalar que posteriormente se ha con-

---

[3] Las cifras para esta sección y las siguientes son datos oficiales a 1 de enero de 2004 facilitados por el Instituto Nacional de Estadística (http://www.ine.es/prodyser/pubweb/espcif/pobl05.pdf).

seguido recuperar el consenso entre las diferentes fuerzas políticas catalanas para dejar la lengua al margen de las disputas partidistas. Como resultado de esta política lingüística, el catalán es la lengua de funcionamiento de la administración autonómica y de las administraciones provinciales y locales (ayuntamientos). Con todo, el aspecto más visible de la política lingüística es la enseñanza. Desde muy pronto, no sólo se introdujo el catalán como materia académica, sino que este idioma se ha convertido en el medio principal de enseñanza en todo el sistema público de educación. Asimismo, el catalán es la lengua de funcionamiento administrativo en las universidades de la comunidad autónoma, y la de más de la mitad de sus cursos académicos. Existe una emisora de TV con dos canales en catalán, y en esta lengua se publican varios periódicos diarios, bastantes revistas y alrededor de 5.000 libros al año.

8.4.2. *Islas Baleares (955.000 hab.)*

En las islas Baleares se ha hablado catalán desde la conquista cristiana en el siglo XII. Y en el siglo XIX, por influencia del renacimiento literario catalán, se produjo un movimiento cultural similar que, a diferencia de Cataluña, no vino acompañado por un movimiento político paralelo. Ha sido solamente a partir de la instauración de la democracia que los partidos políticos se han interesado por la política lingüística, lo que permitió en su momento la aprobación de una ley lingüística similar a la de Cataluña. Desde entonces el gobierno autonómico de las Baleares ha estado presidido alternativamente por el Partido Socialista y por el Partido Popular, lo que ha resultado en una política lingüística de carácter más bien moderado. No obstante, la recuperación de la lengua catalana en las Baleares está amenazada, más que por razones políticas, por la creciente dedicación al turismo, una circunstancia que al mismo tiempo que ha elevado el nivel de vida de la población, ha atraído una emigración importante desde la Península, y por tanto de lengua castellana, y también una población extranjera, en parte transeúnte y estacional –entre seis y siete millones de entradas anuales–, pero cada vez más formada por residentes estables –unos 150.000–, sobre todo de origen alemán –cerca de 20.000–, escasamente interesados por la lengua[4].

---

[4] Datos procedentes del Instituto Balear de Estadística (http://www.caib.es/ibae/demo/estrangers/index_cast.htm)

8.4.3. *Valencia (4.543.000 hab.)*

También en Valencia desde la conquista a los árabes en el siglo XII, el catalán se ha mantenido como lengua popular en una variante conocida como valenciano; pero en el siglo XIX el renacimiento literario fue poco intenso y no se acompañó de una reivindicación política. De cualquier manera, el interés por la lengua al restablecerse la democracia en la década de los setenta fue bastante fuerte como para impulsar una ley de normalización lingüística muy similar a las aprobadas en Cataluña y en las islas Baleares. En la práctica su aplicación ha sido moderada, más aún que en las Baleares. La primera razón para ello es la ausencia de partidos específicamente valencianos, de modo que el gobierno autónomo lo ha detentado durante años el Partido Socialista y en la actualidad el Partido Popular. Pero la política lingüística ha estado empañada además por una cuestión política de fondo. En la época de la lucha contra Franco, algunos intelectuales decidieron que si en Valencia se hablaba en catalán, los valencianos debían asumir el proyecto nacional catalán, una propuesta rechazada por muchos sectores de la sociedad valenciana, que llevaron su repulsa hasta afirmar que la lengua hablada en Valencia es un idioma distinto del catalán. Con todo ello, se produjo un enfrentamiento sobre la norma lingüística, ya recordado antes, que ha afectado negativamente a toda la política lingüística y que sólo muy poco a poco parece que está en camino de resolverse por medio de la consolidación de la Academia Valenciana de la Lengua (l'Acadèmia Valenciana de la Llengua), creada a mediados de 1998.

8.4.4. *Galicia (2.750.000 hab.)*

El gallego se ha mantenido a lo largo de los siglos como la lengua popular de los habitantes de Galicia, más todavía que el catalán en Cataluña. Sin embargo, ya se ha señalado antes su marcada debilidad. Galicia ha sido tradicionalmente un país pobre y condenado a la emigración, por lo que la lengua gallega aparecía así asociada a la pobreza y a la ignorancia, mientras que hablar en castellano constituía el primer peldaño para el ascenso social. Prácticamente, no existía en la región una burguesía y una clase media que apoyasen la lengua, y en estas condiciones el nacionalismo, o más simplemente la reivindicación de la lengua, quedaba reducido a algunos grupos de intelectuales.

En el tiempo transcurrido desde la transición democrática, la situación ha variado notablemente. En muchos aspectos, Galicia se ha modernizado, y ha cambiado también la consideración de la lengua gallega. Durante estos años y hasta muy recientemente, el gobierno de Galicia ha estado en manos del Partido Popular, del que *a priori* podía esperarse escaso interés por la lengua gallega; pero lo cierto es que esta formación ha puesto en práctica una política lingüística que, aunque los grupos nacionalistas la consideran insuficiente, ha sido capaz de mejorar el uso de la lengua gallega. Esta revalorización ha sido el resultado de la introducción del gallego en la enseñanza, de la existencia de una televisión en este idioma y, sobre todo, de la presencia del gallego en el Parlamento de Galicia y en la administración autonómica.

Aunque desde 1905 existe una Real Academia Gallega, que hace tiempo elaboró una normativa de la lengua en Galicia[5], se ha producido también un conflicto lingüístico. Algunos consideraron las normas de la Academia Gallega demasiado cercanas al castellano y defendieron con el nombre de "lusitanismo" unas normas más próximas al portugués; más todavía, propusieron que se considerase el gallego como una variante o dialecto del portugués, con lo que automáticamente la lengua hablada en Galicia se convertía en lengua oficial e internacional. Aunque la propuesta fue muy bien recibida en ciertos núcleos nacionalistas, y durante un tiempo el conflicto repercutió negativamente sobre la política lingüística, a la larga el "lusitanismo" no ha conseguido el apoyo popular y parece en camino de olvidarse.

8.4.5. *País Vasco (2.115.000 hab.)*

A lo largo de la historia, el territorio donde se hablaba vasco se había ido reduciendo de modo progresivo y en los días de la República, inmediatamente antes de la Guerra Civil, en el País Vasco español los hablantes de vasco, una parte de ellos monolingües en esta lengua, no superaban el 20% de la población. Por su parte, el Partido Nacionalista Vasco, con posturas políticas maximalistas, no conseguía más allá de la tercera parte de los votos. En la época del

---

[5] Véase p. ej., las *Normas ortográficas e morfolóxicas do idioma galego.* 19ª ed. (A Coruña, Real Academia Galega, 2004). Se puede obtener más información sobre las publicaciones de la RAG en la página www.realacademiagalega.org.

franquismo, la persecución de la lengua y de las instituciones vascas radicalizó todavía más el nacionalismo; pero tuvo además otras consecuencias. Probablemente escandalizados por el ejemplo de los irlandeses, que habían conseguido la independencia pero estaban en camino de perder la lengua, los nacionalistas decidieron hacer un esfuerzo por extender su conocimiento, lo que les llevó a establecer la red de *ikastolas,* escuelas en lengua vasca sostenidas con el apoyo popular y distribuidas por todo el territorio. Sin embargo, para utilizar la lengua en la enseñanza resultaba necesario antes haberla unificado, algo nada fácil dada la dispersión de los dialectos y la falta de un modelo común. En 1971, la Real Academia de la Lengua Vasca –fundada en 1919– aprobó las directrices que llevaron a una norma común, el "euskera batua" (lengua común), basado en los dialectos centrales y con un decidido esfuerzo de modernización.

La política lingüística aplicada en el País Vasco es similar a la que hemos comentado con respecto a otras comunidades autónomas: uso de la lengua en las instituciones políticas y administrativas; presencia de la lengua en el sistema educativo, bien como lengua enseñada o bien como lengua de enseñanza; uso de la lengua en los medios de comunicación y en la TV en primer lugar; apoyo a las manifestaciones culturales de todo orden, etc.

El hecho de que desde la reinstauración de la autonomía, el Partido Nacionalista Vasco, solo o en coalición, haya encabezado el gobierno del País Vasco explica que esa política lingüística se haya aplicado con vigor y continuidad. En conjunto, ha contado con la aquiescencia relativamente generalizada de las distintas fuerzas políticas aunque, como es fácil suponer, con acusaciones de insuficiencia por parte de los grupos más radicales y reservas por parte de las fuerzas políticas no nacionalistas. Y todo ello teniendo como trasfondo las profundas divisiones que la presencia de ETA ha causado en la sociedad vasca.

De regreso a la política lingüística, hay que considerar que el esfuerzo por aumentar el conocimiento y el uso del euskera no es un empeño fácil. En primer lugar por el menor número de hablantes, pues mientras que al aprobarse las leyes de normalización lingüística, en otras comunidades la mayoría de la población era capaz de hablar la lengua autóctona, en el País Vasco el porcentaje no superaba el 20%. En segundo lugar, a un nivel puramente lingüístico, la adquisición del euskera desde el castellano resulta mucho más difícil que la adquisición de una lengua neolatina. A un hablante de castellano que se instala en Cataluña y tiene el deseo de aprender el catalán le bastará con un esfuerzo moderado durante unos meses para al menos entenderlo. Y lo mismo puede decirse en Galicia. En cambio, para alcanzar el mismo resultado en el País Vasco, se necesita un esfuerzo mucho más intenso y mantenido durante mucho más tiempo. Por este motivo, las prácticas lingüísticas que se pueden proponer en Cataluña o en Galicia resultan imposibles en el País Vasco. Para poner un ejemplo bien ilustrativo, en el Parlamento catalán prácticamente todas las intervenciones se hacen en lengua catalana y en el Parlamento de Galicia en gallego; mientras, en el de las Baleares constituyen una mayoría pero no la totalidad los diputados que intervienen en catalán, y en el de Valencia la mayoría lo hace en castellano. Como sea, en todos estos casos se da por supuesto que todos los presentes entienden las dos lenguas. Esta suposición no es posible hacerla en el Parlamento Vasco, donde incluso algunos diputados del PNV no conocen bastante el vasco como para intervenir en esta lengua, lo que obliga a disponer de un sistema de traducción simultánea. Tampoco es posible en la Universidad del País Vasco utilizar la regla vigente en las universidades de Cataluña o en las gallegas, donde se da por supuesto que profesores y alumnos conocen las dos lenguas y cada profesor puede dar la clase en la que prefiera. En la Universidad del País Vasco, para introducir la enseñanza de una disciplina en vasco hay que prever grupos en una lengua y en la otra.

A pesar de estas dificultades, el conocimiento y el uso han aumentado en proporciones apreciables, lo que implica no sólo que ha aumentado el conocimiento del euskera, sino que hay quienes aprendieron a hablar en español y luego aprendieron posteriormente el euskera, de modo que finalmente han llegado a convertir esta lengua en su lengua principal y la lengua que trasmitirán a sus hijos[6].

8.4.6. *Navarra (585.000 hab.)*

Al final de la época franquista, la proporción de la población en Navarra que hablaba habitualmente en vasco era menor todavía que en el País Vasco, y además estaba concentrada en comarcas al norte y al este del país. Aunque los partidos nacionalistas vascos, que defienden la unidad política de Euskalerria (País Vasco español, Navarra y País Vasco francés) estén también representados en Navarra,

---

[6] El Instituto Vasco de Estadística ofrece datos concretos de la extensión y conocimiento del vasco en la página www.eustat.es/bancopx/spanish/indice.asp?tipo=N

nunca han formado parte del Gobierno Foral navarro. Por estas razones, la primera ley lingüística que aprobó el Parlamento navarro resultaba muy restrictiva, y limitaba las acciones a favor del euskera a las comarcas donde se mantenía vivo. Una ley posterior ha ampliado el campo de actuación y hoy día existen medidas a favor del euskera, especialmente en la enseñanza, que se extienden a la totalidad del territorio navarro. Al mismo tiempo, la proximidad física al País Vasco hace que muchas de las iniciativas en el ámbito cultural y de los medios de comunicación a favor de la lengua adoptadas por esta Comunidad repercutan también sobre Navarra. Por todo ello, cabe decir que también en Navarra el conocimiento y el uso de la lengua han aumentado, aunque sea en forma modesta.

8.5. El Estado español y la pluralidad lingüística

Que la Constitución española no sólo reconozca la pluralidad lingüística de España sino que afirme que es un patrimonio cultural que hay que defender, implica que la promoción y la defensa de las distintas lenguas no corresponden únicamente a las comunidades autónomas en las que se hablan, sino también al propio Estado español.

Una primera forma de reconocimiento de la pluralidad sería su presencia en lo que pueden considerarse símbolos del Estado: moneda, sellos de correos, pasaporte, documento de identidad, etc. Hasta ahora no se ha producido ningún cambio en este sentido, aunque existen planes para que el DNI (Documento Nacional de Identidad) se redacte en forma plurilingüe. Lo que sí se ha hecho es que el Boletín Oficial del Estado, además de la edición principal en español, se publique además en las distintas lenguas cooficiales. Para otros órganos legislativos, existe el proyecto de convertir el Senado en cámara de representación territorial, con representantes de las comunidades autónomas en la que se puedan utilizar las distintas lenguas, aunque por ahora sólo constituye un proyecto.

En cuanto a la promoción del conocimiento de estas lenguas por parte del Estado español, el único punto destacable es que el Instituto Cervantes, dedicado a la promoción del español en el extranjero, organiza cursos de catalán, de gallego o de euskera en algunas de sus delegaciones. En las comunidades autónomas en que el castellano coexiste con otra lengua, los órganos de la administración publica en principio deben posibilitar que los ciudadanos puedan acceder a ellos en la lengua que prefieran. No obstante, en la práctica esto ocurre en forma muy limitada y depende en gran parte de los departamentos administrativos específicos. En el plano internacional, muy recientemente la Unión Europea, a propuesta del Gobierno español, ha aceptado que las lenguas cooficiales con el español en las distintas comunidades autónomas puedan utilizarse en determinadas circunstancias en las relaciones con la Unión.

8.6. Evaluación del conocimiento y de los usos de las lenguas

Mientras que tradicionalmente las afirmaciones sobre el conocimiento y el uso de las distintas lenguas se basaban en meras apreciaciones subjetivas, en la actualidad la situación ha cambiado por completo. En España, como en la mayoría de países, se efectúan censos de población cada cinco años. Por ejemplo, en el censo de 1975 la ciudad de Barcelona añadió al censo varias preguntas sobre el nivel de conocimiento del catalán. Cinco años después, en 1981, constituido ya el Gobierno de Cataluña, las preguntas se extendieron a toda la población de la comunidad autónoma. Más adelante, otras comunidades adoptaron la iniciativa, y en la actualidad todas aquéllas con lengua diferenciada efectúan un censo lingüístico cada cinco años.

En el cuadro que figura a continuación se muestra el porcentaje de la población que es capaz de hablar en la lengua propia de la comunidad autónoma, el que sólo la entiende aunque no la habla y el que no la entiende. Los datos están extraídos de los últimos censos publicados.

	Cataluña	Valencia	Baleares	Galicia	País Vasco	Navarra
Habla	79	55	72	89	28	16
Sólo entiende	18	34	21	10	15	7
No entiende	3	11	7	1	57	71

La serie temporal de los censos permite advertir que desde que la actual Constitución abrió la puerta a los regímenes autonómicos, el conocimiento de las lenguas autóctonas ha aumentado continuamente. En Cataluña, que constituye el caso más significativo, la proporción de los que dicen ser capaces de hablar en catalán ha pasado de 53% de la población en el Censo de 1981 a 79% en el Censo de 1995. Y la proporción de los que dicen no entenderlo ha descendido del 15% a 3%. En las restantes comunidades, los aumentos son igualmente significativos.

En los censos de población, las preguntas lingüísticas han de ser necesariamente pocas y muy concretas. Para conseguir más información sobre los comportamientos y las actitudes lingüísticas de la población, hay que acudir a encuestas dirigidas a muestras más o menos representativas. Citaremos aquí las más importantes.

La encuesta más antigua es la que se efectuó en 1981 en el área metropolitana de Barcelona, y que se repitió en 1986. Algún tiempo después, en 1991, se llevó cabo en Galicia una encuesta que por su amplitud, cerca de 40.000 entrevistados, y por su representatividad es probablemente la encuesta sociolingüística más ambiciosa que se haya llevado a cabo en ninguna lengua. Y en el País Vasco, también en 1991, se realizó una encuesta que abarcaba no sólo el País Vasco español, sino también Navarra y el País Vasco francés, encuesta que se repitió en 1996 con el mismo planteamiento pero con más amplitud.

Todas estas medidas se refieren sólo a una lengua y a un territorio y tienen planteamientos propios, lo cual hace difíciles las comparaciones. Existen también algunas encuestas para el conjunto de las lenguas distintas del español y los territorios en los que se hablan. La más amplia es la que realizó el Centro de Investigaciones Sociológicas en 1993 y en 1998 bajo la dirección del autor de este capítulo (Siguan, 1999). Una novedad de esta encuesta es que no sólo pregunta a los sujetos por sus competencias lingüísticas, sino también sobre la lengua que utilizan habitualmente y que consideran su lengua principal. Ello permite distinguir las siguientes categorías:

1. Los que tienen como lengua principal la lengua vernácula, aunque también hablan en castellano.
2. Los que se consideran plenamente bilingües.
3. Los que tienen como lengua principal el castellano, aunque son capaces de hablar en la lengua vernácula.
4. Los que tienen el castellano como lengua principal y entienden la lengua vernácula, pero no la hablan.
5. Los que tienen como lengua principal el castellano y no hablan ni entienden la lengua vernácula.

Los resultados de la encuesta del año 1998 son los siguientes:

	Cataluña	Valencia	Baleares	Galicia	País Vasco	Navarra
1º	41	29	41	46	11	6
2º	16	8	12	17	5	4
3º	22	18	18	26	12	6
4º	18	34	21	10	15	7
5º	3	11	8	1	57	77

Si antes hemos dicho que el conocimiento de estas lenguas ha aumentado rápidamente a lo largo de los últimos 25 años, en cambio la proporción de los que la tienen como lengua principal apenas ha variado. Esto ha ocurrido porque en Cataluña, por ejemplo, la proporción de los que tenían el español como primera lengua y desconocían el catalán ha disminuido y ha aumentado en cambio la de los que, teniendo el español como primera lengua, entienden también el catalán y son incluso capaces de hablarlo. En otras comunidades autónomas, sucede algo parecido aunque sea en menores proporciones. Sólo en el País Vasco parece observarse un número apreciable de sujetos que dicen haber cambiado de lengua principal, es decir, personas que aprendieron a hablar en español, adquirieron más tarde el euskera y lo han adoptado como lengua principal y así lo transmitirán a sus hijos. Aunque dada la pequeña proporción de los que en el País Vasco y en Navarra tienen el euskera como lengua principal, la influencia de este cambio en la situación de conjunto sigue siendo pequeña.

La encuesta a la que nos referimos ofrece muchos datos sobre comportamientos lingüísticos en determinadas situaciones. Como ejemplo de los datos que ofrece la encuesta se puede tomar la pregunta sobre la lengua en la que los sujetos acostumbran a mirar la televisión. Las respuestas posibles son:

1. Sólo en la lengua vernácula.
2. Más bien en la lengua vernácula.
3. En las dos.
4. Más bien en castellano.
5. Sólo en español.
6. No contestan.

	Cataluña	Valencia	Baleares	Galicia	País Vasco	Navarra
1	1	1	1	1	–	–
2	34	14	8	11	6	6
3	35	26	27	43	13	6
4	22	39	41	38	20	5
5	7	20	19	5	60	81
6	1	–	4	2	1	2

En Cataluña existen dos canales de televisión gestionados por el gobierno autonómico, ambos en catalán; en el País Vasco existen dos canales también de titularidad pública, uno en euskera y otro en castellano; en Galicia uno en gallego; en las islas Baleares, uno principalmente en catalán, y en Valencia uno primariamente en valenciano. En Navarra se puede recibir las televisiones del País Vasco en euskera.

Excepto en Cataluña, en las restantes comunidades la proporción de la población que prefiere el español supera a la de los que prefieren el idioma propio de la comunidad, aunque en todas las comunidades de lengua latina hay una proporción alta de televidentes que dice no tener en cuenta la lengua a la hora de elegir los programas. En líneas generales, se advierte una pauta similar en otras muchas actividades –espectáculos, medios de información, etc.–, como también ocurre con las respuestas a las preguntas sobre la lengua preferida para efectuar gestiones administrativas o comerciales.

Así, a la pregunta de en qué lengua prefieren ser atendidos en una oficina pública, las respuestas se distribuyen así:

	Cataluña	Valencia	Baleares	Galicia	País Vasco	Navarra
Vernácula	38	21	35	36	13	7
Indiferente	34	29	24	36	12	5
Español	28	50	40	27	75	88
NC	–	–	1	1	–	–

Pero si en las respuestas separamos las de los mayores de cuarenta años de las de los menores de esta edad, encontraremos otra diferencia entre las distintas comunidades. Entre los jóvenes de Cataluña y Galicia disminuye la proporción de los que prefieren una lengua u otra, y aumenta la proporción de los que se declaran indiferentes. En el País Vasco, aumenta entre los jóvenes la proporción de los que se declaran indiferentes, pero también la de los que prefieren el euskera. Mientras, en Valencia y en las islas Baleares aumenta la proporción de los que se declaran indiferentes y la de los que prefieren el español.

8.7. PRESENCIA DE LENGUAS EXTRANJERAS

A la hora de considerar la pluralidad lingüística del Estado español, no puede olvidarse que a este panorama heredado del pasado se añade una nueva circunstancia, ya mencionada en otros capítulos de este volumen. España ha pasado casi bruscamente de ser un país de emigrantes a recibir una corriente inmigratoria cada vez más voluminosa, que hace que ya en 2005 el diez por ciento de los habitantes censados haya nacido fuera de España; a eso hay que añadir los residentes que no han legalizado su situación.

En la actualidad, una tercera parte aproximadamente de esta inmigración procede de América del Sur: Perú, Ecuador, Colombia, República Dominicana y Argentina, entre otros orígenes; pero el resto procede de otras partes del mundo: Marruecos, Nigeria, Senegal, India, Paquistán, China, Ucrania, Rumania, Polonia, etc. Por este motivo, empieza a ser frecuente distinguir, sobre todo en las escuelas públicas de los suburbios de las grandes ciudades, una proporción importante de alumnos que llega a la escuela con un limitado o nulo conocimiento del español.

A esta inmigración producida, sobre todo, por los movimientos y desequilibrios económicos en la escena mundial, se añade la creciente presencia de ciudadanos del norte de Europa que eligen España, especialmente las costas mediterráneas y Canarias, no sólo como espacio de vacaciones, sino como segunda residencia o como lugar donde retirarse. En las zonas donde su implantación es mayor, el inglés o el alemán tienden a convertirse en lengua de comunicación.

A esta presencia de nuevas lenguas en el territorio español hay que añadir que, si tradicionalmente el conocimiento de lenguas extranjeras por parte de los españoles era pequeño, la presión de la globalización está despertando el interés por conocerlas. Buena prueba de ello es que algunas comunidades autónomas –p. ej., Madrid, País Vasco y Cataluña– han iniciado recientemente en un nivel experimental la introducción precoz de inglés en la enseñanza primaria, dando por supuesto que dentro de unos años algunas materias se profesarán en inglés.

8.8. LA REPERCUSIÓN SOBRE EL ESPAÑOL

Desde el comienzo de su historia, la lengua castellana ha estado en contacto con las lenguas surgidas en territorios vecinos, y a partir de la unificación de España ha compartido con estas lenguas estos mismos territorios. Como es lógico suponer, un contacto tan estrecho y continuado ha tenido repercusiones en todas las dimensiones del lenguaje y muy especialmente en el léxico[7].

No obstante, las consecuencias del contacto no se limitan a estas incorporaciones al léxico común. En los territorios en los que convive con estas lenguas, el español adquiere características propias, tanto en la fonética como en el léxico y en la sintaxis, que son consecuencia directa de este contacto y que según los casos se denominan vasquismos, galleguismos o catalanismos. Asi, los nacidos y criados en Cataluña, cuando hablan en español, tienen un acento característico que permite identificarlos fácilmente y que traspasa al español algunas características fonéticas del catalán en la pronunciación y en la entonación. En el caso de los que empezaron en su primera infancia a hablar en catalán, esto puede atribuirse a la presión del sistema fonético catalán sobre sus aprendizajes lingüísticos posteriores, y en alguna medida puede decirse algo parecido de los que empezando a hablar en español se convirtieron pronto en bilingües. Asimismo, la pronunciación catalana se escucha a menudo también en personas que en su infancia sólo han adquirido el español, pero que han recibido de los que les rodean la pronunciación y la entonación catalanizadas.

A las peculiaridades fonéticas del español en Cataluña se añaden irregularidades prosódicas como el desplazamiento de la acentuación en ciertas palabras: así "estudían" por "estudian". Y se añaden so-

---

[7] La Real Academia de la Lengua recoge en su *Diccionario* un buen número de palabras que presentan múltiples orígenes: del vasco –izquierda, zamarra, chavola, cencerro, aquelarre, órdago, etc.–, del gallego –chubasco, morriña, centollo y otros nombres de mariscos y peces, etc.–, del catalán –clavel, convite, peaje, capicúa, peseta, etc.

bretodo peculiaridades léxicas de las que pueden ser ejemplo "aparador" por "escaparate", "cerrar la luz" por "apagar la luz", "dejar correr" por "no darle importancia", "encontrar a faltar" por "echar en falta", "hacer años" por "cumplir años", "hacer mala cara" por "tener mal aspecto", "ir haciendo" por "ir tirando", "plegar de trabajar" por "terminar de trabajar", "lampista", denominación de un operario que es a la vez electricista y fontanero, y otras tantas.

Lo descrito para Cataluña puede repetirse para los restantes territorios en los que el español coexiste con otras lenguas, aunque con algunas diferencias en sus características. La fonética gallega es sensiblemente distinta de la española, y por ello el español hablado en Galicia tiene un acento característico, tanto o más marcado que el catalán. Lo contrario ocurre en el País Vasco y en Navarra. La fonética del vasco es muy similar a la del castellano más tradicional, y por ello el español hablado en estos territorios no presenta singularidades fonéticas. La sintaxis vasca es en cambio muy distinta de la de las lenguas neolatinas, lo que hace que el español hablado en estos territorios presente características sintácticas singulares.

Desde hace un tiempo, la Real Academia ha renunciado a proponer un modelo único de lengua y en su diccionario da cabida a variedades regionales o locales; en cambio, no admite aquellas formas que derivan directamente de la coexistencia con otras lenguas y que se consideran por ello deformaciones debidas a la ignorancia y el descuido. Una decisión que a veces tiene consecuencias curiosas. En Cataluña, para designar a un "albañil" se utiliza la palabra "paleta", tanto al hablar en catalán como en español. En el *Diccionario* de la Academia, para el artículo "paleta", además del significado general "diminutivo de pala", se consignan algunos significados de la palabra propios de territorios determinados. Entre ellos no figura el significado que tiene en el español hablado en Cataluña, pero sí figura que en la Argentina "paleta" significa el albañil que no tiene el título de oficial.

Para completar este panorama se puede añadir que, en general, los hablantes de español en estos territorios bilingües son concientes de la existencia de estas singularidades que la norma académica considera como incorrecciones, lo que puede llevarles a esfuerzos de hipercorrección, un esfuerzo que es observable sobre todo en la lengua escrita y en los escritores bilingües[8].

---

[8] Como cabría esperar, la bibliografía respecto al contacto lingüístico entre las lenguas peninsulares es muy extensa. Entre otras referencias de interés para profundizar sobre el tema, véase Entwistle (1973), Alvar *et al.* (1986), Salvador *et al.* (1986),

8.9. Valoración de conjunto y perspectivas para el futuro

Veinticinco años después de la promulgación de la Constitución y del inicio de las políticas de promoción de las lenguas distintas del español en España, parece posible hacer un balance de lo ocurrido y prever cómo afectará al futuro del español. Posible pero no fácil, porque desde distintas perspectivas políticas se enuncian diagnósticos totalmente opuestos. Para unos, en la mayoría de estos territorios el español está claramente marginado, y ello produce un descenso de su calidad que a la larga puede representar su olvido. Para otros, desde una perspectiva opuesta, el español tiene tal preponderancia que si no se pone en práctica una política más enérgica a favor de las lenguas menores, en los próximos cincuenta años éstas habrán desaparecido.

No parece difícil ofrecer una opinión más matizada. Es evidente que las políticas lingüísticas puestas en práctica han aumentado el conocimiento de estas lenguas por parte de la población, y que han incrementado su uso público y su presencia en los ámbitos formales y en los sistemas de comunicación. Y es un hecho que el número de los que tienen estos idiomas como primera lengua se mantiene relativamente estable, todo lo cual permite asegurar la supervivencia de estas lenguas en un plazo previsible.

Pero, por otra parte, no sólo la proporción de los que tienen el español como primera lengua se mantiene estable, sino que, como muestran las encuestas, su uso como medio de comunicación tiende más bien a aumentar, lo que sin duda debe atribuirse a que el proceso de globalización claramente favorece al español y seguirá favo-

Del Mazo de Unamuno (1988), Echenique (1988), García Mouton (1994), Hernández Alonso (1994), Etxebarría (1995), Laín Entralgo *et al.* (1996), Blas Arroyo (1998 y 1999), Etxebarria (2002), Cano (2004) y Echenique y Sánchez (2005). Además, el lector interesado podrá recoger más información en las páginas de Internet que aparecen al final del capítulo, todas ellas actualizadas con periocidad gracias al apoyo institucional que reciben. Por último, la red también nos ofrece múltiples opciones interesantes desarrolladas a un nivel más individual, como por ejemplo el sitio de Mar Cruz Piñol sobre modelos de uso de la lengua española (http://www.ub.es/filhis/culturele/50MCruzP.html), el de Carsten Sinner con bibliografía sobre el contacto entre el castellano y otras lenguas del Estado español (http://carstensinner.de/castellano/biblio grafia.html), el de Mónica González Manzano y Laura Romero Aguilera, becarias de la Universitat de Barcelona, sobre lenguas en contacto y lingüística hispánica en general (http://www.ub.es/filhis/universidades. html), el de Serafín Coronel-Molina (http://dolphin.upenn.edu/%7Escoronel/) y el de Joaquim Llisterri (http:// liceu.uab.es/~joaquim/home.html).

reciéndole en el futuro. Todo lo cual permite suponer que en el futuro previsible la actual coexistencia de lenguas en España se seguirá manteniendo en forma similar a la actual, a lo que debe añadirse una mayor presencia del inglés y una mayor presencia también de las lenguas de los inmigrantes.

8.10. PREGUNTAS PARA LA REFLEXIÓN

1. Revise las páginas de Internet que aparecen en la sección siguiente sobre recursos electrónicos para cada una de las lenguas oficiales en España y tome nota sobre algunos de los datos que sobre la historia de cada una se ofrezcan en las páginas. ¿Qué conclusiones podría usted extraer al respecto?

2. El profesor José Enrique Gargallo preparó en el año 2000 un interesante recorrido por la diversidad lingüística del Estado español, a la cual se puede acceder a través de la página electrónica de la revista *Espéculo* (http://www.ub.es/filhis/culturele/gargallo.html). Siga ese recorrido y anote ejemplos similares a los que aparecen en este capítulo sobre la diversidad léxica en España por el contacto entre sus lenguas.

3. Resuma las principales diferencias que, a nivel histórico y político, se plantean en el capítulo con respecto a las cuatro lenguas oficiales en España.

4. Busque información sobre la situación lingüística de otros tres países en Europa –p. ej., Francia, Suiza y Gran Bretaña–, tres países en Africa –p. ej., Argelia, Camerún y Sudáfrica– o tres países en Asia –p. ej., India, China y Vietnam–. ¿Qué diferencias puede observar con respecto al estatus político y social de las lenguas en España?

5. En la última parte del capítulo se resumen los resultados de una encuesta sobre el conocimiento y el uso de las diferentes lenguas de España. Después de leer la sección y a partir de su propia experiencia como hablante del español, ¿cómo piensa que evolucionará la situación lingüística en el país?

6. ¿Hasta qué punto podrán influir en el español de España –a nivel fonético, léxico, sintáctico, etc.– la gradual presencia de otras variedades de la lengua procedentes de otros países? ¿Qué cabría decir sobre la influencia de otras lenguas introducidas por comunidades de inmigrantes con residencia permanente en España?

7. A un nivel sociológico y político, ¿qué tipo de iniciativas o medidas resultarían pertinentes para conservar, asimilar o promover las lenguas de los inmigrantes no hispanohablantes en España?

BIBLIOGRAFÍA

ALVAR *et al.*, M. (1986): *El castellano actual en las comunidades bilingües en España.* Salamanca, Junta de Castilla y León.

BLAS ARROYO, J. (1998): *Las comunidades de habla bilingües. Temas de sociolingüística española.* Zaragoza, Pórtico.

BLAS ARROYO, J. (1999): *Lenguas en contacto. Consecuencias lingüísticas del bilingüismo social en algunas comunidades de habla del este peninsular.* Madrid, Iberoamericana.

CANO, R. (coord.) (2004): *Historia de la lengua española.* Barcelona, Ariel.

DEL MAZO DE UNAMUNO, M. (1988): *Nuestras lenguas: Castellano, catalán, gallego, euskera.* Madrid, Ediciones Akal.

DEL VALLE, J. y GABRIEL-SHEEMAN, L. (eds.) (2002): *The Battle over Spanish between 1800 and 2000. Language Ideologies and Spanish Intellectuals.* Londres, Routledge. [Trad. esp: *La batalla del idioma. La intelectualidad hispánica ante la lengua.* Madrid, Iberoamericana, 2004.]

ECHENIQUE, M. (1988): *Estudios lingüísticos vasco-románicos.* Madrid, Istmo.

ECHENIQUE, M., y SÁNCHEZ, J. (2005): *Las lenguas de un reino. Historia lingüística hispánica.* Madrid, Gredos.

ENTWISTLE, W. (1973): *Las lenguas de España: castellano, catalán, vasco y gallego-portugués.* Madrid, Istmo.

ETXEBARRÍA, M. (1995): *El bilingüismo en el Estado español.* Bilbao, FBU.

ETXEBARRIA, M. (2002): *La diversidad de lenguas en España.* Madrid, Espasa-Calpe.

GARCÍA MOUTON, P. (1994): *Lenguas y dialectos de España.* Madrid, Arco/Libros.

HERNÁNDEZ ALONSO, C. (1994): *Lenguas en contacto y política lingüística en la España actual.* Burgos, Caja de Burgos.

LAÍN ENTRALGO, P. *et al.* (1996): *Las lenguas de España.* Sevilla, Fundación El Monte.

MAR MOLINERO, C. (2000): *The Politics of Language in the Spanish-Speaking World.* Nueva York, Routledge.

PRAT DE LA RIBA, E. (1906): *La nacionalitat catalana.* Barcelona, Tip. l' Anuari de la Exportació. [versión bilingüe en catalán y castellano: La nacionalidad catalana/La nacionalitat catalana. Madrid, Editorial Biblioteca Nueva. 2006.]

SALVADOR, G. *et al.* (1986): *Mapa lingüístico de la España actual.* Madrid, Fundación Juan March.

SIGUAN, M. (1992): *España plurilingüe.* Madrid, Alianza Editorial. [trad. ing.: *Multilingual Spain.* Ámsterdam, Sweets & Zeitlinger.]

SIGUAN, M. (1999): *Conocimiento y uso de las lenguas*. Madrid, CSIC.
SIGUAN, M. (2001): *Bilinguismo y lenguas en contacto*. Madrid, Alianza Editorial.
TURELL, M. (2001): *Multilingualism in Spain. Sociolinguistic and Psycholinguistic Aspects of Linguistic Minority Groups*. Clevedon, Multilingual Matters.

CENSOS, ENCUESTAS E INFORMES OFICIALES

Cataluña

– Farràs, J.; J. Torres y F. Vilà. 1996. *El coneixement del català. Mapa sociolinguistic de Catalunya. Anàlisis de l'enquesta de població de 1966*, Barcelona, Generalitat de Catalunya.
– *Informe sobre política lingüística 2001*. Direcció General de Política Linguistica. Barcelona, Generalitat de Catalunya 2002.
– *Informe sobre política lingüística 2003*. Secretaria de Política Lingüística. Barcelona, Generalitat de Catalunya 2004.

Encuestas: Además de los censos que permiten evaluar el conocimiento de la totalidad de la población, se llevan a cabo encuestas para evaluar el uso. Entre las más significativas se encuentran las que se iniciaron en 1985 y se repiten cada cinco años referidas a la población del área metropolitana de Barcelona:

– *Transmissio i coneixement de la llengua catalana a l'area metropolitana de Barcelona. Enquesta de 1986*. Área Metropolitana Barcelona 1981
– *Enquesta de la regió de Barcelona 2000, Cap. VIII: Els trets linguistics*. Institut d'Estudis Regionals i Metropolitans de Barcelona. Diputació de Barcelona. Barcelona 2002.
– *Estadística d'usos linguistics a Catalunya 2003*. IDESCAT (Institut d'Estadistica de Catalunya). Barcelona 2004 (www.idescat.net/cat/idescat/publicacions/cata leg/pdfdocs/EULC2003.pdf)

Los datos de esta última encuesta han sido analizados y comentados en:

– Torres, J. (coord.). 2005. *Llengua i societat a Catalunya als inicis del segle XXI*. Barcelona: Institut de Sociolingüística Catalana, Generalitat de Catalunya.

Islas Baleares

– *Cens de població de 1991. Taules sobre el coneixement de la llengua*. Palma. Govern Balear. Institut Balear d'Estadistica. 1993.

Valencia

- *Enquesta d Estadistica l'Academia Valenciana de la Llengua.* Honorat Ros. Llibre Blanc de la Llengua. 2004.

Galicia

En 1991 se llevó a cabo en Galicia una vasta encuesta cuyos resultados han dado lugar al llamado "mapa sociolingüístico de Galicia". Tanto por su extensión (140 preguntas), como por su volumen (cerca de 40.000 entrevistados) y sobre todo por su representatividad (la población de Galicia mayor de 14 años), resulta difícil encontrar un empeño comparable referido a otra lengua, ni entre las mayores ni entre las menores. Los datos, ampliamente analizados, se han publicado en tres volúmenes.

- *Lingua inicial e competencia lingüística en Galicia.* A Coruña, Real Academia Galega. Seminario de Sociolingüística. 1994.
- *Usos lingüísticos en Galicia.* A Coruña, Real Academia Galega Seminario de Sociolingüística. 1995.
- *Actitudes lingüísticas en Galicia.* A Coruña, Real Academia Galega. Seminario de Sociolingüística. 1996.

Posteriormente el Consello da Cultura Galega ha dedicado varios volúmenes a analizar el proceso de normalizacion de la lengua:

- *Política lingüística. Analise e perspectivas.* Consello da Cultura Galega. Santiago de Compostela. 2002.
- *Elaboración e difusión da lingua.* Consello da Cultura Galega. Santiago de Compostela. 2003.

País Vasco

El *Segundo mapa sociolingüístico,* publicado por el Servicio de Publicaciones del Gobierno Vasco en 1997, resume y analiza los datos conseguidos en los censos realizados hasta entonces en el País Vasco
El *Tercer mapa sociolingüístico,* Servicio de Publicaciones del Gobierno Vasco (2005) resume y analiza los datos del Censo de 2001.

En 1991, y a partir de la colaboración entre la Viceconsejería de Política Lingüística del Gobierno Vasco, la Dirección de Política Lingüística de Navarra y el Instituto Cultural del País Vasco francés, se llevó a cabo una encuesta sobre conocimiento y uso del euskera en el conjunto de los territorios de lengua vasca.

En 1996 se repitió la encuesta con el mismo planteamiento pero con más amplitud: 6349 encuestados, de los cuales 3495 en el País Vasco, 1464 en Navarra y 1400 en el País Vasco francés. Los resultados pueden verse en: *La continuidad del euskera. II Encuesta Sociolingüística de Euskalerria* 1996. 4 volúmenes. Gobierno Vasco, Gobierno de Navarra. Instituto Cultural Vasco. 1999.

En 2001 se llevó a cabo una nueva encuesta con la misma amplitud: *La continuidad del euskera III. Encuesta sociolingüística de Euskalerria 2001* Gobierno Vasco, Gobierno de Navarra. Instituto Cultural Vasco.

ENCUESTAS DE CONJUNTO

Los resultados de las encuestas del CIS sobre conocimiento y uso de las lenguas en las comunidades autónomas bilingües pueden verse en Siguan (1999).

RECURSOS EN INTERNET

Castellano/español

Real Academia de la Lengua: www. rae.es
Instituto Cervantes: www. cervantes.es
Biblioteca Virtual Miguel de Cervantes: www. cervantesvirtual.com

Catalán/valenciano

Política lingüística Generalitat de Catalunya: www.gencat.net/temes/cat/llengua.htm
Secretaría de Política Lingüística: www6.gencat.net/llengcat/dgpl/index.htm
Centre de Documentació en Sociolingüística. Presidencia del Govern: www.gen.cat
Institut Ramon Llull: www.llull.com/llull/
Institut d'Estudis Catalans: www.Iecat.net/CRUSCAT
Dirección de Política Lingüística, Islas Baleares: www. dgpoling.caib.es
Consejería de Educación, Comunidad Valenciana: www.gva.es
Academia Valenciana de la Lengua: www. avl.gva.es

Gallego

Direccion Xeral de Politica Lingüística: www.edu.xunta.es
Consello da Cultura Galega: www.consellodacultura.org

Academia da Lingua Galega: www.realacademiagalega.org
Instituto da Lingua Galega: http://www.usc.es/ilgas/

Euskera

Departamento de Cultura, Política lingüística: Kultura.ejgv.euskadi.net
Sistema de indicadores lingüísticos: Euskasdi.net
Academia de la Lengua Vasca: Euskaltzaindia.net

9

EL ESPAÑOL DE AMÉRICA
EN CONTACTO CON OTRAS LENGUAS

JOHN M. LIPSKI
Penn State University

9.1. INTRODUCCIÓN

El estudio del español de América ha pasado por varias etapas en cuanto al enfoque de los factores responsables para la enorme variación regional y social. Los primeros estudios, como cabía esperar, eran exclusivamente descriptivos y casi siempre representaban un solo país, generalmente el lugar de residencia del autor. Escaseaban los trabajos comparativos, y por lo tanto muchas monografías sufren de redundancia o atribuyen equivocadamente unas características a influencias regionales, cuando en realidad se encuentran más allá de las fronteras del país respectivo. Se reconocían las contribuciones de las lenguas indígenas en lo que respecta al léxico, pero en general cada variedad regional del español se presentaba sin referencia a su proceso de formación. Seguían después los estudios sociodemográficos que pretendían explicar la diversificación del español de América como consecuencia de los orígenes regionales y sociales de los primeros colonos (p. ej. Boyd-Bowman, 1964, 1968 y 1972; Rosenblat, 1977). En la misma época llegaron las primeras monografías sintéticas sobre el español de América, que ofrecen una perspectiva comparativa y a la vez unas explicaciones tentativas de la división de Hispanoamérica en grandes zonas dialectales; podemos citar los trabajos de Malmberg (1971), Fontanella de Weinberg (1976), Montes Giraldo (1982), Kubarth (1987), Cotton y Sharp (1988), Moreno de Alba (1988) y Lipski (1996a). La última etapa de estudios de variación enfoca el aspecto sociolingüístico de las comunidades de habla, tanto diacrónica como sincrónicamente; podemos citar los trabajos pioneros de Lavandera (1984), Silva-Corvalán (1989), Lastra (1992) y

López Morales (1993). Un componente esencial de la investigación sociolingüística es el reconocimiento de los efectos del contacto con otras lenguas y dialectos sobre la diversificación del español. Podemos afirmar sin exagerar que en la actualidad, aunque se siguen produciendo trabajos descriptivos así como análisis formales (de sintaxis y fonología) sobre la variación regional y social del español de América, el estudio del contacto –de lenguas y dialectos– representa el área de investigación más fructífera. A continuación se presentarán unos casos prototípicos a fin de ejemplificar las consecuencias del contacto lingüístico (algunos de ellos descritos con mayor detalle en Lipski, 2004abc y 2005).

9.2. El español en contacto con lenguas indígenas de América

La enorme diversificación del español de América se debe a múltiples factores, pero sin duda alguna la contribución más importante ha sido el contacto con las lenguas autóctonas a lo largo de más de cinco siglos de convivencia lingüística y cultural. En la actualidad, existen aún grandes zonas dialectales caracterizadas por la compenetración bilingüe del español y las lenguas indígenas, además de numerosas áreas bilingües pequeñas y aisladas cuyas consecuencias lingüísticas no se extienden más allá de los enclaves étnicos. Con la excepción del Paraguay, los principales hablantes de las lenguas indígenas pertenecen a las respectivas comunidades étnicas, y muchos hablan el castellano como segunda lengua –a veces con poca soltura y con amplias huellas de su idioma nativo–. Como muestras prototípicas de las consecuencias contemporáneas del contacto de lenguas, se presentarán datos de:

1) Yucatán (México) –contacto con las lenguas mayas–,
2) la sierra andina, desde el sur de Colombia hasta Bolivia –contacto con el quechua y el aymara–, y
3) el Paraguay y zonas vecinas –contacto con el guaraní.

9.2.1. *El español y las lenguas mayas en Yucatán*

En las zonas mexicanas de habla maya (principalmente los estados de Yucatán, Quintana Roo, pero también Campeche y Chiapas), el español es la segunda lengua de amplios sectores de la población, y muchos no lo hablan en absoluto. Alvar (1969), Suárez (1980) y Lope Blanch (1987) entre otros ofrecen un panorama del español yucateco. El bilingüismo hispano-maya en Yucatán engloba una amplia gama de niveles de competencia en lengua española. Los que hablan el español con facilidad no presentan características del maya, mientras que los bilingües que dominan más el maya hablan con rasgos fonéticos y gramaticales trasferidos del idioma maya, así como unas construcciones que, aunque no sean calcos directos de este idioma, forman parte de la interlengua de los indígenas que todavía no hablan el español con soltura. Las huellas mayas en el español yucateco son principalmente de índole fonética:

1) una fuerte constricción glotal entre palabras, en vez del enlace usual y la resilabificación de las consonantes finales;

2) consonantes oclusivas glotalizadas y aspiradas, lo cual produce un acento muy diferente de las variedades monolingües mexicanas, y

3) articulación oclusiva de /b/, /d/ y /g/ aun en contextos posvocálicos (*todo* [to-do]).

Es típica del acento yucateco la realización de la /n/ final de palabra como [m]: *Yucatán* [yu-ka-tam]. Se da el mismo fenómeno en las variedades regionales del maya, y por lo tanto es probable que se deba a la interferencia fonética. Igual que en Guatemala y El Salvador, en Yucatán se da la combinación del artículo indefinido y el posesivo: *le da una su pena decírtelo*; *tiene que darse uno su gusto*, se trata de un calco del maya (Martín, 1985). Los yucatecos bilingües pueden emplear el posesivo redundante en construcciones del tipo *me dieron un golpe en mi cabeza, te cortaste tu dedo*, así como en *su papá de Pedro*. El empleo del clítico pleonástico e invariable *lo* también ocurre: *lo arreglé la casita, sacalo las botellas, ¿No te lo da vergüenza? Ya me lo cayó el diablo; no te lo invito a sentarte porque ya es tarde*. Estas combinaciones no son traducciones del maya sino construcciones consolidadas en la interlengua de los indígenas que no tienen un dominio completo del español.

9.2.2. *El español en la zona andina en contacto con quechua y aymara*

Los dialectos andinos del español se extienden desde el sur de Colombia hasta el rincón noroccidental de la Argentina y un pequeño enclave en el norte de Chile; pero las zonas principales engloban la región serrana del Ecuador, el Perú y Bolivia. Escobar (1988 y 1990), Mendoza (1991), Cerrón-Palomino (2003) y Sánchez (2003) figuran entre las monografías más completas sobre el bilingüismo andino. La lengua quechua con sus variedades regionales forma la base del bilingüismo andino excepto en el sur del Perú, una parte de Bolivia y un enclave en el norte de Chile, donde el aymara es la principal lengua autóctona. Aunque muchos expertos afirman que el quechua y el aymara no pertenecen a la misma familia lingüística (p. ej., Hardman, 1978, 1979 y 1985), comparten casi todas las principales características morfosintácticas y fonéticas, tal vez por los siglos de convivencia. Por lo tanto, los efectos de ambas lenguas sobre el español andino son casi idénticos, salvo el caso de los préstamos léxicos respectivos.

Entre los bilingües menos competentes en español, se nota una neutralización parcial de las vocales /i/-/e/ y /u/-/o/ como reflejo del sistema trivocálico de las principales lenguas andinas. Esta fluctuación e inseguridad en cuanto al correcto timbre vocálico conlleva un fuerte estigma sociolingüístico y recibe el nombre despectivo de *motosidad* (en Bolivia se dice *hablar moteroso*). En la literatura costumbrista andina se suele representar las neutralizaciones vocálicas como una mezcla desordenada de vocales equivocadas, pero ningún hablante habla de esa manera. Aun los bilingües con poca competencia activa en español sólo se equivocan de vocal ocasionalmente, nunca con la frecuencia e intensidad de las parodias literarias, como los textos siguientes:

> No poides, tata. Yo tener que regresar al tambo para coidar mis borritos (Botelho Gonsálvez, 1997: 20).

> Nara sempre mama, nara, sultera jay suy (Barrera Gutiérrez, 2000a: 98).

> Chau "ahuichito", y dipindi di vus para salvarti, e si nu puidis, mi lo salodas a dun San Pidru, é si pur casoalidad ti mandan dundi dun "SATA", me lu deces qui il pruximu añu voy bailar la deablada in so comparsa (Barrera Gutiérrez, 2001a: 75).

> Ti loy traydo un poquito di discados y requesón pa que comas … Juancho, istás meletar tris años, en tris años no has trabajadu. Por quí no te reteras y guelves a nuestro ayllu? (Botelho Gonsálvez, 1965: 75).

Es más realista la siguiente imitación:

> De esa si nu podría decir nada. La otra vez dicen qui ha quirido entrar en su tienda el hijo del Manuchu, que siempre estaba enamorado de ella. Piro mitió tal escándalo en Ismicha, que, el Sub le había ayudadu, haciéndolo meter a la policía al tipu …(Blym, 1940: 36).

Otro producto de la interferencia de las lenguas andinas son los frecuentes lapsos de concordancia nombre-adjetivo y sujeto-verbo, así como la preferencia por el orden de palabras COMPLEMENTO-VERBO: *casa tengo*. Son frecuentes las construcciones del tipo *de Juan su mamá, del perro su rabo*, siendo calcos del quechua; igualmente se escucha –sobre todo en la sierra ecuatoriana– la combinación *dame cerrando la puerta* ('cierra la puerta'), *dame comprando un periódico* ('cómprame un periódico'). En toda la zona andina es usual la repetición del clítico de complemento directo al lado del complemento nominal; en los sociolectos menos competentes en español, el clítico se reduce a *lo* invariable (*le* en el Ecuador). Unos ejemplos recogidos en el habla espontánea son: *cerrámelo la puerta* [Bolivia]; *¿Me lo va a firmar la libreta?* [Salta, Argentina]; *Se lo llevó una caja* [Perú]; *Le veo el carro* [Ecuador]. Se ha sugerido (Lipski, 1996a) que el clítico invariable representa en efecto la gramaticalización de *lo* como partícula que marca el complemento directo (marcador acusativo). Esto ha ocurrido debido a un reanálisis basado en la coincidencia casual de los clíticos preverbales en español y el marcador del acusativo en quechua. En quechua la partícula enclítica -*ta* se coloca al final del complemento directo:

T'ika	**ta**	**kuchu**	**-ni**
Flor	–ACC	cortar	1sg (*lo* corto la flor)
Ima	**-ta**	**kuchi**	**-ni?**
Qué	ACC	cortar	1sg (¿qué *lo* corto?)

De acuerdo con el patrón gramatical típico del quechua, de orden (SUJETO-) OBJETO-VERBO, el sufijo acusativo -*ta* ocupa la posición inmediatamente preverbal, igual que los clíticos acusativos en español. Si los hablantes del quechua que adquirían el castellano interpretaban equivocadamente el clítico monosilábico *lo* del español como el marcador acusativo homólogo, su primera aproximación al español sería: *[la] casa-lo tengo*. Al llegar a dominar el orden sintáctico preferido del español –(S)VO– la partícula *lo*, que originalmente había desempeñado la función de marcador acusativo en la interlengua de los bilingües, se desprende del complemento directo y se junta al verbo mediante la proclisis normal del español. Así es que la falta de concordancia con el complemento directo y la presencia de *lo* aun cuando el complemento directo es inanimado se explica por la función original de *lo* en la interlengua como marcador del acusativo.

En el español andino también se producen complementos directos nulos con referencia definida: *Hace tiempos que no recibo una carta tuya. Estoy extrañando* [Ø] *mucho* [Bolivia]; *Al chofer* [Ø] *le di* [Ecuador]; *A veces nos traía carne, así. Nos* [Ø] *traía siempre para vendernos así* [Perú]. Estas combinaciones son agramaticales en los dialectos monolingües del español de otros países; en la zona andina reflejan la presencia de complementos directos nulos en quechua y aymara.

El español andino se caracteriza por el uso amplio de diminutivos, como reflejo de los marcadores honoríficos del quechua y aymara. Es posible convertir a la forma diminutiva números (*cincuentita*), demostrativos (*estito*), adverbios (*nomasito*) y gerundios (*corriendito*), entre otros. A veces el diminutivo español se combina con el sufijo diminutivo -*y* del quechua: *hermanitay, corazoncitoy. ¿Estás yendo y? ¿Te acuerdas y?* Los bilingües español-aymara suelen añadir *pero* al final de las oraciones para indicar un matiz de disculpa o lástima: *no ha venido, pero* ('lamentablemente').

En la zona andina el tiempo pluscuamperfecto del indicativo funciona con valor evidencial frente al pretérito simple: *llegaste* ('te vi llegar') – *habías llegado* ('me han dicho / tengo entendido / deduzco que llegaste'). El quechua y el aymara cuentan con paradigmas verbales que expresan el mismo matiz semántico; esta dicotomía ha sido transferida al español andino con una sutileza que a veces pasa desapercibida entre hablantes de otras variedades del español.

9.2.3. *El español en contacto con el guaraní en el Paraguay*

El español convive con la lengua guaraní en el Paraguay y en grado menor en los llanos bolivianos y el noreste argentino. Para el español paraguayo pueden consultarse Usher de Herreros (1976), Corvalán (1977 y 1983), Corvalán y De Granda (1982), Krivoshein de Canese y Corvalán (1987) y De Granda (1988). Los hablantes bilingües cuyo dominio del castellano se aleja de la competencia monolingüe suelen introducir modificaciones fonéticas que dan constancia de la lengua guaraní: hay constricciones glotales entre palabras, y existe la tendencia de realizar las obstruyentes sonoras /b/, /d/ y /g/ con articulación prenasalizada [ᵐb], [ⁿd], [ᵑg] en posición inicial de palabra. Entre las modificaciones morfosintácticas se encuentran las siguientes, que reflejan tanto la estructura gramatical del guaraní como la formación de una interlengua por los bilingües menos competentes en español:

1) La combinación *un mi amigo, otro mi hermano.*

2) La combinación *todo (ya)* tiene valor perfectivo: *Ya trabajé todo ya* ['he terminado']; *Mañana compraré todo para tu ropa* ['acabaré de comprar ...'].

3) Se dan las combinaciones dativas personalizadas *se murió de mí mi perrito; La madre cuida a su hijo para que no se ahogue de ella.*

4) A veces se elimina *tan* en las comparaciones de igualdad: *mi hermano es [tan] alto como el de Juan.*

5) A veces desaparece la cópula con el verbo *ser: eso [es] lo que yo te pregunté.*

6) Se produce el desdoblamiento de los clíticos de complemento directo (*le/les* en el español paraguayo) sin concordancia de género gramatical: *Les visité a mis tías; Le quiero a mi hija.*

7) Al igual que el español andino, también ocurren frases con complementos directos nulos, aun cuando tienen referencia definida: *¿Viste mi reloj? No, no vi [Ø].*

8) El uso de *un poco* como calco del sufijo *–mi* del guaraní, que también se usa para expresar cortesía o condolencia: *préstame un poco tu lápiz; se murió un poco mi abuela.*

9.3. EL ESPAÑOL DE AMÉRICA EN CONTACTO CON OTRAS LENGUAS EUROPEAS

Dejando al lado el caso de la frontera de Brasil con los países vecinos de habla española, el español de América está en contacto con otras lenguas europeas como consecuencia de dos procesos demográficos: la inmigración de europeos a países hispanoamericanos y la emigración de hispanoamericanos a países americanos donde se habla otra lengua europea. En general, los inmigrantes europeos no han llegado en cantidades suficientes como para afectar los dialectos regionales del español fuera de los pequeños enclaves étnicos donde viven los colonos de las primeras generaciones. Por lo tanto se trata de matices microdialectológicos que raras veces llegan a forma parte del lenguaje nacional. En tiempos pasados, unas corrientes migratorias de Europa dejaron huellas más profundas en el español de América, sobre todo los millones de italianos que llegaron al Río de la Plata hacia finales del siglo XIX y comienzos del XX. En la actualidad sólo existen pequeñas comunidades de descendientes de inmigrantes europeos donde se mantienen todavía las lenguas ancestrales en contacto con el español. Se ofrecerá una selección representativa de estos casos de microbilingüismo para ejemplificar otra faceta de la diversidad del español americano.

9.3.1. *Los dialectos italianos en México*

México ha recibido una inmigración italiana considerable, pero la mayoría de los inmigrantes italianos se ha integrado rápidamente a la vida mexicana, sin dejar palpables huellas lingüísticas y culturales. En algunas áreas rurales, se han establecido colonias de inmigrantes italianos; a lo largo del tiempo han ido desapareciendo los dialectos regionales de Italia que se hablaban en estas comunidades, pero queda todavía una comunidad mexicana donde la lengua ancestral de los descendientes de italianos se mantiene con tenacidad. En concreto, el pueblo de Chipilo, en el estado de Puebla, todavía conserva el dialecto del véneto italiano más de cien años después de su fundación (Romani, 1992; MacKay, 1993; Zago Bronca, 1998). El véneto se parece más al español que el italiano estándar; por ejemplo, los infinitivos de la primera conjugación terminan en -*ar* en vez de -*are* y muchos participios pasados terminan en -*á* en vez de -*ato/-ata*. Este último fenómeno se parece a la realización -*ada* > -*á* del español popular. Estos hechos dialectales facilitan la compenetración del español y el dialecto de Chipilo, así como la influencia del español en el dialecto véneto mexicano, como se observa, por ejemplo, en el empleo del pronombre *nos* en vez de *ci/noi* y la formación de combinaciones híbridas como *frijoliti*. También existen casos de interferencia del véneto sobre el español, por ejemplo la neutralización /r/-/rr/ (*areglao* en vez de *arreglado*), el empleo de formas plurales derivadas del véneto (*añi* por *años*, *aseitune* por *aceitunas*) y de sufijos verbales (*acepten* por *aceptaba*, *establesesti* por *establecidos*). El véneto no desplaza las palabras interrogativas al comienzo de la cláusula, y los chipileños menos competentes en español reflejan la sintaxis del substrato al decir ¿*Tú vives dónde*? ¿*Esto cuesta cuánto*? El véneto también manifiesta la doble negación, la cual se traspasa al habla chipaleña coloquial: *No lo tengo no*. El caso de Chipilo ejemplifica la tenacidad de muchas lenguas de inmigración dentro de los enclaves étnicos en Hispanoamérica.

9.3.2. *Las lenguas germánicas en el Paraguay*

El Paraguay ha recibido muchos grupos de inmigrantes europeos y asiáticos a lo largo de su historia, y sobre todo en el período que se extiende desde la segunda mitad del siglo XIX hasta la primera mitad del XX, se fundaron varias colonias estables donde la lengua predominante no era ni el español ni el guaraní. Debido al aislamiento geográfico de muchas colonias, así como al deseo de mantener las bases étnicas y lingüísticas, las lenguas de los inmigrantes sobrevivieron por varias generaciones después del cese de las corrientes migratorias, y pueden haber dejado huellas en las hablas locales de las respectivas zonas paraguayas. Era muy cuantiosa la inmigración alemana al Paraguay, y se fundaron varias decenas de colonias alemanas por todo el país (Fretz, 1962). A los alemanes se sumaron menonitas europeos y canadienses de habla alemana y holandesa, que hasta ahora han mantenido su autonomía lingüística y cultural en el Chaco paraguayo. Llegaron los primeros menonitas al Paraguay en 1926, después de haberse fugado de Rusia y Polonia y de haber vivido una temporada frustrante en el Canadá. En la actualidad viven más de 10.000 menonitas en el Chaco, de ascendencia rusa, ucraniana, polaca, alemana y canadiense, y han mantenido la lengua y las costumbres con mucho vigor y tenacidad. En total, el Paraguay cuenta con más de 160.000 hablantes del alemán y 19.000 hablantes del *plattdeutsch*, un dialecto germánico del norte de Alemania y los Países Bajos. En estas colonias alemanas, el español local –ya matizado por el guaraní– también adquiere las características transitorias de las lenguas germánicas.

9.3.3. *La Argentina: Los alemanes "del Volga"*

Durante el siglo XIX llegaron a la Argentina varios grupos de colonos europeos, que solían residir en comunidades homogéneas que favorecieron la retención de las lenguas ancestrales durante varias generaciones. Uno de los grupos más numerosos –cuya lengua se mantiene hasta hoy– es la colonia de alemanes "del Volga", distribuidos en varias provincias alrededor de Buenos Aires (Hipperdinger y Rigatuso, 1996; Cipria, 2004). Hacia mediados del siglo XVIII un grupo de alemanes emigró a las orillas del Río Volga en Rusia y fundó la primera comunidad alemana en 1764, cerca de Saratov. Durante más de un siglo esta comunidad habló sólo alemán y resistió la asimilación cultural, tal vez porque varios zares rusos les otorgaban una condición "especial" que permitía la retención de su identidad etnolingüística. En 1876 el zar Alejandro II anuló el convenio que protegía a los alemanes que vivían en Rusia, lo cual provocó una emigración masiva a Brasil y a la Argentina. En 1878 se fundó la primera comunidad alemana "del Volga" en la Argentina, y en las décadas siguientes más de seis mil alemanes llegaron a las nuevas colonias. Hoy día la lengua alemana se mantiene cada vez menos entre las generaciones jóvenes, aunque no desaparece del todo; las personas que prefieren hablar alemán producen combinaciones sintácticas que reflejan la gramática del alemán, por ejemplo *Juan hoy tiene cumpleaños*, ('hoy es el cumpleaños de Juan').

9.3.4. *El inglés norteamericano en Centroamérica*

La presencia del inglés estadounidense en las repúblicas centroamericanas se remonta al siglo XIX, con la participación de soldados mercenarios y "filibusteros" que intervenían en guerras internas e intentos de anexión a los Estados Unidos. Sin embargo, la fundación de comunidades estables de norteamericanos se produce a partir del siglo XX, con la expansión de las empresas agrícolas multinacionales, sobre todo las compañías bananeras y los ferrocarriles. En Honduras, Costa Rica y Guatemala, y posteriormente en otras naciones, la United Fruit, la Standard Fruit y otras empresas estadounidenses establecieron comunidades de funcionarios norteamericanos que convivían con los obreros locales, dando lugar a la introducción de muchos anglicismos en los dialectos regionales. Así, *búfalo* y *daime* para las monedas de 10 y 20 centavos de *lempira* respectivamente en Honduras, que en el auge de la industria bananera valían 5 y 10 centavos del dólar estadounidense (la antigua moneda de 5 centavos tenía un búfalo en la cara anversa, mientras que la moneda de 10 centavos de dólar es el *dime*, pronunciado [daɪm]). Además de estos contactos anglo-hispanos transitorios, se han fundado colonias religiosas estadounidenses en varias partes de México y Centroamérica, siendo la más numerosa la comunidad de Monteverde en Costa Rica. Esta colonia fue fundada por cuáqueros de los Estados Unidos en la década de los cincuenta, cuando un puñado de familias de la Sociedad de los Amigos (cuáqueros) abandonó el estado sureño de Alabama para establecerse en Monteverde. Esta comunidad tiene apenas medio siglo de existencia, y el bilingüismo limitado de los fundadores ha sido reemplazado por el dominio completo del español entre las generaciones nacidas en el enclave angloparlante. En Costa Rica, el área de Monteverde se ha convertido en un sitio turístico de fama mundial, debido a la adquisición del bosque tropical por la comunidad religiosa y la promoción del ecoturismo en esta zona de belleza virginal. El contacto con millares de turistas, muchos de los cuales hablan inglés, ha de fortalecer el idioma inglés en Monteverde, y facilitará la incursión de esta lengua en los dialectos vecinos del español. Watts (1999) ha estudiado las manifestaciones bilingües de esta comunidad.

9.4. EL ESPAÑOL DE AMÉRICA EN CONTACTO CON LENGUAS CRIOLLAS

En varios países hispanoamericanos, sobre todo en la cuenca del Caribe, existen comunidades de inmigrantes que hablan lenguas criollas de origen afro-europeo. Son en su mayoría descendientes de esclavos africanos y hablan lenguas híbridas que resultan de la reestructuración de lenguas europeas –inglés, francés, portugués– en contacto con múltiples lenguas africanas durante la trata de esclavos en la época colonial. Debido a los procesos de criollización, así como a la presencia de rasgos universales entre las lenguas criollas, existen muchas semejanzas gramaticales entre los criollos del Caribe, y los efectos de estas lenguas sobre el español también son similares (Lipski, 1996d, 1998 y 1999). Entre los rasgos compartidos entre los criollos de base inglesa de Jamaica y las islas vecinas, de base francesa de Haití, Martinica, Guadalupe y algunas islas pequeñas y de base hispano-portuguesa (el papiamento de Curazao y Aruba y el palenquero del Palenque de San Basilio, Colombia), figuran:

– Preguntas no invertidas, del tipo *¿Qué tú quieres?* ya muy frecuentes en las Antillas hispánicas.
– El uso obligatorio de pronombres de sujeto patentes, frente al empleo de sujetos "nulos" en español.
– La ausencia de concordancia sujeto-verbo; los verbos son invariables y se acompañan de partículas preverbales que expresan tiempo, modo y aspecto.
– La ausencia de concordancia nombre-adjetivo y la falta de distinciones de género gramatical.
– El empleo de los mismos pronombres personales en posición de sujeto y complemento y la falta de distinción de género entre los pronombres (un solo pronombre para "él" y "ella", etc.).

– Distintas maneras de indicar el plural en los sintagmas nominales (el uso del pronombre de tercera persona plural "ellos" pospuesto, el empleo de una partícula prenominal, etc.), pero nunca la *-s* plural del inglés y de las lenguas romances.

– El empleo de pronombres patentes + verbos invariables ("infinitivos") después de preposiciones, del tipo *antes de yo llegar, para nosotros tener,* etc.

Algunas de estas configuraciones ya existen en los dialectos españoles del Caribe, y en otros casos los inmigrantes bilingües menos competentes en español introducen rasgos gramaticales de su idioma nativo al formar una interlengua bilingüe. Se presentarán los casos más representativos del contacto entre el español y lenguas criollas en América.

9.4.1. *El inglés criollo en Centroamérica*

A lo largo del litoral centroamericano, desde Belice hasta la zona del Canal de Panamá, la población mayoritaria es de origen afroantillano y de habla criolla, empleándose variedades lingüísticas derivadas del inglés (véanse los trabajos en Holm, 1983). En Belice, el inglés criollo compite con el inglés estándar (lengua oficial del país), el español y el quiché-maya, y se produce una amplia gama de compenetraciones lingüísticas entre los cuatro idiomas. Los pequeños puertos caribeños de Guatemala, Livingston y Puerto Barrios contienen poblaciones de habla inglesa criolla, y esta población se extiende a lo largo de la costa vecina de Honduras hasta llegar a la zona de la Mosquitia, donde el inglés criollo compite con el idioma miskito, lengua que a su vez se extiende por casi todo el litoral oriental de Nicaragua, aunque el inglés criollo predomina en las poblaciones principales (Puerto Cabezas y Bluefields). En las Islas de la Bahía, departamento insular de Honduras con profundas raíces británicas, predominan variedades no acriolladas del inglés antillano, semejante a los dialectos de las islas Caimán; en estas islas, existe una considerable población de raza blanca, mayoritaria en muchas zonas, cuyas características lingüísticas apenas se diferencian de las de los pobladores afroantillanos. En Costa Rica, la población de habla criolla se concentra en Puerto Limón, donde el español está ganando fuerza para reemplazar eventualmente el idioma afroantillano. En Panamá, el dominio del inglés criollo empieza en Bocas del Toro, y continúa esporádicamente en varios enclaves de la costa noroccidental del país; pero su resguardo principal es el puerto de Colón, en la desembocadura del canal interoceánico. En todas las repúblicas centroamericanas, el inglés criollo se ha compenetrado con las variedades regionales del español, incluso entre los hablantes de mayor dominio del castellano, y aunque los dialectos del inglés centroamericano difieren entre sí, su impacto sobre el español es bastante uniforme. Según el nivel de dominio del español, se pueden producir lapsos de concordancia sujeto-verbo y sustantivo-adjetivo, así como calcos directos del inglés criollo. Una muestra recogida en Panamá es:

> Yo vive aquí en Panamá. Viene aquí 1936. Yo lo mezcla con los panameños y mis hijas nació aquí como panameño [...] yo trabajá para el canal y mi mamá trabajá pa la familia [...] ¿Cuándo usted se va? Eh mejor que coge un taxi ...

Un ejemplo literario del español hablado como segunda lengua por antillanos de habla inglesa criolla en Puerto Limón, Costa Rica, es (Gutiérrez, 1977):

> No, mí no pueda llevar. Mí llevar y después joden a Tom. Míster, yo sabe bien. Vos decir nada a la compañía. Vos llegar a Limón y te olvidás ...

Entre los afroantillanos panameños, y a veces en otras comunidades de habla inglesa criolla, se dan preguntas no invertidas del tipo *¿Cuántos hijos tú tenéis?*, siguiendo los patrones del inglés criollo (Bishop, 1976: 62). Las preguntas no invertidas son frecuentes en Cuba, la República Dominicana y Puerto Rico, pero no se dan en Centroamérica sino en las áreas de contacto con el inglés criollo.

9.4.2. *El inglés antillano en las Antillas Españolas*

La presencia –en Cuba y la República Dominicana– de braceros de Jamaica y otras islas de habla inglesa comenzó hacia mediados del siglo XIX, pero la presencia del angloantillano llegó a su auge en las primeras décadas del XX. En Santo Domingo, el antillano de habla inglesa recibe el nombre de *cocolo*, y sus esfuerzos por hablar el español de los *bateyes* (haciendas de producción azucarera) han sido imitados por varios escritores dominicanos (Mota Acosta, 1977; Nadal Walcot, 1998). Está documentado el criollo afroinglés de Jamaica en Cuba a partir del siglo XX, y es probable que hayan existido grupos de obreros azucareros de habla jamaiquina a lo largo del siglo XIX. En la isla de Pinos (hoy isla de la Juventud), había comunidades de habla inglesa, al parecer derivada del inglés (blanco y posiblemente negro) norteamericano. Estos grupos han desaparecido en la actualidad, aunque quedan hablantes vestigiales del inglés afrocubano. En los ingenios azucareros, la importación de obreros antillanos llegó a su auge en el siglo XIX y comienzos del XX, y podemos postular una presencia tangible del criollo jamaiquino, tal vez al lado de otras variedades del inglés. Un ejemplo del español hablado como segunda lengua por braceros jamaiquinos en Cuba se encuentra en la película documental *Mis pasos en Baraguá*:

> Desde que yo viene de Jamaica, yo me quedó ... en Oriente, ahí [yo] aprendió ... yo me gutaba má epañol que inglé ... [mi mamá] me llevá pa Jamaica otra vé ...

Un ejemplo literario del habla de los braceros jamaiquinos en la República Dominicana es:

> aquí yo pielda mi tiempo. Mijol que allá in Barbados no trabaja, pero no mi mata (Marrero Aristy, 1939)

A Puerto Rico han llegado millares de negros angloparlantes de las vecinas islas Vírgenes, cuyas contribuciones al patrimonio afropuertorriqueño no han sido estudiadas todavía. Más recientemente, ha surgido una importante colonia de inmigrantes de las islas angloparlantes en Santurce, barrio obrero del área metropolitana de San Juan. En un amplio sector de este barrio, conviven nativos de Santo Tomás, Jamaica, San Cristóbal (St. Kitts), Santa Lucía, Antigua, Barbuda y muchas otras islas, muy a menudo sin la documentación migratoria requerida para legitimar su presencia en Puerto Rico. En Santurce el inglés antillano es la lengua franca, y cada individuo emplea su propia variedad, reduciendo al mínimo los elementos criollos de difícil comprensión por personas no adeptas. La mayoría de los residentes anglófonos habla unas palabras del castellano, y algunos lo hablan con soltura, aunque siempre sobresalen las características de la adquisición parcial. Unos ejemplos grabados en Santurce son: *Yo viene pa cá pa vacacione* (Jamaica); *Yo conoce Trinidad, yo fuite de vacacione; yo puede hablal pero a vece no puede comunicarse con la gente* (St. Kitts); *Yo vengo pa cá y yo aprende* (St. Kitts).

9.4.3. *El francés criollo de las Antillas menores en Hispanoamérica*

El francés criollo de las Antillas menores está en contacto con el español en varias partes del Caribe, con las esperadas consecuencias lingüísticas. Por ejemplo, en la península de Güiria, Venezuela, el español está en contacto con el criollo francés de Trinidad; como consecuencia, en el español regional de Güiria se da la doble negación del tipo *yo no estoy yendo no* (Llorente, 1994, 1995). También se dan en este enclave venezolano –más que en cualquier otra variedad regional del país– preguntas no invertidas del tipo *¿Qué tú quieres?*, calcando la sintaxis del francés criollo. Como otra indicación de la influencia del francés criollo sobre el español, podemos citar el habla de la costa caribeña de Costa Rica, el enclave antillano de Puerto Limón. Los limonenses son predominantemente de origen jamaiquino, descendientes de braceros contratados para trabajar en las plantaciones bananeras y en la construcción del canal de Panamá; pero también había contingentes de habla francesa criolla –Haití, Martinica, Guadalupe, etc.–. Las primeras dos generaciones de antillanos en Limón hablaban un español limitado, idéntico al español *bozal* del Caribe, y quedan vestigios hasta hoy en día. En un cuento del escritor limonense Dolores Joseph (1984: 31), una afrolimonense dice, en castellano desfigurado, *para mí no puede saber* en vez de "yo no puedo saber/yo no sé". Según el autor, la mujer era de madre haitiana y padre jamaiquino. El criollo haitiano, al igual que los otros criollos afrofranceses del Caribe, permite un posesivo enfocado o de contraste, mediante la posposición de *pa* más el pronombre correspondiente: *liv-pa'm* 'el libro mío', *kay pa-u* 'la casa tuya', etc.

9.4.4. *El criollo haitiano en Santo Domingo y Cuba*

Existe amplia evidencia del uso del *kreyòl* haitiano en Santo Domingo, a lo largo de la historia del sector español de la Española. En el oriente cubano, está documentada la presencia del criollo haitiano a partir de las últimas décadas del siglo XVIII, aunque es probable que haya estado en suelo cubano incluso antes. Con el éxodo de los españoles dominicanos a raíz de la revolución haitiana y la expropiación francesa de la colonia española mediante el tratado de Basilea en 1795, llegaron a Cuba hablantes del criollo haitiano, tanto esclavos como soldados negros libres que luchaban contra los ejércitos franceses. En el siglo XIX, y hasta bien entrado el siglo XX, eran ampliamente conocidas en el oriente cubano muchas frases y expresiones del criollo haitiano. En el siglo XX, la importación de braceros haitianos representaba la inmigración antillana más importante, y quedan todavía poblaciones cubanas de habla haitiana que se derivan de estos desplazamientos demográficos. Aun cuando sean debatibles las posibles contribuciones permanentes del criollo haitiano al español dominicano, no cabe la menor duda de que la población haitiana que ocupa la zona fronteriza entre las dos naciones habla un lenguaje mixto que reproduce algunas características del afro-español de antaño, el *habla bozal caribeña* de los esclavos africanos y sus descendientes inmediatos. Ortiz López (1999ab y 2001) ha estudiado cuidadosamente el español hablado por los haitianos, y sus implicaciones para las teorías sobre la formación de las lenguas criollas y las variedades vernaculares del español caribeño. Unos ejemplos del español hablado por ancianos haitianos en Cuba (recogidos por Ortiz López) son:

> yo prende hablá catellano con cubano … yo me guta hablá catellano … pichona que nació aquí alante de mí, en la casa mío … nosotro habla catellano, habla creol también … yo cría mucho animal, siembra mucho animal, se roba to, toro, toro … yo no sabe mucho catellano, pero sabe poquito …

He aquí unos ejemplos del español pidginizado hablado por los haitianos en la frontera entre Haití y la República Dominicana:

> si tú sabeh hablal haitiano cualquier decí alguna cosa mala contigo, tú entiende, pero si no sabe, elloh decín yo voy a matar y tú no entiende entones ahí pol eso hay que sabel lah doh lenguah; cuando una, una persona dominicano quiere comprá yo hablal dominicano con él. Y por eso sabe (sé) más. Hablo más oíhte … Sí. Viene mucha gente que vende aquí y sabe (sé) hablá, no sabe (sé) hablal bien, pero un chin.

Se nota que aunque los haitianos hablan una lengua criolla, al aprender el español no lo convierten en una variedad acriollada. La interlengua de los haitianos no tiene la consistencia de un criollo reestructurado, sino que refleja las tendencias esperadas en el aprendiz de una segunda lengua: inestabilidad de concordancia y la preferencia por las formas morfológicas menos marcadas –tercera persona singular para los verbos y masculino singular para los sustantivos y adjetivos.

9.5. EL INGLÉS Y EL ESPAÑOL EN LOS ESTADOS UNIDOS

El español también ha llegado como lengua de emigración a otros países de América, sobre todo a los Estados Unidos, donde el bilingüismo español-inglés se ha convertido en uno de los temas más controvertidos de la sociolingüística contemporánea (Lipski, 2001 y 2004a). Contando sólo hablantes nativos –y no los millones de estadounidenses que han aprendido el español como segunda lengua– Estados Unidos es el cuarto país mundial de habla española –o lo será dentro de poco– a pesar de que el español no es lengua oficial nacional y sólo recibe un reconocimiento parcial en algunos estados. Según el censo nacional de 2000, unos 32,8 millones de hispanos identificados –en su mayoría hispanoparlantes– residen en los Estados Unidos, es decir 12% de la población nacional (excluyendo a Puerto Rico); la mayoría habla español como lengua nativa o lengua de herencia familiar. Ya en 2005 los hispanos se convirtieron en el grupo minoritario más numeroso, sobrepasando a la población de origen africano. Entre los hispanos que viven en Estados Unidos, 59% es de origen mexicano, 10% de origen puertorriqueño, 3,5% de origen cubano, 2,2% de origen dominicano, 1,9% de origen salvadoreño, 1,3% de origen colombiano, 1,1% de origen guatemalteco. En las grandes ciudades (Nueva York, Washington, Los Ángeles, Chicago, Miami, Houston, etc.), varios dialectos del español pueden coincidir en el mismo ámbito sociocultural, pero la mayoría de los hispanoparlantes en los Estados Unidos vive en barrios étnicos donde predominan vecinos del mismo país de origen. Por lo tanto, no se ha llegado a formar un dialecto "estadounidense" del español, sino que conviven variedades regionales derivadas de los respectivos países hispanoamericanos.

La cifra total de los hispanoparlantes competentes en los Estados Unidos crece sin cesar, de forma que el español tendrá una gran importancia sociolingüística y económica en el futuro cercano. Sin embargo, los datos de los censos nacionales y las encuestas lingüísticas realizadas por distintos centros de investigación revelan que el desplazamiento lingüístico del español frente al inglés y la pérdida de la lengua española después de una generación también son fenómenos que incrementan con una rapidez asombrosa. Aun en las ciudades más grandes donde existen amplios sectores hispanoparlantes y la lengua española se destaca en los medios de comunicación y en la vida cotidiana, el empleo del español ocurre principalmente entre los inmigrantes nacidos fuera de los Estados Unidos, en grado menor entre los hijos de inmigrantes (siempre que ambos padres sean hispanoparlantes), y disminuye drásticamente en las generaciones siguientes, o en los hijos de matrimonios mixtos. En cuanto a la influencia de la lengua inglesa sobre el español en los Estados Unidos, es preciso distinguir tres grupos demográficos de características lingüísticas muy diferentes:

- Los hispanoparlantes nacidos en países de habla española y recién llegados a los Estados Unidos. Son efectivamente monolingües y manifiestan los rasgos dialectales de los países de origen. Según su permanencia en los Estados Unidos y sus conocimientos de la lengua inglesa, pueden emplear uno que otro anglicismo léxico –sobre todo en lo que se refiere a la vida cotidiana–, pero al hablar español no se les detecta la influencia de la lengua inglesa.
- Los hispanoparlantes bilingües nacidos en los Estados Unidos, que hablan el inglés como lengua nativa o casi nativa y que hablan el español con gran soltura, siendo la lengua principal del hogar. Entre los miembros de este grupo es frecuente la intercalación de lenguas en el discurso espontáneo entre interlocutores bilingües (fenómeno conocido como "cambio de código"), siempre regida por restricciones sintácticas y pragmáticas muy complejas. También emplean calcos sintácticos de modismos ingleses (siempre respetando las reglas gramaticales del español) así como muchos anglicismos integrados al sistema fonotáctico del español. Casi todos los hispanos bilingües equilibrados son capaces de producir una variedad del español sin elementos patentes derivados de la lengua inglesa, aunque puedan persistir diferencias más sutiles (por ejemplo la distribución cuantitativa de oraciones seudopasivas, el orden de palabras, etc.).
- Los hablantes "vestigiales" o "de transición" son personas de ascendencia hispana en cuyas familias se ha producido un desplazamiento idiomático del español al inglés en el transcurso de una o dos generaciones, y donde existe una competencia lingüística desequilibrada hacia los conocimientos receptivos o pasivos (Lipski, 1985b, 1986a, 1993 y 1996bc; Martínez, 1993).

El caso típico del hablante vestigial es el individuo radicado en una vecindad de habla inglesa, quien suele emplear el inglés como único idioma del hogar y del sitio de trabajo, quien habla español con un grupo muy reducido de parientes mayores (quienes a veces viven en lugares lejanos), y quien posiblemente pasa años sin hablar el castellano, habiendo dejado el ámbito de habla hispana en la niñez o aun en la infancia. El español vestigial manifiesta características muy diferentes de las que definen los dialectos españoles integrados y de uso cotidiano. Dentro de los Estados Unidos, el español vestigial no se limita a zonas geográficas concretas, sino que surge espontáneamente siempre que, en una familia o una comunidad, tiene lugar el desplazamiento lingüístico del español al inglés, seguido del aislamiento parcial o total de los demás grupos de habla hispana. Ninguno de los fenómenos define un grupo en particular; se producen a medida que el español deja de ser el principal vehículo de comunicación frente al inglés.

9.5.1. *Existencia y características del "spanglish"*

Sería imposible describir la situación del español en los Estados Unidos sin tocar el tema del "spanglish", que para muchos observadores tanto dentro como fuera de Norteamérica refleja el carácter esencial del bilingüismo anglo-hispano. En el exterior, es generalizada la opinión que los dialectos hispanonorteamericanos se van convirtiendo en híbridos parcialmente acriollados, resultado de una comunidad que habla en español a la vez que piensa en inglés. En realidad, la situación es muy diferente, ya que existen grandes cantidades de estadounidenses hispanoparlantes cuyo dominio del castellano no se distingue en absoluto del habla de los respectivos países ancestrales, salvo en el caso de unos préstamos léxicos del inglés. El español –producto tanto de una inmigración constante como de la reproducción natural en suelo estadounidense– mantiene sus bases fundamentales a la vez que se compenetra con la lengua inglesa y la cultura anglonorteamericana.

¿Qué es el *Spanglish* y de dónde viene la idea de su existencia? La palabra sugiere una procreación ilegítima, una mezcolanza de español e inglés universalmente considerada como enfermedad lingüística de consecuencias mortales para la vitalidad de la lengua española, no sólo en los Estados Unidos sino a través del mundo. (Lipski, 2004a, resume el debate sobre la naturaleza del "spanglish"; véase también Fairclough, 2003). En este sentido, *Spanglish* se ubica entre otras palabras despectivas que insinúan una procreación ilegítima y

la proliferación de lenguas bastardas: el *franglais* (mezcla de francés
e inglés oficialmente perseguido en Francia), el *portuñol* (conocido
como *fronterizo* entre los lingüistas, surge de la mezcla de español
y portugués a lo largo de la frontera Uruguay-Brasil), el *guarañol*
(mezcla de guaraní y español en el Paraguay), el *quechuañol* (mezcla de quechua y español en la zona andina), entre otros. Existe una
fuerte subcorriente ideológica que equipara la compenetración del
inglés y el español en los Estados Unidos y la tantas veces criticada
postura imperialista de este país frente a las naciones hispanoamericanas. Es raro que este prejuicio se admita abiertamente, pero se
nota implícitamente incluso en los trabajos académicos, (p. ej., Tío,
1954 y 1992).

Aunque es probable que el concepto de *Spanglish* haya surgido espontáneamente en varios lugares y en distintos momentos, parece
que esta palabra surge por primera vez en forma escrita en la década de 1950, cuando el periodista y ensayista puertorriqueño Salvador Tío ofrece una acérrima crítica del supuesto bilingüismo de su
país. Salvador Tío había vivido en Nueva York y conocía personalmente la situación bilingüe de aquella ciudad; sin embargo, aceptaba sin reparo las parodias y los estereotipos de otros autores en cuanto al español estadounidense. Al rechazar la penetración del inglés
en el español de Puerto Rico, Tío admitió su prejuicio frente al bilingüismo: "No creo ni en el latín ni en el bilingüismo. El latín es una
lengua muerta. El bilingüismo, dos lenguas muertas" (Tío, 1954: 60).
Al confundir las lenguas criollas –producto de una reestructuración
bajo condiciones muy especiales– y los efectos transitorios del bilingüismo, Tío advirtió que el español de Puerto Rico podría "degene-
rarse" hasta el punto de convertirse en algo parecido al papiamento, lengua criolla de Curazao y Aruba: "Si en ese estado de postración
cayó el español de Curazao y Aruba, también podría ocurrir algo similar en Puerto Rico si no se extrema el rigor para evitarlo. Puede
tardar más tiempo por muchas razones, pero si le ha ocurrido a otras
lenguas en todos los continentes no hay razón para creer que somos
indemnes al daño" (Tío, 1992: 25). Aunque muchas de sus inquie-
tudes reflejan los probables efectos dañinos de un sistema educativo
manipulado por personas ajenas a la cultura de la isla (en su juventud el sistema escolar de Puerto Rico era de lengua inglesa bajo la
supervisión del gobierno de los Estados Unidos), Tío también adoptó una postura paródica en cuanto a lo que podría ser el verdadero
Spanglish; por ejemplo, de la palabra inglesa *tree* (árbol) y el verbo español *trepar* Tío propone el neologismo *treepar*: "He aquí una palabra

llena de movimiento. Es una especie de taquigrafía lingüística cuya
única dificultad consiste en que es más rápida que el pensamiento [...]
la lengua queda recogida en el verbo y paradoja, se acabará la verbo-
rrea [...] para decir 'Me subí a un árbol' (*I climbed a tree*) basta decir:
'*treepé*'". Desde luego ningún hablante bilingüe produce semejante
travestía del contacto de lenguas, pero este tipo de discurso estableció la base para una polémica que continúa hasta el momento actual.
Otros escritores han creado quimeras lingüísticas que pretenden ser
auténticas muestras del habla bilingüe, como la famosa "traducción"
del primer capítulo del *Quijote* al *Spanglish* por el escritor mexicano
radicado en Estados Unidos, Ilan Stavans (2000, 2002 y 2003):

> In un placete de La Mancha of which nombre no quiero remem-
> brearme, vivía, not so long ago, uno de esos gentlemen who always tie-
> nen una lanza in the rack, una buckler antigua, a skinny caballo y un
> grayhound para el chase. A cazuela with más beef than mutón, carne
> choppeada para la dinner, un omelet pa los sábados, lentil pa los vier-
> nes, y algún pigeon como delicacy especial pa los domingos, consu-
> mían tres cuarters de su income. El resto lo employaba en una coat
> de broadcloth y en soketes de velvetín pa los holidays, with sus slip-
> pers pa combinar, while los otros días de la semana él cut a figura de
> los más finos cloths. Livin with él eran una housekeeper en sus for-
> ties, una sobrina not yet twenty y un ladino del field y la marketa que
> le saddleaba el caballo al gentleman y wieldeaba un hookete pa po-
> dear. El gentleman andaba por allí por los fifty. Era de complexión
> robusta pero un poco fresco en los bones y una cara leaneada y gaun-
> teada. La gente sabía that él era un early riser y que gustaba mucho
> huntear. La gente say que su apellido was Quijada or Quesada –hay
> diferencia de opinión entre aquellos que han escrito sobre el sujeto–
> but acordando with las muchas conjeturas se entiende que era really
> Quejada. But all this no tiene mucha importancia pa nuestro cuento,
> providiendo que al cuentarlo no nos separemos pa nada de las verdá.

Esta parodia no tiene nada que ver con la producción espontánea
de los hispanoparlantes bilingües; ni siquiera se aproxima a los textos literarios escritos en un lenguaje legítimamente entretejido. Por
mucho que Stavans afirme que el *Spanglish* es un valioso aporte del
patrimonio cultural hispanoestadounidense –y nadie lo debe dudar–,
el lenguaje macarrónico que inventa para demostrar la convivencia
de lenguas en los Estados Unidos dista mucho de ser un reflejo fide-
digno del amplio panorama de manifestaciones bilingües. En efecto,
el grotesco capítulo del *Quijote* sólo refuerza los estereotipos negati-

vos y las opiniones equivocadas que contribuyen al rechazo del español estadounidense. Basta señalar las frecuentes violaciones de las bien documentadas restricciones sintácticas, la presencia de anglicismos verbales jamás registrados y poco probables (*providiendo, wieldeaba, employaba, remembrearme, choppeada,* etc.), las combinaciones fonotácticas infelices (*saddleaba*) y la adición de variantes del habla coloquial (*pa* en vez de *para, verdá* en vez de *verdad*), que delatan los prejuicios elitistas de muchos opositores del bilingüismo anglohispano.

Cuando indagamos en las múltiples acepciones de la palabra *Spanglish*, resulta que esta palabra tan pintoresca como tramposa puede referirse a por lo menos las siguientes manifestaciones lingüísticas, de acuerdo a las circunstancias:

–   El empleo de préstamos integrados y no integrados del inglés en español.
–   El empleo de calcos sintácticos de modismos y circunlocuciones ingleses en español.
–   Los cambios de código frecuentes –a veces dentro de la misma oración.
–   Las desviaciones del español gramatical encontradas entre hablantes vestigiales.
–   En algunos casos, las características del español hablado y escrito como segunda lengua por millones de estadounidenses que no provienen de familias hispanas, pero que han aprendido algo del español debido a su utilidad en su vida personal o profesional.

Ninguno de estos fenómenos constituye una amenaza a la integridad de la lengua española, aunque algunas manifestaciones señalan la erosión gradual y natural de una lengua de inmigrantes después de varias generaciones.

9.5.2. *Los préstamos léxicos del inglés*

El empleo de préstamos integrados del inglés ocurre en muchas variedades del español, aun en países alejados de los Estados Unidos (en España, por ejemplo, los letreros en las calles indican *stop* mientras que en los países hispanoamericanos dicen *pare* o *alto*). La palabra *lonche* ('comida ligera del mediodía') se extiende por lo menos hasta la mitad septentrional de Sudamérica. El *lonche* del inglés *lunch*, al ser una comida rápida consumida en un restaurante modesto o en el lugar de trabajo, difiere del *almuerzo* o la *comida*. Cerca de los Estados Unidos la cantidad de préstamos integrados aumenta, a veces para matizar un concepto ambiguo y en otros casos por el simple hecho de estar en contacto dos lenguas. Así es, por ejemplo, que *troca* ('camión de carga', en inglés *truck*) se utiliza no sólo en las comunidades méxicoamericanas, sino también en amplios sectores de México, ya que la palabra *camión* sin calificativo se refiere a los autobuses de transporte público. Los que vociferan contra el *Spanglish* a causa de un exceso de préstamos integrados aducen ejemplos exagerados como *está liquiando la rufa* ('hay una gotera en el techo', en inglés, *the roof is leaking*) o *(me) estoy frizando* ('tengo mucho frío', en inglés, *I am freezing*) que en realidad sólo se encuentran sobre la marcha en el habla de adolescentes bilingües que prefieren hablar inglés o que emplean anglicismos deliberadamente para afirmar su identidad, o tal vez su rebeldía. El premio Nobel español Camilo José Cela afirmó haber visto en la zona nororiental de Estados Unidos unos letreros en las tiendas de comestibles que decían *deliberamos groserías* ('repartimos la comida a domicilio', del inglés *we deliver groceries*). Es muy probable que Cela simplemente haya repetido un estereotipo frecuentemente reproducido entre los que critican el español de los Estados Unidos, ya que esta combinación jamás ocurre en el habla bilingüe ni siquiera de los que hablan el español con menos soltura. Se trata de una "leyenda urbana" que todos repiten pero que nadie ha presenciado personalmente. El verdadero empleo de anglicismos en el español de los Estados Unidos dista mucho de la mojiganga impresentable sugerida por los comentarios más desfavorables. Los anglicismos integrados al español estadounidense apenas afectan el vocabulario nuclear (a diferencia de lo que ocurrió cuando el español se encontró frente al árabe o el náhuatl), y la cuenta total de anglicismos activos no sobrepasa un par de decenas.

9.5.3. *Los calcos sintácticos del inglés*

Los calcos sintácticos no violan ninguna regla sintáctica ni de selección léxica del español, sino que se injertan fácilmente en el repertorio de modismos y giros sintácticos regionales. En siglos pasados, el español calcaba expresiones del árabe tales como *vaya con Dios*, *hijo de algo (hidalgo)*, del francés (*no hay de qué*) y muchas otras. En los Estados Unidos, la presencia de calcos del inglés en el español es una consecuencia natural del bilingüismo prolongado de muchas áreas, y aunque parezcan extraños a las personas de otros países hispanoparlantes, son reconocidos inmediatamente por cualquier individuo que domine el inglés y el español. Algunos calcos han llegado a formar parte integral del español estadounidense: se oye con frecuencia, por ejemplo, que *el señor Fulano está corriendo para mayor*, es decir que es 'candidato para alcalde' (del inglés ... *is running for mayor*); *¿Cómo te gustó la película?* ('¿Qué te pareció?' *How did you like* ...); *tienes que aplicar para el trabajo* ('solicitar el trabajo', de *apply for the job*); *Juan está supuesto a venir* ('se supone que venga', de *is supposed to*). También ocurren calcos más sutiles, por ejemplo la sustitución de una preposición (*soñar de* en vez de *soñar con*) o el desplazamiento parcial de una palabra española para alcanzar un significado raramente logrado en el español monolingüe: *coger una clase* ('tomar' o 'seguir'), *actualmente* en vez de *en realidad, en efecto*. Uno de los calcos más frecuentes y más frecuentemente criticado por los hispanoparlantes que vienen de otros países es el empleo de *para atrás* para representar partícula adverbial *back* en inglés: *te llamo para atrás* ('devuelvo tu llamada', *I'll call you back*), *no me hables para atrás* ('no me respondas irrespetuosamente', *don't talk back to me*), etc. (Lipski, 1985c y 1987; Otheguy, 1993). Si no se supiera el origen de las expresiones en la lengua inglesa, y si no se conocieran las circunstancias difíciles que rodean la incorporación de muchos grupos de inmigrantes hispanoparlantes en los Estados Unidos, no serían motivo de asombro estas expresiones, sino que serían consideradas simples regionalismos de origen desconocido pero pintoresco.

9.5.4. *Los cambios de código y la alternancia de lenguas*

Los cambios de lengua dentro de la misma oración están regidos estrictamente por una serie de parámetros gramaticales y pragmáticos, que en su totalidad conforman un modelo sintáctico aún más complejo que la base sintáctica del hablante monolingüe. (Un resumen de las principales restricciones gramaticales se encuentra en Lipski, 1982, 1985a y 2004a; Poplack, 2000.) A pesar de la intensa compenetración de las dos lenguas columnares de los Estados Unidos, el español mantiene su integridad sintáctica, morfológica y fonética a la vez que participa en la gama de aproximaciones mutuas que caracteriza toda zona bilingüe. Sucede lo mismo en Gibraltar, donde el idioma oficial (el inglés) participa en complejas alternancias con la lengua mayoritaria (el español) en la variedad andaluza conocida como *yanito*, en que se produce efectivamente la misma tipología de cambios de código así como los calcos y los préstamos léxicos (Lipski, 1986b; Moyer, 1992; Muysken, 2000). El formato intercalado aparece en la literatura escrita por hispanos en los Estados Unidos desde la década de 1960, y hoy en día el empleo literario del cambio de código es ampliamente aceptado como manifestación legítima de la hispanidad estadounidense. Para dar cuenta de algunas de las restricciones gramaticales que circunscriben la alternancia del español y el inglés dentro de una sola oración, notamos que son inaceptables los cambios:

–   Entre un sujeto pronominal y el predicado (***Él LIVES IN CHICAGO*; **He VIVE EN CHICAGO*);
–   Entre un clítico pronominal y el verbo (**Juan lo DID* / **Juan quiere hacer IT*; **John wants to do LO*);
–   Entre una palabra interrogativa desplazada a la posición inicial y el resto de la oración (**¿Cuándo WILL YOU COME?*; **¿When VAS A HACERLO?*);
–   Entre un verbo auxiliar (sobre todo *haber*) y el verbo principal (**María ha FINISHED HER MEAL*; **We had ACABADO DE COMER*). Son menos extrañas las oraciones que contienen un cambio de lengua entre el verbo auxiliar *estar/be* y el gerundio (*María está CHECKING HER ANSWERS*; *Mary is REVISANDO SU INFORME*; *Porque ella está GOING TO HAVE A BABY*).
–   Los adverbios de negación tienen que estar en la misma lengua que los verbos que modifican (**El médico no RECOMMENDS THAT*; **The doctor does not RECOMIENDA ESO*).

Existen muchas otras restricciones absolutas, así como configuraciones parcialmente aceptables de acuerdo a la selección léxica, el entorno pragmático y el registro sociolingüístico. En la mayoría de los casos, las restricciones reflejan la necesidad de respetar las reglas gramaticales de cada lengua, siguiendo el orden lineal de las oraciones tanto en inglés como en español. Así es, por ejemplo, que una configuración prohibida tal como **El médico no WANTS THAT* antepone un solo adverbio de negación al verbo inglés, sin añadir el verbo de apoyo *do/does*, creando una violación sintáctica lineal. En otros casos las restricciones gramaticales surgen de las relaciones jerárquicas postuladas por los modelos sintácticos generativos, rompiendo los enlaces de rección o ligamiento al oscilar entre configuraciones incompatibles.

Como contrapartida de las restricciones gramaticales, hay configuraciones que favorecen el cambio de lenguas en el discurso bilingüe. La presencia anticipada de un nombre propio en la otra lengua puede estimular un cambio antes de la articulación de la palabra clave. Algunos ejemplos en las comunidades bilingües estadounidenses son:

> *Allá en el parque* THERE'S A LITTLE PLACE CALLED **Sonny's**
> *Va a haber un* BENEFIT AT THE **Starlight Ballroom**
> *Mucha gente no sabe* WHERE **Manchester** IS
> ...*todas las palomillas* THAT WORK AT **American Hospital Supply**
> *Mezcal va a tocar* THIS COMING FRIDAY.
> *I'm a* **Jiménez,** TODOS LOS DEMÁS SON TORRES

Son especialmente frecuentes los cambios entre una frase principal y una frase subordinada, introducida por un pronombre relativo o un complementizador (*que, porque*, etc.). A pesar del nutrido debate teórico en cuanto a la rección ejercida por el complementizador, de acuerdo a la cual la frase subordinada debe realizarse en la misma lengua que el complementizador, en realidad estas palabras de enlace sirven de fulcro lingüístico y pueden manifestarse en cualquiera de las lenguas:

> *There are many families on the block* QUE TIENEN CHAMAQUITOS
> *No sé porque I* NEVER USED IT.
> *She told me to make a special dedication to her son,* QUE LE DICEN EL PACHUCO
>   DE ROSENBERG
> ...*todas las palomillas* THAT WORK AT AMERICAN HOSPITAL SUPPLY
> *No podemos hacer nada porque* WE DON'T HAVE THE POWER.
> *Me tiene envidia* BECAUSE I'M BETTER LOOKIN' THEN HE IS.
> *Escucharon a un señor que* HAS BEEN AROUND FOR A LONG TIME.
> *There was this guy* QUE ERA UN VATO DE MÉXICO ...
> *I'm not sayin' that* SON CHUECOS.

La presencia de una conjunción de coordinación (*y, pero*, etc.) es otro elemento que facilita el cambio de lengua:

> *They're still meeting at Ripley house every Thursday night* Y LA GENTE SE ESTÁ
>   JUNTANDO AHÍ.
> *Sometimes* TE PONES SERIO *and you know that, you make good points.*
> *One more time Ruth,* PA QUE LA GENTE SE CUENTE Y *they can call you*
>   *at* ...

9.5.5. *El español como lengua vestigial de los bilingües de transición*

Los bilingües vestigiales o de transición no dominan del todo el sistema gramatical del español ya que se trata de un bilingüismo desequilibrado, y pueden producir combinaciones morfosintácticas que se parecen más a los errores cometidos por aprendices del español como segunda lengua que por verdaderos bilingües. Así es que tropiezan con, por ejemplo, lapsos de concordancia sujeto-verbo y nombre-adjetivo, errores del régimen preposicional, eliminación ocasional de los artículos definidos, una reducción general de la complejidad sintáctica y el empleo extraordinario de pronombres patentes de sujeto, como reflejo del estatus obligatorio de los sujetos pronominales en inglés. El español vestigial es una manifestación de la erosión lingüística que se produce en las comunidades de inmigrantes; pero algunos observadores han tomado las muestras de hablantes vestigiales de ascendencia hispana como evidencia de la existencia del *Spanglish* como código lingüístico distinto del español mundial. En realidad, las desviaciones gramaticales producidas por bilingües vestigiales no son sistemáticas, sino que ponen de manifiesto el dominio incompleto de la lengua española. He aquí unos ejemplos recogidos a hablantes vestigiales del español en los Estados Unidos, de origen mexicano (MX), cubano (CU) y puertorriqueño (PR):

DISCREPANCIAS DE CONCORDANCIA SUJETO-VERBO

yo bailo y come (MX)
Omar y yo no eh mucho amigo (CU)
mi mamá y mi papá eh bueno (PR)

DISCREPANCIAS DE CONCORDANCIA SUSTANTIVO-ADJETIVO

mi blusa es blanco (MX)
decían palabras que eran inglés (PR)
¿cuál es tu favorito parte? (CU)

REDUCCIÓN DE COMPLEJIDAD SINTÁCTICA

hacíamos pa Easter dibujar [que E. dibujara] (MX)
hay muchah manera los muchachoh salí [para que los muchachos salgan] (CU)

ELIMINACIÓN DE ARTÍCULOS DEFINIDOS SEGÚN LOS PATRONES GRAMATICALES
DEL INGLÉS

[Ø] español es muy bonita (PR)

[Ø] clase termina a las doce (MX)

me gusta [Ø] clases como pa escribir (CU)

EMPLEO EXAGERADO DE PRONOMBRES PATENTES DE SUJETO

yo sé las palabras pero cuando *yo* tengo que encontrar las palabras
es cuando *yo* tengo problemas (MX)

Yo voy y *yo* nado y *yo* visito mis amigos y mi abuela (CU)

Yo aprendí francés, *yo* tomé francés por tres años, pero *yo* no sé
hablar muy bueno porque *yo* lo perdí todo. Si *yo* pudiera, *yo*
quería aprender todas las lenguas, para que *yo*, cuando *yo* vaya
a un país, *yo* misma pueda hablar (PR)

En su estudio de las variedades del español habladas en Los Angeles, California, Silva-Corvalán (1994) observa que muchos hablantes bilingües nunca producen oraciones agramaticales en español,
pero sí evitan las configuraciones sintácticas que no son compatibles
con las construcciones homólogas del inglés. Por ejemplo, la inversión sujeto-verbo se practica menos entre los bilingües que dominan
el inglés, ya que el inglés requiere el orden S-V-O en el discurso no
marcado. Asimismo, son menos frecuentes las construcciones pasivas a base del *se* impersonal y se emplea más la verdadera voz pasiva,
ya que el inglés sólo cuenta con construcciones pasivas y no con configuraciones seudopasivas a base de verbos impersonalizados. En la
mayoría de los casos, el español de Los Angeles no se aparta significativamente de los dialectos de origen; pero los estudios trans-generacionales de Silva-Corvalán nos permiten visualizar una configuración hipotética que resultaría después de una o dos generaciones si
cesara la inmigración hispanoamericana a los Estados Unidos.

9.5.6. *El español como segunda lengua en los Estados Unidos*

El español es la segunda lengua *de facto* de los Estados Unidos y
varios millones de estadounidenses de origen no hispano lo estudian
y lo hablan con frecuencia. En los colegios y las universidades el español es la lengua "extranjera" más estudiada; en general hay más

estudiantes del español como segunda lengua que todas las demás lenguas combinadas, y muchos trabajos profesionales ofrecen aumentos de salario y otras condiciones favorables para los empleados que pueden comunicarse en español. En las últimas décadas, muchos personajes destacados en los Estados Unidos han tomado la palabra en español sin que ésta sea su lengua nativa, ni siquiera una lengua hablada con soltura. Es frecuente durante las campañas electorales que los candidatos angloparlantes ofrezcan comentarios en español para atraer los votos de la comunidad hispana. Varios presidentes, senadores, diputados, gobernadores y alcaldes de los Estados Unidos han pronunciado discursos en un español imperfecto pero inteligible, y aun se han realizado debates políticos televisivos enteramente en español. Como consecuencia, el empleo del español por personas de habla inglesa forma una faceta integral del perfil lingüístico estadounidense. El español empleado como segunda lengua no se basa en una sola variedad dialectal ni se caracteriza por una serie de rasgos consistentes, siendo producto de distintas trayectorias de adquisición individual. Algunas personas han aprendido una variedad regional mientras que otros hablan un lenguaje que refleja la enseñanza formal. De acuerdo al nivel de dominio del español sobresalen huellas de la lengua nativa –el inglés– no sólo en la fonética y las incursiones léxicas, sino también en las bases gramaticales de la lengua española. Desde luego, no es justo evaluar la legítima presencia del idioma español en los Estados Unidos a partir de los errores cometidos por hablantes no nativos, pero dado el perfil público cada vez más extenso del español estadounidense, los juicios negativos reflejan esta ambivalencia.

A pesar de que el país cuenta con un gran número de traductores profesionales completamente bilingües, muchas empresas, organizaciones y oficinas gubernamentales conceden poca importancia a la corrección idiomática al asignar la traducción de documentos y avisos a empleados inexpertos que apenas conocen la lengua española. El resultado es una proliferación de textos en un lenguaje grotesco y malogrado que parece ser una parodia del buen hablar, un *Spanglish* de ínfima calidad. Estos ejemplos de mal español se encuentran en manuales de instrucción, en letreros y avisos para todo tipo de producto de consumo; en aeropuertos, bancos y oficinas; en anuncios publicados por empresas telefónicas y de electricidad, y en solicitudes de empleo y de servicios sociales. O sea, en una amplia gama de contextos en que se ha considerado oportuno incluir un texto en español, sin conceder suficiente importancia a la recepción de dichos textos como para asegurar una traducción adecuada. El hispanoparlante que visita los Estados Unidos inmediatamente se topa con muestras de su lengua nativa en guías telefónicas, menús, grandes almacenes, dependencias gubernamentales, iglesias, escuelas y empresas comerciales, viendo en más de una ocasión un lenguaje que difícilmente reconoce como su propia lengua. Desde luego estas manifestaciones lingüísticas no son *Spanglish*, sino el uso impúdico de un lenguaje de aprendiz, de un chapurreo que ofende la sensibilidad no sólo de los hispanoparlantes nativos, sino la de todos los estadounidenses que se han tomado la molestia de aprender una versión adecuada del español.

9.5.7. *El español y el inglés en Puerto Rico*

El inglés es lengua co-oficial en Puerto Rico, pero pocos puertorriqueños en la isla lo hablan con soltura y menos numerosos aun son los hogares y sitios de trabajo donde el inglés se emplea de forma espontánea y sostenida. El inglés es una asignatura obligatoria en las escuelas, y muchos puertorriqueños envían a sus hijos a colegios angloparlantes; pero sólo los que han pasado un tiempo considerable en los Estados Unidos continentales son efectivamente bilingües. Casi todos los puertorriqueños emplean anglicismos léxicos que provienen del lenguaje de la publicidad, el periodismo, los dominios gubernamentales y escolares y los productos tecnológicos de consumo masivo. Los calcos sintácticos son escasos, ya que pocos puertorriqueños poseen la competencia activa en inglés que fomenta la compenetración bilingüe. Algunos observadores, entre ellos De Granda (1972) y Pérez Sala (1973), han afirmado que el español de Puerto Rico sufre un deterioro frente al inglés; los datos lingüísticos aportados por ambos investigadores no son representativos del habla de la mayoría de los residentes de Puerto Rico (Lipski, 1975). Las estructuras gramaticales pertenecen exclusivamente al español antillano y la fonética del español puertorriqueño es una manifestación clara del habla caribeña, sin la más mínima contribución de la lengua inglesa. En la isla existen actitudes negativas hacia el habla de los "nuyoricans", es decir los puertorriqueños nacidos o criados en los Estados Unidos, quienes a veces no hablan un español gramaticalmente completo e introducen combinaciones sintácticas inaceptables al verdadero hablante nativo del español. Este grupo representa una proporción reducida de la población de la isla y no afecta de manera significativa el perfil lingüístico del español puertorriqueño. En resumidas cuentas, sólo la cantidad de anglicismos en algunos dominios semánticos revela los vínculos lingüísticos y culturales con una sociedad de habla inglesa.

9.6. CONCLUSIONES

Los contactos lingüísticos entre el español y otras lenguas representan un factor constante en el español de América, no sólo en la época colonial sino también en la actualidad y en el futuro. Continúan llegando grupos de inmigrantes a los países de Hispanoamérica, de manera que los estudios microdialectológicos sobre las comunidades bilingües de inmigrantes recientes llegarán a ser un componente esencial en la descripción y el análisis de las variedades dialectales hispanoamericanas. Las corrientes migratorias –tanto internas como llegadas desde el exterior– constituyen una faceta vital de la sociedad hispanoamericana contemporánea, lo cual significa que las encuestas dialectológicas tendrán que incorporar las nuevas configuraciones plurilingües además de las zonas de contacto tradicionalmente reconocidas. En efecto, las comunidades bilingües "nuevas" de Hispanoamérica no son sino el capítulo más reciente en la historia de un gigantesco entorno lingüístico –el español de América–, que a lo largo de sus más de 500 años de existencia y expansión en tierras extraeuropeas se ha nutrido de la compenetración de lenguas y culturas. Al igual que el español de España –cuya historia sería lamentablemente incompleta sin el reconocimiento de los múltiples contactos lingüísticos que lo han esculpido– toda variedad hispanoamericana tiene una genealogía lingüística rica y compleja que tiene que ser enfocada desde varias perspectivas. Los contactos de lenguas no son acontecimientos momentáneos, sino procesos dinámicos que surgen como consecuencia natural de la inquietud del ser humano. Por lo tanto, ningún estudio sincrónico del español de América será completo; siempre habrá novedades en camino.

9.7. PREGUNTAS PARA LA REFLEXIÓN

1. Dentro de los Estados Unidos se encuentran comunidades de habla que representan las principales variedades regionales y sociales de Hispanoamérica, a veces dentro de un sólo ám-

bito urbano (p. ej., Nueva York, Washington, Chicago, Los Angeles, Miami). A pesar de esta diversidad, hasta ahora no se ha producido la gran nivelación dialectal hacia un español "estadounidense" que no sea simplemente un mosaico de los respectivos países de origen, más los inevitables préstamos del inglés. Esta situación difiere de la primera época colonial, cuando las muchas variedades regionales y sociales de España se compenetraron para iniciar el "español de América". ¿Qué factores pueden explicar la ausencia de un amplio proceso de nivelación dialectal entre los hispanoparlantes en los Estados Unidos?

2. La imitación de los sociolectos regionales en la literatura costumbrista –sobre todo en las zonas bilingües– a veces no enfoca las mismas características del habla subrayadas por los lingüistas que estudian el contacto de lenguas, o las exagera hasta el punto de convertirlas en estereotipos paródicos. Tomando como intertexto la abundante literatura costumbrista de la región andina (Ecuador, Perú, Bolivia), realice un estudio comparativo que destaque los principales rasgos lingüísticos de los personajes bilingües (indígenas de habla quechua o aymara). Cuando las características lingüísticas atribuidas a los hablantes bilingües no coinciden con los rasgos empíricamente verificados de esta zona dialectal, busque una explicación de la discrepancia entre el lenguaje literario y el lenguaje auténtico. Algunas obras conocidas que ejemplifican la representación literaria del habla andina son las novelas *El mundo es ancho y ajeno* y *Los perros hambrientos* (CIRO ALEGRÍA, Perú), *Todas las sangres* (JOSÉ MARÍA ARGUEDAS, Perú), *Huasipungo* (JORGE ICAZA, Ecuador), *Agua* (JORGE FERNÁNDEZ, Ecuador), *Socavones de angustia* (FERNANDO RAMÍREZ VELARDE, Bolivia), *Coca* (RAÚL BOTELHO GONSÁLVEZ, Bolivia), *La rosita* (ANTONIO DÍAZ VILLAMIL, Bolivia), el teatro costumbrista de los autores bolivianos RAÚL SALMÓN (p. ej. *Joven rica y plebeya; La birlocha de la esquina*) y JUAN BARRERA GUTIÉRREZ (p. ej. *Rupertita la maestra mayor; El matrimonio de la Rupertita*).

3. En España la lengua española/castellana está en contacto con lenguas regionales tanto de la familia iberorromance (gallego, catalán, asturiano, aragonés) como de origen no indoeuropeo (el euskera). Compare los resultados de estos contactos sobre el español peninsular y las manifestaciones de los contactos de lenguas en el español de América.

4. La lengua española también está en contacto en España con lenguas de inmigración, sobre todo el árabe y en algunas regiones el quechua. Comente las semejanzas y las diferencias entre las manifestaciones bilingües de los inmigrantes en España y en Hispanoamérica.

5. Gibraltar comparte con algunas regiones de los Estados Unidos la situación de ser un territorio de lengua oficial inglesa pero con una gran población hispanoparlante. Compare la política lingüística y educativa en ambos territorios así como las manifestaciones bilingües que se pueden observar en ellos. ¿Conoce algún caso similar al de Gibraltar en el Estado español u otros países?

6. Algunos observadores han afirmado que el español se está convirtiendo en un criollo frente al inglés en los Estados Unidos. Sin embargo, los datos lingüísticos no apoyan esta afirmación. ¿Por qué el contacto del español y el inglés no resulta en una lengua criolla?

BIBLIOGRAFÍA

ALVAR, M. (1969): Nuevas notas sobre el español de Yucatán. *Ibero-romania* 1: 159-189.

BARRERA GUTIÉRREZ, J. (2000a): *Cuidado con las gemelas.* La Paz, Juventud.

BARRERA GUTIÉRREZ, J. (2000b): *Rupertita la maestra mayor.* La Paz, Juventud.

BARRERA GUTIÉRREZ, J. (2001a): *Rupertita la emperatriz.* La Paz, Juventud.

BARRERA GUTIÉRREZ, J. (2001b): *El matrimonio de la Rupertita.* La Paz, Juventud.

BISHOP, H. (1976): Bidialectal Traits of West Indians in the Panama Canal Zone. Tesis doctoral inédita, Columbia University Teachers College.

BLYM, H. (1940): *Puna.* Santiago de Chile, Ercilla.

BOTELHO GONSÁLVEZ, R. (1965): "El descastado." En Armando Soriano Badani (ed.). *Antología del cuanto boliviano* (pp. 73-76). La Paz, Los Amigos del Libro.

BOTELHO GONSÁLVEZ, R. (1997): *El sargento Condori.* La Paz, Juventud.

BOYD-BOWMAN, P. (1964): *Indice geobiográfico de 40,000 pobladores españoles de América en el siglo XVI, 1493-1519.* Vol. 1. Bogotá, Instituto Caro y Cuervo.

BOYD-BOWMAN, P. (1968): *Indice geobiográfico de 40,000 pobladores españoles de América en el siglo XVI, 1493-1519.* Vol. 2. México, Jus.

BOYD-BOWMAN, P. (1972): "La emigración española a América: 1540-1579." En *Studia hispanica in honorem R. Lapesa.* Vol. 2. (pp. 123-147). Madrid, Gredos.

CERRÓN-PALOMINO, R. (2003): *Castellano andino: Aspectos sociolingüísticos, pedagógicos y gramaticales.* Lima, Pontificia Universidad Católica del Perú.

CIPRIA, A. (2004): Spanish in Contact with Germans in Some Communities of "Volga Germans" in Argentina. Ponencia presentada en el 2nd International Workshop on Spanish Sociolinguistics. SUNY (Albany, marzo de 2004).

CORVALÁN, G. (1977): *Paraguay: Nación bilingüe.* Asunción, Centro Paraguayo de Estudios Sociológicos.

CORVALÁN, G. (1983): *¿Qué es el bilingüismo en el Paraguay?* Asunción, Centro Paraguayo de Estudios Sociológicos.

CORVALÁN, G. y DE GRANDA, G. (eds.) (1982): *Sociedad y lengua: Bilingüismo en el Paraguay.* Asunción, Centro Paraguayo de Estudios Sociológicos.

COTTON, E. y SHARP, J. (1988): *Spanish in the Americas.* Washington, DC, Georgetown University Press.

DE GRANDA, G. (1972): *Transculturación e interferencia lingüística en el Puerto Rico contemporáneo.* Río Piedras, Editorial Edil.

DE GRANDA, G. (1988): *Sociedad, historia y lengua en el Paraguay.* Bogotá, Instituto Caro y Cuervo.

ESCOBAR, A. (1988): *Hacia una tipología del bilingüismo en el Perú.* Lima, Instituto de Estudios Peruanos.

ESCOBAR, A. (1990): *Los bilingües y el castellano en el Perú.* Lima, Instituto de Estudios Peruanos.

FAIRCLOUGH, M. (2003): El (denominado) *Spanglish* en Estados Unidos. *Revista Internacional de Lingüística Iberoamericana* 2: 185-204.

FONTANELLA DE WEINBERG, M. (1976): *La lengua española fuera de España.* Buenos Aires, Paidós.

FRETZ, J. (1962): *Immigrant Group Settlements in Paraguay.* North Newton, KS, Bethel College.

GUTIÉRREZ, J. (1977): *Puerto Limón.* La Habana, Casa de las Américas.

HARDMAN, M. J. (1978): Jacqui: The Linguistic Family. *International Journal of American Linguistics* 44: 146-153.

HARDMAN, M. J. (1979): Quechua y Aymara: Lenguas en contacto. *Antropología: Revista del Instituto Nacional de Antropología* 1: 69-84.

HARDMAN, M. J. (1985): "Aymara and Quechua: Languages in Contact." En H. Manelis y Louisa R. Stark (eds.). *South American Indian Languages: Retrospect and Prospect* (pp. 617-643). Austin, University of Texas Press.

HIPPERDINGER, Y. y RIGATUSO, E. (1996): Dos comunidades inmigratorias conservadoras en el sudoeste bonaerense: Dinamarqueses y alemanes del Volga. *International Journal of the Sociology of Language* 117: 39-61.

HOLM, J. (ed.) (1983): *Central American English.* Heidelberg, Julius Groos.

JOSEPH, D. (1984): "Limon on the raw." En *Tres relatos del Caribe costarricense* (pp. 15-39). San José, Instituto del Libro, Ministerio de Cultura.

KRIVOSHEIN DE CANESE, N. y CORVALÁN, G. (1987): El *español del Paraguay.* Asunción, Centro Paraguayo de Estudios Sociológicos.

KUBARTH, H. (1987): *Das lateinamerikanische Spanisch.* Munich, Max Hueber Verlag.

LASTRA DE SUÁREZ, Y. (1992): *Sociolingüística para hispanoamericanos*. México, Colegio de México.

LAVANDERA, B. (1984): *Variación y significado*. Buenos Aires, Hachette.

LIPSKI, J. (1975): The Language Battle in Puerto Rico. *Revista Interamericana* 5: 346-354.

LIPSKI, J. (1982): Spanish-English Language Switching in Speech and Literature: Theories and Models. *Bilingual Review* 9: 191-212.

LIPSKI, J. (1985a): *Linguistic Aspects of Spanish-English Language Switching*. Tempe, Arizona State University, Center for Latin American Studies.

LIPSKI, J. (1985b): Creole Spanish and Vestigial Spanish: Evolutionary Parallels. *Linguistics* 3: 963-984.

LIPSKI, J. (1985c): The Construction *pa(ra) atrás* in Bilingual Spanish-English Communities. *Revista/Review Interamericana* 15: 91-102.

LIPSKI, J. (1986a): El español vestigial de los Estados Unidos: Características e implicaciones teóricas. *Estudios Filológicos* 21: 7-22.

LIPSKI, J. (1986b): Sobre el bilingüismo anglo-hispánico en Gibraltar. *Neuphilologische Mitteilungen* 87: 414-427.

LIPSKI, J. (1987): The Construction *Pa(ra) Atrás* Among Spanish-English Bilinguals: Parallel Structures and Universal Patterns. *Ibero Americana* 28/29: 87-96.

LIPSKI, J. (1993): "Creoloid Phenomena in the Spanish of Transitional Bilinguals." En A. Roca y J. Lipski (eds.). *Spanish in the United States: Linguistic Contact and Diversity* (pp. 155-182). Berlín, Mouton de Gruyter.

LIPSKI, J. (1996a): *El español de América*. Madrid, Cátedra.

LIPSKI, J. (1996b): "Patterns of Pronominal Evolution in Cuban-American Bilinguals." En A. Roca y J. Jensen (eds.) *Spanish in Contact: Issues in Bilingualism* (pp. 159-186). Somerville, MA, Cascadilla Press.

LIPSKI, J. (1996c): Los dialectos vestigiales del español en los Estados Unidos: Estado de la cuestión. *Signo y Seña* 6: 459-489.

LIPSKI, J. (1996d): Contactos de criollos en el Caribe hispánico: Contribuciones al español *bozal*. *América Negra* 11: 31-60.

LIPSKI, J. (1998): "El español bozal." En M. Perl y A. Schwegler (eds.). *América negra: Panorámica actual de los estudios lingüísticos sobre variedades criollas y afrohispanas* (pp. 293-327). Frankfurt, Vervuert.

LIPSKI, J. (1999): Creole-to-Creole Contacts in the Spanish Caribbean: The Genesis of Afro Hispanic Language. *Publications of the Afro-Latin American Research Association (PALARA)* 3: 5-46.

LIPSKI, J. (2001): "Back to Zero or Ahead to 2001?: Issues and Challenges in U. S. Spanish Research." En A. Roca (ed.) *Spanish in the United States: Linguistic Issues and Challenges* (pp. 1-41). Somerville, MA, Cascadilla Press.

LIPSKI, J. (2004a): La lengua española en los Estados Unidos: Avanza a la vez que retrocede. *Revista Española de Lingüística* 33: 231-260.

LIPSKI, J. (2004b): "El español de América: Los contactos bilingües." En R. Cano (ed.) *Historia de la lengua española* (pp. 1117-1138). Barcelona, Ariel.

LIPSKI, J. (2004c): El español de América y los contactos bilingües recientes: Apuntes microdialectológicos. *Revista Internacional de Lingüística iberoamericana* 4: 89-103.

LIPSKI, J. (2005): "El español en el mundo: Frutos del último siglo de contactos lingüísticos." En L. Ortiz López y M. Lacorte (eds.). *Contactos y contextos lingüísticos: El español en los Estados Unidos y en contacto con otras lenguas* (pp. 29-53). Madrid, Iberoamericana.

LLORENTE, M. L. (1994): Materiales para el estudio del patois de Güiria. Tesina de licenciatura, Universidad Católica Andrés Bello, Caracas.

LLORENTE, M. L. (1995): El patois de Güiria: Una lengua criolla del estado Sucre. *Montalbán* 28: 7-19.

LOPE BLANCH, J. (1987): *Estudios sobre el español de Yucatán*, México, Universidad Nacional Autónoma de México.

LÓPEZ MORALES, H. (1993): *Sociolingüística*. Madrid, Gredos.

MACKAY, C. (1993): *Il dialetto veneto di Segusino e Chipilo*. Cornuda, Treviso, Grafiche Antiga.

MALMBERG, B. (1971): *La América hispanohablante: Unidad y diferenciación del castellano*. Madrid, Istmo.

MARRERO ARISTY, R. (1939): *Over*. Ciudad Trujillo, Imp. "La Opinión, C. por A".

MARTÍN, L. (1985): *Una mi tacita de café*: The Indefinite Article in Guatemalan Spanish. *Hispania* 68: 383-7.

MARTÍNEZ, E. (1993): *Morpho-Syntactic Erosion Between Two Generational Groups of Spanish Speakers in the United States*. Nueva York, Peter Lang.

MENDOZA, J. (1991): *El castellano hablado en La Paz: Sintaxis divergente*. La Paz, Universidad Mayor de San Andrés.

MONTES GIRALDO, J. (1982): *Dialectología general e hispanoamericana*. Bogotá, Instituto Caro y Cuervo.

MORENO DE ALBA, J. (1988): *El español en América*. México, Fondo de Cultura Económica.

MOTA ACOSTA, J. (1977): *Los cocolos en Santo Domingo*. Santo Domingo, La Gaviota.

MOYER, M. (1992): Analysis of Code-Switching in Gibraltar. Tesis doctoral inédita, Universitat Autònoma de Barcelona.

MUYSKEN, P. (2000): *Bilingual Speech: A Typology of Code-Mixing*. Cambridge, Cambridge University Press

NADAL WALCOT, A. (1998):*Los cocolos*. Santo Domingo, Consejo Presidencial de Cultura, Instituto Dominicano de Folklore.

ORTIZ LÓPEZ, L. (1999a): "El español haitiano en Cuba y su relación con el habla bozal." En K. Zimmermann (ed.) *Lenguas criollas de base lexical española y portuguesa* (pp. 177-203). Frankfurt, Vervuert.

ORTIZ LÓPEZ, L. (1999b): "La variante hispánica haitianizada en Cuba: Otro rostro del contacto lingüístico en el Caribe." En A. Morales *et al.* (eds.) *Estudios de lingüística hispánica: Homenaje a María Vaquera* (pp. 428-456). Río Piedras, Universidad de Puerto Rico.

ORTIZ LÓPEZ, L. (2001): El sistema verbal del español haitiano en Cuba: Implicaciones para las lenguas en contacto en el Caribe. *Southwest Journal of Linguistics* 20: 175-192.

OTHEGUY, R. (1993): "A Reconsideration of the Notion of Loan Translation in the Analysis of U. S. Spanish." En A. Roca y J. Lipski (eds.) *Spanish in the United States: Linguistic Contact and Diversity* (pp. 21-45). Berlín, Mouton de Gruyter.

PÉREZ SALA, P. (1973): *Interferencia lingüística del inglés en el español hablado en Puerto Rico.* Hato Rey, Inter American University Press.

POPLACK, S. (2000): "Sometimes I'll start a sentence in Spanish y termino en español: hacia una tipología de la alternancia de códigos." En Y. Lastra (ed.). *Estudios de sociolingüística* (pp. 167-216). México: Universidad Nacional Autónoma de México, Instituto de Investigaciones Antropológicas [trad. del artículo: Sometimes I'll start a sentence in English y termino en español. 1980. *Linguistics* 18: 581-618].

ROMANI, P. (1992): *Conservación del idioma en una comunidad italo-mexicana.* México, Instituto Nacional de Antropología e Historia.

ROSENBLAT, A. (1977): *Los conquistadores y su lengua.* Caracas, Universidad Central de Venezuela.

SÁNCHEZ, L. (2003): *Quechua-Spanish Bilingualism: Interference and Convergence in Functional Categories.* Amsterdam, John Benjamins.

SILVA-CORVALÁN, C. (1989): *Sociolingüística: teoría y análisis.* Madrid, Editorial Alhambra.

SILVA-CORVALÁN, C. (1994): *Language Contact and Change: Spanish in Los Angeles.* Oxford, Clarendon Press.

STAVANS, I. (2000): *Spanglish para millones.* Madrid, Colección Apuntes de Casa de América.

STAVANS, I. (2002): "Traducción" al *espanglish* del primer capítulo del *Quijote. La Vanguardia* 5-6. (Barcelona, 3 de julio de 2002).

STAVANS, I. (2003): *Spanglish: The Making of a New American Language.* Nueva York, Harper-Collins.

SUÁREZ, V. (1980): *El español que se habla en Yucatán,* Mérida, Universidad de Yucatán.

TÍO, S. (1954): "Teoría del espanglish." En *A fuego lento, cien columnas de humor y una cornisa* (pp. 50-65). Río Piedras, Universidad de Puerto Rico.

TÍO, S. (1992): *Lengua mayor: ensayos sobre el español de aquí y de allá.* Madrid, Editorial Plaza Mayor.

USHER DE HERREROS, B. (1976): Castellano paraguayo: notas para una gramática contrastiva castellano-guaraní. *Suplemento Antropológico* 11: 29-123.

WATTS, K. (1999): English Maintenance in Costa Rica? The Case of Bilingual Monteverde. Tesis doctoral inédita, University of New Mexico.

ZAGO BRONCA, J. (1998): *Los cuah'tatarame de Chipíloc.* Chipilo, Edición del autor.

10

DERECHOS LINGÜÍSTICOS, POLÍTICA LINGÜÍSTICA Y PLANIFICACIÓN LINGÜÍSTICA EN EL MUNDO DE HABLA HISPANA

CLARE MAR-MOLINERO
Southampton University

10.1. INTRODUCCIÓN

Este capítulo comienza analizando brevemente algunas de las principales cuestiones que relacionan los derechos lingüísticos con las políticas lingüísticas a nivel nacional y, por consiguiente, con la planificación lingüística[1]. A continuación, se perfilan algunos conceptos principales –con mención a modelos y críticas asociadas con ellos– y se explora la situación de los derechos lingüísticos y la respuesta que a éstos ofrecen los gobiernos nacionales en varias partes del mundo de habla hispana a través de su política y planificación lingüística. El capítulo no se propone dar una cobertura completa de la política y planificación lingüística para cada uno de los veintiún países donde el español posee categoría oficial. En lugar de eso, el texto se centrará en algunos ejemplos ilustrativos con respecto a algunas de las cuestiones subrayadas en la sección teórica. Si bien consideramos que la educación constituye el área más importante de la política y la planificación lingüística con repercusiones en los derechos y comportamientos lingüísticos, no nos referimos a ella en detalle, ya que se ha examinado a fondo en varios de los capítulos anteriores. Por último, se explora brevemente cómo en un mundo postnacional como el nuestro, definido en gran medida por diversos procesos de globalización, se adoptan nuevas formas de planificación lingüística con el fin de intervenir en el futuro del español y las lenguas con las cuales coexiste.

---

[1] Algunas secciones de este capítulo han sido adaptadas del libro *Politics of Language in the Spanish-Speaking World* (Mar-Molinero, 2000).

10.2. LOS DERECHOS LINGÜÍSTICOS

En estos últimos años se ha publicado un gran número de trabajos que abordan el concepto de derechos lingüísticos (p. ej., De Witte, 1985 y 1993; Bastardas y Boix, 1994; Skutnabb-Kangas y Phillipson, 1994; Chiodi y Loncon, 1995; Hamel, 1997ab; Chen, 1998; Kontra *et al.*, 1999). De acuerdo a los objetivos de este capítulo, vamos a partir de las dos definiciones siguientes:

> [...] at an *individual* level [...] everyone can identify positively with their mother tongue, and have that identification respected by others [...] It means the right to learn the mother tongue [...] and the right to use it [...]. It means the right to learn at least one of the official languages in one's country of residence. Skutnabb-Kangas y Phillipson (1994: 2)

> [...] at a *collective* level [it implies] the right of minority groups to exist (i.e. the right to be "different" [...]). It implies the right to enjoy and develop their language and the right for minorities to establish and maintain schools [...]. It also involves guarantees of representation in the political affairs of the state, and the granting of autonomy to administer matters internal to the groups [...]. Skutnabb-Kangas y Phillipson (1994: 2)

> Language rights are the rights of individuals and collective linguistic groups to non-interference by the State, or to assistance by the State, in the use of their own language, in perpetuating the use of the language and ensuring its future survival, in receiving information and State-provided services in their own languages, and ensuring that other lawful rights [...] will not be handicapped or subject to discrimination for linguistic reasons. Chen (1998: 49)

Tales definiciones emplazan obligaciones para la (nación-) estado que requieren unas determinadas políticas, legislaciones y planificación lingüísticas, y a la vez indican el aspecto dual del derecho lingüístico (y humano) en términos individuales y colectivos. Los dos principios de personalidad y territorialidad propuestos para asegurar la protección de los derechos lingüísticos reflejan las dos perspectivas, individual y colectiva. Así, el *principio de personalidad* reconoce el derecho de un individuo a usar su lengua materna en cualquier interacción pública dondequiera que el individuo se encuentre dentro de la jurisdicción de un estado (como, por ejemplo, es el caso del castellano en todo el territorio español). Por su parte, el *principio de territorialidad* se aplica al derecho de una comunidad (como en las comunidades históricas de España) a que se use y reconozca su lengua materna en la vida pública en todas las partes en un territorio determinado (Mar-Molinero y Stevenson, 1991; Watts, 1991; Nelde, 1991; Nelde *et al.*, 1992). A primera vista, el principio de territorialidad podría favorecer las minorías lingüísticas, ya que garantiza ciertos derechos dentro de su propio espacio ante el progresivo dominio ejercido por los grupos lingüísticos mayoritarios. Por este motivo, ha sido el modelo adoptado en varios contextos europeos –España inclusive– y en Canadá. Sin embargo, hay aquellos que opinan que un exceso de celo en la relación entre derechos lingüísticos y un territorio específico implica el riesgo de formar enclaves monolingües y marginados.

A menudo, la aplicación del principio de territorialidad ha supuesto la sustitución de un tipo de monolingüismo (mayoritario) por otro (minoritario), y con ello, potencialmente, intolerancia y discriminación (véase Myhill, 1999). Sin embargo, los críticos del principio de personalidad sostienen que cuando dos o más lenguas entran en contacto, si una es más dominante, más extensamente conocida y más prestigiosa, resultaría poco realista pensar que los hablantes de la lengua dominante aprenderán la de menos prestigio. En este caso el derecho del individuo a usar su lengua materna, si ésta es minoritaria, fracasará por razones prácticas y pragmáticas. Hamel (1997a) aboga por la necesidad "de proteger una lengua por medio de los derechos colectivos no transportables [...]" (11). En los últimos tiempos, se pueden observar algunos ejemplos de la combinación de los dos principios dentro de un marco legal concreto, tal como se indicará más adelante en este capítulo con respecto a la situación en el estado español.

Por la frecuencia con que los derechos lingüísticos individuales y colectivos entran en conflicto entre sí y con otros derechos, la obligación de decidir sobre prioridades entre unos y otros se convierte en una labor compleja, por lo general de carácter político. Por ejemplo, quién establece y cómo se establece si los derechos lingüísticos deberían tener prioridad sobre el derecho a una vivienda digna, o a la libertad de movimiento, puede llegar a convertirse en un asunto enormemente polémico.

Brookes y Heath (1997) defienden la necesidad de entender que realmente existe más de una posición en cuanto al multilingüismo. Por un lado, hay "la creencia de que la diversidad lingüística, y no la homogeneidad, es lo universalmente deseable", una afirmación sustentada en "el argumento de que la diversidad reducirá conflictos y dará lugar a mejores relaciones de grupo" (100). Por otra parte, los que apoyan el monolingüismo afirman que una lengua "común" aporta ventajas participativas y económicas. Todo esto da pie a uno de los debates habituales en la disciplina, que debe ser tratado mediante el análisis de los objetivos propuestos por diversas políticas y planificaciones lingüísticas.

10.3. POLÍTICA, LEGISLACIÓN Y PLANIFICACIÓN LINGÜÍSTICA

Cuestiones de igualdad, libertad de palabra, respeto y tolerancia, entre otras, suponen valores universales ya plenamente reconocidos por instituciones internacionales como las Naciones Unidas. Sin embargo, el grueso de legislación necesaria para convertir tales derechos en realidades ha de ser decretado por gobiernos nacionales. En otras palabras, mientras que las leyes internacionales pueden honrar ciertos derechos, e incluso acompañarlos de complejos procesos legales, el desarrollo cotidiano de las comunidades humanas suele verse afectado por leyes y resoluciones de ámbito nacional. En concreto, Paulston (1997) sugiere los siguientes tipos de *ámbitos* en que los Estados acostumbran a desarrollar sus propias políticas y leyes lingüísticas:

> [...] matters such as choice of official language, language requirements for naturalization or citizenship, use of official or native language in court as well as interpreters, the right of access to, that is, facilitation of access to, the dominant language by instruction in schools, in the army [...], in the workplace, by religious bodies, etc. [...] Finally, we have the policies that aim to help or hinder language maintenance or shift (190).

Ante todo, las políticas gubernamentales se aplican directamente al uso oficial y público de la(s) lengua(s), pero indirectamente éstas también influirán en su uso no-oficial y en su uso privado. En algunos casos extremos, los gobiernos pueden llegar a proscribir cualquier uso de lenguas minoritarias, incluso dentro de la casa y en la comunicación familiar, como ocurrió en los primeros tiempos del régimen de Franco en España con respecto al catalán, el gallego o el vasco. Turi (1995: 112-113) categoriza la legislación lingüística en torno a sus cuatro diferentes funciones: oficial, institucional, estandarizadora o liberal. Su primera categoría, por supuesto, se refiere a la legislación promulgada para conceder un estatus oficial a una lengua, ya sea en todo el estado o en ciertos territorios específicos. "Oficial" afecta por lo general a la lengua de uso en todo discurso gubernamental, administrativo, legal, educativo y, en general, público, escrito u oral, mientras que "institucional" designa a una lengua como "normal, habitual o común en las esferas no oficiales de trabajo, comunicación, cultura, comercio y negocios" (1995: 112). La categoría de estandarización concierne la legislación que rige la gramática y el corpus del o de los idiomas oficiales en ciertas esferas públicas. Turi usa "liberal" para describir aquella legislación que salvaguarda los derechos lingüísticos descritos en el apartado anterior, como por ejemplo los que abarcan las minorías lingüísticas.

La distinción entre política lingüística y planificación lingüística contribuye a reducir el riesgo de mezclar la toma de decisiones con su ejecución. La *política* refleja decisiones y opciones que para ser entendidas deben ubicarse en el contexto ideológico y político en el cual alguien las expone[2]. Por su parte, la *planificación* es el medio por el cual los representantes políticos proponen o exigen su puesta en práctica[3]. Esta diferencia se estableció desde muy temprano al advertir Joan Rubin, una de los primeros especialistas en la planificación lingüística, que "la elaboración de políticas no equivale a planificación" y señalar que "si *el legislador* no dispone de la información previa apropiada y no reconoce que *el plan* debe ser coordinado con otros procesos socioculturales, es más que probable que se quede en simplemente una *política*" (Rubin, 1977: 285; mi énfasis). Un estado puede decretar legislación de carácter favorable o positivo para apoyar ciertas lenguas, votar los recursos necesarios y garantizar ciertos derechos para sus hablantes. O, al contrario, algunas leyes pueden acarrear una situación intolerante o incluso represiva para uno o más idiomas. Cabe decir que la política nacional respecto a las lenguas no necesariamente ha de resultar simple y accesible, ya que los objetivos lingüísticos pueden derivar en algunos casos de políticas gubernamentales más amplias, como las relacionadas con el sistema educativo. Por su parte, la planificación lingüística es siempre explícita y manifiesta. Resulta posible, incluso hasta previsible, encontrarse con políticas lingüísticas sin una correspondiente planificación lin-

---

[2] Spolsky (2004) constituye uno de los pocos análisis detallados sobre política lingüística.
[3] Para análisis más extensos sobre el campo de la planificación lingüística, véase p. ej., Cooper (1989), Blommaert (1996), Kaplan y Baldauf (1997) y Wright (2004).

güística. O dicho de otro modo, se puede formular un objetivo, a menudo a nivel estatal, que después no se lleva a cabo por diversas causas, entre ellas las económicas. En otras ocasiones, una política lingüística puede afectar sólo a un área relativamente localizada –el uso de un registro sin discriminación de género en contextos laborales, por ejemplo– donde, de nuevo, la puesta en práctica de la legislación dependerá tanto de los recursos disponibles como del apoyo que la normativa pueda recibir.

La política lingüística forma parte del conjunto de políticas gubernamentales, y debe entenderse en función de sus estrechos vínculos con otros objetivos y decisiones sociales y políticas. Glyn Williams (1992, capítulo 5) y Blommaert (1996) advierten que sería ingenuo no percatarse de la fuerte carga política e ideológica implícita en la política lingüística de un gobierno. A menudo, este hecho se manifiesta en la tensión provocada por las nociones de "eficacia" e "integración nacional", cuyo efecto tiende a favorecer el monolingüismo (o, como mínimo, al menor número posible de lenguas toleradas), en lugar de promover la diversidad y el multilingüismo. Williams y Blommaert sostienen que hoy día la disciplina de la política lingüística es esencialmente eurocéntrica, inspirada por las ideas de la construcción de nación del siglo XIX, un argumento que examinaremos más adelante en el ámbito del mundo de habla hispana.

Con respecto a la planificación lingüística, Cooper ofrece la siguiente definición: "Language Planning refers to deliberate efforts to influence the behaviour of others with respect to the acquisition, structure or functional allocation of their language codes" (1989: 45). A esta definición se podría añadir que el comportamiento lingüístico pertenece por lo común a una comunidad o estructura social en conjunto, incluso si los cambios derivan a veces de situaciones más bien individuales.

Es generalmente aceptado que la planificación lingüística se pone en práctica mediante tres amplias categorías: planificación de corpus, planificación de estatus y planificación de la adquisición de la lengua (Cooper, 1989). En primer lugar, la *planificación de corpus* se centra en la forma de la lengua o lenguas, y puede incluir el desarrollo o elección de los sistemas de escritura (por ejemplo, la adaptación de lenguas amerindias a un alfabeto latino) o de normas estandarizadas de ortografía, como ha ocurrido con el gallego y el quechua. Asimismo, la planificación de corpus constituye la base de los procesos de estandarización en que se incluyen la selección y promoción de idiomas oficiales. Así, en lugares donde han existido variedades y dialectos, los planificadores pueden proponer unas determinadas normas estándares para la gramática, fonología y léxico. Por supuesto, estas medidas no son de carácter puramente técnico y libres de carga ideológica, como a veces se pretende establecer, sino que suponen uno de los ejemplos más claros de cómo los planificadores, y no los propios legisladores, acaban tomando decisiones políticas más o menos encubiertas sobre la lengua.

En cualquier caso, la mayor parte del trabajo actual de los planificadores de corpus consiste en la elaboración de nuevas terminologías y vocabularios para responder a los ámbitos crecientes en los cuales se usa la lengua o el código lingüístico. En este sentido, la planificación de corpus está estrechamente unida a la *planificación de estatus* que, entre otras cosas, se involucra en la identificación y la promoción de estos nuevos ámbitos de trabajo. Como se ha mencionado antes, la planificación de estatus se dedica a promover el prestigio de una lengua a través de iniciativas para su uso en contextos más amplios y, en particular, entre las autoridades públicas, como la administración y el cuerpo judicial. La planificación de estatus también procura mejorar las actitudes hacia la lengua y facilitar así su aceptación mediante campañas publicitarias y el mayor empleo por parte de figuras públicas. Como con otras categorías de la planificación lingüística, la planificación de estatus promueve un nuevo comportamiento hacia la lengua proporcionando más recursos, ya sea financieros, educativos o materiales. Por último, la *planificación de la adquisición de la lengua* es una categoría más reciente que desarrolla aspectos de la planificación de estatus al centrarse en cómo la lengua puede ser aprendida y adquirida. Si la planificación de estatus mejora las actitudes de la gente con respecto al uso de la lengua, la planificación de la adquisición ayuda a aprenderla, por ejemplo, por medio de la educación y de su uso en los medios.

Se puede argumentar que la utilidad de dividir la planificación lingüística en categorías concretas estriba en que ello nos permite identificar los posibles individuos o colectivos responsables de llevar a cabo esos diferentes objetivos. Así, un programa de planificación de corpus requerirá la participación y dirección de expertos de la lengua, mientras que la de estatus con mayor probabilidad será supervisada por administradores en contacto cercano con políticos, si no realmente por los políticos. La planificación de la adquisición de la lengua es, lógicamente, la especialidad de los educadores. El papel de otros grupos, como los medios de comunicación, la industria o los cuerpos religiosos, también es de gran importancia sobre todo para el desarrollo de la planificación de estatus; pero tal desarrollo se acomete, por lo general, en colaboración con funcionarios públicos, lingüistas o profesores. Aunque hasta ahora se ha planteado la planificación lingüística como una actividad realizada por gobiernos nacionales, la misma labor puede recaer en organizaciones de carácter supranacional como la UNESCO o la Unión Europea. No obstante, al igual que con los grupos no gubernamentales –organizaciones populares, grupos de presión, organizaciones religiosas, etc.–, este tipo de instituciones difícilmente alcanzará sus objetivos sin el apoyo político y, probablemente, material de los gobiernos nacionales. Por una parte, las directrices de grupos internacionales y supranacionales a menudo no son vinculantes para los gobiernos soberanos; por la otra, las actividades regionales pueden carecer de recursos o respaldo públicos suficientes.

Si bien esta primera aproximación a la planificación lingüística se basa en varias áreas aparentemente independientes, resulta obvio que estas categorías se hallan muy relacionadas entre sí. Los materiales de enseñanza de la lengua (parte de la planificación de la adquisición) requieren de un trabajo previo de estandarización y codificación (planificación de corpus). Asimismo, la escritura de sistemas y terminologías ampliadas (planificación de corpus) se nutre de nuevas esferas y funciones de la lengua promovidas por la planificación de estatus. Hasta cierto punto, los puntos de convergencia en la clásica distinción entre la planificación de corpus y la de estatus –y también la de adquisición– han facilitado la aparición de otra categoría, la *planificación de normalización*, de particular importancia en España, que puede definirse de la siguiente manera:

> Normalization consists of [...] three tasks [...] (a) to empower minority languages in order to make it possible for [them] to satisfy the communicative needs of a modern society; (b) to increase the number of speakers/users and increase the communicative competence of current users, and (c) expand the geographic scope of the language within a given area. (Cobarrubias, 1987: 60)

A partir de esta definición, cabe decir que esta nueva categoría constituye una versión fuerte de la planificación de corpus, un tipo de planificación de la adquisición y, por su alcance "social", también un tipo de planificación de estatus. Los expertos que desarrollaron este concepto –en particular los sociolingüistas catalanes Aracil, Ninyoles y Valverdú– subrayan que la normalización sólo sigue la estandarización (es decir, un aspecto de la planificación de corpus). Pero en el desarrollo y en la promoción de lenguas minoritarias, estos autores distinguen la necesidad de este acercamiento completamente integrado donde una lengua debe ser ubicada (o reinstaurada, quizá en el caso del catalán) a un nivel "normal" de igualdad respecto a otras lenguas (mayoritarias). Este es un concepto extensamente aceptado en España, pero menos conocido en otras áreas. Con todo, Cobarrubias sugiere que

> [E]ven though linguistic normalization may be branded differently in different communities, it captures very well the general aspirations of many minority speech communities for linguistic equality and raising the status of their language in a meaningful way (1987: 57).

Mientras que las actividades de la planificación de estatus y de corpus resultan sin duda de gran importancia, afirmaríamos que el ingrediente principal, con mucho, en cualquier puesta en práctica de una política lingüística es la planificación de la adquisición de la lengua, o sea, el sistema de educación. Las características, éxitos y fracasos de las políticas establecidas en términos de las lenguas que se usan y las que se enseñan, así como las actitudes hacia ellas, condensan el compromiso o el rechazo de la sociedad o, como mínimo, el de su gobierno con respecto a los derechos lingüísticos descritos en secciones anteriores. El sistema de educación representa asimismo un destacado espacio para la creación, desarrollo y asimilación de la identidad nacional, marcada en lo posible por la identidad de la lengua. En general, las lenguas quedan tan estrechamente unidas a otras cuestiones sociales y políticas, que los debates y las tensiones acerca de ellas a menudo reflejan otros cambios o conflictos sociales. Por este motivo, la política lingüística normalmente refleja otras políticas de índole social. No supone por ello ninguna sorpresa que estas políticas hayan mostrado con frecuencia una de dos tendencias:

a) hacia la asimilación, la homogeneización y, por lo tanto, el monolingüismo dominante, bajo la justificación de la unidad y de la eficacia, o
b) hacia el reconocimiento de los grupos minoritarios y de sus derechos, tendencia que ha dado pie a tentativas de modelos pluralistas y promotores de diversidad.

Tanto la planificación lingüística como la política lingüística han existido durante siglos bajo una u otra forma. El trabajo de las academias de la lengua a partir de los siglos XVII y XVIII, en especial el de la Real Academia de la Lengua Española (RAE), constituye la mejor prueba de este argumento, así como la compilación y la publicación de gramáticas y diccionarios. Los sistemas de educación también han desempeñado una parte fundamental a lo largo de la historia en la ejecución de cualquier política lingüística. No obstante, la disciplina propiamente académica de la planificación lingüística data de los años sesenta, a partir del trabajo de expertos pioneros en los entonces novedosos campos de la sociolingüística y de la sociología del lenguaje. El desencadenante principal para este tipo de trabajo fue la intención, extendida en muchas partes del mundo en vías de desarrollo, de planear y edificar estados postcoloniales e identidades nacionales. Por ejemplo, en muchos estados recientemente independientes en África o partes de Asia resultó conveniente decidir y establecer cuál iba a ser la lengua o lenguas oficial(es). Por ese motivo, la mayor parte de los estudios iniciales en planificación lingüística se orientó claramente hacia estas sociedades, donde las necesidades resultan muy específicas y, en gran medida, diferentes de la situación en países desarrollados como España, o la de otras partes del mundo en que la experiencia colonial parece más distante, como en América Latina.

Las secciones siguientes exponen otros posibles ejemplos de la realización y de la puesta en práctica de derechos lingüísticos, políticas lingüísticas y planificación lingüística en contextos de habla hispana.

10.4. ESPAÑA: DE LA DICTADURA AL *ESTADO DE LAS AUTONOMÍAS*

10.4.1. *La Dictadura*

El período de la dictadura de Franco (1939-1975) fue un tiempo de políticas estatales que en sí mismas encarnaron la negación de los derechos lingüísticos. Como sabemos, Franco había encabezado el bando ganador en la Guerra Civil conocido como los "nacionalistas", sin duda una significativa etiqueta que manifiesta la voluntad que el Régimen tuvo de definir España y el sentimiento de "españolidad" a lo largo de una dictadura de treinta y seis años. Como parte de este proceso, se favoreció la exclusión de todos aquellos que podían amenazar la identidad española, única e incontestable. Mientras que la retórica del régimen enfatizaba "la patria" y sus glorias imperiales pasadas afirmándolas en la herencia de la castellanización, sin tolerar ninguna desviación de ésta, las regiones de la periferia y las minorías lingüísticas no llegaron a encajar la idea de una España poderosa, unificada y central. De manera inevitable, la lengua fue reconocida por el régimen como un símbolo principal de identidad, ya sea a través del castellano como pieza clave del proceso de centralización, ya sea con la represión de cualquier otra lengua alternativa. Los derechos lingüísticos fueron explícita o implícitamente negados mediante el rechazo a nivel legal o la manipulación de la opinión pública, pues aquellos en el poder no sólo controlan los procesos de elaboración y aplicación de leyes, sino también, muy a menudo, el acceso a los medios y otros sistemas de comunicación pública. Hubo multas impuestas al escuchar el uso del catalán en la calle; obras de teatro prohibidas por ofrecerlas en una lengua minoritaria; casas editoriales cerradas o revistas secuestradas por hablar demasiado positivamente de las culturas periféricas[4].

La política lingüística del régimen franquista resultó más evidente y tal vez más eficaz en el área de las actitudes y de la opinión pública. Al principio, la proscripción de idiomas no castellanos había sido rígida; pero la decisión posterior de permitir una cierta relajación respecto al uso de esas lenguas no fue un signo de tolerancia y respeto recién descubiertos, sino más bien una prueba de la confianza del régimen en que eran tan marginales que de ningún llegarían a amenazar la hegemonía centralista estatal. Esta hegemonía fue reforzada por una cuidadosa representación de las lenguas minoritarias como intrascendentes e inferiores. Las lenguas no castellanas fueron siempre descritas como "dialectos", un término generalmente asociado a una posición inferior en la jerarquía lingüística. Por otra parte, la única lengua nacional reconocida participó de toda la parafernalia sobre la nación española y sus valores, hasta tal punto que la combinación de las palabras *"castellano"* y *"cristiano"* en la exhortación "hablar cristiano" asumía un carácter de superioridad moral. Más sutil todavía fue el modo en que el creciente uso de las lenguas no castellanas fue celosamente confinado a actividades "menos serias". Así, la delegación de la televisión estatal en Cataluña ofrecería noticias nacionales e internacionales sobre política y actualidad en castellano, para después continuar con acontecimientos locales de una naturaleza más trivial en la lengua vernácula.

---

[4] Otros autores, como Juan Ramón Lodares (2000), presentan una versión bastante más atenuada sobre estas circunstancias en el período franquista.

10.4.2. *La Constitución de 1978*

Con el final de la dictadura de Franco en noviembre de 1975, llegó el final de uno de los regímenes más centralizados y autoritarios en la historia de España, y el principio de una vertiginosa ruta hacia el sistema occidental de gobierno democrático. La Constitución de 1978 y el marco legal que deriva de ella constituyeron un punto clave en esta transición a la democracia. En nuestro caso, nos interesa especialmente la referencia que este documento fundamental incluye sobre el *Estado de las Autonomías* y lo que este concepto implica en cuanto a una manifiesta política lingüística y la interpretación de los derechos lingüísticos. En concreto, el Artículo 3 de la Constitución de 1978 dice:

1. El castellano es la lengua española oficial del Estado. Todos los españoles tienen el deber de conocerla y el derecho a usarla.
2. Las demás lenguas españolas serán también oficiales en las respectivas Comunidades Autónomas de acuerdo con sus Estatutos.
3. La riqueza de las distintas modalidades lingüísticas de España es un patrimonio cultural que será objeto de especial respeto y protección.

Este artículo ha sido citado, debatido y comúnmente elogiado (sobre todo desde fuera de España) como muestra de un nuevo reconocimiento del multilingüismo y los derechos lingüísticos en España[5]. No obstante, el escrutinio cláusula por cláusula no acaba de confirmar esta premisa, incluso desde la primera oración. Así, la decisión de denominar "castellano" al idioma oficial puede parecer valiente y polémica a la vez. Si ya respecto a la Constitución de la Segunda República (véase Tamames, 1992: 14), figuras tan prominentes como Unamuno y Ortega y Gasset habían sostenido que el nombre debería ser "español", un debate similar aconteció en la gestión y en el seguimiento de la última Constitución (véase p. ej., Salvador, 1987; Lodares, 2000). Para estas personas, todas ellas defensoras acérrimas del concepto de la identidad nacional española centralizada, el castellano equivale al español, y por ello sostienen que no es po-

---

[5] Véase p.ej., Linz (1981), Salvador (1987 y 1992), Bastardas y Boix (1994), Vernet i Llobet (1994), Siguan (1996), Lodares (2000) y Mar-Molinero (2000).

sible alternar una "lengua española" con varias "lenguas españolas", tal como la Constitución establece. Es también significativo que el idioma oficial está unido al concepto de "estado" y no al concepto de "nación", entidad evasiva y polémica (véase p. ej., Siguan, 1996; Mar-Molinero, 2000). No obstante, las acciones radicales pueden dar pasos hacia delante y luego hacia atrás. Al insistir que todos los españoles tienen el "deber" de conocer el castellano, la ley emite un mensaje muy claro y fuerte. Pocas constituciones nacionales legislan el deber de conocer una lengua en particular; el "derecho" es el término más normal. Pero ¿qué significa "conocer" una lengua? Podría tratarse de una capacidad por completo pasiva y receptiva, aquella que permite la comprensión pero no la producción oral o escrita de la lengua. La primera cláusula concluye declarando que todos los españoles tienen el derecho de usar el castellano, que es una formulación más familiar en el área de los derechos lingüísticos, pero un derecho que debe depender, por supuesto, de una participación y una interacción más amplia. Usar el castellano activamente requiere que otros lo conozcan.

La segunda cláusula aporta un paso significativo hacia un modelo de sociedad multilingüe, ya que implícitamente reconoce la existencia de "otras" lenguas españolas, y declara que éstas serán oficiales en sus "respectivas comunidades". Ahora bien, merece la pena notar que la Constitución no menciona estas lenguas, sino que deja su identificación pendiente. Se acepta de forma general que esta definición deriva de las lenguas en que, aparte del castellano, se publica la Constitución y las leyes orgánicas: el catalán, el vasco y el gallego. Como suele ocurrir, la cuestión de cómo definir "una lengua" dio lugar a una nueva polémica cuando los valencianos afirmaron que ellos también hablan una lengua aparte, en que la Constitución y otros documentos oficiales deberían ser traducidos y publicados. Tal vez esta demanda se llevó a cabo como reflejo de la presión económica y política que una comunidad como Valencia era capaz de ejercer, aunque la versión de la Constitución en valenciano presenta escasas diferencias con respecto a la catalana. El estado oficial es, por supuesto, co-oficial, ya que la Cláusula 1 ha decretado que el castellano sea oficial en todas partes del Estado español. Pero también deberíamos percatarnos que esta categoría de oficialidad –y el apoyo y la legislación resultante– depende en última instancia no de la política estatal central, sino del deseo de la comunidad individual de identificar y respaldar su propia lengua. En todos los estatutos de Cataluña, el País Vasco, Galicia, las islas Baleares, Valencia, Navarra, Aragón, las islas Canarias y Andalucía se hace mención de su situación lingüística. Por otra parte, lugares tales como León, donde se habla gallego, o Zamora, donde encontramos el portugués, no tienen ninguna mención o protección en sus estatutos locales de autonomía.

Si la primera cláusula del Artículo 3 se refiere al idioma oficial del Estado y la segunda a los idiomas co-oficiales en ciertas áreas definidas, la tercera cláusula identifica otra categoría que también forma parte de la política lingüística del estado –las "modalidades lingüísticas"–, cuyo contenido queda de nuevo sin definir. Por lo general, se ha asumido que la Constitución se refiere aquí a aquellas variedades lingüísticas que no suelen alcanzar el estatus de lengua, es decir, los dialectos históricos del castellano que, eso sí, son apreciados en sus comunidades y constituyen signos inequívocos de su identidad particular. En algunas comunidades, la referencia a su importancia y la promesa de respetarlas y de protegerlas ha supuesto una mayor confianza y orgullo en las variedades regionales particulares[6]. Así, las instituciones andaluzas han promovido una importante investigación sobre su variedad del español y alientan su uso. Las islas Canarias han publicado textos sobre su variedad propia como por ejemplo el *Léxico del español habitual en las Canarias* (Gobierno de Canarias, 1986). Hasta ahora, la variedad española central del castellano ha sido considerada la norma estándar a la cual todos los españoles cultos deberían aspirar. Sin embargo, en los contextos andaluz y canario, por citar algunos, se distinguen esfuerzos oficiales para incitar el uso de la variedad local tanto en la comunicación pública, como en los medios locales y las escuelas.

Hasta cierto punto, la tercera cláusula reconoce que diversas formas del español usado en la Península podrían funcionar como registro de prestigio en una comunidad para el uso público y culto. Con todo, la formulación de términos en la tercera cláusula resulta muy vaga: conceptos como "respeto" "y protección" pueden ser admirables en espíritu, pero difíciles de traducir en una acción obligatoria. En general, a menos que surjan recursos del gobierno, ya sea central o local, tales conceptos u objetivos altisonantes se quedarán simplemente en meros deseos. A la inversa, por supuesto, un acercamiento eficaz sería aquel que interpretase esta cláusula de modo que los recursos deben quedar disponibles para subrayar tal respe-

---

[6] Se puede encontrar ejemplos de este tipo de trabajo en Martínez Ferrer (1995), para el aragonés; Novo Mier (1980), sobre el asturiano; Sanchis Guarner (1972), sobre el valenciano; Narbona Jiménez y Morillo-Velarde Pérez (1987), sobre el andaluz.

to y protección, es decir, los medios necesarios para financiar investigación lingüística, producir nuevos materiales de enseñanza o lanzar campañas mediáticas. Las innovadoras políticas del Artículo 3 sólo pueden ser juzgadas, en última instancia, bajo la luz de su realización mediante la ejecución de actividades específicas de planificación lingüística.

10.4.3. *La Transición*

Junto con la euforia del período post-Franco inicial y la recepción enormemente positiva ofrecida a la Constitución, es importante recordar que algunas figuras públicas significativas, no sólo las que habían sido tradicionalmente franquistas, no aceptaron tendencias hacia el multilingüismo ni hacia mejoras en los derechos lingüísticos para las lenguas minoritarias. Como hicieran Salvador y Lodares, estas personas percibieron estas tendencias como causa potencial de conflictos y problemas. Además, el acuerdo y la colaboración entre las distintas comunidades lingüísticas no siempre existieron. Entre los catalanes y los valencianos, por ejemplo, siempre ha habido tensiones, resultando a veces en un acercamiento de parte de los valencianos al gobierno nacional para evitar alianzas con los catalanes. La solidaridad y el consenso creados por la oposición al régimen de Franco habían cubierto distintas actitudes y creencias acerca de la política lingüística en España. Y resultaba completamente asombroso que, sólo tres años después de su muerte, la Constitución venerase tantos sentimientos que habrían sido castigados por la ley durante la dictadura. Parecía fácil olvidar, por lo tanto, que no cada persona, incluso en la nueva España, iba a estar necesariamente de acuerdo con la promoción de las lenguas minoritarias, sobre todo cuando aún no se había conseguido alcanzar un oportuno y conveniente compromiso al respecto desde el final del régimen de Franco.

10.4.4. *La situación actual*

Se han producido enormes avances desde el final de la dictadura de Franco en España en términos de reconocimiento de la importancia simbólica y política de la lengua, y de establecimiento de los derechos lingüísticos en las comunidades de lengua materna no castellanas. La Constitución de 1978 y el Estado de las Autonomías han creado un panorama totalmente diferente, uno en el que las regiones que constituyen España disfrutan de más competencias. En los últimos años se han apreciado intentos de matizar o ampliar los derechos lingüísticos implícitos en la Constitución de 1978 y los Estatutos. Tales esfuerzos subrayan las tensiones que siguen en la política española entre el gobierno nacional y las autonomías. Por lo tanto, no es sorprendente notar que estas tensiones y reivindicaciones suelen reflejar el color político del gobierno de turno, tanto en Madrid como en las regiones. El triunfo en 2004 de la candidatura de José Luis Rodríguez Zapatero, representante de la izquierda moderada en la política española (Partido Socialista Obrero Español, PSOE), ha abierto paso a varias iniciativas con fines mucho más tolerantes de la diversidad lingüística, incluyendo, por ejemplo, el derecho al uso exclusivo del catalán en las comunicaciones de Cataluña con la Unión Europea.

Sin embargo, la política lingüística todavía favorece al castellano y, mientras que respeta a otras lenguas, ha creado un marco legal que, en definitiva, restringe todavía las actividades de planificación lingüística, incluso en las comunidades "autónomas" marcadamente distintas. En otras palabras, mientras que en la actualidad se reconoce la existencia del multilingüismo en España, el dominio del monolingüismo todavía es implícitamente alentado[7].

10.5. LA AMÉRICA LATINA POSTCOLONIAL

10.5.1. *La situación de los derechos lingüísticos*

Esta sección examina el marco en que los derechos lingüísticos son o no son reconocidos en los países de América Latina, con atención específica a las políticas al efecto planteadas en algunas Constituciones nacionales recientes. Con ello se quiere afirmar que, en general, la planificación lingüística en América Latina no ha disfrutado de muchas actuaciones políticas obvias, en especial en el área de la educación[8]. El objetivo de asimilación o integración total ha llevado a muchos estados latinoamericanos a negar que su población es

---

[7] Véase Turell (2001) para una discusión en detalle sobre el multilingüismo en España y parte de la reglamentación relacionada con él.

[8] Véase Olbertz y Pieter Muysken (2005) para una reciente discusión sobre esta área.

multiétnica o compuesta de minorías marginadas (Banton, 1996). Incluso, cuando las Naciones Unidas elaboraban la Declaración de los Derechos Humanos en 1945, muchos representantes latinoamericanos lucharon con éxito contra la inclusión de una cláusula que hubiese dado protección a los derechos de las minorías, con el argumento de que tales necesidades eran tan sólo regionales y no universales. Como muchas comunidades indígenas niegan asimismo ser definidas como "minorías", porque consideran esta etiqueta una manera añadida de aislarlas y de marginarlas –sino comunidades separadas, o incluso naciones– se puede entender por qué resulta difícil la definición de tales grupos vulnerables y sus derechos.

Un aspecto importante de la discusión sobre los derechos en el contexto latinoamericano es, una vez más, la relación entre colectivo e individuo. Los derechos lingüísticos, en particular, se concentran en la comunidad, en cuanto que la lengua no puede funcionar en un contexto puramente individual. La mayoría de las comunidades indígenas entiende que su fuerza y probable éxito en sus reclamaciones deben radicar en un reconocimiento de sus derechos de grupo, y así se ha articulado en tiempos recientes, como una demanda de autonomía o de un estatus casi autonómico, a un nivel de "naciones" aparte (Hamel, 1994: 297). Los derechos lingüísticos de los pueblos indígenas latinoamericanos están completamente sujetos a otros tipos de derechos como los territoriales, a la autodeterminación política, al reconocimiento de la pertenencia a una etnia aparte, etc. El fracaso deliberado de aceptar esta situación se reflejó en los marcos constitucionales y legales promulgados en todas partes de América Latina hasta por lo menos el siglo XX, por el deseo de las élites de establecer una identidad nacional unificada.

Alvar señala que la primera vez que una Constitución en Latinoamérica menciona la lengua oficial (o nacional) ocurre en 1929 (Ecuador) y es, por supuesto, para referirse al español (1986: 298). La necesidad de identificar el español como idioma oficial, sin embargo, revela una conciencia de que existen, en efecto, otras lenguas. Alvar también examina el importante contraste entre lo "oficial" y lo "nacional" en las primeras constituciones para distinguir el español de otras lenguas principales habladas en los estados latinoamericanos. Recuerda, por ejemplo, que Ecuador describió el español como la lengua "nacional" en 1929, pero cambió este adjetivo a "oficial" en su Constitución de 1945. En este nuevo documento, el quechua y "demás lenguas aborígenes" son denominadas "lenguas nacionales". Paraguay también usa el término "lengua nacional" para referirse al guaraní, y la Constitución guatemalteca define sus lenguas no castellanas como una parte importante de su patrimonio nacional. Esta definición también se emplea para las lenguas amazónicas en la Constitución de Perú, en donde las lenguas andinas quechua y el aymará presentan un estatus co-oficial junto con el español en aquellos territorios donde son predominantes[9]. Esta aplicación del principio de territorialidad a lenguas indígenas también se observa en la Constitución nicaragüense para sus regiones autónomas de la costa atlántica.

Más que presentar expresamente el estatus o los derechos lingüísticos, las constituciones latinoamericanas se refieren a las comunidades indígenas en términos que indican un reconocimiento de su existencia y con ello, en mayor o menor grado, su protección. Así ocurre en las constituciones de Guatemala (Richards, 1989), Perú (Alvar, 1986; Cerrón-Palomino, 1989), Ecuador (Alvar, 1986), México (Hamel, 1997b; Nahmad, 1998), Chile y Panamá (Hamel, 1997b). Nicaragua y Paraguay tienen estatutos específicos para el estatus y derechos lingüísticos de sus grupos indígenas (Hamel, 1997b). De cualquier manera, Alvar (1986) y Hamel (1997b) destacan que, incluso en períodos más recientes en que se reconoce y aplaude una cierta diversidad cultural, ésta no es vista por lo general como un elemento que contribuye por derecho propio al conjunto de la riqueza cultural de la nación, ni tampoco ese reconocimiento se expresa mediante los medios y recursos necesarios. En particular, resulta dudoso que los derechos culturales y lingüísticos puedan ser protegidos sin los necesarios derechos políticos y económicos correspondientes. Por el contrario, la realidad indica que excepto en el área de la planificación de la adquisición en el ámbito educativo, en la mayoría de estados latinoamericanos ha habido poca planificación lingüística y pocos recursos para que ésta se haga realidad. Así, ningún país en Latinoamérica ha decretado la legislación que describimos anteriormente en el caso de España, que estableció las bases para un marco de planificación lingüística. Muchas de las declaraciones en las constituciones latinoamericanas son tan vagas como las que comentamos respecto a la tercera cláusula del Artículo 3 de la Constitución española. Lógicamente, parece fácil que tales sentimientos pudieran llegar a olvidarse o ignorarse, pues cualquier actuación

---

[9] Por un breve período entre 1975-1979, el quechua fue declarado lengua co-oficial junto con el español en todo el territorio nacional de Perú. Sin embargo, se retiró esta consideración en la Constitución de 1979.

verdadera y específica requiere recursos financieros y materiales. A continuación, se comentan algunos ejemplos de planificación de estatus que se desarrollan actualmente en algunos países latinoamericanos, y se analizarán algunos casos interesantes de planificación de corpus. Si bien nuestro interés recae en las lenguas indígenas, no deberíamos olvidar que a la vez hay otras actividades de planificación lingüística que afectan la lengua mayoritaria, el español.

10.5.2. *Planificación lingüística: Las lenguas indígenas*

Aparte del sistema educativo, el otro foco principal de planificación de estatus de las lenguas no castellanas en América Latina se origina en ciertos canales de comunicación pública. Así, el empleo de maya en emisoras locales de radio en Guatemala, de aymara en Bolivia y de náhuatl en algunas partes de México ha provocado un positivo impacto en el prestigio de estas lenguas (Cienfuegos Salgado, 2005). La extensión del uso y la recepción de la lengua que tales transmisiones dan, unido a las aportaciones de la tecnología moderna, se aprecian desde las comunidades como la confirmación de la mejora del estatus de sus lenguas. La percepción de que sólo el español tiene que ver con la movilidad social y con la integración en la vida (urbana) moderna se diluye sutilmente cuando estas lenguas maternas indígenas entran en contacto con los medios mediáticos. Otra área donde crece el prestigio de las lenguas deriva del establecimiento de instituciones que las investigan y las promueven. Si bien en el pasado estas actividades dependían de antropólogos (a menudo extranjeros) con una cierta tendencia a abstraer las lenguas y tratarlas como entes del pasado, las instituciones actuales muestran una índole más práctica y, aún más importante, cuentan con personal indígena. En este sentido, un ejemplo particularmente positivo pero prácticamente único es el de México, con el trabajo hecho por el Instituto Nacional Indigenista (INI) y su departamento asociado, Dirección General de Educación Indígena.

A partir del argumento de Glyn Williams (1992) sobre la interacción entre las planificaciones de estatus y de corpus, exponemos en los próximos párrafos tres ejemplos de la planificación de corpus en América Latina, cuyo papel en las actitudes sociales y políticas de las lenguas implicadas (maya en Guatemala, quechua en Perú y Bolivia, y español en México) ha sido importante. En primer lugar, Richards (1989) describe la planificación de corpus que ha ocurrido

en Guatemala con el objetivo de desarrollar materiales para programas de educación bilingüe. Para ello, fue necesario elaborar una lengua "maya" estándar y accesible para los hablantes de los diferentes
dialectos mayas. Los fines de esta planificación de corpus resultan
completamente obvios y relevantes para la mejora del estatus de la
lengua porque:

> fortalecen la identidad de la población indígena de origen maya con
> sus propios valores culturales, de manera que puedan responder a sus
> necesidades auténticas y sus intereses legítimos [...] [y] fortalecen,
> consolidan y conservan la pureza de las lenguas indígenas de origen
> maya de Guatemala (citado en Richards, 1989: 104).

Como parte del proceso de planificación de corpus, se ha detec-
tado la necesidad de establecer nuevas normas alfabéticas de escritura maya. Richards describe los debates que este punto ha generado, mostrando cómo la escritura temprana de lenguas mayas, por lo
general llevada a cabo por misioneros, siguió el alfabeto español por
motivos de conveniencia y para facilitar la transferencia a la utilización del español, o sea, como parte del proceso de castellanización.
Sin embargo, Richards (1989) subraya que "muchos sonidos de las
lenguas mayas son diferentes de los españoles, y al usar símbolos ortográficos del español para representarlos, se interpreta de forma inexacta la lengua materna" (104). La autora destaca también el papel
del Summer Institute of Linguistics (SIL) en el mantenimiento de este
uso durante la mayor parte del siglo XX, y la tentativa por parte de
hablantes nativos de lenguas mayas y la Academia (no oficial) de las
Lenguas Mayas de responder a esta representación inexacta mediante un conjunto alternativo de normas[10]. Con todo ello se observa, una
vez más, una clara muestra de la naturaleza política de la planificación de corpus, o sea, la decisión sobre qué conjunto de normas se
debe usar refleja los objetivos de promover las lenguas mayas como
lenguas independientes, o de promover la enseñanza de lenguas maternas indígenas como camino hacia la transición al alfabetismo en
castellano (véase Huss *et al.*, 2003; Olbertz y Muysken, 2005).

---

[10] El papel de SIL en Latinoamérica (y otras partes del mundo en vías de desarrollo) puede resultar bastante polémico, sobre todo porque algunos educadores y especialistas en lenguaje de las comunidades indígenas no acaban de confiar en los objetivos declarados por la organización. Para más detalles sobre este punto, véase p. ej.,
Richards (1989), Patthey-Chavez (1994) y Barros (1995).

La polémica naturaleza de este aspecto de la planificación de corpus y el vínculo consiguiente con la planificación de estatus y las actitudes generales hacia el idioma en cuestión se plantea con otras lenguas indígenas latinoamericanas. Por ejemplo, el uso del nombre "quichua" en lugar de "quechua" en Ecuador como la forma preferida por los hablantes indígenas sirve como símbolo de las tensas relaciones subyacentes en este debate. Plaza y Albó (1989: 81-84) describen experiencias similares a la del maya en Guatemala en la redacción de alfabetos en Bolivia tanto para el quechua como para el aymara. De nuevo, las diferentes normas que compiten por ser aceptadas se extienden desde las más cercanas al español a las más genuinamente indígenas. En el mismo trabajo, Plaza y Albó apuntan las áreas que provocan el mayor desacuerdo en la elaboración de estos alfabetos: el número de vocales (si son tres o cinco como en español), el empleo de "x" en vez de "j", y el uso de comas invertidas en vez de "h" para denotar aspiración (Plaza y Albó, 1989: 82).

Se ha debatido también largamente sobre el número de vocales en quechua en las discusiones sobre planificación lingüística en Perú (Hornberger, 1995; Niño-Murcia, 1997). Hornberger (1995) comenta que "aquello que en principio podría parecer un tema trivial de planificación de corpus acaba por tener importantes implicaciones sociales, culturales y políticas" (187). La autora narra la interminable controversia que causó la decisión, en 1985, de adoptar un alfabeto oficial con sólo tres vocales, y en la que de nuevo se involucró el SIL. Hornberger (1988) analiza los distintos actores en este debate y las áreas afectadas por la controversia. En concreto, la autora indica los distintos puntos de vista que se tomaron a partir de, por ejemplo, la procedencia regional (y en el caso de SIL, nacional) –Lima contra Cuzco, lo urbano contra lo rural–; si los individuos son miembros de la Academia de la Lengua Quechua o el Ministerio Peruano de Educación; a qué generación pertenecen los defensores (hasta qué punto han sido participantes y partidarios del gobierno revolucionario de 1975), y por supuesto, si ellos son hablantes nativos o no de quechua. El desacuerdo gira en torno a cuestiones tales como la estructura verdadera de la lengua y la diferencia entre la norma hablada y escrita, quién debe ejercer la autoridad última para tomar decisiones, y la legitimidad histórica para decidir, puesto que el sistema de cinco vocales basado en la ortografía española se usó durante casi quinientos años. Niño-Murcia sugiere que este debate no cubre sólo las tensas relaciones entre hablantes de quechua y hablantes de español. La autora examina el conflicto interno en la comunidad quechua acerca de las actitudes hacia la estandarización y la pureza de la lengua, y expone cómo la rivalidad entre Cuzco y Lima ha ayudado a fomentar el deseo de defender el quechua de Cuzco como el "mejor" quechua, legitimizado, según sus defensores, por su herencia histórica del Imperio inca. Esta postura ha dado pie a una postura elitista sobre cuál forma de la lengua y, por tanto, qué alfabeto debería ser el oficial. El debate enfrenta a la élite de Cuzco, representada por la Academia de la Lengua Quechua y apoyada por el SIL, con los planificadores de lengua y educadores bilingües que quieren constituir una comunidad de hablantes de quechua más amplia, con normas más globales. Como se puede apreciar, todos estos debates implican mucho más que simples decisiones de planificación de corpus; como siempre, reflejan posiciones de poder, un poder para tomar e imponer decisiones.

10.5.3. *El español americano*

Como indicamos al principio de esta sección, junto con los esfuerzos relacionados con las lenguas minoritarias, hay diversas actividades de planificación lingüística para apoyar el español en los países latinoamericanos. Como primer ejemplo, cabe mencionar el trabajo de las academias de lengua locales, indirectamente asociadas a la RAE en Madrid. En un esfuerzo para recalcar la función del español como la lengua nacional unificadora, países como México procuraron acentuar las características particulares de su propia forma del español. De este modo, se consiguió promover el estatus de las variedades locales respecto a la lejana variedad ibérica (Hornberger, 1994: 222). Un ejemplo más de planificación de corpus estrechamente unido a la mejora de prestigio de una variedad no peninsular de español se puede ver en la producción del *Diccionario del español de México*. En su interesante discusión sobre el tema, Lara (1992) opina que el diccionario es un producto del uso social del español en México y refleja las normas estándares de este contexto particular. Al denominarlo el "Webster mexicano", Lara compara este volumen con el famoso texto inglés estadounidense, y afirma que el vocabulario español en el diccionario está basado en "su uso integral en México" (1992: 21). Como abastecedores de normas de carácter estándar y pináculo de la planificación de corpus, los diccionarios desempeñan un papel muy influyente en la vida sociolingüística de cualquier país, más bien lejos de su primitiva consideración como creaciones aparentemente científicas y neutrales.

En esta descripción de algunas políticas y planificaciones lingüísticas en América Latina se puede distinguir que, aparte de las referencias en constituciones nacionales que han supuesto un relativamente escaso progreso hacia una legislación lingüística suplementaria, el papel del Estado en el desarrollo de los derechos lingüísticos en la región ha sido limitado. De hecho, hasta hace poco, los gobiernos nacionales han coordinado numerosas campañas para ignorar e incluso suprimir la diversidad de los grupos indígenas. Con todo, las últimas tendencias para la reclamación de una mayor autonomía muestran una relevante característica de los grupos minoritarios latinoamericanos desde los últimos años del siglo XX: iniciativas que se generan de organizaciones no institucionalizadas y completamente locales. El levantamiento de Chiapas en México representa un ejemplo extremo de estas tendencias o movimientos locales no estatales (anti-sistema); pero hay otros muchos ejemplos de grupos constituidos en pequeñas comunidades, a menudo enfocados en un único tema y, recientemente, formados por mujeres (Archer y Costello, 1990; Radcliffe y Westwood, 1993; Freeland, 1998). Por lo general, estos grupos desencadenan o influyen en la dirección de políticas a largo término, que se adoptan por última instancia en las instituciones gubernamentales.

10.6. POLÍTICA Y PLANIFICACIÓN LINGÜÍSTICA EN LA ERA DE LA GLOBALIZACIÓN

No sólo la política y la planificación nacional reciben la influencia desde planos inferiores por parte de movimientos locales o la presión a nivel regional hacia una mayor autonomía, desafiando el dominio y la hegemonía de las prácticas y actitudes lingüísticas nacionales. Hoy día, se entiende un desafío igualmente significativo a las políticas nacionales como el resultado de diversos procesos de la globalización. Desde un punto de vista lingüístico, el efecto más obvio de estos procesos ha sido reforzar las lenguas más ampliamente usadas y más poderosas a costa de los pequeños idiomas locales, causando la muerte de muchos de éstos. Sobre todo, el dominio y la penetración del inglés afectan el uso de la lengua en todo el mundo. Si consideramos que el español es también una de las principales lenguas mundiales, con una enorme área geográfica y una gran población de hablantes, la globalización trae a sus hablantes amenazas y desafíos. En el mercado global, el español se ha convertido cada vez más en un producto popular entre los alumnos de lengua por una amplia variedad de motivos. Al mismo tiempo, este cambio postmoderno de límites más allá del estado-nación elimina las ataduras de la lengua nacional a sus raíces, puesto que el teléfono, la televisión por satélite, el correo electrónico, Internet, los transportes y muchos otros fenómenos de la globalización hacen posible la comunicación a través del tiempo y del espacio con suma facilidad.

Tales fenómenos suponen interesantes desafíos para la política lingüística y la planificación lingüística, ya sea desde perspectivas internacionales o nacionales. Los debates sobre política lingüística de la Unión Europea (Phillipson, 2003) son ejemplos de ello, y podrían tener un impacto significativo en el uso del español en la Unión Europea, donde actualmente es una lengua oficial (pero infrautilizada). En el terreno del gobierno nacional, España ha sido rápida en asir las oportunidades que ha percibido disponibles para la promoción del español, y a la vez tratar de asegurar la tutela y garantizar el control de lo que se considera "la" lengua. Así, el gobierno de Madrid se ha encargado de financiar y publicitar generosamente una serie de políticas a fin de asegurar que España lidere cualquier movimiento para beneficiarse del interés por lo español y por el deseo de aprender el idioma.

Uno de los ejemplos más evidentes de esta planificación lingüística contemporánea de la lengua española es el trabajo llevado a cabo por el Instituto Cervantes, un prominente órgano divulgador de la lengua y la cultura española (e hispanoamericana) a través de sus sucursales en todo el mundo. Su página electrónica y su programa de enseñanza de lengua en línea son popular y profusamente empleados (Mar-Molinero, 2006), y sus muchas publicaciones marcan las pautas sobre el conocimiento y la promoción del español actuales. Tal planificación lingüística internacional explícita "desde arriba" se nutre, irónicamente, de una significativa y creciente comunidad de habla hispana que trabaja desde un plano local con una voz que no ha parado de crecer hasta llegar a ser oída, la de los latinos en los Estados Unidos. La comunidad de habla hispana en este país ha dejado ya una huella significativa en la política e instituciones lingüísticas gubernamentales (véase capítulos 11 y 15 en este volumen). Pero su tamaño, presencia y creciente confianza en sí misma también contribuyen a potenciar la promoción del español por todo el globo, y ayudan a sostener las mismas políticas del gobierno español.

Mientras el inglés es y seguirá siendo *la* lengua global, las vigorosas políticas y planificaciones lingüísticas de la España contemporánea (y en algunos casos de otros gobiernos nacionales de habla hispana) irán ocupando más y más espacio en el inmenso mercado lingüístico global.

10.7. PREGUNTAS PARA LA REFLEXIÓN

1. Considere la tensión que podría tener lugar entre los derechos de un individuo y los de un colectivo o comunidad determinados. Identifique algunos ejemplos, con atención particular a los relacionados con los derechos lingüísticos. ¿Considera que la aplicación de los principios de personalidad y territorialidad podrían ayudar a resolver esa tensión? Al reflexionar sobre su respuesta, le podría resultar útiles los trabajos de Mar-Molinero y Stevenson (1991) y Myhill (1999).

2. En muchos textos teóricos sobre planificación lingüística, este concepto se usa para describir tanto la planificación como la política lingüística de manera indistinta. Considere si los argumentos que hemos planteado en este capítulo para diferenciar estos conceptos le parecen convincentes y prácticos. ¿Cuáles son las ventajas y desventajas de establecer tal distinción entre esos conceptos?

3. En 1969, Kloss (cf. en Cooper, 1989) categoriza el concepto de planificación lingüística en torno a "corpus" y "estatus". En 1989, Cooper incopora una nueva categoría, la de adquisición. Reflexione sobre las diferentes maneras en que la planificación se divide en estas u otras categorías. ¿De qué modo la categoría de la normalización puede incorporarse a las anteriormente mencionadas, y cómo la relacionaría usted con el caso específico del mundo de habla hispana?

4. Busque ejemplos sobre política lingüística que muestren hasta qué punto la lengua estaba vinculada a ideologías políticas más generales durante la historia de España, sobre todo durante y después del mandato de Franco. ¿Usted diría que algunas de esas políticas se conservan todavía hoy en el Estado español?

5. Busque datos sobre la posición de la lengua en los recientes debates sobre las reformas estatutarias para autonomías como Euskadi, Catalunya, Valencia y Galicia. ¿Constituyen estos

datos una prueba de que se mantienen políticas lingüísticas similares a las mencionadas en la pregunta anterior, o manifiestan un clima político diferente en el país?

6. Compare el papel ejercido por los derechos lingüísticos en el proceso de formación nacional del Estado español, con el ejercido para las ex colonias latinoamericanas.

7. Revise algunas de las fuentes bibliográficas o electrónicas que se ofrecen en este capítulo (también en los de Ofelia García y María Carreira), e identifique políticas de alcance nacional o internacional que en su opinión podrían afectar el futuro de la lengua española. Busque ejemplos de iniciativas procedentes de España y de otros países hispanohablantes.

8. Considere si existe alguna relación entre las políticas descritas para la pregunta anterior y una posible competición entre el español y el inglés como lengua "súper global". De ser así, ¿podría afectar tal competición a la vitalidad o supervivencia de las lenguas minoritarias que se hablan en el mundo hispanohablante?

BIBLIOGRAFÍA

ALVAR, M. (1986): *Hombre, etnia, estado*. Madrid, Gredos.

ARCHER, D. y COSTELLO, P. (1990): *Literacy and Power: The Latin American Battleground*. Londres, Earthscan.

BANTON, M. (1996): International Norms and Latin American States Policies on Indigenous Peoples. *Nations and Nationalism* 2: 89-105.

BARROS, M. C. (1995): The Missionary Presence in Literacy Campaigns in the Indigenous Languages of Latin America. *International Journal of Educational Development* 15: 277-289.

BASTARDAS, A. y BOIX, E. (eds.) (1994): *¿Un estado, una lengua? La organización política de la diversidad lingüística*. Barcelona, Octaedro.

BLOMMAERT, J. (1996): Language Planning as a Discourse on Language and Society: The Linguistic Ideology of a Scholarly Tradition. *Language Problems and Language Planning* 20: 199-223.

BROOKES, H. y HEATH, S. (1997): Reseña de Skutnabb-Kangas y Phillipson (1994), *International Journal of the Sociology of Language* 127: 197-207.

CERRÓN-PALOMINO, R. (1989): Language Policy in Peru: A Historical Overview. *International Journal of the Sociology of Language* 77: 12-33.

CHEN, A. (1998): The Philosophy of Language Rights. *Language Sciences* 20: 45-55.

CHIODI, F. y LONCON, E. (1995): *Por una nueva política del lenguaje*. Temuco, Universidad de la Frontera.

CIENFUEGOS SALGADO, D. (2005): *Políticas y derechos lingüísticos. Reflexiones sobre la lengua y el derecho.* México, DF, Editorial Porrúa.

COBARRUBIAS, J. (1987): Models of Language Planning for Minority Languages. *Bulletin of the CAAL* 9: 47-70.

COOPER, R. (1989): *Language Planning and Social Change.* Cambridge, Cambridge University Press. [trad. esp.: *La planificación lingüística y el cambio social.* Madrid, Cambridge University Press, 1997.]

DE WITTE, B. (1985): Linguistic Equality: A Study in Comparative Constitutional Law. *Revista de Llengua i Dret* 6: 43-126.

DE WITTE, B. (1993): "Conclusion: A Legal Perspective." En S. Vilfan (ed.). *Ethnic Groups and Language Rights* (pp. 303-314). Dartmouth, New York University Press.

FREELAND, J. (1998): An Interesting Absence: The Gendered Study of Language and Linguistic Diversity in Latin America. *International Journal of Educational Development* 18: 161-179.

HAMEL, R. (1994): "Linguistic Rights for Amerindian Peoples in Latin America." En T. Skutnabb-Kangas y R. Phillipson (eds.). *Linguistic Human Rights: Overcoming Linguistic Discrimination* (pp. 289-305). Berlín, Mouton de Gruyter.

HAMEL, R. (1997a): Introduction: Linguistic Human Rights in a Sociolinguistic Perspective. *International Journal of the Sociology of Language* 127: 1-25.

HAMEL, R. (1997b): Language Conflict and Language Shift: A Sociolinguistic Framework for Linguistic Human Rights. *International Journal of the Sociology of Language* 127: 105-135.

HORNBERGER, N. (1988): *Bilingual Education and Language Maintenance: A Southern Peruvian Quechua Case.* Berlín, Mouton de Gruyter.

HORNBERGER, N. (1994): Language Policy and Planning in South America. *Annual Review of Applied Linguistics* 14: 220-240.

HORNBERGER, N. (1995): "Five Vowels or Three? Linguistics and Politics in Quechua Language Planning in Peru." En J. Tollefson (ed.). *Power and Inequality in Language Education* (pp. 187-205). Cambridge, Cambridge University Press.

HUSS, L.; CAMILLERI, A. y KING, K. (eds.) (2003): *Transcending Monolingualism: Linguistic Revitalisation in Education.* Lise, Swets & Zeitlinger Publishers.

KAPLAN, R. y BALDAUF, R. (1997): *Language Planning: From Practice to Theory.* Clevedon, Multilingual Matters.

KONTRA, M.; PHILLIPSON, R.; SKUTNABB-KANGAS, T. y VARADY, T. (eds.) (1999): *Language: A Right and Resource: Approaching Linguistic Human Rights.* Budapest, Central European University Press.

LARA, L. (1992): Sociolingüística del *Diccionario del español de México. International Journal of the Sociology of Language* 96: 19-35.

LINZ, J. (1981): "La crisis de un estado unitario: nacionalismos periféricos y regionalismo." En R. Acosta España *et al.* (eds.). *La España de las autonomías* (pp. 651-752). Vol. II. Madrid, Espasa-Calpe.

LODARES, J. (2000): *El paraíso políglota. Historia de lenguas en la España moderna contadas sin prejuicios.* Madrid, Taurus.

MAR-MOLINERO, C. (2000): *The Politics of Language in the Spanish-Speaking World*. Nueva York, Routledge,

MAR-MOLINERO, C. (2006): "The European Linguistic Legacy in a Global Era: Linguistic Imperialism, Spanish and the *Instituto Cervantes.*" En C. Mar-Molinero y P. Stevenson (eds.). *Language Ideologies, Policies and Practices: Language and the Future of Europe* (pp. 76-91). Basingstoke, Palgrave Macmillan.

MAR-MOLINERO, C. y STEVENSON, P. (1991): Language, Geography and Politics: The 'Territorial Imperative' Debate in the European Context. *Language Problems and Language Planning* 15: 162-177.

MARTÍNEZ FERRER, J. (1995): *Bilingüismo y enseñanza en Aragón*. Zaragoza, Edizions de l'Astral.

MYHILL, J. (1999): Identity, Territoriality and Minority Language Survival. *Journal of Multilingual and Multicultural Development* 20: 34-51.

NAHMAD, S. (1998): Derechos lingüísticos de los pueblos indígenas de México. *International Journal of the Sociology of Language* 132: 143-163.

NARBONA JIMÉNEZ, A. y MORILLO-VELARDE PÉREZ, R. (1987): *Las hablas andaluzas*. Córdoba, Cajasur.

NELDE, P. (1991): "Language Conflicts in Multilingual Europe: Prospects for 1993." En F. Coulmas (ed.). *A Language Policy for the European Community. Prospects and Quandaries* (pp. 59-75). Berlín, Mouton de Gruyter.

NELDE, P.; LABRIE, N. y WILLIAMS, C. (1992): The Principles of Territoriality and Personality in the Solution of Linguistic Conflicts. *Journal of Multilingual and Multicultural Development* 13: 387-407.

NIÑO-MURCIA, M. (1997): Linguistic Purism in Cuzco, Peru: A Historical Perspective. *Language Problems & Language Planning* 21: 134-161.

NOVO MIER, L. (1980): *El habla de Asturias*. Oviedo, Asturlibros.

OLBERTZ, H. y MUYSKEN, P. (eds.) (2005): *Encuentros y conflictos. Bilingüismo y contacto en el mundo andino*. Madrid, Iberoamericana.

PATTHEY-CHAVEZ, G. (1994): Language Policy and Planning in Mexico: Indigenous Language Policy. *Annual Review of Applied Linguistics* 14: 200-220.

PAULSTON, C. (1997): Epilogue: Some Concluding Thoughts on Linguistic Human Rights. *International Journal of the Sociology of Language* 127: 187-197.

PHILLIPSON, R. (2003): *English-Only Europe? Challenging Language Policy*. Londres, Routledge.

PLAZA, P. y ALBÓ, X. (1989): Educación bilingüe y planificación lingüística en Bolivia. *International Journal of the Sociology of Language* 77: 69-93.

RADCLIFFE, S. y WESTWOOD, S. (eds.) (1993): *'Viva' Women and Popular Protest in Latin America*. Londres, Routledge.

RICHARDS, J. (1989): Mayan Language Planning for Bilingual Education in Guatemala. *International Journal of the Sociology of Language* 77: 93-115.

RUBIN, J. (1977): "Bilingual Education and Language Planning." En B. Spolsky y R. Cooper (eds.). *Frontiers of Bilingual Education* (pp. 282-295). Rowley, MA, Newbury House.

SALVADOR, G. (1987): *Lengua española y lenguas de España.* Barcelona, Ariel.

SALVADOR, G. (1992): *Política lingüística y sentido común.* Madrid, Istmo.

SANCHIS GUARNER, M. (1972): *La llengua dels valencians.* (2ª ed.). Valencia, Eliseu Climent.

SIGUAN, M. (1996): *España plurilingüe* (2ª. ed.) Barcelona, Ariel.

SKUTNABB-KANGAS, T. y PHILLIPSON, R. (eds.) (1994): *Linguistic Human Rights: Overcoming Linguistic Discrimination.* Berlín, Mouton de Gruyter.

SPOLSKY, B. (2004): *Language Policy.* Cambridge, Cambridge University Press.

TAMAMES, R. (1992): *Introducción a la Constitución española* (6th ed.). Madrid, Alianza.

TURELL, M. (ed.) (2001): *Multilingualism in Spain.* Clevedon, Multilingual Matters.

TURI, J-G. (1995): "Typology of Language Legislation." En T. Skutnabb-Kangas y R. Phillipson (eds.). *Linguistic Human Rights. Overcoming Linguistic Discrimination* (pp. 111-121). Berlín, Mouton de Gruyter.

VERNET I LLOBET, J. (1994): "La regulación del plurilingüismo en la administración española." En A. Bastardas y E. Boix (eds.). *¿Un estado, una lengua? La organización política de la diversidad lingüística* (pp. 115-141). Barcelona, Octaedro.

WATTS, R. (1991): "Linguistic Minorities and Language Conflict in Europe: Learning from the Swiss Experience." En F. Coulmas (ed.). *A Language Policy for the European Community: Prospects and Quandaries* (pp. 75-103). Berlín, Mouton de Gruyter.

WILLIAMS, G. (1992): *Sociolinguistics.* Londres, Routledge.

WRIGHT, S. (2004): *Language Policy and Language Planning.* Basingstoke, Palgrave Macmillan.

11

LENGUAS E IDENTIDADES EN MUNDOS HISPANOHABLANTES: DESDE UNA POSICIÓN PLURILINGÜE Y MINORITARIA*

OFELIA GARCÍA

Teachers College, Columbia University

Forget Spanish. There's nothing in that language worth reading except Don Quixote....There was a poet named Garcia Lorca, but I'd leave him on the intellectual back burner if I were you. As for everyone's speaking it, what twaddle! Who speaks it that you are really desperate to talk to? The help? Your leaf blower? "Ask Dame Edna", *Vanity Fair*, febrero de 2003

Cuando afirmamos, pues, que el español está de moda, lo que estamos diciendo es que ahora nuestra lengua, lengua oficial de veintiún países, es el centro de atención de gran parte del mundo (Álvarez Martínez, 2001)

11.1. INTRODUCCIÓN. MARCO TEÓRICO

Desde el siglo XVIII y el advenimiento de la Ilustración, la lengua ha sido enlazada a la identidad. Esta es la idea en que se basan el Romanticismo alemán y su mayor exponente en cuanto a la lengua, el filósofo Johann Gottfried Herder (1744-1803). Esta es la idea también propuesta por la sociolingüística, que a partir de la segunda mitad del siglo XX estudia la relación del uso lingüístico con fenómenos sociales[1]. Edwards (1985: 3) propone que la sociolingüística trata esencialmente de la identidad. El mayor interés en el estudio de len-

---

* Quiero agradecer la ayuda de Maureen Hughes, Isobel Rainey de Díaz y dos lectores anónimos en la preparación de este capítulo.
[1] La sociolingüística, según Fasold (1984 y 1990), puede dividirse en dos ramas: la que se centra en la relación entre lengua y sociedad cuyo mayor proponente es Joshua A. Fishman, y la que enfoca la relación de la lengua con factores sociales individuales que desarrolla William Labov.

gua e identidad a fines del siglo XX está acompañado por el *boom* étnico que acompaña la época (Fishman, 1985). A partir de 1960, la independencia de muchos países en África y Asia y la era de derechos civiles en los Estados Unidos hacen posible una "nueva etnicidad" que empieza a reclamar los derechos lingüísticos de grupos minoritarios. Usando el mismo argumento de relación entre lengua e identidad que en el siglo anterior había legitimizado la creación de los estados nacionales, esos grupos etnolingüísticos destapan el multilingüismo que los estados nacionales encierran y esconden.

La formación de los estados había exigido un estrecho enlace entre lengua única e identidad nacional al borrar la heterogeneidad lingüística que éstos contenían. Las naciones lingüísticas que reclaman legitimidad a fines del siglo XX apelan también al mismo argumento, sugiriendo que su lengua y su identidad están estrechamente concebidas[2]. Esta visión de la lengua e identidad que Del Valle y Gabriel-Stheeman (2002), basándose en Bakhtin[3], llaman "monoglósica" se desarrolla en el apartado 1.1. En el apartado 1.2 comentamos la posición que se va alcanzando en el contexto post-colonial y de globalización del siglo XXI, una visión más heteroglósica en que la relación entre lengua e identidad no es unidireccional. La lengua construye identidades múltiples a través del discurso, algunas con más posibilidades dado el poder de algunos contextos sociopolíticos y socioeconómicos. Después de abarcar las posibilidades lengua-identidad en el discurso académico, este trabajo intenta examinar algunas de las construcciones de lengua e identidad que se van dando hoy día en el discurso de los muchos mundos hispanohablantes. Intenta así reunir las ideas contradictorias que señalan los dos epígrafes que encabezan el capítulo.

11.1.1. *Lengua e identidad: Visión monoglósica y modernista*

Son muchos los eruditos que han reconocido el papel de la lengua como índice de identidad. Joshua A. Fishman indica que la len-

---

[2] Gudykunst y Schmidt (1988: 1): "Language and ethnic identity are related reciprocally, i.e., language… influences the formation of ethnic identity, but ethnic identity also influences language attitudes and language usage".

[3] Bakhtin (1982) opone al concepto tradicional de monoglosia, la "heteroglosia", es decir, la multiplicidad de lenguajes y formas retóricas que son la interacción lingüística.

gua se pone al servicio de proyectos nacionalistas al señalar y marcar una comunidad o un pueblo (1975). En concreto, la lengua es la manera en que la etnicidad "se reconoce, se interpreta y se vive" (1989: 6). Según Dorian (1999), la lengua es ficha de identidad y también portadora del contenido cultural. Por otro lado, Liebkind (1999) nos habla del rol recíproco que tiene la lengua y la identidad –el uso lingüístico influye en la formación de identidad del grupo, y a la vez, la identidad del grupo influye en los patrones de actitudes y uso lingüístico–. Apelando al enlace frecuente entre lengua-religión-etnicidad, Fishman expresa la relación entre lengua e identidad de la siguiente manera:

> [T]he three-way link between language-religion-ethnicity provides a moral dimension to ethnolinguistic identity and ethnolinguistic consciousness. It is in this manner that language is frequently associated with the 'soul' or the 'spirit' of the nationality (1997: 331).

Los estudios sociolingüísticos sobre los vínculos entre lengua e identidad en la segunda mitad del siglo XX pueden dividirse en tres ramas:

1) sociopsicológicos,
2) lingüísticos, y
3) sociológicos.

Los primeros, representados sobre todo por Giles y Byrne (1982) y Giles *et al.* (1987), establecen una correlación unidireccional entre lengua e identidad étnica. Consideran la lengua como marcador de identidad étnica y membresía en un grupo, y estudian la vitalidad etnolingüística de grupos humanos. Los segundos tienen su mayor exponente en William Labov, cuya sociolingüística variacionista correlaciona fenómenos lingüísticos con variables sociales de individuos. Los terceros quedan representados por John Gumperz y Joshua A. Fishman. Gumperz (1982), iniciador de lo que hoy se conoce por sociolingüística interaccional, estudia la negociación de la identidad en la alternancia de código y la selección lingüística. Fishman (1968 y 1972abc), que desarrolla la disciplina que hoy llamamos sociología del lenguaje, estudia los efectos de hechos macrosociales en el mantenimiento y desplazamiento lingüístico, así como lo que Fishman (1991) denomina RLS (*Reversing Language Shift*, en inglés), es decir, la recuperación del desplazamiento lingüístico. Otra preocupación de la sociología del lenguaje es el campo de la planificación lingüística, que se ocupa en sus principios sobre todo de resolver los "pro-

blemas" lingüísticos que surgen con la independencia de países africanos y asiáticos a mediados del siglo xx (Rubin y Jernudd, 1971; para
el español, véase Mar-Molinero, en este volumen). Ya que la lengua
y la etnicidad están hondamente atadas, desplazar una lengua implica
el 'genocidio lingüístico' de un pueblo. Esta es la actitud que adoptan hoy día los llamados ecolingüistas (véase p.ej., Skutnabb-Kangas
y Phillipson, 1994; Skutnabb-Kangas, 2000).

En *Imagined Communities*, su influyente libro de 1983, Benedict
Anderson indica que la lengua es mucho más que simple marcador
de identidad. La lengua es capaz de generar comunidades imaginadas, y de construir solidaridades particulares (1983: 133). En cuanto a la identidad, la lengua tiene mucho más que un sentido semiótico; tiene también un sentido retórico. La lengua no es entonces
sólo un índice que apunta a una identidad colectiva, sino que también permite que las identidades colectivas emerjan y las naciones
sean imaginadas (French, 1999: 278). La concepción de lengua e
identidad que lleva tanto a la formación de estados nacionales en el
siglo XVIII, como al reconocimiento o a las construcciones de naciones lingüísticas a fines del siglo xx, está ligada a una visión monolingüe y monoglósica (Del Valle y Gabriel-Stheeman, 2002) de lo que
es un pueblo. Esta visión empieza a derrumbarse, sobre todo en el
siglo XXI, a través de una conceptualización post-estructuralista y una
posición dentro de la globalización y el mayor contacto con otros
pueblos no-europeos ni occidentales.

11.1.2. *Lenguas e identidades: Visión heteroglósica y post-estructuralista*

Poco a poco, y sobre todo a través de la labor de los antropólogos
estudiosos de la lengua, se empieza a distinguir el uso y las prácticas
lingüísticas en relación a sistemas sociopolíticos más amplios. Al extender los fundamentos recogidos en la obra de Joshua A. Fishman,
surge el campo que recoge lo que llamamos "ideologías lingüísticas"
(véase p. ej., los trabajos de Gal, 1989; Woolard y Schieffelin, 1994;
Shieffelin *et al.*, 1998; Irvine y Gal, 2000; Pavlenko y Blackledge, 2004.
En cuanto al español, véase sobre todo Del Valle y Gabriel-Stheeman,
2002). Para Irvine (1998: 255) las ideologías lingüísticas representan
el sistema cultural de ideas acerca de las relaciones sociales y lingüísticas, además de los intereses políticos y morales. Se apunta que
las actitudes, los valores y las creencias respecto a la lengua son siempre ideológicos, y están envueltos en sistemas sociales de dominación

y subordinación de grupos, tanto étnicos como de clase social y de género. Hay así ideologías más privilegiadas que otras, y la lengua representa algunas ideologías más que otras. Por lo tanto, la lengua puede constituir algunas nociones de identidad, y no otras (French, 1999: 279). Una de las ideologías lingüísticas más reconocidas es precisamente la que propone que haya, o deba haber, un enlace entre lengua e identidad (Echeverría, 2003). Esto, por supuesto, es producto de la hegemonía colonial, y de la labor homogeneizante de la escuela al enseñar un estándar nacional.

El trabajo sobre ideologías lingüísticas se basa sobre todo en los conceptos de Bourdieu (1991), quien considera las prácticas lingüísticas como "capital simbólico" capaz de convertirse en capital económico y social, y distribuido inequitativamente en la comunidad lingüística. El valor de esa estratificación lingüística, nos dice Bourdieu, lo determina el grupo dominante y sus instituciones, sobre todo las escuelas y los medios de comunicación. Los discursos de los medios de comunicación, la educación, la política, la economía y las leyes producen y reproducen el sentido de homogeneidad de esos valores dominantes. Se da así una "violencia simbólica" en que el dominado llega a reconocer los valores y la lengua del grupo dominante como superior. El concepto de "violencia simbólica" de Bourdieu tiene mucho que ver con el de "hegemonía" de Gramsci (1971) –es decir, las ideas dominantes tienen poder porque son asumidas–. Pero a pesar de la influencia de Bourdieu en las llamadas "ideologías lingüísticas", sus teorías no incluyen la posibilidad de "agencia" y "resistencia", que son esenciales en la visión post-estructuralista de lenguas e identidades que aquí exploramos.

Los post-estructuralistas Jacques Derrida, Michel Foucault y Roland Barthes hacen énfasis en el discurso, con su posibilidad infinita de significado que se activa a través de prácticas sociales. No se trata ya de la lengua como reflejo de identidad o como medio de transmisión, ni tampoco de la lengua en correlación estadística con la estructura social. Se trata ahora de un concepto de interacción verbal como práctica discursiva en que la lengua constituye también sitio de resistencia, poderío, solidaridad o discriminación (Pavlenko y Blackledge, 2004). Blommaert (1999: 10) sostiene que las ideologías lingüísticas se producen y reproducen a través de lo que la gente dice (y no dice) acerca de la lengua y lo que hace (y no hace) con la lengua. El estudio se centra ahora en las condiciones sociohistóricas, sociopolíticas y socioeconómicas que afectan la producción de significados sociales en relación a la lengua y a los discursos en conflicto.

Se intenta demostrar así que el contexto social puede prevenir que los individuos accedan a ciertos recursos lingüísticos o que adopten nuevas identidades (véase Heller, 1982 y 1995; Woolard, 1998). Como dice Pavlenko (2002: 81), la motivación por sí sola no puede superar el racismo y la discriminación, así como las actitudes positivas acerca de una lengua no pueden sustituir el tener acceso a recursos lingüísticos como los de la escuela. Que la lengua no sea sólo índice de identidad lo comprueba el "cruzamiento de códigos" (*code-crossing*, en inglés) (Rampton, 1995) en que se construyen identidades adoptando recursos lingüísticos de grupos a los que no se pertenece. El estudio de lengua e identidad post-estructuralista, influido ahora por la existencia de grupos transmigratorios y de la comunicación rápida y múltiple que facilita las tecnologías del siglo XXI, intenta descubrir espacios alternativos en que se articulan identidades y posibilidades múltiples.

Dentro del marco post-estructuralista, la identidad se ve como multidimensional y sugestionada a través de la negociación entre contextos (Pavlenko y Blackledge, 2004). Según Pavlenko y Blackledge, los estudios de lengua e identidad dentro de este marco post-estructural prestan atención sobre todo a tres consideraciones:

1) el papel del discurso en la construcción de la identidad (Tabouret-Keller, 1997);
2) la multiplicidad de la identidad, desarrollada en terceros espacios, en que entran múltiples factores como raza, clase social, edad, generación, orientación sexual, situación geopolítica y afiliación institucional (Bhabha, 1990), y
3) el papel de la imaginación (Anderson, 1983).

Pero el modelo pluralista e híbrido que adopta el discurso de la globalización corre el peligro de ignorar el contexto local. Lo mismo Canagarajah (2005) que Appadurai (1997) subrayan la importancia de lo local, lo que Appadurai (2002) denomina "globalización desde abajo". Hoy día, menciona Canagarajah, la relación entre lengua e identidad quizás sea más relevante que nunca porque las identidades nacionales se están fragmentando con el debilitamiento de los estados.

Bhabha (1994) y Mignolo (2000) han enfatizado que el "lugar de la enunciación" marca una diferencia en la construcción del conocimiento. Said (1993) y Bhabha (1994), entre otros estudiosos postcoloniales, nos recuerdan que el valor de los inmigrantes, los exiliados y otros transnacionales es su "doble visión" o su "estar en el medio" que les permite adoptar una orientación crítica hacia la madre patria, la patria adoptada y la patria original. Construyo, entonces, este trabajo sobre lenguas e identidades en los mundos hispanohablantes desde mi "visión múltiple" condicionada por mi vivencia minoritaria como mujer latina bilingüe en los Estados Unidos.

11.2. LENGUA E IDENTIDAD EN EL MUNDO HISPANOHABLANTE

La concepción de mundos hispanohablantes y de identidades dentro de esos mundos se ha ido elaborando en diferentes períodos históricos y con diferencias entre pueblos y actores (véase las diferencias entre los dos epígrafes de este artículo). El español[4], ya se ha dicho, es una "lengua pluricéntrica"[5] en que hay diferentes centros que interactúan, con cada uno de ellos aportando algunas normas propias (Thompson, 1992). Extendemos aquí el uso de "lengua pluricéntrica" para captar los diferentes discursos construidos en diferentes centros, cada uno de ellos contextualizado por historias, políticas, economías y culturas diferentes. Esta sección se propone resumir las pautas históricas que han ido consolidando las ideologías del español que, hoy día, chocan entre sí y con otros discursos en la aparente homogeneidad de la globalización del siglo XXI (véase el capítulo 15 para un tratamiento más extenso de este tema).

11.2.1. *Construcción inicial*

El primer contacto entre peninsulares y nativos de lo que hoy conocemos por América se establece alrededor de 1492, año en que se empieza a crear una imagen lingüística homogénea donde el castellano se convierte en la única lengua legítima del poder español. Ló-

---

[4] Usamos aquí el vocablo "español" porque desde mi perspectiva latina en los Estados Unidos, "castellano" (que prefieren los peninsulares de regiones en que se habla catalán, gallego, euskara u otras lenguas) sugiere la variante del español hablada por europeos blancos, y no la latinoamericana. Más adelante adoptaremos el vocablo "castellano" para referirnos a la historia de su expansión desde la Península. La Real Academia Española se refiere a la lengua como "castellano" hasta la edición de 1925 de su *Diccionario*, en que adopta el nombre de "español".

[5] Usamos "lengua pluricéntrica" en el sentido ofrecido por Clyne (1992) basado en el trabajo de Kloss (1977 [1952]).

pez (1985) ha sugerido que ese "castellano" no surge de un ámbito geopolítico, sino que es un koiné, resultado de varios dialectos dominantes peninsulares: "En la Península es la lengua lo que crea la comunidad y justamente la lengua en calidad de instrumento de comunicación aprendido y por lo tanto libremente adoptado" (61-62).

En 1469, Isabel de Castilla y Fernando de Aragón contrajeron matrimonio, y con ello unieron el Reino de Castilla con el área de influencia de Aragón y las regiones catalano-hablantes. Además de constituir el primer contacto entre peninsulares y nativos de las "Américas", 1492 es el año de la conquista final de los árabes en Granada y de la expulsión de los judíos. Por añadidura, el 18 de agosto de 1492 aparece la *Gramática* de Elio Antonio de Nebrija, donde se dice que "siempre la lengua fue compañera del imperio". El vínculo entre lengua castellana y estado nacional empieza a forjarse en la Península en un momento de limpieza étnica y fijación lingüística, mientras que del otro lado del océano ese castellano en progreso entra en feroz contacto lingüístico con lenguas indígenas.

Cuando Carlos III ordena en 1768 el uso del castellano en la catequización de los nativos, había en México sólo ocho mil españoles y más de dos millones de indígenas (García, 1999). Esta también es la época de la trata de africanos, esclavizados y traídos al Nuevo Mundo –especialmente a Cuba y Brasil– hasta 1886, lo que supuso un aumento de la diversidad lingüística y cultural, y un contacto estrecho del castellano con otras lenguas. Para 1800 la población de las colonias españolas contaba con diecisiete millones, mucho más que la población peninsular de diez millones. Desde el principio, la heterogeneidad lingüística en el Nuevo Mundo multiplica y aumenta la complejidad de la situación sociolingüística del mundo hispanohablante europeo.

La construcción unidireccional y monoglósica de "lengua castellana e identidad española" se va dando a medida que se silencian otros discursos americanos –los de los poderosos mayas, incas y aztecas y otros pueblos indígenas, los de los africanos esclavizados–, pero también los de la Península –el catalán, el euskara, el gallego, el valenciano, el asturiano y el aragonés, entre otros.

11.2.2. *Siglo XIX*

Hacia principios del siglo XIX los vínculos entre el castellano-español y la identidad española quedan establecidos. Pero dado que la piedra angular para esta construcción, el poder militar y político del Estado español, empieza a descomponerse, se introduce entonces una heterogeneidad que va haciendo mella en la construcción monoglósica inicial. En primer lugar, en España una pluralidad de identidades por un lado reclama la lengua castellana también como propia y, por otro, reclama otras lenguas para la identidad española. Surgen asimismo naciones al construirse Latinoamérica que reclaman otras identidades nacionales basadas en el español. Por último, éste es el siglo del enfrentamiento directo del castellano con el imperio del inglés.

El desastre de la Armada española en la batalla de Trafalgar en 1805 y la invasión de España por las tropas napoleónicas en 1808 debilitan el Imperio español y crean la posibilidad de que la élite criolla en las Américas se rebele, apoyada por el mismo espíritu de revolución del pueblo español ante el control francés de José Bonaparte. Con la excepción de Cuba y Puerto Rico, España pierde, entre 1810 y 1824, sus colonias españolas en América, y en 1821 cede la Florida a los Estados Unidos. En la primera parte del siglo XIX, se rompe el vínculo castellano-identidad española al reconocer a países independientes en América que también se consideran hispanohablantes, países que desde ese momento edifican identidades nacionales latinoamericanas a través del castellano que les enseñó a algunos la Madre Patria.

En 1847, Andrés Bello, nativo de lo que después será Venezuela, escribe en su *Gramática de la Lengua Castellana*: "No tengo la pretensión de escribir para los castellanos. Mis lecciones se dirigen a mis hermanos, los habitantes de Hispano-América" (1951: 11). Se inicia de este modo un nuevo período en que el castellano, ahora trasplantado a otro continente, conecta con una nueva identidad que se va reconociendo a sí misma como hispanoamericana. Y resulta curioso que, precisamente cuando el castellano adquiere expansión en otras identidades –como lengua más mestiza que la europea, más indígena y africana, más multilingüe–, España padece el desastre y la desilusión de lo que se denomina la Generación de 1898. El castellano ahora le pertenece no sólo a España, sino también a millones de latinoamericanos mestizos y multilingües que adoptan la nueva lengua con la soltura con que López (1985) caracteriza el comienzo del castellano en la Península. Podríamos entonces volver a repetir las palabras de López cambiando la ubicación: "En [Latinoamerica] es la lengua lo que crea la comunidad y justamente la lengua en calidad de instrumento de comunicación aprendido y por lo tanto libremente adoptada" (61-62). La élite latinoamericana construye esa identidad insistiendo en la relación unidireccional entre lengua e identidad, y silenciando el discurso de millones de hablantes del quechua, del aymara, del guaraní, de los idiomas mayas y de las muchas otras lenguas indígenas que constituyen el acervo lingüístico de esta región.

Sin embargo, cabe destacar que en estos tiempos tiene lugar, además, el comienzo del contacto intenso del español con el inglés en un contexto de dominio angloparlante. Este contacto se hace más estrecho sobre todo en los territorios pertenecientes primero a México, y que pasan a ser parte de los Estados Unidos como resultado del Tratado de Guadalupe Hidalgo (1848) que da fin a la guerra entre los dos países. El castellano del Imperio español en decadencia se transforma, desde la posición del inglés imperialista, en la lengua de mestizos subordinados, y no la de una potencia europea. Mientras tanto, en la Península, otras naciones lingüísticas que habían sido silenciadas o ignoradas durante el imperio empiezan a reclamar otras lenguas para su identidad española. Este es el caso del catalán, el gallego y el euskara que, a partir de la misma idea romántica de la unidireccionalidad entre lengua e identidad, reclaman el derecho a sus lenguas nativas (véase Conversi, 1997). A partir de la segunda mitad del siglo XIX, el catalán vive su *Renaixença* y el gallego su *Rexurdimento*, ambos apoyados en una rica literatura –sobre todo poesía– escrita en esas lenguas, y en el País Vasco, Sabino Arana (1865-1903) nombra la nación –Euskadi– y crea su bandera y su himno nacional (Mar-Molinero, 2000). En definitiva, el mismo razonamiento de un enlace único entre lengua e identidad que habían utilizado el Imperio y Estado español para legitimar su conquista, sirve para que los hispanoamericanos reclamen el español con el que forjar otra identidad y silenciar otras más, mientras que otros peninsulares reclaman otras lenguas para forjar una identidad española multilingüe.

11.2.3. *Principios del siglo* XX

A causa de la dictadura franquista (1939-1975), España queda al margen del desarrollo internacional que se inicia sobre todo después de la Segunda Guerra Mundial. En 1939, el Estado español prohíbe las publicaciones, las transmisiones de radio, las ceremonias religiosas, los eventos públicos y la educación en lenguas que no fueran el castellano. Mientras que el castellano peninsular se aísla y se encierra sobre sí mismo, el español latinoamericano empieza a adquirir su propia voz, nutrido por un lado de lenguas indígenas y africanas, y por otro, del inglés del "imperialismo yanqui" que va adentrándose en el mundo comercial, cultural y político de Latinoamérica. En los Estados Unidos, el español asume las dos vertientes que se manifiestan todavía hoy: una "elitista", bajo la influencia de los exiliados de la dictadura franquista que han ejercido como profesores de español en las universidades norteamericanas, y la otra "popular", formada por latinoamericanos obreros y campesinos que cruzan la frontera o llegan en barco, y más tarde en avión, a buscar mejores medios de vida (véase García, 1997).

Los tres focos que dominan la geolingüística del español adquieren vida propia a principios del siglo XX, y con ello expanden su pluricentrismo. Primero, España se aísla y silencia sus voces multilingües. Por su parte, Hispanoamérica se protege del "Coloso del Norte" refugiándose en una identidad mestiza pero expresada solamente en español (véase García, 1999 para un análisis más completo de este tema). Rubén Darío, el poeta nicaragüense padre del primer movimiento literario hondamente independiente del peninsular, el "modernismo", formula la pregunta clave sobre lengua e identidad latinoamericana en el poema titulado "Los Cisnes" (1905): "¿Tantos millones de hombres hablaremos inglés?". En otro poema ("A Roosevelt", 1905), Darío opone "la América ingenua que tiene sangre indígena, que aún reza a Jesucristo y aún habla español" a los Estados Unidos; y termina advirtiéndole a este país: "¡Vive la América española! Hay mil cachorros sueltos del León español". Sólo que en su afán de nombrarse hispánica, Hispanoamérica reprime las voces de sus millones de indígenas. Guillermo Bonfil Batalla, antropólogo mexicano, lo expresa de la siguiente manera:

> En América Latina hay muchos más pueblos que estados nacionales. La inmensa mayoría de las llamadas sociedades nacionales contiene en su interior no uno, sino una diversidad de pueblos distintos. Son, por eso, sociedades plurales. El problema es que esa condición plural no ha sido reconocida por los estados con todas sus consecuencias... Una sola lengua, una sola raza, una misma historia, una cultura común: tales eran los requisitos para consolidar un verdadero estado (napoleónico). Y la realidad iba por otros cauces, lo que exigió que el Estado se pretendiera constituir en forjador de la nación unificada, uniforme culturalmente, inexistente. La terca realidad seguía siendo plural: había indios, ante todo; pero también negros y ciertas regiones que desarrollaban su propia identidad (1992: 19).

Por último, la represión del multilingüismo tanto en España como en Latinoamérica se ve correspondida a principios del siglo XX por la represión del multilingüismo estadounidense, con mención destacada al sofocamiento del español y el aislamiento de la población hispana mediante políticas de segregación racial. Urciuoli (1996) nos recuerda que el comportamiento lingüístico de los puertorriqueños, por ejemplo, ha de comprenderse en el contexto de lo que ella llama "racialización", o sea la manera en que la lengua está atada a la jerarquía racial en los Estados Unidos. Por esta razón, la enseñanza del español en los EE.UU. prefiere el castellano europeizante al español que se habla en el suroeste del país a principios del siglo XX, y rehúsa emplear a maestros hispanos (para mayor tratamiento de este tema, véase García, 1997 y 2006). En los Estados Unidos se establece una jerarquía en que el inglés domina al español, el castellano con normas europeas domina al español de América y el español de la América hispanohablante domina al que se habla en la América anglosajona, silenciado, reprimido e interpretado como inexistente bajo el poder político y económico del inglés.

11.2.4. *Segunda mitad del siglo XX*

El carácter pluricéntrico de la ideología del español continúa en la segunda mitad del siglo XX, aunque se comienza a sentir una heteroglosia que ha de caracterizar la ideología lingüística española y latinoamericana en el siglo XXI, más vocal en España, con suerte variada en diferentes países latinoamericanos y que se oye, para más tarde silenciarse, en el contexto estadounidense. La multiplicidad de discursos, lenguas e identidades en mundos que son, además de hispanohablantes, multilingües, se dinamiza de modo que ya no podemos hablar de lengua e identidad en el singular.

Con el fin del período franquista y la Constitución de 1978, España reconoce su multilingüismo. El Artículo 2 "reconoce y garantiza el derecho a la autonomía de las nacionalidades, y regiones que la integran". Y el Artículo 3 declara el español lengua oficial del Estado y las demás lenguas españolas oficiales en sus respectivas Comunidades Autónomas (para más información, véase Mar-Molinero, 2000, y en este volumen). De las 17 comunidades autónomas en España, sólo seis son monolingües: Andalucía, Canarias, Cantabria, Castilla-La Mancha, la Rioja y Madrid. La preferencia por el vocablo "lengua propia" en vez de "lengua regional" para referirse al catalán, al euskara y al gallego intenta borrar la hegemonía del castellano ante las otras lenguas españolas.

Si España se despierta de la dictadura franquista en 1975, algunos países de Latinoamérica se sumergen en un período de dictaduras que silencian las identidades lingüísticas indígenas. Y al salir de ellas, muchos países latinoamericanos entran en un período en que el Banco Mundial y las prescripciones del Fondo Monetario Internacional y sus programas de ajuste estructural le dejan poco espacio para cultivar lenguas indígenas e identidades que no sean las dominantes. Hablando de Oaxaca, México, Pardo sostiene que "desde la perspectiva integracionista y la corriente neoliberal del desarrollo que sustentan los sectores hegemónicos de la sociedad estatal, la presencia indígena... es asumida como una de las causas del atraso y marginación socioeconómica" (1993: 114). En las últimas dos décadas del siglo XX, un buen número de países ha hecho reformas a sus constituciones para otorgar derechos lingüísticos a su población indígena[6] (véase Hamel, 2004), y han establecido programas de educación intercultural bilingüe (véase p. ej., Hornberger, 1988, para el Perú; King y Benson, 2004, para Ecuador y Bolivia; López, 2006, para Bolivia y Guatemala). No obstante, el poco espacio al que alude Pardo tiene como consecuencia que aun en países en que las lenguas indígenas se declaran co-oficiales, el español mantiene su hegemonía.

En los Estados Unidos, el español adquiere algún estatus con motivo de la era de los derechos civiles que le permitió su entrada, aunque fuera temporal, en la educación bilingüe del país (Crawford, 2004; García, 2006). Pero ya para 1980, y después de sólo una década, el español vuelve a sufrir los azotes del movimiento de la oficialización del inglés (véase Zentella, 1997). De hecho, la relación lengua e identidad sufre un mayor quebrantamiento en los Estados Unidos, en que el inglés se hace lengua de todos. Ya hemos señalado que la identidad española reclama otras lenguas, mientras que el español americano reclama otras identidades. Pero en los Estados Unidos nos enfrentamos con una identidad hispana o latina que ya no habla castellano o español, y que lejos de mantenerlo o estar en proceso de adquirirlo, lo va perdiendo. Estamos entonces ante una

---

[6] En Bolivia, el quechua y el aymara son oficiales junto al español. En Perú el quechua y el español son oficiales, aunque el aymara también se habla extensamente. El guaraní y el español son oficiales en el Paraguay. De los 15 millones de guatemaltecos, solo un 60% son hispanohablantes, y se reconocen 23 lenguas indígenas incluyendo el quiché, el cakchiquel, el kekchi, el mam, el garífuna y el xinca.

nueva relación de lengua-identidad en que aquéllos que se identifican como latinos o hispanos ya ni siquiera son hispanohablantes (Attinasi, 1979; García *et al.*, 2001; García Canclini, 2001).

Como veremos en la próxima sección, para la identidad española, y también la latinoamericana, el castellano/español será componente esencial, aunque no único, en relación con las otras lenguas españolas y latinoamericanas que forman el bilingüismo que siempre había existido, pero que ahora empieza a ser parte del discurso oficial. Sin embargo, la identidad estadounidense le exige a los latinos o hispanos el monolingüismo en inglés.

11.3. LENGUAS, IDENTIDADES Y GLOBALIZACIÓN. SIGLO XXI

El bilingüismo[7] del que el español forma parte supone un elemento fundamental del discurso de identidad hispánica en la actualidad. Sin embargo, el bilingüismo en los tres focos geolingüísticos del español desempeña diferentes papeles identitarios y ocupa posiciones de poder variadas como se ven en los tres cuadros que aquí incluimos.

El Cuadro 1 capta la situación en España al principio del siglo XXI. Los espacios bilingües *se han abierto* al reconocerse las lenguas propias, pero además, la posición de poder del castellano monolingüe va cediendo al poder del bilingüismo castellano/catalán, castellano/euskara y castellano/gallego[8]. Es más, la identidad bilingüe en castellano-lenguas propias adquiere un nivel de poder equitativo al de la identidad monolingüe en castellano. Se da también el bilingüismo identitario del castellano y otras lenguas regionales, aunque aquí ya hay más distancia con el castellano. Aunque las lenguas de comunidades inmigrantes más recientes, especialmente las del Magreb, y sobre todo Marruecos, se empiezan a oír en toda España, este bilingüismo es poco reconocido, recibe muy poca atención en las escuelas y mantiene su distancia de las reconocidas lenguas propias (Turell, 2001).

---

[7] Ya que consideramos aquí solamente el bilingüismo en su función identitaria, omitimos el bilingüismo forjado por la adquisición de una lengua global como el inglés. Por falta de espacio, omitimos también de este esquema el bilingüismo de las comunidades de lenguas por señas y de comunidades establecidas por largo tiempo, generalmente de lenguas europeas, sobre todo en Latinoamérica, pero también en España.

[8] Por ejemplo, en diciembre del 2004, España abogó frente a la Unión Europea para que se aceptaran como lenguas oficiales de trabajo el catalán, el gallego y el euskara.

CUADRO 1. *España.*

MONO/BIL.	LENGUAS	ESPACIO 1	ESPACIO 2	ESPACIO 3	ESPACIO 4	ESPACIO 5
MÁS PODER ID. MONOLINGÜE	LENGUA PROPIA DEL CENTRO	castellano				
ID. BILINGÜE	LENGUA PROPIA DEL CENTRO + LENGUA PROPIA RECONOCIDA		castellano-catalán	castellano-gallego	castellano-euskara	
ID. BILINGÜE	LENGUA PROPIA DEL CENTRO + LENGUA REGIONAL					castellano-lenguas regionales
MENOS PODER ID. BI/TRILINGÜE	LENGUA PROPIA DEL CENTRO + LENGUA INMIGRANTE	castellano + lengua inmigrante	castellano + catalán + lengua inmigrante	castellano + gallego + lengua inmigrante	castellano + euskara + lengua inmigrante	castellano + lengua regional + lengua inmigrante

El Cuadro 2 describe la situación en el contexto latinoamericano. En el siglo XXI *se abren espacios limitados* para el bilingüismo español-lenguas indígenas en el discurso oficial. Sin embargo, continúa la jerarquización de identidades lingüísticas y se sigue valorando más el monolingüismo en español, casi siempre de latinoamericanos blancos y europeos, que el bilingüismo con lenguas indígenas que ocupan un escaño inferior. En último lugar se halla el monolingüismo en lenguas indígenas, espacio que va desapareciendo. Debido a la poca inmigración que hay hoy día hacia la América Latina, no incluimos aquí las identidades de los inmigrantes[9]. Tampoco consideramos el bilingüismo de comunidades europeas que emigraron a Latinoamérica a fines del siglo XIX o principio del siglo XX.

_____

[9] En Latinoamérica hay muchos ejemplos de comunidades europeas no-hispanohablantes que han mantenido sus lenguas originarias. Éste es el caso, por ejemplo, de la colonia alemana en el Uruguay. Hoy día, a pesar de haber poca inmigración de países no-hispanohablantes, hay una creciente inmigración de otros países latinoamericanos. No consideramos esos casos de diferentes variantes del español en contacto dado el tema de este trabajo (pero véase Lipski, en este volumen).

CUADRO 2. *Latinoamérica.*

	MONO/BILINGÜE	LENGUAS	ESPACIO 1	ESPACIO 2	ESPACIO 3	ESPACIO 4	ESPACIO 5	ESPACIO 6	ESPACIO 7
MÁS PODER	ID. MONOLINGÜE	LENGUA MAYORITARIA	español						
	ID. BILINGÜE	LENGUA MAYORITARIA + LENGUA MINORITARIA GENERALIZADA*		español-guaraní					
	ID. BILINGÜE	LENGUA MAYORITARIA + LENGUA MINORITARIA LOCALIZADA*			español-quechua/quichua	español-aymara	español-náhuatl	español-lenguas mayas	
MENOS PODER	ID. BILINGÜE	LENGUA MAYORITARIA + LENGUA MINORITARIA LOCALIZADA Y DEMOGRÁFIC. DÉBIL							español-otras lenguas indígenas

* El guaraní está generalizado entre los paraguayos y forma parte de su identidad, tanto entre los de descendencia europea, como entre los de descendencia indígena. Las otras lenguas indígenas grandes de América Latina, sin embargo, forman parte de una entidad indígena pero no nacional.

El bilingüismo de los Estados Unidos presenta características muy diferentes a las descritas para España y Latinoamérica. En concreto, en el siglo XXI *se cierran los espacios* para el bilingüismo, es decir, se valora sobre todo el monolingüismo en inglés de los hispanos y se silencia su capacidad de hablar español. La educación bilingüe se prohíbe en California en 1998, en Arizona en el 2000 y en Massachusetts en el 2002; y la palabra "bilingüe" desaparece de todo discurso oficial[10]. A pesar de que el bilingüismo de que hablamos surge a partir de la misma lengua –el español–, a veces ésta tiene valor como lengua minoritaria, a veces como lengua de inmigrantes. Por ejemplo, el español que compone el bilingüismo de los puertorriqueños en Nueva York no puede ser considerado lengua de inmigrantes, ya que

---

[10] El discurso oficial en la última década omite toda referencia a la palabra "bilingüismo". Por ejemplo, la Oficina de Educación Bilingüe y Asuntos Minoritarios (OBEMLA) en Washington se llama ahora la Oficina de Adquisición del Inglés, Desarrollo Lingüístico y Progreso Académico para Estudiantes con Proficiencia Limitada en Inglés (OELA). La Ley de Educación Bilingüe es ahora la Ley de Instrucción Lingüística para Estudiantes con Proficiencia Limitada en Inglés e Inmigrantes.

éstos han sido ciudadanos norteamericanos desde 1917. Tampoco se podría considerar así el bilingüismo de muchos descendientes de mexico-americanos que han vivido en los Estados Unidos por más de tres generaciones. Y a pesar de que el español de la creciente inmigración latinoamericana se podría considerar lengua de inmigrantes, este argumento se complica por la relación imperialista que ha tenido los Estados Unidos con la América Latina, causa principal de los desastres políticos y económicos que convierten a millones de latinoamericanos en refugiados en la América del Norte. Mientras que el bilingüismo, ya sea entre ciudadanos, viejos residentes o inmigrantes, se ve forzado al silencio, se declara guerra abierta al monolingüismo en español. Esto queda de manifiesto sobre todo en el sistema escolar estadounidense, donde recientemente se han sustituido los programas de educación bilingüe por otros de inmersión en "inglés protegido" (*sheltered English* en inglés). El Cuadro 3 describe el cierre de los espacios y la jerarquización oficial.

CUADRO 3. *Los Estados Unidos.*

	MONO/BILINGÜE	LENGUAS	ESPACIO COMPARTIDO
MÁS PODER	ID. MONOLINGÜE	LENGUA MAYORITARIA	inglés
	ID. BILINGÜE	LENGUA MAYORITARIA + LENGUA MINORITARIA/ LENGUA DE INMIGRANTE	inglés-español
MENOS PODER	ID. MONOLINGÜE	LENGUA MINORITARIA/ LENGUA DE INMIGRANTE	español

Los Estados Unidos es el actor principal y más poderoso en el proceso de globalización. A pesar de promover el bilingüismo en inglés por todo el mundo, este país se va cerrando en sí mismo, ignorando y borrando inclusive su propio multilingüismo. Wright (2004) señala esas diferencias así:

> [W]e appear to be witnessing asymmetric developments within globalization: loss of economic autonomy and political sovereignty for many states; continuing economic autonomy and political sovereignty together with the survival of some elements of traditional 'one nation, one territory, one language nationalism' for the United States (165).

A continuación nos detenemos en las ideologías lingüísticas del español que predominan en el siglo XXI y algunos de sus instrumentos y discursos.

11.3.1. *Ideologías lingüísticas en el siglo XXI*

Como ha indicado Fettes (2003), las políticas lingüísticas que funcionaron en el siglo XX, y que enlazaban la lengua y la identidad, no dan resultado en un mundo hondamente globalizado. Según Fettes, lo que importa hoy día son las *geoestrategias lingüísticas*, en que la defensa de intereses locales se enlaza de modo inextricable a la definición y a la protección de un nicho particular en el ecosistema lingüístico global (2003: 38). Las ideologías lingüísticas sobre el español se desarrollan así dentro de un sistema en que unos hispanohablantes protegen su nicho lingüístico para poder comerciar con otros 300 millones de hispanohablantes en Latinoamérica y los 40 millones de latinos en los Estados Unidos. Así el español global va tomando carácter ideológico de mestizaje, aceptando diferencias para poder establecer una continuidad lingüística y cultural que le permita ganar ventaja.

Es claro que estas nuevas ideologías lingüísticas sobre el español se desarrollan en un mundo que relaciona ya no lengua-identidad, sino lengua-economía. Por un lado, España comienza por integrarse en la Comunidad Europea –posteriormente, Unión Europea (UE)–, incrementando su potencia económica, y sus necesidades exportadoras y comerciales. El español, que antes había sido una de las seis lenguas oficiales de las Naciones Unidas, ahora también es lengua oficial, aunque no lengua de trabajo, de la UE. Y ante el creciente poder del catalán, del euskara y del gallego, el castellano de España busca aliarse al de América ejerciendo una nueva hegemonía económica. Por otro lado, Latinoamérica se ve dominada más que nunca por el Tratado de Libre Comercio y los programas de ajustes estructurales del Fondo Monetario Internacional y el Banco Mundial que le dan pautas para ejercer la hegemonía del español sobre sus muchas lenguas indígenas. Además, el español que siempre había tenido una vida local en el suroeste de los Estados Unidos llega al noreste a mediados del siglo XX –y sobre todo a la ciudad de Nueva York con la migración de puertorriqueños–, y a la Florida con la llegada de cubanos. Poco a poco, y a raíz de cambios de política inmigratoria en los Estados Unidos, la llegada de latinoamericanos de todas partes dinamiza aún más las variantes de español que se hablan en los Estados Unidos. Pero el poder global del inglés acrecienta el paso del desplazamiento hacia el inglés, silenciando el español y ejerciendo una hegemonía global arrolladora. Tomando palabras de Mazrui (2004: 15) para el contexto de África, la globalización no es un proceso en que participan por igual Washington y Dakar, o Washington y Tegucigalpa, o ni siquiera Washington y Madrid. Así y todo, la globalización, y el desarrollo tecnológico que la acompaña, hace posible que millones de hispanohablantes en todas partes del mundo se comuniquen y vivan en estrecho contacto, aun cuando éste no fuera físico. Esto en sí posibilita las múltiples identidades lingüísticas de los hispanohablantes que se van forjando en el siglo XXI, algunas de ellas hasta en inglés.

Según Casilda Béjar (2001), desde 1990 a 2000, los flujos de inversión extranjera directa (IED) hacia América Latina y el Caribe, pasaron de 9.200 millones a cerca de 90.000 millones de dólares. Durante 1999, España se convierte en el primer inversor mundial en Latinoamérica, alcanzando por primera vez a los EE.UU. con una cifra de 25.000 millones (Casilda Béjar, 2001). La inversión española reside sobre todo en servicios de banca, telecomunicaciones y energía, ámbitos en que el español ofrece una ventaja competitiva sobre los EE.UU.

Villa (2000) y Carreira (2002) mantienen que el consumo de los latinos estadounidenses es de aproximadamente 400 mil millones de dólares anuales, más del triple (o la cuarta parte, según Carreira) del consumo del resto del mundo hispanohablante. Este mayor interés en vender en español en los Estados Unidos –aunque se lo mantenga excluido del ámbito público, político y cultural–, se ve expresado en el gran aumento de estaciones de televisión en español en la última década, debido sobre todo al dinero procedente de los anuncios comerciales. Incluso Univisión llega a ser la cadena número cinco en los EE.UU., después de las cuatro grandes que transmiten en inglés –ABC, NBC, CBS y Fox–. Pero si el ímpetu de la televisión latina en los EE.UU. es el de vender, la razón de su alcance hasta Latinoamérica y España es que hoy día el español no está enlazado a una identidad nacional exclusiva, ya que es de todos. El Don Francisco de Sábado Gigante, la Cristina de su Show y los locutores de Noticiero Univisión nos van creando la posibilidad de ser hispanohablantes en un espacio no geográfico ni identitario, sino en el espacio virtual de la comunicación por satélite.

España llega tarde a la modernidad. Por eso pronto se da cuenta de que el reconocimiento de su propio multilingüismo y de su propio mestizaje lingüístico, como ha dicho en más de una ocasión Mauro Fernández Rodríguez (2005), es la mejor opción para que el español quede reconocido como lengua global capaz de captar ventajas materiales. Calvet (1999, cf. en Hamel, 2003: 113) dice que sin la América Latina –y podríamos nosotros añadir los hispanohablantes de Estados Unidos–, el español sería considerado sólo lengua regional, como lo es el catalán o el euskara. El español para España es, en la globalización del siglo XXI, un arma capaz de brindar enormes ventajas económicas ligándose globalmente con el mundo hispano, tanto a aquel mestizo y multilingüe de Hispanoamérica que cada día habla más español, como al otro también mestizo de los Estados Unidos que cada día habla más inglés.

García Canclini (2001) ha llamado a este proceso de imperialismo lingüístico del español "la rehispanización"; aunque en ella ahora participen tanto los latinoamericanos que quieren independizarse de las corrientes neoliberales del Fondo Monetario Internacional, como los latinos en los Estados Unidos que piensan que el uso del español les va a conceder una voz que en este momento no tienen. En una entrevista reciente, Hamel (2004) explica este hecho diciendo:

> El español... se ve hoy en día amenazado por el inglés y la globalización. Por lo tanto, hay que cerrar filas, sin perder de vista la diversidad, la coexistencia con otras lenguas.

En la misma entrevista, Hamel califica la política del gobierno español como de "Hispanofanía" diciendo que está basada "en una gran unidad, bajo el liderazgo de España y basado en una política de diversidad primordial".

11.3.2. *Instrumentos y discursos de nuevas ideologías lingüísticas*

Para potencializar el poder económico del español, el 11 de mayo de 1990 se crea el Instituto Cervantes[11] con el propósito de "agrupar

---

[11] Esto es señal de lo tardío que llega el español a esta empresa. Por ejemplo, la Alliance Française se crea en 1883. También bastante anteriores son el British Council (fundado en 1934) y el Goethe Institut (fundado en 1951).

y potenciar los esfuerzos en la defensa y promoción del español en el extranjero" (Sánchez, 1992). Hamel (2004) ha señalado la inversión del Instituto Cervantes para "controlar la enseñanza del español, la certificación de su dominio, y la formación de profesores en el mundo", sobre todo en los Estados Unidos y Brasil, los dos mercados de mayor expansión en la enseñanza del español. Nota Hamel la total ausencia de países latinoamericanos en esta empresa, especialmente los que podrían convertirse en grandes inversionistas en este mercado de la lengua –México y Argentina.

La Real Academia Española hoy día se ve acompañada por otras 22 academias del español, entre ellas la Academia Norteamericana de la Lengua Española. Indicando ya esa mayor flexibilidad del idioma, el prólogo de la gramática de Alarcos Llorach publicada por la Real Academia Española dice: "Hoy concurren normas cultas diversas en los vastos territorios donde se practica el español como lengua materna... Se comprende y hasta se justifica que cada uno encuentre más eficaz y precisa la norma idiomática a cuya sombra ha nacido y se ha formado; pero ello no implica rechazo o condena de otras normas tan respetables como la propia" (1994, cf. en England, 1998: 15). Así la edición más reciente del *Diccionario* de la Academia española incorpora material entregado por las otras academias.

Se construyen también nuevos discursos acerca de lengua e identidad, construcción que se lleva a cabo sobre todo en los Congresos Internacionales de la Lengua que, con apoyo del Instituto Cervantes, la Real Academia Española y diversas empresas internacionales, se han llevado a cabo desde 1997. El primero se celebró en Zacatecas, México; el segundo, en Valladolid en 2001. El tercero, celebrado en Rosario, Argentina, en noviembre de 2004 es significativo para nuestro tema, puesto que se denominó "Identidad Lingüística y Globalización". Por esta razón, nos detenemos en su análisis y en el del "ContraCongreso", celebrado en la misma ciudad y en el mismo marco temporal, bajo el nombre de 1er Congreso de laS LenguaS.

El titular de *Clarín* el día de la apertura del III Congreso Internacional de la Lengua declara: "La identidad cultural fue el eje de los discursos en la apertura". Así, el Rey Juan Carlos mantiene que:

[T]odas las lenguas son mestizas y el castellano lo fue desde su configuración inicial, se hizo español ensanchando precisamente su mestizaje. Todos y cada uno de los contactos con otras lenguas y culturas han ido depositando en la lengua española marcas de mentalidades, costumbres y sensibilidades distintas (*Clarín*, 2004: 2).

Y el mexicano Carlos Fuentes afirma:

> Descendemos del gran flujo de habla castellana creada en las dos
> orillas por mestizos, mulatos, indios, negros, europeos. Estas voces se
> oyen en América, se oyen en España, se oyen en el mundo y se oyen
> en castellano (*Clarín*, 2004: 2).

Pero a pocas cuadras del Congreso, unos quinientos manifestan-
tes repartían volantes que reclamaban "el reconocimiento de una
identidad pluricultural y multilingüe". Los que convocan el 1er Congreso de laS LenguaS dicen:

> No hay nada más importante y constitutivo de la identidad que
> la propia lengua, lengua que, siendo un componente más del sis-
> tema cultural de cada pueblo, ocupa, sin embargo, un papel privi-
> legiado por su capacidad de simbolizar, interpretar, construir y co-
> municar no sólo las demás expresiones culturales sino el entramado
> de la dinámica social. Así podemos decir que, hablando de dere-
> chos, nos surge como uno de los derechos humanos por antonoma-
> sia la autodeterminación lingüística, derecho que, pese a haber sido
> largamente reclamado, no encuentra aún un auténtico reconoci-
> miento.

A pesar de su existencia en España, Latinoamérica y los Estados Unidos, las identidades lingüísticas plurales no consiguen espacio apropiado para comunicar una dinámica social diferente a
la de la globalización del siglo XXI. Aprendido tal vez de sus hermanos latinoamericanos, quienes en el discurso, pero no en entramaje
social, han sabido darle cabida al mestizaje (véase García, 1997), el
Rey Juan Carlos ajusta su discurso y reconoce un español "ensan-
chado". Pero ese arreglo de nada le vale al latinoamericano indígena o africano, o al latino pobre estadounidense, o al marroquí español, o inclusive a un pobre gallego bilingüe. Se ensancha el discurso
europeo sobre el castellano y la identidad hispanohablante, a medida que declina el español europeo (Villa, 2002). Se le da cabida
ya no sólo al español latinoamericano, sino también al llamado
"spanglish", como ha demostrado el Instituto Cervantes en su interés por este tema. Sin embargo, se contraen las posibilidades sociales y económicas de los que hablan otros españoles distinto de la norma del castellano estándar.

11.4. Conclusiones

Resulta evidente que, dentro del contexto post-colonial y post-estructural del siglo XXI, la apropiación del español está cambiando. Ya sólo una minoría de sus hablantes vive en España. Con la desterritorialización del español y el hecho de que sea mayormente hablado por americanos, muchos de los cuales viven ante la sombra del inglés y en contacto con otras lenguas, se forjan identidades múltiples y fluidas. Además, con el nuevo orden económico y sobre todo con el avance de la tecnología, se establece una hibridez lingüística y una mayor aceptabilidad a un discurso plural. Sin embargo, es claro también que se mantiene, como antes, una jerarquía lingüística de poder en que el castellano-español se valoriza por encima de la hibridez lingüística de sus entornos, tanto en la Península como en todo el mundo. Y es la escuela la que lleva a cabo este proceso imponiendo un español estándar con sus respectivas normas "cultas" tanto en España como en Latinoamérica, y arrancándoselo a los que lo hablan en los Estados Unidos.

El "twaddle" o disparate de que habla Dame Edna en el primer epígrafe de este capítulo no es otro sino que pensar que el español, imponiéndose una identidad mestiza que lo enlace con un mercado de más envergadura, pueda ser el "centro de atención de gran parte del mundo" como dice Álvarez Martínez en el segundo epígrafe. Pues, como nos ha dicho Tonkin (2003: 322): "English is the operating system in which the global economic network is based, and the owners of that system are going to have an advantage in the market". ['El inglés es el sistema operativo en que se basa la red de economía global, y los dueños de dicho sistema van a tener una ventaja en el mercado.']

Prueba de que el español no supone un enlace suficiente para romper las barreras sociales y económicas que imponen la geografía, la historia y la raza, es el hecho de que a pesar de su imperialismo económico en Latinoamérica y en el mercado latino estadounidense, basado en lo lingüístico, España no ha hecho ninguna inversión en la educación en español de los pobres latinoamericanos ni de aquellos que logran cruzar fronteras para llegar a los Estados Unidos. A pesar del discurso acogedor, las identidades hispanohablantes viven diferentes realidades: las europeas más acogedoras de sus diferencias sobre todo en lo económico; las latinoamericanas tolerantes de sus diferencias en cuanto a lo cultural, pero nunca en cuanto a lo político y económico, y las estadounidenses que, de tanto vivir rodeadas de "leaf blowers", como dice Dame Edna, se convierten en ausencias bajo el viento furioso del inglés.

11.5. Preguntas para la reflexión

1. Exponga cuáles son las diferencias entre la visión modernista y la visión post-estructuralista en cuanto a lengua e identidad. ¿Cuáles son las consecuencias de estas diferentes visiones para las ideologías lingüísticas?
2. Resuma las diferentes construcciones de lengua castellana e identidad española e hispanoamericana a través de la historia.
3. Recuente las diferentes ideologías en cuanto al español en España, Latinoamérica y Estados Unidos en la segunda mitad del siglo XX y a principios del siglo XXI.
4. En el contexto del español, explique qué quiere decir Fettes (2003) al señalar que lo que importa hoy son las geoestrategias lingüísticas. ¿Cuáles son esas geoestrategias lingüísticas respecto al español hoy día?
5. Aporte pruebas para apoyar la idea de una nueva ideología del mestizaje del español en el siglo XXI. Explique sus razones de ser, de acuerdo con los autores citados en este capítulo.
6. Usando la página electrónica www.cvc.cervantes.es/obref/congresos, busque pruebas de las ideologías lingüísticas que aportan los diferentes participantes en los congresos.
7. Compare la ideología lingüística acerca del español en los Estados Unidos que revela la página electrónica del Instituto Cervantes (www.cvc.cervantes.es/obref/espanol_eeuu/ indice/htm) y la página eléctronica del escritor norteamericano James Crawford (www. ourword.compuserve.com/homepages/jcrawford). Compare las ideologías expresadas en los diferentes artículos. En su opinión, ¿a qué se debe esta diferencia?

Bibliografía

Álvarez Martínez, M. (2001): El español como lengua extranjera en las universidades españolas. Centro Virtual Cervantes. II Congreso de la Lengua Española. http://cvc.cervantes.es/obref/congresos/valladolid/ponencias/activo_del_español/1_la_industria_del_español/alvarez_m.htm. Acceso abril de 2005.
Anderson, B. (1983): *Imagined Communities*. Londres, Verso.
Appadurai, A. (1997): *Modernity at Large: Cultural Dimensions of Globalization*. Minneapolis, University of Minnesota Press.

APPADURAI, A. (2002): Disjuncture and difference in the global cultural economy. En J. Inda y R. Rosaldo (eds.). *The Anthropology of Globalization* (pp. 46-63). Oxford, Blackwell Publishing.

ATTINASI, J. (1979): "Language Attitudes in a New York Puerto Rican Community." En R. Padilla (ed.). *Bilingual Education and Public Policy in the United States* (pp. 408-461). Ypsilanti, Minn, Eastern Michigan University.

BAKHTIN, M. (1982): *The Dialogic Imagination: Four Essays.* Austin, University of Texas Press.

BELLO, A. (1951): "Gramática." En *Obras Completas de Andrés Bello.* Tomo IV. Caracas, Ediciones del Ministerio de Educación.

BHABHA, H. (1990): "The Third Space: Interview with Homi Bhabha." En J. Rutherford (ed.). *Identity: Community, Culture, Difference* (pp. 207-221). Londres, Lawrence and Wishart.

BHABHA, H. (1994): *The Location of Culture.* Nueva York, Routledge.

BLOMMAERT, J. (ed.) (1999): *Language Ideological Debates.* Berlín, Mouton de Gruyter.

BONFIL BATALLA, G. (1992): *Identidad y pluralismo cultural en América Latina.* San Juan, Universidad de Puerto Rico.

BOURDIEU, P. (1991): *Language and Symbolic Power.* Cambridge, Polity Press.

CALVET, L. (1999): *Pour une écologie des langues du monde.* París, Plon.

CANAGARAJAH, S. (2005): *Reclaiming the Local in Language Policy and Practice.* Mahwah, NJ, Lawrence Erlbaum.

CARREIRA, M. (2002): The Media, Marketing and Critical Mass: Portents of Linguistic Maintenance. *Southwest Journal of Linguistics* 21: 37-54.

CASILDA BÉJAR, R. (2001): Una década de inversiones españolas en América Latina. 1990-2000. El idioma como ventaja competitiva. II Congreso Internacional de la Lengua Española. Instituto Cervantes. http://cvc.cervantes.es/obref/congresos/valladolid/ponencias/activo_del_espanol/1_la_industria_del_espanol/casila_r.htm. Acceso abril de 2005.

CLARÍN (18 de noviembre de 2004): La identidad cultural fue el eje de los discursos en la apertura. *http://*www.clarin.com/diario//2004/11/18/soecidad/s'03215.htm.

CLYNE, M. (1992): *Pluricentric Languages. Differing Norms in Different Nations.* Berlín, Mouton de Gruyter.

CONVERSI, D. (1997): *The Basques, the Catalans, and Spain: Alternative Routes to Nationalist Mobilisation.* Londres, Hurst.

CRAWFORD, J. (2004): *Educating English Learners. Language Diversity in the Classroom.* (5ª ed.). Los Angeles, CA, Bilingual Educational Services.

DEL VALLE, J. y GABRIEL-STHEEMAN, L. (eds.) (2002): *The Battle over Spanish between 1800 and 2000: Language Ideologies and Spanish Intellectuals.* Londres: Routledge. [Trad. esp.: *La batalla del idioma. La intelectualidad hispánica ante la lengua.* Madrid, Iberoamericana, 2004.]

DORIAN, N. (1999): "Linguistic and Ethnographic Fieldwork." En J. Fishman (ed.). *Handbook of Language and Ethnic Identity* (pp. 25-41). Nueva York, Oxford University Press.

ECHEVERRÍA, B. (2003): Schooling, Language, and Ethnic Identity in the Basque Autonomous Community. *Anthropology and Education Quarterly* 34: 351-372.

EDWARDS, J. (1985): *Language, Society and Identity.* Nueva York, Basil Blackwell.

ENGLAND, J. (1998): Varieties of Spanish and the Teaching of the Language in Higher Education. *Vida Hispánica* 18: 14-18.

FASOLD, R. (1984): *The Sociolinguistics of Society: Introduction to Sociolinguistics, I.* Oxford, Basil Blackwell.

FASOLD, R. (1990): *The Sociolinguistics of Language: Introduction to Sociolinguistics, II.* Oxford, Basil Blackwell.

FERNÁNDEZ RODRÍGUEZ, M. (2005): El mestizaje del castellano. Ponencia en el Centro Rey Juan Carlos. New York University, 4 de agosto de 2005.

FETTES, M. (2003): "The Geostrategies of Interlingualism." En J. Maurais y M. Morris (eds.). *Languages in a Globalizing World* (pp. 37-46). Cambridge, Cambridge University Press.

FISHMAN, J. (ed.) (1968): *Readings in the Sociology of Language.* La Haya, Mouton.

FISHMAN, J. (ed.) (1972a): *The Sociology of Language: An interdisciplinary Social Science Approach to Language in Society.* Rowley, MA, Newbury House.

FISHMAN, J. (ed.) (1972b): *Advances in the Sociology of Language II.* La Haya, Mouton.

FISHMAN, J. (ed.) (1972c): *Language and Nationalism.* Rowley, MA, Newbury House.

FISHMAN, J. (1975): *Language and Nationalism.* Rowley, MA, Newbury House.

FISHMAN, J. (1985): *The Rise and Fall of the Ethnic Revival.* Berlín, Mouton de Gruyter.

FISHMAN, J. (1989): *Language and Ethnicity in Minority Sociolinguistic Perspective.* Clevedon, Multilingual Matters.

FISHMAN, J. (1991): *Reversing Language Shift.* Clevedon, Multilingual Matters.

FISHMAN, J. (1997): *In Praise of the Beloved Language: A Comparative View of Positive Ethnolinguistic Consciousness.* Berlín, Mouton de Gruyter.

FISHMAN, J. (ed.) (1999): *Handbook of Language and Ethnic Identity.* Nueva York, Oxford University Press.

FRENCH, B. (1999): Imagining the Nation: Language Ideology and Collective Identity in Contemporary Guatemala. *Language and Communication* 19: 277-287.

GAL, S. (1989): Language and Political Economy. *Annual Review of Anthropology* 18: 345-367.

GARCÍA, O. (1997): From Goya Portraits to Goya Beans: Elite Traditions and Popular Streams in U.S. Spanish Language Policy. *Southwest Journal of Linguistics* 12: 69-86.

GARCÍA, O. (1999): "The Forging of a Latin American Ethnolinguistic Identity: Between the Written and Oral Word." En J. Fishman (ed.). *Handbook of Language and Ethnic Identity* (pp. 226-243). Oxford, Oxford University Press.

GARCÍA, O. (2006): "Lost in Transculturation: The Case of Bilingual Education in New York City." En M. Putz, J. Fishman y N. Aertselaer (eds.). *Along the Routes to Power: Exploration of the Empowerment Through Language* (pp. 157-178). Berlín, Mouton de Gruyter.

GARCÍA, O.; MORÍN, J. y RIVERA, K. (2001): "How Threatened is the Spanish of New York Puerto Ricans? Language Shift with Vaivén." En J. Fishman (ed.). *Can Threatened Languages be Saved? Reversing Language Shift Revisited* (pp. 44-73). Clevedon, Inglaterra, Multilingual Matters.

GARCÍA CANCLINI, N. (2001): *Culturas híbridas*. Buenos Aires, Paidós.

GILES, H. y BYRNE, J. (1982): An Intergroup Approach to Second Language Acquisition. *Journal of Multilingual and Multicultural Development* 3: 17-41.

GILES, H.; HEWSTONE, M.; BOUCHARD RYAN, E. y JOHNSON, P. (1987): "Research on Language Attitudes." En U. Ammon, N. Dittmar y K. Mattheier (eds.). *Sociolinguistics: An International Handbook of the Science of Language and Society* (vol. I, pp. 585-597). Berlín, Mouton de Gruyter.

GRAMSCI, A. (1971): *Selections from the Prison Notebooks*. Nueva York, International.

GUDYKUNST, W. y SCHMIDT, K. (eds.) (1988): *Language and Ethnic Identity*. Clevedon, Multilingual Matters.

GUMPERZ, J. (ed.) (1982): *Language and Social Identity*. Cambridge, Cambridge University Press.

HAMEL, R. (2003): "Regional Blocks as a Barrier against English Hegemony? The Language Policy of Mercosur in South America." En J. Maurais y M. Morris (eds.). *Languages in a Globalising World* (pp. 111-142). Cambridge, Cambridge University Press.

HAMEL, R. (2004): Entrevista de Nadia Talamantes con Rainer Enrique Hamel para el periódico *Reforma*. 7-11-04. Fecha de publicación, 15-11-04.

HELLER, M. (1982): "Negotiations of Language Choice in Montreal." En J. Gumperz (ed.). *Language and Social Identity* (pp. 108-118). Cambridge, Cambridge University Press.

HELLER, M. (1995): Language Choice, Social Institutions, and Symbolic Domination. *Language in Society* 24: 373-405.

HORNBERGER, N. (1988): *Bilingual Education and Language Maintenance*. Providence, RI, Foris Publications.

HUNTINGTON, S. (2004): The Hispanic Challenge. Foreign policy. March-April 2004. http://www.foreignpolicy.com/story/cms.php?story_id=2495&print=1

IRVINE, J. (1998): "Ideologies of Honorific Language." En B. Schieffelin, K. Woolard y P. Kroskrity (eds.). *Language Ideologies: Practice and Theory* (pp. 51-67). Nueva York, Oxford University Press.

IRVINE, J. y GAL, S. (2000): "Language Ideology and Linguistic Differentiation." En P. Kroskrity (ed.). *Regimes of language: Ideologies, Polities and Identities* (pp. 34-84). Santa Fe, NM-Oxford, School of American Research Press.

KING, K. y BENSON, C. (2004): "Indigenous Language Education in Bolivia and Ecuador: Contexts, Changes, and Challenges." En J. Tollefson y A. Tsui, (eds.). *Medium of Instruction Policies. Which Agenda? Whose Agenda?* (pp. 241-261). Mahwah, NJ, Lawrence Erlbaum.

KLOSS, H. (1977) [1952]: *The American Bilingual Tradition*. Rowley, MA, Newbury House.

LIEBKIND, K. (1999): "Social Psychology." En J. Fishman (ed.). *Handbook of Language and Ethnic Identity* (pp. 140-151). Nueva York, Oxford University Press.

LÓPEZ, A. (1985): *El rumor de los desarraigados*. Barcelona, Anagrama.

LÓPEZ, L. (2006): "Cultural Diversity, Multilingualism and Indigenous Education in Latin America." En O. García, T. Skutnabb-Kangas y M. Torres-Guzmán (eds.). *Imagining Multilingual Schools: Languages in Education and Glocalization* (pp. 238-261). Clevedon, Multilingual Matters.

MAR-MOLINERO, C. (2000): *The Politics of Language in the Spanish-Speaking World*. Nueva York, Routledge.

MAZRUI, A. (2004): *English in Africa. After the Cold War*. Clevedon, Multilingual Matters.

MIGNOLO, W. (2000): *Local Histories/Global Designs*. Princeton, NJ, Princeton University Press.

PARDO, M. (1993): El desarrollo de la escritura de las lenguas indígenas en Oaxaca. *Iztapalapa* 13: 109-134.

PAVLENKO, A. (2002): "Poststructuralist Approaches to the Study of Social Factors in Second Language Learning and Use." En V. Cook (ed.). *Portraits of the L2 User* (pp. 275-303). Clevedon, Multilingual Matters.

PAVLENKO, A. y BLACKLEDGE, A. (2004): *Negotiation of Identities in Multilingual Contexts*. Clevedon, Multilingual Matters.

RAMPTON, B. (1995): *Crossing: Language and Ethnicity Among Adolescents*. Londres, Longman.

RUBIN, J. y JERNUDD, B. (1971): *Can Language Be Planned? Sociolinguistic Theory and Practice for Developing Nations*. Honolulú, HI, The University Press of Hawaii.

SAID, E. (1993): *Culture and Imperialism*. Nueva York, Alfred Knopf.

SÁNCHEZ, A. (1992): Spanish Language Spread Policy. *International Journal of the Sociology of Language* 95: 51-69.

SCHIEFFELIN, B.; WOOLARD, K. y KROSKIRITY, P. (eds.) (1998): *Language Ideologies: Practice and Theory*. Nueva York, Oxford University Press.

SKUTNABB-KANGAS, T. (2000): *Linguistic Genocide in Education or Worldwide Diversity and Human Rights?* Mahwah, NJ, Erlbaum.

SKUTNABB-KANGAS, T. y PHILLIPSON, R. (eds.) (1994): *Linguistic Human Rights. Overcoming Linguistic Discrimination*. Berlín, Mouton de Gruyter.

TABOURET-KELLER, A. (1997): "Language and Identity." En F. Coulmas (ed.). *The Handbook of Sociolinguistics* (pp. 315-326). Oxford, Blackwell.

THOMPSON, R. (1992): "Spanish as a Pluricentric Language." En M. Clyne (ed.). *Pluricentric Languages* (pp. 45-70). Berlín, Mouton de Gruyter.

TONKIN, H. (2003): "The Search for a Global Linguistic Strategy." En J. Maurais y M. Morris (eds.). *Languages in a Globalising World* (pp. 319-333). Cambridge, Cambridge University Press.

TURELL, M. (2001): *Multilingualism in Spain. Sociolinguistic and Psycholinguistic Aspects of Linguistic Minority Groups*. Clevedon, Multilingual Matters.

URCIUOLI, B. (1996): *Exposing Prejudice. Puerto Rican Experiences of Language, Race and Class.* Boulder, CO Westview Press.

VILLA, D. (2000): Languages Have Armies, and Economies, Too: The Presence of U.S. Spanish in the Spanish-Speaking World. *Southwest Journal of Linguistics* 19: 143-154.

VILLA, D. (2002): The Sanitizing of US Spanish in Academia. *Foreign Language Annals* 35: 222-230.

WOOLARD, K. y SCHIEFFELIN, B. (1994): "Language Ideology." En *Annual Review of Anthropology* 23: 55-82.

WRIGHT, S. (2004): *Language Policy and Language Planning. From Nationalism to Globalisation.* Hampshire y Nueva York, Palgrave Macmillan.

ZENTELLA, A. (1997): The Hispanophobia of the Official English Movement. *International Journal of the Sociology of Language* 127: 71-86.

12

TRADUCCIÓN E INTERPRETACIÓN, Y ESPAÑOL

Javier Ortiz y Manuel Mata
Universidad Autónoma de Madrid

12.1. Introducción

En el presente capítulo se analizan las múltiples relaciones entre la traducción y la lingüística, en tanto que una de sus aplicaciones más inmediatas y que más interés ha suscitado durante los últimos lustros, con atención preferente a aquellos aspectos que atañen de manera directa al español. Más concretamente, en las páginas que siguen nos ocupamos de la traducción en el ámbito de este idioma, y de las relaciones de ésta con la lengua, la lingüística y la lingüística aplicada; pero también con la cultura, la formación de profesionales, la investigación o la tecnología. Además, se repasan las principales caracterizaciones que se han formulado del proceso de traducción en sí, sus fases y modalidades. Para concluir, se mencionan algunos datos y características de los mercados de la traducción en el siglo XXI y del papel del traductor como mediador intercultural en la sociedad.

En una revisión de este tipo resulta ineludible mencionar los principales trabajos que a lo largo de la historia –y con mayor profusión a partir de la segunda mitad del siglo pasado– han reflexionado sobre esta caleidoscópica realidad que es la traducción. De ellos son herederos y deudores en su inmensa mayoría los fraguados en el ámbito hispanohablante. Aquí hemos procurado remitir al lector también a lo más destacado y reciente de la producción teórica redactada *en* español y *sobre* el español, así como a algunos de los principales trabajos que expresamente se han ocupado de este idioma en contacto con otras lenguas y culturas.

12.2. LA TRADUCCIÓN EN EL ÁMBITO DEL ESPAÑOL

Aunque poco conocida, España posee una larga tradición de traductores que se remonta a la Escuela de Toledo, allá por el siglo XII. En esta institución, fundada por el entonces arzobispo de Toledo, Raimundo, se traducían textos de carácter esencialmente científico y literario, primero al latín, y más tarde al castellano y al catalán. Casi siempre movidos por motivos políticos o religiosos, personajes como Alfonso X el Sabio o el Marqués de Santillana aglutinaron en torno a ellos equipos de traductores que les servían para traducir aquellos textos que más les convenía. Sin embargo, fue a partir de 1492 cuando España empezó a abrir sus fronteras, y entonces el español comenzó a ejercer cierta ascendencia sobre el inglés y el francés, sin olvidar, por supuesto, el comienzo del uso de nuestra lengua en América (Bastin, 1998). Así pues, se empezaron a traducir obras en la lengua vernácula que antes no se podían leer sino en latín; de esta época data la comúnmente considerada primera proclama sobre teoría de la traducción hecha por un español (Vives, 1553). A este fructífero periodo siguió otro de un casi total aislamiento europeo con el reinado de Felipe II: se regresó a las traducciones de clásicos a través del latín o el italiano, y España se quedó al margen del pensamiento científico y filosófico europeo por falta, en muchos casos, de traducciones. Desde el siglo XVII hasta el XIX, el dominio ideológico continental francés no hizo sino debilitar la práctica de la traducción en España, casi siempre llevada a cabo a través de originales o versiones en la lengua francesa, y en muchas ocasiones ocupada en defender la pureza del castellano por encima de cualquier otra vicisitud.

Quizá sea en el siglo XX, con el interludio de la Guerra Civil, cuando la traducción en España alcanza el nivel de países como Francia, Inglaterra, Italia o Alemania. Por ejemplo, Luis Astrana Marín tradujo las obras completas de Shakespeare, que se empezaron a publicar en 1929, y Ortega y Gasset publicó su afamado y polémico "La miseria y el esplendor de la traducción" (1936), defensor del literalismo germánico. Tras el período franquista, en que la traducción tuvo un papel casi invisible de puertas afuera e invisible de puertas adentro (las traducciones a otras lenguas que no fueran el castellano estaban prohibidas), España experimentó una apertura, de la que la traducción formó una parte fundamental: muchos autores antes censurados empezaron a publicarse en traducciones, no sólo al castellano, sino al resto de lenguas peninsulares; se inauguraron programas institucionales de ayuda a las lenguas antes prohibidas a través de la financiación de traducciones de o desde esas lenguas, y por último, y de acuerdo al *Index Translatorium* (desde 1947 a 1986), España se coloca entre los tres países del mundo que más traduce[1]. Aunque algunos autores mencionan la existencia de una escuela de traductores en México hacia el siglo XVI (Bastin, 1998: 511), el nacimiento de los primeros centros de formación en Latinoamérica se produce mediado el siglo XX en Argentina (1945), Uruguay (1954), México (1966), Cuba (1968), Chile (1971) y Venezuela (1974), los cuales fueron seguidos por otros en países como Colombia, Costa Rica y Guatemala, amén de los muchos fundados en Brasil[2]. En España, el Instituto Universitario de Lenguas Modernas y Traductores en 1974 fue el primero que empezó a impartir estudios de traducción en España de una manera sistemática[3].

Simultáneamente al crecimiento espectacular de los estudios de traducción, desde la década de 1980 se ha realizado una labor de investigación sobresaliente, culminada con la aparición de numerosas y prestigiosas publicaciones –algunas ya desaparecidas–[4]; la organización de incontables congresos monográficos de traducción e interpretación, y el desarrollo de cuantiosos proyectos de investigación tanto en el ámbito nacional como internacional[5].

---

[1] En la actualidad, más del 28% de la literatura publicada en España es traducida.

[2] Estos y otros datos se recogen, p.ej., en los exhaustivos repertorios electrónicos del Servicio Iberoamericano de Información sobre la Traducción (en la sección "Centros de formación" de http: //www.siit.info) o del *Translators Training Observatory* de Anthony Pym (http://isg.urv.es/ tti/tti.htm).

[3] A partir de ahí, la Universidad Autónoma de Barcelona, la de Granada y la de Las Palmas de Gran Canaria crearon las diplomaturas en Traducción e Interpretación, que, desde 1991, se convirtieron en licenciaturas para llegar hasta hoy, en que se imparte la licenciatura de cuatro años en más de una veintena de universidades públicas españolas y en un puñado de universidades privadas.

[4] Entre las más representativas, cabe citar *El Lenguaraz* (Argentina), *Taller de Letras* (Chile), *Puente* (Perú), *Cuadernos* (Puerto Rico), *Núcleo* (Venezuela) o, en España, *Hermeneus, Livius, Quaderns de Traducció i Interpretació, Sendebar, Trans* o *Vasos Comunicantes*.

[5] Muestras de esta frenética actividad figuran en la bibliografía sobre traducción de la Universidad de Alicante (BITRA, http://cvl.cpd.ua.es/tra_int), en trabajos tan reveladores como el de Vidal Claramonte (1998), en artículos tan exhaustivos como el de Crespo (2003), en monografías surgidas de estos frecuentes encuentros, como las coordinadas por Hernúñez y González (2002) –en torno al español y la traducción–, las dirigidas por García Peinado y Ortega Arjonilla (2003) –sobre distintos aspectos de la investigación en traducción e interpretación–, o las surgidas de los diversos congresos latinoamericanos de traducción e interpretación organizados por el Colegio de Traductores Públicos de la Ciudad de Buenos Aires (http://www.traductores.org.ar/nuevo/home/inicio/), por citar sólo unos pocos ejemplos.

12.3. LENGUA Y TRADUCCIÓN

Es factible entender la lengua como un repertorio de elementos y estructuras cuyas relaciones a nivel sintagmático constituyen la gramática. Esta visión permite percibir la lengua como un sistema similar, en términos generales, al de las gramáticas formales herederas de la lógica y la filosofía. Por otra parte, también podemos entender la lengua como una red de relaciones diferentes, no sólo sintagmáticas, que operan a través de las estructuras de la lengua. En este caso, la variación entre las lenguas ocupa un lugar importante y la semántica se convierte en la base fundamental: nociones como *texto* y *discurso* cobran relevancia, y pierde fuerza la idea de una gramática formal (la sintaxis) en favor de otro tipo de gramática que opera en el medio social que le corresponde. Esta segunda visión es la de la lengua como instrumento de comunicación, afín a los modelos funcionales y que además incorpora elementos de la etnografía (Hymes, 1967) y la antropología (Malinowski, 1923).

Si, como parece pertinente, se entiende la traducción como un acto de comunicación intercultural (véase la sección 12.5), el enfoque para el marco teórico que proponemos debería ser el segundo, esto es, la lengua como instrumento de comunicación cuyo potencial de significado presenta diferentes usos en diferentes contextos. De acuerdo a su relación con el procedimiento traductológico, este potencial se organiza en componentes funcionales que entendemos como modos de significación derivada de toda situación de comunicación. Por ello, esta perspectiva resulta enriquecedora para poder comprender y ofrecer soluciones a un buen número de problemas específicos en la labor del traductor. A continuación, examinamos brevemente algunos de los enunciados de este marco teórico con incidencia directa en la traducción.

Halliday (1973) propone tres componentes funcionales que corresponden a otros tres modos de significar:

1. la función *ideacional*, que representa el potencial de significado de que dispone el usuario para entender lo que le rodea;
2. la función *interpersonal*, que representa el uso potencial de significado para influir en los comportamientos y actitudes de los demás (es la función que acarrea consecuencias extralingüísticas a causa de la acción lingüística), y
3. la función *textual*, que convierte el potencial de significado en textos concretos.

Estos tres componentes se activan en diferentes niveles, aunque ninguno de ellos esté adscrito a formas lingüísticas concretas; al contrario, casi todas las formas de representación lingüística actúan como medios de varios significados simultáneamente. Esto quiere decir que la lengua es multifuncional y que las selecciones que haya que realizar se llevan a cabo por diversos factores, de los cuales el que más interesa para la relación lengua-traducción es el contexto de situación.

El *contexto de situación* se define como el entorno en el que se produce un intercambio de significados, y su descripción se suele realizar por medio de tres parámetros –campo, tenor y modo–, que corresponden al "qué", al "quién" y al "cómo" del proceso comunicativo o, a partir del esquema anterior de componentes de Halliday, la función ideacional, la interpersonal y la textual, respectivamente. Estos parámetros son componentes del contexto de situación. La variabilidad contextual encuentra su correlación en el concepto de *registro*, que se refiere a la variedad de lengua que se emplea en un contexto de situación específico. El número de opciones lingüísticas de cada registro depende de factores extralingüísticos: puede ser muy reducido –p. ej., las convenciones que rigen las comunicaciones entre un piloto de Fórmula Uno y sus mecánicos en carrera– o, como en la mayoría de los registros, muy abierto –las distintas jergas profesionales: técnica, legal, administrativa, literaria, etc.–, y presenta un volumen importante de posibilidades. Ahora bien, esto no significa que existan registros sin limitaciones a las opciones que se ofrecen, ya que toda actualización de significados está sujeta a las condiciones que impone el contexto de situación.

La relevancia de los conceptos que se acaban de revisar para la traducción es enorme. En todos los contextos y en todas las culturas hay variación que puede venir marcada por la situación, es decir, diferentes configuraciones de significado y distintos registros. El problema al que se enfrentan los traductores (y los estudiosos de la traducción) es que los ámbitos de actividad que aparecen reseñados (campo), el significado de las relaciones entre los participantes del acto comunicativo tal y como se expresan en el texto (tenor), o el posible impacto sociocultural cuando se utiliza un modo textual determinado (modo) pueden no ser los mismos en el contexto receptor y por ello requerir de una reconstrucción de significado. Los registros, sean más o menos abiertos, plantean problemas al traductor tanto si están normalizados –jergas profesionales– como si no –p. ej., una conversación de ascensor–. En los casos de ausencia de normalización, el traductor ha de recurrir necesariamente a su experiencia socio-

cultural además de la lingüística, debido a que las herramientas lingüísticas con que se trabaja (diccionarios, glosarios, bases terminológicas, etc.) suelen basarse en criterios formales y no funcionales.
   En resumen, una traducción supone un cambio en los parámetros
que configuran el ámbito comunicativo, incluido, claro está, el lector. Los cambios en la situación, el lector y los conocimientos con los
que éste se enfrenta a la interpretación del texto son tan comunes
en traducción como lo serán algunos de los procedimientos o estrategias del mismo proceso traductológico que enumeraremos más adelante en el capítulo.

12.4. LINGÜÍSTICA, LINGÜÍSTICA APLICADA Y TRADUCCIÓN

   Las reflexiones sobre la traducción se remontan a miles de años.
Desde Cicerón, considerado por muchos autor del primer estudio sobre el tema, la traducción siempre ha ido de la mano con otras disciplinas, como la lingüística, la filosofía, la literatura, etc. En el siglo
XX, y más concretamente en su segunda mitad y lo que llevamos del
actual, la traducción ha reconocido en la lingüística un aliado más o
menos fiel. Bien es cierto que se ha pasado de una relación de dependencia unidireccional –la lingüística como disciplina hegemóni-
ca– a un panorama diferente en el que los estudios de traducción han
ido abriendo, y siguen haciéndolo, espacios teóricos propios con relaciones fructíferas con otras áreas del saber.
   La ingente literatura en torno a los estudios de traducción en los
últimos cincuenta años no ayuda a definir sus relaciones con la lingüística y, por ende, a delimitar los marcos teóricos más o menos generales de los dos campos de estudio. Hemos de preguntarnos, pues,
si ambas disciplinas son partes de un mismo campo de estudio o si,
por el contrario, ocupan lugares diferentes en el marco general de
la estructuración del conocimiento. Los estudios descriptivos de la
traducción en los últimos años demuestran que tanto los objetivos
como los marcos teóricos de ambas disciplinas no son los mismos,
aunque mantienen una estrecha relación, que podríamos calificar de
interdependiente, de la que se benefician mutuamente. Un considerable número de trabajos sobre la traducción se sustenta en modelos lingüísticos teóricos de diferente enfoque: Vinay y Darbelnet
(1958) proponen la filiación de la traducción a los estudios de la lingüística estructural; Nida y Taber (1969) y Vázquez Ayora (1977), en
el ámbito hispánico, prefieren la gramática generativa; Catford

(1965), por su parte, está más cerca del modelo lingüístico de escalas y categorías de Halliday (1961). No obstante, junto a estos planteamientos dependientes o paralelos a la lingüística, la traducción consiguió un reconocimiento independiente a través de los estudios de corte fundamentalmente sociocultural. La Teoría del Polisistema, directamente relacionada con la perspectiva sociocultural, desarrollada por Even-Zohar (1979) y reconducida hacia la traducción por Toury (1980), junto a los estudios de la llamada Escuela de la Manipulación de Hermans (1985), entre otros, los estudios descriptivos de Kittel (1992) y el mapa teórico dibujado por Holmes (1988) llevaron a la construcción de lo que hoy se conoce como "Estudios de Traducción".

Una de las características más representativas del nuevo modelo de los estudios de traducción es su desarrollo diferenciado para la lingüística, quizá debido a que los referentes teóricos y formales de ésta imponían restricciones irreconciliables a los que la traducción necesitaba. Otras disciplinas, como los estudios culturales o la semiótica, ayudaron a encontrar la coherencia en los niveles superiores de análisis de la nueva disciplina. Una vez lograda su autonomía, la traducción vuelve a precisar de materiales de trabajo lingüísticos y textuales. Ante esta realidad, se decidió que lo importante era hallar un tipo de lingüística que resultase útil en el nuevo marco teórico y práctico. Con un grado de aceptabilidad bastante alto, se acordó que lo que se necesitaba entonces era una lingüística aplicada a la traducción, a saber, una herramienta de análisis descriptivo para ofrecer posibles soluciones a los problemas planteados en el proceso de la traducción: el procesamiento de la información en la lengua fuente y la producción textual en la lengua meta. Según este presupuesto, los modelos lingüísticos funcionales eran los que mejor se adecuaban a las demandas de la traducción –aunque no fueron exclusivos, cabe destacar los de Bell (1991) y Gutt (1991)–, puesto que no sólo agrupaban el significado textual y contextual con el lingüístico, sino que también daban cabida tanto a la variación formal de los sistemas lingüísticos como a la equivalencia funcional del significado transferido. De este modo, la lingüística aplicada a la traducción se dedicó (y se dedica), por una parte, a la identificación de aportaciones dentro de la lingüística relevantes para la investigación en traducción y la teoría general de la traducción y, por otra, a la búsqueda en la lingüística de instrumentos de análisis que sirvan tanto para el procesamiento del significado del texto fuente como para las posibilidades de transferencia en el texto meta.

12.5. TRADUCCIÓN Y CULTURA

   Parece que se puede afirmar sin miedo a equivocarse que no existe una relación unívoca entre lengua y cultura, como indica el reconocimiento de las numerosas culturas que emplean una misma lengua –el caso de las diferencias del español que se habla en las diversas comunidades culturales de España o de América–. Sin embargo, sí que existe una relación no unívoca desde perspectivas antropológicas, sociológicas e incluso psicolingüísticas. Si a esto se añade que la traducción no sólo se realiza entre lenguas diferentes, sino también entre culturas diferentes, llegamos a la conclusión de que la traducción es un acto intercultural además de interlingüístico.

   La relación entre traducción y cultura adquiere especial relevancia a partir de la década de 1990, con lo que se dio en llamar "giro cultural" (Bassnett y Lefevere, 1990), aunque antes otros ya habían reivindicado tal intrínseca relación (Nida, 1945 y 1964; Even-Zohar, 1979; Holz-Mänttäri, 1984; Snell-Hornby, 1988; Reiss y Vermeer, 1996). De igual manera, muchos estudios de traducción con sesgo sociocultural que se apoyan en el elemento contextual también enfrentan la difícil relación entre traducción y cultura: la traducción como acción intercultural de los funcionalistas (Nord, 1997); la traducción como ecuación cultural (Hewson y Martin, 1991); la importancia del traductor como mediador cultural (Hatim y Mason, 1990); la adscripción de toda traducción a un "polisistema" (Even-Zohar, 1979; Bassnett y Lefevere, 1990), y la revisión de los modelos de análisis de la cultura en la traducción (Katan, 1999).

   La importancia que los elementos culturales tienen en la traducción se ha estudiado desde múltiples perspectivas; aquí señalamos dos aspectos relevantes al abordar esta cuestión, sin que ello suponga adscripción alguna a las diversas aproximaciones que las han analizado: las diferencias culturales –cómo se pueden transferir esas diferencias de cultura a cultura– y los elementos idiosincrásicos de cada cultura.

   De las innumerables diferencias que se pueden identificar entre culturas, es necesario destacar aquéllas que directa o indirectamente afectan al proceso de la traducción. Nida (1945) presenta cinco grandes ámbitos diferenciadores: ecología (o cultura medioambiental), cultura material, cultura social, cultura religiosa y cultura lingüística. Por otra parte, Nord (1994) prefiere, siguiendo los presupuestos funcionalistas, relacionar las convenciones de cada cultura con las funciones del lenguaje, y así habla de:

1. función fática, en la que las diferencias aparecen en las expresiones que sirven para iniciar, mantener o finalizar la comunicación;
2. función referencial, donde las diferencias están relacionadas con la representación de objetos y fenómenos;
3. función expresiva, en que las diferencias se manifiestan en la verbalización de las emociones, opiniones, etc., y
4. función apelativa, que queda relacionada con las diferencias de los mecanismos para persuadir al interlocutor y así conseguir una determinada reacción.

Katan (1999), por su parte y desde un enfoque más integrador que los dos anteriores, aboga por una taxonomía de las diferencias culturales jerarquizada, que incluye:

1. el entorno, constituido por factores desde el espacio físico a la comida, pasando por el sistema político, el clima o la vivienda;
2. la conducta, que ha de seguir unas reglas de comportamiento determinadas;
3. las capacidades, estrategias y habilidades para comunicarse; es decir, cómo se transmiten y cómo se perciben los mensajes;
4. los valores o el conjunto de valores jerarquizados de una sociedad, que no tienen por qué poseer una distribución homogénea;
5. las creencias, que otorgan las razones para seguir ciertas reglas de conducta, y
6. la identidad, que constituye el nivel superior y que, por tanto, da forma y domina el resto de niveles.

Queda patente que las diferencias culturales son variadas y susceptibles de agruparse. Por ello, lo que interesa ahora es ver cómo se pueden solucionar los problemas que esas diferencias puedan crear en el proceso de la traducción. Sirve para este propósito el término "culturema" que Nord (1997) acuñó y definió como "el fenómeno social de una cultura X entendido como relevante por los miembros de esa cultura y que, comparado con un fenómeno correspondiente de una cultura Y, es percibido como específico de la cultura X" (34). Ya hemos visto antes que estos elementos culturales pueden ser de diversa índole (sociales, religiosos, económicos, etc.) y pueden aparecer en la lengua también de forma diversa (función fática, expresiva, etc.).

Si se parte de la premisa de que no hay soluciones unívocas ni técnicas universales para la traducción de los culturemas, sino más bien una gama de soluciones en función del contacto entre las dos culturas en cuestión, el género textual traducido, la finalidad de la traducción, etc., daremos algunas propuestas prácticas que pueden servir al traductor en circunstancias determinadas. Hewson y Martin (1991) proponen una serie de opciones según la relación entre las dos culturas involucradas:

1. la reducción, cuando el sistema cultural de partida domina al de llegada;
2. la marginalización, en el caso contrario al anterior;
3. la inserción, cuando se pueden integrar algunos valores culturales, y
4. la conversión, cuando se utilizan valores similares.

Por otro lado, Florin (1993) sugiere seis estrategias de traducir los culturemas: calco, transcripción, formación de una palabra nueva, asimilación cultural, traducción aproximada y traducción descriptiva. Por último, y en un esfuerzo por abarcar al máximo los problemas culturales a los que se puede enfrentar el traductor, Newmark (1988) propone diez procedimientos técnicos para traducir esos elementos: el préstamo; el equivalente cultural; la neutralización o explicación del referente cultural; la traducción literal; la naturalización o adaptación a la pronunciación, ortografía y morfología de la lengua de llegada; la explicitación de los rasgos del referente cultural; la supresión; el doblete o combinación de más de dos técnicas; la traducción estándar aceptada, y la paráfrasis, glosas, notas, etc. No son éstas, ni mucho menos, las únicas propuestas encaminadas a solucionar los problemas surgidos de la traducción de elementos culturales. Además de los expuestos arriba, merecen también destacarse los de Margot (1979), Hervey y Higgins (1992) y Katan (1999).

12.6. MODALIDADES DE TRADUCCIÓN

Quienes a lo largo de la historia se han ocupado de estudiar la traducción desde una u otra óptica (lingüística, cultural, histórica, social, filosófica, etc.) han intentado formular una definición plausible de lo que es y lo que implica *traducir*. A menudo lo han hecho planteando la inefabilidad de muchas facetas de esta actividad o la inviabilidad, parcial o total, de la traducción, y atendiendo a conceptos como los de *fidelidad* o *equivalencia* entre los originales y sus respectivas versiones en otras lenguas. Casi todos ellos han abordado en algún momento, de manera implícita o expresa, la existencia de diversos tipos, clases o modalidades de traducción.

Algunas divisiones dicotómicas diferencian entre traducción *escrita* y *oral*, y distinguen, dentro de esta última, entre interpretación *simultánea* (caso del intérprete de conferencias que trabaja desde una cabina), *consecutiva* (cuando el intérprete toma notas y traduce un discurso por bloques más o menos extensos) y *bilateral* o *de enlace* (cuando el intérprete interactúa en breves intervenciones con sus interlocutores). Complementariamente, otra clasificación opone traducción *directa* a *inversa* según la *direccionalidad* del proceso, es decir, si se traduce hacia la lengua materna del traductor o hacia un idioma extranjero, respectivamente. No obstante, en casi todos estos intentos subyace una –acaso irreconciliable– disyunción entre la traducción *literaria* y cualquier otra vertiente de esta actividad no vinculada directamente a la creación artística o la producción editorial (traducción *no literaria* o *general*).

La mayoría de estas divisiones o categorías en que se diseccionan las manifestaciones de una labor tan compleja como la traducción –entendida en un sentido muy amplio (Jakobson, 1959; Steiner, 1975)– resulta, no obstante, insuficiente si se pretende atender a las tres facetas esenciales que la caracterizan como "un acto de comunicación, una operación entre textos (y no entre lenguas) y un proceso mental" (Hurtado Albir, 2001: 40). Por lo general, en ese tipo de propuestas clasificatorias de la traducción, predominan la polarización entre la traducción literal y la traducción libre, y la atención preferente a la traducción escrita y, en particular, la producción literaria (*ibídem*: 45). Lógicamente, estas posturas contrastan de manera drástica con la realidad de unos mercados de la intermediación multilingüe en los que, sobre todo a partir de la segunda mitad del siglo XX, se ganan la vida decenas de miles de profesionales en todo el planeta. En estos mercados, paradójicamente, se producen manifestaciones *no lineales* de la actividad traductora que superan sin lugar a dudas el mero *traslado* íntegro de un texto a otro idioma (resúmenes, adaptaciones, pseudotraducciones, etc.), y que pueden resultar peculiares o, cuando menos, difícilmente catalogables si la traducción se entiende en un sentido estricto. En la actualidad, la interpretación y otras modalidades *no escritas* constituyen un subsector en auge nada desdeñable de las actividades profesionales relacionadas con las industrias de la lengua (entre las que destaca, p.ej., la reciente atención prestada a las múltiples variantes de la interpretación social y en los servicios públicos). Aquí, en cambio, la traducción de textos literarios ha supuesto, sobre todo en las últimas décadas, tan sólo una mínima parte del volumen de textos traducidos, como ponen de manifiesto algunos estudios recientes (Höcker, 2003).

FIGURA 1. *Tipos de texto que los traductores traducen con más frecuencia* (cifras de encuesta de eCOLORE. Höcker, 2003).

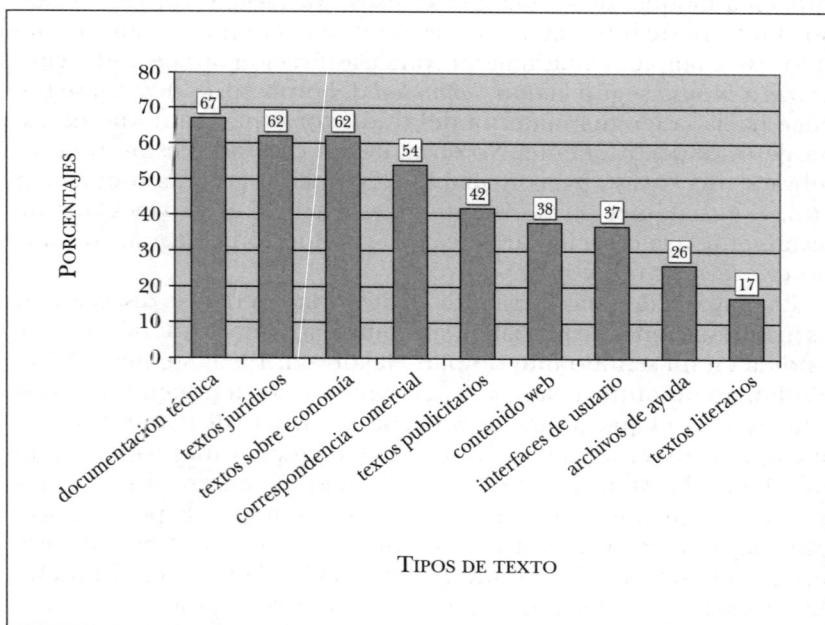

Igualmente frecuentes han sido las propuestas clasificatorias que parten de la temática o el género de los textos traducidos como factor diferenciador, para establecer así una distinción entre traducción *general* y traducción *especializada*; para desglosar esta última en traducción *jurídica, económica y comercial, científica, técnica,* etc., o para ramificar cualquiera de estas *especialidades* en traducción de textos *sobre* medicina, derecho, filosofía, desarrollo sostenible, aeronáutica y energía eólica, entre otras áreas. En la práctica, tal distinción ha dado como fruto infinidad de manuales y materiales de enorme utilidad para el aprendizaje y la didáctica de la traducción. Amén de clásicos como el célebre manual de Maillot (1968) en el ámbito de la traducción científica y técnica, valgan como ejemplos más cercanos los de San Ginés y Ortega (1996) o Borja Albi (2000) para la jurídica y modalidades afines, o los de Gamero Pérez (2001) o Jiménez Serrano (2002) para la traducción científica y técnica. Sin embargo, cuando la taxonomía se hace "exclusivamente en razón al tema de los textos[,] se va a mostrar muchas veces no pertinente", puesto que los tipos de traducción "deben ser significativos porque utilicen diferentes metodologías de trabajo o exijan planteamientos teóricos distintos" (Mayoral Asensio, 2001a: 54).

La historia de una actividad milenaria como la traducción ha corrido paralela a la de la Humanidad y la del progreso científico, de manera que con el surgimiento de nuevos campos de conocimiento, sectores de actividad económica y comercial, invenciones o tecnologías, han nacido también nuevas modalidades de traducción, o han florecido o se han transformado otras. Piénsese, por ejemplo, en el auge de la interpretación en el transcurso de conflictos bélicos o en épocas de esplendor del comercio, las relaciones internacionales y la diplomacia, o –más recientemente– en el nacimiento y las sucesivas transformaciones de distintas modalidades de la denominada traducción *subordinada*, o *constrained translation* (Titford, 1982; Mayoral Asensio *et al.*, 1988), de la mano de la invención, primero, del cinematógrafo y, posteriormente, de la televisión, las computadoras, la telefonía celular, Internet o el DVD. La popularización de artefactos como los mencionados ha propiciado la llegada de modalidades profesionales como la supratitulación electrónica en la ópera, la interpretación simultánea de películas en festivales cinematográficos o la traducción de programas informáticos, videojuegos, obras en soporte multimedia o sitios web (Mayoral Asensio, 1997 y 2001b), cuya catalogación según parámetros tradicionales no resulta nada sencilla.

Una de las propuestas más paradigmáticas fue, sin duda, la surgida en el ámbito de la lingüística a mediados del siglo pasado de la mano de Jakobson (1959), quien, en su intento por definir de manera exhaustiva qué significa *traducir*, diferenciaba entre:

–   traducción *intralingüística* o reformulación (como interpretación de signos verbales mediante otros dentro de una misma lengua);

–   traducción *interlingüística* o traducción propiamente dicha
    (cuando tal interpretación se realiza entre sistemas lingüísti-
    cos diferentes), y
–   traducción *intersemiótica* o transmutación (cuando se inter-
    pretan signos verbales mediante los de un sistema no verbal).

Este enfoque de la traducción, en un sentido laxo, como interpretación y reformulación de signos dentro de un sistema o entre varios, ha sido retomado posteriormente, con no menor repercusión,
por autores como Steiner (1975) que, de este modo, amplían el concepto de *traducción* a prácticamente cualquier acto de interpretación
y, por lo tanto, de comunicación humana, incluso si en la inmensa
mayoría de los casos tal acto sea "hardly performed or even cons-
ciously recognised" (*ibídem*: 18).

Mediado el siglo XX, surgen nuevas propuestas clasificatorias en
el marco de las teorías modernas que se han ocupado de la traducción, y que, aunque comparten amplias zonas de intersección, cabría
agrupar de manera dinámica en diversas parcelas según el punto al
que se preste atención prioritaria (Hurtado Albir, 2001: 45 y ss.):

1. por cambio de código (Jakobson, 1959; Steiner, 1975);
2. por grado de traducibilidad *relativo, parcial* u *óptimo* (Neubert,
    1968), o según se trate de traducción encubierta, *covert trans-
    lation*, o traducción patente, *over translation* (House, 1977);
3. por diferencias entre una metodología de traducción *literal*
    u *oblicua* (Vinay y Darbelnet, 1958), *semántica* o *comunicativa*
    (Newmark, 1981, 1988 y 1991), o de textos *ideacionales* o *in-
    terpersonales* (House, 1977);
4. por áreas convencionales, en traducción *general, literaria* y *es-
    pecializada*;
5. por tipología textual, entre textos *pragmáticos* y *literarios* (Kade,
    1968; Koller, 1979; Deslile, 1980), entre textos denotativos y
    connotativos (Wilss, 1977), o entre textos con predominio
    del contenido, de la función expresiva o de la función con-
    notativa, y textos *subsidiarios*, con un soporte no verbal (Reiss,
    1971 y 1976), y
6. por diferencias de *medio* (sonido, grafía e imagen) y *modo* (me-
    dio material) atendiendo, como Holmes (1988), a las seis va-
    riables *medio* (traducción mecánica, humana, oral y escrita),
    tipo (traducción literaria, de textos teológicos, científicos,
    etc.), *lengua y cultura, nivel, problema* y *época*.

Fruto del espectacular desarrollo en los últimos tres decenios de ciertas modalidades muy vinculadas al ámbito de las Tecnologías de la Información y la Comunicación (TIC), se han acuñado recientemente algunas denominaciones como *localización* –a partir del vocablo inglés *locale*– (Aguado y Lorente, 1997; Bonet, 1998), o *GILT* –*Globalización, Internacionalización, Localización y Traducción* (Esselink y Cadieux, 2004)–. Al principio, tales términos nacieron en el ámbito empresarial y después fueron adoptados –no sin algunas reticencias iniciales– por profesionales, docentes e investigadores de la traducción, que distinguen en esta modalidad de traducción un prometedor campo de especialización y estudio (Parra, 1998; Esselink, 1998 y 2000; Mayoral Asensio, 2001b; Pym, 2004; Reineke, 2005).

12.7. EL PROCESO Y LOS PROCEDIMIENTOS DE TRADUCCIÓN

Entre los aspectos de la traducción que mayor atención han recibido a lo largo de la historia, se cuentan los relacionados con el propio proceso intelectual que el traductor acomete cuando traduce –su naturaleza y las etapas en que éste se articula– y con las operaciones que efectúa para conseguir *trasladar* significados entre dos sistemas *eficazmente*, esto es, de modo íntegro, equivalente, adecuado, pertinente, etc., según los parámetros de análisis y evaluación a los que se someta el producto resultante. Todos los planteamientos hechos en este sentido se han basado, al menos, en tres principios fundamentales –aunque haya sido sólo para cuestionarlos o negarlos–:

– la existencia de un texto en el idioma *desde* el que se traduce (original, fuente o de partida) y de otro en la lengua *hacia* la que se traduce (término, o de llegada);
– la existencia de un significado, o un conglomerado de ellos, que constituye lo que se ha denominado *invariable traductora*, es decir, aquello que permanece *inalterado* al traducir y que, a la postre, representa tanto el nexo entre una traducción y el original del que ésta proviene, como la raíz de los problemas y dificultades que plantea la ejecución satisfactoria del proceso y la consecución de un producto *aceptable* en el sistema de llegada, y
– como consecuencia inmediata de lo anterior, la relación entre ambos textos, medida en términos de *fidelidad* o *equiva-*

lencia, y basada, a su vez, en las dos caras de una moneda –el contenido y la forma–, que, en última instancia, ha constituido –y sigue constituyendo– el debate central de la reflexión en torno a la traducción a lo largo de los siglos.

Según estos principios, el proceso de traducción se articula, como mínimo, en torno a dos fases, que han recibido diversas denominaciones: la de *comprensión* del texto de partida (*interpretación* o *descodificación*) y la de *(re)expresión* en el texto de llegada (*reverbalización* o *recodificación*). Algunos autores, desde una óptica decisivamente lingüística, se refieren en concreto a una fase intermedia de traslado, como Vázquez Ayora (1977), que distingue tres etapas: *reducción, transferencia* y *reestructuración*. Ha sido notable la repercusión –sobre todo respecto a la interpretación y, en particular, la de conferencias–, de la *teoría del sentido* de Seleskovitch (1968), que articula el proceso de traducción en las fases de *comprensión, desverbalización* y *reexpresión*. Hay quien, como Steiner, trazando el proceso como "the act of elicitation and appropriative transfer of meaning" (1975: 312 y ss.), lo desglosa en cuatro *movimientos hermenéuticos*: la *confianza*, la *agresión*, la *incorporación* y la *compensación*. Algunos autores se han ocupado con detalle de la fase de revisión y corrección de traducciones (Mossop, 2001) o de su evaluación (Waddington, 1999). Desde una perspectiva más global, quienes se centran en la realidad profesional del traductor o en la didáctica de la traducción (Peña y Hernández Guerrero, 1994) subdividen las fases anteriores en varias más, que parten de la preparación inicial del texto (estadio en el que desempeña un papel crucial la documentación, en un grado inversamente proporcional al de los conocimientos y *competencia* del traductor) y concluyen con la entrega final del manuscrito traducido. En definitiva, las diversas concepciones se basan en la atención que se preste a los aspectos *cognitivos, comunicativos* u *operativos* del proceso (Hurtado Albir, 2001: 311-312).

De los estudios sobre estos últimos aspectos –los operativos–, han surgido diversas clasificaciones de los *procedimientos* –o *técnicas* o *estrategias*, según los autores– a los que recurre el profesional al traducir, y que algunos teóricos han ubicado bajo la denominación de *método*. Tales clasificaciones parten, en su mayoría, de oposiciones dicotómicas, algunas sempiternas como la pareja traducción *literal/ libre*, y otras más recientes como las que oponen traducción *literal* a *oblicua* (Vinay y Darbelnet, 1958; Vázquez Ayora, 1977), *encubierta* a *patente* (House, 1977), *semántica* a *comunicativa* (Newmark, 1981,

1988 y 1991) o *extranjerizante* a *naturalizante* (Venuti, 1995), entre otras. Además de profundizar en el estudio del proceso de traducción desde distintos puntos de vista, tales contribuciones han supuesto en la mayoría de los casos una enorme aportación también para la didáctica de la traducción.

Bajo el epígrafe de traducción *oblicua* (Vinay y Darbelnet, 1958) suelen agruparse las estrategias de *transposición* (del significado de una categoría gramatical en la lengua de partida a otra diferente en la de llegada), *modulación* (de categorías de pensamiento, que puede suponer un cambio de punto de vista, o el paso de lo concreto a lo abstracto o viceversa), *equivalencia* (entre enunciados completos que no guardan una relación manifiesta desde los puntos de vista semántico ni formal) *adaptación* (sustituyendo la situación de la lengua de partida por otra en la lengua de llegada lo menos alejada posible de la primera, sobre todo cuando el original entraña un valor simbólico/cultural) o *compensación* (para equilibrar las pérdidas/ganancias de significado que la traducción pueda comportar). A las mencionadas, algunos autores, como Vázquez Ayora (1977), añaden otras técnicas complementarias como la *amplificación*, la *explicitación* o la *omisión*. El propio Vázquez Ayora, atendiendo al grado de integración de la teoría de la traducción en la teoría de la literatura, establece hasta cuatro niveles o grados de complejidad en el proceso traductor, que Torre (1994: 138-139) reformula como:

- un grado cero, por analogía con el "grado cero de la escritura" de Roland Barthes, que propiciaría una traducción (casi) literal;
- un primer grado en el que se aplican la transposición, la amplificación, la explicitación y la omisión;
- un segundo grado de dificultad en el que se emplean la modulación y la equivalencia, y
- un tercer grado, de mayor complejidad estilística, en el que el traductor acude a la adaptación y la compensación.

Desde una concepción dinámica y funcional de las técnicas de traducción, Molina y Hurtado Albir (2002) proponen una clasificación según tres criterios:

1) diferenciar el concepto de técnica de otras nociones afines [...];

2) incluir solamente procedimientos propios de la traducción de textos y no de la comparación de lenguas, y
3) considerar la funcionalidad de la técnica (Hurtado Albir, 2001: 268).

En su taxonomía recogen hasta dieciocho técnicas diferentes: adaptación, ampliación lingüística (frente a compresión lingüística), amplificación (frente a elisión), calco, compensación, creación discursiva, descripción, equivalente acuñado, generalización (frente a particularización), modulación, préstamo, sustitución, traducción literal, transposición y variación.

Cuando la atención se centra en el producto más que en el proceso de la traducción, resulta ineludible hacer referencia a conceptos como los de *error, evaluación* o *calidad,* que también se cuentan entre los que más controversia han suscitado entre los teóricos de la traducción. Una de las categorizaciones más paradigmáticas de estos errores –de la que se sigue enriqueciendo hoy día la didáctica de la traducción– es la propuesta por Deslile (1993: 31 y ss.), que distingue los siguientes tipos de error:

– *falso sentido,* por interpretar erróneamente un enunciado;
– *contrasentido,* por atribuir a un enunciado un sentido que *traiciona* la intención del autor del original;
– *sin sentido,* por formular un enunciado original de manera absurda en la lengua de llegada;
– *adición,* por introducir injustificadamente en la traducción puntos informativos o estilísticos ausentes en el original;
– *hipertraducción,* por elegir sistemáticamente la traducción, entre varias posibles, que más se aleja de la expresión original;
– *sobretraducción,* por traducir expresamente elementos que la lengua de llegada mantendría implícitos, y
– *subtraducción,* por no introducir en el texto de llegada las compensaciones, ampliaciones o explicitaciones que exigiría una traducción idiomática y conforme al sentido del original.

Aparte de tratarse de conceptos muy relativos, siempre discutibles y con un elevado componente de subjetividad, su trascendencia no sólo desde una perspectiva teórica o didáctica, sino también profesional, ha dado pie a una enorme atención también desde los ámbitos institucional y empresarial. Este interés se refleja, en el primer caso, en la redacción de directrices y normas de calidad de ámbito sectorial (la SAE J2450 para el sector de la automoción o el LISA QA Model para el de la localización), nacional (la DIN 2345 en Alemania o la UNI 10574 en Italia) o supranacional (la ISO 2384 para la presentación de traducciones, o la ISO 12616 para la recuperación de información terminológica). En cuanto al contexto empresarial, se observa una implantación de procedimientos y técnicas para la detección, catalogación, evaluación, corrección y prevención de errores. Hoy por hoy, resulta insólito que una empresa de traducción o los traductores empleados en una organización no cuenten con procedimientos para la evaluación de traductores externos, guías de estilo y glosarios preparados *ad hoc* para proyectos o clientes concretos, así como sistemas de control de calidad más o menos sofisticados. En este sentido, resultan loables iniciativas normalizadoras como la futura Norma Europea de Calidad EN-15038 para servicios de traducción, de inminente aprobación, auspiciada por el Comité Europeo de Normalización y en cuya elaboración han participado, entre otros, la European Union of Associations of Translation Companies y la American Translators Association (Arevalillo, 2005).

12.8. FORMACIÓN Y TRADUCCIÓN

A lo largo de la historia, todos los estudiosos y especialistas se han planteado en algún momento el enrevesado dilema de si el traductor –como el escritor, pero también como el pintor, el médico, el piloto, el abogado, etc.– *nace* o *se hace*; si la traducción es, más bien, un *arte* o una *técnica*, o ambas cosas, y, en consecuencia, si es posible –y cómo– formar(se) en traducción, si la formación ha de sustentarse necesariamente sobre unas aptitudes y una vocación innatas –al menos, en parte–, sobre unos *mimbres* o, cuando menos, una predisposición al ejercicio de esta actividad. No nos proponemos aquí dilucidar en unas pocas páginas lo que traductores y traductólogos, escritores y críticos, filólogos y lingüistas, o intelectuales y filósofos no han conseguido resolver en siglos. El hecho es que la formación *reglada* de traductores representa, en el año 2005, una realidad tangible y, en el ámbito del español, aún más. Prueba de ello es que la didáctica de la traducción constituye uno de los campos que más atención está recibiendo por parte de los investigadores en la actualidad. No obstante, a pesar de "las numerosas propuestas que se han efectuado en los últimos años, [...] el nivel de desarrollo de la investigación pedagógica no es todavía comparable con el alcanzado en otras disciplinas" (Hurtado Albir, 2001: 161-162).

En la segunda mitad del siglo pasado, y especialmente a partir de la década de los setenta, la formación reglada de traductores ha experimentado en todo el mundo (Pym, 1998ab), incluidos los países hispanohablantes (Bastin, 1998: 511) –y en España de manera ciertamente espectacular– un desarrollo cuyas dimensiones no encuentran parangón en ningún otro momento de la historia. Entre los principales hitos de tal evolución en España, destacan la ya mencionada conversión y consolidación de la que, hasta 1991, había sido una diplomatura universitaria de tres años en una titulación superior de cuatro (Licenciatura en Traducción e Interpretación); la proliferación de unidades y facultades universitarias –tanto públicos como privados– para la formación de traductores, y de programas de postgrado, maestría y doctorado en este ámbito, así como de seminarios, cursos y otras actividades de especialización de entidad y temática dispares; la consolidación de los estudios de traducción como disciplina autónoma y el subsiguiente aumento de la teorización y los trabajos de investigación (Hurtado Albir, 1996 y 1999; García Izquierdo y Verdegal, 1998) en torno a la traducción, pero también sobre la didáctica como una de sus vertientes aplicadas; las constantes revisiones y actualizaciones de los planes de estudios para adaptarlos a la demanda y las exigencias de una sociedad cambiante y de un mercado profesional pujante; la incorporación –fruto de lo anterior– de materias *instrumentales* como la Documentación o la Terminología y el creciente interés hacia las aplicaciones de las TIC a la traducción y a la formación de traductores (como en el paradigmático caso del Grup Tradumàtica de la Universitat Autònoma de Barcelona en colaboración con otras universidades latinoamericanas); la –no exenta de polémica– homologación a partir de 1996 de la licenciatura por el nombramiento de Intérprete Jurado en España (Mayoral Asensio, 2000) –figura que también existe en la mayoría de los países hispanohablantes con la denominación de *traductor público*–, y, en general, el mayor reconocimiento social y profesional del traductor, como sugiere la frecuente celebración de encuentros y actividades académicas, institucionales y profesionales, o la proliferación de numerosas asociaciones tanto de ámbito internacional, nacional y regional, como profesional, empresarial o sectorial.

Transcurridos los primeros años e inmersa todavía en un proceso de evolución constante, la comunidad universitaria de la traducción vive en la actualidad un profundo proceso de renovación, cuyo destino inmediato aún se adivina incierto y cuyas raíces se hallan, entre otras circunstancias, en el constante esfuerzo por adaptar la oferta formativa a las demandas del mercado, en los intentos de homogeneización internacional de los planes de estudio y titulaciones –como consecuencia de la Declaración de Bolonia, en el caso de la Unión Europea (Purser, 2004)– y en las repercusiones que, tanto en el ámbito académico como profesional, están teniendo fenómenos como la internacionalización de los mercados, el auge de las relaciones internacionales, los movimientos migratorios de población o el espectacular desarrollo de las TIC y, en definitiva, la *globalización* del mundo en que vivimos.

A lo largo de la historia, la traducción ha venido empleándose primordialmente como un *medio* más para el aprendizaje y la enseñanza de lenguas extranjeras en el ámbito de la lingüística aplicada. A partir del punto en que se les otorga más atención a los aspectos profesionales de la mediación lingüística concebida como actividad eminentemente práctica y como proceso constante de toma de decisiones y resolución de problemas –como un *saber hacer* más que como mero *saber* (Hurtado Albir, 2001)–, y en el que *aprender a traducir* se convierte en un fin en sí mismo para cuya consecución efectiva es preciso adquirir una serie de *habilidades* o *subcompetencias,* que conforman la *competencia traductora* (Hurtado Albir, 2001: 375 y ss.; Kelly, 2002), se plantean una serie de cuestiones de complicada resolución, muchas de las cuales siguen pendientes todavía hoy. Entre ellas, cabe citar algunas que parten, sobre todo, de la profesionalización de la figura del mediador y del planteamiento de la formación como medio de *capacitación* para la ulterior inserción de éste en el mercado laboral, como:

–   la ubicación de la formación específica en traducción/interpretación en la oferta universitaria como estudios de grado y/o postgrado;

–   la diferenciación expresa entre la formación del traductor y la del intérprete, así como de otras aplicaciones profesionales de la mediación interlingüística y de las denominadas *industrias de la lengua;*

–   la distinción entre traductores *generalistas* y traductores *especializados* en uno o varios campos;

–   la consiguiente elección, ubicación, distribución porcentual y relación entre las distintas materias y modalidades de traducción y, en concreto, el menguante papel de la traducción

literaria no sólo como especialidad por antonomasia, sino también como medio de adquisición de técnicas y estrategias aplicables a otras especialidades y de la competencia traductora en general;
- el papel del aprendizaje de la(s) lengua(s) extranjera(s) o segunda(s), de la *competencia comunicativa* (Hymes, 1971; Canale, 1983) y de aspectos como la *proximidad* lingüística;
- las consiguientes implicaciones de todo lo anterior en el diseño curricular, en general, y en la definición de objetivos, metodologías, materiales, criterios y mecanismos de evaluación, etc., en particular (Hurtado Albir, 1999);
- la formación específica de los propios formadores, tanto desde un punto de vista estrictamente pedagógico como desde la especialización y profesionalización, y, en definitiva,
- la adecuación de la oferta formativa en su conjunto a la demanda de los mercados a la que pretende responder (Kelly, 2000; Kiraly, 2004).

Fruto de las dispares propuestas planteadas por los centros de formación de todo el mundo con el fin de responder a los anteriores dilemas, en los últimos tiempos se aprecian algunas tendencias generales como:

- la adopción generalizada de un enfoque eminentemente práctico en detrimento de contenidos y materias de corte teórico;
- el replanteamiento de los papeles de docentes y discentes, de las relaciones que median entre ellos en el proceso de aprendizaje, y de la creciente aplicación de presupuestos pedagógicos constructivistas y la adopción de modelos de aprendizaje basados en la integración y la cooperación (tales modelos potencian la autoformación y la emancipación del aprendiz *en compañía de* profesores de perfil más profesionalizado, en quienes priman sus facetas de moderador y facilitador frente a la tradicional de mero transmisor de conocimientos) (Kiraly, 1995, 2000 y 2003);
- la implantación con carácter transversal de materias instrumentales y, en particular, de la terminología (Picht y Draskau, 1985; Arntz y Picht, 1989; Sager, 1990; Cabré, 1993 y 1999; Monterde Rey, 1998 y 2002) y la documentación aplicadas a este ámbito (Pinto y Cordón, 1999; Palomares Perraut, 2000; Gonzalo y García, 2000 y 2004);

- el insoslayable protagonismo de las TIC, no sólo como nueva área temática, sino también como instrumento para traducir y aprender a hacerlo (Torres del Rey, 2005);
- la inclusión, en el núcleo curricular o por cursos y actividades complementarios, de materias que se ocupan de especialidades de reciente aparición, como la interpretación *social* o la traducción *subordinada* y *multimedia*, y
- la creciente atención a los aspectos profesionales, con la frecuente adopción de técnicas de simulación de la realidad del mercado y la inclusión de materias y contenidos relacionados con aspectos laborales, comerciales y de mercadotecnia, administrativos, contables, fiscales, etc.

A pesar de los innegables avances mencionados, cabe decir que se siguen aplicando modelos eclécticos en los que conviven el apego a la lingüística y a los enfoques más tradicionales para la enseñanza de la traducción junto a otros más innovadores, que en muchos casos incluyen no pocas dosis de experimentación. Además, en la oferta formativa de cada centro se reflejan también circunstancias coyunturales, de carácter geográfico, económico, institucional, político o histórico, como el hecho de estar ubicado en una comunidad con unas peculiaridades lingüísticas o sociales propias.

12.9. TECNOLOGÍA Y TRADUCCIÓN

Las relaciones entre lingüística y tecnología, y en particular las incontables aplicaciones de ésta al estudio y al procesamiento del lenguaje natural, no constituyen hoy ninguna novedad. Tan pronto como nacieron y comenzaron a utilizarse los primeros sistemas de computación hace ya medio siglo, la lingüística vio en esos sistemas un instrumento idóneo para algunos de sus fines. Prueba de ello es que no tardó en despuntar una nueva subárea interdisciplinar, conocida como lingüística computacional, que intentó amalgamar lo mucho que las ciencias de la computación tenían que aportar al estudio del lenguaje en todas sus facetas (véase el capítulo 14 para más detalle). Las aplicaciones de esta rama de la lingüística siguen constituyendo hoy un campo de estudio fascinante y prometedor, que abarca áreas como el tratamiento de córpora, el diseño y desarrollo de analizadores, etiquetadores, conjugadores, flexionadores, lematizadores, desambiguadores, conversores, diccionarios, tesauros, correctores,

430 LINGÜÍSTICA APLICADA DEL ESPAÑOL

alineadores, sistemas de redacción controlada, aplicaciones de reconocimiento y tratamiento de voz, análisis de contenido, motores de indexación, sistemas de recuperación de información, etc., o el estudio de la relación entre lenguajes naturales y formales[6].

Traducción y tecnología mantienen asimismo una relación necesaria, no menos caleidoscópica que polémica, que especialmente durante las últimas tres décadas ha venido reclamando la atención de estudiosos, docentes y profesionales (O'Hagan, 1996; Austermühl, 2001; Bowker, 2002; O'Hagan y Ashworth, 2002). Quizá con la excepción –y no siempre– de la traducción literaria y de algunas modalidades de traducción más cercanas a los sectores editoriales tradicionales (como la periodística, la de divulgación, etc.), son pocas las especialidades en las que el traductor no se sirva de algún modo de la tecnología en su labor cotidiana (Valero Garcés y De la Cruz Cabanillas, 2001; Alcina Caudet y Gamero Pérez, 2002). Incluso algunas, surgidas de la mano de los avances tecnológicos –como la traducción subordinada o la localización, descritas en la sección 12.6– serían sencillamente impracticables sin la participación de la tecnología.

De manera equiparable a como en su día lo fueron la invención del papiro, la imprenta o la máquina de escribir, el espectacular desarrollo de los medios de comunicación y del sector audiovisual, y la popularización de la computadora personal, Internet y las TIC como instrumentos domésticos y de trabajo asequibles han supuesto verdaderas revoluciones sociales a cuyas repercusiones la traducción no ha quedado ajena. La tecnología es hoy compañera de viaje indiscutible de profesionales, investigadores, docentes y estudiantes, ya sea como temática de los textos que traducen, utensilio de trabajo, instrumento pedagógico, objeto de estudio o herramienta de investigación. Así, la relación entre traducción y tecnología presenta múltiples facetas, de las que aquí mencionamos las más evidentes.

En primer lugar, la tecnología y lo tecnológico constituyen el asunto sobre el que versan cada vez más textos, incluso no manifiesta-

---

[6] La relación entre lingüística y tecnología ha dado también numerosos frutos en el ámbito del aprendizaje/enseñanza de lenguas, y en particular del español. De los principales se rinde cumplida cuenta en el capítulo 5 de este volumen. Mención aparte merece la traducción automática (Hutchins y Somers, 1992; Hutchins, 1998 y 2001; Abaitua, 1999a; Somers, 2001), tanto por su vínculo directo con el área que aquí nos ocupa, como por el resurgimiento que parece haber experimentado en los últimos años; también –desde luego– por los prejuicios y las controversias que tradicionalmente ha suscitado su empleo entre lingüistas, traductores y sus usuarios en general.

mente catalogables como *tecnológicos*. Hoy, merced a la trivialización de muchos términos propios de las TIC, no es difícil toparse con vetas tecnológicas en textos de temática o tipología declaradamente jurídica, técnica, científica, etc. Ya no es infrecuente hallar referencias a las TIC y terminología propia de este ámbito en una película, un testamento, un prospecto técnico, un estudio sobre genética y hasta un texto literario contemporáneo.

En segundo lugar, la tecnología se ha convertido en un utensilio esencial en la mayoría de las modalidades de traducción, con la única –y no poco cuestionable– excepción de la traducción de textos literarios o afines al arte o la creación. Incluso en tales casos, los dispositivos informáticos convencionales (PC, escáner, periféricos multimedia), las aplicaciones ofimáticas más comunes (procesamiento de textos, programas de comunicaciones), las obras de consulta en soporte electrónico (enciclopedias, diccionarios, glosarios) y los sistemas de traducción (semi)asistida o (semi)automática –según el grado de intervención humana frente a la mecánica– se han convertido en utensilios fundamentales en la estación de trabajo del traductor (Melby, 1992 y 1998; Abaitua, 1999b). Con ellos, un profesional puede acometer eficazmente las fases de comprensión, transferencia o reverbalización de los textos que traduce así como todas aquellas tareas que éstas llevan aparejadas de documentación en fuentes bibliográficas, enciclopédicas, lingüísticas, lexicográficas, terminológicas, de consulta a expertos y colegas, de gestión de terminología, etc[7]. En particular, los sistemas de gestión de terminología y de memorias de traducción parecen ser las aplicaciones de traducción asistida que mayor interés están suscitando entre profesionales e investigadores (Corpas Pastor y Hernández, 2003). Si además se concibe la traducción como actividad intelectual y como servicio profesional que para muchos constituye un medio de vida, la tecnología también es fiel aliada en tareas como la autopromoción y la búsqueda de un empleo o de clientes, el trabajo en equipo, la gestión de proyectos, el control de calidad o la comunicación con clientes y proveedores, entre otras muchas (Gouadec, 1989 y 1999).

En tercer lugar –y como consecuencia de lo anterior–, los centros de formación de traductores siguen esforzándose por simular, en la medida de lo posible, la realidad profesional que constituye su

---

[7] Basta visitar alguno de los numerosos repertorios de "fuentes de información para la actividad traductora" publicados en línea, como el compilado por la profesora Gonzalo García de la Universidad de Valladolid (http://www3.uva.es/DocuTradSo/).

referente último. Esto significa que los centros deberán incorporar, como parte primordial del proceso formativo, el aprendizaje de las TIC y de la tecnología aplicada a la traducción y la interpretación (Torres del Rey, 2005). En este sentido, cabe destacar la proliferación de cursos de postgrado monográficos sobre estos aspectos, como los organizados desde hace casi una década por las universidades Pompeu Fabra y Autònoma de Barcelona, los seminarios y talleres de especialización celebrados con frecuencia por asociaciones y colectivos profesionales, o ciberrincones de la red como *El atril del traductor* o *El trujamán* del Centro Virtual Cervantes[8]. El mencionado esfuerzo parece, no obstante, ser bastante mayor y arrojar menos frutos en el caso de materias o cursos no directamente vinculados a la tecnología (Cánovas, 2005).

En cuarto lugar, asistimos a la paulatina *virtualización* de la formación de traductores mediante plataformas digitales de aprendizaje (*e-learning*) que complementan de modo sinérgico las tradicionales sesiones presenciales (Austermühl y Apollon, 2000; Torres del Rey, 2005). De hecho, sigue aumentando la oferta de cursos virtuales y ya son hechos constatables la informatización de aulas, bibliotecas, etc., y la incorporación generalizada a los espacios didácticos y de gestión docente de este tipo de servicios y aplicaciones.

Por último, tampoco ha podido sustraerse a las evidentes ventajas de las TIC aplicadas a la investigación en ciencias sociales, tanto cualitativa como cuantitativa, un notable número de expertos de la traducción que acometen innovadores trabajos de corte eminentemente empírico-experimental, como demuestran, por ejemplo, las actividades del grupo de investigación PACTE[9].

Ya iniciado el siglo de la bautizada como *Sociedad de la Información*, no parece muy probable que –por suerte para quienes han hecho de la traducción o la interpretación su medio de vida– las máquinas lleguen a suplantar al hombre en una actividad, la de transferir eficazmente significados entre sistemas lingüísticos y culturas, para cuyo eficaz desempeño resulta condición *sine qua non* la inteligencia. Sin embargo, la historia reciente demuestra que no son pocos los ámbitos en los que las máquinas pueden conseguir unos resultados aceptables para el destinatario de una traducción en determinadas situaciones comunicativas. Piénsese, por ejemplo, en el as-

---

    [8] Sus direcciones electrónicas son, respectivamente, http://cvc.cervantes.es/aula/el_atril y http://cvc.cervantes.es/trujaman.
    [9] http://www.fti.uab.es/pacte

tronómico costo que supondría traducir manualmente a unas cuantas lenguas los millares de páginas de la documentación de una aeronave, o las decenas de documentos electrónicos, mensajes de correo o páginas electrónicas redactados en idiomas que desconocemos y que consultamos con la única intención de obtener una traducción aproximada de lo esencial de su contenido (*gist translation*), quizá sólo para descartarlos por la irrelevancia de éste. En tales casos, la traducción automática tiene una utilidad relativa pero innegable. En el ámbito del castellano, esta última es precisamente la finalidad del servicio gratuito de traducción automática puesto en funcionamiento a principios de 2005 por la Oficina de Español en la Sociedad de la Información del Instituto Cervantes[10]: "Facilitar el acceso en español a aquellos contenidos de la Sociedad de la Información que están desarrollados en otros idiomas y que los hablantes de otras lenguas puedan acceder a los contenidos que sólo están disponibles en nuestro idioma". Desde mayo de 2005, el servicio ya ofrece traducciones desde/hacia español hacia/desde catalán, francés, inglés y portugués.

Aunque la anfibología en sus diversas manifestaciones sigue constituyendo el escollo insalvable para cualquier artefacto mecánico de traducción, por sofisticado que sea, y amén del perfeccionamiento experimentado por los sistemas de traducción automática durante las últimas décadas, hay dos factores que hoy día parecen estar propiciando su impulso: el costo económico –y temporal– de la traducción humana y el espectacular aumento de los volúmenes de contenido electrónico susceptible de ser traducido, muy especialmente en algunos ámbitos de la traducción técnica y comercial en los que el nivel de calidad exigible al producto resultante es inferior al habitual. Por otra parte, algunas de las deficiencias que estos sistemas han arrastrado durante décadas están viéndose paliadas en buena medida gracias a los avances en tecnologías para la redacción controlada –antes– o la revisión asistida –después de la intervención de la máquina–, así como en la integración de sistemas de traducción automática y asistida.

A pesar de todo lo anterior, todavía ahora hay quien sigue viendo con cierto recelo el maridaje entre tecnología y traducción, una actividad eminentemente intelectual y tradicionalmente emparentada con el mundo de las humanidades y las letras. Todavía ahora hay quien, desde su mesa de trabajo o la tarima de un aula, sigue aso-

---

[10] http://oesi.cervantes.es/traduccionAutomatica.html

ciando –aunque sea de manera inconsciente– tecnología a deshumanización, deficiencias en la calidad o falta de control. Pero cada
vez parecen ser menos.

12.10. TRADUCCIÓN E INVESTIGACIÓN

"The name and the nature of translation studies", un artículo seminal aparecido en 1972 en que James S. Holmes diseñó lo que dio
en llamar el "mapa" traductológico, se considera hoy día no sólo una
guía para el camino que los estudios sobre traducción van trazando,
sino también el manual que ha seguido la investigación en traducción
en prácticamente todo el mundo. En ese ensayo, Holmes esboza el
desarrollo de la disciplina en ese momento; posteriormente, Toury
(1980) lo presentó de la siguiente manera:

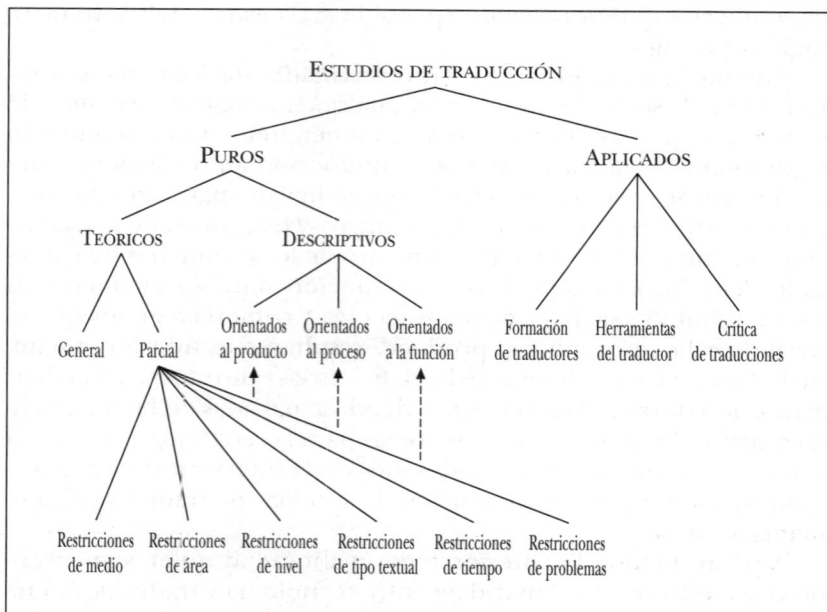

Quizá Toury (1980) y Bassnett (1980) fueron los primeros estudiosos de la traducción en reclamar un giro en las investigaciones
que, según su criterio, exigían ya entonces la elaboración de análisis

descriptivos para complementar y sustentar los estudios teóricos realizados hasta entonces, más o menos emparentados exclusivamente con la lingüística (Nida, 1964; Catford, 1965, entre otros). Autores como Bell (1991) y Gutt (1991) proponen una línea de estudio complementaria a los trabajos descriptivos en que se describe y se explica el proceso traductológico en sí, o sea, que plantea cuestiones como el funcionamiento de la traducción ("¿qué sucede cuando se traduce?") y sus posteriores propuestas teóricas sobre el proceso y el producto ("¿por qué el proceso es así y resulta así?"). Esto quiere decir que la investigación en traducción ha virado de unos estudios meramente prescriptivos a otros que reivindican la descripción, la medición y la explicación o –en palabras de Hurtado Albir (2001)– la investigación empírico-experimental.

Bajo estas nuevas y emprendedoras líneas de investigación, se han realizado en las dos últimas décadas numerosos estudios que han ayudado a los estudios de traducción a conseguir una solidez que se venía buscando desde hacía tiempo. Cabe aquí destacar dos grandes grupos de análisis que han conseguido importantes avances en los estudios empírico-experimentales arriba presentados. Por una parte, los llamados *think-aloud protocols* (Sandrock, 1982; Krings, 1987; Kiraly, 1995), o razonamientos en voz alta, que suponen una técnica de recogida de datos representada en la verbalización de procesos mentales del traductor y su recogida en protocolos. En segundo lugar, los estudios de corpus, que ya se venían empleando en estudios de traducción junto a otras disciplinas más o menos afines (p. ej., terminología o didáctica de segundas lenguas), comienzan su andadura en el ámbito estrictamente traductológico con la taxonomía de los estudios de corpus propuesta por Baker (1993, 1995 y 2004):

a)   el paralelo, con textos en una lengua y sus traducciones en otra;

b)   el multilingüe, con textos monolingües en dos o más lenguas, y

c)   el comparable, con dos corpus de textos en la misma lengua: uno de textos originales y otro de textos traducidos de otras lenguas.

Esta clasificación ha resultado especialmente fructífera, ya que se ha aplicado al estudio de otros campos que Holmes reclamaba: la didáctica (Pearson, 1996; Stewart, 2000) y los diferentes aspectos descriptivos de la traducción (Kenny, 1998; Munday, 1998).

En este ámbito empírico-experimental, Orozco (2000) señala seis objetivos básicos hacia los cuales la investigación de la traducción debe encaminarse, si no es que ya lo ha hecho, que formarán sin duda el núcleo de las futuras investigaciones en traducción:

1. Importancia de diversos elementos durante el proceso de la traducción: unidad de la traducción; proceso de comprensión del texto original; estructuras de cohesión de la lengua origen, etc.
2. Problemas de traducción y estrategias de traducción: resolución de problemas de creatividad; reformulación en la lengua de llegada, etc.
3. Componentes de la competencia traductora: conocimientos lingüísticos, enciclopédicos y extralingüísticos del traductor; documentación, etc.
4. Competencia traductora del traductor profesional: en la traducción directa y en la inversa.
5. Didáctica de la traducción: estrategias de aprendizaje; evaluación de traducciones; herramientas informáticas en el aula, etc.
6. Los TAP como técnica de recopilación de datos.

12.11. MERCADO Y TRADUCCIÓN

Como se ha subrayado a lo largo de este capítulo, plantearse hoy día la traducción sólo como una actividad intelectual –óptica dominante durante siglos– implica definirla de forma imprecisa cuando no incompleta, mutilar muchas de sus facetas y obviar la realidad de unos mercados de mediación intercultural que cuentan con millones de consumidores potenciales. Indudablemente, ése constituye su principal rasgo definitorio, sea cual sea la perspectiva desde la que se analice el fenómeno traductor: lingüística, estructural, funcional, pragmática, cultural, etc. Sin embargo, la traducción no es sólo eso; o no lo es, al menos, si atendemos al hecho de que en el presente hay miles de profesionales que, por cuenta propia o ajena, se ganan la vida traduciendo, interpretando o ejerciendo alguna de las muchas profesiones vinculadas a las denominadas *industrias de la lengua*. Tampoco lo es si consideramos hechos como que el mercado de la intermediación multilingüe mueve grandes cifras en todo el planeta, o que instituciones como la Unión Europea destinan anualmente millones de euros a traducir (Sprung, 2000). Por consiguiente, si se desea analizar el prisma de la traducción bajo sus múltiples aristas, quizá sea preciso recordar que, desde una perspectiva global e integradora, traducir en el siglo XXI consiste en la prestación de un servicio que implica una actividad profesional, especializada, comercial, técnica y –en muchos casos– tecnificada, y –también con frecuencia– *subordinada* a otras en procesos productivos de extraordinaria complejidad.

El de la mediación intercultural es un mercado de servicios muy heterogéneo, y entre sus principales características se cuentan: la atomización y la disgregación de la oferta y la demanda, la variable complejidad de la cadena de producción e intermediación, la dependencia de la marcha de la economía, la especial propensión al intrusismo o la preponderancia de la competencia por precio. Como cualquier otro, este mercado se rige por dos fuerzas –la oferta y la demanda–, que condicionan su estructura y su evolución. Por un lado, la demanda de traducciones puede tener, en teoría, muy diversos orígenes, aunque, a riesgo de simplificar, cabría desglosarla en: instituciones y organismos públicos, grandes corporaciones, medianas y pequeñas empresas, y particulares. Por otro lado, la oferta está constituida, a grandes rasgos, por traductores que ejercen su actividad por cuenta propia (autónomos o *freelance*) y empresas de diversa entidad, entre las que figuran las más pequeñas (a veces unipersonales o con no más de media docena de empleados y a menudo denominadas *agencias* o *Single-Language Vendors*, SLV) y las grandes multinacionales de servicios lingüísticos (*Multiple-Language Vendors*, MLV) que, con centenares de empleados y decenas de sedes repartidas por todo el mundo, facturan varios millones de dólares al año y, en ocasiones, incluso cotizan en los mercados bursátiles junto a grandes corporaciones de otros sectores.

La diferencia entre las SLV y las MLV suele basarse, además de en la gama de servicios y combinaciones lingüísticas que ofrecen, en el hecho de que se limiten a actuar como meros intermediarios entre el cliente final y quien acaba realizando la traducción o, por el contrario, añadan un *valor* en la cadena de producción interviniendo activamente en ella. Tal cadena puede llegar a tener muchos eslabones: en el encargo más sencillo, un particular o una pequeña empresa (p. ej., un inmigrante que necesita una traducción jurada de su partida de nacimiento o una pequeña editorial que pretende traducir un libro de cuentos a un solo idioma) puede solicitar los servicios de un traductor autónomo sin más; pero también existen proyectos sumamente complejos de miles o millones de palabras en formatos dispares para traducir a decenas de idiomas (p. ej., macroproyectos de documentación técnica en los sectores de la aeronáutica o la automoción, o la *localización* de productos multimedia de empresas gigantes de informática). Así, un traductor que quiera establecerse por su cuenta puede trabajar *directamente* para una empresa de cualquier sector que le encomiende un encargo o, por el contrario, prestar sus servicios a una *agencia* que, a su vez, trabaje para una empresa nacional mayor que ha sido subcontratada por una multinacional de la traducción que, en última instancia, ha recibido el encargo de una institución internacional. En este último caso, pueden llegar a existir muchos intermediarios, lo que complica los flujos de trabajo y merma la retribución final del profesional que acaba realizando la traducción.

En el caso que nos ocupa, el español ha sido a lo largo de la historia –y sigue siéndolo– lengua de partida en el ámbito editorial y otros afines, y una parte significativa de la producción literaria en esta lengua se sigue traduciendo a muchas otras (sin ir más lejos, cabe recordar, en el umbral de su cuarto centenario, que *El Quijote* se ha traducido ya a más de 80 lenguas). Con todo, recién inaugurado el tercer milenio, continúan "inventando ellos", y el español es, por lo general, lengua receptora –aparte de las obras literarias foráneas que se vierten a la nuestra– en prácticamente todos los ámbitos de la economía y el comercio, la industria, la ciencia, la tecnología y, desde luego, la cultura. Según el *Index Translationum* de la UNESCO, España constituye, con algo más de 180.000 traducciones, el segundo país (tras Alemania) en el que más traducciones se publican, entre los que también se cuentan México (con 7.381), Argentina (con 3.958), Colombia (con 2.972) o Chile (con 1.820). Como lengua de partida, el español ocupa con 35.241 obras el sexto lugar, tras inglés, francés, alemán, ruso e italiano. No obstante, como se detalla en varios lugares del presente volumen, el español es un idioma en alza, con más de cuatrocientos millones de hablantes y con una población *virtual* de cibernautas que –según previsiones de la empresa española Telefónica– durante 2005 supondrá 26% de la población hispanohablante, en los próximos tres años alcanzará los 85 millones de personas conectadas y en 2010 se cifrará en 200 millones. No obstante, sólo 5,6% de los contenidos de Internet están escritos en español, por detrás del inglés (44,7%), el chino (11,9%), el japonés (9,5%) y el alemán (6,1%), aunque por delante de lenguas como francés, coreano, italiano o portugués. En el mundo *real*, el español es la tercera lengua más hablada del mundo y sigue creciendo sin parar; ello implica, de un modo u otro, hacerlo gracias a la intermediación con otras lenguas y culturas.

12.12. SOCIEDAD Y TRADUCCIÓN

Por paradójico que parezca, la figura del traductor, intermediario entre culturas a través de sus lenguas desde el mismo momento en que el Hombre empezó a comunicarse con sus semejantes y con la realidad que lo rodeaba, sigue sin disfrutar después de muchos siglos del reconocimiento que merecería su papel en la sociedad y en el desarrollo en casi todas sus facetas. ¡Qué sería del progreso, del comercio, de la diplomacia, de la ciencia, de la historia, de la literatura, del cine... sin trujamanes! ¡Cómo seríamos y cómo sería el mundo que habitamos sin ellos! Y, paradójicamente también, "[c]uanto más cerca está la traducción de la vida y la muerte (hospitales, cárceles, negociaciones entre poderosos, manipulación de documentos) menos se habla de ella" (Peña, 2005).

Con la inaprensible a veces pero casi siempre patente *visibilidad* del traductor en los textos que traduce, contrasta su manifiesta invisibilidad en una sociedad que ha sido –sin siquiera percatarse de ello– ávida consumidora de sus servicios desde el principio de los tiempos; una sociedad que, por simple ignorancia de su papel o de los pormenores técnicos de su oficio, o por puro menosprecio de su actividad, asocia de modo mecánico su labor a la de un mero trabajo administrativo, cuando no confunde inocentemente la interpretación artística con la de lenguas o se sorprende sin más al descubrir por fin –en sus propias carnes o por boca de un paciente profesional que se lo explica– que para traducir hace falta *algo más* que saber idiomas, y cuyo desdeño, en definitiva, parece dar por sentado que Babel no hubiese existido jamás.

Parece, no obstante, que en los últimos años vaya aumentando, aunque de manera todavía lenta, dicho reconocimiento, y ello ha sido posible merced a hechos como la consolidación de la traducción como disciplina autónoma y con entidad propia, el auge de los centros de formación de traductores o la difícil difusión de su labor llevada a cabo por asociaciones y otros colectivos (como el Colegio de Traductores Públicos de la Ciudad de Buenos Aires en Argentina, o Acett o Asetrad en España).

Tan cercana a la vida y la muerte, hoy día, igual que hace miles de años, las manos o la voz de un traductor siguen siendo vehículo y testigo de excepción en acontecimientos que marcan el rumbo de la Historia como fedatario e interventor en encuentros entre los más altos dignatarios o en los más ilustres foros internacionales, en procesos judiciales que salvan y condenan vidas, en transacciones millonarias entre gigantes de las finanzas, en la traducción del más trivial manual de un aparato doméstico o de los más codiciados secretos comerciales y políticos, en la transcripción de diabólicas conversaciones entre terroristas, en el reconocimiento médico de una de tantas víctimas de un devastador *tsunami*...; a veces, como cómplice obligado para cambiarla; casi siempre, también, como juglar para contársela a sus contemporáneos y a las generaciones venideras.

12.13. PREGUNTAS PARA LA REFLEXIÓN

1. Si, como se afirma arriba, 28% de la literatura publicada en España es traducido, ¿cómo se podría explicar la alarmante escasez de programas educativos con formación específica en traducción literaria?
2. Mencione y comente tres acontecimientos históricos en los que el papel de un traductor/intérprete haya resultado decisivo.
3. ¿Qué parcelas propias de la lingüística son de aplicación directa en los estudios de traducción?
4. Piense en cómo se podría traducir un texto de una lengua eminentemente oral –p. ej., escrito en kuna, lengua de uso en algunas zonas de Panamá y Colombia– a otra que no posee esa misma tradición oral tan desarrollada –español.
5. Según los presupuestos formulados en las secciones "Lengua y traducción" y "Traducción y cultura", ¿qué otros se podrían establecer para el binomio "lengua y cultura" sin perder de vista la traducción?
6. ¿Considera que una persona bilingüe podría llegar a traducir con la misma pericia en ambos sentidos entre sus lenguas de trabajo?
7. Mencione y comente tres aspectos en los que difieran sustancialmente la formación de un traductor y la de un intérprete.
8. Enumere y comente tres modalidades de traducción en las que resulte imprescindible acudir a la tecnología.

9. Mencione y comente tres situaciones en las que la traducción automática pueda arrojar resultados satisfactorios.
10. Elija el título de una película en una lengua extranjera y tradúzcalo de tres maneras diferentes utilizando tres procedimientos de traducción distintos y justificando en cada caso las versiones propuestas.

BIBLIOGRAFÍA

ABAITUA, J. (1999a): Quince años de traducción automática en España. *Perspectives: Studies in Translatology* 7: 221-230.

ABAITUA, J. (1999b): "Is it Worth Learning Translation Technology?" En AA.VV. *Training Translators and Interpreters: New Directions for the Millennium. 3rd Forum on Translation in Vic* (pp. 209-220). Vic, Universitat de Vic. http://sirio.deusto.es/abaitua/konzeptu/ta/vic.htm. Acceso 16 de mayo, 2005.

AGUADO DE CEA, G. y LORENTE ENSEÑAT, A. (1997): "'Software localisation': Problemas lingüísticos y socioculturales." En *Actas de las IV Jornadas Internacionales de Terminología*. Barcelona, AELPL / Unión Latina / IULA. http://www.unilat.org/ dtil/IVjornadas/cea_ensenat.htm. Acceso 16 de mayo, 2005.

ALCINA CAUDET, A. y GAMERO PÉREZ, S. (eds.) (2002): *La traducción científico-técnica y la terminología en la sociedad de la información*. Castelló de la Plana, Universitat Jaume I.

AREVALILLO, J. (2005): La Norma Europea de Calidad EN-15038 para servicios de traducción: ¿qué hay tras ella? *The Globalisation Insider*. LISA. http:// www.lisa.org/globalizationinsider/2005/04/la_norma_europe.html. Acceso 16 de mayo, 2005.

ARNTZ, R. y PICHT, H. (1989): *Einführung in die Terminologiearbeit*. Hildesheim, Olms. [trad. esp.: *Introducción a la terminología*. Madrid, Pirámide, 1995.]

AUSTERMÜHL, F. (2001): *Electronic Tools for Translators*. Manchester, St. Jerome.

AUSTERMÜHL, F. y APOLLON, D. (2000): *Humanities Education and the Challenge of E-learning*. Bergen, HIT Centre Publications.

BAKER, M. (1993): "Corpus Linguistics and Translation Studies: Implications and Applications." En M. Baker, G. Francis y E. Tognini-Bonelli (eds.). *Text and Technology: In Honour of John Sinclair* (pp. 233-250). Amsterdam, John Benjamins.

BAKER, M. (1995): Corpora in Translation Studies: An Overview and Some Suggestions for Future Research. *Target* 7: 223-243.

BAKER, M. (2004): A Corpus-based View of Similarity and Difference in Translation. *International Journal of Corpus Linguistics* 9: 167-193.

BASSNETT, S. (1980): *Translation Studies*. Londres, Routledge.

BASSNETT, S. y LEFEVERE, A. (eds.) (1990): *Translation, History and Culture*. Londres, Pinter Publishers.

BASTIN, G. (1998): "Latin American Tradition." En M. Baker (ed.). *Routledge Encyclopedia of Translation Studies* (pp. 505-512). Londres, Routledge.

BELL, R. (1991): *Translation and Translating. Theory and Practice.* Londres, Longman.

BONET, J. (1998): Localizar: ¿encontrar o ir al encuentro? *Puntoycoma* 49. http://europa.eu.int/comm/translation/bulletins/puntoycoma/49/index.htm. Acceso 16 de mayo, 2005.

BORJA ALBI, A. (2000): *El texto jurídico inglés y su traducción al español.* Barcelona, Ariel.

BOWKER, L. (2002): *Computer-Aided Translation Technology: A Practical Introduction.* Ottawa, University of Ottawa Press.

CABRÉ, M. (1993): *La terminología: Teoría, método, aplicaciones.* Barcelona, Editorial Antártida / Empúries.

CABRÉ, M. (1999): *La terminología: Representación y comunicación. Elementos para una teoría de base comunicativa y otros artículos.* Barcelona, Institut Universitari de Lingüística Aplicada.

CANALE, M. (1983): "From Communicative Competence to Communicative Language Pedagogy." En J. Richards y R. Schmidt (eds.). *Language and Communication* (pp. 2-27). Londres, Longman.

CÁNOVAS, M. (2005): Lo que pasa en la calle. *El trujamán. Centro Virtual Cervantes.* http://cvc.cervantes.es/trujaman/anteriores/marzo_05/11032005.htm. Acceso 16 de mayo, 2005.

CATFORD, J. (1965): *A Linguistic Theory of Translation.* Oxford, Oxford University Press.

CORPAS PASTOR, G. y HERNÁNDEZ, M. (eds.) (2003): *Entornos informáticos de la traducción profesional: Las memorias de traducción.* Granada, Atrio.

CRESPO HIDALGO, J. (2003): "Cómo nace una bibliografía de traducción e interpretación en España. Treinta años de tesis doctorales." En E. Ortega Arjonilla (dir.). *Panorama actual de la investigación en traducción e interpretación.* Volumen I (pp. 5-45). Granada, Atrio.

DESLILE, J. (1980): *L'Analyse du discourse comme méthode de traduction.* Ottawa, Éditions de l'Université d'Ottawa.

DESLILE, J. (1993): *La traduction raisonnée. Manuel d'initiation à la traduction professionnelle de l'anglais vers le français.* Ottawa, Les Presses de l'Université d'Ottawa.

ESSELINK, B. (1998): *A Practical Guide to Software Localisation.* Amsterdam, John Benjamins.

ESSELINK, B. (2000): *A Practical Guide to Localisation.* Amsterdam, John Benjamins.

ESSELINK, B. y CADIEUX, P. (2004): GILT: Globalization, Internationalization, Localization, Translation. *The Globalisation Insider* XI, 1.5: 1-5. LISA. http://www.lisa.org/ globalizationinsider/. Acceso 16 de mayo, 2005.

EVEN-ZOHAR, I. (1979): Polisystem Theory. *Poetics Today* 1-2: 287-310.

FLORIN, S. (1993): "Realia in Translation." En P. Zatleva. (ed.). *Translation as Social Action. Russian and Bulgarian Perspectives* (pp. 122-128). Londres, Routledge.

GAMERO PÉREZ, S. (2001): *La traducción de textos técnicos*. Barcelona, Ariel.
GARCÍA IZQUIERDO, I. y VERDEGAL, J. (eds.) (1998): *Los estudios de traducción: Un reto didáctico*. Castelló de la Plana, Universitat Jaume I.
GARCÍA PEINADO, M. Á. y ORTEGA ARJONILLA, E. (dirs.) (2003): *Panorama actual de la investigación en traducción e interpretación*. Volumen II. Granada, Atrio.
GONZALO GARCÍA, C. y GARCÍA YEBRA, V. (eds.) (2000): *Documentación, terminología y traducción*. Madrid, Síntesis.
GONZALO GARCÍA, C. y GARCÍA YEBRA, V. (eds.) (2004): *Manual de documentación y terminología para traducción especializada*. Madrid, Arco/Libros.
GOUADEC, D. (1989): *Le traducteur, la traduction et l'entreprise*. Rennes, Afnor Gestion.
GOUADEC, D. (1999): "Notes on Translator Training (replies to a questionnaire.)" En Intercultural Studies Group. [on-line symposium] *Innovation in Translator and Interpreter Training*. Tarragona: Universitat Rovira i Virgili. http://www.fut.es/~apym/symp/gouadec.html. Acceso 16 de mayo, 2005.
GUTT, E. (1991): *Translation and Relevance: Cognition and Context*. Oxford, Basil Blackwell.
HALLIDAY, M. A. K. (1961): Categories of the Theory of Grammar. *Word*, 17: 241-292.
HALLIDAY, M. A. K. (1973): *Explorations in the Functions of Language*. Londres, Arnold.
HATIM, B. y MASON, I. (1990): *Discourse and the Translator*. Londres, Longman.
HERMANS, T. (ed.) (1985): *The Manipulation of Literature: Studies in Literary Translation*. Londres, Croom Helm.
HERNÚÑEZ, P. y GONZÁLEZ, L. (coords.) (2002): *El español, lengua de traducción. Actas del I Congreso Internacional*. Almagro, Comisión Europea y Agencia EFE.
HERVEY, S. y HIGGINS, I. (1992): *Thinking Translation. A Course in Translation Method: French to English*. Londres, Routledge.
HEWSON, L. y MARTIN, J. (1991): *Redifining Translation. The Variational Approach*. Londres, Routledge.
HÖCKER, M. (2003): *eCoLoRe Translation Memory Survey 2003*. Berlín, Bundesverband der Dolmetscher und Übersetzer e.V. (BDÜ).
HOLMES, J. (1988): "The Name and Nature of Translation Studies." En *Translated Essays and Papers on Translation Studies* (pp. 67-80). Amsterdam, Rodopi.
HOLZ-MÄNTTÄRI, J. (1984): *Translatorisches Handeln. Theorie und Methode*. Helsinki, Suomalainen Tiedeakatemia.
HOUSE, J. (1977): *A Model for Translation Quality Assessment*. Tubinga, Gunter Narr.
HURTADO ALBIR, A. (1996): *La enseñanza de la traducción*. Castelló de la Plana, Universitat Jaume I.
HURTADO ALBIR, A. (dir.) (1999): *Enseñar a traducir. Metodología en la formación de traductores e intérpretes*. Madrid, Edelsa.
HURTADO ALBIR, A. (2001): *Traducción y traductología. Introducción a la traductología*. Madrid, Cátedra.
HUTCHINS, J. (1998): The Origins of the Translator's Workstation. *Machine Translation*, 13: 287-307.

HUTCHINS, J. (2001): Machine Translation over Fifty Years. *Histoire, Epistemologie, Langage*, XXIII/1: 7-31.

HUTCHINS, J. y SOMERS, H. (1992): *An Introduction to Machine Translation*. Londres, Academic Press.

HYMES, D. (1967): Models of the Interaction of Language and Social Setting. *Journal of Social Issues* 23: 8-29.

HYMES, D. (1971): "Competence and Performance." En R. Huxley y E. Ingram (eds.). *Acquisition of Languages: Models and Methods* (pp. 3-23). Nueva York, Academic Press.

JAKOBSON, R. (1959): "On linguistic aspects of translation." En R. Brower (ed.). *On Translation* (pp. 232-239). Londres, Oxford University Press.

JIMÉNEZ SERRANO, Ó. (2002): *La traducción técnica inglés-español*. Granada, Comares.

KADE, O. (1968): *Zufall und Gesetzmässigkeit in der Übersetzung*. Leipzig, VEB Verlag Enziklopädie.

KATAN, D. (1999): *Translating Cultures. An Introduction for Translators, Interpreters and Mediators*. Manchester, St. Jerome.

KELLY, D. (2000): "La universidad y la formación de profesionales." En D. Kelly (ed.) *La traducción y la interpretación en España hoy: Perspectivas profesionales* (pp. 1-11). Granada, Comares.

KELLY, D. (2002): Un modelo de competencia traductora: Bases para el diseño curricular. *Puentes: Hacia nuevas investigaciones en la mediación intercultural* 1: 9-20.

KENNY, D. (1998): Creatures of Habit? What Translators Usually Do with Words. *Meta* 43: 515-23.

KIRALY, D. (1995): *Pathways to Translation. Pedagogy and Process*. Kent, The Kent State University Press.

KIRALY, D. (2000): *A Social Constructivist Approach to Translator Education. Empowerment from Theory to Practice*. Manchester, St. Jerome.

KIRALY, D. (2003): "From Instruction to Collaborative Construction: A Passing Fad or the Promise of a Paradigm Shift in Translator Education?" En B. Baer y G. Koby (eds.). *Beyond the Ivory Tower: Rethinking Translation Pedagogy* (pp. 3-27). Amsterdam, John Benjamins.

KIRALY, D. (2004): "Preparing Students Today to Meet Market Demands Tomorrow." En M. Forstner y H. Lee Jahnke (eds.). *Internationales CIUTI-Forum. Marktorientierte Translationsausbildung* (pp. 101-118). Berna, Peter Lang.

KITTEL, H. (1992): *Geschichte, System, Literarische Übersetzung / Histories, Systems, Literary Translations*. Berlín, Schmidt.

KOLLER, W. (1979): *Einführung in die Übersetzungwissenschaft*. Heidelberg, Quelle und Meyer.

KRINGS, H. (1987): "The Use of Introspective Data in Translation." En C. Faerch y G. Kasper (eds.). *Introspection in Second-Language Research* (pp. 159-176). Clevedon, Multilingual Matters.

MAILLOT, J. (1968): *La traduction scientifique et technique*. París, Eyrolles.

MALINOWSKI, B. (1923): "The Problem of Meaning in Primitive Languages." En C. Ogden e I. Richards (eds.). *The Meaning of Meaning* (pp. 296-336). Londres, Routledge and Kegan Paul.

MARGOT, J. C. (1979): *Traduire sans trahir.* Lausana, L'Age d'Homme.

MAYORAL ASENSIO, R. (1997): "Sincronización y traducción subordinada: De la traducción audiovisual a la localización de software y su integración en la traducción de productos multimedia." En R. Mayoral y A. Tejada (coords.). [en disquete] *Actas del Primer Simposium de Localización Multimedia.* Granada, Universidad de Granada / ITP.

MAYORAL ASENSIO, R. (2000): "Consideraciones sobre la profesión de traductor jurado." En D. Kelly (ed.). *La traducción y la interpretación en España hoy: Perspectivas profesionales* (pp. 117-144). Granada, Comares.

MAYORAL ASENSIO, R. (2001a): *Aspectos epistemológicos de la traducción.* Castelló de la Plana, Publicacions de la Universitat Jaume I.

MAYORAL ASENSIO, R. (2001b): "Campos de estudio y trabajo en traducción audiovisual." En M. Duro Moreno (ed.). *La traducción para el doblaje y la subtitulación* (pp. 19-45). Madrid, Cátedra.

MAYORAL ASENSIO, R.; KELLY, D. y GALLARDO, N. (1988): Concept of Constrained Translation. Non-Linguistic Perspectives of Translation. *Meta* 33: 356-367.

MELBY, A. (1992): "The Translator's Workstation." En J. Newton (ed.). *Computers in Translation: A Practical Appraisal* (pp. 147-165). Londres, Routledge.

MELBY, A. (1998): Eight Types of Translation Technology. http://www.ttt.org/technology/8types.pdf. Acceso 16 de mayo, 2005.

MOLINA, L. y HURTADO ALBIR, A. (2002): Translation Techniques Revisited: A Dynamic and Functionalist Approach. *Meta* 47: 498-512.

MONTERDE REY, A. (1998): *Curso de introducción a la terminología para traductores e intérpretes.* Las Palmas de Gran Canaria, Servicio de Publicaciones de la ULPGC.

MONTERDE REY, A. (2002): *Ejercicios de introducción a la terminología para traductores e intérpretes.* Las Palmas de Gran Canaria, Servicio de Publicaciones de la ULPGC.

MOSSOP, B. (2001): *Revising and Editing for Translators.* Manchester, St. Jerome.

MUNDAY, J. (1998): A Computer-assisted Approach to the Analysis of Translation Shifts. *Meta* 43: 542-556.

NEUBERT, A. (1968): Pragmatische Aspekte der Übersetzung. *Fremdsprachen* 2.

NEWMARK, P. (1981): *Approaches to Translation.* Oxford, Pergamon Press.

NEWMARK, P. (1988): *A Textbook of Translation.* Londres, Prentice Hall.

NEWMARK, P. (1991): *About Translation.* Clevedon, Multilingual Matters.

NIDA, E. (1945): Linguistics and Ethology in Translation Problems. *Word* 2: 194-208.

NIDA, E. (1964): *Toward a Science of Translating.* Leiden, E.J. Brill.

NIDA, E. y TABER, C. (1969): *The Theory and Practice of Translation.* Leiden, E. J. Brill.

NORD, C. (1994): "It's Tea-Time in Wonderland. Culture-Markers in Fictional Texts." En H. Pürschelm (ed.). *Intercultural Communication* (pp. 523-538). Duisburg, Leang.

NORD, C. (1997): *Translating as a Purposeful Activity. Functionalist Approaches Explained*. Manchester, St. Jerome Publishing.

O'HAGAN, M. (1996): *The Coming Industry of Teletranslation: Overcoming Communication Barriers through Telecommunication*. Clevedon, Multilingual Matters.

O'HAGAN, M. y ASHWORTH, D. (2002): *Translation Mediated Communication in a Digital World: Facing the Challenges of Globalization and Localization*. Clevedon, Multilingual Matters.

OROZCO, M. (2000): *Instrumentos de medida de la adquisición de la competencia traductora: Construcción y vacilación*. Tesis doctoral, Universitat Autònoma de Barcelona.

ORTEGA ARJONILLA, E. (dir.) (2003): *Panorama actual de la investigación en traducción e interpretación*. Volumen I. Granada, Atrio.

ORTEGA Y GASSET, J. (1936): "La miseria y el esplendor de la traducción." En *Obras completas*. Tomo V (pp. 427-448). Madrid, Revista de Occidente.

PALOMARES PERRAUT, R. (2000): *Recursos documentales para el estudio de la traducción*. Málaga, Universidad de Málaga.

PARRA, J. (1998): *Fonaments de la localització de software* [Trabajo de investigación de doctorado]. Barcelona, Universitat Autòma de Barcelona.

PEARSON, J. (1996): Electronic Texts and Concordances in the Translation Classroom. *Teanga* 16: 85-95.

PEÑA, S. (2005): En pocas palabras. *El trujamán. Centro Virtual Cervantes*. http://cvc.cervantes.es/trujaman/anteriores/febrero_05/15022005.htm. Acceso 16 de mayo, 2005.

PEÑA, S. y HERNÁNDEZ GUERRERO, M. (1994): *Traductología*. Málaga, Universidad de Málaga.

PICHT, H. y DRASKAU, J. (1985): *Terminology – An Introduction*. Surrey, University of Surrey.

PINTO, M. y CORDÓN, J. (1999): *Técnicas documentales aplicadas a la traducción*. Madrid, Síntesis.

PURSER, L. (2004): "The Bologna Process and the Labour Market." En M. Forstner y H. Lee Jahnke (eds.). *Internationales CIUTI-Forum. Marktorientierte Translationsausbildung* (pp. 119-134). Berna, Peter Lang.

PYM, A. (1998a): "Translator-Training Institutions." En M. Baker (ed.). *Encyclopedia of Translation Studies* (pp. 280-285). Londres, Routledge.

PYM, A. (1998b): *Method in Translation History*. Manchester, St. Jerome.

PYM, A. (2004): *The Moving Text. Localization, Translation, and Distribution*. Amsterdam, John Benjamins.

REINEKE, D. (ed.) (2005): *Traducción y localización. Mercado, gestión y tecnologías*. Las Palmas de Gran Canaria, Anroart Ediciones.

REISS, K. (1971): *Möglichkeiten und Grenzen der Übersetzungskritik*. Munich, Hueber.

REISS, K. (1976): *Texttyp und Übersetzungmethode. Der operative Text*. Kronberg, Skriptor Verlag.

REISS, K. y VERMEER, J. (1996): *Fundamentos para una teoría funcional de la traducción*. Madrid, Akal.

SAGER, J. (1990): *A Practical Course in Terminology Processing*. Amsterdam, John Benjamins.

SAN GINÉS AGUILAR, P. y ORTEGA ARJONILLA, E. (eds.) (1996): *Introducción a la traducción jurídica y jurada (inglés-español)*. Granada, Comares.

SANDROCK, U. (1982): *Thinking Aloud Protocols (TAPs)*. Tesis doctoral, Universidad de Kassel.

SELESKOVITCH, D. (1968): *L'interprète dans les conférences internationales, problèmes de langage et de communication*. París, Lettres Modernes.

SNELL-HORNBY, M. (1988): *Translation Studies. An Integrated Approach*. Amsterdam, John Benjamins.

SOMERS, H. (2001): *Computers and Translation. A Handbook for Translators*. Amsterdam, John Benjamins.

SPRUNG, R. C. (2000): *Translating into Success. Cutting-Edge Strategies for Going Multilingual in a Global Age*. Amsterdam, John Benjamins.

STEINER, G. (1975): *After Babel: Aspects of Language and Translation*. Oxford, Oxford University Press.

STEWART, D. (2000): "Conventionality, Creativity and Translated Text. The Implications of Electronic Corpora in Translation." En M. Olohan (ed.). *Intercultural Faultlines. Research Models in Translation Studies I* (pp. 73-92). Manchester, St. Jerome.

TITFORD, C. (1982): Sub-titling –Constrained Translation. *Lebende Sprachen* III: 113-116.

TORRE, E. (1994): *Teoría de la traducción literaria*. Madrid, Síntesis.

TORRES DEL REY, J. (2005): *La interfaz de la traducción: Formación de traductores y nuevas tecnologías*. Granada, Comares.

TOURY, G. (1980): *In Search of a Theory of Translation*. Tel-Aviv, Porter Institute for Poetics and Semiotics.

VALERO GARCÉS, C. y DE LA CRUZ CABANILLAS, I. (eds.) (2001): *Traducción y nuevas tecnologías*. Alcalá de Henares, Universidad de Alcalá de Henares.

VÁZQUEZ AYORA, G. (1977): *Introducción a la traductología*. Washington, DC, Georgetown University Press.

VENUTI, L. (1995): *The Translator's Invisibility*. Londres, Routledge.

VIDAL CLARAMONTE, M. (1998): *El futuro de la traducción*. Valencia, Diputación de Valencia.

VINAY, J. y DARBELNET, J. (1958): *Stylistique comparée du français et de l'anglais*. París, Didier.

VIVES, J. (1553): Versiones seu interpretaciones. *De ratione dicendi*. Lovaina.

WADDINGTON, C. (1999): *Estudio comparativo de diferentes métodos de evaluación de traducción general (inglés-español)*. Madrid, Universidad Pontificia de Comillas.

WILSS, W. (1977): *Übersetzungwissenschaft: Probleme und Methoden*. Stuttgart, E. Klett.

13

EL ESPAÑOL EN CONTEXTOS LABORALES

Daniel Cassany, Cristina Gelpí y Carmen López Ferrero
Universitat Pompeu Fabra

13.1. Introducción

No resulta fácil trazar un panorama sobre los estudios del español en contextos laborales. Sólo recientemente la filología española ha mostrado interés por las aplicaciones que se pudieran hacer de sus conocimientos, sea para atender las necesidades lingüísticas de la comunidad o para mejorar la vida de los hispanohablantes. El grueso de la investigación sigue cultivando los campos tradicionales (dialectología, historia de la lengua, sintaxis) o las áreas más recientes (pragmática, sociolingüística, psicolingüística). Hace también sólo unas décadas –sobre todo con la explosión de la enseñanza del español como lengua segunda o extranjera– que se ha empezado a concebir el idioma español como un *instrumento de negocio,* como un objeto cuya investigación y aplicación a sectores concretos de la sociedad puede generar más eficacia o satisfacción, así como beneficios. Por todo ello, los estudios sobre el español en contextos laborales son más escasos que cuantiosos, más dispersos que articulados y más desconocidos que reconocidos.

Pero existen obviamente estudios relevantes o foros y encuentros en los que se presentan dichos trabajos. Nuestro propósito ha sido el de trazar una síntesis exhaustiva de las investigaciones teóricas y aplicadas desarrolladas en los tres sectores siguientes: *las empresas,* que comprende el comercio, las entidades financieras y los medios de comunicación; *la ciencia y la técnica,* que incluye la medicina, la investigación, la ingeniería y las diferentes ramas del saber científico, y *la justicia y el derecho,* que abarca la legislación, los procesos legales, los tribunales y la administración pública. Sin duda es una división puramente operativa.

Hemos tomado en cuenta los trabajos más representativos, difundidos en español en los países hispanohablantes –hasta donde ha llegado nuestro conocimiento–, y sólo usamos los estudios en otras lenguas como punto de referencia. Prestamos atención especial a los trabajos hispanoamericanos así como a algunos que se han publicado en otras lenguas españolas, como el catalán y el gallego.

13.2. EL ESPAÑOL EN LAS EMPRESAS

La empresa es un ámbito natural de aplicación del conocimiento lingüístico al tratarse de un colectivo de personas que consiguen sus ambiciosos propósitos (producir bienes y servicios, curar enfermos, educar jóvenes, etc.) al comunicarse entre sí de manera eficaz. Pero mientras disciplinas como la psicología o la informática no han dudado en desarrollar ramas específicas del saber sobre gestión de recursos humanos o aplicaciones informáticas, la lingüística ha mostrado menos interés por crecer en este campo. Los trabajos sobre el español en la empresa pueden incluirse bajo el epígrafe *descripción y elaboración del registro especializado* o de los géneros discursivos y de los diferentes recursos lingüísticos necesarios para desarrollar la actividad laboral en cada sector. Esto incluye el diseño de documentos, la fijación del estilo, la normalización terminológica y la normativización de los aspectos conflictivos o nuevos (mayúsculas, puntuación, feminización, etc.). Los propósitos y los procedimientos con que se utiliza este conocimiento aplicado varían notablemente: formación de profesionales, establecimiento de normas y prescripciones, desarrollo de imágenes corporativas, etc.

El tipo de sector (agricultura, industria, servicios) u organización (pública o privada, pequeña o grande) establece importantes diferencias en las necesidades comunicativas y en el tipo de discursos producidos. En general, las empresas que producen bienes cuyo soporte es el lenguaje (medios de comunicación, banca, seguros), que generan mucha comunicación con los clientes (servicios básicos) o que desarrollan actividades muy reguladas (banca, química, farmacología) presentan más necesidades que el resto. Por este motivo, dedicamos un apartado específico a los estudios relacionados con los medios de comunicación, después de referirnos a los otros sectores de modo más general. Destacamos sobre todo al sector privado, puesto que el público (administración, justicia) será tratado en la sección de lengua y derecho. Terminamos con algunos estudios que, si bien no están vinculados a ninguno de los ámbitos anteriores, contribuyen de manera importante a elaborar los registros del español laboral[1].

13.2.1. *La lengua en la empresa*

A fin de atender las necesidades de formularios y orientaciones para la comunicación empresarial, en España se han traducido y adaptado numerosos manuales estadounidenses –y algunos franceses– de interés diverso, publicados casi siempre por editoriales especializadas en la empresa. Los géneros que merecieron más interés fueron los publicitarios (cartas de venta, circulares) y la correspondencia comercial. En este último ámbito hay formularios bastante completos, que resuelven las urgencias del día a día, aunque no siempre sigan las orientaciones más modernas de simplificación, como los de Garrido (1989) o Sánchez Reyes (1993). En cambio, son menos habituales los trabajos que incluyen géneros menos conocidos como los técnicos (informes, memorias, normas) o los protocolarios (felicitaciones, invitaciones). Tampoco son habituales los estudios más generales sobre el modelo de lengua, las características de la audiencia especializada o las particularidades de la comunicación empresarial. Vale la pena destacar aquí el viejo pero original texto de Delisau (1986) y el más reciente formulario informatizado y comentado de Sanz y Fraser (1998). Todavía resultan más raros los trabajos sobre la lengua oral en la empresa (Sanz y Güell, 2000) o las propuestas sobre los discursos más especializados por parte de Castro García (1998) y Golanó y Flores-Guerrero (2002).

A falta de aplicaciones específicas para la empresa, es habitual aprovechar los manuales generales de redacción o los libros de estilo periodísticos, que comentamos más adelante. En los últimos años se está extendiendo la estrategia de elaborar un manual de estilo de empresa que estandarice y oriente la comunicación escrita, sobre todo entre las empresas más grandes o las multinacionales que siguen las directrices de su dirección anglófona. Así, "la Caixa" y Banco de Sabadell, en España, o Banco Galicia y Banco Río, en Argentina, disponen de varios tipos de manuales para uso interno. Se trata de libros o revistas que difunden formularios para los principales do-

---

[1] Para esta sección queremos agradecer la inestimable ayuda en línea de Sebastián Adúriz desde Buenos Aires y Sergio Block desde México, DF.

cumentos y orientaciones generales para escribir, siempre con una mirada prescriptiva. Por otra parte, en comunidades bilingües en España –y más recientemente en México–, algunas instituciones públicas (universidades, ayuntamientos, gremios) también usan los manuales de estilo para contribuir a normalizar el idioma minorizado, además de perseguir los propósitos anteriores.

La investigación teórica en este ámbito es todavía escasa y dispersa. La enseñanza del español como lengua segunda o extranjera ha tratado algunas cuestiones en el área del *español de los negocios* (véase el capítulo 4 en este volumen). También hay investigación dentro de la sociolingüística, sobre las actitudes y las representaciones que transmite el discurso empresarial en comunidades plurilingües (Ramallo, 2002), con mención especial para el foro DICOEN sobre Discurso, Comunicación y Empresa, cuyo segundo congreso se celebró en 2003 en Vigo (webs.uvigo.es/ssl/DICOEN/).

13.2.2. *El español de los medios de comunicación*

Se trata del sector más productivo, tanto por tratarse de empresas que requieren el idioma para elaborar sus bienes, como por el gran impacto que tienen en la comunidad. Sin duda los trabajos más famosos –casi *best sellers*, en algunos casos– son los manuales o libros de estilo, que se han convertido en referentes para muchos aprendices de escritores y docentes. Algunos de los más conocidos entre los medios escritos son *Agencia EFE* (1975, 1991, 6ª ed. corregida), *El País* (1975; 2004, 19ª ed.), *La Vanguardia* (1982), *El Periódico de Catalunya* (1978), *La Voz de Galicia* (1992), *ABC* (1993, 2001, 2ª ed), *El Mundo Deportivo* (1995), *El Mundo* (1996), *Clarín* (1997) o *La Nación* (1999). Entre los medios audiovisuales: *TVE* (1978), *Canal Sur Televisión* (1991), *Telemadrid* (1993), *Radio Nacional de España* (1978). También disponen de manuales de estilo las delegaciones hispanas de muchas agencias internacionales de noticias.

En general, estos manuales desarrollan funciones lingüísticas (fijar normas en temas de controversia, unificar el idioma, normalizar neologismos y necesidades urgentes, etc.) y profesionales (consolidan la ética, cumplen con unas exigencias deontológicas, establecen la relación entre el periodista y el aparato de producción, etc.), pero sólo las primeras son de interés para el ciudadano corriente, que busca criterios lingüísticos de referencia. Además de la legitimación que aporta el prestigio de cada rotativo, el interés de estas propuestas es que apuestan por la claridad y la eficacia en la expresión, compaginando la corrección con las necesidades de denominación de la realidad internacional. También son muy dinámicas (como muestran sus sucesivas ediciones) para adaptarse a los constantes cambios del idioma. A medio camino entre los manuales de formación del periodista y el análisis académico, se han popularizado las reflexiones de conocidos filólogos o intelectuales, como Fernando Lázaro Carreter o Álex Grijelmo, sobre la calidad de la lengua de los medios. Menos conocidas son las investigaciones sobre géneros periodísticos específicos como la llevada a cabo por Bolívar (1998), desde el análisis crítico del discurso.

13.2.3. *Estudios generales*

Comentamos brevemente aquí algunos estudios que, sin referirse en concreto al español laboral, se utilizan habitualmente para atender las necesidades comunicativas en las empresas. El grupo más amplio y difundido es el que versa sobre redacción, con variados enfoques: relacionados con el periodismo o con el proceso editorial. En España, son muy usados los minuciosos diccionarios de Martínez de Sousa (1987, 1993 y 2000, entre otros) o los manuales divulgativos de Cassany (1995). En Argentina, destacan Anderson Imbert (1984), García Negroni *et al.* (2001), además de la revista *Páginas de Guarda*, de la Universidad de Buenos Aires, sobre corrección de estilo. En México, sobresalen Zavala Ruiz (1991), Cohen (1994), Basalto (1998) y Escalante (1998); en Perú, Maurial (1991) y Gatti y Wiesse (1992). Finalmente, otros estudios que inciden también sobre el español laboral son los relativos a la representación de hombres y mujeres en el discurso (García Meseguer, 1994).

13.3. LENGUAJE, CIENCIA Y TÉCNICA

La lingüística ha dado lugar a distintas aplicaciones en los campos de la ciencia y la técnica en español. Por un lado, hay descripciones lingüísticas de los *discursos de la ciencia y de la técnica*, con distintos propósitos: recomendaciones para comunicar con más eficacia, orientaciones de apoyo a la interacción médico-paciente o pautas de divulgación científica. Estos trabajos estudian la lengua usada en cada contexto científico y técnico, entre especialistas o entre el experto y el público general. Esta última orientación es más conocida como *divulgación de la ciencia*, o incluso como *vulgarización* o *popularización* de la ciencia, aunque estas denominaciones añadan connotaciones negativas al concepto –y merezcan por este motivo el rechazo de muchos investigadores.

Por otro lado, también se ha estudiado la relación entre el lenguaje y la práctica médica desde varias perspectivas. La *interrelación entre médico y paciente* o familiares pretende estudiar y mejorar una situación comunicativa relevante, que plantea problemas de divulgación de conocimiento, pero también de cortesía o interculturalidad. El estudio de las *patologías del lenguaje* goza así mismo de un buen desarrollo en el ámbito hispanohablante. Aquí no se estudia la lengua como herramienta comunicativa, sino como objeto de salud; la lingüística aplicada a las patologías del lenguaje busca mejorar la salud de los enfermos del habla y de la escritura, sea incidiendo directamente en las terapias o en la formación de los profesionales que los tratan.

13.3.1. *La lengua española de la ciencia y de la técnica*

El estudio de las lenguas especializadas, de los discursos de especialidad y su especificidad con respecto al discurso general tiene tradición en el ámbito hispano. La pregunta que guía estas investigaciones es: ¿cómo se usa la lengua para comunicar ciencia y técnica? La respuesta varía según el énfasis otorgado a cada plano de análisis: el léxico, el sintáctico-estilístico o el textual. La imbricación de estos distintos niveles ha venido dada sobre todo desde enfoques didácticos y contrastivos, en los que se interrelaciona el contexto de uso (cultura, tipo de discurso) y las opciones lingüísticas de que dispone quien transmite ciencia o enseña técnica.

Léxico científico y técnico

Una perspectiva muy desarrollada en español es la que atiende al nivel léxico del lenguaje científico, puesto que considera que el vocabulario es el rasgo más diferenciador de la lengua científico-técnica con respecto a la lengua general. Existen descripciones detalladas sobre la forma y función del vocabulario especializado español, desde los trabajos clásicos de Gili Gaya (1963), Trujillo (1974) y Rodríguez Díez (1977-78) hasta los más recientes de Calonge (1995), Martín Zorraquino (1997), Gutiérrez Rodilla (1998) o los recogidos en Sequera (2004; capítulo 1)[2]. La descripción terminológica de los discursos de especialidad ha llevado tradicionalmente a establecer clasificaciones de los lenguajes según la temática. Hay tantos conjuntos diferenciados de *tecnolectos* o lenguajes científicos como dominios o campos del conocimiento científico.

Los diccionarios reflejan esta diversidad: los términos específicos o tecnicismos son clasificados por medio de una serie de abreviaturas que remiten al ámbito científico-técnico al que pertenecen. En este sentido, disponemos en español de repertorios terminológicos muy específicos, para abordar los conceptos propios de cada área de conocimiento. Instancias académicas como la Real Academia de Ciencias Exactas, Físicas y Naturales han proporcionado, con actualizaciones periódicas, vocabularios en español de la ciencia y de la técnica que fijan terminologías que aseguren la producción e interpretación precisa del conocimiento[3].

En el marco de la lexicografía, los estudios diacrónicos sobre la formación de tecnicismos en español han dado resultados fructíferos, sobre todo en la medicina y en la técnica: Brumme (1997) o Gutiérrez Rodilla (1998), entre otros. Desde una perspectiva textual, los estudios lingüísticos sobre terminología ofrecen herramientas teóricas y metodológicas para describir de modo más amplio el discurso de especialidad, cuya definición también requiere tener en cuenta otros niveles de análisis, desde el léxico a la situación de comunicación (Reguant, 2003). En esta línea destacan las propuestas teóricas y las descripciones realizadas por el grupo argentino *TermText* (Ciapuscio, 2003 y su propuesta de análisis textual multidimensional). En los congresos sobre traducción especializada, también se difunden trabajos sobre léxico y discurso técnico-científico (Chabás *et al.*, 2000).

La enseñanza-aprendizaje de la lengua para fines específicos

Otro ángulo que suscita interés es la aplicación didáctica de las descripciones del lenguaje científico (Martín *et al.*, 1996). Heredera de la tradición anglosajona sobre lenguajes para *fines específicos*, esta

---

[2] Como afirma Martín Zorraquino (1997): "Los lenguajes científico-técnicos serían, pues, las nomenclaturas específicas de cada una de las ciencias o disciplinas científicas en cuanto tales productos científicos" (319).

[3] Aquí se sitúa también la investigación terminológica de centros de lingüística aplicada como el Termcat en Barcelona (http://www.termcat.net) o el Institut Universitari de Lingüística Aplicada (www.iula.upf.edu); véase Cabré (1999).

orientación analiza la morfología, la sintaxis, el léxico y los textos de cada ámbito científico, con el objetivo de ofrecer pautas de estilo y composición. Si bien describen con detalle los rasgos gramaticales y léxicos, estos trabajos raramente superan el nivel oracional, calcan el enfoque del inglés y no distinguen entre los usos de cada disciplina o género discursivo. En este sentido, no disponemos en español de una caracterización más completa que aborde los rasgos específicos de los niveles supraoracionales del discurso científico y sobre todo técnico, para cada una de las disciplinas en particular. En esta línea son interesantes las reflexiones para mejorar el uso del español científico de Martín Municio (1998) o Gutiérrez Cuadrado (2004), dirigidas a especialistas, divulgadores, traductores, periodistas, profesores, investigadores y estudiantes.

Algunos trabajos recientes adoptan una perspectiva más global y decididamente empírica. Desde Chile, Parodi (2005) aspira a extraer las regularidades de uso de un corpus de textos escritos científico-técnicos, utilizando herramientas computacionales[4]. Su objetivo es conocer a qué tipo de textos se enfrentan los aprendices de una determinada disciplina científica o técnica: cómo son los textos que deben leer e interpretar para poder utilizarlos. También con el propósito de clasificar textos para su manejo profesional, algunos trabajos exploran los criterios que deberían usarse para analizar los discursos especializados desde una perspectiva discursiva (Sevilla y Sevilla, 2003). Por su parte, la Real Academia de Ciencias Exactas, Físicas y Naturales está elaborando un *Corpus científico-técnico* (CCT) con el objetivo de disponer de una base textual amplia y fiable que permita estudiar el vocabulario, la sintaxis y, en definitiva, la estructura discursiva en algunos dominios de la ciencia y de la técnica.

Sí que existen, no obstante, guías prácticas o manuales de estilo sobre el discurso científico –excepto para las disciplinas técnicas,

---

[4] Destaca Parodi (2005) que en Chile se detecta en este campo un gran desconocimiento, que podríamos hacer extensible a toda la comunidad hispanohablante: "Me parece urgente –en este contexto– poner de relieve que en Chile no conocemos los tipos de textos que circulan en el sistema educacional secundario técnico-profesional diferenciado. Tampoco contamos con información, aunque fuera preliminar, acerca de los rasgos lingüísticos y textuales que caracterizan dichos textos escritos. Como es obvio, es nula la información disponible acerca de las relaciones entre diversas estructuras o rasgos lingüísticos de estos textos especializados y las implicancias cognitivas que ellos conllevan. Del mismo modo, es claramente inexistente una descripción del perfil de competencia en lengua escrita especializada (comprensión y producción lingüística) de los sujetos que egresan de estas instituciones técnico-profesionales" (31).

como las ingenierías, por ejemplo–. Se trata de manuales, escritos por autores españoles y dirigidos a científicos, que describen las peculiaridades textuales, sintácticas y morfológicas "ideales" del lenguaje de la ciencia, en el intercambio escrito entre iguales. Estos libros ofrecen pautas sobre cómo organizar la información, de qué tipo de frases o qué ayudas visuales se dispone, etc. Destacan y ejemplifican los errores más frecuentes en la redacción de artículos científicos (Caldeiro *et al.*, 1993; Alejandro y Bobenreith, 1994; Carreras Panchón, 1994; Moyano, 2000)[5]. Veamos un ejemplo de pautas para el lenguaje médico (Caldeiro *et al.*, 1993: 70):

La concisión es parte esencial de la claridad porque ayuda a comprender: cuantos menos signos se empleen para comunicar una idea, menor es el esfuerzo mental para captarla e interpretarla. Conviene, por ello, cultivar las normas de estilo que favorecen la concisión, y que enseñan a decir las cosas con brevedad y claramente. He aquí algunas:

- Preferir las palabras y expresiones cortas a las largas: *antes citados* a *anteriormente citados*, *durante el tratamiento* a *durante el curso del tratamiento*, *rojo pálido* a *de color rojo pálido*. O usar a *utilizar*, *concepción* a *comienzo de la gestación*, *microembolias* a *fenómenos microembólicos*.

- Sustituir, siempre que sea posible, una frase entera por una sola palabra: *altera* vale lo mismo que *da por resultado una alteración* y es mucho más corto; y lo mismo ocurre con *ocasionalmente* y *no faltan ocasiones en que*, o con *si* y *si las condiciones fueran tales que*.

- Cambiar las construcciones formadas por nombres abstractos de acción y sus atributos, por verbos y sus complementos. Se gana así en viveza y concisión. Por ejemplo, en vez de escribir: *Han contribuido no sólo al esclarecimiento de la patogenia, sino también al diseño de nuevas terapéuticas,* sería mejor poner: *Ha contribuido a esclarecer la patogenia y a diseñar nuevos tratamientos.*

- Eliminar perogrulladas y estereotipos. Como ésta: *Todas las teorías desarrolladas hasta estos momentos sobre los mecanismos inductores de SDRA tienen sus grandes defensores y también sus detractores.*

El género científico mejor descrito es el artículo de investigación, que aprovecha los trabajos en lengua inglesa (el artículo biomédico, por ejemplo), si bien algunos estudios recientes muestran que el estilo de las oraciones y de unidades textuales varía de una lengua a otra

---

[5] También existen webs en español sobre el discurso científico: http://www.caribjsci.org/epub1/. Además, se han llevado a cabo descripciones desde otras lenguas españolas, como el catalán (Alberola *et al.*, 1996).

y de una cultura a otra, por lo que no es posible generalizar. Es cierto que el uso del inglés como *lingua franca* entre los especialistas ha llevado a unificar criterios de composición y estilo, pero los estudios de retórica contrastiva están cuestionando estos planteamientos.

Retórica y cultura científica

En los últimos años varios estudios contrastan el español científico con otras lenguas como el inglés, el alemán o el catalán. Estos trabajos ponen de relieve los rasgos particulares de la "retórica científica" española: se usan menos las marcas de persona, hay estilo menos crítico y más asertivo (Vázquez, 2001), y el discurso está más segmentado, implícito y orientado hacia el contenido que el inglés, por ejemplo, con lo que la responsabilidad de la efectividad comunicativa recae en el receptor (Cuenca, 2001)[6]. En esta misma línea, el análisis del español como segunda lengua también muestra su especial especificidad (Vázquez, 2005).

Por otra parte, desde finales del siglo XX, varios estudios discuten o matizan los rasgos tradicionalmente atribuidos al lenguaje científico y técnico, según recogen los libros de estilo mencionados: función representativa del lenguaje frente a función expresiva; literalidad frente a sentido figurado, u objetividad, neutralidad e impersonalidad frente a subjetividad y persuasión. Galán y Montero (2002) siguen los enfoques funcionales y pragmáticos de la lingüística anglosajona y cuestionan la visión positivista del texto científico como registro fiel de la realidad; argumentan que "en toda investigación, además del filtro lingüístico, se produce necesariamente una selección y estructuración previa de experimentos y datos; de ahí que pueda hablarse de una 'retórica de la ciencia' (porque hay manipulación en la construcción del texto) cuyo poderosísimo efecto es presentar un resultado infalible y sin contradicciones, ya sea un artículo, un *scientific paper* o una ponencia" (33).

Más allá del intercambio entre especialistas, los análisis lingüísticos llevados a cabo en el ámbito de la comunicación social de la ciencia son los que han defendido su carácter discursivo y cultural, así como las repercusiones lingüísticas que conlleva esta visión constructivista de la ciencia (Olivé, 1994; Cassany *et al.*, 2000; Calsamiglia *et al.*, 2001).

---

[6] Los datos que presenta Bueno Lajusticia (2003) sobre lenguas para fines específicos en España también ofrecen un panorama sobre estos estudios contrastivos.

13.3.2. *El español de la divulgación científica*

Un número relevante de investigadores hispanos se ha interesado por la forma como los avances científicos se divulgan entre la ciudadanía. En Argentina, Guiomar Ciapuscio inauguró la disciplina con su tesis doctoral leída en Alemania (1993), y ha seguido publicando interesantes trabajos desde la óptica de la lingüística del texto y de la terminología (Ciapuscio, 2003), junto con otros colaboradores (Susana Gallardo, Inés Kuguel, Isabel Otañi). En México, con una importante tradición divulgativa (revistas universitarias, webs, conferencias, Grupo de la UNAM), destacan los trabajos de Lourdes Berruecos (1998) desde el análisis del discurso. En Chile, algunos profesores de la Universidad Católica de Chile (Ana María Harvey, 1995) y de la Católica de Valparaíso (Juanita Marinkovich, 2005) han investigado sobre la reformulación en el discurso científico. En Venezuela, Francisco José Bolet (2002) utiliza el análisis crítico del discurso para explorar la subjetividad y la argumentación en las noticias sobre el proyecto de genoma humano.

En España, la Fundación Española para la Ciencia y la Tecnología organiza encuentros periódicos sobre distintos aspectos sociales y académicos de la divulgación, además de publicar muchos estudios (www.fecyt.es). El Observatorio de Comunicación Científica de la Universitat Pompeu Fabra edita el anual *Informe Quiral* sobre las cuestiones que han merecido el interés periodístico, publica la revista *Quark* (www.imim.es/quark) y forma a divulgadores profesionales. Un grupo de la misma universidad (Cassany *et al.*, 2000; Calsamiglia *et al.*, 2001) ha investigado sobre los usos lingüísticos de noticias divulgativas de medicina (enfermedad de las vacas locas, anorexia, sida), genética (alimentos transgénicos), farmacología o ecología, con la metodología del análisis del discurso. Otros temas científicos como la astronomía, que tienen gran desarrollo en otros lugares (como en Francia, por ejemplo), han merecido menos interés en español.

En general, estos trabajos conciben la ciencia como una construcción sociocultural y discursiva y, por tanto, humana. Discuten la univocidad, la neutralidad, la objetividad o la homogeneidad del lenguaje científico, al poner de relieve dos características centrales en este discurso:

a) la variación conceptual y denominativa de la terminología usada en contexto, y
b) la diversidad discursiva propia de la ciencia y la técnica.

Éstas circulan en distintos contextos en la comunidad, por lo que sus manifestaciones discursivas varían según la situación, ya sea de producción de conocimiento (artículo científico, ponencia) o de divulgación de estos conocimientos (prensa, enseñanza). Las metodologías utilizadas en estos trabajos varían según el propósito: fundamentación teórica y descriptiva en el marco de la lingüística textual (Ciapuscio y Kuguel, 2002; Gallardo, 2005); más explicación desde el análisis del discurso (Calsamiglia y Cassany, 1999), o más crítica desde una perspectiva que busca desvelar relaciones discursivas de poder (Berruecos, 2000).

Otras aproximaciones más interdisciplinarias estudian la divulgación desde el periodismo científico, para explorar la diseminación de la investigación científica en la comunidad (De Semir, 2000), o desde la sociología y la filosofía, para explorar la construcción social del conocimiento científico (Olivé, 1994; Ibarra y Olivé, 2003). Estas perspectivas tienen una orientación más aplicada, con la mirada puesta en la práctica periodística, didáctica y profesional. Existe además una Organización de Estados Iberoamericanos para la Educación, la Ciencia y la Cultura (OEI), que organiza periódicamente encuentros en los que se discuten cuestiones educativas y de desarrollo social; en estos foros la lengua española, junto con la portuguesa, son analizadas como canales de expresión del conocimiento científico y técnico.

Cabe tener en cuenta también que estos estudios no siempre entienden la divulgación de la *ciencia* del mismo modo. En lingüística, la divulgación científica es concebida como un proceso de recontextualización, en que el contenido y la forma de los textos científicos originales, generados en la comunidad investigadora, adoptan varias transformaciones para poder ser comprendidos por el público lego, que carece de los conocimientos técnicos correspondientes. Destacan los cambios en varios planos lingüísticos: en el nivel conceptual tiene lugar un proceso de reelaboración donde se buscan redes y conceptos corrientes para poder relacionar las nociones científicas con el conocimiento previo de los destinatarios no expertos; en el nivel textual, se limitan los procedimientos discursivos más técnicos (definiciones y descripciones especializadas) para emplear recursos lingüísticos y retóricos más familiares (metáforas, inserción de diálogos, aclaraciones, etc.) que contribuyan a la explicación lega; finalmente, en el nivel léxico se lleva a cabo el complejo mecanismo de la reformulación: se emplean formas más corrientes de denominación para hacer accesibles los conceptos técnicos. En este proceso, Ciapuscio (1997) ha descrito las operaciones de ampliación, reducción y variación que experimenta el contenido científico en el paso del discurso especializado al divulgativo. Galán y Montero (2002) y Gallardo (2005) destacan el componente periodístico y el componente didáctico de los textos de divulgación.

En el periodismo se muestra más interés por el análisis de contenido (De Semir *et al.*, 1998; *Informe Quiral*, 2004), para calibrar el impacto que los distintos avances tienen en los periódicos y entre la población. También se estudia el recorrido que sigue la noticia desde su publicación en forma de *paper*, pasando por los comunicados de prensa (*press-release*) que las revistas envían previamente a los grandes periódicos, hasta su reelaboración en forma de noticia periodística. Esta perspectiva muestra cómo la circulación de la ciencia no está exenta de intereses y sesgos: las grandes revistas (*Nature, Science*) tienen interés por conseguir espacio en los periódicos importantes (*El País, Clarín, Mercurio*) para incrementar su influencia social; los periódicos difunden estas noticias para conseguir también parte del prestigio que supone incorporar los nombres de las revistas anteriores, y los investigadores tienen interés en publicar tanto en los boletines especializados como en los periódicos, porque al fin y al cabo el dinero que requieren para seguir investigando es público y depende del impacto que consigan en sus trabajos.

En esta línea, Alcíbar (2004) analizó la difusión en *El País* de las técnicas de clonación humana, a raíz de las noticias sobre la secta norteamericana de los raëlianos (que afirmaron haber clonado a una niña). El análisis sociológico demuestra cómo el periódico y los científicos convocados para explicar el fenómeno aprovecharon esta oportunidad para difundir sus puntos de vista favorables a la clonación terapéutica y a la investigación con células madre –tema que actualmente resulta conflictivo por la posición de la Iglesia–. En cambio, algunas de las investigaciones latinoamericanas están más interesadas por los aspectos más sociales y antropológicos de la divulgación científica. Entre otros objetivos, observa los usos semánticos y pragmáticos de las palabras y de las unidades sintácticas, para destacar la postura del autor ante el conocimiento que comunica y la representación que hace llegar de ese conocimiento a la sociedad.

Ejemplos de aplicaciones de estas investigaciones son los cursos específicos que se imparten para periodistas especializados en comunicación científica, que recogen los resultados obtenidos de las investigaciones lingüísticas y comunicativas previas. En estos cursos se abordan los distintos aspectos que hemos ido destacando hasta aquí sobre lenguaje y ciencia: el uso de tecnicismos en la comunicación social, los distintos géneros de discurso propios de la divulgación (comunicados de prensa, noticias, artículos de divulgación, reportajes, etc.), los recursos lingüísticos implicados, la perspectiva científica adoptada o la retórica de la ciencia.

13.3.3. *La comunicación médico-paciente*

Una orientación relacionada con la anterior que también tiene tradición en español es el estudio de la interacción médico-paciente. Aquí no interesa tanto el contenido científico que se comunica como la interacción que se lleva a cabo, con el fin de conseguir una mayor comprensión y satisfacción por parte del paciente y de sus familiares. Hay trabajos sobre los actos de habla, la modalidad y la cortesía en las entrevistas clínicas (Cepeda, 2004), abordadas como un género de discurso conversacional con unas características particulares. Pero se trata todavía de investigaciones en ciernes, con escaso desarrollo en español, que parten de los trabajos realizados en el ámbito anglosajón.

Cómo tratar al paciente según sus características socioculturales de edad, sexo, formación, tanto en los recursos verbales como en los no verbales (Poyatos, 2002) son terrenos de investigación sobre los que se está trabajando en la actualidad. En ellos se persigue ofrecer descripciones que pongan de relieve diferentes tipos de interacciones comunicativas y sus efectos en el paciente. Los lingüistas aportan sus análisis para la consideración de los expertos y también como ayuda a los familiares implicados; por ejemplo, Gallardo Paúls (2004) ha recopilado un corpus con grabaciones de conversaciones entre hablantes afásicos con interlocutores diversos (familiares, logopeda, afásico; corpus PerLa, Percepción, Lenguaje y Afasia).

Una de las limitaciones que presenta este tipo de investigación es la falta de material disponible. No es fácil acceder a las entrevistas clínicas, dado su carácter privado. A diferencia del tipo de comunicación pública de la divulgación en los medios, dirigidos a un público amplio y heterogéneo, la entrevista médica constituye un "coloquio singular y único" (Ruiz Rodríguez, 2000). Además, la transdisciplinariedad de esta perspectiva, tan asentada en otras tra-

diciones culturales, todavía no resulta tan común en el ámbito hispanohablante, donde escasean las investigaciones coordinadas entre
médicos y lingüistas.

13.3.4. *Estudios clínicos sobre alteraciones del habla y de la escritura*

También se utiliza la perspectiva pragmática y sociolingüística para
abordar el estudio de las alteraciones del habla y de la escritura. Existen trabajos clásicos de análisis fonológico y gramatical sobre los trastornos del lenguaje (Murillo, 1984; Cabré, 2000), pero las orientaciones actuales aplican las categorías del análisis del discurso y de la
pragmática para ir más allá de las descripciones oracionales o léxicas. Así, el terapeuta dispone hoy de una gama más variada y completa de métodos de análisis y técnicas lingüísticas, a fin de diagnosticar y tratar las disfunciones comunicativas.

Desde una perspectiva clínica, un foro importante de investigación en este ámbito procede de la colaboración entre los departamentos de Filología Hispánica, Psicología Evolutiva, Educación y Teoría Lingüística en la Universidad de Valencia. Investigadores de estos
departamentos se han interesado por el denominado "trastorno o
dificultad pragmática" (Baixauli-Fortea *et al.*, 2004), que describe la
conducta comunicativa de niños que presentan rasgos como verbo-
rrea, déficit en el acceso léxico y en la comprensión del discurso, elección atípica de términos y destrezas conversacionales inadecuadas
(habla en voz alta sin interlocutor, dificultades para mantener el
tema y respuestas irrelevantes en el contexto del discurso y la conversación). Estas investigaciones surgen de la comprobación de que
la evaluación centrada sólo en los aspectos lingüísticos formales no
puede explicar ni la adquisición ni las dificultades en la comunicación que presentan muchos niños.

Este tipo de investigación muestra cómo las herramientas de observación y análisis que proporcionan ciencias del lenguaje como la
pragmática o el análisis del discurso resultan más pertinentes para
evaluar algunas dificultades comunicativas que las tradicionales pruebas experimentales, de carácter más gramatical o léxico. Por ejemplo, se ha demostrado que resulta de gran ayuda el análisis cualitativo de muestras conversacionales de un niño interactuando con su
interlocutor durante un tiempo, pues permite detectar expresiones
inadecuadas en el fluir de la conversación más fácilmente que con
otro tipo de instrumento. Del mismo modo, el análisis del discurso

de narraciones producidas por niños con trastorno pragmático facilita la decisión de establecer unas directrices de intervención clínica más ajustadas al paciente (Miranda-Casas *et al.*, 2004).

En definitiva, estos estudios clínicos aplican el aparato teórico lingüístico para poder diagnosticar con más precisión y acierto los trastornos del lenguaje que padece el paciente, y para plantear procedimientos de intervención terapéutica más adecuados. Se ha llegado a diagnosticar qué estructuras lingüísticas y qué habilidades comunicativas se han adquirido (y en qué grado de dominio) y cuáles no, más allá del nivel sintáctico y léxico, y sus implicaciones en el aprendizaje de la lectura (Miranda-Casas *et al.*, 2003) y la escritura. De todos modos, como las descripciones de carácter pragmático son muy recientes, sus aplicaciones constituyen todavía un programa de trabajo desafiante (p. ej., las guías comunicativas para la conversación afásica de Gallardo Paúls, 2004, sobre los trastornos pragmático-comunicativos).

13.4. Lengua española y derecho

Trazamos primero una breve comparación entre los sistemas jurídicos de la tradición anglosajona y de la hispana, para comprender las particularidades que presentan los estudios sobre los discursos del derecho en español, además de comentar algunas cuestiones relacionadas con la articulación del ámbito y la denominación del mismo. A continuación presentamos los principales estudios agrupados en tres orientaciones: la lingüística (jurídica) teórica y aplicada, el análisis del discurso y la traducción. Un cuadro final sintetiza los estudios más importantes de este ámbito.

13.4.1. *¿Qué se entiende por lingüística forense?*

La lingüística forense se puede definir en términos generales como la interacción entre lengua y derecho. Esta es la denominación utilizada en el ámbito anglosajón para referirse a los estudios de orientación lingüística sobre las manifestaciones discursivas que se producen, fundamentalmente, en el ámbito jurisdiccional. Los orígenes de la lingüística forense se sitúan a principios de 1970, con la aparición de las primeras publicaciones que relacionan la lengua con el derecho, especialmente en el ámbito angloamericano. Se desarrolla al principio en los estados de habla inglesa que se asocian a sistemas jurídicos basados en la *common law*, tradición en la que el derecho, especialmente el civil, concede un espacio primordial a la jurisprudencia, y no tanto a la ley, como forma ordinaria de expresión. Son los sistemas judiciales basados más en la prueba que en los códigos y las leyes, y su desarrollo suele coincidir con países influidos en algún momento de su historia por el derecho británico.

Paralelamente, los países asociados a sistemas jurídicos derivados del derecho romano (*civil law*), la tradición mayoritaria en Europa y en América Latina, desarrollan otro tipo de trabajos sobre el discurso jurídico, pues sus ordenamientos dan preeminencia al derecho escrito y adoptan una codificación sistemática del derecho común. En esta otra tradición, que suele coincidir con países de habla no inglesa, la interacción entre lengua y derecho se concentra en otros intereses, más vinculados con la codificación de los textos normativos y con cuestiones relacionadas con la traducción y la redacción de los textos jurídicos.

De forma lógica, las diferencias entre los sistemas jurídicos justifican que la investigación se especialice según sus elementos más significativos. Así pues, para la *common law* la prueba en un juicio es fundamental, y por ello los estudios de detección de plagio, identificación de hablantes, estilo de interrogatorios, etc., están tan desarrollados. Para la tradición romanista, en cambio, los estudios se concentran más en las características de los textos normativos en los que se basa, criterios generales de redacción y de traducción jurídica, lenguaje llano, comprensibilidad, etc. De todos modos, la relación entre las dos tradiciones es evidente, pues comparten algunos principios básicos, y existen amplias conexiones entre instituciones jurídicas. Por ello, no sorprende que un análisis contrastivo entre la lingüística forense, de origen anglófono, y la lingüística jurídica, de origen romano, muestre que cada ámbito ha desarrollado la teoría, la metodología y las aplicaciones que satisfacen las necesidades para las que surgieron.

En líneas generales, se puede afirmar que la lingüística forense anglosajona se caracteriza por un alto grado de autonomía, organización y homogeneidad tanto de recursos como de métodos y metodologías: el panorama lingüístico-forense dispone de publicaciones en serie (*Forensic Linguistics: The International Journal of Speech, Language and the Law*, de la Universidad de Birmingham); los profesionales se agrupan en asociaciones internacionales de lingüística forense (la International Association of Forensic Linguistics, IAFL, y la International

Association for Forensic Phonetics and Acoustics, IAFPA), y las líneas de investigación y de publicación cubren tanto aspectos de discurso en general, como determinación de autoría, lenguaje oral, variación lingüística y sistemas de peritaje[7].

En español, los estudios lingüísticos sobre los discursos del derecho no están organizados en torno a un único polo, sino alrededor de, como mínimo, tres perspectivas complementarias: la *lingüística teórica y aplicada*, el *análisis del discurso* y la *traducción especializada*. Quizás por este motivo, hoy por hoy no existe una denominación general, que sea aceptada unánimemente por la comunidad y que incluya todas las orientaciones, a semejanza de la *forensic linguistics* anglosajona. Más bien, cada especialista prefiere los términos específicos de su ámbito (*lingüística, discurso, traducción*, etc.) junto con el adjetivo *jurídico*, y así se habla de *lingüística jurídica, discurso jurídico* o *traducción jurídica*. Además, estos trabajos se difunden en los foros, los congresos y las publicaciones propios de cada ámbito de lingüística, análisis del discurso o traducción especializada, lo cual tampoco facilita la articulación del campo en torno a un único polo.

Añade todavía más complicación a esta situación el hecho de que la denominación *lingüística forense*, que para muchos no deja de ser un calco del inglés, se use también en español para referirse a los trabajos relacionados con la identificación de hablantes: el plagio y la caracterización de idiolectos. Esta equivalencia léxica (*forensic linguistics = lingüística forense*) puede inducir a la confusión, pero conviene determinar que mientras *forensic linguistics* es la denominación genérica anglosajona que incluye casi cualquier trabajo en el que interactúe el derecho con el lenguaje, en el ámbito hispano *lingüística forense* se suele referir sólo a un grupo restringido de estudios, que tampoco son los más tradicionales o conocidos.

Finalmente, los discursos jurídicos también son objeto de investigación por parte de las disciplinas académicas del derecho. Llamamos interpretación jurídica o interpretación *judicial* al conjunto de estudios sobre la interpretación de leyes, normas y otros textos del ámbito, que toman en consideración cuestiones relacionadas con el tipo de discurso y con el proceso de comunicación especializada. Estos trabajos se suelen relacionar con los de metodología de la interpretación y argumentación jurídica, teoría del derecho o filosofía del

---

[7] La bibliografía en todos los ámbitos de investigación es amplia y, en la mayoría de casos, accesible vía Internet. Es especialmente recomendable la bibliografía comprensiva que actualiza la IAFL: www.bham.ac.uk/IAFL/ bib/biblio.html.

derecho. Se trata de estudios teóricos sobre los problemas de la aplicación del derecho y de análisis semánticos del lenguaje legal. Incluyen el análisis de los enunciados normativos para que puedan aplicarse a un caso determinado, los problemas de antinomias y lagunas jurídicas, la atribución de un significado preciso a los términos legales, etc. No hemos incluido este tipo de estudios a continuación, al tratarse de una orientación desvinculada del campo de las ciencias del lenguaje.

13.4.2. *Lingüística teórica y aplicada*

Los estudios que se aproximan al derecho desde la lingüística suelen adoptar dos denominaciones: *lingüística jurídica* (o *lingüística legal*) y la ya mencionada *lingüística forense*. La primera denominación incluye la caracterización lingüística del lenguaje administrativo, con especial atención a los aspectos léxico-semánticos (formación de palabras, latinismos y cultismos, préstamos), morfosintaxis (formas nominales, verbales, concordancia, frase), estilo (títulos y tratamientos, giros negativos, frases expletivas, imágenes, personificación, fórmulas, formas de elocución y rasgos de estilo). A menudo, los trabajos realizados bajo esta orientación contienen repertorios lexicográficos de términos, giros, locuciones y frases habituales del ámbito jurídico. Las publicaciones en esta línea se desarrollan a lo largo de los años ochenta y mantienen un ritmo de publicación constante hasta cerca del año 2000. Entre ellas destacan Calvo Ramos (1980), Martín *et al.* (1996) y Henríquez Salido y De Paula Pombar (1998).

La segunda denominación (*lingüística forense*) concentra los esfuerzos en las actividades de peritaje lingüístico en entornos judiciales: el plagio, la identificación de hablantes, etc. Es un buen ejemplo el trabajo de Cicres y Turell (2004) sobre la utilidad del análisis multidimensional de la voz. En paralelo a esta denominación, surgen los trabajos de la *lingüística del foro*, que aglutinan tanto el análisis del discurso oral (la voz), como el de los rasgos estilísticos del discurso escrito (la grafología y la lingüística de corpus) y el de cuestiones relacionadas con la interpretación lingüística para la determinación del sentido de los textos jurídicos. La lingüística del foro se configura como una línea de investigación del ámbito del inglés profesional y académico (IPA), línea de trabajo que promueve entre otros el grupo de investigación de la Universidad de Alicante, dirigido por Enrique Alcaraz Varó.

13.4.3. *Análisis del discurso*

Lenguaje jurídico es la denominación más común y comprensiva de la relación entre lengua y derecho. Suele implicar una aproximación al derecho desde la lengua, aunque más discursiva que la aproximación de la lingüística jurídica. Se combina con denominaciones complementarias, como *discurso jurídico* y *lenguaje del derecho*. Junto a la denominación genérica de lingüística forense, es la forma más utilizada en América Latina para denominar la conexión entre lenguaje y derecho.

En paralelo, se introducen los estudios incluidos bajo la denominación *lenguaje forense* o *lenguaje legal*, que suele reservarse para los trabajos elaborados desde la perspectiva lingüística y sobre cuestiones jurídicas, en las que el elemento lingüístico tiene un papel relevante. Usan la denominación *lenguaje legal* los trabajos realizados desde la perspectiva lingüística, pero realizados por juristas y dirigidos también a juristas. Se suelen concentrar en la caracterización de los vicios del lenguaje legal y en las propuestas de estilo para superarlos; por ejemplo, consideraciones gramaticales sobre el uso del gerundio, el futuro de subjuntivo, la pasiva y la pasiva refleja con complemento agente, puntuación, omisión del artículo, etc. También se interesan por la técnica de elaboración de definiciones.

El conjunto de trabajos que se incluyen en esta línea es variado, e incluso se puede afirmar que no responde a un patrón tipológico estricto; una misma publicación puede contener una revisión histórica sobre la evolución del lenguaje jurídico en una tradición concreta, para pasar a describir sus vicios principales y terminar con un repertorio de formularios y un glosario terminológico aclaratorio. De todos modos, las publicaciones suelen priorizar uno de los puntos de vista siguientes: la enseñanza, el análisis crítico del discurso, los programas de modernización del lenguaje administrativo, las recomendaciones de redacción llana y la propuesta de modelos de textos.

Son obras representativas de los trabajos dedicados a la enseñanza del lenguaje jurídico los que se dirigen tanto a estudiantes de derecho y traducción, como a juristas de otras nacionalidades que posean niveles medios y altos de conocimiento del español. Si se considera el tipo de usuario al que se destinan, estos trabajos suelen dedicar parte del contenido a cuestiones conceptuales. Son ejemplos ilustrativos Aguirre y Hernández (1997) u Ortiz Sánchez (2001).

Desde la perspectiva discursiva, tienen una relevancia especial las publicaciones que parten de los supuestos del análisis crítico del discurso, aplicados tanto al discurso político (Vasilachis de Gialdino, 1997), como al discurso jurídico con vistas a identificar la opinión dominante en ese ámbito (Puigpelat, 1994), e incluso a la relación entre identidad femenina y discurso jurídico (Ruiz, 2000). Gran parte de estos trabajos se realiza y se publica en América Latina.

Las aportaciones centradas en los programas de modernización del lenguaje jurídico y administrativo suelen ofrecer una introducción donde se indican sus principales características y su desarrollo. Parten de los supuestos del *Plain Language Movement*, identifican los rasgos del lenguaje jurídico e ilustran los vicios principales que se manifiestan en los textos más habituales. En consecuencia, proponen recomendaciones para conseguir un estilo más claro y sencillo, equivalentes a las citadas más arriba para el español de la ciencia y la técnica. Sirvan como ejemplo Pierro de Luca y Abdala (1986), Duarte y Martínez (1995), Valladares Rodríguez (1997), Escuela Judicial del Consejo General del Poder Judicial (2000), Castellón (2001) u Ortiz Lugo (2005). Otros foros aportan una dimensión más investigadora o reflexiva: la revista catalana *Llengua i Dret* (Lengua y Derecho) publica trabajos en varias lenguas, y un volumen del IVAP (1995) recoge las aportaciones españolas e internacionales en unas jornadas sobre simplificación y transparencia en la documentación administrativa, organizadas por varias instituciones españolas.

En esta misma línea, los trabajos más aplicados ofrecen modelos documentales adaptados a las necesidades específicas de un grupo de usuarios (administración pública, notarios, juzgados, etc.). Suelen incluir una introducción a los documentos y una descripción conceptual y estructural que ejemplifican con textos reales. Mayoritariamente, se trata de documentos con vocación estandarizadora, y suelen patrocinarlos instituciones públicas o colegios profesionales. En España, el Ministerio para las Administraciones Públicas editó un manual de estilo (1990) y un formulario de documentos (1994) con mucho éxito. En México, la Secretaría de Gobernación ha impulsado la publicación de un manual de técnica legislativa (2005), que incluye recomendaciones de redacción de textos jurídicos.

Recientemente, varios países latinoamericanos han impulsado diferentes iniciativas para modernizar la tradicional burocracia administrativa, siguiendo los mencionados planteamientos del lenguaje llano. En México se lanzó la campaña *Lenguaje ciudadano* a finales de 2004, que pretende incrementar la transparencia en las diferentes administraciones, luchar contra la corrupción y facilitar la actividad empresarial de nacionales y extranjeros. Con la reducción y simplificación de los formularios administrativos, la elaboración de unas recomendaciones generales en forma de manual de estilo, la creación de una interesante web y de una campaña de formación de funcionarios o servidores públicos, se pretende impulsar la democracia y el desarrollo económico en el país. Iniciativas parecidas, quizás más internas, están llevando a cabo el Ministerio de Economía de Argentina o el Senado de Chile.

13.4.4. *Traducción*

Traducción jurídica y traducción jurada suelen abarcar los estudios traductológicos realizados por traductores e intérpretes sobre la metodología de la traducción jurídica. En general, se trata de descripciones de los discursos y de la metodología de la traducción jurada, a la vez que se desarrollan recursos documentales y tecnológicos para la traducción del discurso jurídico. En la misma línea se sitúan los trabajos más traductológicos del inglés profesional y académico, cuyas publicaciones más significativas corresponden a Alcaraz (2000-2002), con destacados manuales de traducción inglés-español. También son relevantes las dos introducciones a la traducción jurídica y jurada editadas por San Ginés Aguilar y Ortiga Arjonilla (1997ab), además de Borja (2000). (Véase también el capítulo de Javier Ortiz y Manuel Mata en este volumen.)

Abundan asimismo las obras misceláneas con artículos tanto de juristas como de lingüistas sobre la traducción de textos internacionales, la traducción jurada y variadas cuestiones profesionales, producto de jornadas y congresos, como las actas de las *III Jornadas Internacionales de Traducción e Interpretación* de la Universidad de Málaga, coordinadas por Félix Fernández y Ortega Arjonilla (1998). Los temas que se tratan aquí son la fidelidad en traducción jurídica, las fuentes de documentación o la regulación normativa del ejercicio de la traducción jurada. Se pueden ver también las propuestas de Feria García (1999), la colección de artículos de Roberto Mayoral (1991-2000) y la obra miscelánea editada por Monzó y Borja (2005). Finalmente, son de especial interés algunas webs específicas sobre traducción jurídica, como *Puntoycoma* o la *Web del traductor jurídico*. En esta última se actualizan periódicamente numerosas publicaciones sobre traducción jurídica en español; además los investigadores españoles se ponen en contacto para organizar y sistematizar sus trabajos (Borja, 2004).

A modo de cierre, una tabla (ver anexo) ilustra el contraste entre la denominada lingüística forense de origen anglosajón y las denominaciones de la interacción entre lengua y derecho que se producen en el ámbito hispano (en gris). Los cuadros centrales mencionan los principales contenidos que ofrecen las publicaciones en español para cada categoría, con sus correspondientes referencias.

13.5. Conclusiones

Los rápidos y profundos cambios socioculturales y tecnológicos que están viviendo las comunidades hispanas sugieren algunas tendencias en la investigación sobre el español en contextos laborales.

En primer lugar, la irrupción de Internet y la migración de buena parte de la interacción laboral a formatos digitales supone la necesidad de incrementar la investigación del español en estos nuevos sectores. Hoy en día las aproximaciones son todavía generales, pese a que ya se plantean muchos retos: ¿qué registro se usa en el correo electrónico o en el chat profesional?, ¿cómo debe estructurarse una web para que todos los clientes internautas le otorguen credibilidad?, ¿qué variantes dialectales deben prevalecer en las transacciones en español en todo el planeta?

En segundo lugar, la globalización y la paulatina expansión del español en el mundo multiplican las situaciones de interferencia e interculturalidad entre hablantes hispanos y de otras comunidades en contextos laborales específicos. La escasa investigación actual de tipo contrastivo revela diferencias retóricas importantes entre el español y otras lenguas (como el inglés) e incluso entre los grandes dialectos hispanos (formas de cortesía, orientación argumentativa), que pueden conducir desencuentros. Hoy necesitamos estudios más exhaustivos que describan los discursos hispanos en diferentes ámbitos en comparación con los de otros idiomas francos: ¿cómo se queja un cliente alemán y cómo lo hace un argentino?, ¿cómo se argumenta en una auditoría canadiense y en otra mexicana?, ¿cómo comenta los datos de una investigación un hispano y cómo lo hace un anglófono?, ¿los hispanos debemos renunciar a los patrones retóricos del español para adoptar los del inglés?, ¿al comunicarse en una segunda lengua –sea español o no– debe renunciarse a las marcas de identidad del individuo?

En tercer lugar, la consolidación de la democracia en las comunidades hispanas está provocando importantes cambios en la administración y en el derecho. Para poder participar en el debate político, la ciudadanía tiene que poder entender muchos discursos públicos (leyes, normas, justicia) y esto requiere sustituir la vieja e incomprensible burocracia por un lenguaje directo y claro. Cabe esperar que buena parte de los países hispanos desarrolle y adapte para sí los principios de la simplificación del lenguaje: ¿cómo deben escribirse las sentencias judiciales para que puedan ser comprendidas por los afectados?, ¿cómo deben escribirse las leyes?, ¿pueden aplicarse al español los mismos principios simplificadores creados para el inglés?

Finalmente, en el futuro debemos aspirar a rellenar los huecos que presenta hoy la investigación del español en contextos laborales, en comparación con la que se realiza en otros idiomas. Detectamos algunas deficiencias desde varias perspectivas, en algunos campos o en algunas aproximaciones metodológicas. Por ejemplo, en el área de la lengua y el derecho, las tres aproximaciones que agrupan la investigación del español (lingüística, discursiva y traductológica) no presentan hoy el mismo grado de progreso. Los estudios en torno al discurso o lenguaje jurídico sistematizan las características de los textos jurídicos de forma amplia. Le siguen en orden de desarrollo los estudios elaborados desde la aproximación traductológica, mientras que los trabajos realizados desde la óptica de la lingüística jurídica son hoy aún escasos.

En el plano metodológico, en otras tradiciones es habitual la colaboración entre especialistas de diferentes disciplinas (técnicos de empresa, periodistas, ingenieros, médicos, científicos, juristas) y lingüistas para resolver las necesidades inmediatas que presenta la actividad laboral especializada. En el contexto hispano, esta colaboración es todavía poco frecuente e implica aproximaciones más parciales a un hecho tan interdisciplinario como es el español laboral.

13.6. PREGUNTAS PARA LA REFLEXIÓN

1. Los estudios sobre la lengua en la empresa se han centrado en los géneros comerciales y en la publicidad, pero ¿podemos garantizar que los géneros discursivos en español, usados por diferentes empresas de un mismo sector (por ejemplo, banca o ingeniería), son uniformes o iguales? ¿Por qué?
2. Teniendo en cuenta los comentarios sobre el español de los medios de comunicación de la sección 2.2, ¿qué funciones cree que desarrollan los manuales de estilo?

3. El género científico mejor descrito es el artículo científico en lengua inglesa, como se comenta en 3.1, pero ¿puede hablarse de un lenguaje científico universal? ¿El artículo científico en inglés y en español tienen la misma forma? ¿Por qué?
4. De acuerdo con la sección 4.1, valore la oportunidad de las denominaciones hispánicas *lingüística jurídica, discurso jurídico* y *traducción jurídica* ante la denominación de procedencia anglosajona *lingüística forense*.
5. Visto este panorama de estudios sobre el español laboral, enumere tres sugerencias para que los estudios lingüísticos puedan realmente facilitar la comunicación entre los profesionales técnicos (empresarios, técnicos, médicos, etc.) y sus interlocutores (clientes, ciudadanía).

BIBLIOGRAFÍA

AGUIRRE, B. y HERNÁNDEZ, C. (1983): *El lenguaje administrativo y comercial*. Madrid, Sociedad General Española de Librería.

AGUIRRE, B. y HERNÁNDEZ, C. (1997): *Lenguaje jurídico. El español por profesiones*. Madrid, Sociedad General Española de Librería.

ALBEROLA, P.; BORJA, J.; PERUJO, J.; FORCADELL, J.; CORTÉS, C. y BERNABEU PICANYA, J. (1996): *Comunicar ciència*. Barcelona, Edicions del Bullent.

ALCARAZ, E. (1994): *El inglés jurídico: textos y documentos*. Barcelona, Ariel.

ALCARAZ, E. (2000): *El inglés jurídico*. Barcelona, Ariel.

ALCARAZ, E. (2001): *El inglés profesional y académico*. Madrid, Alianza Editorial.

ALCARAZ, E.; CAMPOS, M. Á. y MIGUÉLEZ, C. (2001): *El inglés jurídico norteamericano*. Barcelona, Ariel.

ALCARAZ, E. y HUGHES, B. (2002): *El español jurídico*. Barcelona, Ariel.

ALCÍBAR, M. (2004): *Controversias tecnocientíficas y medios de comunicación: El caso de la clonación humana y los raëlianos en* El País. Tesis doctoral, Universidad de Sevilla.

ALEJANDRO, M. y BOBENRIETH, A. (1994): *El artículo científico original. Estructura, estilo y lectura crítica*. Granada, Junta de Andalucía, Consejería de Salud-Escuela Andaluza de Salud Pública.

ANDERSON IMBERT, E. (1984): *La prosa. Definiciones, usos y modalidades. Aprendizaje del arte de escribir*. México, Ariel.

BAIXAULI-FORTEA, I.; ROSELLÓ, B. y MIRANDA-CASAS, A. (2004): Evaluación de las dificultades pragmáticas. Estudio de casos. *Revista de Neurología* 38: 69-79.

BASALTO, H. (1998): *Curso de redacción*. México, Trillas.

BERRUECOS, M. (1998): Análisis del discurso y divulgación de la ciencia. *Argumentos. Estudios críticos de la sociedad* 29: 21-35.

BERRUECOS, M. (2000): Las dos caras de la ciencia: Representaciones sociales en el discurso. *Revista Discurso y Sociedad* 2: 105-130.

BIRGIN, H. (comp.) (2000): *El derecho en el género y el género en el derecho.* Buenos Aires, Biblos.

BOLET, F. (2002): Análisis de estrategias discursivas empleadas en la cobertura periodística del proyecto Genoma Humano. *Lingua Americana* VI (10): 39-69.

BOLÍVAR, A. (1998): *Discurso e interacción en el texto escrito.* Caracas, Consejo de Desarrollo Científico y Humanístico, Universidad Central de Venezuela.

BORJA, A. (2000): *El texto jurídico inglés y su traducción al español.* Barcelona, Ariel.

BORJA, A. (2004): "La investigación en traducción jurídica." En M. García Peinado y E. Ortega Arjonilla (dirs.). *Panorama actual de la investigación en traducción e interpretación* (pp. 415-426). Granada, Atrio.

BRUMME, J. (ed.) (1997): *La història dels llenguatges iberorromànics d'especialitat (segles XVII-XIX).* Barcelona, IULA UPF.

BUENO LAJUSTICIA, Mª. (2003): *Lenguas para fines específicos en España a través de sus publicaciones (1985-2002).* Madrid, Proyecto Córydon.

CABRÉ, M. (1999): *La terminología: Representación y comunicación. Elementos para una teoría de base comunicativa y otros artículos.* Barcelona, IULA UPF.

CABRÉ, M. (2000): "Fundamentos lingüísticos en logopedia." En J. Peña (ed.). *Manual de logopedia* (3ª ed.) (pp. 87-109). Barcelona, Masson.

CALDEIRO, Mª. A.; FELIU, E.; FOZ, M.; GRACIA, D.; HERRANZ, G.; LIENCE, E. *et al.* (1993): *Manual de estilo. Publicaciones biomédicas.* Barcelona, Doyma.

CALONGE, J. (1995): "El lenguaje científico y técnico." En M. Seco y G. Salvador (coords.). *La lengua española, hoy* (pp. 175-186). Madrid, Fundación Juan March.

CALSAMIGLIA, H.; BONILLA, S.; CASSANY, D.; LÓPEZ, C. y MARTÍ, J. (2001): "Análisis discursivo de la divulgación científica." En J. De Bustos, P. Charaudeau, J. Girón, S. Iglesias y C. López (coords.). *Lengua, discurso, texto. I Simposio Internacional de Análisis del Discurso* (pp. 2639-2646). Tomo II. Madrid, Visor.

CALSAMIGLIA, H. y CASSANY, D. (1999): Voces y conceptos en la divulgación científica. *Revista Argentina de Lingüística* 11-15: 175-208.

CALVO RAMOS, L. (1980): *Introducción al estudio del lenguaje administrativo.* Madrid, Gredos.

CARRERAS PANCHÓN, A. (coord.) (1994): *Guía práctica para la elaboración de un trabajo científico.* Bilbao, CITA.

CASSANY, D. (1995): *La cocina de la escritura.* Barcelona, Anagrama. [Versión original en catalán: *La cuina de l'escriptura.* Barcelona, Empúries, 1993.]

CASSANY, D.; LÓPEZ, C. y MARTÍ, J. (2000): Divulgación del discurso científico: la transformación de redes conceptuales. Hipótesis, modelo y estrategias. *Discurso y sociedad* 2: 73-103.

CASTELLÓN, H. (2001): *El lenguaje administrativo. Formas y uso.* Granada, Editorial la Vela.

CASTRO GARCÍA, Ó. (1998): *Los informes escritos*. Medellín, Vanda Stanza.

CEPEDA, G. (2004): Cortesía, imagen social y aceptación del mensaje terapéutico: Modalización en el discurso de la entrevista clínica. Instituto de Lingüística y Literatura de la Universidad Austral de Chile. http://uach.cl/articulos/cepeda1.pdf. Acceso 5 de diciembre, 2005.

CHABÁS, J.; CASES, M. y GASER, R. (2000): *Proceedings. 1st Internacional Conference on Specialized Translation*. Barcelona, IULA UPF.

CIAPUSCIO, G. (1993): *Wissenschaft für den Laien: Untersuchungen zu populärwissens chaftlichen Nachrichten aus Argentinien*. Bonn, Romanistischer Verlag.

CIAPUSCIO, G. (1997): Lingüística y divulgación de ciencia. *Quark* 7: 19-28.

CIAPUSCIO, G. (2003): *Textos especializados y terminología*. Barcelona, IULA UPF.

CIAPUSCIO, G. y KUGUEL, I. (2002): "Hacia una tipología del discurso especializado: Aspectos teóricos y aplicados." En Mª. Fuentes Morán y J. García Palacios (eds.). *Terminología, texto y traducción* (pp. 37-73). Salamanca, Almar.

CICRES, J. y TURELL, M. (2004): "El análisis multidimensional de la voz como herramienta para la identificación del hablante en fonética forense." En AA.VV. (eds.). *Actas del VI Congreso de Lingüística General*. Madrid, Visor Libros.

COHEN, S. (1994): *Redacción sin dolor*. México, Planeta.

CORPAS PASTOR, G. (ed.) (2003): *Recursos documentales y tecnológicos para la traducción del discurso jurídico*. Granada, Comares.

CUENCA, M. (2001): Estudi estilístic i contrastiu de l'arquitectura de l'oració. Estil segmentat vs. estil cohesionat. *CLAC* 7 (www.ucm.es/info/circulo/no7/cuenca. htm).

DE SEMIR, V. (2000): Periodismo científico, un discurso a la deriva. *Discurso y Sociedad* 2: 9-37.

DE SEMIR, V.; RIBAS, C. y REVUELTA, G. (1998): Press Releases of Science Journal Articles and Subsequent Newspaper Stories on the Same Topic. *JAMA* 280: 294-295.

DELISAU, S. (1986): *Las comunicaciones escritas en la empresa*. Barcelona, Vecchi.

DUARTE I MONTSERRAT, C. y MARTÍNEZ, A. (1995): *El lenguaje jurídico*. Buenos Aires, A-Z.

ESCALANTE, B. (1998): *Curso de redacción para escritores y periodistas*. México, Porrúa.

ESCUELA JUDICIAL. CONSEJO GENERAL DEL PODER JUDICIAL (2000): *Lenguaje forense*. Madrid, Consejo General del Poder Judicial.

ETXEBARRÍA AROSTEGUI, M. (1997): El lenguaje jurídico-administrativo: Propuestas para su modernización y normalización. *Revista Española de Lingüística* 27: 341-380.

FÉLIX FERNÁNDEZ, L. y ORTEGA ARJONILLA, E. (1998): *II Estudios sobre traducción e interpretación*. Tomo III. Málaga, Universidad de Málaga.

FERIA GARCÍA, M. (ed.) (1999): *Traducir para la justicia*. Granada, Comares.

GALÁN, C. y MONTERO, J. (2002): *El discurso tecnocientífico: La caja de herramientas del lenguaje*. Madrid, Arco/Libros.

GALLARDO, S. (2005): *Los médicos recomiendan. Un estudio de las notas periodísticas sobre salud*. Buenos Aires, Eudeba.

GALLARDO PAÚLS, B. (2004): El corpus PerLa y el diseño de la Guía Comunicativa para la conversación afásica. http://www.uv.es/~pauls/2004.Jornadas%20Novbre.pdf. Acceso 5 de diciembre, 2005.

GARCÍA MESEGUER, Á. (1994): *¿Es sexista la lengua española? Una investigación sobre el género gramatical.* Barcelona, Paidós.

GARCÍA NEGRONI, M.; STERN, M. y PÉRGOLA, L. (coord.) (2001): *El arte de escribir bien en español. Manual de corrección de estilo.* Buenos Aires, Edicial.

GARRIDO, C. (1989): *Manual de correspondencia comercial moderna.* Barcelona, De Vecchi.

GATTI MURIEL, C. y WIESSE REBAGLIATI, J. (1992): *Técnicas de lectura y redacción. Lenguaje científico y académico* (3ª ed. aumentada y corregida). Lima, Universidad del Pacífico.

GILI GAYA, S. (1963): "El lenguaje de la ciencia y de la técnica." En *Presente y futuro de la lengua española. Actas de la Asamblea de Filología del I Congreso de Instituciones Hispánicas* (pp. 269-276). Vol. II. Madrid, Publicación de la Oficina Internacional de Información y Observación del Español (OFINES).

GOLANÓ, C. y FLORES-GUERRERO, R. (2002): *Aprender a redactar documentos empresariales.* Barcelona, Paidós.

GUTIÉRREZ CUADRADO, J. (2004): "Comentario del panel *El español y las lenguas de especialidad.*" En R. Sequera (ed.). *Ciencia, tecnología y lengua española: La terminología científica en español* (pp. 87-94). Madrid, Fundación Española para la Ciencia y la Tecnología (FECYT).

GUTIÉRREZ RODILLA, B. (1998): *La ciencia empieza en la palabra. Análisis e historia del lenguaje científico.* Barcelona, Península.

HARVEY, A. (1995): El fenómeno de la reformulación del discurso científico. *Lenguas Modernas* 22: 105-112.

HENRÍQUEZ SALIDO, M. y DE PAULA POMBAR, M. (1998): *Prefijación, composición y parasíntesis en el léxico de la jurisprudencia y de la legislación.* Vigo, Universidad de Vigo.

IBARRA, A. y OLIVÉ, L. (eds.) (2003): *Cuestiones éticas de la ciencia y la tecnología en el siglo XXI.* Madrid, Biblioteca Nueva.

INFORME QUIRAL (2004): *Medicina en la prensa española.* Barcelona, Rubes Editorial y Observatorio de la Comunicación Científica.

IVAP. Instituto Vasco de la Administración Pública. (1995): La mejora de la comunicación entre la Administración y los ciudadanos. *Ponencias en las jornadas sobre simplificación del lenguaje.* Donostia/San Sebastián XI: 22-24.

LENGUAJE CIUDADANO. Secretaría de la Función Pública. www.lenguajeciudadano.gob.mx

LLENGUA I DRET (1983): Revista multilingüe. Barcelona. www.eapc.es/rld.html

MACIÁ, M. (1998): *Manual de documentación jurídica.* Madrid, Síntesis.

MARINKOVICH, J. (2005): "Las estrategias de reformulación: El paso desde un texto-fuente a un texto de divulgación didáctica." En G. Parodi (ed.). *Discurso especializado e instituciones formadoras* (pp. 193-215). Valparaíso, Ediciones Universitarias de Valparaíso.

Martín, J.; Ruiz, R.; Santaella, J. y Escánez, J. (1996): "Lenguaje científico-técnico." En J. Martín, R. Ruiz, J. Santaella y J. Escánez (eds.). *Los lenguajes especiales* (pp. 101-138). Granada, Editorial Comares.

Martín del Burgo Marchán, Á. (2000): *El lenguaje del derecho*. Barcelona, Bosch.

Martín Martín, J. (1991): *Normas de uso del lenguaje jurídico*. Granada, Comares.

Martín Municio, Á. (1998): "El español y la ciencia." En Instituto Cervantes *El español en el mundo. Anuario 1998*. http://cvc.cervantes.es/obref/anuario/anuario_98/martin/

Martín Zorraquino, M. (1997): Formación de palabras y lenguaje técnico. *Revista Española de Lingüística* 27: 317-339.

Martínez de Sousa, J. (1987): *Diccionario de ortografía técnica: Normas de metodología y presentación de trabajos científicos, bibliológicos y tipográficos*. Salamanca, Fundación Germán Sánchez Ruipérez y Pirámide.

Martínez de Sousa, J. (1993): *Diccionario de redacción y estilo*. Madrid, Pirámide.

Martínez de Sousa, J. (2000): *Manual de estilo de la lengua española*. Gijón, Trea.

Maurial, A. (1991): *Comunicación escrita. De la palabra a la acción*. Lima, Villanueva S. A.

Mayoral, R. (1991): La traducción jurada de documentos académicos norteamericanos. http:// www.gitrad.uji.es/common/articles/Mayoral5.pdf.

Mayoral, R. (1995): La traducción jurada del inglés al español de documentos paquistaníes: Un caso de traducción intercultural. *Sendebar* 6: 115-146.

Mayoral, R. (1997): La traducción especializada como operación de documentación. *Sendebar* 8/9: 137-154.

Mayoral, R. (1999): "Traducción oficial (jurada) y función." En M. Feria García (ed.). *Traducir para la justicia* (pp. 59-86). Granada, Comares.

Mayoral, R. (2000): Cómo se hace la traducción jurídica. http://www.gitrad.uji.es/ articles/C%D3MO%20SE%20HACE%20LA%20TRADUCCI%D3N%20JUR%CDDICA.htm.

Millán Garrido, A. (1997): *Libro de estilo para juristas (normas básicas y reglas técnicas en la elaboración del trabajo académico)*. Barcelona, Bosch.

Ministerio para las Administraciones Públicas (1990): *Manual de estilo del lenguaje administrativo*. Madrid, MAP.

Ministerio para las Administraciones Públicas (1994): *Manual de documentos administrativos*. Madrid, MAP/Tecnos.

Miranda-Casas, A.; Baixauli-Ferrer, I.; Soriano, M. y Presentación-Herrero, M. (2003): Cuestiones pendientes en la investigación sobre dificultades del acceso al léxico: Una visión de futuro. *Revista de Neurología* 36: 20-28.

Miranda-Casas, A.; Ygual Fernández, A. y Rosel Remírez, J. (2004): Complejidad gramatical y mecanismos de cohesión en la pragmática comunicativa de los niños con trastorno por déficit de atención con hiperactividad. *Revista de Neurología* 38: 111-116.

Mollfulleda Buesa, S. (1980): *Lenguaje jurídico y lengua común*. Tesis doctoral, Universidad de Barcelona.

Monzó, E. y Borja, A. (2000): Organització de corpus. L'estructura d'una base de dades documental aplicada a la traducció jurídica. *Revista de Llengua i Dret* 34: 9-21.

Monzó, E. y Borja, A. (ed.) (2005): *La traducción y la interpretación en las relaciones jurídicas internacionales.* Castellón, Universitat Jaume I.

Moyano, E. (2000): *Comunicar ciencia. El artículo científico y las comunicaciones a congresos,* Buenos Aires, Secretaría de Investigaciones, Universidad Nacional de Lomas de Zamora.

Murillo, J. (1984): "Prólogo a la edición española." En D. Crystal, P. Fletcher y M. Garman. *Análisis gramatical de los trastornos del lenguaje.* Barcelona, Editorial Médica y Técnica.

Olivé, L. (1994): *La explicación social del conocimiento* (2ª ed.). México, Universidad Nacional Autónoma de México.

Olivecrona, K. (1991): *Lenguaje jurídico y realidad.* México, Distribuciones Fontamara.

Ortiz Lugo, J. (2005): *Escriba menos y comuníquese mejor. El lenguaje de la burocracia y otros temas de redacción.* San Juan, Plaza Mayor.

Ortiz Sánchez, M. (2001): *Introducción al español jurídico: Principios del sistema jurídico español y su lenguaje para juristas extranjeros.* Granada, Comares.

Pardo, M. (1996): *Derecho y lingüística. Cómo se juzga con palabras.* Buenos Aires, Ediciones Nueva Visión.

Parodi, G. (2005): *Discurso especializado e instituciones formadoras.* Valparaíso, Ediciones Universitarias de Valparaíso.

Pierro de Luca, M. y Abdala, M. (1986): *Redacción de escritos públicos (forenses, administrativos, técnicos y comerciales).* Mendoza, Ed. Jurídicas Cuyo.

Poblet, M. (1998): *Las formas retóricas del discurso jurídico. Una descripción etnográfica.* Barcelona, Institut de Ciències Polítiques i Socials. [Manuscrito no publicado].

Poyatos, F. (2002): *Nonverbal Communication Across Disciplines.* 3 volúmenes. Amsterdam, John Benjamins.

Prieto de Pedro, J. (1991): *Lenguas, lenguaje y derecho.* Madrid, Servicio de Publicaciones de la Universidad Nacional de Educación a Distancia.

Puigpelat Martí, F. (1994): *Funciones y justificación de la opinión dominante en el discurso jurídico.* Barcelona, Bosch.

Puntoycoma. (1995): Boletín electrónico de las unidades españolas de traducción de la Comisión Europea. http://europa.eu.int/comm/translation/bulletins/puntoycoma/nume ros.html

Ramallo, F. (2002): "O galego na publicidade: modelos culturais, representacións colectivas e comunicación publicitaria." En *Actas dos IV Encontros para a Normalización Lingüística* (pp. 131-151). Santiago, Consello da Cultura Galega (http://webs.uvigo.es/ framallo/artigo%20IV%20Encontros.pdf).

Reguant, S. (2003): "Perspectivas sobre la terminología, el discurso y la cultura científicos." En B. Gutiérrez Rodilla (ed.). *Aproximaciones al lenguaje de la ciencia* (pp. 69-109). Burgos, Fundación Instituto Castellano y Leonés de la Lengua.

RODRÍGUEZ DÍEZ, B. (1977-78): Lo específico de los lenguajes científico-técnicos. *Archivum* XXVII-XVIIII: 485-521.

RUIZ, A. (2000): *Identidad femenina y discurso jurídico*. Buenos Aires, Biblos.

RUIZ RODRÍGUEZ, G. (2000): La entrevista médica en el contexto de la relación médico-paciente. *Ateneo* 1: 15-20.

SÁINZ MORENO, F. y DA SILVA OCHOA, J. C. (1989): *La calidad de las leyes*. Vitoria-Gasteiz, Eusko Legebiltzarra/Parlamento Vasco.

SAN GINÉS AGUILAR, P. y ORTEGA ARJONILLA, E. (eds.) (1997a): *Introducción a la traducción jurídica y jurada (inglés-español)* (2ª ed.). Granada, Comares.

SAN GINÉS AGUILAR, P. y ORTEGA ARJONILLA, E. (eds.) (1997b): *Introducción a la traducción jurídica y jurada (francés-español)*. Granada, Comares.

SÁNCHEZ REYES, C. (1993): *Redacción comercial*. Río Piedras, Universidad de Puerto Rico.

SANZ, G. y FRASER, A. (1998): *Manual de comunicaciones escritas para la empresa*. Barcelona, Graó Interactiva.

SANZ, G. y GÜELL, H. (2000): *Com Millorar l'Atenció al Client*. Barcelona, Gestió 2000.

SECRETARÍA DE GOBERNACIÓN (2005): *Doctrina y lineamientos para la redacción de textos jurídicos, su publicación y divulgación*. México, Secretaría de Gobernación. Dirección General de Compilación y Consulta del Orden Jurídico Nacional.

SEQUERA, R. (ed.) (2004): *Ciencia, tecnología y lengua española: La terminología científica en español*. Madrid, FECYT (http://www.fecyt.es).

SEVILLA, M. y SEVILLA, J. (2003): Una clasificación del texto científico-técnico desde un enfoque multidireccional. *Language Design* 5: 19-38.

TRUJILLO, R. (1974): "El lenguaje de la técnica." En AA.VV. (eds.). *Doce ensayos sobre el lenguaje* (pp. 195-211). Madrid, Juan March-Rioduero.

VALLADARES RODRÍGUEZ, O. (1997): *Manual de redacción administrativa*. Lima, Mantaro.

VASILACHIS DE GIALDINO, I. (1997): *Discurso político y prensa escrita. Un análisis sociológico, jurídico y lingüístico*. Barcelona, Gedisa.

VÁZQUEZ. G. (2001): *El discurso académico escrito*. Madrid, Edinumen.

VÁZQUEZ, G. (ed.) (2005): *Español con fines académicos: De la comprensión a la producción de textos*. Madrid, Edinumen.

VIEDMA GARCÍA, M. (coord.) (2003): *Manual de publicidad administrativa no sexista*. Málaga, Asociación de Estudios Históricos Sobre la Mujer.

WAY, C. (ed.) (2002): *Puentes. Hacia nuevas investigaciones en la mediación intercultural*. Número monográfico dedicado a la traducción jurídica. Granada, Comares.

ZAVALA RUIZ, R. (1991): *El libro y sus orillas: Tipografía, originales, reacción, corrección de estilo y de pruebas*. México, UNAM.

TABLA CONTRASTIVA ENTRE LA TRADICIÓN HISPANA Y LA *FORENSIC LINGUISTICS.*

Lingüística teórica y aplicada

Tradición española	*Contenidos tratados*	*Autores principales*	Forensic Linguistics
Lingüística forense Lingüística del foro	• Estudio del discurso oral (la voz), de los rasgos estilísticos del discurso escrito (la grafología y la lingüística de corpus). • Determinación de plagio a partir de la identificación de hablantes. • Técnicas de identificación de hablantes, establecimiento de perfiles lingüísticos. • Peritaje lingüístico en forma de informes periciales.	Cícres y Turell, 2004	Delimitación de autoría (oral y escrita), peritaje, fonética forense, plagio, variación lingüística
Lingüística legal	• Principales defectos ortográficos advertidos en los escritos de la Administración. • Descripción de los errores gramaticales más frecuentes. • Caracterización lingüística del lenguaje administrativo, con especial atención a los aspectos léxico-semánticos (formación de palabras, latinismos y cultismos, préstamos), morfosintaxis (formas nominales, verbales, concordancia, frase), estilo (títulos y tratamientos, giros negativos, frases expletivas, imágenes, personificación, fórmulas, formas de elocución y rasgos de estilo). • Presentación de repertorios lexicográficos (glosarios y léxicos).	Calvo Ramos, 1980; Molfulleda, 1980; Martín, J. *et al*., 1996; Etxebarría, 1997; Henríquez Salido y De Paula Pombar, 1998; Ortiz Lugo, 2005	

Análisis del discurso

Tradición española	Contenidos tratados	Autores principales	Forensic Linguistics
	Enseñanza del lenguaje jurídico, tanto a estudiantes como a juristas de otras nacionalidades que posean niveles medios y altos de castellano.	Aguirre y Hernández, 1997; Ortiz Sánchez, 2001	Discurso (general) y Discurso judicial [courtroom discourse] Legibilidad y comprensibilidad
	Análisis crítico del discurso.	Puigpelat, 1994; Pardo, 1996; Vasilachis de Gialdino, 1997; Poblet, 1998; Birgin, 2000; Ruiz, 2000	
	Libros de estilo para juristas.	Ministerio para las Administraciones Públicas, 1990; Millán Garrido, 1997; Secretaría de Gobernación, 2005	
Discurso jurídico / Lenguaje jurídico / Lenguaje forense / Lenguaje legal / Lenguaje del derecho	Análisis pragmático del acto comunicativo judicial, el lenguaje de las leyes y el lenguaje forense hablado.	Escuela Judicial, 2000; Pierro de Luca y Abdala, 1986	
	• Reflexiones sobre el estilo en el lenguaje del derecho. • Definiciones de lo que se considera un "buen estilo" de lenguaje jurídico.	Martín del Burgo Marchán, 2000	
	• Descripción de la evolución del lenguaje jurídico, así como de los programas de modernización del lenguaje administrativo. • Diagnóstico de la situación del lenguaje jurídico de los años noventa en español. • Descripción de vicios atribuibles a los textos jurídicos, defectos de redacción y propuestas de mejora.	Sáinz y da Silva Ochoa, 1989; Ministerio para las Administraciones Públicas, 1990; Martín Martín, 1991; Prieto de Pedro, 1991; Olivecrona, 1991; Duarte y Martínez, 1995; Castellón, 2001; Viedma, 2003; Lengua i Dret, 1983	
	Propuesta de modelos documentales adaptados a las necesidades específicas de un grupo de usuarios (Administración Pública, notarios, juzgados, etc.).	Ministerio para las Administraciones Públicas, 1994	
	Manuales abreviados de lenguaje administrativo.	Aguirre y Hernández, 1983; Valladares Rodríguez, 1997	

Traducción

Tradición española	Contenidos principales	Autores principales	Forensic Linguistics
Traducción	Descripción de distintas metodologías para la traducción jurídica y la traducción jurada.	Alcaraz, 1994 y 2000; Félix Fernández y Ortega Arjonilla, 1998; Borja, 2000; Mayoral, 2000; Alcaraz *et al.*, 2001; Alcaraz, 2001; Alcaraz y Hughes, 2002; Way, 2002; Borja, 2004	Traducción e interpretación
	Recursos documentales y tecnológicos para la traducción del discurso jurídico.	Corpas Pastor, 2003; Monzó y Borja, 2000; Maciá, 1998; Mayoral, 1995 y 1997	
	Descripción del proceso de traducción de textos jurídicos en contextos internacionales.	Feria García, 1999; San Ginés Aguilar y Ortiga Arjonilla, 1997; Mayoral, 1999; Monzó y Borja, 2005.	

14

EL ESPAÑOL Y LAS NUEVAS TECNOLOGÍAS

JOAQUIM LLISTERRI
Universitat Autònoma de Barcelona

14.1. INTRODUCCIÓN

Las tecnologías lingüísticas (TL o, en inglés, LT, *Language Technologies*), tecnologías de la lengua o tecnologías para el lenguaje humano (TLH o HLT, *Human Language Technologies*), son todas aquellas que se integran en programas informáticos de uso local, en la red o en entornos que requieran la interacción entre personas y ordenadores, para permitir el tratamiento de las lenguas, sea en su vertiente oral o escrita. Como veremos en este capítulo, las tecnologías lingüísticas pretenden facilitar el uso de las computadoras y el acceso a las redes que configuran la sociedad de la información y del conocimiento, sin que por ello tengamos que renunciar a nuestro uso habitual del lenguaje (Llisterri y Martí, 2002; Martí, 2003).

En este contexto se encuentra también el término "ingeniería lingüística" (IL o LE, *Language Engineering*), referido al empleo de las técnicas propias de la informática para desarrollar sistemas que incluyen componentes relacionados con el tratamiento de los textos escritos y del habla. En cambio, con el uso de la expresión "industrias de la lengua" se pretende reflejar el potencial económico y comercial del ámbito que nos ocupa. Existe igualmente la "lingüística informática", denominación que suele hacer referencia al uso de herramientas informáticas en la investigación lingüística o filológica (Gómez y Lorenzo, 1996; Blecua *et al.*, 1999). Finalmente, la "lingüística computacional" (LC o CL, *Computational Linguistics*) sería la disciplina que abarca tanto el procesamiento del lenguaje como el del habla desde una perspectiva general o desde un punto de vista teórico (Gómez, 2000; Martí y Castellón, 2000; Mitkov, 2003; Lavid, 2005; Ruiz, 2005).

Las tecnologías que se ocupan específicamente del tratamiento de la lengua oral son las llamadas tecnologías del habla (tratadas en la sección 2), mientras que las que tienen como objeto los textos escritos se enmarcan en el procesamiento del lenguaje natural (sección 4), aunque también podrían definirse como "tecnologías del texto". En ambos casos, su desarrollo requiere el uso de recursos lingüísticos (sección 6), entre lo que cabe incluir los corpus, las bases de datos léxicos y las gramáticas computacionales[1].

En lo que se refiere a las tecnologías lingüísticas para el español, debe señalarse que no se ha alcanzado, por el momento, el mismo nivel de desarrollo global que para el inglés o para algunas otras lenguas. La razón no estriba, ciertamente, en la calidad de la investigación llevada a cabo, sino en las diferencias en el peso económico entre las lenguas (véase el capítulo 15) que dificultan que los resultados de la investigación lleguen al mercado y, por tanto, a los usuarios finales de las tecnologías. Debe reconocerse, sin embargo, que se trata de un campo con un amplio potencial, apoyado en un conjunto de equipos de investigación en las universidades, y que cuenta con algunas empresas que comercializan sus productos[2].

14.2. LAS TECNOLOGÍAS DEL HABLA

Las tecnologías del habla (*Speech Technologies*) tienen como finalidad el tratamiento informático de la lengua oral. Hacen posible que un ordenador ofrezca información hablada –síntesis del habla–, reconozca los enunciados emitidos por una persona –reconocimiento

---

[1] En la presentación de las tecnologías del lenguaje que se realiza en este capítulo se han primado los aspectos lingüísticos sobre los informáticos, siguiendo la perspectiva adoptada en Llisterri (2003). Los lectores interesados en profundizar en los temas que aquí se exponen pueden encontrar información útil en manuales como los de Cole *et al.* (1997), Martí (2001), Coleman (2005) y Lavid (2005), o en textos más avanzados como los de Dale *et al.* (2000), Jurafksy y Martin (2000), Huang *et al.* (2001) y Farghaly (2003).

[2] A lo largo del presente trabajo se hará referencia a algunos de los logros obtenidos, pero para una valoración del campo de las tecnologías lingüísticas en español remitimos al lector a planteamientos generales como los que se encuentran en Castillo (1995), Pascual (1995) y Blecua (2001), a estudios específicos como Llisterri y Garrido (1998), Llisterri (1999 y 2004a), Moreno (2004) y Sánchez (2004), y a la recopilación de Rubio y Hernáez (2005). Una fuente de información para conocer los trabajos realizados en España son las actas de los congresos anuales de la Sociedad Española para el Procesamiento del Lenguaje Natural (SEPLN), publicadas en la revista de la asociación y accesibles a través de las páginas en Internet de la SEPLN.

automático del habla– o combine ambas tecnologías para entablar una interacción con el fin de recabar información o realizar transacciones –sistemas de diálogo– en una o en varias lenguas.

En esta sección nos centraremos en las tres vertientes básicas que configuran las tecnologías del habla y que acabamos de mencionar: la síntesis, con especial atención a la conversión de texto en habla, el reconocimiento y los sistemas de diálogo. Las aplicaciones se tratarán en la sección 6.3, mientras que los recursos lingüísticos necesarios para desarrollarlas se abordan en la sección 6.1[3].

14.2.1. *La síntesis del habla*

El propósito de la síntesis del habla es la generación automática de mensajes orales con el fin de dotar a los ordenadores de una salida vocal. La técnica más habitualmente empleada para muchas de las aplicaciones de la síntesis es la conversión de texto en habla (CTH o TTS, *Text-to-Speech Synthesis*), mediante la cual se transforma automáticamente cualquier texto escrito en su correspondiente realización sonora (Dutoit 1997; Llisterri *et al.*, 2004). La estructura de un conversor suele consistir en un conjunto de módulos, cada uno dedicado a una tarea específica en el proceso de convertir una cadena inicial de caracteres –el texto de entrada, en soporte electrónico– en una señal sonora lo más semejante posible a la lectura en voz alta del texto original.

El primer módulo de un conversor, conocido como módulo de preprocesamiento, tiene como misión deletrear elementos como las abreviaturas, los números, los símbolos especiales, etc. Una vez el texto inicial se ha convertido ya en una cadena de caracteres, es preciso acercar la forma ortográfica a una representación más cercana a la realidad sonora, tarea que se lleva a cabo en el módulo de transcripción fonética automática. Cuando se dispone del texto fonéticamente transcrito –o, en ocasiones, incluso en etapas anteriores del proceso–, es conveniente realizar un análisis lingüístico que com-

---

[3] Pueden encontrarse referencias más detalladas en trabajos introductorios como Llisterri (2001) o en manuales especializados como los de O'Shaughessy (2000), Holmes y Holmes (2001), Huang *et al.* (2001) o Coleman (2005); los aspectos más lingüísticos de las tecnologías del habla se abordan de un modo general en Llisterri *et al.* (2003a). En lo que respecta a la situación de la lengua española en relación con las tecnologías del habla, puede verse la reflexión general de Golderos (2001) o las panorámicas presentadas en Mora y Rodríguez (2001) y en Llisterri (2004ab).

plementa la tarea de otros módulos del conversor. Para tal fin pueden utilizarse las herramientas desarrolladas en el marco del procesamiento del lenguaje natural (véase la sección 4.1), como los analizadores morfológicos y los analizadores sintácticos.

Una de las áreas a la que más esfuerzos se dedican en la actualidad en el ámbito de la conversión de texto en habla es, sin lugar a dudas, la prosodia, pues de ella depende en gran medida la naturalidad de la lectura. El módulo prosódico de un conversor contiene modelos que especifican la duración –y, en algunos casos, la intensidad– de los segmentos, el contorno melódico de todo el enunciado, las modificaciones acústicas producidas por el acento y la colocación y la duración de las pausas (Llisterri *et al.*, 2003b). En las últimas etapas de la conversión de texto en habla, una vez se dispone de la transcripción fonética y de la correspondiente información prosódica asociada, se realiza la selección de las unidades de síntesis que constituirán la forma sonora del mensaje. Un diccionario de unidades de síntesis debe contener el inventario completo de segmentos –alófonos y fonemas– de la lengua sobre la que se trabaja, así como sus posibles combinaciones. En la síntesis han sido habituales los difonemas, que consisten en una combinación entre la mitad del primer sonido que lo forma y la mitad del segundo. Por razones de economía, las unidades de síntesis se guardan de forma parametrizada recurriendo, por ejemplo, al modelo de la fuente y el filtro propio de la fonética acústica.

Muchos sistemas comerciales de conversión de texto en habla emplean, en la actualidad, la técnica conocida como síntesis a partir de corpus, mediante la que tanto las unidades de síntesis como los datos prosódicos se extraen de un corpus de habla muy amplio, grabado por un locutor adecuadamente seleccionado. Con ello se consigue un alto grado de naturalidad, ya que se tiende a buscar en el corpus las realizaciones que coincidan en mayor medida con el texto que debe sintetizarse. Existen para el español diversos sistemas de conversión de texto en habla, algunos desarrollados por grupos de investigación en universidades (Politécnica de Cataluña, Politécnica de Madrid, Valladolid, Vigo, Zaragoza), y otros por empresas, tanto en España (Atlas, Telefónica I+D) como en el resto de Europa (Acapela, Loquendo) o en Estados Unidos (AT&T Labs, ScanSoft). Algunos de estos sistemas disponen incluso de versiones adaptadas a las distintas variedades geográficas de la lengua. Incorporan también el español sistemas como Festival, de la Universidad de Edimburgo, del que puede obtenerse libremente el código fuente.

14.2.2. *El reconocimiento del habla*

En el reconocimiento automático del habla (RAH o ASR, *Automatic Speech Recognition*) se plantea la tarea inversa a la síntesis, ya que se pretende transformar una señal sonora continua –el habla– en su correspondiente representación simbólica discreta que, en general, será un texto escrito. El principal problema de los sistemas de reconocimiento radica en que, para alcanzar su objetivo, deben ser capaces de tratar la diversidad de voces, de acentos, de estilos de habla y de entornos en los que puede encontrarse un usuario.

En lo esencial, los reconocedores pueden considerarse sistemas que, en una primera etapa, aprenden automáticamente de un extenso corpus de habla y, en el momento de reconocer un nuevo enunciado, lo comparan con los datos o modelos que previamente han extraído de ese corpus. Por ello, el desarrollo de un sistema de reconocimiento se inicia con el diseño y la recolección de lo que se conoce como corpus de aprendizaje (o de entrenamiento), a partir del cual el sistema adquirirá la información necesaria para crear modelos acústicos –"plantillas" o representaciones internas– de cada una de las unidades de reconocimiento, análogas en ocasiones a las de la síntesis descritas en la sección 2.1. El corpus de entrenamiento se emplea también para obtener la gramática o modelo de lenguaje del reconocedor, entendida, de un modo muy simplificado, como un modelo que recoge las probabilidades de aparición de palabras en un determinado punto.

Al igual que un conversor, un sistema de reconocimiento de habla también se concibe como un conjunto de módulos. La señal sonora se analiza, en una primera etapa, para extraer los parámetros acústicos que se consideraron relevantes en el momento del diseño (Mariño y Nadeu, 2004), y después se compara, en el módulo de reconocimiento, con los modelos acústicos de las unidades que se han almacenado previamente en el sistema; la decisión final suele tomarse con la ayuda de las reglas gramaticales que constituyen el modelo de lenguaje, en las que se definen, como hemos indicado, la probabilidad de las secuencias de palabras que pueden encontrarse en el contexto de una determinada aplicación. Un reconocedor incorpora también un diccionario de pronunciación en que se encuentran transcritas fonéticamente las palabras que puede aceptar el sistema, tanto en su forma canónica como en las variantes que se documentan en el corpus de entrenamiento (véase la sección 6.2).

En el campo de las tecnologías del habla se investiga también sobre la comprensión de la lengua oral (SLU, *Spoken Language Understanding*), que no debe confundirse con el reconocimiento. Si este último convierte un enunciado hablado en su representación escrita, con la comprensión se pretende avanzar un paso más y determinar el contenido del enunciado. Para lograr este objetivo, se emplean técnicas propias del procesamiento del lenguaje natural que se basan en los resultados del reconocimiento y que utilizan, en algunos casos, parte de la información fonética que éste proporciona.

14.2.3. *Los sistemas de diálogo*

Mediante los sistemas de diálogo o sistemas conversacionales (SLS, *Spoken Language Systems*), se pretende facilitar la interacción oral entre una persona y un sistema informático (Waibel, 2001; Tapias, 2002; Dahl, 2004; Minker y Bennacef, 2004; López-Cózar y Araki, 2005). La principal aplicación de los sistemas de diálogo se encuentra, por el momento, en los servicios telefónicos que permiten obtener información o realizar transacciones sin la presencia de un operador humano. Por esta razón, el diseño de un sistema de diálogo comienza definiendo un dominio de aplicación y analizando interacciones auténticas entre personas, por ejemplo, grabaciones de llamadas a un servicio de venta de entradas. Sin embargo, puesto que las personas no actúan del mismo modo cuando se dirigen a un interlocutor humano que cuando se enfrentan a un sistema automático, en muchas ocasiones se recurre al procedimiento conocido como el "Mago de Oz". En este caso, la persona que realiza una llamada en la etapa de adquisición del corpus escucha una voz sintetizada que le proporciona las respuestas a sus consultas; estas respuestas las decide, en función de un conjunto de escenarios previamente establecidos, un investigador que sigue la conversación –el "mago"– y que envía a un conversor de texto en habla los mensajes más adecuados a cada situación. El corpus así obtenido proporciona unos datos más realistas que permiten refinar el diseño del sistema.

Un sistema de diálogo realiza su tarea mediante un conjunto de módulos. El primero es un reconocedor automático del habla (con una estructura como la presentada en 2.2), que procesa las preguntas del usuario y convierte la señal sonora en una representación simbólica accesible al sistema informático. A continuación, se efectúa la interpretación semántica del enunciado, tarea que corre a cargo del módulo de comprensión (véase 4.3), que intenta identificar el contenido de la petición del usuario. Un tercer módulo genera un enunciado completo (4.2) que contiene los resultados de la consulta a una base de datos con la información relevante o que, en su caso, solicita al usuario que confirme un dato o proporcione una información adicional. Finalmente, un conversor de texto en habla (como los descritos en 2.1) se encarga de transformar los resultados del módulo de generación en su equivalente sonoro. Las tareas de estos módulos están coordinadas por lo que se conoce como un "gestor del diálogo" que establece, por ejemplo, los turnos de palabra, y que pone en práctica las estrategias diseñadas por los investigadores para que la interacción entre la persona y el sistema automático se lleve a cabo de la forma más natural posible.

En la actualidad, existe un gran interés por aumentar las prestaciones de los sistemas conversacionales integrando otros tipos de información, especialmente visual –los gestos o las expresiones faciales–, aunque no se excluyen opciones como el empleo de pantallas táctiles o de otras modalidades de interacción. Los sistemas de diálogo multimodales (Granström *et al.*, 2002; Kuppevelt *et al.*, 2005; Minker *et al.*, 2005) suponen pues un paso más para facilitar el uso de los ordenadores en situaciones cotidianas.

14.3. Las aplicaciones de las tecnologías del habla

Las tecnologías del habla encuentran su aplicación en muchos contextos relacionados, en mayor o menor medida, con nuestra actividad diaria. Ya ha dejado de ser una novedad encontrar un sistema de diálogo al otro lado del teléfono cuando, por ejemplo, llamamos a un servicio de reserva de billetes y, para algunos profesionales como médicos o traductores, el dictado automático es una herramienta de gran utilidad. Empresas españolas como Telefónica I+D han sido pioneras en el desarrollo de una amplia gama de aplicaciones que, en la actualidad, se encuentran al alcance de sus clientes, tanto en España como en Latinoamérica (Villarrubia *et al.*, 2002 y 2003). En esta sección se presentan algunos campos de aplicación de las tecnologías del habla –dictado automático, sistemas conversacionales, traducción automática del habla, recuperación de información a partir de documentos sonoros y reconocimiento automático del locutor y de la lengua– y se mencionan también algunos de los logros conseguidos en lo que se refiere al español. Por razones de espacio, no se tratan las aplicaciones más orientadas a personas con necesidades especiales o que sufren algún tipo de discapacidad, pese a que éste es uno de los ámbitos de mayor interés humano y social (Aguilera *et al.*, 2001).

14.3.1. *El dictado automático*

Si bien el reconocimiento del habla puede emplearse para el control de sistemas –p. ej., de un ordenador, al sustituir los menús y las acciones del ratón, de ciertas funciones de un vehículo o de algunos elementos del entorno doméstico– con palabras aisladas o comandos breves, la aplicación más conocida es tal vez el dictado automático, con el que un usuario puede dictar un texto mediante un micrófono conectado al ordenador y éste queda almacenado en un programa de tratamiento de textos. Se trata de una posibilidad especialmente útil cuando se realizan a la vez otras tareas que ocupan las manos, cuando la entrada de datos mediante un teclado no es muy cómoda –sería el caso de los ordenadores de mano o de los teléfonos celulares– o, naturalmente, para personas con limitaciones de movilidad.

En español existen, al menos, dos productos comerciales de dictado automático para ordenadores personales: ViaVoice, desarrollado por IBM con la colaboración de su Centro de Tecnología de la Lengua en Sevilla, actualmente distribuido por ScanSoft, y Dragon Naturally Speaking de ScanSoft. ViaVoice se comercializa para el español en la versión 8 para Windows, mientras que las versiones posteriores, tanto para Windows como para Mac OS X, se encuentran, por el momento, únicamente en inglés, alemán, italiano y japonés. En ambos sistemas es posible incorporar nuevas palabras que se graban con la voz del usuario y se almacenan; Dragon Naturally Speaking cuenta también con diccionarios adicionales a los que se ha incorporado vocabulario médico y legal. Se trata de programas que, por razones ya explicadas (sección 2.2), requieren un entrenamiento por parte del usuario, por lo que cada persona que lo emplea debe definir su propia identidad. En general, las prestaciones suelen mejorar cuanto más se emplea el sistema.

14.3.2. *Las interfaces conversacionales*

Como se ha señalado en la sección 2.3, los sistemas de diálogo son útiles en todas aquellas situaciones en las que se desea obtener una información o realizar una transacción a través del teléfono, sin contar con la presencia de un operador humano (Tapias y Hernández, 2004). Se emplean, pues, en los servicios de atención al cliente, en la banca electrónica, para la venta de billetes o de entradas y en otros servicios relacionados con el comercio electrónico; constituyen también la base de los llamados "portales de voz", equivalentes telefónicos de los portales de Internet.

Existen en España diversas empresas especializadas en el desarrollo y la integración de sistemas conversacionales, entre las que pueden citarse Atlas, Grupo Voice, InfoSpeech, NaturalVox, Porfinya, Telefónica I+D, VoxSmart o Ydilo. Por otra parte, sistemas pioneros como Saplen y proyectos recientes como Basurde, TelCorreo, Diana o Gemini han dado como resultado prototipos de sistemas de diálogo en dominios como la venta de billetes de tren, la consulta del correo electrónico o la banca telefónica, y han contribuido al avance de este sector desde el entorno universitario.

14.3.3. *La traducción automática del habla*

El auge de los mercados internacionales y las posibilidades abiertas por los sistemas de diálogo ha planteado un nuevo reto: hacer posible la traducción automática en tiempo real de conversaciones telefónicas (Wahlster, 2000; Waibel, 2000; Casacuberta, 2004). La traducción de la lengua oral (SLT, *Spoken Language Translation*) requiere combinar un reconocedor automático del habla para procesar los enunciados de cada uno de los interlocutores, un módulo de traducción automática, un gestor del diálogo y un conversor de texto en habla, de modo que el resultado de la traducción sea accesible oralmente.

Algunas de las dificultades lingüísticas que se plantean en la traducción automática del habla aparecen también en los sistemas conversacionales, y radican en las llamadas "disfluencias" o discontinuidades, fenómenos propios del habla espontánea que se manifiestan en forma de elementos vocales como "eh" o "mm", falsos principios, repeticiones y construcciones a menudo muy alejadas de las de la lengua escrita. Por ello, algunos de los enfoques para la traducción del habla se basan en técnicas estadísticas y en el aprendizaje a partir de corpus en varias lenguas, en lugar de recurrir a los sistemas tradicionales de traducción automática (véase el apartado 5.2).

Entre los proyectos que incluyen el español cabe destacar EuTrans, SisHiTra y Ametra, desarrollados en la Universidad Politécnica de Valencia, o TC-STAR y FAME, llevados a cabo en la Politécnica de Cataluña. Hasta la fecha, los resultados consisten en prototipos que se centran en dominios restringidos como las reservas de alojamiento o las consultas a la recepción de un hotel.

14.3.4. *La recuperación de información a partir de documentos sonoros*

Los medios de comunicación orales disponen hoy en día de grandes archivos de grabaciones digitales; puesto que no es posible, por motivos de tiempo y de economía, transcribir su contenido, se han propuesto técnicas basadas en el reconocimiento del habla y en la recuperación de información (véase el apartado 5.3) que facilitan el acceso automático a documentos sonoros (SDR, *Spoken Document Retrieval*). Desde el punto de vista de las tecnologías del habla, parte de la dificultad de la tarea se debe a las condiciones de la grabación –p. ej., puede contener música de fondo, tratarse de una retransmisión en directo en un ambiente ruidoso o presentar intervenciones simultáneas de más de un hablante–, a la diversidad de locutores y a los problemas que plantea el reconocimiento del habla espontánea. En este sentido, en la Universidad de Vigo se está llevando a cabo un proyecto de transcripción e indexación de programas de noticias, Transcrigal, orientado precisamente hacia futuros sistemas de recuperación de información hablada.

14.3.5. *La identificación y verificación automáticas de la identidad del locutor y la identificación automática de la lengua*

La identificación automática de una persona a través de su voz y la verificación de su identidad por el mismo procedimiento son, probablemente, dos de las aplicaciones de las tecnologías del habla que más atraen la atención del gran público. El reconocimiento automático del locutor (ASR, *Automatic Speaker Recognition*) (Nolan, 1997; Rodríguez *et al.*, 1998) es necesario, por ejemplo, para efectuar transacciones bancarias por teléfono sin tener que recurrir a números personales de identificación; se plantea también como un procedimiento que sustituya las contraseñas al acceder a determinadas instalaciones o a sistemas informáticos y, en conjunto, representa un sector destacado en el desarrollo de las técnicas biométricas para la identificación de personas. En el contexto legal ha adquirido también un papel muy relevante, pues permite incorporar una cierta objetividad a las decisiones que, hasta ahora, estaban en manos de expertos en fonética judicial (Hollien, 2002; Rose, 2002). La identificación automática de la lengua en la que se expresa un determinado hablante (LID, *Automatic Language Identification*) es también un problema que ha atraído la atención de los expertos, puesto que permite ofrecer servicios multilingües sin necesidad de que el usuario tenga que indicar explícitamente la lengua que desea emplear (Geoffrois, 2004).

En español contamos con productos comerciales de reconocimiento del locutor (CoreVox, de la empresa Agnitio, vinculada a la Universidad Politécnica de Madrid) y con desarrollos realizados tanto en empresas (Telefónica I+D) como en grupos universitarios que se han especializado en este ámbito en Barcelona, Madrid, Mataró o Vigo. Para aplicaciones judiciales existen también sistemas automáticos como BatVox (Agnitio) o IdentiVox. La Sociedad Española de Acústica Forense (SEAF), cuyos congresos, iniciados en el año 2000, se celebran cada tres años, reúne a buena parte de los expertos del país en este campo.

14.4. LAS TECNOLOGÍAS DEL TEXTO

Las que aquí denominamos tecnologías del texto son las que se centran, como hemos indicado, en el tratamiento de la lengua escrita, y suelen englobarse habitualmente bajo el término "procesamiento del lenguaje natural" (PLN o NLP, *Natural Language Processing*). Quizás no deje de ser pertinente recordar que, para los lingüistas, el lenguaje siempre es un fenómeno "natural", que se puede manifestar tanto en su forma oral –la primaria–, como escrita, en cierto modo subsidiaria de la hablada. El adjetivo "natural" obedece a que el PLN nació estrechamente ligado a la inteligencia artificial, y se hacía necesario distinguir el lenguaje humano de los lenguajes de programación. Debido a la separación inicial entre estos estudios y los que se ocupan de la lengua hablada –surgidos de la mano de la ingeniería de las telecomunicaciones–, se ha consolidado una distinción entre "lenguaje" (*language*) y "habla" (*speech*), que ha separado a los expertos que se ocupan básicamente del texto de los que lo hacen de la señal sonora. Sin embargo, esta dicotomía se difumina cada vez más en la actualidad, con el empleo de técnicas estadísticas comunes y con la aparición de aplicaciones como los sistemas de diálogo que requieren el uso conjunto de conocimientos sobre el texto y sobre el habla.

En el campo de las tecnologías del texto, podríamos distinguir entre las herramientas con las que se procesa la lengua escrita, que se presentan en la sección 4.1, y las tecnologías empleadas en el desarrollo de aplicaciones, descritas en las secciones siguientes: generación del lenguaje (4.2) por una parte, y comprensión del lenguaje (4.3) por otra. Las aplicaciones de las tecnologías del texto se abordan en la sección 5[4].

14.4.1. *Herramientas de análisis lingüístico*

La primera operación que suele llevarse a cabo en el procesamiento de la lengua escrita es la lematización, es decir, la detección automática del radical de una palabra. Un lematizador es, por lo tanto, una herramienta que asocia una forma flexionada o derivada de una palabra con su correspondiente lema –la forma que aparece en las entradas de los diccionarios–, separando la raíz de los afijos. El siguiente paso en un tratamiento computacional sería el análisis morfológico completo, en el que se indicarían la categoría léxica de la palabra y las categorías gramaticales (género, número, persona, tiempo, modo, etc.) representadas en cada uno de sus morfos. Este análisis se refleja en los resultados que proporcionan los etiquetadores morfológicos (*tagger* o POS, *part of speech tagger*), empleados también, por ejemplo, en el tratamiento de corpus textuales (véase 6.1). Estos etiquetadores pueden basarse en reglas o en probabilidades, aunque existen sistemas híbridos que combinan ambos tipos de aproximación; los que se fundamentan en probabilidades requieren, al igual que sucede en los sistemas de reconocimiento de habla, un entrenamiento a partir de un corpus correctamente etiquetado.

---

[4] El lector interesado puede consultar las presentaciones generales de Gómez (2000), Rodríguez (2000), Badia (2001) y Ruiz (2005), o manuales como los de Martí (2001) y Lavid (2005); para profundizar en sus conocimientos, obras como las de Cole *et al.* (1997), Moreno *et al.* (1999), Dale *et al.* (2000), Jurafsky y Martin (2000) o Coleman (2005) pueden resultarle de utilidad. En lo que respecta al uso de técnicas estadísticas para el procesamiento del lenguaje natural, véanse las reflexiones de Rodríguez (2004) o el manual, ya de un nivel avanzado, de Manning y Schütze (1999).

Un analizador sintáctico (*parser*) ofrece la estructura de constituyentes de una oración, representada, por lo general, en forma de árboles con los nodos etiquetados, tal como suele hacerse habitualmente en sintaxis. Para ello es preciso disponer de un conjunto de reglas, similares a las reglas de reescritura propias de la gramática generativa, que se aplican, de modo ascendente o descendente, para determinar las relaciones jerárquicas entre los constituyentes de la oración y las categorías y funciones sintácticas de cada elemento (Rodríguez, 2002). El interés por disponer de corpus etiquetados sintácticamente –los llamados *treebanks*, tratados en la sección 6.1– ha contribuido en los últimos años a notables avances en el campo del análisis sintáctico automático. El principal problema al que tienen que enfrentarse tanto los analizadores morfológicos como los sintácticos es la ambigüedad (Civit *et al.*, 2002). En el nivel morfológico y léxico, por ejemplo, "casas" puede ser tanto un nombre como un verbo, y "bajo" puede ser nombre, adjetivo, adverbio o preposición; en el sintáctico, son conocidas ambigüedades del tipo "Juan vio a su amigo nadando", "Habló a sus alumnos de lingüística" o "María está pensando en su casa". Se ha propuesto que los enfoques basados en la probabilidad podrían favorecer el rendimiento de los analizadores en estos casos (Ruiz, 2005).

El análisis semántico automático presenta una mayor complejidad, ya que su objetivo es crear una representación abstracta que permita alcanzar un cierto grado de "comprensión" del enunciado, estableciendo las relaciones de significado entre los elementos léxicos. Suele recurrirse a representaciones basadas en la lógica formal, aunque en casos en los que el dominio de la aplicación es muy restringido –p. ej., la consulta a una base de datos–, se emplean procedimientos más simples pero únicamente válidos para una aplicación en concreto. El análisis semántico se enfrenta también al problema de la ambigüedad, tanto en lo que se refiere a la polisemia como a otros fenómenos que se relacionan con los cuantificadores –p. ej., el clásico "Todos los hombres aman a una mujer"– o la referencia (Ruiz, 2005). Un analizador semántico necesita apoyarse en recursos léxicos como las redes léxico-semánticas o las ontologías, descritas en la sección 6.2, y es también una herramienta que se emplea para la anotación semántica de corpus (6.1).

Finalmente, las herramientas de análisis pragmático son necesarias en aplicaciones que implican una interacción entre el usuario y un ordenador, como veíamos en el caso de los sistemas de diálogo. Dos de los principales problemas lingüísticos son las anáforas y la identificación del valor de los actos de habla. En lo que respecta a la anáfora, debe tenerse en cuenta que, en el curso de un diálogo, puede suceder que el referente y su correspondiente elemento anafórico no se encuentren en el mismo enunciado; en cuanto a los actos de habla, es bien sabido que lo que formalmente constituye una enunciativa –p. ej., "Quiero saber los horarios de trenes entre Madrid y Barcelona"– debe interpretarse, en realidad, como una petición, por lo que un sistema informático tiene que ser capaz de detectar cuál es el objetivo del usuario y actuar en consecuencia.

En lo que se refiere al español, las páginas del CLiC de la Universidad de Barcelona ofrecen ejemplos interactivos de lematizadores, analizadores morfológicos y analizadores sintácticos; en las del GEDLC de la Universidad de Las Palmas de Gran Canaria, pueden encontrarse herramientas en línea de análisis y de generación en el nivel morfológico, y en las del IULA de la Universitat Pompeu Fabra se muestran sistemas como PALIC y AMBILIC. También la empresa ecuatoriana Signum, la finlandesa Connexor y la multinacional estadounidense Xerox proporcionan algunas muestras de herramientas en línea. Existen igualmente para el español otras herramientas de análisis morfológico y sintáctico, desarrolladas principalmente para la anotación de corpus o para integrarse en plataformas para el procesamiento del lenguaje; el lector interesado puede consultar las actas de los congresos de la SEPLN (Sociedad Española para el Procesamiento del Lenguaje Natural), en las que encontrará abundante información sobre este tipo de herramientas. Desde la perspectiva de la enseñanza de la gramática, el proyecto VISL (*Visual Interactive Syntax Learning*) ofrece una buena muestra de las posibilidades didácticas de los analizadores sintácticos combinados con otros recursos.

14.4.2. *La generación del lenguaje*

La generación del lenguaje (NLG, *Natural Language Generation*) es una técnica que permite la creación automática de textos escritos a partir de una representación conceptual (Lavid, 2005). En este sentido, el módulo de generación de respuestas de un sistema de diálogo (sección 2.3) sería una aplicación particular de la técnica que aquí abordamos. Sin embargo, la generación se ha empleado principalmente para otros tipos de textos como partes meteorológicos, informes o documentación técnica.

Un sistema de generación de lenguaje consta, en general, de tres módulos dedicados, respectivamente, a la macroplanificación, la microplanificación y la realización superficial (Lavid, 2005). El primero de ellos se ocupa de determinar el contenido del texto y de estructurarlo para que pueda comprenderse adecuadamente; para ello es necesario contar con conocimientos sobre el dominio de la aplicación, pero también es esencial disponer de información sobre el usuario del sistema y sobre la finalidad –es decir, la intención comunicativa– de los textos. El componente centrado en la microplanificación, en cambio, se encarga de estructurar las oraciones que formarán el texto, combinando varios mensajes en una oración, seleccionando el léxico apropiado y estableciendo las relaciones de correferencia entre elementos. Finalmente, en la etapa de realización superficial se aplican las reglas gramaticales que dan como resultado oraciones bien formadas y se establece la forma final del texto. Como argumenta Badia (2001), uno de los principales problemas de la generación reside en que el contenido de una misma representación puede manifestarse en la lengua de diversos modos; al igual que un mismo acto de habla puede realizarse de maneras muy diversas, la expresión, por ejemplo, de la impersonalidad, puede también llevarse a cabo a través de distintos procedimientos gramaticales.

Existen diversos métodos para la generación de textos (Lavid, 2005), desde los que contienen mensajes en cierto modo "prefabricados" o emplean plantillas cuyo contenido se modifica ligeramente, los que se basan en patrones de frases y de textos, hasta los sistemas que emplean rasgos de tipo sintáctico-semántico. Como bien puede suponerse, los primeros son los más simples pero los más dependientes de la aplicación –serían, en este sentido, equivalentes a los sistemas de síntesis con mensajes pregrabados–, mientras que los últimos son mucho más generales aunque, a la vez, lingüística y computacionalmente más complejos.

14.4.3. *La comprensión del lenguaje*

Cuando los lingüistas computacionales se refieren a comprensión del lenguaje (NLU, *Natural Language Understanding*), emplean el término "comprensión" en un sentido restringido y, generalmente, centrado en un dominio concreto. El proceso que se realiza en este caso consiste en extraer de un texto escrito una representación abstracta del contenido que contenga la información necesaria para realizar otras operaciones; en el contexto, por ejemplo, de una interfaz en lenguaje natural que proporcione información sobre horarios de trenes, la "comprensión" se limita a determinar la estación de origen, la de llegada, la fecha y la franja horaria en que el usuario desea viajar, que son los elementos imprescindibles para proporcionar una respuesta. Como es lógico, la comprensión depende fundamentalmente de las herramientas de análisis morfológico, sintáctico y, especialmente, semántico descritas en la sección 4.1, así como también del desarrollo de gramáticas (6.3) y de diccionarios (6.2).

14.5. LAS APLICACIONES DE LAS TECNOLOGÍAS DEL TEXTO

Las tecnologías básicas sucintamente expuestas en la sección anterior encuentran múltiples aplicaciones en todos aquellos casos en los que se requiere el tratamiento automático de textos escritos. Mencionaremos, en primer lugar, las herramientas de ayuda a la escritura; a continuación describiremos brevemente los fundamentos de la traducción automática, y por último nos referiremos a las aplicaciones relacionadas con la información contenida en los textos.

14.5.1. *Herramientas de ayuda a la escritura*

Una de las aplicaciones más extendidas de las tecnologías lingüísticas son los correctores ortográficos y gramaticales, que se encuentran en la mayoría de los procesadores de textos, y que pueden describirse genéricamente como herramientas de ayuda a la escritura. Es frecuente distinguir, en este ámbito, tres niveles de complejidad creciente: verificación ortográfica, verificación gramatical y verificación de estilo (Gómez, 2000 y 2001). Los correctores ortográficos presentan aún ciertas limitaciones, principalmente debidas a que, en muchas ocasiones, no incorporan información lingüística y se limitan a comparar cadenas de caracteres con palabras almacenadas en un diccionario. A la hora de proponer una alternativa, el programa de corrección busca en el diccionario posibles formas existentes, partiendo de la base de que puede haberse insertado o eliminado una letra, cambiado una letra por otra o intercambiado dos letras consecutivas (Gómez, 2000). Lógicamente, la posibilidad de que se encuentre la palabra adecuada depende de un modo muy directo de la riqueza del diccionario.

En casos como, por ejemplo, "Los alumnos estudia", es probable que un verificador ortográfico no señale ningún error, ya que la forma "estudia" se encontraría en el diccionario. Para resolver problemas de este tipo es preciso recurrir a un corrector gramatical o verificador sintáctico. Los sistemas actuales se basan, generalmente, en la comparación de secuencias de palabras con unos patrones de errores que se han determinado antes; en ocasiones, establecer patrones que tengan una cierta validez general –de lo contrario, debería contarse con un patrón por cada posible error– es una operación compleja que requiere un cierto grado de abstracción lingüística (Gómez, 2000).

Finalmente, los verificadores de estilo comprueban la adecuación del texto a un conjunto de reglas previamente definidas. Una vez que el usuario ha establecido el tipo de texto que desea corregir –general, técnico, literario, etc.–, el corrector detecta aquellos elementos que no se corresponden con los rasgos válidos para un estilo determinado. Para llegar a alcanzar buenos resultados se requiere disponer, en primer lugar, de una tipología textual y, en segundo, de una enumeración lo más detallada posible de los rasgos lingüísticos que caracterizan a cada tipo de texto o estilo.

En la red se hallan demostraciones de correctores ortográficos en español como, por ejemplo, el de la empresa Signum, proveedora de Microsoft, DataSpell de Bitext, o el que se integra en el conjunto de herramientas COES de la Universidad Politécnica de Madrid. Por otra parte, se comercializan programas de corrección ortográfica, gramatical y de estilo como Stilus, de Daedalus –del que puede verse una demostración en línea en el sitio de la empresa–, y herramientas de revisión como la de Signum, que puede descargarse para un periodo de prueba.

14.5.2. *La traducción automática*

La traducción automática (TA o MT, *Machine Translation*) fue, ya desde los años cincuenta, una de las primeras aplicaciones que se intentaron abordar en el campo del procesamiento informático del lenguaje (Alonso, 2001; Abaitua, 2002a). En la actualidad es, tal vez, una de las más populares, pero pese a su difusión, sigue siendo una tecnología sujeta a ciertas limitaciones en lo que se refiere a la gama de contenidos que pueden traducirse con éxito, y a las dificultades que plantea la traducción entre pares de lenguas tipológicamente muy lejanas. Sin embargo, existen aplicaciones profesionales que permiten obtener buenos resultados con textos especializados en dominios bien delimitados y se han desarrollado, además, sistemas de traducción asistida por ordenador (TAO o CAT, *Computer Assisted Translation*) que mejoran notablemente la labor del traductor.

Los problemas de la traducción automática son, como indica Alonso (2001), los mismos que surgen a la hora de comprender un enunciado: por una parte, se necesitan conocimientos morfológicos, sintácticos, léxicos y semánticos, mientras que, por otra, es imprescindible en ciertos casos contar con lo que se denomina el conocimiento del mundo, información que difícilmente puede formalizarse, por el momento, en su totalidad. La combinación de todas estas fuentes de información contribuye a deshacer las potenciales ambigüedades de un texto (véase la sección 4.1); pero otro de los aspectos que dificultan la traducción automática es la diferencia estructural entre las lenguas. Compárense, por ejemplo, las construcciones "Juan cruzó el río a nado" y "John swam across the river" (Lavid, 2005), en las que se pone de relieve que es preciso recurrir a representaciones con un elevado nivel de abstracción para lograr un tratamiento adecuado de estos casos.

Entre las estrategias para la traducción automática suelen distinguirse la traducción directa, la transferencia y la interlingua. La traducción directa, que recurre únicamente a léxicos monolingües y bilingües, ofrece, como es de esperar, una calidad muy baja. En cambio, los sistemas que se basan en la transferencia permiten obtener mejores resultados, a costa de una mayor complejidad en el procesamiento. En la traducción automática mediante transferencia, tras la segmentación en frases del texto de entrada en la lengua de origen, se realiza el análisis lingüístico, recurriendo a herramientas de tratamiento morfológico y sintáctico que emplean las reglas definidas en la gramática de análisis y los datos de un léxico monolingüe de la lengua de origen; con ello se crea una representación de la que, en la fase de transferencia, se traduce cada palabra con la ayuda de un léxico bilingüe, teniendo también en cuenta toda la información estructural acumulada durante el análisis. Al final, en la fase de generación, se convierten los resultados de la transferencia en oraciones gramaticalmente aceptables en la lengua de destino (Alonso, 2001). Los sistemas que utilizan lo que se conoce como interlingua basan la traducción en una representación abstracta del significado, extraída durante la fase de análisis, y utilizada como base para la generación. La principal dificultad estriba, por tal motivo, en la representación exhaustiva de los conceptos en términos de rasgos semánticos y de las relaciones que pueden establecerse entre los mismos. Un traductor automático basado en la interlingua puede, por tanto, proporcionar buenos resultados con textos de un ámbito muy restringido, pero presenta aún problemas importantes tanto en el diseño como en la puesta en práctica.

Al igual que en otros campos del procesamiento del lenguaje natural, se han introducido también, en los últimos años, técnicas estadísticas para intentar que la traducción automática no dependa de un elaborado y complejo sistema de reglas. Para el entrenamiento del sistema debe disponerse de corpus paralelos alineados (véase 6.1), de modo que puedan calcularse las probabilidades de que una oración dada en la lengua de llegada sea la traducción de otra que se encuentra en un texto en la lengua de origen, creándose así el llamado modelo de traducción. Como hemos mencionado en referencia a otros ámbitos, hoy en día se tiende a desarrollar sistemas híbridos que complementan el conocimiento lingüístico con métodos estadísticos. También se utiliza la llamada traducción basada en ejemplos, fundamentada en corpus paralelos alineados que constituyen una "memoria de traducción" en que se buscan los enunciados que deben traducirse.

Existe en el mercado un gran número de sistemas de traducción automática y de herramientas de traducción asistida o TA (Hutchins, 2003 y 2005). Entre los sistemas de TA que incluyen el español y cuentan con demostraciones en la web pueden señalarse, además de los mencionados en el capítulo de Mar Cruz Piñol, los de Comprendium, AutomaticTrans o InterNOSTRUM, desarrollados en España, y Systran –incorporado a las herramientas lingüísticas de Google y al traductor Babel Fish de Altavista–, Reverso, o WebSphere Translation Server, creados por empresas europeas o americanas.

14.5.3. *La recuperación y extracción de información y la respuesta a preguntas*

El crecimiento de la información disponible en la web y la digitalización cada vez más habitual de grandes fondos documentales han creado la necesidad de disponer de un acceso automático a los datos y a los documentos, puesto que su volumen hace imposible una búsqueda manual. Las técnicas de recuperación y de extracción de información, así como las de respuesta a preguntas, algunas de las cuales incorporan elementos tomados del procesamiento del lenguaje natural, aportan una respuesta a este problema y, por ello, son unas de las áreas que más atención reciben actualmente en el ámbito de las tecnologías lingüísticas.

La recuperación de información (RI o IR, *Information Retrieval*) consiste en seleccionar, en un conjunto de documentos, aquellos que contienen la información que un usuario solicita mediante una consulta (Gonzalo y Verdejo, 2001). Un ejemplo de la aplicación de esta técnica se encuentra en los buscadores más conocidos en Internet, que proporcionan un listado de páginas potencialmente relevantes en función de las palabras utilizadas en la búsqueda. Pese a que la recuperación de información ha sido un campo tradicionalmente alejado del procesamiento del lenguaje natural, algunas empresas que desarrollan sistemas de búsqueda y recuperación de información emplean ya en sus productos comerciales técnicas lingüísticas, y es previsible que su uso se incremente en el futuro (Molano, 2002), especialmente con la incorporación de recursos como las redes léxico-semánticas descritas en la sección 6.2 (Vossen, 2001). La introducción de estas técnicas viene también determinada por el requisito de tratar documentos en más de una lengua. Así, en la recuperación de información multilingüe (CLIR, *Cross-Language Information Retrieval*) se pretende que el usuario llegue a encontrar los documentos que sean relevantes, con independencia de la lengua en la que estén escritos y de la lengua en que haya realizado su consulta (López *et al.*, 2004).

Mucho más compleja que la recuperación es la extracción de información (IE, *Information Extraction*). La finalidad de la búsqueda, en este caso, no es sólo seleccionar los documentos relevantes, sino encontrar unos datos determinados en el contenido de un conjunto de documentos y ofrecérselos al usuario de la forma más organizada posible. La extracción de información se efectúa a partir de un análisis morfológico, léxico y sintáctico de los documentos, y se basa en nociones como entidades, relaciones o acontecimientos en el marco de un dominio específico. Con los datos obtenidos se rellenan las denominadas "plantillas", que contienen los campos sobre los que se ha buscado información, proporcionando así el resultado final de todo el proceso a la persona que ha realizado la consulta (Gonzalo y Verdejo, 2001). Estos sistemas deben tratar problemas lingüísticos de naturaleza muy diversa, entre los que destacan el reconocimiento de los nombres propios, la asignación de correferencia y, en relación con ésta última, las anáforas.

Los métodos de búsqueda de respuestas (BR o QA, *Question Answering*) representan un paso más en las tecnologías que permiten obtener información de un amplio conjunto de textos (Vicedo *et al.*, 2003; Ferrández, 2004). En este caso, el usuario formula una pregunta concreta, que el sistema analiza para extraer las palabras clave y para realizar una selección de los documentos que las contienen; a partir de estos datos se construye una respuesta que incluye, ordenadas jerárquicamente, las secciones más relevantes de los documentos. Portales de Internet como Ask.com o Answers.com ilustran los usos de esta tecnología.

En el contexto español se han desarrollado proyectos interuniversitarios como ITEM, HERMES o R2D2 centrados en la recuperación y extracción de información y en la recuperación de documentos; las demostraciones en línea del buscador multilingüe ITEM y del sistema WTB (*Website Term Browser*) constituyen una muestra de los resultados obtenidos. Finalmente, cabe señalar entre las aplicaciones relacionadas con el tratamiento y la gestión de la información, el resumen automático de documentos (Climent, 2001; Lavid, 2005). Como primera aproximación a esta tecnología, resulta útil realizar pruebas en línea con el programa SweSum, que incluye el español entre las lenguas de trabajo.

14.6. LOS RECURSOS LINGÜÍSTICOS

Los recursos lingüísticos (RL o LR, *Language Resources*) representan, como hemos señalado en diversas ocasiones, un elemento esencial para el desarrollo de las aplicaciones propias de las tecnologías del lenguaje. Habitualmente, se agrupan en tres grandes categorías: corpus, recursos léxicos y gramáticas, aunque estas últimas pueden considerarse también herramientas para el análisis o para la generación de textos.

14.6.1. *Los corpus*

Un corpus puede definirse como un conjunto estructurado de textos que forman una muestra representativa del uso real de la lengua (Torruella y Llisterri 1999; Rafel y Soler, 2001). Sin embargo, cualquier colección de materiales no da pie por sí misma a un corpus si no cumple una serie de requisitos: un diseño coherente, la presencia en los textos de marcas que definan su estructura según unos estándares comúnmente aceptados, y una documentación completa que permita conocer la procedencia y las características de cada uno de los materiales. Para que sea realmente útil en el contexto de las tecnologías lingüísticas, un corpus tiene que estar también anotado o etiquetado, es decir, debe incorporar información lingüística adicional que un sistema automático de procesamiento del lenguaje o del habla pueda interpretar y emplear adecuadamente.

La lingüística de corpus (*Corpus Linguistics*) es la disciplina que se dedica a la creación y la explotación de los recursos lingüísticos escritos y orales. Aunque uno de sus principales cometidos es la descripción y el análisis de la lengua con una base empírica, en esta sección nos centraremos en los corpus empleados en el desarrollo de las tecnologías lingüísticas (McEnery, 2003)[5].

Existen básicamente dos tipos de corpus: orales y escritos. Entre los primeros, se distinguen los que recogen la grabación de la señal sonora, denominados corpus orales o bases de datos orales (*speech corpora, speech databases*), de los corpus de lengua oral (*spoken language corpora*), que consisten en transcripciones ortográficas de la lengua hablada. Esto no implica que los corpus orales propiamente dichos no incluyan una representación ortográfica de los datos, ni que en los corpus de lengua oral la grabación original sea inaccesible. Tal división refleja más bien la diferencia entre los recursos creados por los especialistas en tecnologías del habla, centrados en la onda sonora y en el dominio para el que se diseña una determinada aplicación (Schiel *et al.*, 2004), y los que se recogen desde una perspectiva más lingüística para el análisis de las manifestaciones orales de la lengua (Moreno Fernández, 1997). Sin embargo, en la actualidad se recurre a grandes corpus transcritos ortográficamente para el entrenamiento de los modelos lingüísticos de los sistemas de reconocimiento de habla, mientras que desde la lingüística se reconoce la necesidad de disponer también de la señal sonora para el estudio de fenómenos sintácticos, semánticos o pragmáticos que se manifiestan fonéticamente a través de los elementos suprasegmentales. En los últimos años se han realizado esfuerzos importantes para reco-

---

[5] Los manuales de Biber *et al.* (1998), Kennedy (1998), McEnery y Wilson (2001) o Berber Sardinha (2004), entre otros, ofrecen una panorámica de la lingüística de corpus más orientada hacia los aspectos lingüísticos. Para más información sobre los corpus generales en español, remitimos al lector al capítulo 5 de esta obra.

ger corpus en los que a la señal sonora se añade una grabación en vídeo del locutor, sea únicamente de la cara, sea de todo el cuerpo, para poder así desarrollar los sistemas multimodales a los que aludimos en la sección 2.3.

Un corpus oral enfocado al desarrollo de tecnologías del habla responde, por lo general, a objetivos muy concretos, entre los que pueden citarse la extracción de unidades fonéticas para la síntesis, la obtención de conocimiento lingüístico para la conversión de texto en habla, el entrenamiento de los modelos acústicos para el reconocimiento, o el diseño de escenarios para un sistema de diálogo. En función de su finalidad, se establece el diseño del corpus y se definen los distintos niveles de etiquetado (Llisterri *et al.*, 2005). Así, en el caso de la síntesis y del reconocimiento se marcan, sincronizadas con la onda sonora y, en la medida de lo posible, con la representación ortográfica, las fronteras entre los segmentos y entre las unidades que se hayan establecido; es también útil efectuar un etiquetado prosódico, o diferenciar un nivel fonético y un nivel fonológico de etiquetado. En los corpus para desarrollar sistemas de diálogo suele incluirse, además, una anotación pragmática que refleja los actos de habla y otros aspectos esenciales en la interacción.

La anotación de los recursos multimodales plantea, por su parte, la necesidad de emplear sistemas de descripción de las expresiones faciales y de los gestos, tradicionalmente abordados desde otros campos, pero que han despertado un gran interés entre quienes se dedican a las tecnologías del habla (Serenari *et al.*, 2002). Por este motivo, junto a las herramientas de dominio público que permiten el etiquetado segmental y suprasegmental como Praat o Wavesurfer, se emplean cada vez más programas para la transcripción y anotación conjunta de audio y vídeo como Anvil, ELAN o Transana, también disponibles gratuitamente en la red[6].

Un corpus escrito es una colección estructurada de textos en la que se han introducido marcas que definen su estructura, y que se ha enriquecido con anotaciones relativas a su contenido lingüístico. Para el primer propósito, existen desde hace tiempo estándares

---

[6] La situación de los corpus orales para las tecnologías del habla en español se describe en Llisterri *et al.* (2005); cabe señalar que, dada la aplicación de estos recursos para el desarrollo de productos comerciales, no son abundantes los corpus a los que pueda accederse con facilidad. De hecho, algunos se distribuyen a través de ELDA (*Evaluations and Language resources Distribution Agency*) y del LDC (*Linguistic Data Consortium*) con precios diferentes según se trate de grupos de investigación o de empresas.

como los de la *Text Encoding Initiative* (TEI) (Sperberg-McQueen y Burnard, 2002), basados en el uso del SGML (*Standard Generalized Markup Language*) y, más recientemente, del XML (*Extensible Markup Language*), del que también se ha realizado una adaptación para las tecnologías del habla conocida como VoiceXML. La información que se añade al texto, en este caso, no es de tipo lingüístico, sino que señala aspectos estructurales como los títulos, subtítulos, la división en párrafos, etc., con un procedimiento análogo al que encontramos en el lenguaje HTML (*Hyper Text Markup Language*) en el que se codifican los textos que se publican en forma de páginas web.

En el campo de las tecnologías lingüísticas, este tipo de codificación es prácticamente imprescindible; pero también es necesario que los corpus escritos estén adecuadamente anotados desde un punto de vista lingüístico. La anotación o etiquetado se realiza en el nivel morfológico, sintáctico, semántico, pragmático o textual, utilizando, cuando están disponibles, herramientas como las descritas en la sección 4.1 (Sánchez *et al.*, 1999; Civit, 2003). En realidad, para que una herramienta de anotación automática realice su tarea de un modo eficaz, se requiere una etapa de entrenamiento con un corpus anotado manualmente. Por otra parte, las anotaciones automáticas requieren una revisión manual a cargo de un experto para detectar los errores que haya podido cometer el sistema de análisis. A su vez, esta revisión sirve para mejorar el analizador, refinando sus reglas e incorporando conocimientos que se aplican a la anotación de nuevos corpus.

Un tipo de corpus textual anotado sintácticamente lo forman los llamados *treebanks* o bancos de árboles sintácticos, en los que se marca la categoría y la función de los constituyentes de cada oración. Entre los recursos desarrollados para el español cabe mencionar el *treebank* de la Universidad Autónoma de Madrid y el proyecto 3LB, que incluye el catalán y el euskera incorporando, además, una anotación semántica. Realizada desde una perspectiva diferente y manualmente anotada, la BDS (Base de Datos Sintácticos del Español Actual) de la Universidad de Santiago de Compostela permite diversas consultas relacionadas con los esquemas sintácticos en los que aparece un determinado verbo. En lo que a la anotación semántica se refiere, además del corpus 3LB se cuenta también, por ejemplo, con MiniCors, creado en el marco de Senseval, una iniciativa internacional dedicada a la evaluación de herramientas automáticas para la desambiguación de palabras en la anotación de corpus escritos.

En el contexto de la traducción automática se encuentran los denominados corpus paralelos, que contienen el mismo texto en dos o más lenguas entre las que se establece una correspondencia entre segmentos equivalentes –frases, párrafos o textos– mediante un proceso conocido como alineación (Abaitua, 2002b). La existencia de estos recursos ha permitido abordar la traducción automática entrenando los sistemas con corpus paralelos alineados, a los que se aplican técnicas estadísticas similares a las empleadas en el reconocimiento del habla.

14.6.2. *Los recursos léxicos*

El desarrollo de las tecnologías lingüísticas requiere, además de los corpus, el uso de recursos léxicos, entre los que cabe mencionar los léxicos computacionales, monolingües o multilingües, y las llamadas redes léxico-semánticas. Existen también otros recursos electrónicos como los diccionarios en CD-ROM o en la web –véase el capítulo 5 de este volumen–, que en ocasiones establecen la base para la creación de los léxicos a los que hacemos referencia en este apartado.

Un léxico computacional (Martí, 1994; Vázquez *et al.*, 2002), a diferencia de los diccionarios convencionales, contiene la información morfológica, sintáctica y semántica relevante para las diversas aplicaciones del procesamiento del lenguaje, para su incorporación a las herramientas de análisis automático (descritas en 4.1) y para la anotación de corpus textuales (6.1). Así, por ejemplo, en la entrada de un verbo se especificarían su categoría léxica y el tipo de elementos que puede subcategorizar. En el caso de un léxico multilingüe, cada lema llevaría asociada su correspondencia con los equivalentes en otras lenguas, y se indicarían también, si se emplea en traducción automática, las restricciones necesarias para lograr una buena traducción. En el ámbito de las tecnologías del habla se han desarrollado diccionarios de pronunciación (*pronunciation lexica*) que recogen todas las variantes encontradas en un corpus y las asocian a una forma canónica o a una representación fonológica con objeto de facilitar el reconocimiento.

Las redes léxico-semánticas son recursos que estructuran el vocabulario en función de las relaciones semánticas entre palabras, basándose en conceptos propios de la semántica léxica como sinonimia, antonimia, hiponimia, hiperonimia o meronimia ("parte de").

En este sentido, pueden considerarse también ontologías (Feliu *et al.*, 2002), ya que establecen una organización jerárquica de los conceptos, especialmente en el caso de los nombres. La iniciativa más conocida en el ámbito de las redes léxico-semánticas es WordNet, desarrollado en la Universidad de Princeton, del que se dispone de una versión en distintas lenguas europeas, conectadas entre sí, denominada EuroWordNet. La versión española de WordNet se llevó a cabo en colaboración entre la Universidad de Barcelona, la Politécnica de Cataluña y la Universidad Nacional de Educación a Distancia, y puede consultarse en las páginas del proyecto Meaning o en las del CLiC de la Universidad de Barcelona. Otro tipo de red, que actualmente se desarrolla para el español en la Universidad Autónoma de Barcelona, es el SFN (*Spanish FrameNet*), en que se integra información léxica y sintáctica en el marco de la semántica cognitiva.

Como ya se ha indicado, las redes léxico-semánticas y las ontologías encuentran uno de sus principales usos en la anotación semántica de corpus y muestran un importante potencial en las aplicaciones orientadas a la recuperación y extracción de información. Por otra parte, en el procesamiento del lenguaje natural se emplean también recursos terminológicos, monolingües o multilingües, que se extraen de corpus especializados en un determinado dominio.

14.6.3. *Las gramáticas computacionales*

Una gramática computacional se concibe como una descripción formalizada del conocimiento lingüístico que puede ser empleada tanto como una herramienta de análisis automático (véase la sección 4.1) como en el funcionamiento de algunas de las aplicaciones que hemos descrito anteriormente. Por esta razón se considera, junto con los corpus y los léxicos, un recurso para el desarrollo de las tecnologías del texto y, en ocasiones, del habla.

Muchos de los esfuerzos en el diseño de gramáticas computacionales se han centrado en encontrar el formalismo más adecuado para representar la información lingüística. Se han creado, para ellos, diversos procedimientos, entre los que destacan, en los últimos años, las gramáticas de unificación y las gramáticas de restricciones (*Constraint Grammars*). Las primeras reciben este nombre por el procedimiento que se aplica para combinar la información contenida en las categorías gramaticales, y tienen como principal característica la codificación de la máxima información posible en el léxico, al que se incorporan rasgos sintácticos y semánticos. Las gramáticas de restricciones parten de la anotación de las posibles funciones sintácticas de una palabra, para realizar después una desambiguación y seleccionar la función adecuada en una oración concreta (Balari, 1999; Badia, 2001; Rodríguez, 2002).

Existen otras aproximaciones, como la de la sintaxis léxica, que integran gramáticas y diccionarios electrónicos. Los diccionarios contienen, para cada forma, el lema a la que está asociada, la clase distribucional a la que pertenece y sus propiedades morfológicas. Las gramáticas consisten, en este marco teórico, en una formalización de las propiedades de los predicados que se encuentran en el diccionario (Subirats y Ortega, 2000).

14.7. CONSIDERACIONES FINALES

En las tecnologías lingüísticas confluyen, como se ha intentado poner de relieve a lo largo de este capítulo, saberes muy diversos, lo que hace inevitable que su desarrollo se efectúe en el marco de equipos pluridisciplinares. El especialista en lingüística puede y debe tener un papel activo en el campo de las tecnologías del lenguaje, puesto que éstas constituyen una de las ramas de la lingüística aplicada.

En un momento en que se debate la utilidad de la lingüística, no debería olvidarse el interés social y el potencial económico de las tecnologías del lenguaje, un dominio, como hemos visto, que se nutre del mundo universitario pero que no puede desarrollarse plenamente sin la existencia de un tejido empresarial; en este sentido, algunos grupos de investigación empezaron hace ya tiempo a crear sus propias compañías, conocidas como *spin-off*, a través de las que comercializan productos y servicios. Sin embargo, la formación actual de un graduado en lingüística, en lengua española o en filología hispánica no parece incorporar, por lo general, ni las destrezas ni los conocimientos imprescindibles para llevar a cabo un trabajo productivo en un equipo dedicado a las tecnologías del lenguaje. La consecuencia más inmediata de estas carencias es que las labores propias de los profesionales de la lingüística las realizan, en ocasiones, informáticos o ingenieros, plenamente competentes en sus especialidades, pero no siempre con los conocimientos adecuados en lo que a las disciplinas lingüísticas se refiere. Así, no sólo se pierden importantes oportunidades de integración laboral, sino que se relega al lingüista a un papel de mero proveedor de datos –que no de conocimiento–, de etiquetador manual de corpus o de revisor de los resultados proporcionados por las herramientas informáticas.

El uso cada vez más creciente de ordenadores, la necesidad de emplearlos del modo más sencillo posible –es decir, recurriendo al lenguaje "natural"– y la ayuda que éstos nos proporcionan en muchas actividades cotidianas –desde dictar un texto o reservar un billete por teléfono hasta recuperar documentos en diversas lenguas y disponer de una traducción–, debería llevar a una concepción de la lingüística como una disciplina que, sin prescindir de su necesaria vertiente teórica, tuviera una presencia visible y útil en la sociedad de la información y del conocimiento. Esto implica, en primer lugar, reconocer el lugar de la lingüística aplicada en la universidad, dejando de lado la jerarquía implícita que en ocasiones se establece entre "los teóricos" y "los aplicados", y valorando adecuadamente la investigación que se realiza en los terrenos que más entroncan la lingüística con el mundo real. Con ello, sería posible plantear una formación que permitiera a los futuros lingüistas participar, en igualdad con otros profesionales, en equipos interdisciplinares dedicados al desarrollo de tecnologías del lenguaje.

Las tecnologías lingüísticas están alcanzando un nivel de madurez que permite ya su uso en diversas aplicaciones; pero se ha señalado a menudo que uno de los principales obstáculos que impiden realizar avances más significativos es la falta de conocimiento sobre el lenguaje. Hemos mencionado las dificultades para el reconocimiento del habla espontánea; las limitaciones de expresividad de los conversores de texto en habla; la falta de naturalidad en la interacción con los sistemas de diálogo; los problemas que todavía plantea el análisis o la traducción automática de cualquier tipo de texto, y los problemas aún mayores de la traducción de conversaciones; las posibilidades que se abren para la búsqueda y la recuperación de información en grandes bases de datos documentales multilingües, sean escritas u orales, y otros campos, como la multimodalidad, en los que se centrará la investigación en los próximos años. Por estos motivos, no cabe duda de que nos encontramos ante un futuro inmediato en el que los lingüistas pueden realizar contribuciones relevantes para lograr un uso más humano de las nuevas tecnologías. Sin embargo, si no estamos adecuadamente preparados, y si no sabemos reconocer que una de las dimensiones de la lingüística es, precisamente, la que se complementa con la tecnología, perderemos de nuevo una excelente oportunidad.

14.8. PREGUNTAS DE REFLEXIÓN

1. A partir de las demostraciones en línea de los conversores de texto en habla para el español que se mencionan en la sección 2.1, cuyas direcciones en Internet encontrará en el apartado "Recursos, demostraciones y fuentes de información", obtenga con cada uno de ellos una versión sintetizada del mismo texto y compare los resultados. Puede tener en cuenta la realización de los elementos segmentales, de los elementos suprasegmentales –p. ej., entonación y ritmo–, la inteligibilidad y la calidad de la voz.

2. Transcriba ortográficamente un fragmento breve de habla espontánea –p. ej., la intervención de un oyente en un programa de radio– y tradúzcalo a otra lengua que conozca empleando alguno de los traductores automáticos disponibles en la red (encontrará las direcciones en el apartado "Recursos, demostraciones y fuentes de información"). Con los resultados obtenidos, elabore una lista de problemas que se plantean en la traducción automática del habla.

3. Seleccione un texto breve en una lengua extranjera y tradúzcalo al español empleando los sistemas de traducción automática disponibles en la red (direcciones en el apartado "Recursos, demostraciones y fuentes de información"). Clasifique, con criterios lingüísticos, los tipos de errores que ha encontrado y reflexione sobre sus posibles causas. Argumente los motivos por los que un determinado sistema le parecería preferible a otros.

4. Identifique en un texto en español las palabras o construcciones que el corrector ortográfico que utiliza habitualmente señala como errores. En el caso de que el corrector ofrezca alternativas, explique la relación entre el texto original y las alternativas mostradas; si no se ofrece ninguna, intente sugerir alguna hipótesis sobre las causas. Comente también aquellos casos en los que se producen errores no detectados por el corrector e intente explicar los motivos por lo que esto sucede. Si dispone también de un corrector gramatical, realice esta misma actividad.

5. Busque algunos ejemplos de ambigüedad morfológica y de ambigüedad sintáctica en español y analícelos con las herramientas en línea que se mencionan en la sección 4.1 (direcciones en el apartado "Recursos, demostraciones y fuentes de

información"). Comente los problemas que plantea en estos casos un análisis automático y las soluciones ofrecidas por los sistemas que haya probado.

6. Reflexione sobre la posible utilidad de las tecnologías lingüísticas y de los recursos lingüísticos expuestos en este capítulo para la enseñanza de lenguas asistida por ordenador en el contexto de la enseñanza del español como lengua extranjera. Puede consultar el capítulo 5 de este manual o trabajos sobre cuestiones específicas como Córdoba (2001), Jacobi (2001), Díaz y Ruggia (2004) o Morante (2004).

7. A partir de los contenidos de este capítulo y las lecturas complementarias que haya podido realizar, exponga qué conocimientos cree que debería tener un lingüista para integrarse en un equipo dedicado a las tecnologías del lenguaje. Puede documentarse también buscando información sobre programas de estudios en centros que imparten cursos sobre esta materia.

8. Justifique, con ejemplos concretos, la afirmación que se realiza en las consideraciones finales: "El especialista en lingüística puede y debe tener un papel activo en el campo de las tecnologías del lenguaje, puesto que éstas constituyen una de las ramas de la lingüística aplicada".

BIBLIOGRAFÍA

ABAITUA, J. (2002a): *Introducción a la traducción automática –en diez horas–*. Grupo DELI, Universidad de Deusto. http://sirio.deusto.es/abaitua/konzeptu/ta/mt10h_ es/index.html

ABAITUA, J. (2002b): "Tratamiento de corpora bilingües." En M. Martí y J. Llisterri (eds.). *Tratamiento del lenguaje natural. Tecnología de la lengua oral y escrita* (pp. 61-90). Barcelona, Edicions Universitat de Barcelona - Fundación Duques de Soria. http://paginaspersonales.deusto.es/abaitua/konzeptu/ta/soria00.pdf

AGUILERA, S.; GODINO, J.; PALAZUELOS, S. y MARTÍN, J. (2001): Aplicaciones sociales de las tecnologías de la lengua. *Quark. Ciencia, Medicina, Comunicación y Cultura* 21: 90-94. http://www.imim.es/quark/21/021090.htm

ALONSO, J. (2001): "La traducció automàtica." En M. Martí (coord.). *Les tecnologies del llenguatge* (pp. 86-119). Barcelona, Edicions de la Universitat Oberta de Catalunya. [Trad. esp.: "La traducción automática." En M. Martí (coord.). *Tecnologías del lenguaje* (pp. 94-129). Barcelona, Editorial UOC, 2003.]

BADIA, T. (2001): "Tècniques de processament del llenguatge." En M. Martí (coord.). *Les tecnologies del llenguatge* (pp. 189-238). Barcelona, Edicions de la Universitat Oberta de Catalunya. [Trad. esp.: "Técnicas de procesamiento del lenguaje." En M. Martí (coord.). *Tecnologías del lenguaje* (pp. 193-248). Barcelona, Editorial UOC, 2003.]

BALARI, S. (1999): "Formalismos gramaticales de unificación y procesamiento basado en restricciones." En J. Gómez, A. Lorenzo, J. Pérez y A. Álvarez (eds.). *Panorama de la investigación en lingüística informática* RESLA, Revista Española de Lingüística Aplicada, Volumen monográfico. (pp. 117-152).

BERBER SARDINHA, T. (2004): *Lingüística de Corpus*. Barueri, São Paulo, Editora Manole.

BIBER, D.; CONRAD, S. y REPPEN, R. (1998): *Corpus Linguistics. Investigating Language Structure and Use*. Cambridge, Cambridge University Press.

BLECUA, J. (2001): Lengua española y tecnologías. *Archipiélago* 48: 100-197.

BLECUA, J.; CLAVERÍA, G.; SÁNCHEZ, C. y TORRUELLA, J. (eds.) (1999): *Filología e informática. Nuevas tecnologías en los estudios filológicos*. Barcelona, Seminario de Filología e Informática, Departamento de Filología Española, Universidad Autónoma de Barcelona - Editorial Milenio.

CASACUBERTA, F. (2004): "Traducción automática del habla." En M. Martí y J. Llisterri (eds.). *Tecnologías del texto y del habla* (pp. 121-144). Barcelona, Edicions de la Universitat de Barcelona - Fundación Duques de Soria.

CASTILLO, A. (1995): "El poder tecnológico de la lengua española." En Marqués de Tamarón (dir.). *El peso de la lengua española en el mundo* (pp. 173-194). Valladolid, Secretariado de Publicaciones de la Universidad de Valladolid - Fundación Duques de Soria - INCIPE, Fundación Instituto de Cuestiones Internacionales y Política Exterior.

CIVIT, M. (2003): *Criterios de etiquetación y desambiguación morfosintáctica de corpus en español*. Alicante, Sociedad Española para el Procesamiento del Lenguaje Natural. http://clic.fil.ub.es/personal/civit/PUBLICA/memoria.pdf.

CIVIT, M.; CASTELLÓN, I. y MARTÍ, M. (2002): "*Joven periodista triste busca casa frente al mar* o la ambigüedad en la anotación de corpus." En J. de D. Luque, A. Pamies y F. Manjón (eds.) *Nuevas tendencias en la investigación lingüística. Actas del I Congreso Internacional sobre Nuevas Tendencias de la Lingüística*. Granada, Universidad de Granada. http://clic.fil.ub.es/personal/civit/PUBLICA/GRANADA 01 -DEF.zip

CLIMENT, S. (2001): Sistemas de resumen automático de documentos. *Digithum, Revista digital d'humanitats* 3. http://www.uoc.edu/humfil/digithum/digithum3/catala/Art _Climent_esp/Climent/climent.html

COLE, R.; MARIANI, J.; USZKOREIT, H.; ZAENEN, A. y ZUE, V. (eds.) (1997): *Survey of the State of the Art in Human Language Technology*. Cambridge, Cambridge University Press. http://cslu.cse.ogi.edu/HLTsurvey/HLTsurvey.html

COLEMAN, J. (2005): *Introducing Speech and Language Processing*. Cambridge, Cambridge University Press.

CÓRDOBA, F. (2001): El uso de los corpus lingüísticos en la enseñanza del español. *Boletín de la Asociación de Profesores de Español de la República Checa.* http://oldwww.upol.cz/res/ssup/ape/boletin2001/cordoba.htm

DAHL, D. (ed.) (2004): *Practical Spoken Dialog Systems.* Dordrecht, Kluwer.

DALE, R.; MOISL, H. y SOMERS, H. (eds.) (2000): *Handbook of Natural Language Processing.* Nueva York, Marcel Dekker.

DÍAZ, L. y RUGGIA, A. (2004): Cómo evaluar textos de fines específicos con ayuda de recursos informáticos: nuevas tecnologías al servicio del *feedback* en ELE. *RedELE, Revista Electrónica de Didáctica del Español como Lengua Extranjera.* http://www.sgci.mec.es/redele/revista/pdf/diaz_ruggia.pdf

DUTOIT, T. (1997): *An Introduction to Text-to-Speech Synthesis.* Dordrecht, Kluwer.

FARGHALY, A. (ed.) (2003): *Handbook for Language Engineers.* Stanford, CSLI Publication.

FELIU, J.; VIVALDI, J. y CABRÉ, T. (2002): *Ontologies: a Review.* Barcelona, Institut Universitari de Lingüística Aplicada, Universitat Pompeu Fabra. ftp://ftp.iula. upf.es/pub/publicacions/02inf034.pdf

FERRÁNDEZ, A. (2004): "Sistemas de pregunta y respuesta." En M. Martí y J. Llisterri (eds.). *Tecnologías del texto y del habla* (pp. 11-36). Barcelona, Edicions de la Universitat de Barcelona - Fundación Duques de Soria.

GEOFFROIS, E. (2004): "Identification automatique des langues: techniques, ressources et évaluations." En *MIDL 2004. Modélisations pour l'identification des langues et des variétés dialectales* (pp. 43-44). (París, 29-30 de noviembre). http://www. limsi.fr/MIDL/actes/conference%20invitee%20I/Geoffrois_MIDL2004.pdf

GOLDEROS, F. (2001): Tecnologías del habla en español: convergencia con Internet. Ponencia en el II Congreso Internacional de la Lengua Española. El español en la Sociedad de la Información. (Valladolid, 16-9 de octubre). (http://cvc.cervantes. es/obref/congresos/valladolid/ponencias/el_espanol_en_la_sociedad/4_internet_en_espanol/golderos_f.htm).

GÓMEZ, X. (2000): "Lingüística computacional." En F. Ramallo, G. Rei-Doval y X. Rodríguez Yáñez (eds.). *Manual de Ciencias da Linguaxe* (pp. 221-268). Vigo, Edicións Xerais de Galicia. http://webs.uvigo.es/sli/arquivos/xerais.pdf.

GÓMEZ, X. (2001): "Recursos d'ajut a l'edició. Ortografia, sintaxi i estil." En M. Martí (coord.). *Les tecnologies del llenguatge* (pp. 15-26). Barcelona, Edicions de la Universitat Oberta de Catalunya. [Trad. esp.: "Recursos de ayuda a la edición." En M. Martí (coord.). *Tecnologías del lenguaje* (pp. 30-40). Barcelona, Editorial UOC, 2003.]

GÓMEZ, X. y LORENZO, A. (eds.) (1996): *Lingüística e informática.* Santiago de Compostela, Tórculo Edicións.

GONZALO, J. y VERDEJO, F. (2001): "Recuperació i extracció d'informació." En M. Martí (coord.). *Les tecnologies del llenguatge* (pp. 151-187). Barcelona, Edicions de la Universitat Oberta de Catalunya. [Trad. esp.: "Recuperación y extracción de información." En M. Martí (coord.). *Tecnologías del lenguaje* (pp. 157-192). Barcelona, Editorial UOC, 2003.]

GRANSTRÖM, B.; HOUSE, D. y KARLSSON, I. (eds.) (2002): *Multimodality in Language and Speech Systems*. Dordrecht, Kluwer.

HOLLIEN, H. (2002): *Forensic Voice Identification*. San Diego, Academic Press.

HOLMES, J. y HOLMES, W. (2001): *Speech Synthesis and Recognition* (2ª ed.). Londres, Taylor & Francis.

HUANG, X.; ACERO, A.; HON, H. y REDDY, R. (2001): *Spoken Language Processing: A Guide to Theory, Algorithm and System Development*. Nueva Jersey, Prentice Hall.

HUTCHINS, W. (2003): "Machine Translation: General Overview." En R. Mitkov (ed.). *The Oxford Handbook of Computational Linguistics* (pp. 501-511). Oxford, Oxford University Press. http://ourworld.compuserve.com/homepages/WJHutchins/ Mitk ov.pdf

HUTCHINS, W. (2005): *Compendium of translation software: directory of commercial machine translation systems and computer-based translation support tools*. Ginebra, EAMT, European Association for Machine Translation. http://ourworld. compuserve.com/homepages/WJHutchins/Compendium.htm

JACOBI, C. (2001): *Lingüística de Corpus e ensino de espanhol a brasileiros: Descrição de padrões e preparação de atividades didáticas (decir/hablar; mismo; mientras /en cuanto/ aunque)*. Tesis de disertación de maestría, Pontifícia Universidades Católica de São Paulo. http://lael.pucsp.br/lael-inf/teses/tese_ claudia.zip

JURAFSKY, D. y MARTIN, J. (2000): *Speech and Language Processing. An Introduction to Natural Language Processing, Computational Linguistics and Speech Recognition*. Nueva Jersey, Prentice Hall. http://www.cs.colorado.edu/~martin/ slp.html

KENNEDY, G. (1998): *An Introduction to Corpus Linguistics*. Londres, Longman.

KUPPEVELT, J.; DYBKJAER, L. y BERNSEN, N. (eds.) (2005): *Advances in Natural Multimodal Dialogue Systems*. Dordrecht, Springer.

LAVID, J. (2005): *Lenguaje y nuevas tecnologías. Nuevas perspectivas, métodos y herramientas para el lingüista del siglo XXI*. Madrid, Cátedra.

LLISTERRI, J. (1999): Tecnologías lingüísticas y sociedad de la información. *Economía Industrial (La sociedad de la información en España I)* 325: 37-56. http://liceu.uab.es/~joaquim/publicacions/Llisterri_99_TecnolLing_SocInfo.pdf

LLISTERRI, J. (2001): "Les tecnologies de la parla." En M. Martí (coord.). *Les tecnologies del llenguatge* (pp. 239-272). Barcelona, Edicions de la Universitat Oberta de Catalunya. [Trad. esp.: "Las tecnologías del habla." En M. Martí (coord.). *Tecnologías del lenguaje* (pp. 249-281). Barcelona, Editorial UOC, 2003.]

LLISTERRI, J. (2003): Lingüística y tecnologías del lenguaje. *Lynx. Panorámica de Estudios Lingüísticos* 2: 9-71. http://liceu.uab.es/~joaquim/publicacions/TecnoLing_Lynx 02.pdf

LLISTERRI, J. (2004a): "Las tecnologías del habla para el español." En R. Sequera (ed.). *Ciencia, tecnología y lengua española: La terminología científica en español* (pp. 123-141). Madrid, Fundación Española para la Ciencia y la Tecnología. http://liceu.uab.es/~joaquim/publicacions/TecnolHablaEsp_FECyT03.pdf

LLISTERRI, J. (2004b): "Las tecnologías lingüísticas en España." En *El español en el mundo. Anuario del Instituto Cervantes 2004* (pp. 229-251). Madrid, Instituto Cervantes - Círculo de Lectores - Plaza & Janés. http://cvc.cervantes.es/ obref/anuario/anuario_04/llisterri/default.htm

LLISTERRI, J. y GARRIDO, J. (1998): "La ingeniería lingüística en España." En *El español en el mundo. Anuario del Instituto Cervantes 1998* (pp. 299-391). Madrid, Instituto Cervantes - Arco/Libros. http://cvc.cervantes.es/obref/anuario/anuario_98/llisterri/

LLISTERRI, J. y MARTÍ, M. (2002): "Las tecnologías lingüísticas en la Sociedad de la Información." En M. Martí y J. Llisterri (eds.). *Tratamiento del lenguaje natural. Tecnología de la lengua oral y escrita* (pp. 13-28). Barcelona, Fundación Duques de Soria - Edicions Universitat de Barcelona.

LLISTERRI, J.; CARBÓ, C.; MACHUCA, M.; DE LA MOTA, C.; RIERA, M. y RÍOS, A. (2003a): "El papel de la lingüística en el desarrollo de las tecnologías del habla." En M. Casas (dir.) y C. Varo (ed.). *VII Jornadas de Lingüística* (pp. 137-191). Cádiz, Servicio de Publicaciones de la Universidad de Cádiz. http://liceu.uab.es/publicacions/ Linguistica_TH_Cadiz02.pdf

LLISTERRI, J.; MACHUCA, M.; DE LA MOTA, C.; RIERA, M. y RÍOS, A. (2003b): "Entonación y tecnologías del habla." En P. Prieto (ed.). *Teorías de la entonación* (pp. 209-243). Barcelona, Ariel.

LLISTERRI, J.; CARBÓ, C.; MACHUCA, M.; DE LA MOTA, C.; RIERA, M. y RÍOS, A. (2004): "La conversión de texto en habla: aspectos lingüísticos." En M. Martí y J. Llisterri (eds.). *Tecnologías del texto y del habla* (pp. 145-186). Barcelona, Edicions de la Universitat de Barcelona - Fundación Duques de Soria. http://liceu.uab.es/publica cions/Linguistica_CTH_FDS02.pdf

LLISTERRI, J.; MACHUCA, M.; DE LA MOTA, C.; RIERA, M. y RÍOS, A. (2005): Corpus orales para el desarrollo de las tecnologías del habla en español. *Oralia. Análisis del discurso oral* 8 [en prensa]. http://liceu.uab.es/~joaquim/publicacions/Oralia_04.pdf

LÓPEZ, F.; GONZALO, J. y VERDEJO, F. (2004): "Búsqueda de información multilingüe: Estado del arte. *Revista Iberoamericana de Inteligencia Artificial* 8: 11-35. http://nlp. uned.es/pergamus/pubs/EstadoDelArteCLIR.pdf

LÓPEZ-CÓZAR, R. y ARAKI, M. (2005): *Spoken, Multilingual and Multimodal Dialogue Systems: Development and Assessment.* Chichester, John Wiley.

MANNING, C. y SCHÜTZE, H. (1999): *Foundations of Statistical Natural Language Processing.* Cambridge, MA., The MIT Press. http://nlp.stanford.edu/fsnlp/

MARIÑO, J. y NADEU, C. (2004): "La representación de la voz para el reconocimiento del habla." En M. Martí y J. Llisterri (eds.). *Tecnologías del texto y del habla* (pp. 187-224). Barcelona, Edicions de la Universitat de Barcelona - Fundación Duques de Soria.

MARTÍ, M. (1994): "Lexicografía computacional." En J. Gómez Guinovart (ed.). *Aplicaciones lingüísticas a la informática* (pp. 35-50). Santiago de Compostela, Tórculo Edicións.

MARTÍ, M. (coord.). (2001): *Les tecnologies del llenguatge*. Barcelona: Edicions de la Universitat Oberta de Catalunya. [Trad. esp.: *Tecnologías del lenguaje*. Barcelona, Editorial UOC, 2003.]

MARTÍ, M. (2003): "Las tecnologías de la lengua y la sociedad de la información." En M. Martí (coord.). *Tecnologías del lenguaje* (pp. 9-29). Barcelona, Editorial UOC.

MARTÍ, M. y CASTELLÓN, I. (2000): *Lingüística computacional*. Barcelona, Edicions de la Universitat de Barcelona.

McENERY, T. (2003): "Corpora." En R. Mitkov (ed.). *The Oxford Handbook of Computational Linguistics* (pp. 448-463). Oxford, Oxford University Press.

McENERY, T. y WILSON, A. (2001): *Corpus Linguistics* (2ª ed.). Edimburgo, Edinburgh University Press. http://www.ling.lancs.ac.uk/monkey/ihe/linguistics/contents.htm

MINKER, W. y BENNACEF, S. (2004): *Speech and Human-Machine Dialog*. Dordrecht, Kluwer.

MINKER, W.; BÜHLER, D. y DYBKJAER, L. (eds.) (2005): *Spoken Multimodal Human-Computer Dialogue in Mobile Environments*. Dordrecht, Springer.

MITKOV, R. (ed.) (2003): *The Oxford Handbook of Computational Linguistics*. Oxford, Oxford University Press.

MOLANO, A. (2002): Aplicación de las técnicas de Procesado del Lenguaje Natural en la próxima generación de herramientas de búsqueda de información. *Euromap Language Technologies*. http://www.cervantes.es/seg_nivel/lect_ens/oesi/Articulos/Anastasio%20Molano/spanish%20version/Molano.htm

MORA, E. y RODRÍGUEZ, M. (2001): "Research Activities in and Applications of Speech Technologies in Latin America." En *COCOSDA Workshop 2001* (Aalborg, 2 de septiembre de 2001). http://www.slt.atr.co.jp/cocosda/cocosdaE-31-8-01.doc

MORANTE, R. (2004): VOCABLE: Una plataforma para el aprendizaje de vocabulario asistido por ordenador. *RedELE, Revista Electrónica de Didáctica del Español como Lengua Extranjera* 2. http://www.sgci.mec.es/redele/revista2/pdfs2/morante.pdf

MORENO FERNÁNDEZ, F. (1997): "La formación de corpus de lengua hablada." En F. Moreno Fernández (ed.). *Trabajos de sociolingüística hispánica* (pp. 93-114). Alcalá de Henares, Universidad de Alcalá, Servicio de Publicaciones.

MORENO, J. (2004): "La investigación en ingeniería lingüística en España." En R. Sequera (ed.). *Ciencia, tecnología y lengua española: La terminología científica en español* (pp. 97-122). Madrid, Fundación Española para la Ciencia y la Tecnología. http://www.fecyt.es/documentos/Libro%20CTL_web.pdf

MORENO, L.; PALOMAR, M.; MOLINA, A. y FERRÁNDEZ, A. (1999): *Introducción al procesamiento del lenguaje natural*. Alicante, Servicio de Publicaciones de la Universidad de Alicante.

NOLAN, F. (1997): "Speaker Recognition and Forensic Phonetics." En W. Hardcastle y J. Laver (eds.). *The Handbook of Phonetic Sciences* (pp. 744-767). Oxford, Blackwell.

O'SHAUGHNESSY, D. (2000): *Speech Communications: Human and Machines* (2ª ed.). Reading, MA, Addison Wesley.

PASCUAL, J. (1995): "Escándalo o precaución. Sobre el futuro de nuestra lengua." En Marqués de Tamarón (dir.). *El peso de la lengua española en el mundo* (pp. 135-171). Valladolid, Secretariado de Publicaciones de la Universidad de Valladolid - Fundación Duques de Soria - INCIPE, Fundación Instituto de Cuestiones Internacionales y Política Exterior. [Versión adaptada en *Indexnet, Programa de apoyo al profesorado*. Editorial Santillana]. http://www.indexnet.santillana.es/rcs/_archivos/Documentos/lenguadoc/futuroleng.pdf

RAFEL, J. y SOLER, J. (2001): "El processament de corpus. La lingüística empírica." En M. Martí (coord.). *Les tecnologies del llenguatge* (pp. 27-59). Barcelona, Edicions de la Universitat Oberta de Catalunya. [Trad. esp.: "El procesamiento de corpus." En M. Martí (coord.). *Tecnologías del lenguaje* (pp. 41-73). Barcelona, Editorial UOC, 2003.]

RODRÍGUEZ, H. (2000): Técnicas básicas en el tratamiento informático de la lengua. *Quark. Ciencia, Medicina, Comunicación y Cultura* 19: 26-34. http://www.imim.es/quark/19/019026.htm

RODRÍGUEZ, H. (2002): "Técnicas de análisis sintáctico." En M. Martí y J. Llisterri (eds.). *Tratamiento del lenguaje natural. Tecnología de la lengua oral y escrita* (pp. 91-132). Barcelona, Edicions Universitat de Barcelona - Fundación Duques de Soria.

RODRÍGUEZ, H. (2004): "Lingüística y estadística, ¿incompatibles?" En M. Martí y J. Llisterri (eds.). *Tecnologías del texto y del habla* (pp. 89-117). Barcelona, Edicions de la Universitat de Barcelona - Fundación Duques de Soria.

RODRÍGUEZ, L; DOCÍO, L. y GARCÍA, C. (1998): "Panorámica de la tecnología en reconocimiento automático de locutores." En J. Gómez, A. Lorenzo, J. Pérez y A. Álvarez (eds.). *Panorama de la investigación en lingüística informática* (pp. 36-40). RESLA, Revista Española de Lingüística Aplicada (volumen monográfico).

ROSE, P. (2002): *Forensic Speaker Identification*. Londres, Taylor & Francis.

RUBIO, A. y HERNÁEZ, I. (2005): *Libro blanco de Tecnologías del Habla*. Granada, Red Temática en Tecnologías del Habla. http://www.rthabla.org/LibroBlanco-Tecno logiasDelHabla.pdf

RUIZ, J. (2005): "Lenguaje e informática / Lenguaje y ordenadores." En Á. López y B. Gallardo (eds.). *Comunicación y lenguaje* (pp. 401-436). Valencia, Universitat de València.

SÁNCHEZ, F. (2004): "Comentario del panel 'Tecnologías lingüísticas para el español'." En R. Sequera (ed.). *Ciencia, tecnología y lengua española: la terminología científica en español* (pp. 160-163). Madrid, Fundación Española para la Ciencia y la Tecnología. http://www.fecyt.es/documentos/Libro%20CTL_web.pdf

SÁNCHEZ, F.; PORTA, J.; SANCHO, J.; NIETO, A.; BALLESTER, A.; FERNÁNDEZ, A.; GÓMEZ, J.; GÓMEZ, L.; RAIGAL, E. y RUIZ, R. (1999): La anotación de los corpus CREA y CORDE. *Procesamiento del Lenguaje Natural* 25: 175-182. http://www.sepln.org/revista SEPLN/revista/25/25-Pag175.pdf

SCHIEL, F.; DRAXLER, C.; BAUMANN, A.; ELLBOGEN, T. y STEFFEN, A. (2004): *The Production of Speech Corpora*. Version 2.5. Munich, Bavarian Archive for Speech Signals. http://www.phonetik.uni-muenchen.de/Forschung/BITS/TP1/Cookbook/

SERENARI, M.; DYBKJAER, L.; HEID, U.; KIPP, M. y REITHINGER, N. (2002): *Survey of Existing Gesture, Facial Expression and Cross-Modality Coding Schemes*. NITE, Natural Interactivity Tools Engineering, Deliverable D2.1. September 2002. http://nite.nis.sdu.dk/deliverables/NITE-D2.1-sept02-F.pdf

SPERBERG-McQUEEN, C. y BURNARD, L. (eds.) (2002): TEI P4: *Guidelines for Electronic Text Encoding and Interchange*. Text Encoding Initiative Consortium. XML Version: Oxford, Providence, Charlottesville, Bergen. http://www.tei-c.org/P4X/

SUBIRATS, C. y ORTEGA, M. (2000): Tratamiento automático de la información textual en español mediante bases de información lingüística y transductores. *Estudios de Lingüística Española* 10. http://elies.rediris.es/elies10/

TAPIAS, D. (2002): "Interfaces de voz con lenguaje natural." En M. Martí y J. Llisterri (eds.). *Tratamiento del lenguaje natural. Tecnología de la lengua oral y escrita* (pp. 189-207). Barcelona, Edicions Universitat de Barcelona – Fundación Duques de Soria.

TAPIAS, D. y HERNÁNDEZ, L. (2004): "Los sistemas de diálogo en los servicios telefónicos: evolución y consideraciones de diseño." En M. Martí y J. Llisterri (eds.). *Tecnologías del texto y del habla* (pp. 225-253). Barcelona, Edicions de la Universitat de Barcelona – Fundación Duques de Soria.

TORRUELLA, J. y LLISTERRI, J. (1999): "Diseño de corpus textuales y orales." En J. Blecua, G. Clavería, C. Sánchez y J. Torruella (eds.). *Filología e informática. Nuevas tecnologías en los estudios filológicos* (pp. 45-77). Barcelona, Seminario de Filología e Informática, Departamento de Filología Española, Universidad Autónoma de Barcelona – Editorial Milenio. http://liceu.uab.es/~joaquim/publica cions/Torruella_Llisterri_99.pdf

VÁZQUEZ, G.; FERNÁNDEZ, A. y MARTÍ, M. (2002): "Léxicos verbales computacionales." En M. Martí y J. Llisterri (eds.) *Tratamiento del lenguaje natural. Tecnología de la lengua oral y escrita* (pp. 29-60). Barcelona, Edicions Universitat de Barcelona – Fundación Duques de Soria.

VICEDO, J.; RODRÍGUEZ, H.; PEÑAS, A. y MASSOT, M. (2003): Los sistemas de búsqueda de respuestas desde una perspectiva actual. *Procesamiento del Lenguaje Natural* 31: 351-368. http://www.sepln.org/revistaSEPLN/revista/31/31-Pag351.pdf

VILLARRUBIA, L.; GARRIDO, J.; RELAÑO, J.; CAMINERO, J.; ESCALADA, J.; RODRÍGUEZ, M. y HERNÁNDEZ, L. (2002): Productos de tecnología del habla para Latinoamérica. *Comunicaciones de Telefónica I+D* 27: 53-72. http://www.tid.es/documentos/revista_comunicaciones_i%2Bd/numero27.pdf

VILLARRUBIA, L.; RODRÍGUEZ, A.; RELAÑO, J.; GARIJO, F.; BERNAT, J.; HERNÁNDEZ, L.; SAN SEGUNDO, R.; TAPIAS, D. y MARÍA, L. (2003): Tecnología del habla para aplicaciones multilingües, multiservicio y multiplataforma. *Comunicaciones de Telefónica I+D* 30: 47-78. http://www.tid.es/documentos/revista_comunicaciones_i%2Bd/ numero30.pdf

VOSSEN, P. (2001): Oportunidades para la ingeniería lingüística. *Digithum, Revista Digital d'Humanitats* 3. http://www.uoc.es/humfil/articles/esp/vossen/vossen.html

WAHLSTER, W. (2000): "Mobile Speech-to-Speech Translation of Spontaneous Dialogs: An Overview of the Final Verbmobil System." En W. Wahlster (ed.). *Verbmobil: Foundations of Speech-to-Speech Translation* (pp. 3-21). Heidelberg - Nueva York, Springer. http://verbmobil.dfki.de/ww.html

WAIBEL, A. (2000): La traducción interactiva del habla. *Quark. Ciencia, Medicina, Comunicación y Cultura* 19: 58-65. http://www.imim.es/quark/19/019058.htm

WAIBEL, A. (2001): Los sistemas integrales completos del habla, del lenguaje y la interfaz humana. *Quark. Ciencia, Medicina, Comunicación y Cultura* 21: 95-102. http://www.imim.es/quark/21/021095.htm

Recursos, demostraciones y fuentes de información citados en el texto

Las direcciones de los recursos, las demostraciones y las fuentes de información disponibles en Internet y citados a lo largo del capítulo pueden consultarse en: http://liceu.uab.es/~joaquim/publicacions/linguistica_aplicada_del_espanol.html

15

ESPAÑOL A LA VENTA: LA LENGUA EN EL MERCADO GLOBAL

María M. Carreira

California State University, Long Beach

15.1. Introducción

Basta recordar la Torre de Babel para comprobar que el mercado de lenguas ha existido desde tiempos inmemoriales. Sin embargo, su influencia nunca ha sido tan fuerte ni su entidad tan evidente como en la era de la globalización. Muchos de los estudios sobre este tema se han centrado en el inglés, la única lengua de la época actual que puede calificarse como global, no sólo por su amplio abarque geográfico, sino también por su potente proyección social y económica.

De hecho, se estima que una tercera parte del mundo, o aproximadamente 1500 millones de personas, conoce el inglés. Una cuarta parte de estas personas lo habla como primera lengua en más de treinta territorios nacionales. Otra cuarta parte lo habla como segunda lengua, principalmente en las antiguas colonias inglesas en el sur y sureste de Asia, en África y en el Caribe. El resto lo usa o estudia como lengua extranjera, con mayor o menor grado de soltura. Más allá de su alcance geográfico, la fuerza del inglés se hace sentir en los diversos papeles que desempeña: lengua de trabajo en numerosas instituciones internacionales, lengua de múltiples transacciones comerciales, y lengua de la ciencia, tecnología, etc. (Graddol, 2000; Crystal, 2003). No obstante, podría ser erróneo concluir que el inglés es el único idioma de peso económico en el ámbito internacional. Las investigaciones apuntan a la creciente pujanza de otras lenguas que gozan de una posición regional favorable. Entre éstas se destacan el español, el mandarín, el árabe y el hindi, idiomas que según el investigador David Graddol podrían llegar a hacerle competencia al inglés en determinadas zonas del globo en las próximas décadas.

En lo que respecta al español, su potencial económico estriba principalmente en su presencia en Latinoamérica, así como también en su convivencia con el inglés en los Estados Unidos. Con más de 300 millones de hablantes nativos en una veintena de países donde es idioma oficial y otros 30 millones en los Estados Unidos, el español ocupa el cuarto lugar entre las lenguas del mundo, después del chino, el hindi y el inglés[1]. A estas cifras se suman otros 25-30 millones de personas que lo hablan como lengua extranjera en Brasil, África, Europa y Asia. Así pues, se estima que el número total de hablantes de español supera los 400 millones, lo cual equivale a cerca de 9% de la población mundial. Sin embargo, se sabe que el valor económico de una lengua no deriva exclusivamente de su número de hablantes, sino que depende también de factores tales como la situación económica de estos hablantes, su extensión geográfica, su utilidad como lengua de uso en sectores privados y públicos, su producción cultural, etc. Asimismo, es fundamental el factor "marca", es decir, la imagen que proyecta una lengua.

A partir de estas consideraciones, nuestro capítulo se centra en las siguientes interrogantes: ¿Qué se puede aducir sobre la proyección económica del español en el mundo? ¿Cómo se va posicionando el español en relación a otras lenguas dentro de la economía global? ¿Qué tipo de futuro se puede concebir para esta lengua? Al abordar estos temas, nos unimos a una creciente línea de investigación que incluye otras lenguas más allá del inglés, como el francés y el alemán. De antemano, es preciso reconocer que un estudio de semejante alcance se enfrenta a limitaciones asociadas con el grado de precisión con que se maniobra. Se advierte, por un lado, una escasez de detalles clave para muchos países de habla hispana, y por el otro una palpable inseguridad respecto a los datos disponibles. Por ello, parece preciso hablar en términos de posibilidades, probabilidades y, en el mejor de los casos, tendencias. A la vez, consideramos importante evitar las generalizaciones sin fundamentos. Conscientes de esto, nos proponemos ofrecer una panorámica del español como lengua de estudio y comunicación, dejando el análisis de otras áreas para trabajos más especializados o de mayor extensión.

---

[1] Como se trata principalmente de una población bilingüe residente en un país donde el inglés es la primera lengua, en este trabajo consideramos a los hispanohablantes en los EE.UU. hablantes del español como segunda lengua. Sin embargo, es importante recalcar que aproximadamente la mitad de esta población (15 millones) habla español como primera lengua.

15.2. EL MARCO TEÓRICO

Braj Kachru (1986) ofrece un modelo del mundo anglófono útil para analizar la situación del español y formado de tres círculos concéntricos: interior, exterior y de expansión. En el primero de estos círculos, Kachru ubica los países donde se habla inglés como primera lengua, es decir, los Estados Unidos, Gran Bretaña, Nueva Zelanda, Canadá, etc. En el segundo, se hallan muchas de las antiguas colonias y territorios de Gran Bretaña donde el inglés conserva una función administrativa, o donde se utiliza en calidad de segunda lengua o *lingua franca* en situaciones multilingües –India, Malasia, Uganda, Camerún, Nigeria, etc.–, con variantes locales e internacionales del inglés. Por último, en el tercero se sitúan los innumerables países donde se estudia inglés como lengua extranjera: Grecia, Japón, Francia, Argentina, etc.

FIGURA 1. *Modelo de Kachru (1986).*

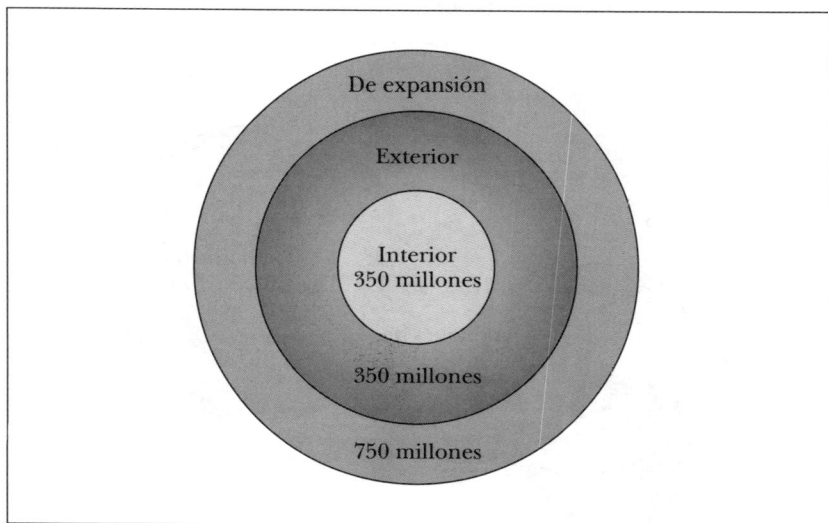

A pesar de su gran aceptación, el modelo de Kachru no ha quedado exento de críticas. Entre otras cosas, se ha cuestionado la posición central –y por implicación privilegiada– de los hablantes del círculo interior en relación a los del círculo exterior. Graddol (2000) y otros investigadores han criticado también el modelo por no captar el vertiginoso crecimiento de los hablantes de inglés de los círculos exterior y de expansión, aspecto de grandes implicaciones lingüísticas, sociales y económicas. Acerca de los hablantes del círculo exterior, se estima que éstos ya son más numerosos que los del círculo interior. Paralelamente, se constata además un marcado aumento en la cantidad de hablantes en el círculo de expansión, tendencia que tampoco encuentra representación en el modelo de Kachru, y que ocasiona un marcado crecimiento de las variantes locales e internacionales del inglés con un matiz extranjero.

A fin de marcar estos desplazamientos y de evitar implicaciones de índole jerárquico entre los diferentes grupos de hablantes, Graddol propone el siguiente modelo, donde las abreviaturas L1, L2 y LE representan a los hablantes de lengua primera, segunda y extranjera, respectivamente. Este capítulo alternará las terminologías de Graddol y de Kachru sin implicar con ello ningún tipo de rango entre los círculos.

FIGURA 2. *Modelo de Graddol (2000).*

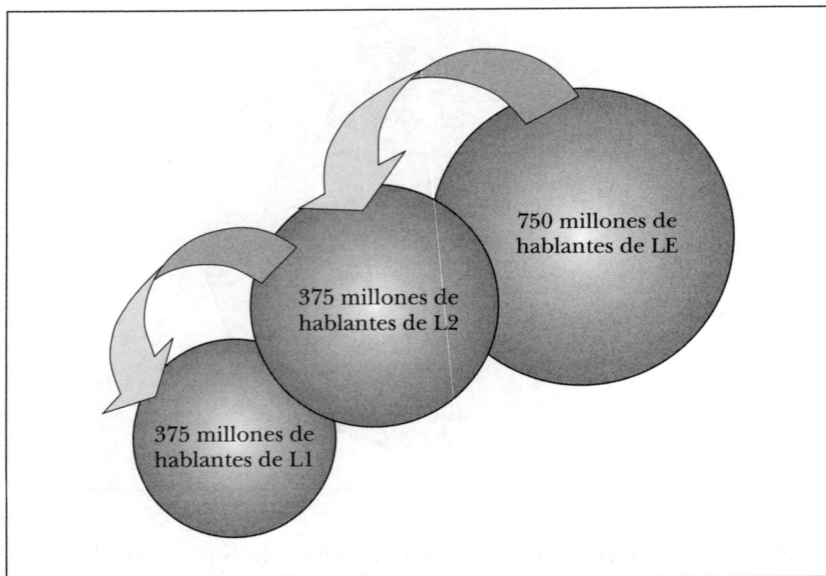

750 millones de hablantes de LE

375 millones de hablantes de L2

375 millones de hablantes de L1

En cuanto a la demografía del español, es patente el predominio de los hablantes de primera lengua, hoy día más de 80% de la población mundial de hispanohablantes. En el ámbito económico se presenta una situación bastante diferente a la del inglés. Situados en el círculo exterior del esquema de Kachru, los 40 millones de latinos en los EE.UU. disponen de un impresionante poder adquisitivo de 750 mil millones de dólares anuales, cifra que equivale al poder combinado de los chilenos, argentinos y venezolanos, superada por sólo dos países de habla hispana, México y España, ambos con alrededor de 900 mil millones de dólares anuales (The World Fact Book, 2005). De este modo, los hispanohablantes del círculo exterior se hallan en una posición altamente ventajosa desde el punto de vista económico. Lo mismo cabe decir de los hablantes del círculo de expansión, muchos de los cuales residentes en países del denominado primer mundo.

Antes de profundizar en estas y otras consideraciones, definimos a continuación los principios de otro importante modelo teórico para el presente análisis. En concreto, el modelo gravitacional de Calvet (1999) postula cuatro categorías de lenguas: hipercentral, supercentral, central y periférica. El inglés figura como el único idioma hipercentral, y en torno suyo gravita una decena de lenguas supercentrales, entre ellas, el francés y el alemán. A estos idiomas los rodean una o más lenguas centrales que, a su vez, pueden venir acompañadas por una serie de lenguas periféricas.

Tradicionalmente, el aprendizaje de lenguas ha transitado en un sentido vertical, y dentro de ese plano, de abajo hacia arriba. Así pues, un hablante de un idioma central como el quechua tiende a escoger el español como lengua de estudio. Bajo la misma lógica, un hablante de español tiende a favorecer el inglés, aunque es posible también que elija una lengua supercentral, como el francés. Por su parte, los que hablan el inglés como primera lengua a menudo optan por no aprender otra lengua, al no tener a donde desplazarse de manera vertical o horizontal. No obstante, Calvet y Varela (2000: 59) observan que, con mayor frecuencia, los hablantes de lenguas centrales se están saltando las lenguas supercentrales como objeto de estudio, prefiriendo estudiar el inglés. Por ejemplo, en Polonia y la República Checa la demanda de inglés ha aumentado notablemente en detrimento del francés, el ruso y el alemán. Asimismo, legiones de latinoamericanos que antes estudiaban francés, alemán o italiano, por su importancia en el continente europeo o por apego familiar, hoy en día se esfuerzan por dominar el inglés. De continuar esta situación, Calvet y Varela advierten que el francés y el alemán podrían verse rebajados a la categoría de lenguas centrales.

El siguiente apartado ofrece un análisis de la posición del español en la jerarquía lingüística del continente europeo, especialmente en relación al francés y el alemán, sus principales rivales lingüísticos en la región. Más adelante, planteamos la situación del español en el resto del mundo, con énfasis en los EE.UU. y Brasil.

15.3. EL ESPAÑOL EN EL MUNDO

15.3.1. *Europa*

Europa, América Latina y Estados Unidos presentan perfiles muy diferentes respecto al español y sus hablantes. Si bien es cierto que en el continente americano el español se encuentra en una fase de crecimiento, en el europeo, su realidad se presenta algo diferente. España, el único país donde el español goza de estatus oficial, ha padecido hasta hace pocos años una notable decadencia demográfica[2]. Mientras tanto, en el resto de Europa la baja prioridad que recibe el español como lengua de estudio entre los escolares, junto con su escasa proyección en la Unión Europea (UE) y otras instituciones, apuntan a la poca rentabilidad de este idioma en tierras europeas.

España: Los hablantes del círculo interior

Con cerca de 45 millones de habitantes y más de 500.000 km^2 de extensión, la densidad de población de España sigue siendo bastante inferior a la de otras potencias europeas. Además, el país cuenta con una de las tasas más bajas de fertilidad en el mundo y una tasa de envejecimiento muy elevada (Rodríguez-Pose, 2002). En cuanto a su situación económica, un estudio realizado por la Organización para la Cooperación y el Desarrollo Económico (OCDE) (Purchasing Power Parities, 2005) coloca a España entre los países europeos de tercer rango en términos de paridad de poder de compra:

---

[2] En el 2004 la población española rebasó los 44 millones de habitantes, lo cual corresponde a un aumento de 2,1%. Esta tasa de crecimiento se sitúa muy por encima a las de años previos (0,1%). Véase por ejemplo el dossier de noticias sobre el tema que aparece en el periódico *El Mundo* (Madrid): www.elmundo.es/elmundo/2006/01/17/sociedad/1137499392.html. Para información general sobre demografía y población en el Estado español, se puede visitar la página del Instituto Nacional de Estadística: http://www.ine.es/ inebase/menu2_dem.htm

- Países de ingresos altos: (con un índice por encima de 120): Luxemburgo, Noruega, Irlanda y Suiza.
- Países de ingresos medio-altos (100-120): Austria, Dinamarca, Holanda, Islandia, Reino Unido, Bélgica, Suecia, Finlandia, Francia, Italia y Alemania.
- Países de ingresos medio-bajos (50-99): *España*, Chipre, Grecia, Portugal, Eslovenia, Malta, República Checa y Hungría.
- Países de ingresos bajos (por debajo de 50): República Eslovaca, Estonia, Polonia, Croacia, Lituania, Letonia, Rusia, Bulgaria, Rumanía, Turquía y Macedonia.

Con un número reducido de consumidores hispanohablantes con un poder adquisitivo relativamente bajo, el valor comercial del español y su potencial de crecimiento en Europa parece limitado. No obstante, constituiría un grave error suprimir el factor "España" de la ecuación económica del español, sobre todo por ser el principal motor de promoción del idioma en el ámbito internacional, importante inversionista europeo en América Latina y puente de comunicación entre los países de la UE y de Latinoamérica (véase p. ej., Martín Municio, 2003).

En concreto, su aporte a tal ecuación se sustenta en una acción concertada de iniciativas gubernamentales y privadas en pro del idioma. En Brasil, por ejemplo, la inversión de negocios españoles junto con la labor diplomática del Estado español han contribuido mucho a la llamada "fome de espagnol" que se registra en el país actualmente. De la misma manera, la pujanza internacional de la industria editorial española (la cuarta mayor exportadora de libros en el mundo) debe mucho a los esfuerzos coordinados del sector privado y el Estado. Por ejemplo, el Plan del Libro en Español en los Estados Unidos reúne los esfuerzos del Instituto Español de Comercio Exterior (ICEX), la Federación de Gremios de Editores de España, el Instituto Cervantes y el Ministerio de Cultura Español (MEC), a fin de incrementar las ventas de libros españoles en EE.UU.[3].

España también ha desempeñado un papel decisivo en la divulgación del concepto de *unidad* entre los países de habla hispana (Del Valle y Gabriel-Stheeman, 2004). Como prueba de ello, basta considerar la labor del Instituto Cervantes, y en particular sus numerosas

---

[3] Después de México, los Estados Unidos es el mayor importador de libros españoles en el continente americano. En Europa, los mayores importadores son Francia y el Reino Unido (http://www.federacion editores.org/).

colaboraciones con instituciones latinoamericanas, los Congresos de la Lengua Española, el Centro Virtual Cervantes, los *Anuarios*, etc. Celebrados en ciudades distintas del mundo hispanohablante, los congresos ofrecen un foro de primer orden para la discusión de asuntos sociales, políticos y económicos en torno al idioma. Se trata de un acontecimiento sin precedentes en el mundo de habla hispana que cada tres años reúne a jefes de estado, escritores de renombre y cientos de expertos del mundo de los negocios, los medios de educación y la academia con el fin de marcar el rumbo del español en los campos de trabajo y estudios más impactantes de la era presente[4]. Por su parte, los *Anuarios*, publicados desde 1998, ofrecen información actualizada sobre la enseñanza en diversas regiones internacionales como, por ejemplo, los países del Magreb, Israel y Europa Centro-Oriental y del Este (*Anuario*, 2003), o los países nórdicos, Bosnia-Herzegovina y Hong Kong (*Anuario*, 2004).

La unidad es fundamental para el afianzamiento de los mercados de habla hispana, y por ende la comercialización del español a gran escala. Como mercado consolidado, se trata de un Pangea o súper continente lingüístico que presenta ventajas comerciales tan remarcables como millones de hablantes nativos en Latinoamérica y Europa y una fuerte presencia económica y demográfica en los Estados Unidos. Más adelante retomaremos el tema de la unidad lingüística de los mercados de habla hispana y sus implicaciones en la economía global. A continuación nos centramos en la situación del español en el resto del continente europeo.

El español en Europa: Los hablantes de los círculos exterior
y de expansión (L2 y LE)

El español cuenta con 23,45 millones de hablantes europeos fuera de España. Esto quiere decir que 7% de la población continental habla español como segunda lengua (Tabla 1). Así, el español es el cuarto idioma de Europa en número de hablantes de segunda lengua después del inglés, el francés y el alemán (Les Europeens et les Langues, 2001).

---

[4] A fin de difundir la información recopilada y fomentar el diálogo y la investigación, el Centro Virtual Cervantes publica las actas completas de los congresos en su página virtual, http://cvc.cervantes.es/obref/congresos. Otra organización española activa en la investigación de temas lingüísticos y culturales es el Real Instituto Elcano: www.realinstitutoelcano.org/default.asp.

TABLA 1. *Porcentaje de hablantes de segunda lengua*
(L2 y LE) en Europa.

Lengua	% de hablantes de L2
Inglés	41%
Francés	19%
Alemán	10%
Español	7%
Italiano	3%

El español es también la cuarta lengua más estudiada en Europa (Key Data on Teaching Languages at School in Europe, 2005). A lo largo del continente, el inglés figura como lengua extranjera por excelencia, con un promedio de 90% entre estudiantes de edad escolar menos en Bélgica, Luxemburgo y Rumanía[5]. Después del inglés, el alemán es la lengua de preferencia de una tercera parte de los escolares europeos, particularmente en los países nórdicos y los del centro y este de Europa. El francés predomina sobre el alemán como segunda lengua de estudio en los países de lengua romance, o sea, España, Italia, Rumanía y Portugal. Es también la segunda lengua de estudio en los países de habla alemana.

Dos lenguas se disputan el siguiente lugar de preferencia, el ruso y el español. Esta última alcanza su máxima aceptación en Francia, donde sigue al inglés como lengua de preferencia de 40% de los escolares, con casi dos millones de alumnos de primaria y secundaria. Otros países donde el español goza de alta aceptación son Dinamarca (20,8%), Luxemburgo (26,4%) y Suecia (29%). Con todo esto, el porcentaje de escolares europeos que estudian español como lengua extranjera no rebasa el 10%. Por su lado, el ruso cuenta con un poco menos de 10% de los estudiantes europeos, concentrados en su mayoría en los países de la antigua Unión Soviética.

Por otra parte, el tiempo concedido a la enseñanza del español en las escuelas europeas es bastante limitado. De todas las lenguas extranjeras, el inglés recibe la mayor cantidad de tiempo, a menudo a partir de la enseñanza primaria. Las lenguas adicionales se estudian

---

[5] En Bélgica y Luxemburgo el alemán y el francés son lenguas obligatorias. En Rumanía, el francés y el inglés presentan aproximadamente el mismo número de estudiantes (http://nces.ed.gov/programs/digest/ d02/dt057.asp).

casi exclusivamente al nivel secundario –francés y alemán desde el principio, y el español sólo en los años más avanzados–. Asimismo, se otorgan más horas de instrucción a la primera lengua extranjera que a las otras –en el caso de Francia y Alemania, el doble–, lo que suele implicar menos tiempo de estudio para el español respecto al inglés o cualquier otro idioma extranjero.

Existen también diferencias en cuanto a la demanda de estudio de ciertos idiomas. Más de la mitad de los países de Europa requiere una lengua específica, el inglés en la mayoría de los casos. Es obligatorio también el francés en cuatro países (Bélgica, Chipre, Luxemburgo e Islandia) y el alemán en uno, Luxemburgo. Como es de esperar, en los países donde el francés y el alemán son asignaturas obligatorias se registran los mayores porcentajes de estudiantes de estos idiomas. No sucede lo mismo con la lengua inglesa, igualmente popular en regiones donde es obligatoria y donde no lo es. En cambio, el español no es un requisito académico en ningún país europeo fuera de España, lo que permite entender mejor su posición de tercera o cuarta lengua de estudio, y a la vez conjeturar que el español se beneficiaría mucho de convertirse no tanto en lengua recomendada, sino obligatoria, en algunos países (Key Data on Teaching Languages at School in Europe, 2005).

Dada su posición de lengua opcional, ¿qué motiva a los europeos a estudiar el español? Por regla general, prevalecen las razones afectivas sobre las instrumentales. En particular, las investigaciones sugieren tres razones principales:

a) por afecto hacia la lengua y su cultura (57%);
b) por las ventajas que representa en el campo laboral (16%), y
c) para viajar al extranjero de vacaciones (27%) (Les Europeens et les Langues, 2001; Luján Castro, 2002).

En cuanto a su utilidad, 18% de europeos califica el español como una de las dos lenguas más importantes del continente. En concreto, la percepción en Europa es que el español es menos útil que el inglés (con 75% del voto), el francés (40%) y el alemán (23%) (Les Europeens et les Langues, 2001; Lamo de Espinosa y Noya, 2002).

No obstante, la demanda potencial del español en Europa aumenta claramente con respecto al turismo idiomático en España. Se estima que cada año se desplazan a este país unos 150.000 estudiantes con el objetivo de ampliar su conocimiento del idioma, en su gran mayoría de origen europeo (70%), seguidos de los norteamericanos

(17%) y los japoneses (8%). Como sector, el turismo idiomático en España es relativamente joven, está compuesto de pequeñas empresas y tiene una tasa anual de crecimiento de 7-9% (Recoder de Casso, 2001). La importancia de este sector para España y el español queda resumida en las palabras de Recoder de Casso:

> [En su] estancia, el turista idiomático utiliza un abanico amplio de productos complementarios (alojamiento, restauración, alquiler de coches, compra de libros y material de oficinas, actividades de ocio, etc.); tiene un alto gasto medio y una alta estancia media; existe una demanda continua a lo largo de todo el año; tiene efectos positivos sobre la imagen de España en general y como destino turístico en particular, y tiene efectos sobre el empleo en zonas menos favorecidas (1).

La creciente importancia del español en EE.UU. y Brasil presenta grandes oportunidades y retos para el turismo idiomático en España. Por un lado, se trata de un gran número de escolares y profesionales con un gran interés en aprender la lengua y unos antecedentes lingüísticos que podrían favorecer una rápida adquisición. Por el otro, estos individuos presentan un perfil sociolingüístico muy diferente al del estudiante europeo con el cual España está acostumbrada a tratar. En el caso del hispano estadounidense, se trata de un estudiante con escasa formación escolar en español, pero con evidente dominio de una variedad informal de esta lengua caracterizada por un buen número de anglicismos y regionalismos. Consciente de sus limitaciones, dicho alumno frecuentemente padece de inseguridades lingüísticas tanto en español como en inglés. En el plano afectivo, es un estudiante con un fuerte apego hacia su país de origen –cercano o lejano– que se esfuerza por perfeccionar el español para fortalecer sus enlaces familiares y sociales, y a la vez superarse en su carrera profesional. Asimismo, el hispanohablante estadounidense tiende a ser mucho más conservador socialmente que sus afines europeos, por lo que la religión, la familia y las tradiciones constituyen elementos importantes tanto en su vida como en su conducta como hablantes de español (Helton, 2004; Public Policy Institute of California, 2005). Para conocer y satisfacer a este nuevo estudiante o "cliente", España tendrá que invertir en diversos recursos, como por ejemplo la familiarización de los profesores con distintos métodos de enseñanza y una mayor oferta de programas.

De modo similar a lo que sucede en el campo de la enseñanza, el español es lengua de tercer rango en la UE. Si bien el español es uno de los once idiomas oficiales, en la práctica dos lenguas dominan el discurso oral y escrito en esta organización: el inglés y, en menor grado, el francés. Consideraciones de índole práctico limitan el uso diario de otras lenguas, incluyendo el español. Por ejemplo, citando razones de ahorro y de escasez de traductores, la Comisión Europea anunció en 2004 que eliminaría el uso del español y el italiano en la sala de prensa, dejando sólo el inglés, francés y alemán como lenguas de trabajo. Finalmente, la Comisión acabó restableciendo el uso de estas lenguas tras las rotundas protestas de Madrid y Roma (Rituerto, 2005).

En conjunto, los datos presentados sugieren que el valor asignado al idioma español en Europa es consonante con la posición intermedia-baja de España en los ámbitos demográfico y económico. Sin embargo, tal valor dista mucho de la realidad de la lengua a un plano internacional. Aparte de figurar como cuarto idioma del mundo en número de hablantes, el español es lengua de trabajo en un gran número de instituciones: Amnistía Internacional (AI), Interpol, Tratado de Libre Comercio de América del Norte (TLCAN, o NAFTA en inglés), Organización para la Cooperación y el Desarrollo Económico (OCDE), Cruz Roja, Naciones Unidas (ONU), Mercado Común del Sur (MERCOSUR), Organización Mundial de la Salud (OMS), Organización Mundial del Comercio (OMC), Organización de las Naciones Unidas para la Educación, la Ciencia y la Cultura (UNESCO) y Fondo Monetario Internacional (FMI). Además, y a gran diferencia de lo que sucede con el francés y el alemán, el español se halla en plena expansión de sus tres círculos de hablantes sin amenaza significativa del inglés. A partir de estos y otros datos, expertos como David Graddol y David Crystal prevén que el español figurará entre las lenguas dominantes del siglo XXI, junto con el chino, el hindi/urdu, el inglés y el árabe. Por otro lado, las predicciones indican que las otras lenguas de Europa (con la excepción del ruso) se verán rebajadas al estatus de lenguas nacionales.

Claramente, la imagen de marca del español en Europa no está en sintonía con su proyección mundial. Más bien, es una imagen nítidamente conectada a España, con todo lo bueno y malo que esto conlleva. En el lado positivo, las encuestas indican que España, y por extensión el español, proyectan una imagen de marca rica en aspectos expresivos tales como la simpatía de su gente, calidad de vida, su patrimonio artístico y cultural, etc. En el lado negativo, los aspectos instrumentales figuran muy por debajo de lo que le corresponde al español como lengua internacional. Sin duda alguna, una imagen más enfocada hacia su proyección internacional y su futuro prometedor realzaría la posición del español en Europa. Para comenzar a bosquejar dicha imagen resulta imprescindible conocer la situación del español en el continente americano.

15.3.2. *Las Américas*

Hispanoamérica: Los hablantes del círculo interior (L1)

Con unos 391 millones de personas, 80% (312 millones) de ellos hablantes nativos del español, Hispanoamérica compone un mercado lingüístico como pocos en el mundo. En su gran mayoría (72%), es una población que declara un fuerte grado de orgullo por la lengua española y sus culturas, y que ostenta un porcentaje de alfabetización de 88% entre los mayores de 15 años (Informe Latinobarómetro, 2004; The World Fact Book, 2005)[6]. Como muestra la Tabla 2, esta cifra es significativamente superior a la de otras regiones del mundo en vías de desarrollo. Cabe añadir que cuatro países hispanoamericanos (Uruguay, Chile, Argentina y Cuba) tienen una tasa de alfabetización comparable a la de los Estados Unidos y los países de la Unión Europea (97-98%), mientras que otros siete registran niveles de alfabetización por encima de 90%: Paraguay (94%), Venezuela (94%), Panamá (93%), Colombia (92%), México (92%), Ecuador (92%) y Perú (91%) (UNESCO, 2000). Claramente, estos datos figuran muy favorablemente en la ecuación económica del español.

TABLA 2. *El analfabetismo en regiones del mundo en vías de desarrollo.*
(www.uis.unesco.org/ev.php?ID=4928_201&ID2=DO_TOPIC)

Región	Tasa de alfabetización (mayores 15 años)
Latinoamérica y el Caribe	**88%**
Asia oriental y el Pacífico	82%
África sub-sahariana	52%
Norte de África y los países árabes	48%
Sur de Asia	43%

---

[6] Los datos obtenibles se refieren a Latinoamérica y por tanto incluyen a Brasil, con una tasa de alfabetización de 86%.

En una dimensión más bien negativa, la inestabilidad política y económica de los países hispanoamericanos disminuye la imagen instrumental y expresiva que proyecta la lengua. Perjudica también el escaso número de iniciativas –privadas o públicas– para promover el español y sus culturas, así como la falta de renombre de las universidades de habla hispana. En este sentido, un estudio reciente de las 200 mejores universidades del mundo enumera una sola universidad iberoamericana –la UNAM de México–, en el lugar 195 (Oppenheimer, 2005). El efecto de este y otros factores se evidencia al considerar que entre los escolares estadounidenses que estudian en el extranjero, sólo 15% lo hace en Latinoamérica, frente a 63% en Europa (Open Doors, 2004).

Son muy contados los países hispanoamericanos que apuestan abiertamente por el turismo idiomático: Chile, Ecuador, Argentina, Costa Rica y México. Entre éstos, sólo México cuenta con el apoyo oficial del Estado para la promoción y enseñanza del español a extranjeros. En los otros, el turismo idiomático se ha ido desarrollando a partir de la iniciativa privada, con mayor o menor grado de éxito. En el caso de Chile, Ecuador y Argentina, el número de estudiantes extranjeros es relativamente bajo. En Argentina, se contabilizaron unos 1000 estudiantes extranjeros en 2003, 60% procedente de los EE.UU., 20% de Europa, y el resto de Asia y Brasil (Prati, 2004). Sin embargo, es un mercado cuyas inscripciones se han doblado en tan sólo diez años, y que dispone –al igual que México– de un sistema propio de certificación de competencia del español como L2, el Certificado de Español: Lengua y Uso (CELU). 1944 estudiantes norteamericanos cursaron estudios en Chile y otros 1567 en Ecuador en el año 2003 (Open Doors, 2004). De esta manera, Chile y Ecuador son el cuarto y quinto país de preferencia de los estadounidenses que cursan estudios en el mundo hispano. Costa Rica, el tercer país de preferencia, recibe a unos cuatro mil estudiantes estadounidenses cada año. Su popularidad entre esta población estriba principalmente en dos factores:

a)   una buena imagen de marca entre los escolares estadounidenses, y
b)   la combinación del estudio del idioma español con el turismo ecológico, actividad de gran popularidad entre los jóvenes (Eguiluz Pacheco, 2001).

Por su parte, México goza de una situación envidiable con respecto al comercio de la lengua. Con 24 millones de mexicanos y ascendientes de mexicanos viviendo en los EE.UU., México es el estado hispanoamericano de mayor presencia demográfica en ese país y el único de habla hispana miembro del TLCAN. Además, México es el único país hispanoamericano que invierte dinero en la promoción lingüística y cultural en los EE.UU. En concreto, el Instituto de México facilita intercambios docentes, la distribución de libros de texto en español, exposiciones, becas, etc. Siete ciudades de los Estados Unidos disponen de un Instituto de México: Nueva York, Washington, Dallas, San Antonio, Chicago, Miami y Los Ángeles. Más allá de los Estados Unidos, hay centros en otros países como España, Belice, Francia, Costa Rica, Reino Unido y Brasil, etc.

Con todo esto, el número de estudiantes estadounidenses que estudia en México anualmente no llega a la mitad de aquéllos que estudian en España (18.865 frente a 8775 en el 2003) (Open Doors, 2004). ¿Cómo se puede explicar esto? Sin duda alguna, los años de experiencia que España le lleva a México en cuestiones de promoción y enseñanza del español cuentan mucho para el alcance, organización y visibilidad de sus iniciativas. Las actitudes lingüísticas también favorecen a España, ya que la variedad peninsular suele disfrutar de más prestigio entre el público general que el español latinoamericano. Otro factor relevante es el geográfico: muchos escolares estadounidenses combinan su estancia lingüística en España con la oportunidad de hacer turismo por otros países de Europa. Además, España tiene la ventaja de formar parte de los programas Sócrates y Erasmus, que facilitan los intercambios de estudiantes y personal docente entre países europeos. En 2004, unos 24.000 estudiantes de este programa cursaron estudios en España, en su mayoría procedentes de Italia, Francia y Alemania[7].

Hispanoamérica también cuenta con consorcios internacionales orientados a facilitar intercambios culturales y promocionar el aprendizaje de lenguas (Otero, 2004). Por ejemplo, la Organización de Estados Iberoamericanos para la Educación, la Ciencia y la Cultura (OEI) lleva adelante una serie de iniciativas pro español como el Estatuto Internacional de las lenguas de los Tres Espacios Lingüísticos (3EL/TEL) que tiene como fin "poner en práctica acciones para asegurar la presencia del español, el francés y el portugués en las organizaciones internacionales" y CERTEL (certificados de competencias lingüísticas en los países de los Tres Espacios Lingüísticos), cuyo fin es "la armonización de los sistemas de certifi-

---

[7] Véase la página del Ministerio de Educación y Ciencia:
www.mec.es/educa/ccuniv/erasmus/histostatp/estadisticas.htm

cación de conocimientos lingüísticos" (Estatuto Internacional de las lenguas de los 3EL [STIL] 2003).

MERCOSUR y TLCAN también funcionan como potentes motores de promoción lingüística y cultural. Formado por Argentina, Brasil, Paraguay, Uruguay y Venezuela, MERCOSUR tiene como objetivo lograr una mayor presencia de estos países en el mercado mundial mediante la apertura económica e integración regional (Hamel, 2003). Por ello, el programa de aprendizaje de las lenguas oficiales de MERCOSUR propone "implementar la enseñanza del español y del portugués en instituciones de los diferentes niveles y modalidades del sistema educativo, para mejorar la comunicación entre los países que conforman el MERCOSUR"[8].

A diferencia de MERCOSUR, TLCAN no pretende la integración cultural y mucho menos lingüística, sino que busca crear una zona de libre comercio entre los tres países integrantes (EE.UU., Canadá y México). A pesar de esto, los dos tratados se asemejan bastante en la práctica diaria, es decir, en el tipo de interacción humana y comercial creada en cada caso. Según O'Keefe (2005), esto significa que la integración de MERCOSUR y TLCAN no sería difícil de lograr, al menos en lo que respecta a cuestiones prácticas. Dicha integración –una de las metas de la Cumbre de las Américas de 1994– podría resultar altamente favorable para el español, por ser éste el idioma de mayor peso demográfico y distribución geográfica en el continente.

Más allá de algunos obstáculos y dificultades, la integración del Hemisferio avanza de modo paulatino. MERCOSUR ahora cuenta con cinco países asociados: Bolivia, Chile, Colombia, Ecuador y Venezuela. Además, México se encuentra en proceso de concertar su asociación a la vez que los EE.UU., Canadá y el Caribe han iniciado un diálogo con el grupo. Paralelamente, se está consolidando el Tratado de Libre Comercio entre los Estados Unidos y Centroamérica (CAUSA, o CAFTA en inglés), el cual formaría una zona de libre comercio entre los Estados Unidos, Guatemala, El Salvador, Honduras, Costa Rica y Nicaragua. (En 2005, la República Dominicana también entró en negociaciones para formar parte del Tratado.) CAUSA es una parte del Área de Libre Comercio de las Américas (ALCA), actualmente bajo negociación entre los 34 países de las Américas (todos menos Cuba). De llegar a un acuerdo, ALCA constituiría la zona de comercio libre más extensa del mundo, con consecuencias muy positivas para el español.

---

[8] Véase el documento MERCOSUR/CMC/DEC Nro. 7/92, en el enlace: www.mercosur.org.uy/espanol/snor/normativa/decisiones/Dec792.htm

En resumen, Hispanoamérica como mercado lingüístico ofrece notables ventajas, entre ellas su demografía, el alto grado de alfabetización de su población, el compromiso por parte de organismos transnacionales para promover el español y el potencial de consolidación de mercado que ofrecen los tratados comerciales. Por otro lado, la inestabilidad política y económica de los países hispanoamericanos, el bajo nivel económico de su población y la carencia de iniciativas públicas en aras de la promoción del español fuera de Latinoamérica marcan límites al avance de dicho mercado.

El español en los Estados Unidos: Los hablantes del círculo exterior (L2)

El español siempre ha disfrutado de una presencia significativa en los Estados Unidos, en particular en las zonas oeste y sur del país. Sin embargo, en las últimas décadas y a medida que el número de inmigrantes hispanos se ha multiplicado, el valor material y social de esta lengua ha crecido exponencialmente. Según las estadísticas del Censo del año 2000, unos 30 millones de latinos estadounidenses hablan español con mayor o menor soltura. En términos económicos, los latinos representan la tercera potencia del mundo hispano, con un poder de compra superado sólo por México y España. Es un mercado en una etapa de crecimiento sin precedentes y con una proyección hacia el futuro como pocos en el mundo. El economista Hinojosa-Ojeda (2002) cuantifica su valor relativo:

> The U.S. Hispanic community, for example, can be shown to be the world's largest Latin American economy in terms of value added... Traditional estimates of purchasing power are based on mean household income, which, given the number of Hispanic households (9.6 million), amounts to an impressive total of $400 billion. This figure is rapidly approaching Mexico's entire GDP. But a more accurate estimate would take into account the entire contribution of Hispanics to total U.S. economic output. We employ a technique that estimates the sectoral per-capita value-added of Hispanic workers compared with the national sectoral per-capita GDP. This methodology yields a Hispanic value-added estimate of $1 trillion. Thus if the U.S. Hispanic economy were a separate entity, it would be not only the largest in Latin America, but also the second-largest in the United States (only California's is greater). Compared to other nations, it would be the second-largest economy in the Western Hemisphere (after the United States) and the seventh largest in the world.

Además de ser relativamente afluentes, los hispanos estadounidenses son consumidores ávidos de los medios de comunicación en español. Entre 1970 y 2002, el número de periódicos en español incrementó de 232 a 543, y su circulación subió de uno a 14,1 millones de lectores. Durante este mismo tiempo, la circulación de periódicos en inglés disminuyó de 62 a 56 millones (Carreira, 2002). Igualmente, en los últimos diez años, el número de emisoras de radio en español se ha triplicado hasta llegar a unas 650 hoy día. En el ámbito televisivo, Univisión es la quinta red más popular en los EE.UU., con una penetración de 98% de los hogares de habla hispana en este país (Carreira, 2002).

Si bien no todos los hispanos estadounidenses hablan español, casi todos sienten un fuerte apego por la lengua. En efecto, varios estudios demuestran que la publicidad dirigida a los hispanos resulta mucho más efectiva cuando se hace en español que en inglés, aun cuando se trata de consumidores hispanos con escaso dominio de la lengua. Entre otras cosas, el consumidor hispano en los Estados Unidos reporta tener un mayor grado de confianza en la publicidad en español y sentirse más respetado por los negocios americanos que se anuncian en esta lengua. A la vez, los estudios demuestran que estos consumidores recuerdan mejor la publicidad en español que en inglés (Carreira, 2002).

Conscientes de esta realidad y ansiosos por ganarse el voto hispano, los políticos estadounidenses se esfuerzan por hablar la lengua de Cervantes. En 2001, Bush se convirtió en el primer presidente de los Estados Unidos en dirigirse en español a la comunidad hispana durante su mensaje radiofónico semanal. Desde entonces, el español figura regularmente en los discursos del Presidente y de muchos otros líderes y candidatos políticos. Para aquellos interesados en mejorar su español, abundan las oportunidades de estudio. Por ejemplo, el Partido Republicano ofrece "Spanish on the Hill", un programa semanal de enseñanza de español para sus congresistas (Axtman, 2003). En Cuernavaca, México, incluso existe una escuela que se especializa en ofrecer cursos intensivos de español para políticos estadounidenses (Jordan, 1999).

La popularidad de la lengua española no se limita a los hispanos, sino que se extiende al resto de la población de EE.UU. Una encuesta del año 2002 indica que 78% de los estadounidenses está a favor de que sus hijos aprendan español (Carreira, 2002). Ese mismo año, más de la mitad de los universitarios de este país que estudiaron una lengua extranjera eligieron el español, unos 750.000 (Welles, 2004). En la educación secundaria, la cifra para 2000 fue de 69%, ó 6 millones de alumnos (National Center for Education Statistics, 2002)[9]. En ambos casos, la diferencia entre el español y el francés, la segunda lengua de estudio de EE.UU., es bastante pronunciada –aproximadamente cuatro veces el número de estudiantes.

Como cabría esperar, la demanda de trabajadores bilingües es muy alta, sobre todo para profesionales docentes y de salud[10]. A fin de hacer frente a esta situación, el gobierno de Estados Unidos cada año importa cientos de maestros y enfermeras hispanohablantes de México y España (Kreimer, 2005). En la medicina, una de las áreas más selectivas, hablar español supone una ventaja tangible para los jóvenes que solicitan entrada a una facultad (Hayes-Bautista *et al.*, 2000). Lo mismo ocurre en muchos otros campos como las finanzas, tecnología, ventas y servicios sociales (Kenig, 1999).

Si bien estos datos figuran muy favorablemente en el saldo del español, no todo debe ser visto de color de rosas. Los estudios subrayan que el español va desgastándose con cada generación de inmigrantes que pasa en los Estados Unidos, y llega a perderse, como indica la Tabla 3, en el transcurso de tres generaciones de una misma familia. En la actualidad, la pérdida generacional queda compensada por la entrada masiva de nuevos inmigrantes que tienen el español como lengua materna. Sin embargo, de eliminarse este influjo o disminuirse de manera significativa el futuro de esta lengua sería incierto.

Tabla 3. *Dominio lingüístico de los hispanos estadounidenses por generación (Suro, 2002: 13).*

GENERACIÓN EN LOS ESTADOS UNIDOS			
	Primera	Segunda	Tercera
Dominante en inglés	4%	46%	78%
Bilingüe	24%	47%	22%
Dominante en español	72%	7%	–

---

[9] Los últimos datos disponibles para el nivel secundario son del año 2000, y los del nivel universitario son del 2002 (http://nces.ed.gov/programs/digest/d02/dt057.asp).

[10] En el año 2000, 72% de las escuelas urbanas del país reportó carecer de personal docente calificado (Barron y Menken 2002).

Diferentes factores impulsan a los hijos y nietos de inmigrantes hispanos a abandonar el español, aunque entre ellos destacan el afán por integrarse a la sociedad dominante, la aspiración de mejorar su situación económica, y el deseo de distanciarse de una lengua y hablantes que gozan de poco prestigio social en los Estados Unidos. Como grupo, los hispanos registran índices de pobreza, deserción escolar y desempleo muy por encima de los de la población de ascendencia caucásica. Además, entre los mismos hispanos, los que sólo hablan español son los más rezagados y marginados. Por esta y otras razones, hablar español puede acarrear imágenes negativas mientras que hablar inglés se asocia con la movilidad social, económica y profesional (García *et al.*, 2001; Suro, 2002; Bills, 2005).

Ciertas prácticas y políticas educativas también conspiran en contra del español, en particular, la ley federal "Que Ningún Niño Se Quede Atrás" (No Child Left Behind, 2001) y una serie de iniciativas destinadas a eliminar la educación bilingüe. "Que Ningún Niño Se Quede Atrás" establece una serie de metas de rendimiento para todas las escuelas públicas del país a partir del segundo año de la enseñanza primaria. El no cumplir con dichas metas conlleva consecuencias muy serias: los alumnos no avanzan de grado; los maestros y dirigentes corren el peligro de perder ingresos y, en el peor de los casos, su puesto laboral, y las escuelas se arriesgan a no recibir más fondos federales y estatales. A fin de evitar estas consecuencias, muchas escuelas y distritos escolares han optado por eliminar la enseñanza en español para así enfocarse en las asignaturas que figuran en las pruebas de rendimiento del Estado (Valenzuela, 2005). El español también está perdiendo terreno en las escuelas a causa de diversos referendos en contra de la educación bilingüe a partir de 1998, con la aprobación de la Proposición 277 en California y, en fechas más próximas, con iniciativas similares en Massachusetts y Arizona. Algunas ciudades también han disminuido de modo palpable la cantidad de tiempo y recursos otorgados a la instrucción bilingüe, entre ellas Chicago y Denver, donde los latinos componen 26% y 18% de la población, respectivamente.

En resumen, se registran dos realidades muy diferentes con respecto al español en los EE.UU. Por un lado, se trata de un idioma de gran visibilidad, valor económico y aceptación social. Por el otro, va perdiendo terreno en las escuelas públicas y, sobre todo, entre los mismos hispanos a medida que éstos mejoran su posición socioeconómica. En la balanza actual, los factores positivos pesan más que los negativos. Sin embargo, esto no quiere decir que esta relación no pueda invertirse a medio o largo plazo. Por esta razón, preservar e incluso ensanchar este círculo debe convertirse en una prioridad de primer orden. En este sentido, resulta importante desarrollar un plan de promoción lingüística para:

a) realzar el valor material y social del español en los Estados Unidos;
b) responder a las necesidades afectivas de los latinos estado-unidenses, y
c) contrarrestar los efectos de la reducción de soporte institucional de la educación bilingüe.

En el apartado de las conclusiones retomaremos estos argumentos. A continuación, examinamos el caso de Brasil, una de las áreas más promisorias para el español.

El círculo de expansión en Brasil

En 2005, el Parlamento de Brasil aprobó una ley que obligará a las escuelas secundarias a ofrecer enseñanza de español en un plazo máximo de cinco años, y con ello la posibilidad de contratar a cerca de 200.000 profesores, y de ofrecer a más de nueve millones de alumnos brasileños en 20.000 institutos la opción de matricularse en cursos de español.

Elaborada en 1991, esta norma obedece en gran parte a intereses comerciales y políticos, en particular, al énfasis acordado a la difusión del español (junto con la del portugués) en la zona MERCOSUR, el reordenamiento sociopolítico de los países latinoamericanos hacia una mayor apertura regional y a la demanda de profesionales bilingües a partir de la inversión española en Brasil (Hamel, 2003; Celada y Dos Santos, 2005). También cabe notar que Brasil podría conseguir condonar su deuda con España a cambio de una mayor inversión en la enseñanza de la lengua. Los proyectos propuestos incluyen la creación de escuelas bilingües en las zonas fronterizas del país y la instauración de programas de español en el nivel primario.

Estas circunstancias son muy prometedoras para el español, pero sin duda la puesta en práctica de la ley promulgada y de otras iniciativas no resultará fácil. Por un lado, la escasez de materiales didácticos y profesores capacitados representa serios obstáculos (Arias, 2000). En este sentido, es significativo que, en 2004, el número de alumnos de español en las universidades formadoras de profesores en Brasil no excedió los 1100 (Celada y Dos Santos, 2005). Asimismo, se presentan dificultades derivadas de las actitudes y conductas lingüísticas de parte de los brasileños hacia el español. Nos referimos aquí a lo que Celada y Dos Santos (2005) llaman la "ilusión de competencia espontánea", en otras palabras, la percepción de que el español es fácil de aprender y por ello no digno de estudio formal, pues basta con el contacto casual con hispanohablantes. Por su parte, los que optan por estudiar la lengua de manera formal frecuentemente no van más allá de la mínima instrucción necesaria para ganar un dominio funcional básico de ella. En ambos casos, se trata de individuos capaces de entender y hacerse entender en español pero con un conocimiento imperfecto de su estructura y léxico. A estas posibles dificultades de carácter lingüístico cabría añadir otro tipo de limitaciones quizá más "terrenales", las relacionadas con el bajo nivel salarial de un gran número de docentes de español en Brasil –situación no exclusiva de este país, ciertamente–, hecho que podría influir en las opciones y disponibilidad de que estos profesionales disfrutarían bajo otras circunstancias más favorables.

Es importante reconocer que en el mejor de los casos, o sea, aún tratándose de individuos con una base gramatical sólida y años de instrucción, la lengua española en boca de brasileños nunca corresponderá a la de un hispanohablante monolingüe, sino que deberá manifestar una esencia lingüística mixta. Por ello, como indican Celada y Dos Santos (2005), la difusión del español en Brasil acabará por ampliar y "complicar" los contornos del mapa dialectal del español:

> [con] esa expansión por tierras brasileñas, la lengua española deberá someterse a una cierta heterogeneidad, dejándose filtrar, sin pruritos puristas, por nuevas formas de decir que resultan de la manera en que un brasileño explora su posición específica de extranjero y en el español se inscribe, pues en tal aprendizaje es, además de todo lo que hemos dicho, un *errante* que debe someterse al trabajo de construir materialmente un hiato entre las dos lenguas (9).

Por supuesto, esta situación no es única al Brasil, sino que se extiende a todo lugar donde se habla español como segunda lengua o lengua extranjera. Además, es una situación que se hará más común conforme continúe la difusión internacional de este idioma. Antes de considerar lo que esto significa para el español en el mercado global, describimos muy brevemente el resto del panorama de este idioma en el mundo.

15.3.3. *El español en Asia y África*

Más allá de Europa y América, la proyección del español se reduce de modo notable. En el marco Asia-Pacífico, la enseñanza del español como lengua extranjera constituye una actividad relativamente nueva y por ende en desarrollo. En su gran parte, el interés por el idioma se concentra en dos países, Japón y Corea del Sur, a juzgar por el hecho de que 90% de las inscripciones regionales para el Diploma de Español como Lengua Extranjera (DELE) provienen de estos dos países. Aun así, el porcentaje actual de estudiantes de español en ambos países no alcanza un 3%. En Filipinas, donde España disfruta de una presencia histórica, el español atrae a más estudiantes que cualquier otra lengua europea, a excepción del inglés. Sin embargo, la lengua no figura como materia de estudio en las escuelas públicas y se imparte sólo en los colegios y academias privados (Otero, 2005).

En el lado positivo, la pertenencia de Chile, México y Perú a la APEC (Asia-Pacific Economic Cooperation, en español, Cooperación Económica del Asia-Pacífico) ha expandido considerablemente el horizonte del español en esta región, al igual que los vínculos forjados en los Estados Unidos entre las culturas latina y anglófona, que han servido para proyectar y popularizar lo latino a un plano internacional. Cabe destacar también la existencia de dos poblaciones de hablantes de español como segunda lengua en la región Asia-Pacífico y una en el Medio Oriente. En Japón residen los llamados *nikkeis*, latinoamericanos que vuelven a su país de origen por motivos económicos, y en Australia viven unos 90.000 ascendientes de españoles y sudamericanos (Otero, 2005). En el Oriente Medio, Israel tiene unos 80.000 hispanohablantes, en su mayoría inmigrantes de Argentina. Todos estos grupos muestran un creciente interés en explorar sus raíces lingüísticas y culturales a través del estudio formal del español.

Con respecto al continente africano, el español goza de gran visibilidad en Guinea Ecuatorial, país que estuvo bajo dominación española hasta 1968. Según Lipski (1985), casi todos los residentes de las zonas urbanas y una gran mayoría de los de zonas rurales del país usan el español como segunda o tercera lengua. Teniendo en cuenta que la población de este país es de 400.000, podría tratarse de cientos de miles de hispanohablantes africanos. Fuera de este país, el español se imparte como asignatura optativa al nivel secundario en las escuelas públicas de Marruecos, Argelia, Costa de Marfil y Senegal (Durántez Prados, 2004). Sin embargo el número de estudiantes en estos y otros países es muy pequeño en relación al francés y el portugués, las dos lenguas europeas de mayor importancia en África después del inglés.

15.4. ACTITUDES LINGÜÍSTICAS DE PARTE DE LOS HABLANTES DEL CÍRCULO INTERIOR

Tres nociones lingüísticas dominan el diálogo en torno al futuro del español en un mundo global. Primero, como indican José del Valle y Luis Gabriel-Stheeman (2004), prevalece la noción de que el español es la herramienta que define y une al mundo hispanohablante. Segundo, se mantiene la idea de que la integridad y pureza de esta herramienta se ven amenazadas cada día más por influencias extranjeras. Tercero, y por consecuencia lógica, abundan las llamadas urgentes a proteger la lengua del peligro en que se encuentra. Las siguientes citas sirven a modo de ejemplo:

> Pido a nuestros gobiernos un poco de dinero para esta noble causa: la de la defensa de nuestra herramienta de comunicación. La lengua es la más eficaz de todas las armas, ya quedó dicho, y la más rentable de todas las inversiones (Cela, 1997).

> En este sentido es en el que debe orientarse la defensa y protección de la lengua española, desde la perspectiva de todos los países que formamos la gran familia hispánica (Rodríguez Pantoja, 2000).

> Hay que seguir aunando esfuerzos para que nuestra lengua no retroceda un solo de los espacios conquistados y para que pueda seguir su expansión sin renunciar a la riqueza léxica y gramatical que la caracteriza (DeBergia, 2004).

> El acervo cultural compartido por todos los hispanohablantes es un bien que debe ser objeto de especial protección y difusión, y la Academia y las "academias hermanas" parece que están en ello en perfecta sintonía (Abad, 2004).

El contraste entre el inglés y el español surgido de estos argumentos es muy revelador. Lejos de ser la pertenencia exclusiva de los hablantes del círculo interior, hoy en día el inglés se sitúa en el dominio lingüístico público. Es decir, en el espacio lingüístico de esta lengua coexisten variantes bilingües y monolingües así como locales e internacionales que juntas constituyen lo que se conoce como la familia de "World Englishes" (variantes mundiales del inglés). Así, forma un idioma que en gran medida se adapta a las necesidades y gustos de los que la emplean, es decir una lengua *maleable y práctica*. A la misma vez, es una lengua que puede ser hablada con desviaciones sin que ello incite críticas, burlas o incluso desdén de sus hablantes nativos –o sea, es una lengua *inclusiva* respecto a su uso social–. Estos rasgos, en combinación con la pujanza económica y cultural que proyecta el inglés, dan lugar a una situación altamente favorable a la difusión lingüística: se trata de un idioma que ofrece una amplia gama de ventajas y pone pocas exigencias.

De regreso al español, lo cierto es que la creación de variantes híbridas es un producto inevitable de su expansión mundial. En gran parte, el despliegue de la lengua en un plano global dependerá de la postura que el mundo hispanohablante adopte ante estas variantes. Si se atacan o menosprecian, es previsible que sus hablantes opten por alejarse del español, sobre todo los individuos con acceso fácil al inglés como ocurre con los latinos de Estados Unidos, los brasileños, los filipinos y los guineoecuatorianos. Para mantener su atractivo entre estos y otros hablantes, el español tendrá que inspirar cariño y confianza, además de ofrecer suficientes oportunidades culturales y económicas. En este sentido, son muy instructivas las palabras de Berdugo (2000) en relación al turismo idiomático, pero también aplicables a la viabilidad del español en el mercado global:

> Ni siquiera en el mundo occidental desarrollado el español tiene tal demanda o es tan necesario como para que las familias realicen un esfuerzo económico en su adquisición que vaya más allá de sus excedentes (42).

Cabe añadir que la demanda del español no llega para que millones de extranjeros se dediquen a su dominio perfecto –ni siquiera el inglés con su enorme pujanza económica y abarque geográfico es capaz de eso–. De esta forma, la relajación de ciertas normas lingüísticas por parte de los hablantes de lengua segunda o extranjera es un producto inevitable de la penetración del español fuera del círculo interior[11]. ¿Peligraría por esto la integridad del español? No necesariamente, a juzgar por la situación del inglés.

---

[11] Otro producto inevitable es la introducción de toda una lista de nuevos vocablos y expresiones de origen extranjero al español general. A pesar de ser un proceso que se ha repetido a lo largo de la historia del español, resulta algo frecuentemente criticado (véanse los capítulos 7, 8 y 9).

Esta misma lengua demuestra que del mismo tronco de donde brotan las desviaciones lingüísticas brotan también los mecanismos regulativos. Así pues, en Filipinas y China ha surgido un nuevo sector docente encaminado a mejorar el inglés de los operadores telefónicos que se comunican con clientes en los Estados Unidos. De la misma manera, el "Speak Good English Movement", una iniciativa del gobierno de Singapur, tiene como objetivo mejorar el conocimiento del inglés en el país[12]. El motivo citado por el gobierno es revelador: el inglés de los singapurenses se ha alejado tanto de la norma internacional que ha perdido su capacidad comunicativa. En la línea de los mecanismos regulativos, cabe mencionar también la creciente importancia de las certificaciones internacionales de competencia del inglés, entre las más conocidas, el TESOL y las pruebas del ente examinador de la Serie Principal de Cambridge (ESOL).

La moraleja para los que invocan la intervención de los estados en defensa del español es que los hablantes de L2 y LE reconocen la importancia de las reglas del buen uso lingüístico y son capaces de hacer algo al respecto. Dado que las intervenciones externas corren el riesgo de herir sensibilidades locales, la autorregulación, generada a partir tanto de intereses prácticos como del afecto hacia la lengua, puede dar pie a la mejor línea de defensa del español.

En resumen, a la hora de cultivar consumidores fieles de la lengua, las actitudes y el comportamiento lingüísticos del círculo interior del español son factores de enorme importancia. En este sentido, las imágenes del español como pertenencia exclusiva de los países del círculo interior y del hablante extranjero como contaminador lingüístico resultan contraproducentes y corren el riesgo de incitar el rechazo del español y sus culturas en tierras extranjeras. Una mejor alternativa es la imagen del hablante extranjero como invitado de honor cuya presencia enriquece el espacio lingüístico del español.

15.5. CONCLUSIONES

En el mercado de lenguas, el español tiene dos rivales principales, el inglés y, en menor medida, el francés. El inglés le hace com-

---

[12] La página electrónica del "Speak Good English Movement" ofrece una amplia gama de recursos lingüísticos. Entre ellos: información sobre concursos de pronunciación inglesa, acceso a instrucción por Internet y teléfono, enlaces a libros y otras fuentes de información, etc. (www.goodenglish.org.sg/SGEM/resources/teach.htm).

petencia a lo largo y ancho del globo, pero especialmente en Brasil y EE.UU., los dos países de mayor potencialidad para el español. Por otra parte, el francés es su principal rival en Europa y también en África y Asia. Competir con estas lenguas significa varias cosas.

Primero: Dar a conocer el poder económico y comunicativo del que goza el español en todo el mundo. Esto es esencial porque el inglés y el francés tienen una reputación muy sólida en lo que respecta a estas consideraciones. Como hemos visto, este no es el caso para el español, cuya imagen de lengua de segunda categoría no conforma con la realidad. Para cumplir con esta meta, resultaría interesante lanzar campañas publicitarias o de divulgación *panhispánicas*, orientadas a poner de manifiesto la pujanza demográfica, geográfica y económica del español. En este sentido, la participación concertada de todos los estados de habla hispana es fundamental para proyectar una imagen del mundo hispano como un mercado integrado de proporciones masivas.

Segundo: Cultivar una mayor apertura lingüística. Como lo demuestra el inglés, cuanto mayor es la difusión lingüística, mayor resulta la diversidad de variantes. Por ello, los esfuerzos por la difusión del español deben ir acompañados de una reexaminación cuidadosa de cuestiones de diversidad lingüística. Los datos presentados en este capítulo sugieren una postura defensiva y proteccionista de parte de los países hispanohablantes respecto al español en manos de extranjeros. Por su parte, la situación descrita para el inglés parece indicar que con mayores niveles de apertura y tolerancia, se contribuiría al desarrollo de una imagen del español como lengua que responde a las exigencias de sus usuarios extranjeros y de la economía global.

Tercero: Invertir en la conexión cultural en EE.UU. y Brasil. Para relacionarse con estos países, la conexión cultural es una herramienta promocional de primer orden. En Brasil, donde el español y el inglés se hallan en una situación de paridad con respecto a lo puramente material, los factores culturales y afectivos le conceden una ventaja considerable al español. En los EE.UU. estos mismos factores también resultan decisivos en cuanto al consumo de productos culturales en lengua española entre los latinos: medios de comunicación, música, religión, etc. Dicho en otras palabras, la difusión lingüística debería partir de la fusión cultural. Los jóvenes latinos en los EE.UU. rechazan el español porque lo consideran una lengua de poco prestigio y valor económico (Tse, 2001). A modo de rectificar esta situación, resultaría especialmente importante lanzar campañas publicitarias y educativas orientadas a dar a conocer la importancia económica, cultural, demográfica e histórica del español en el mundo y en los EE.UU.

Cuarto: Desarrollar una política activa de enseñanza y difusión de la lengua. En particular, es necesario desarrollar planes de formación docente, facilitar intercambios para profesores y docentes, e incrementar el acceso a la instrucción en español. La formación de profesores no puede limitarse a lo puramente lingüístico, sino que debe enfocarse también en las cuestiones de afectividad y diversidad que se han abordado en estas páginas. Es decir, además de un experto lingüístico y pedagógico, el profesor debería asumir un nuevo papel de embajador cultural.

En cuanto a los intercambios académicos, los estados latinoamericanos deben esforzarse por crear programas de alta calidad que cuenten con el reconocimiento de universidades extranjeras. Además, resulta importante ofrecer subsidios de estudio y oportunidades de empleo (*internships*) para los estudiantes de bajos recursos, como lo son muchos latinos estadounidenses y brasileños. Por último, hace falta incrementar el acceso a la instrucción en español, así como la variedad de opciones de instrucción disponibles. En este sentido, la tecnología ha abierto una amplia gama de posibilidades para la instrucción virtual y especializada. La cuestión del acceso es de gran importancia en los EE.UU., donde el soporte institucional para la enseñanza del español ha bajado notablemente. Como medio de compensar esta situación, se podría instaurar escuelas comunitarias extracurriculares para latinos orientadas a enseñar español. Sería muy beneficioso si dichas escuelas fueran estructuradas de manera que complementaran y reforzaran el currículum regular en inglés para así brindar el tipo de soporte académico y social que muchos jóvenes latinos necesitan y, en general; a contrarrestar la imagen del español como un obstáculo al progreso de los escolares latinos en los Estados Unidos.

En definitiva, las condiciones demográficas, económicas y sociales actuales son muy favorables a la difusión del español. Para sacarle el mayor provecho al recurso que es esta lengua, el mundo hispanohablante tendrá que tomar mayor conciencia de su potencial y concertar esfuerzos concretos en pro de la promoción lingüística.

15.6. Preguntas para la reflexión

1. Compare y contraste los círculos exteriores y de expansión del inglés y el español. ¿Qué similitudes y diferencias destacaría entre estos dos idiomas?
2. Compare los círculos que se establecen entre el francés y el español. ¿Qué puntos débiles y fuertes distingue para cada lengua desde su posición como lenguas globales?
3. En general, ¿se podría considerar el español hablado en Estados Unidos como una carga o un elemento positivo en la promoción del español como una lengua mundial?
4. ¿Cuáles son algunas de las creencias más comunes acerca de las características sociales y económicas de los latinos estadounidenses en el resto del mundo hispanohablante?
5. Aparte de su papel como consumidores de productos procedentes de otros países hispanos, ¿cuál cree que podría ser la función de los latinos estadounidenses en el desarrollo de un estatus más consolidado del español en la economía global?
6. Recientemente, la política latinoamericana parece haber iniciado un giro hacia la izquierda. De consolidarse esta situación, ¿qué impacto podría tener en tratados como MERCOSUR, CAUSA y otros acuerdos mercantiles en los que participa Estados Unidos y diversos países hispanohablantes? A su vez, ¿afectaría todo ello a la promoción del español en la economía global?
7. ¿Usted piensa que la hibridación del español constituye una consecuencia inevitable de la expansión internacional de esta lengua? ¿Cómo describiría esta versión "híbrida"?
8. Si estuviese a su alcance, ¿qué tipo de iniciativas y decisiones en diferentes niveles –económico, político, sociocultural, etc.– se plantearía para consolidar la posición del español como lengua internacional en el siglo XXI?

Bibliografía

ABAD, J. (2004): El espacio iberoamericano del libro: Reflexiones y propuestas. Ponencia en el III Congreso de la Lengua Española (Rosario, 17-19 de noviembre) (http://www.congresodelalengua3.ar/ponencias.htm).

ARIAS, J. (2000): Si Brasil tuviera maestros, el español sería lengua obligatoria. *Cuadernos Cervantes* (http://www.cuadernoscervantes.com/prensa0007.html).

ARMONIZACIÓN DE LOS SISTEMAS DE ACREDITACIÓN DE CONOCIMIENTOS LINGÜÍSTICOS (CERTEL). 2003. *Tres espacios lingüísticos*. (28 de octubre) (http://www.3el.refer.org/ rubriqueES.php3?id_rubrique=14.>)

AXTMAN, K. (2003): Why Spanish Is the Favored New Language of Politics. *Christian Science Monitor* (20 de agosto, 2003). http://www.csmonitor.com/2003/0820/p02s02-uspo.html. Acceso 3 de abril, 2005.

BARRON, V. y MENKEN, K. (2002): What Are the Characteristics of the Bilingual Education and ESL Teacher Shortage? *National Clearinghouse for English Language Acquisition & Language Instruction Educational Programs*. www.ncela.gwu. edu/expert/faq/14shortage.htm. Acceso 2 de enero, 2004.

BERDUGO, O. (2000): Anatomía de un nuevo sector. *Cuadernos Cervantes* 30 (VI): 37-43.

BILLS, G. (2005): "Las comunidades lingüísticas y el mantenimiento del español en Estados Unidos." En L. Ortiz y M. Lacorte (eds.). *Contactos y contextos lingüísticos: El español en los Estados Unidos y en contacto con otras lenguas* (pp. 55-83). Madrid, Vervuert/Iberoamericana.

CALVET, L. (1999): *Pour une ecologies des langues du monde*. París, Plon.

CALVET, L. y VARELA, L. (2000): XXIe siècle: Le crépuscule des langues? Critique du discours politico-linguistiquement. *Estudios de sociolingüística* 1: 47-64.

CARREIRA, M. (2002): The Media, Marketing and Critical Mass, Portents of Linguistic Maintenance. *Southwest Journal of Linguistics* 21: 37-54.

CELA, C. (1997): Aviso de la defensa de nuestra lengua común: El español. Ponencia en el I Congreso de la Lengua Español (Zacatecas, 7-11 de abril) (www.cvc.cervantes. es/obref/congresos/zacatecas/inauguracion/cela.htm).

CELADA, M. y DOS SANTOS CASTELANO RODRIGUES, F. (Febrero de 2005): El español en Brasil: Actualidad y memoria (ARI). *Real Instituto Elcano* 35. (http://www.realinstitutoelcano.org/analisis/695.asp).

CRYSTAL, D. (2003): *English as a Global Language* (2ª ed.). Cambridge, Cambridge University Press.

DEBERGIA, F. (2004): La internacionalización del español: Lengua, conocimiento, industria. Ponencia en el III Congreso de la Lengua Española (Rosario, 19 de noviembre) (http://www.congresodelalengua3.ar/ponencias.htm).

DEL VALLE, J. y GABRIEL-STHEEMAN, L. (2004): "Lengua y Mercado: El español en la era de la globalización económica." En J. Del Valle y L. Gabriel-Stheeman (eds.). *La batalla del idioma. La intelectualidad hispánica ante la lengua* (pp. 253-264). Madrid, Iberoamericana.

DURÁNTEZ PRADOS, F. A. (2004): El idioma español en África subsahariana: Aproximación y propuestas (ARI). *Real Instituto Elcano* 146. (hhtp:www.realinstitutoelcano.org/ analisis/580.asp

EGUILUZ PACHECO (2001): Estudiantes estadounidenses en el mundo: Los programas de estudio de español y su repercusión económica. Ponencia en el II Congreso de la Lengua (Valladolid, 16-19 octubre). (http://cvc.cervantes.es/obref/congresos/valladolid/ponencias/activo_del_espanol/1_la_industria_del_espanol/eguiluz_a.htm).

ESTATUTO INTERNACIONAL DE LAS LENGUAS DE LOS 3EL (STIL) (2003): *Tres espacios lingüísticos* (28 de octubre). http::/ /www.3el.refer.org/rubriqueES.php3?id_rubrique=13.

GARCÍA, O.; MORÍN, J. y RIVERA, K. (2001): "How Threatened is the Spanish of New York Puerto Ricans?" En J. Fishman (ed.). *Can Threatened Languages Be Saved?* (pp. 44-73). Clevedon, Multilingual Matters.

GRADDOL, D. (2000): *The Future of English?* Londres, The British Council.

GÜEMES BARRIOS, J. J. (2001): El español como recurso turístico. Mesa Redonda en el II Congreso de la Lengua Española (Valladolid, 16-19 de octubre). (http:www.cvc.cervantes.es/obref/congresos/valladolid/mesas_redondas/ guemes_j.htm).

HAMEL, R. (2003): "Regional Blocs as a Barrier against English Hegemony? The Language Policy of Mercosur in South America." En J. Maurais y M. Morris (eds.). *Languages in Gglobalizing World* (pp. 111-142). Cambridge, Cambridge University Press.

HAYES-BAUTISTA, D.; HSU, P.; HAYES-BAUTISTA, M.; STEIN, R.; DOWLING, P.; BELTRAN, R. y VILLAGOMEZ, J. (2000): Latino Physician Supply in California: Sources, Locations, and Projections. *Acad Med* 75: 727-736.

HELTON, J. (2004): Dems. GOP Assess Latino Impact. *CNN* (9 de marzo, 2004). (http:// www.cnn.com/2004/ALLPOLITICS/03/08/latino.vote/. Acceso 15 de abril 2005.

HINOJOSA-OJEDA, R. (2002): Enhancing Cross-Border Linkages Between U.S. Hispanic Communities and Latin America: The Untapped Potential for Western Hemisphere Economic Prosperity. 2002. *Hispanic Business* (septiembre, 2002) http://www.hbevents.com/_client/ppt/hinojosa_cross-border.pps.

HISPANIC PURCHASING POWER SURGES TO $ 700 BILLION (2004): *Hispanic Business* (mayo 2004). (http://www.hispanicbusiness.com/news/newsbyid.asp?fpa= 0&id=16041). Acceso 3 de enero, 2005.

INFORME LATINOBARÓMETRO (2004): Una década de mediciones. 2004. Santiago de Chile: Corporación Latinobarómetro. http://www.latinobarometro.org

JORDAN, H. (1999): Latino Lawmakers Study their Spanish Some Were Fluent as Kids but Stumble Today. *San Jose Mercury News* (17 de febrero, 1999). (www.stanford. edu/dept/SUSE/Spencer_PRproject/indexSJMNarticle.htm). Acceso 23 de septiembre, 2004.

KACHRU, B. (1986): *The Alchemy of English: The Spread, Functions and Models of Non-Native Englishes.* Oxford, Pergamon Press.

KENIG, G. (1999): *Best Careers for Bilingual Latinos.* Chicago, VGM Career Horizons.

KEY DATA ON TEACHING LANGUAGES AT SCHOOL IN EUROPE (2005): Bruselas: Eurydice (http:// www.eurydice.org). Acceso 10 de febrero, 2005.

KREIMER, S. (2005): Medical Emergency. *Hispanic Business* (mayo, 2005). http://www. hispanicbusiness.com/news/newsbyid.asp?id=22636&cat=Magazine&more=/magazine.

LAMO DE ESPINOSA, E. y NOYA, J. (2002): El mercado de las lenguas: La demanda de español como lengua extranjera en Francia y Alemania. *Centro Virtual Cervantes. Anuario 2002.* (http://cvc.cervantes.es/obref/anuario/anuario_02/lamo).

LES EUROPEENS ET LES LANGUES. European Comisión Coordination. (2001): *Eurobarometre 54.* (http://europa.eu.int/comm/dgs/education_culture/index_fr.htm)

LIPSKI, J. (1985): Contactos hispanoafricanos: El español guineano y su importancia para la dialectología hispanoamericana. *Anuario de Letras* XXIII: 99-130.

LUJÁN CASTRO, J. (2002): La enseñanza del español como lengua extranjera en Europa: Datos generales y propuestas para su mejora. *Centro Virtual Cervantes. Anuario 2002.* http://cvc.cervantes.es/obref/anuario/anuario_02/lujan/

MARTÍN MUNICIO, A. (ed.) (2003): *El valor económico de la lengua española.* Madrid, Espasa Calpe.

NATIONAL CENTER FOR EDUCATION STATISTICS (2002): Digest of Education Statistics Tables and Figures 2002. (http://nces.ed.gov/programs/digest/d02/dt057.asp).

O'KEEFE, A. (2005): Las posibilidades de incorporar el MERCOSUR al NAFTA para crear una zona de libre comercio hemisférica antes del año 2005. Mercosur Consulting Group. 2002. http://www.mercosurconsulting.net/Articles/articlec04.html. Acceso 2 de enero 2005.

OPEN DOORS. Study Abroad: Host Regions – Selected Years Since 1985. Institute of International Education. http://www.opendoors.iienetwork.org/?p=49944. Acceso 2 de enero, 2004.

OPPENHEIMER, A. (2005): Survey puts Latin American colleges among worst. *Hispanic American Center for Economic Research* (mayo 2005). http://www.hacer.org/current/LATAM81.php. Acceso 3 de mayo, 2005.

OTERO, J. (2004): De Bogotá a Rosario. La lengua española y la política regional de España en América Latina. Documento de Trabajo. 36/2004. *Real Instituto Elcano* (junio 25, 2004).

OTERO, J. (2005): La lengua española y el sistema lingüístico de Asia-Pacífico. Documento de Trabajo 2/2005. *Real Instituto Elcano* (24 de enero, 2005).

PRATI, S. (2004): La certificación de la competencia lingüística de ELE en la Argentina, necesidades y desarrollos. Ponencia en el III Congreso de la Lengua Española (Rosario, 17-19 de noviembre). (www.congresodelalengua3.ar/ponencias.htm).

PUBLIC POLICY INSTITUTE OF CALIFORNIA (2005): Latino Voters in California. http://www.ppic.org. Acceso 26 de enero, 2006.

PURCHASING POWER PARITIES (2005): Organisation for Economic Co-operation and Development (11 de enero, 2005). www.oecd.org/document/22/0,2340, en_2649_34357_34257878_1_1_1_1,00.html

RECODER DE CASSO, C. (2001): Reflexiones desde la perspectiva turística: El turismo idiomático. II Congreso de la Lengua Española (Valladolid, 16-19 de octubre). (www.cvc.cervantes.es/obref/congresos/valladolid/ponencias/activo_del_espanol/1_la_industria_del_espanol/recoder_c.htm).

RITUERTO, R. (2005): La Comisión restablece el uso del español en sala de prensa. El País Digital (16 de febrero). http://www.elpais.es/buscadores/articulo/20050316elpep iint_7/Tes/elpepiint/. Acceso 19 de febrero, 2005.

RODRÍGUEZ PANTOJA, T. (2000): La lengua española y los grandes retos del Nuevo milenio. Unidad en la diversidad. Portal informativo sobre la lengua castellana. (marzo, 2000).www.unidadenladiversidad.com/opinion/opinion_ant/2000/marzo_2000/opinion210300.htm. Acceso 5 de septiembre, 2004.

RODRÍGUEZ-POSE, A. (2002): The European Union: Economy, Society, and Polity. Oxford, Oxford University Press.

SURO, R. (2002): National Survey of Latinos. Pew Hispanic Center/Kaiser Family Foundation (http://www.pewhispanic.org).

THE WORLD FACT BOOK (2005): www.cia.gov/cia/publications/factbook/index.html.

TSE, L. (2001): "Why Don't They Learn English?" Separating Fact from Fallacy in the U.S. Language Debate. Nueva York, Teachers College Press.

UNESCO (2000): Illiteracy Rates by Sex in Latin America and the Caribbean 2000-2004. http://www.uis.unesco.org/ev.php?ID=4928_201&ID2=DO_TOPIC.

VALENZUELA, A. (ed.) (2005): Leaving Children Behind. How "Texas-style" Accountability Fails Latino Youth. Albany, NY, State University of New York Press.

WELLES, E. (2004): Foreign Language Enrollments in the United States Institutions of Higher Education, Fall 2002. ADFL Bulletin 35: 8-22 (http://www.ingentaconnect.com/content/mla/prof/2004/00002004/00000001/art00014)

Colección: *Bibliotheca Philologica*
Dirección: LIDIO NIETO JIMÉNEZ

Títulos publicados:

ALVAR EZQUERRA, M.: *De antiguos y nuevos diccionarios del español.*
ARIZA, M.: *Sobre fonética histórica del español.*
BELLO, A.: *Gramática de la lengua castellana* (2 vols.). Con las notas de R. J.
Cuervo. Estudio y edición de Ramón Trujillo.
CARRICABURO, N.: *El voseo en la literatura argentina.*
COLÓN DOMÉNECH, G.: *Para la historia del léxico español* (2 vols.).
CORTÉS RODRIGUEZ, L. y CAMACHO ADARVE, Mª Matilde: *Unidades de segmentación y análisis del discurso.*
DEL CORRO, A.: *Reglas gramaticales para aprender la lengua Española y Francesa.* Estudio y edición facsimilar de Lidio Nieto Jiménez.
FERNÁNDEZ RAMÍREZ, S.: *La enseñanza de la gramática y de la literatura.* Ed. preparada por José Polo.
FERNÁNDEZ RAMÍREZ, S.: *Gramática española. 1. Prolegómenos.* Vol. preparado por José Polo.
FERNÁNDEZ RAMÍREZ, S.: *Gramática española. 2. Los sonidos.* Vol. preparado por José Polo.
FERNÁNDEZ RAMÍREZ, S.: *Gramática española. 3.1. El nombre.* Vol. preparado por José Polo.
FERNÁNDEZ RAMÍREZ, S.: *Gramática española. 3.2. El pronombre.* Vol. preparado por José Polo.
FERNÁNDEZ RAMÍREZ, S.: *Gramática española. 4. El verbo y la oración.* Vol. ordenado y completado por Ignacio Bosque.
FERNÁNDEZ RAMÍREZ, S.: *Gramática española. 5. Bibliografía, nómina literaria e índices.* Vol. preparado por B. Palomo Olmos.
FERNÁNDEZ RAMÍREZ, S.: *Problemas y ejercicios de la gramática.* Vol. ordenado y completado por B. Palomo Olmos.
FRAGO GRACÍA, J. A.: *Historia de las hablas andaluzas.*
FUENTES RODRÍGUEZ, C.: *Lingüística pragmática y Análisis del discurso.*
FUENTES RODRÍGUEZ, C. y ALCAIDE LARA, E. R.: *Mecanismos lingüísticos de la persuasión.*
GIL FERNÁNDEZ, J. (dir.): *Panorama de la fonología española actual.*
GONZÁLEZ OLLÉ, F.: *Lengua y literatura españolas medievales* (2ª ed.).

GUTIÉRREZ ORDÓÑEZ, S.: *Principios de sintaxis funcional.*
GUTIÉRREZ ORDÓÑEZ, S.: *La oración y sus funciones.*
GUTIÉRREZ ORDÓÑEZ, S.: *Forma y sentido en sintaxis.*
GUTIÉRREZ ORDÓÑEZ, S.: *De pragmática y semántica.*
KOVACCI, O.: *El comentario gramatical (I y II).*
LACORTE, M.: *Lingüística aplicada del español.*
LOPE BLANCH, J. M.: *Estudios de historia lingüística.*
LÓPEZ GARCÍA, A.: *Gramática del español I. La oración compuesta.*
LÓPEZ GARCÍA, A.: *Gramática del español II. La oración simple.*
LÓPEZ GARCÍA, A.: *Gramática del español II. Las partes de la oración.*
LUQUET, G.: *La teoría de los modos en la descripción del verbo español.*
MARTÍN ZORRAQUINO, Mª A. y MONTOLÍO DURÁN, E. (Coords.): *Los marcadores del discurso. Teoría y análisis.*
MAYANS Y SISCAR, G.: *ABECÉ español.* Estudio y edición de Mª J. Martínez Alcalde.
MUNTEANU COLÁN, D.: *Breve historia de la lingüística románica.*
PORTO DAPENA, J. A.: *Manual de técnica lexicográfica.*
QUILIS, A.: *El comentario fonológico y fonético de textos.* Teoría y práctica (2ª ed.).
RASK, R. K.: *Gramática española. Según un nuevo plan (1824).* Edición y estudio preliminar de Josefa Dorta.
SALVÁ, V.: *Gramática de la lengua castellana.* (2 vols.). Estudio y edición de Margarita Lliteras.
SÁNCHEZ-PRIETO, P.: *Cómo editar los textos medievales.*
SERRANO DOLADER, D.: *Las formaciones parasintéticas en español.*
TRUJILLO, R.: *Introducción a la semántica española.*
TRUJILLO, R.: *Principios de semántica textual.*
VAL ÁLVARO, J. F.: *Ideas gramaticales en el «Diccionario de Autoridades».*
VENEGAS, A.: *Tractado de Orthographía y accentos en las tres lemguas principales.* Estudio y edición facsimilar de Lidio Nieto Jiménez.
VIVANCO CERVERO, V.: *El español de la ciencia y la tecnología.*
ZAMORANO AGUILAR, A.: *El subjuntivo en la historia de la gramática española (1771-1973).*

En preparación:

DOMÍNGUEZ GARCÍA, Mª N.: *Conectores discursivos.*
GARCÍA SÁNCHEZ, J. J.: *Atlas toponímico de España.*
VARO VARO, C.: *La antonimia léxica.*